KB203610

새벽길
별을 보며

코로나 19 태풍 속,
454일 천 개의 사색 에세이

새벽길
별을 보며

진창오 지음

이 책을 향해 마음을 여는
고마운 님에게

1. 나는 왜 새벽길 별을 보는가?

나의 하루 시작은 새벽입니다. 눈을 뜨면 스물네 번의 감사를 말하고, 거울을 보며 "나는 행복이다. 나는 축복이다. 나는 기적이다."를 세 번 말합니다.

그리고 새벽기도를 다녀와서 걷기를 시작합니다.

같은 시간에 같은 장소 탑천 길을 걸은 지 십 년이 되었습니다. 탑천 따라 미륵사지 가는 길은 전형적인 하천으로 새들과 물고기, 억새, 논과 밭, 사시사철 변하는 자연을 몸과 마음으로 느낄 수 있는 곳입니다. 탑천은 국보 제 11호인 미륵사지 석탑에서 흘러나오는 물이라 하여 붙여진 이름입니다. 이 길은 나에게 자신을 대면하여 생각하는 힘을 키우게 하는 아름다운 길이었습니다.

비가 오나 눈이 오나 내 발걸음은 그곳에 가 있었고, 별들이 초롱초롱 빛나는 새벽길은 자신을 찾아가는 여행이었습니다.

왼손에 작은 노트를 들고 걸으면서 때에 따라 떠오르는 단편적인 생각들을 휘갈겨 씁니다. 그리고 어둠이 짙은 길을 걷다가 눈부시게 떠오

◆ ◆ ◆

르는 태양을 맞이할 때 살아있다는 기적에 감사의 눈물이 나왔습니다.

오전 중에는 핸드폰을 꺼놓고 만년필로 꾹꾹 눌러서 글을 썼습니다.

매일 새벽 눈을 뜨면 걷고 싶었고, 읽고 싶었고, 글을 쓰고 나서 한 편이 완성될 때마다 뿌듯한 행복을 느꼈습니다.

감사일기, 운동일지, 섬김 나눔 노트, 성경 읽기, 고전 음악 듣기, 글쓰기, 사색하며 걷기 등 15가지 나답게 살기 위한 하루 실천 체크를 하고 나면 하루가 마감됩니다.

2. 나를 바꾼 걷기, 읽기, 쓰기

산보하면서 사유하지 않은 사상에 대해서는 의심을 품으라고 한 프리드리히 니체의 말은 내게 많은 생각을 던져주었습니다.

걸으면 별이 보였고 별을 보면 생각의 지평이 조금은 더 넓어지는 것 같았습니다.

걸을 때 자연은 최고의 선생님이었고, 호기심 어린 눈으로 자연을 관찰하며 걸으면서 일상에 많은 변화가 생겼습니다. 십여 년 동안 펼쳐 본 책은 거의 인문 고전이었고, 읽지 않거나 걸으며 사색하지 않고는 글이 나오지 않았습니다. 그래서 걷다 보니 쓰고 싶었고 쓰다 보니 책으로 내고 싶었습니다.

내가 세상 끝에 갈 때 가지고 갈 책 두 권과 도구 두 개를 고르라고 한다면 『성경』과 『차라투스트라는 이렇게 말했다』, 그리고 종이와 펜입니다.

새벽길 별을 보며

어느 곳에 가든지, 무엇을 하든지 걷기, 읽기, 쓰기를 할 수 있으니까요.
걷기, 읽기, 쓰기는 세 가지 질문을 하게 만들었습니다.

첫째, Who am I?(나는 누구인가?)

둘째, How to live?(어떻게 살 것인가?)

셋째, Blessed Death!(복된 죽음을 맞이할 것인가!)입니다.

내게 질문하고 내게 진실한 대답을 늘 원했습니다.

3. 함께 나누고 싶은 마음

글을 쓸 때마다 커피의 영혼과 심장이라고 부르는 에스프레소를 한 잔 내리는 마음입니다. 물의 온도, 양, 재료, 시간, 방법, 마음가짐에 따라 커피 맛이 다르게 느껴지듯 이 책을 읽는 사람이 어떻게 느끼고 의미화(意味化)시키느냐에 따라 향기와 맛이 다를 것입니다.

코로나 19 태풍 속에서 454일 동안 천 개의 글을 썼고 지금도 진행형입니다. 아직 수줍은 꽃봉오리 같은 글이지만 저의 일상을 함께 나누고 싶습니다.

수많은 책 중에 이 책에 눈길을 건네주신 소중한 님께 감사드립니다.

읽으면서 살짝 미소 지을 수 있다면 더없이 행복할 것 같습니다.

자연, 생명, 인간의 아름다운 조화와 생명 존중의 꽃이 피는 세상을 꿈꾸며…….

내일 새벽길에도 별이 빛나겠지요?

2022년 3월 14일 봄비 내리는 날

수선화 핀 아침에 **진창오**

COTENTS ○─────────────────────────────

COTENTS ○━━━━━━━━━━━━━━━━━━━━━━━━━━━━━━━

COTENTS o————

COTENTS ○

COTENTS o————————————————————————

COTENTS o———————————————————————

COTENTS o——————————————————————————————

COTENTS °————————————————————————————

COTENTS

COTENTS o———

COTENTS °————————————————————

COTENTS o———————————————————————————————

COTENTS o——————————————————————————

COTENTS o———————————————————————

COTENTS ○

COTENTS

COTENTS ○

COTENTS o

COTENTS o—————————————————————————————

March

2020. 3월

마음을 움직이게 하는 달
(체로키족)

1 나는 무엇을 남기고 갈까?
2020. 3. 22. (일)

　　일주일 새에 내 주변에 있던 사람들 4명이 먼저 하늘나라에 갔다.
조문하러 다녀오면서 다시 한 번 내가 살아있음이 기적만 같다는
생각이 든다. 나는 무엇을 이 땅 위에 남기고 가야 할 것인가를
생각하며 결단하게 한다. 록펠러 책을 다시 한 번 꺼내 읽었다.
"하나님 부디 제 건강을 돌려주십시오. 오래 살고 싶어서가 아니라
지금까지 제가 벌어들인 돈을 세상을 위해서 보람 있게
쓰고 싶어서입니다."

　　그 기도 후에 건강을 회복하여 98세로 천국에 갈 때까지
기념비적인 삶을 살았다. 그는 "인생 전반기 55년은 쫓기며 살았지만
후반기 43년은 행복하게 살았다."고 고백했다.
록펠러는 그의 생애 동안 4,928개의 교회와 24개의 대학을 지어서
바쳤고, 그가 세운 시카고 대학을 통하여 100여 년 동안 70여 명의
노벨상 수상자들이 배출되는 기적 같은 일이 벌어졌다.

　　몇 년 전, 아내와 함께 안식년으로 록펠러재단과 시카고 대학의
도서관을 방문했다. 단일 대학으로서는 가장 많은 노벨상
수상자가 나올 법한 분위기에 압도당했다. 록펠러는 세계 최고의
부자요, 세계 최고의 자선사업가라는 두 인생을 멋지게 달성했다.
나는 나그네 인생길 살다 가면서 무슨 발자취를
멋지게 남기고 가야 할까? 이타적인 삶, 섬김과 나눔의 삶을
어떻게 살아야 할까? 생각 밖으로 나와서 실천해야겠다.

2 고통의 시간은 느리고

2020. 3. 22. (일)

지인 압화 작가 변 선생님에게서 받은 문자다.
"고통의 시간은 느리고 해 뜨는 하늘은 언제나 나에게
손 내밀어 줄 것인지. 내밀어 주는 손을 알아보는 데 걸리는
시간만큼 아픔도 길었으리라. 예쁜 딸 바라보며
매시간 매분 초마다 감사가 넘칩니다.
이제 그 딸을 위한 기도를 쉴 수가 없습니다.
귀 기울여 듣길 원합니다. 빛으로 내미는 손 알아보길 원합니다.
세상에 공짜는 없잖아요. 예쁜 딸 바라보며 깨닫습니다.
무지무지 고난도 달게 받고 나니 선물도 크게 주셨지요."
"흔들리지 않고 피는 꽃이 어디 있으랴"라는 도종환 시인의
시 구절이 떠오른다. 모진 바람에 흔들리고 견디어야 한다.
그래야 봄에 꽃이 핀다. 철쭉 분재도 한겨울 방 안에 두면 대개
예쁜 꽃을 피우지 않는다. 혹독한 겨울이 지난 후 꽃을 피워
연약한 가지들도 겨울을 이겼다는 것을 뽐낸다.
지나기 전과 지나가는 길목은 누구에게나 시간이 길다고 느껴진다.
그 순간은 영원한 것 같고, 숨이 막힐 듯이 힘들 때도 있지만
결국은 다 지나가게 되어 있다.
그리고 지나간 것을 돌아보면서 웃음 지을 때가 온다.
아무리 쓴잔도 기어코 감사함으로 달게 받아 마시리라.

3 그 순간 지나가면 쉬운 코스더라
2020. 3. 25. (수)

　내 어깨를 짓누르는 짐을 걸머지고 허위허위 걸어왔던
세월이었다.
슬픔의 자리와 행복의 자리는 따로 있지 않고, 스스로
자신의 삶을 어떻게 사랑하고 책임지는가에 따라서 결정된다는
사실이다.
　내가 군 생활할 때 유격 훈련을 일 년에 한 번씩 받았다.
일주일 동안 받는 훈련은 참으로 고되고 힘이 들었다.
그래서 유격 훈련을 마치고 나면 큰 군 생활 행사를 마친 것 같은
기분이 든다. 고통도 이기고 나면 별것 아니다.
극복하고, 통과하고 나면 그때 그 순간이 의미가 있었고,
가치가 있었고, 소중한 추억과 교훈이 있었다는 것을 깨닫게 된다.
지나갈 때까지 기다려야 한다. 견디는 것도 이기는 것이다.
　고등학교 시절, 함석헌 선생님이 좋아서 1965년도에 발행된
『뜻으로 본 한국역사』를 읽었다.
함 선생님이 가장 좋아하는 셸리의 「서풍에 부치는 노래」 한 구절을
외워 평생 마음에 담고 다닌다.
"If winter comes can spring be far behind.
(만일 겨울이 온다면 봄이 어찌 멀었으리요.)"

4 나는 금이 간 항아리였다
2020. 3. 28. (토)

금이 가 있는 항아리로 물을 나르는 주인에게 항아리가
"저는 금이 가서 물을 많이 못 채웠으니
새 항아리를 사서 쓰세요."라고 말했다.
그러자 주인은 "알아. 나도 네가 금이 간 거 알고 있어.
하지만 나는 항아리를 바꿀 마음이 전혀 없단다.
우리가 물을 나르기 위해 지나온 길을 한 번 보렴.
금이 가지 않은 항아리가 있는 오른쪽은 아무런 생물도
자라지 못하는 황무지가 됐구나.
하지만 네가 지나왔던 왼쪽을 한 번 봐라.
네가 반쯤 금이 가서 물을 흘린 자리 위에 아름다운 꽃이 피고
풀이 자라고 있지 않니? 금이 간 너 때문에 많은 생명이
풍성하게 열매를 맺으며 자라고 있는데
너를 어떻게 버릴 수 있겠니?"라고 말했다.
내 인생도 그렇다. 금이 좀 가면 어떤가.
부족함이 좀 있으면 어떤가.
2프로 부족하고 어설퍼야 매력도 있지 않겠는가.
살면서 실수할 권리도 있으니까. 인생 여정 길 지나온 뒤를
돌아보면 깨진 항아리에서 물이 흐른 자국도 있을 것이다.
나는 이러한 나를 사랑한다. 나를 토닥거리면서 말한다.
금이 간 항아리면 어때!

5 도마뱀과 바꾼 그림
2020. 3. 28. (토)

  40여 년 전, 하나밖에 없는 사촌 남동생이 준 선물이 있었다.
이라크 건설현장에 일하러 갔다가 사막에서 잡아 온 도마뱀이었다.
50센티미터 정도인데 박제를 하여 가져왔다.
집에 두니 하루가 멀다 하고 어머니의 성화가 이어졌다.
징그러우니 빨리 버리라는 것이다. 시청각교육 자료로 사용할 수
있으니 버릴 수 없다고 실랑이 중에 우연히 시내 표구 가게 앞을
지나가게 되었다. 내 눈에 화살처럼 박히는 그림이 있었다.
눈이 펑펑 내리는 숲에서 어른 사슴 두 마리와 아기 사슴 한 마리가
뛰어노는 정겨운 모습이다.

  박제된 도마뱀을 들고 가서 그림과 바꾸자고 했더니 아예 고개를
돌린다. 우여곡절 끝에 교환에 성공했다. 코로나 19 바이러스가
시작된 지 100여 일이 지났다. 우리 집 안방에 걸려 있는 아름다운
그림을 보면서 이 민족, 이 백성들에게 고통을 삶의 에너지로
바꿀 힘을 달라고 기도한다. 삶의 시련과 고통이
쓰나미처럼 밀려온다 해도 우리는 희망을 외치며 이기리라.

  호메로스의 『오디세이』 439쪽을 다시 펴본다. "참아라, 마음이여.
너는 전에 그 힘을 제어할 수 없는 키클롭스가 내 강력한 전우들을
먹어 치웠을 때 이보다 험한 꼴을 보고도 참지 않았던가.
그는 이런 말로 가슴속 마음을 타일렀다."
이 아침 그림 하나가 나를 사색의 숲으로 이끌고 갔다.

6 나는 요리 예술가다
2020. 3. 28. (토)

　　내가 요리하는 음식이 제일 맛있다.
음식을 해 놓고 최고라고 엄지 척을 한다. 요리한 지 꽤 되었다.
우리 집은 몇 년 전부터 가족들이 모두 각자 챙겨 먹고
자기가 먹은 것은 직접 설거지를 한다. 하루 세 끼 내가 차려 먹고
내가 설거지한다. 장날에 시장도 내가 보고, 먹고 싶은 재료도
메모해 두었다가 직접 사 온다.

　　김치찌개, 떡국, 소스 만들기, 샐러드 등 창의적 요리라고 할까.
쉽고 재미있다. 김치, 낙지, 마늘, 대파, 참기름, 참깨, 포도주,
된장을 넣고 끓이니 오 분 안에 김치 낙지찜이 완성되었다.
손도 빠르다. 먹고 싶은 음식은 과감히 시도해 보는데
먹어 보면 맛있다. 난 요리하는 남자다. 아니, 요리 예술가다.
학원에서 정식으로 요리를 배우진 않았어도 도전, 모험,
시도해 보니 되었다. 기교도 공식도 순서도 없다.
마음이 시키는 대로 해 보는 것이다. 그냥 하면 되는 거다.
그리고 맛있게 먹으면 된다.

　　사람이 먹고 마실 수 있게 하는 것을 음식이라고 한다.
갈수록 늘어나는 것은 음식점 자리다.
이것은 인간에게 먹는 즐거움이 얼마나 크고, 음식이 몸의
건강 유지를 위해 중요한 것임을 반증하는 것이리라.
다음 주에는 안심 스테이크를 한번 해서 장모님 한 접시 드려야겠다.

7 커피 한 잔
2020. 3. 29. (일)

　우리나라 1인당 커피 소비량은 연간 400잔을 넘고,
서울의 어떤 한 구에만 카페가 3천 개가 넘는다고 한다.
바흐의 「커피 칸타타」 중 오늘의 노래에 "제게 상쾌함을 주고 싶다면
커피를 제 입속으로 퍼부어 넣어 주시면 돼요"라는 가사가 있다.
"커피의 고장" 하면 에티오피아를 빼놓을 수는 없을 것이다.
이곳 문화는 일터로 나가기 전 커피 석 잔을 마시고,
세 번의 따뜻한 포옹을 한다. 왜 3잔일까? 우애, 평화, 축복의 잔이다.
　수많은 맛과 향이 나는 커피. 내가 제일 좋아하는 음료다.
아침마다 드립 커피를 내린다. 물을 부으니 눈을
의심할 정도의 아름다운 물방울! 진주보다 예쁜 크고 작은
볼록볼록 진한 황금색의 크레마다.
"또 한 잔을 마신다/달다/아픔을 승화시킨 그 희열은 달다/
인생을 살아 내는 일/진한 커피 한 잔 마시는 일이다"
공석진 님의 「시와 커피」라는 시를 외웠다.
　커피콩을 따는 사람들을 생각해 본다. 그들의 손길을 느끼고 싶다.
그들의 수고로 맛있는 커피를 마시는 행운이 온 것 아니겠는가.
향기로운 공기, 살랑거리는 바람, 커피콩 따는 사람들의 땀방울,
매혹적인 빨강 콩의 색깔. 나도 언젠가는 가 보리라.
에티오피아, 케냐, 콜롬비아를⋯⋯.
커피나무 아래에 서서 자연생태 동요 시를 쓰리라.

8 봄나물과 아내
2020. 3. 29. (일)

우리 산, 들에 숨 쉬고 있는 보약이 산나물, 들나물들이다.
잃어버린 입맛을 되찾게 해 주는 그야말로
자연이 선물해 주는 영양 덩어리들이다.
한 달 정도를 종류별로 매일 세 끼를 먹는다고 해도 남을 정도로
많은 봄나물이 온천지에 널려 있다. 누군가는 말했다.
봄에 춘곤증을 이기려면 한겨울 인고의 시간을 견딘 나물들을
먹으면 되고, 그 기운이 일 년을 간다고 말이다.
내가 좋아하는 물안갯길. 수없이 많이 간 곳.
섬진강 옥정호 길 따라 왕벚꽃이 터지기 전 아내와 함께 갔다.
아내는 좋아서 토끼처럼 깡충깡충 뛴다.
산자고, 상산, 까마귀밥여름나무, 장대나물, 개별꽃, 별꽃,
원추리 등 다양한 식생. 가끔 물 위에서 비행하는 오리 떼들.
36년 전, 총각 전도사로 3년간 서울에서 오갔던 길 없는 섬마을인
용운리의 용운교회를 멀찍이 바라보았다. 눈물, 기쁨, 시련,
행복이 수놓아졌던 곳이다.
쑥, 싱아, 쑥부쟁이, 원추리, 딱총나무 순 나물을 한 주먹씩
뜯어 와서 먹었다.
오늘 걸은 걸음 17,000보. 나물 캐는 아내의 뒷모습이 귀여웠다.

9 두릅, 쑥, 갓 부침개
2020. 3. 29. (일)

집 뒷동산에 올라 손마디 하나 크기의 두릅을 땄다.
눈이 빼꼼히 떠 있는 것 같아 미안했다. 봄철 나른해진 심신에
활력을 불어넣어 주는 최고의 나물로 꼽는 것이 두릅이다.
당뇨병, 양기 부족, 신경 쇠약, 기관지 천식에도 좋고,
염증성 질환에도 좋다. 두릅을 딸 때마다 거의 한 번씩
손을 찔리는데 이것 또한 세상에 쉬운 일은 없다는 것을
가르쳐준다.

두어 주먹 따와서 부침개를 했다. 김이 모락모락 날 때
간장에 찍어 먹는 그 맛. 두릅, 쑥, 갓의 삼중주가 입안에서
연주된다. 3, 4, 5월에는 차 안에 프라이팬, 가스레인지, 밀가루,
식용유, 바가지를 싣고 다닌다.
어디서든 해 먹을 수 있기 때문이다.
보약이 널려 있는 봄. 나처럼 보약을 잘 알고 먹는 사람이
얼마나 될까? 나는 나를 즐겁게 해 주는 데 선수가 되었다.
입안에서 여운이 남는 봄나물들아! 고맙구나.

늘 가까이 두고 자주 보는 책이 있다.
2009년 지인이 나에게 선물로 준 책이다.
장영희 교수의 『축복』이다. 책 안에 이렇게 적어 나에게 줬다.
"숨겨진 아름다움을 속속들이 찾아내시는
자연의 술래꾼"에게 드립니다.

10 침실에 나무를 심고
2020. 3. 30. (월)

　　가슴이 시키는 일은 해야 한다.
두근거리는 가슴이 계속 가기 때문이다.
언제부터인가 내 침대 위에 나무를 하나 갖다 놓고 싶었다.
누워 있으면 나뭇가지, 나뭇잎, 새집을 볼 수 있으면
좋겠다는 생각이 꼬리를 물었다.
지인에게 부탁하여 농장에 심어놓은 감태나무를 구했다.

　　감태나무는 녹나뭇과로 갈잎 작은키나무다.
콩알만 한 검은색 둥근 열매는 마치 나무에 콩이 주렁주렁
달린 것 같다. 나무 미인대회가 열린다면 이 나무는 등수 안에
들어갈 것 같은 굴곡이 아름다운 나무다.
또한, 2014년 1월 10일에 그린 생태 세밀화와 그림일기를 쓴
대상이기도 하다.
"이듬해 5월 새잎이 나올 때까지 황색 단풍 마른 잎을
떨어뜨리지 않고 한겨울을 지내온 너,
구황식물로 잎도 먹고 사람도 살린다는 신비의 명 약재"라고 썼다.

　　침대에 누우니 천장을 덮은 감태나무, 붉은머리오목눈이
새집 몇 개와 영지버섯이 보인다. 안방에 나무가 있는 집이
또 있을까? 나도 참 재밌는 사람이다.

11 매일 걷는 이 길
2020. 3. 31. (화)

어제 일을 생각하니 감사뿐이고, 오늘 일을 생각하니 기쁨뿐이고,
내일 일을 생각하니 소망뿐이라.
한 달간 살아온 것은 기적이었다. 물안개가 넘실거리고,
이글거리는 태양이 떠오른다. 매일 걷는 탑천(塔川) 길.
미륵산과 주변의 구릉에서 발원하여 만경강 하류로 유입되는
평야부 하천이다.

탑천 따라, 마을 따라 미륵사지 가는 길을 십 년째 매일 걷는다.
생명이 마감되는 날까지 이 길을 걷고 싶다.
니체는 매일 산책을 했다. 사람이 살지 않는 고지대에서 문득 사상이
찾아와 노트에 휘갈겨 썼다. 한 손에는 작은 노트, 한 손에는 볼펜을
들고 나도 걷는다.

길가의 작은 풀 끝에 맺힌 영롱한 이슬방울을 따 먹고 싶다.
조금 있으면 풀잎 이슬도 태양 빛에 다 사라지리라.
아무리 힘든 일도 영원한 것은 없다.
탑천 안에서 자라는 버드나무 연두색의 새순이 앞다투어 나오고 있다.
강한 생명력이 눈물겹게 한다.
내 안에 넘실거리는 이 아침의 환희. 담백하게 살아야지.
오늘도 어떤 신비로운 체험이 주어지는 하루일까?
기대하자. 기다리자. 기도하자. 기적이 있으리라.

12 둘이 먹으면 행복한 망고

2020. 3. 31. (화)

사과 익는 계절에 태어나서일까? 내가 제일 좋아하는 과일은
사과다. 하지만 강적이 나타났다. 망고다.
세계에서 가장 많이 재배되고 있는 열대 과일.
세계 4대 과일 중의 하나가 망고다.
망고를 흔히 과일의 왕이라 부르는데 높이가 30미터까지 자라는
늘 푸른 나무다.

난 망고를 사 먹어 본 적이 한 번도 없었다.
그런데 올해 5월에 결혼하는 예비 큰 며늘아기가 망고를 사 왔다.
이때부터 빠진 망고 사랑. 두 쪽으로 나눠 한 쪽씩 얼굴 바라보며
먹는 것이 망고인 것 같다.

숟가락으로 한 수저씩 떠먹는 새콤달콤한 맛.
네모지게 잘라 한 개씩 찍어 먹는 즐거움. 하도 맛이 있어
천천히 음미하며 먹어야 한다.
노란색이 내 입안에서 달콤하고 상큼하게 사르르 녹는다.
마지막에는 하모니카 불듯이 큰 씨를 두 손으로 감싸 쥐고
알뜰히 입으로 핥아먹는다. 손에 묻히고, 얼굴에 묻혀가며
먹을 때는 마치 개구쟁이 아이처럼 소리를 지르며 먹어야 한다.
비행기, 배 운임, 재배하는 수고.
이것저것 따지면 그냥 공짜로 먹는 것 같지 뭐. 안 그래?

13 몰입력(沒入力)
2020. 3. 31. (화)

내가 눈부신 행복에 젖어들 때는 언제인가? 바로 몰입할 때다.
자유로운 영혼이 될 때는 언제인가? 몰입하는 시간이다.
심리학자 미하이 칙센트미하이는 『달리기, 몰입의 즐거움』 책에서
"몰입은 삶이 고조되는 순간에 물 흐르듯 흐르면서 집중된 마음 상태"
라고 말하고 있다. 내가 글을 쓰는 오전 시간은 아무것도 방해받지
않도록 핸드폰도 off시키고 문도 걸어 잠근다. 샤워할 때 손열음의
차이콥스키 연주를 들은 지 5년이 넘었다. 드립 커피를 내릴 때
「내 주를 가까이 하게 함은」 찬양을 들으며 십 분간 몰입한다.
세상에서 가장 맛있는 커피를 내려 나에게 대접하는 시간이니까.

『Deep Life』라는 책을 읽을 때 3시간 동안 꼼짝하지 않고
낭독을 했다. 프리드리히 니체의 『차라투스트라는 이렇게 말했다』를
한 시간 읽고 5분 휴식, 이런 식으로 13시간 동안 완독했다.
그리고 독서 기록 노트에 기록했다.
얼마나 몰입하여 읽었는지를 보기 위해서. 코로나 19 광야에서
광야 수업은 몰입력이 좌우하는 것 같다. 행복과 건강으로 가는
지름길도 매일의 힘이 가져오면서 다져진 몰입력인 것 같아서
감사하다. 머리를 대면 3분 안에 잠드는 복도 몰입의 힘이라고
여겨진다. 기상 시간에서 취침 시간까지의 활동 시간이 너무 짧다.
내 인생, 사마천의 『사기』 오자서열전에 나오는 일모도원(日暮途遠)이다.
"날은 저물고 갈 길은 멀다." 해야 할 일은 많은데 어떻게 하나?
답은 몰입이다. 몰입은 능력이다.

새벽길 별을 보며

April

2020. 4월

생의 기쁨을 느끼게 하는 달
(블랙푸트족)

14 자연을 비빈 날
2020. 4. 1. (수)

    자연을 가까이하는 일은 나를 찾는 여행이다.
오봉산을 찾았다. 오봉산은 전북 임실군에 자리 잡고 있다.
호남 정맥이 백암산에서 추월산으로 굽이치는 가운데 솟아오른
513미터의 매력 있는 산이다. 5개의 봉우리가 옥정호를
감싸고 있고, 국사봉과 새벽 호수의 옥정호 물안개, 붕어섬이
아름다운 곳이다.

    씀바귀, 딱총나무, 찔레, 까마귀밥여름나무, 원추리, 돌나물,
꼭두서니, 두릅, 제비꽃, 지칭개를 한 주먹씩 뜯었다.
자연에서 욕심을 부리면 사고가 나기 십상이다.
하나의 나물을 뜯을 때마다 인디언들이 자연에 하듯이
"미안해!"라고 말한 후 꺾게 했다.
참기름, 깨소금, 고추장으로 비벼서 계곡에서 먹었다.
산새가 날고, 다람쥐들이 숨바꼭질하고, 계곡물 노래하는
자연의 품에서 천사, 샤론, 옥구슬, 꽃비, 꿈 소년 다섯 명이 먹은
한 끼 점심.

    10가지 나물들이 각기 맛을 뽐내면서 맛의 향연을 벌인다.
준비하는 일은 번거로웠으나 보람, 행복 가득한 하루였다.
이런 말이 떠오른다.
"조물주는 인간에게 너무 과도한 선물을 주었다고 자책할지 모른다.
자연은 인간에게 보여주기에 너무나 아까운 것이기 때문이다."

15 혼자 있는 힘
2020. 4. 2. (목)

니체는 고독의 힘을 믿으라 했다. 혼자 있는 것도 능력이다.
홀로 있음과 외로운 것은 의미가 다르다. 홀로 있으므로 자아를
발견하고, 마음의 근육이 더 단단해질 수 있다.

요리하기, 달리기, 걷기, 오랜 시간 산행하기, 새벽기도,
차박 캠핑, 비박, 여행, 식사, 잠자는 일, 목공일, 그림 그리기,
글쓰기, 영화 공부, 클래식 음악 감상, 혼잣말하기, 새 보기,
자연 관찰, 자전거 타기, 스키 타기,
2박 3일 지리산 둘레길 걷기, 6박 7일 차박 여행,
6일 독서 여행, 12시간 지리산 종주, 2박 3일 남덕유산, 월출산,
설악산 등반 등 나 혼자 하는 일이 많았고 지금도 그렇다.

난 나에게 많은 이벤트를 하곤 한다. 잘하는 일이다.
결국, 인간은 혼자 걸어가야 한다. 죽음도 혼자 맞이해야 한다.
함께할 때의 행복도 필요하지만 혼자 있을 때
더 많은 창의력이 나온다. 내가 생각해도 난 강하다.
역경이 내 앞에 왔다가도 지쳐서 도망갈 거니까.

혼자 있을 때 외롭기보단 에너지가 더 나온다.
내면적인 사색 활동과 독서, 글쓰기가 하루 중 차지하는 비중이
크기 때문일 것이다.

16 오르막길 있으니 내리막길도

2020. 4. 2. (목)

물안갯길 옥정호 드라이브 코스에 왕벚꽃이 만개했다.
하고 싶은 일은 해야 한다. 할까 말까가 아니라 반드시 해야 한다는
목표 의식이 있다.
거부할 수 없는 마음의 소리. 라이딩하기 좋은 날이다.
3시간 정도 자전거를 탔다. 이 길은 계속 오르막이었다가
계속 내리막이 반복된다. 참고 견디며 페달을 밟았다.
긴 호흡하면서 숨이 헉헉거린다. 다리도 아프다.
힘드니까 더 보람 있고 행복하다.
속도계를 보니 내리막길에서는 시속 60킬로미터가 나온다.
힘든 과정을 지나야 보람도 더 큰 법이다.

왕벚꽃 터널을 지날 때 눈부신 꽃잎들이 꽃비 되어 내리면서
나를 응원한다. 운암 수몰민들을 기념하기 위해 만든
해산공원에서 강 건너로 용운리 마을이 보인다.
눈앞에 보이는 붕어섬이 그림 같다.

인생길도 오르막길이 있으면 반드시 내리막길도 있다.
오를 때의 힘듦과 인내가 있었기에 내려올 때의 행복과 기쁨이
배가 된다. 시간이 말을 해 주며, 그 시간 속에 내가 어떤 의미와
가치를 부여하고 노력하느냐에 따라 결과가 다를 것이다.
오늘 라이딩하느라고 수고한 나를 위해 목 삼겹살을 구워 먹었다.

새벽길 별을 보며

17 나를 위해 준비된 다래 수액

2020. 4. 2. (목)

복은 우연히 오는 게 아니다. 복을 짓는 일을 해야 오는 것이다.
심으면 언젠가는 거두게 된다. 어제 오봉산에서 쓰러져 누워 있는
다래나무 끝에서 한 방울씩 떨어지는 수액을 그릇에 받아 다섯 명이
한 모금씩 나누어 마셨다.
그리고 자연의 혜택에 보답하기 위해 쓰레기를 주워 왔다.
다래는 갈잎 덩굴나무로 7미터 정도의 높이까지 올라간다.
비닐봉지를 걸어놓고 내려왔는데 오늘 가 보니
페트병으로 4개 정도의 양이 나왔다.
다래 수액은 고로쇠보다 훨씬 효능이 뛰어나다.
나무에서 직접 떨어지는 것도 신기했지만 받아먹는 맛도 오묘하다.
달지도 않으면서 은은한 향이 있는 다래 수액을 처음 만난 날이다.
배낭에 메고 내려오는데 행복해서 춤이 절로 나온다.
어제 일행에게 자연 비빔밥 요리를 해 줬더니 복을 주시나 보다.
감사해서 눈물이 나올 지경이다.
내가 찾으려다가 찾은 것이 아니라 내 눈앞에 나타나 준 선물이었다.
복은 갑자기 찾아오나 보다.
간 김에 자전거 라이딩까지 했으니 일거양득일세.

18 화장실 공연장
2020. 4. 3. (금)

아침에 화장실 사용하는 시간은 대략 7시 30분이다.
15분 정도의 짧은 시간에도 이곳에서는 많은 일이 벌어진다.
다시마 가루를 반죽하여 샴푸하기를 6년. 다시마 가루를 머리와
얼굴에 바르고 오늘은 반젤리스의 「콘퀘스트」 음악을 듣고,
명상, 시 암송 그리고 큰 거울 앞에서 인디언 춤을 추었다.
인디언 춤이라는 단어도 내가 붙였다. 정해놓은 순서도 없고
내 마음대로 자유롭게 몸을 움직여 보는 춤.
그러고 있는 내 모습을 보면 한 마리의 원숭이 같기도 하다.
잘한다고 손뼉 쳐주는 사람도 있다. 바로 나다. "잘했어.
아주 멋있는데! 오우, 기분 좋지?" 니체도 "아이처럼 춤을
추라."고 했다.
화장실 벽에는 정약용의 「딸에게 보낸 매조도」, 정몽주의
「춘흥」, 공석진의 「시와 커피」, 진창오의 「애기똥풀」 시가
붙어 있다. 우리 집 화장실은 그냥 화장실이 아니라 공연장이다.
3평 정도 되는 작은 공연장.
물론, 관객은 항상 나 한 명뿐이다. 관객도 나, 공연하는 것도 나,
평가해 주는 사람도 나뿐이다. 어떤 때는 거울 앞에서
십여 가지 표정을 지어 본다. 화내는, 찡그리는, 놀라는…….
역시 웃을 때가 좋다.

19 계속 말해, 내가 들어줄게
2020. 4. 3. (금)

대화란 "서로 마주하여 이야기를 주고받는 것"이다.
Conversation, 즉 "돌아서서 마주 본다"는 뜻이지만
그러면 혼자 하는 것은 뭘까? 독백? 난 혼자서도 대화를 잘한다.
난 나와 대화한다. 소리를 내서 말이다.
아침을 먹다 숟가락을 바닥에 떨어뜨렸다.
"오우, 숟가락을 떨어뜨렸네! 음, 괜찮아. 다시 가져오면
되지 뭐. 숟가락을 줍느라 허리 굽혔으니 운동했네. 하하하."
계속해서 온종일 말해도 들어주는 나의 가장 친한 친구
꿈 소년 진창오다.
"요즘은 손톱 좀 길러야 해 그치? 왜? 나물 캐야 하니까.
칼보다 네 손이 좋아. 손도 크잖아."
나를 마주하여 이야기하는 즐거움. 이때가 다시 나를 보는
유쾌한 시간이다.
2000년도에 나온 톰 행크스 주연의 「캐스트 어웨이」.
주인공은 비행기 사고를 당한 무인도에서 구사일생으로 살아남아
4년의 세월을 견디면서 지냈다.
배구공의 이름을 윌슨이라 부르며 때로는 말다툼도 하고
대화도 하면서 결국, 탈출에 성공하여 약혼녀를 만나는 감동적인
영화가 마치 내 모습 같기도 하다.

20 주말 부부도 해 보네
2020. 4. 3. (금)

살면서 경험해 보는 일은 수천억 가지도 넘을 것이다.
올해 3월 9일부터 장수교육지원청으로 발령이 난 아내 김경희.
중매 결혼하여 36년을 살아온 행복한 세월. 영특하고, 지혜롭고,
외유내강하며, 건강하고 예쁜 사람이다.
코로나 19로 삼일 밤 예배를 못 드리니 월요일 휙 가고
금요일 저녁 싹 날아온다. 4일 밤을 혼자 자는 것이다.
결혼하여 처음으로 경험해 보는 주말 부부의 생활이다.
생활 패턴이 많이 바뀌었고 가장 비싼 시간은 혼자 있는
시간이라더니 공감이 된다.
이 나이에 주말 부부도 해 보다니 재밌는 일이지 않은가.
내가 원해서도 아니고 원치 않아서도 아닌, 순리대로 사는
것이니까. 덕분에 요리 솜씨도 늘고, 아침 운동도 거르지 않고,
그리움의 시간도 있다. 또한, 하나님은 나를 얼마나 사랑하시는지
심심하게 하지 않으신다.
때로는 울 기력이 없을 만큼 고난의 잔도 마시게 하시고,
두 며늘아기도 주시는 큰 복도 주셨다.
장수에서의 근무와 생활이 엄청 즐겁고 행복하다고 말하는 아내.
그리고 보니 오늘 오는 날이네.
요리 한 가지 해서 마님께 드릴까?

새벽길 별을 보며

21 신랑의 눈물
2020. 4. 4. (토)

　　바다에 나갈 때는 한 번 기도하고,
전쟁터에 나갈 때는 두 번 기도하고,
결혼식장에 나갈 때는 세 번 기도하라는 말이 있다.
지구상의 인구 약 77억 5천만 명 중에
한 사람의 남자와 한 사람의 여자의 만남, 이는 놀라운 기적이다.
　　신랑 이름은 이○범, 신부 이름은 김○은.
왕벚나무 꽃비가 내리는 4월, 청명인 오늘 백합꽃보다
눈부신 하얀 드레스에 면류관을 쓴 신부.
그동안 결혼식장에서 신부의 눈물은 많이 보았다.
그런데 오늘은 신랑이 더 울었다.
감사함과 미안함, 잘 살겠다는 마음의 표현일 것이다.
양가 부모님께 큰절을 올릴 때는 신랑 신부가 함께 울었다.
여기 이 자리에 오기까지 넘어야 할 산도 건너야 했을 강도
있었으리라. 여기까지 온 것 자체가 승리고 위대한 것이다.
　　사랑의 손잡고 민들레 솜털처럼 함께 걸어야 할 꽃길.
행복하세요. 힘차게 손뼉을 쳤다.
믿음, 소망, 사랑의 꽃동산 되는 가정이 되길 기도했다.
그렇게 될 줄 믿으면서 피로연에서 큰 접시에 초밥을 열심히 담았다.

22 한 줌의 흙으로 가는 인생
2020. 4. 4. (토)

봄을 시샘하는 바람이 차갑게 느껴진다.
그래서 꽃샘추위인가 보다. 자주광대나물이 온통 뒤덮은 낮은 산.
나의 여동생 시댁 조상들의 이장예배를 드렸다.
한 곳에 세 분을 모셨다.
"오늘 작업하는 데 얼마나 들었니?" "600만 원이요."
풀과 같고 꽃과 같은 인생. 한 줌 흙으로 돌아가느니.
인디언 미크맥 부족은 땅과 사람을 하나로 보고
땅을 어머니라 부른다.
그 부족은 "어머니이신 땅을 사랑하며 제 발을 받쳐주는
이 땅을 잘 보살피겠습니다."라고 말한다.
호스피스 병동에 있는 사람들에게 물어봤다.
죽기 전에 깨달은 공통적인 세 가지는 이랬다.
첫째, 내 가슴이 시키는 일을 하며 살았더라면
둘째, 사람들과 맺힌 것 모두 풀었더라면
셋째, 많이 나누며 살았더라면
다시 또 내게 질문한다.
나는 누구인가? 어떻게 살 것인가?
어떻게 복된 죽음을 맞이할 것인가?

23 오줌 싸러 뒷산으로

2020. 4. 4. (토)

서재에서 우리 집 화장실까지는 약 7미터,
뒷산까지는 약 50미터다.
뒷산까지 갔다 오면 7배의 운동을 하는 셈이다.
운동을 안 하려고 하면 없는 열 가지 이유를 댄다.
하려고 하면 있는 열 가지 이유도 통과시킨다.

하루에 8~9번 소변 보는 시간, 당연히 뒷산으로 간다.
집 계단 오르내려서 칼로리 소모되고,
마당에서 고양이들 이름 부르고,
햇빛이 어떤지, 어떤 바람이 부는지,
앞집 식당에서는 무슨 음식 냄새가 나는지,
어떤 차들이 오고 가고, 무슨 새들이 놀러 왔는지,
수도료 아껴 좋고, 땅도 밟아보고,
바람에 흔들리는 대나무의 합창소리도 듣고 얼마나 좋은가!

고양이들이 주인아저씨 나왔다고 따라다니며 몸을 비벼대고
배를 보여주는 애교 타임이다.
불편함, 힘든 것, 귀찮게 생각되는 것을 즐겨하자.
난 긍정 마인드의 실천가!
내가 나를 너무 비행기 태웠나?

24 쓰리고를 잘 해요
2020. 4. 5. (일)

감사의 조건이 수없이 많지만 쓰리고를 잘하는 것,
얼마나 감사한 일인지 모른다. 세상에는 쓰리고를 못하는 사람들이
얼마나 많을까? 쓰리고만 잘해도 큰 복이고 건강하리라.
어제, 오늘, 내일 난 쓰리고를 잘해 왔고, 잘하고 있고,
잘할 것이다. 잘 먹고, 잘 자고, 잘 싸고, 이것이 쓰리고다.

맛있게 가리는 것 없이 잘 먹는다. 없어서 못 먹고, 안 줘서
못 먹고, 배불러서 못 먹을 뿐이다.
머리만 대면 스르륵 잠이 온다. "빨리 와 줘 응?" 하지 않아도
오는 잠. 어떤 때는 변기에 앉아서도 졸 때가 있다.
잠 잘 자는 복이 얼마나 큰지 모른다.
아내는 한술 더 떠 나보다 더 잘 잔다. 돼지띠라서 그런가 보다.
아침 7시 30분경, 시간 됐네요. 쌀 시간이요.
평균 하루에 한 번, 많이 먹으면 두세 번이다.
임금님 똥을 맛보며 건강 체크하는 의원도 있었지.
죽는 날까지 난 잘할 거야.
쓰리고를 말이다. 잘 먹고, 잘 자고, 잘 싸는 것,
최고의 건강 비결이지 않겠는가.

새벽길 별을 보며

25 3평짜리 카페에 앉아
2020. 4. 5. (일)

예가체프, 케냐AA, 블루마운틴 등 커피 향 그윽한 이곳을
"~의 방"이라 이름 붙였다. 들어갈 때마다 의미가 다를 수 있어서다.
드립 커피를 내려 먹는 세상에서 가장 작은 카페다.
감태나무가 휘감고 있고, 내가 만든 수십 종류의 십자가가 걸린 곳,
「내 주를 가까이 하게 함은」 찬송가가 스피커를 통해 커피 향과 함께
흘러나온다. 나도 이 찬송을 들으며 하늘나라에 가고 싶다.
커피를 내릴 때 아지랑이처럼 피어오르는 향기.
내릴 때마다 향, 신맛, 쓴맛, 단맛, 입안 질감, 밸런스 별이
모두 다르다.

단맛은 늘 평이하지만 쓴맛에는 깊이가 있다.
쓴맛 뒤에 느껴지는 감미로운 여운이 나는 좋다.
나를 감싸고 있는 행복한 시간,
12주 동안의 바리스타 교육받기를 잘했다.
가르쳐준 선생님에게는 "커피 소녀"라는 닉네임을 지어드렸다.
"커피는 악마처럼 검고, 지옥처럼 뜨겁고, 천사처럼 아름답고,
사랑처럼 달콤하다.
신은 커피를 만들었고, 커피는 문화를 만들었다."
열심히 필기한 노트를 다시 펼쳐봤다.

26 꼭 만나고 싶은 손열음
2020. 4. 5. (일)

차이콥스키 피아노 협주곡 1번 1악장 「역경 속에 피어난
아름다운 한 송이 꽃」. 1874년 그의 나이 34세 때 완성한
불후의 명작.

언제일까, 언제쯤일까? 그날이 언제 올까?
샤워할 때, 커피 마실 때, 책 읽을 때, 길을 걷거나 산책할 때,
누워 꼼짝 안 할 때 듣는 손열음의 피아노 연주곡.
깊은 음악의 바다 아래로 쑥 빨려 들어간다.
아마, 들은 횟수로 따지면 수백 번은 더 되리라.
손열음 님은 피아노 건반 위에서 춤추며 나는 나비 같아.
온몸의 힘을 다 쥐어 짜내는 에너지 펑펑.
오래전부터 기도하며 꿈꾸어 왔다. 기필코 손열음 피아노 독주회
연주를 볼 것이다.

할 수 있으면 이른 시간 안에 이루어지길 빈다.
이분을 만나면 난 뭐라 할까? 이분을 만날 때 어떤 선물을 준비할까?
연주를 통해 이미 만났지만 직접 만나 그 위대한 손을 보고 싶다.
성이 손 씨여서 손도 아름다울 거야.
좋은 피아노 연주를 들려준 손열음 피아니스트.
건강과 행복을 위해 손을 모아 기도한다.

27 네가 잘되어야 내가 잘된다
2020. 4. 6. (월)

30대 초반에 이스라엘 성지 순례를 갔었다.
이집트에서 이스라엘 타바 국경까지 갈 때 버스로 광야 사막 길을
가로질러 가게 되는데 유달리 척박한 광야에 종종 푸르름을 띠고 있는
나무가 보인다. 성경에서 법궤를 만들 때 사용했던 싯딤나무다.
이 나무는 조각목(아까시나무)으로 번역되었으며,
별명은 "뿌리 깊은 나무"다.
어떤 나무는 뿌리가 2킬로미터까지 뻗어나간 것도 있다.

이 나무는 광야에 외롭게 서 있다.
그런데 그 귀한 나무 옆에 아주 비슷한 나무가 기대어 산다.
하르노그 하싯딤나무라고 부른다.
생김새도 비슷하게 생긴 이 나무는 사람들로부터 나쁜 나무,
못된 나무라고 욕을 먹는다. 왜 그럴까?

이 나무는 싯딤나무 옆에 기생하면서 싯딤나무가 뽑아 올리는
자양분을 뺏어 먹는다. 자기가 살기 위해서다.
처음에는 잘 사는 것 같은데 점점 싯딤나무가 힘을 잃고
죽어갈 때 하르노그 하싯딤나무도 함께 죽어간다.
물론, 타고난 나무의 특성을 이해하지만 우리의 삶에
철학적 사고를 해 볼 필요는 있다.

28 가장 귀한 손님
2020. 4. 6. (월)

 하루 세 끼 식사하는 일. 오늘 먹은 아침, 점심, 저녁이
내일 또다시 올까? 아니지, 오지 않지.
오늘 먹은 음식, 시간, 맛, 느낌은 두 번 다시 오지 않지.
식사 시간에 가장 귀한 손님은 누구일까? 바로 나 아닌가?
맞다. 나다.
내가 먹는 집, 앉아 먹는 식탁이 최고의 레스토랑이다.
그동안에는 담아 놓은 반찬을 그릇째 꺼내 먹고,
다시 냉장고에 넣어두고, 반찬들을 다 먹을 때까지 그랬다.
그릇 씻기 귀찮아서였는지, 꺼내 덜어 먹는 것이 번거로워서
그랬는지, 변화를 싫어해서 그랬는지. 아무튼 앞으로는
멋지고 아름다운 도자기 그릇에 한 끼 먹을 음식만 담아서 먹어야지.
 먼저 예쁜 그릇을 사러 가야겠다.
일주일 안에 분명히 식탁에 새로 구입한 그릇이 놓여 있을 것이다.
가슴이 시키는 일은 미루면 안 된다.
행동으로 즉각 나타나야 한다.
한 끼 식사에도 이야기가 있어야 하고,
철학이 담겨 있어야 하지 않니?
그럼요, 당연하죠. 실천하면 되지요.

29 옥상 위의 민들레
2020. 4. 7. (화)

　태양이 붉게 떠오르는 시간. 설렘으로 걷는 탑천 길.
유튜브 동영상을 여니 박완서의 소설 『옥상 위의 민들레』
책 읽어 주는 화면이 뜬다. 오늘 이 사이트를 열게 된 것도
우연이 아니라 필연이며 행운이다.
　아파트 이름은 궁전 아파트, 최고급 아파트에서 투신한
노인들을 두고 어른들이 보는 관점과 한 어린이를 통하여
지적하는 인간들의 심성을 적나라하게 표현하고 있다.
그리고 아무도 나를 필요로 하지 않는다는 어린이의 절망과
극단적 선택을 하려는 생각. 그래서 올라간 아파트 옥상에서
민들레꽃 한 송이를 발견한다.
민들레꽃 하나를 보고 갖는 생명의 환희가 아이의 마음속에
출렁거렸다.
　냉장고에 먹을 것이 가득하고, 좋은 옷, 고급 가구와 외형,
아파트 가격이 인간을 살아가게 하는 것이 아니라
사랑받고 있다는 행복과 안위감이 인간을 살릴 수 있다는 소설.
걸으며 듣는 내내 몇 번이나 눈물을 흘렸다.
여기에 등장하는 어린이가 바로 나의 어린 시절의 삶이었고
내 이야기였기 때문이리라.
내 마음은 민들레 홀씨 되어 하늘을 난다.

30 내가 버무려 먹어 본 나물
2020. 4. 7. (화)

　　겨울은 길다. 춥고 바람이 차다.
지난 한겨울을 견디며 이른 봄을 기다린 나무, 풀꽃, 야생초들,
한 줌의 나물을 먹기보다는 인내의 세월과 시간을 먹는 것이리라.
난 호기심, 열정, 도전이 많은 나를 좋아해.
까무러칠 듯 예쁘게 돋아난 봄나물들을 꺾는 것이 미안하기도 하다.
먹을 때마다 미안함, 고마움이 교차한다.
　　향, 맛, 영양, 어느 것 하나 버릴 것 없는 봄나물들.
돌미나리, 두릅, 냉이, 장대나물, 원추리, 쑥, 갓, 토끼풀, 지칭개,
씀바귀, 까실쑥부쟁이, 머위 등 내가 버무려 먹어 본 나물들이다.
봄에는 비빔밥 천국이다. 입 안 가득 춤추는 봄나물의 향연.
　　비빔밥은 화수목금토 5행 융합이니,
화-고추장, 수-참기름, 목-나물, 금-쌀, 토-계란,
음-젓가락, 양-숟가락.
난 나물을 먹는 것이 아니라 보약을 먹는 것이다.
자연을 온몸에 채운다.

31 만경강의 추억
2020. 4. 8. (수)

    만경강은 완주군 동상면과 소양면의 경계인
원등산(713미터)에서 발원하여 호남평야의 중심부를 지나
서해로 흘러드는 강으로, 길이는 81.75킬로미터다.
전북평야를 관통하는 대동맥인 만경강은 춘포면과 오산면의
경계를 흘러 서해로 들어간다.
    요즘은 만경강을 종종 찾아간다. 왕벚꽃이 흐드러지게 핀
만경 강변 옆 자전거 길을 달렸다. 아련히 스쳐 지나가는
50여 년 전의 즐거운 추억들이 필름처럼 이어진다.
고향 우리 집에서 만경강까지는 자전거로 10분쯤 걸린다.
어릴 적으로 타임머신을 타고 돌아가 본다.
    겨울에 강이 얼면 마당만 한 얼음을 타고 다녔다.
강에 빠져서 죽을 뻔한 적도 있었지만 재밌었다.
참게를 잡아 어머니께 자랑하면 늙은 호박을 넣고 끓여주셨는데
맛이 기가 막혔다.
아버지가 강에 투망을 휙 던지시면
얼마 후 난 여러 종류의 물고기들을 열심히 주워 담았다.
개헤엄을 치면서 친구들과 얼마나 멀리 가나 시합도 했다.
일제 강점기 때 만경 강둑을 쌓는 일을 하고 하루에 보리 한 되로
자식들 6남매를 먹여 살린 아버지 생각도 꼬리를 문다.

32 아버지에 대한 기억
2020. 4. 8. (수)

우리 아버지는 47세 나이에 돌아가셨다.
내가 초등학교 6학년 때였다. 아파서 거의 방에 누워만 계셨던 모습.
그 병을 고칠 수 있다고 무당을 불러서 한 달에 한 번쯤 밤새
푸닥거리하던 집안. 가끔 나에게 주전자를 들고 마을 주막에서
막걸리를 받아오라고 시켰던 심부름.

창오야! 다정하게 나를 불러주던 기억이 있을까?
그래도 하나의 기억쯤은 남아 있다. 아버지가 만경강에서
투망질하실 때 하얗게 그물에 잡혀 올라오는 고기들을 주워 담던
즐거운 기억이 그것이다.

작년에 만경 강가에서 하룻밤 혼자 차박을 하면서
강가를 거닐던 것도 어쩌면 아버지에 대한 그리움이
가슴 한쪽에 밀려와 그런 것인지도 모른다.
억수같이 내리는 빗속에서 낭산 선산에 황토를 파고
아버지를 묻었던 52년 전의 여름날.
장대비 소리와 어머니의 울부짖는 통곡 소리가 여전히
귓가에 남아 있는 듯하다.
아! 나는 내 아들들에게 어떤 기억으로 남는 아버지가 될까?

33 어디로 갔니? 할미새들아
2020. 4. 8. (수)

　　전 세계 59종, 한국 14종의 할미새. 새벽기도 후 걷는
탑천 길에서 만나는 새들이다. 다리 아래에 모래톱이 있고
세 갈래로 물이 흐르는 곳. 냉이꽃, 억새 등 여러 풀이
자리 잡은 곳이다. 나는 그 다리 위에 서서 물가를 유심히
내려다본다. 언제나 서너 마리씩 바쁘게 발자국 찍으며
돌아다니는 할미새.

　　모래 위에 수놓아진 할미새들의 귀여운 발자국들이
꽃모양을 콕콕 찍어놓은 것 같다. 앉아 있을 때는 꼬리를
위아래로 흔들고 날아갈 때는 파도 모양을 그리면서 날아간다.
모래 위를 걸어 다닐 때는 총총걸음이 상당히 빠르다.
흰색, 검은색, 노란색, 회색, 갈색으로 옷을 입은 내 친구들.
어제까지 매일 보이더니 오늘은 보이지 않는다.

　　무엇인가 잃어버린 듯 허전함이 일렁거린다. 매일 보았던
아이들이 어디로 갔을까? 이곳에는 더 이상 먹을 것이 없다고
이사 갔을까?
매일 보아도 매일 보고 싶다.
새들이 더 이상 진지해질 수 없을 것 같은 진지함으로 최선을
다하는 모습을 나는 배운다.
매일 안 보면 더 보고 싶다.

34 나를 부르는 진달래
2020. 4. 8. (수)

2월에 운장산을 올랐다. 내처사동에서 계속 오르막길이어서
숨이 찼다. '힘들어야 운동이 되지.' 여러 차례 운장산에 올랐지만
힘이 들었다. 운장산은 구름에 가려진 시간이 길다 해서 붙여진
이름이다. 1,125미터 노령산맥 주봉인 이곳에 진달래들이
그렇게 많은 줄 그때 알았다.
나를 중심으로 보이는 진달래나무를 세어보니
무려 30여 그루나 되었다.
그때 진달래나무들이 듣는 데서 이랬다. "진달래꽃 필 때
꼭 와볼 거야."
그리고 오늘 아침, 잠깐의 망설임이 생긴다.
'뭐 꼭 진달래 보러 운장산까지 한 시간 거리를 가야 하나?
가까운 15분 거리 미륵산에도 진달래는 많은데 말이지.'
가지 않으려면 이런저런 핑계를 대면서 합리화하려고 하는 것이
인간인가 보다.
그런데 다시 생각해 보니 오늘 보러 가지 않으면
그때 들었던 진달래들이 "인간은 믿을 게 못 돼.
에이, 변덕쟁이!"라고 말할 것 같아서 진달래와의 약속을 지키기
위해 갔다. 아! 그런데 아직 봉오리도 맺지 않았다.
내가 너무 빨리 왔나 보다. 또 한 번 오시구려.
진달래들이 입을 모아 외치는 듯하다.

새벽길 별을 보며

35 Just do it!
2020. 4. 8. (수)

　　세기의 도전자, 위기의 승부사로 불리는 고 정주영 회장이
안 될 가능성 90퍼센트보다 될 가능성 10퍼센트를 보면서 한 유명한
말이 있다. "이봐, 해 봤어?" 나이키의 구호는 "그냥 해 봐!"다.
동기 부여(Motivation)가 있으면 능력(Capacity)이 생기고,
그 뒤에 기회(Opportunity)가 온다.
　　머리털 나고 한 번도 미역국을 끓여본 적이 없다.
내 방식대로 하면 되는 것이 나만의 음식 예술이라고 믿는다.
육수가 있으니 거기에 미역을 넣고 마늘, 참기름,
멸치액젓을 넣으면 끝이다.
순간, 스치는 생각 '낙지 한 마리 넣어볼까?'
미역국에 낙지를 넣어 끓인 것을 본 적도 먹어 본 적도 없다.
그래서 해 볼 필요가 있는 것이다. 무슨 맛인지 알고 싶으니까.
낙지는 오랜 시간 끓이면 뜨겁다고 몸을 오그리고 뻣뻣해질 것
같아서 2분 정도만 끓였다.
　　작은 냄비가 넘쳤다. 미역이 숭숭 불어난 것이다.
먹어 보니 excellence, 별 다섯 개다. 보온통에 담아 배낭에 넣었다.
가까운 곳으로 산행을 가기 위해서다. 그냥 해 보면 된다.
될까 안 될까 생각할 필요도 없다. 완도미역과 낙지가 내 몸에
활력을 주었다. 낙지 한 마리 미역국. 오직 나만의 요리법이다.
근사한 일이다.

36 시 암송을 왜 하니?
2020. 4. 9. (목)

내 나이 60이 넘으면서부터 한 가지 일의 매력에 빠졌다.
시 암송이다.
물론, 14세 때부터 사용하기 시작한 발췌록을 펼쳐보면
중학교 1학년 때부터 시를 좋아했다는 것을 알 수 있다.
윤동주의 「서시」를 그때 암송한 걸 보면 천성적으로 시 암송을
좋아했나 보다. 그런데 60이 넘으면서부터 목표가 더 명확해졌다.
시 한 편을 선택하기 위한 일은 상당한 시간이 필요하다.
마음을 단비처럼 적셔주는 시가 내게 다가올 때 가슴에 안는다.
그리고 암송 노트에 적고 화장실에도, 외출할 때 호주머니에도,
차 안에도, 안방 침대 머리맡에도, 산행할 때 배낭에도,
시장 보러 갈 때에도 언제나 시를 적은 메모지를 갖고 다닌다.
눈에 가까이 있어야 외우기 쉽다. 산행할 때 넘기 힘든 구간이
있듯이 시도 그렇다. 수백 번은 더 외쳐야만 완전 암송이
되기 때문이다. 그동안 요긴하게 시 낭송을 한 적이 많다.
산책하면서, 운전하고 갈 때, 강의 시작하기 전, 행사 때,
북 콘서트 때나 교회에서 암송한 시를 낭독한 적이 있다.
시와 같은 삶을 살고 싶은 마음이 더 간절해진다.
「흔들리며 피는 꽃」, 「담쟁이」, 「들꽃」, 「소금」, 「토닥토닥」, 「귀천」,
「우리가 눈발이라면」, 「시와 커피」, 「장미와 가시」, 「춘흥」, 「딸에게
보낸 매조도」, 「대추 한 알」 등 내가 외우고 있는 시들이다.

새벽길 별을 보며

37 걷고 싶은 탑천 길
2020. 4. 9. (목)

새벽녘에 꼭 걷는 길. 하루라도 걷지 않으면 뭔가
잃어버린 것 같고, 무거운 짐을 계속 머리에 이고 있는 것 같다.
두 시간 걷는 내내 행복이 샘솟는다.
사시사철 변화가 있는 탑천에 찾아오는 많은 새들, 다양한 식생과
오가는 사람들. 미륵사지까지 탑천 길 따라 조성된 자전거 우선도로.
주말이면 네댓 명 가족들끼리 깔깔대며 자전거를 타는
정겨운 모습이 보기 좋다. 나에게 걷는 일은 선택이 아니다. 필수다.
행복하니까. 인류는 깃털이 없는 두발 짐승이고, 걷기는
인류의 역사였다. 소크라테스, 플라톤, 그리스 철학자들,
아리스토텔레스나 그를 따르던 소요학파는 숲속을 거닐면서
철학적 대화를 나누는 것을 좋아했다.
걷기와 사유는 하나로 이어지는 두 행위다.
깨달은 것 중의 하나는, 몸과 생각은 늘 같이 움직인다는 사실이다.
십 년 전, 처음에는 운동하기 위해서 걸었다.
걷다 보니 자연의 일부로 살아왔던 내가 자연과 하나 되어 감을
알았다. 수많은 식물과 눈 맞춤을 하며 걷다 보니 갑자기 글을
쓸 수 있는 주제들이 떠오르기 시작했다.
매일매일 달라지는 자연의 변화를 확인하고 싶어서기도 하지만
이제는 확실히 말할 수 있다. 난 글을 쓰기 위해 걷는다.

38 나와의 인터뷰
2020. 4. 10. (금)

"아침 일찍 걸으니까 좋지?" "그럼, 아주 날아갈 것 같아.
기분이 최고지. 내가 살아있다는 그 설렘이랄까.
눈부신 하루를 시작할 수 있으니 감사하지."
"뭐가 좋은데?" "걸을 수 있는 씩씩한 두 다리 있어 좋고,
오리, 참새, 왜가리, 할미새, 꿩, 말똥가리, 애기똥풀, 광대나물,
하늘의 구름, 볼을 스치는 봄바람 모두 나를 반겨 주니 좋아."
"잘 걷는 비결이 뭐야?" "원래 내 발이 크잖아.
265밀리미터 신발을 신으니까 많이 걸어도 안 피곤해.
부모님께 감사하지."
"그렇구나. 하루 몇 시간쯤 걸어봤는데?"
"십여 년 전에 지리산에서 하루 13시간도 걸었지."
"무섭지 않았어?" "밤 11시 넘어서까지 걸었는데 머리털이 쭈뼛했지.
어디선가 금방이라도 곰이 나타날까 봐서."
"걷기에 대한 꿈도 있니?"
"올해 8월 추석 한가위 보름날 달 뜨면서부터 해 뜰 때까지
밤새 걸어보고 싶어."

새벽길 별을 보며

39 세 끼 밥 걱정하셨을 어머니
2020. 4. 10. (금)

가장의 역할이 크다. 결정적으로 중요한 일이 있을 때는
중심에 서서 지혜롭게 결단해야 할 때가 있기 때문이다.
약 5년 전에 가족회의에서 결정한 것이 있다.
가족 모두 자기의 먹을 것은 스스로 해결하고 설거지까지
해 놓기로 한 것이다. 장모님, 처형, 아내, 나, 두 아들이 각자
다른 일을 하니까 서로를 배려하는 마음으로 내린 결정이었다.
좋아하는 메뉴, 밥 먹는 시간도 각자 다르기 때문에
자율적인 식사를 하는 것이 현명한 방법이라고 믿어서다.
아내가 장수교육지원청으로 발령 난 후 난 요리하는 일이 많아졌다.
다양한 재료를 응용해 본다. 꽤 맛있다. 갑자기 스치는 생각.
옛날에 우리 가족은 6남매와 부모님을 포함해 모두 8명이었다.
매일 세 끼 밥과 찬거리 걱정을 하셨을 어머니. 보릿고개를 넘길 때는
얼마나 힘드셨을까? 입이 8개니 매 끼니 무슨 음식으로 먹일까
고민과 걱정이 많으셨을 것 같다는 생각이 요즘 부쩍 든다.
엄마니까 당연하다고 생각해 온 것이리라. 그나마 시골이라 텃밭이
있어서 가지, 호박, 오이 등으로 반찬을 해 주셨는데 그중에 가장 많이
먹은 것은 호박국이었다. 세 끼를 내가 준비해서 먹고 보니
식구 많았던 가족들 끼니마다 메뉴 걱정에 주름살이 깊어졌을
어머니 생각에 가슴이 먹먹하다.
어머니 살아계셨으면 불고기도 하고, 우럭탕도 끓이고, 가지나물도
해서 이거 한번 드셔 보시라고 상도 차려 드렸을 텐데…….

40 부어주시는 지혜
2020. 4. 10. (금)

계속 생각해 보고, 생각을 집중해 보고, 사골국물 우려내듯이
시간을 두고 믿음으로 기다리면 생각지 못한 지혜를 주신다.
차 앞쪽에 누구나 해 놓는 전화번호판. 그동안 명함 한 장을 놓고
다녔다. 눈을 크게 뜨고 보아야 할 전화번호 글씨.

아냐. 다른 사람과 좀 다르게 해 놓아 볼까?
지혜를 구했다. 그래 맞아. 바로 이거야. 십자가 공방에 들어가니
라일락 나무토막에 손이 간다.
윗부분은 사포질하고, 아랫부분은 움직이지 않도록
접착 헝겊을 붙였다.
나무 위에 전화번호 숫자를 써서 놓으니 보고 또 보아도
자연스럽고 마음에 든다. 자연은 언제나 자연스럽다.
나무토막을 사용하여 이렇게 해 놓는 사람 있을까?

이건 아무리 생각해도 내 머리로 작업한 게 아니야.
위에서 부어주셨어. 늘 지혜 달라고 새벽마다 기도해서일 거야. 맞지?
작은 일 속에서도 내 머리로 하는 것이 아니라 지혜 주심으로
하는 것을 늘 경험한다.

41 마음에 태풍이 불고
2020. 4. 10. (금)

　　남자는 화성에서, 여자는 금성에서 와 지구라는 별에서
지구인이 되어 가는 것이라고도 말을 하지만 생활 방식과
추구하는 가치가 다른 것은 동에서 서가 먼 것과 같이 멀 수도 있다.
장모님, 처형을 모시고 산 지 20년이 훌쩍 지났다.
내 스스로 식물에 대한 집착이 지나칠 수 있음을 인정하면서도
벗어나기가 어렵다. 화단 돌 틈에 겨우내 견디며 꽃피운 제비꽃들을
모조리 뽑아내 버렸다. 손톱만 할 때 풀은 없애야 한다는,
어찌 보면 맞는 말일 수도 있다. 그런데 내 마음에 태풍이
불어오는 것을 어찌하랴. 한쪽에 뒹굴고 있는 제비꽃을 보니
마음이 싸하다. 심호흡을 해 본다. 머리가 아파온다.
신경을 많이 썼다는 의미일 것이다. 난 돈을 잃어버리는 것보다
작은 풀꽃 하나가 없어지는 것이 더 괴롭다. 벌써 몇 번째나 이런 일이
반복되었다.
　　지금의 감정, 기분, 마음. 나를 멀찍이 떨어뜨려 놓고 바라본다.
문제가 있으면 해답도 있는 법인데 갑자기 라인홀드 니버의
'평온을 위한 기도문'이 휙! 하고 가슴에 안긴다.
"주님, 바꿀 수 없는 것은 받아들이는 평온을 주소서.
바꿀 수 있는 것을 바꾸는 용기를 주소서. 그리고 바꿀 수 있는 것과
없는 것을 구별할 수 있는 지혜를 주소서."
서서히 먹구름이 걷히면서 나에게 찾아드는 평안함은 세상에서
가장 큰 선물이었다.

42 언제나 당신이 옳다
2020. 4. 11. (토)

　　사람이나 사물이나 있는 그대로 인정하고 받아들이는 일은
나를 내려놓은 후에 가능한 것 같다. 정혜신 박사의
『당신이 옳다』는 책을 읽고, 다짐하고 깨닫고 아는 것과
내 생활에 적용하고 실천하는 것은 상당한 차이가 있다는 것을
깨달았다. 책에서 저자는 이 책을 읽고 충조평판(충고, 조언, 평가, 판단)만
안 할 수 있어도 공감의 절반은 시작된 것이라고 말한다.

　　어제는 화단 일로 너무 속상했다. 내가 식물을 대하는 관점은
모두 귀하고 아름답다는 것이다. 작은 풀 하나라도 소중하다고
여긴다. 하지만 처형은 마당에 손톱만 한 풀 하나라도 있어서는
안 된다는 입장이다. 이것은 생각의 차이다.
그런데 난 처형의 말을 인정하지 못하고 '당신이 틀렸다!'고
생각하고 있으니 계속 갈등이 생기고 분노가 일었다.

　　갈등, 분노로 인해 무엇을 얻을 수 있는 걸까?
나만 손해다. 나에게 편견, 고집, 고장 난 생각이 많이 있다는 것을
인정하게 되었다. 이제부터는 '당신이 옳다!'고 인정하고
받아들여야겠다. 내 마음이 편하기 위해서라도 말이다.
제비꽃, 풀꽃 뽑는 게 죽고 사는 문제도 아닌데.

　　"당신 나이를 생각해서라도 평안한 것이 최고"라고 다정히
말해주는 아내의 따뜻한 말에 위로를 얻었다. 공감해 주는
아내가 예쁘다.

43 로컬 푸드 관광
2020. 4. 11. (토)

　　우리 집 마당에 놀러 오는 새들이 고양이 사료를 가끔
먹고 간다. 새가 먹을 수 있는 먹이가 있을까 하여
로컬 푸드를 찾아갔다.
지역 농부들이 손수 가꾼 농산물들을 두루두루 구경하는 일도
꽤 재밌다. 입구에 걸어놓은 생산자의 사진을 보니
수백 명은 되는 것 같다.
　　우리 집 뒷동산에서 종종 따서 먹은 두릅 한 봉지.
두 주먹쯤이나 될까 싶은데 가격표를 보니 5,800원이다.
그렇다면 그동안 내가 따먹은 두릅은 얼마치나 될까?
계산이 안 된다. 구경만 하고 나오는데 프리지아 한 다발에
마음이 간다. 노랑 색깔과 향기가 발을 붙잡는다.
내일 아내 생일을 염두에 두고 있던 터라 한 다발 집어 들었다.
세 종류 색깔에 5,000원밖에 하지 않는다.
　　"정말 예쁩니다. 농사짓느라 얼마나 고생하셨어요.
많이 파셨나요?" 왕궁에서 꽃 재배를 하신다는 생산자분이 얼굴에
웃음을 가득 머금고 "네 많이 팔지는 못했어요. 언제 왕궁
꽃 농장으로 소풍 오세요." 한다. 꽃을 다듬는 손길이 곱기도 하다.
마음으로는 몇 다발 더 사 주고 싶었지만 꾹 참았다.
꽃을 키우는 사람들은 마음도 예쁜가 보다.

44 우리 집 복덩어리들
2020. 4. 11. (토)

벌써 3년 전이야. 추석 전날 이른 아침, 마당에 웬 상자 하나가
놓여 있는 거야. 아내가 처음 발견하여 열어보니 아주 어린 고양이
4마리가 눈을 빼꼼히 뜨고 애처로운 모습으로 야옹거리고
있었지 뭐야. 누군가가 놓고 간 거지.
두유를 먹여 살려놨어. 두 마리는 분양하고 두 마리를 키웠지.
이름 잘 짓기로 쪼끔 소문난 내가 지었지. '룰루, 랄라'라고.
예쁜 짓만 골라서 해. 자꾸만 밖에서 내 방으로 들어오려고
하는 거 보면 사랑받고 싶은가 봐. 화단에다 똥을 싸고
가끔 쥐도 잡아 와서 칭찬해 달라고 하거든. 고 녀석 참.
새끼를 낳아 지금 4마리가 우리 가족이 되었어.
　　오래전에 키우던 고양이를 무리해서 잡으려고 하다가
손을 물렸지. 악 소리가 저절로 났어.
파상풍 주사를 맞는데 물린 것 못지않게 아팠지. 그때 결심했어.
다시는 고양이를 키우지 않으리라고. 하지만 한 치 앞도 내다볼 수
없는 인생인데 장담한 거지. 누가 우리 마당에 새끼 고양이를
갖다 놓으리라 상상이나 했겠어. 그리고 이제는 고양이에 대한
편견이 싹 사라져 버렸어. 그저 예쁘기만 한걸.
　　새벽기도 다녀와 먼저 밥을 주고 하루 세 끼 잘 챙겨주는
정겨운 주인아저씨 만난 룰루, 랄라, 달이, 꼬리야 오래 함께 살자.

45 눈칫밥 먹는 꼬리
2020. 4. 11. (토)

룰루가 새끼를 낳았다. 대개 고양이는 꼬리가 길쭉한 게
특징인데 한 마리는 유달리 꼬리가 거의 없다고 할 정도로
짧았다. 둘째 아들이 기회 봐서 데리고 가 키우고 싶다고 하여
요 아이만 분양하지 않았다. 그런데 젖을 떼자마자 집을 나갔다.
얼마나 걱정되고 아쉬웠는지 모른다.
살았는지 죽었는지? 어디서 밥은 먹고 지내는지?

서너 달이 지난 어느 날, 삐쩍 마른 초라한 모습으로 다시
돌아온 녀석. 룰루, 랄라, 달이가 밥 먹을 때 슬슬 눈치를 보면서
얼른 먹고 꽁무니를 뺀다. 한 번이라도 안아주고 싶은데
도망 다니는 선수다. 그래서 이름도 꼬리가 짧아 "꼬리"라고 했다.

이런 고양이는 처음이다. 벌써 몇 개월이 되었는데도
사람을 피해 다닌다.
대개 고양이들은 어릴 때 따뜻한 손길을 많이 받지 못하면
눈치를 살피고 경계하는 경우가 많다.
어째서 집을 나갔다 와서 눈치만 살피게 되었니?
안쓰럽다. 그것 또한 너의 운명이었니?
예쁜 녀석 꼬리. 다시 돌아와 줘서 고맙구나.
모든 생명은 아름답다.

46 40여 년의 다림질
2020. 4. 12. (일)

한신대학교 4년의 자취, 기숙사 생활, 결혼해서 36년.
그러니까 40여 년 동안 다림질을 했다.
달인 흉내는 낼 정도여서 와이셔츠 하나 다리는 데
30초밖에 안 걸린다. 다림질은 내 몫이다.
구겨졌던 옷이 쫙쫙 펴지는 것을 보면 즐겁다.
내 마음까지 펴지는 것 같아서 기분이 좋다.
반듯이 펴서 걸어놓고 하나씩 입는 즐거움도 크다.
옷이나 인간이나 뜨거움이 필요한가 보다. 뜨거움은 고난이다.
인생은 고난을 통해 성숙해지는 것이리라.
뜨거운 다리미를 보니 열복과 청복이라는 단어가 떠오른다.
뜨거울 열자, 열복. 맑을 청자, 청복.
다산 정약용 선생이 병조판서 오대익의 71세 생일을
축하하는 글에서 정의하고 있는 행복의 개념이다.
"열복(熱福)"은 일명 출세한 사람의 복이고, "청복(淸福)"은
청아한 삶의 일상, 예쁜 꽃과 나무들을 벗하며,
시냇가에 발을 담그고 행복을 찾는,
내 인생의 사소한 곳에서 의미를 찾는 복이다.
아내가 결혼할 때 혼수품으로 사 온 다리미.
36년을 썼으니 무던하다 나도.

새벽길 별을 보며

47 사랑하는 당신에게
2020. 4. 12. (일)

　　오늘 기쁘고 복된 날. 생일 축하해! 살아온 36년의 세월이
아름답고 감사할 뿐이네. 크게 아프지도 않고 살아와 준
고마운 당신이 있었기에 행복한 나날을 지내왔네.
언제나 고마운 사람, 번뜩이는 지혜로 에너지를 펑펑 주는 당신,
요즘 무척 예뻐지고 활기 넘치는 모습 좋아.
　　늘 맡겨진 일에 최선을 다하고 진실한 당신,
무엇보다 상담교사로서 보람 있게 근무하는 모습이 감동이지.
요즘 당신, 공주님이 되었어. 생일선물 여러 가지 생각하다가
프리지아 한 다발 준비했어.
프리지아꽃 속에 당신의 얼굴도 피어 있네. 내가 지금까지
여기 있는 것은 모두 당신 덕분임을 감사하고 있어.
　　내년 생일 때까지 부디 건강하고, 근무하는 일 즐겁고
보람 있게 할 수 있길 바래. 당신 위해 할 수 있는 일,
더 기도해야지. 예쁘고 지혜로운 두 며늘아기 주신 것도
큰 은총이지. 당신 덕분이네. 사랑해!

48 탑천 길 걷기 번개팅
2020. 4. 13. (월)

고전 독서 모임에서 탑천 길 걷는 즐거움을 여러 차례 얘기했더니
마음들이 동했나 보다.
별빛, 횃불, 프리티, 은혜 그리고 나, 5명이 오전 5시 50분에 집합해
걷기 시작했다. 천변에 얼굴 내밀고 있는 쇠뜨기, 갓꽃, 광대나물,
왜가리 등을 보며 신기해하고, 구름에 가리긴 했지만 일출을 보며
얘기꽃 활짝 폈다. 원두막 쉼터에 오순도순 앉아 내가 준비해 간 쑥국,
찰밥으로 아침식사를 했다.
디저트까지 배낭에 가득 담아 업고 갔다.

행복 밥상 준비하느라 그릇, 숟가락, 젓가락까지 들고 왔다.
주는 자가 복이 있다고 했고, 섬기는 사람이 더 행복한 법이다.
7시 20분, 우리 집에 도착하여 드립 커피 한 잔씩 나누면서
화단 둘러보며 꽃나무들 눈길 주고 얘기하니 사람 사는 행복이
이런 것인가 보다 싶다. 십자가 공방에서 나무망치를 선물로
하나씩 주고 사인해 달라 졸라서 해 주었고,
작은 십자가 너도나도 달라 하여 선물로 주고,
어제 아내 생일 떡 흑미 인절미도 한 개씩 주었지.
마냥 즐거워하는 모습들에 준비한 보람이 기쁨으로 날개 편다.

새벽길 별을 보며

49 오래된 된장 주문
2020. 4. 13. (월)

우리나라에서는 어느 집에 가든지 된장, 고추장, 간장이 없는
집은 없을 것이다. 우리 조상들은 맛좋은 장을 담그기 위해서
적절한 시기와 물 선택을 중요하게 여겼다.
아무 때나 장을 담그는 것이 아니라 추위가 덜 풀린 입춘 전에
담가야 한다고 한다. 잘 뜬 메주로 해야 하고, 간수 빠진 소금도
중요하다. 꽃이 핀 장은 맛을 안 보더라도 된장 끓일 때
맛있는 향이 절로 난다고 했다.

진안에서 도예하시는 문 선생님에게 된장을 주문했다.
2년 된 것, 5년 된 것, 맛이 다르단다. 3킬로그램을 주문했는데
언제 다 먹지? 쑥, 두릅, 지칭개, 갓, 가시오갈피 순, 원추리를 씻어서
냉동실에 곱게 넣어두었으니 된장국 기대와 설렘이 남는다.
문 선생님은 직접 콩을 심고 거두어서 메주를 만들고
항아리에 넣어 오랜 시간 발효시키고 가끔 손질도 하며
아기 돌보듯이 보살핀다.

마당에 옹기종기 모여 있는 항아리들이 제 각각 할 말을
하고 싶어 하는 것 같다. 옛날 고향 시골에서 볕 잘 드는 곳에
장독대가 있었다. 장독대 옆에는 봉숭아꽃, 앵두나무,
서광꽃을 심어놓았다. 조상들은 뱀이 싫어하는 식물인 것을
알았던 것이다. 맛있는 된장찌개를 위해서 예쁜 뚝배기를
하나 사러 가야겠다.

50 10년 신은 구두
2020. 4. 13. (월)

10년 동안 신고 다녔던 검정 구두를 버리지 못했다.
2년 전에 새 신발이 생겼지만 여전히 버릴 수 없어서 신발장
한구석에서 쉬게 했다. 집에서 오가며 신고 다니는 슬리퍼가
너덜너덜해졌다. 만 원이면 살 수 있는 슬리퍼다.
그런데 어느 순간, 쉬고 있는 낡은 구두가 생각났다.
뒷부분만 칼로 도려내면 비슷한 슬리퍼가 탄생하지 않을까.
적용해 보는 노력도 필요했다.
그렇게 만든 신발을 한 번도 신어보지 못했기 때문에 궁금했다.
    쓱쓱 뒷부분을 베어냈다.
신고 밖에 나가보니 똑똑똑 계단을 진동하는 뒷굽 소리가
꽤 멋진 음악 소리처럼 들린다.
매직으로 신발 앞에 활짝 웃는 모습을 그려 넣었다.
신발을 신을 때마다 그림이 나를 웃게 한다.
10년의 세월을 함께한 정든 구두는 앞으로 10년은 슬리퍼로
나와 함께 다닐 것 같다.
    내가 나를 생각해도 난 꽤 재밌는 사람인 것 같다.
그래, 인생은 그저 재밌게 살아야 해.
삶을 축제와 놀이로 만들라는 니체의 말이 떠오른다.

51 까치 부부의 집짓기
2020. 4. 14. (화)

　　까치는 아주 높은 나뭇가지에 둥지를 튼다.
가장 지능이 발달한 까마귓과인 까치는 한국에 9종이 있다.
아침 6시 조금 넘어 탑천 길을 걷다가 내 머리 위로
까치 한 마리가 입에 나뭇가지를 물고 날아가는 것을 보았다.
100여 미터 앞에 있는 이동통신 전신주 위에 집을 짓고 있었다.
2분 정도 집짓기 공사를 하더니 한 쌍의 부부 까치가 북쪽으로
날아간다. 한참을 서서 기다렸다.

　　500여 미터를 날아가더니 다시 집 건축 자재를 물고 왔다.
임신 기간이 보름 정도가 되니까 어쩌면 4월 말 안에
알을 낳을 것 같다. 그때는 매일 망원경을 가져와서
관찰해 봐야겠다. 물론, 신혼집 방을 엿보는 것은 실례이긴
하지만 말이야. 강풍에도 끄떡없고, 비바람도 견디는 둥지.
어릴 적 이를 빼면 "까치야 까치야 헌 이 줄게 새 이 다오."라며
다정히 불렀던 까치.
새끼도 많이 낳고 애벌레도 잘 먹여서 건강하게 키워다오.
행복한 까치 부부야.

52 "남자는 산이다!"라고 외친 청년

2020. 4. 14. (화)

　　고전 독서 모임 회원 4명과 오봉산에 갔다.
점심을 먹고 있는데 청년들 6명이 일렬종대로 서서 바쁜 발걸음으로
오봉을 향해 간다. 아들 둘만 있는 나로서는 6명 모두 남자
청년들이어서 더욱 대견해 보이고 참 좋아 보였다.
젊음이 펄펄 끓는 이 시기에 아름다운 자연을 찾았다는 것 자체가
나를 신나게 했다.

　　두어 시간 후 참새처럼 이야기하며 내려오는
청년들에게 물어봤다.
"오봉까지 갔어?" "네." "붕어섬도 봤고?" "네, 아주 좋아요."
"대단해, 잘했어."라고 격려해 주었다.
그랬더니 청년 중 한 명이 큰소리로 외쳤다.
"남자는 산이죠."
그래서 바로 내가 대답했다.
"아, 그럼 산이지."

　　잠시 후 생각난 건 그러면 여자는? 바다인가?
바다에서 산이 나온 건데 말이다. 아리송해.
경쾌한 발걸음으로 내려가는 청년들을 보니까
내가 부자가 된 것 같았다.

　　　　　　　　　　　　　　　　　　　　새벽길 별을 보며

53 왜가리들의 아침식사
2020. 4. 15. (수)

탑천에서 여러 종류의 새들을 보는 것이 즐겁다.
그중 특히 왜가리들의 날갯짓을 많이 본다. 오늘도 7~8마리의
새들이 물속을 걸어 다니며 긴 목을 빼서 먹이를 찾는다.
아침식사를 준비하는 데 내가 지나가면 방해를 하는 것 같아
좀 미안하기도 하다.
"공중의 새를 보라. 너희 하늘 아버지께서 기르시나니
너희는 염려 말라." 하신 주님 말씀을 떠올린다.

작은 왜가리 한 마리가 물속에서 먹이를 찾았는지
머리를 하늘로 향하고 삼키는 모습이 신기하다.
새들은 우리 인간들에게 어떤 교훈을 주는 것일까?
어떻게 일상을 꾸려나가고, 비올 때와 천둥 번개, 어둠속에서
어떤 모습으로 있을까? 또 죽을 때는 어떻게 죽을까?

"새는 행복에 대한 질문을 던지지 않는다.
새는 그저 행복을 경험할 뿐이다.
새들은 이미 매 순간을 즐기고, 먹이와 한 줄기 햇빛에 감사하고
있기 때문이다."라고 새들에 관한 짧은 철학 책에서 말하고 있다.
자연환경의 건강성을 가늠하는 지표는 새다.
한 종의 새가 멸종하기까지는 100종이 넘는 생물이
지구상에서 자취를 감춘다.
마음 같아서는 미꾸라지 열 바가지쯤 탑천 물속에 넣어주고 싶다.

54 불안 뻥튀기
2020. 4. 15. (수)

코로나 19가 영향을 미치지 않은 곳이 없을 정도로
우리의 생활, 사회 시스템, 소비문화, 여행, 교육, 경제 등등
구석구석에 스며들었다. 사람들의 마음도 두려움, 불안, 공포로
내일을 알 수 없는 혼돈이 몇 달 지속되었다.

걸으면서 이시형 박사의 "불안 뻥튀기"라는 유튜브를 봤다.
재밌는 것은 "기우(杞憂)"라는 단어 설명이었다.
중국 기나라의 어떤 사람이 하늘이 무너지고, 땅이 꺼질까 봐
걱정하다가 급기야는 식음을 전폐하고 드러누웠다는 고사에서
나왔단다.
지나친 걱정이나 쓸데없는 걱정을 말한다는 얘기다.
많은 사람이 지나치게 불안한 마음이 뻥튀기되어 있다는 것이다.

왜일까? 잃어버릴 것에 대한 두려움 때문이리라.
죽으면 천국 가고, 지금까지 살아온 세월도 많고, 감사하지.
코로나 19에 감염될까 싶어 아예 외출도 안 하고, 옆집에도
가지 않고 집에만 한 달 이상 있는 어느 할머니가 있단다.
얼마나 힘이 들까. Stop 코로나 19야. 외쳐본다.
불안 뻥튀기라는 말을 들으니 갑자기 뻥튀기가 먹고 싶네.

새벽길 별을 보며

55 안 된 것이 더 좋게 될 수도
2020. 4. 16. (목)

낭산 착한 부부농장에 가야지가야지 하면서 실천에 못 옮기고
있었다. 요즘 복숭아꽃이 한창 필 때다. 열매가 되기 전에
꽃을 솎아주면 일이 수월하다. 작년에는 열매 솎아주는 일을 몇 번
도와주었다. 몸에 있는 구멍마다 복숭아털이 들어간 것 같아서
며칠 동안 가려웠다.

복숭아 농장 일을 하면서 농산물 하나가 수확될 때까지
얼마나 많은 손길과 수고가 들어가는지 새삼 느낀다.
복숭아 한 개에 만 원이라 해도 비싸다고 생각할 수 없을 것이다.

내가 사랑하는 장로님 부부. 농장 이름도 내가 지어주었고
간판도 만들어서 설치해 줬다. 오늘 지인들 몇 명이
자연 비빔밥을 해 먹기로 했는데 약속이 취소되었다.
나더러 복숭아 농장에 가라고 하는가 보다 하고 생각을 좋은
쪽으로 돌렸다. 일손을 돕고 순댓국 밥도 얻어먹고 와야겠다.
때로는 살면서 안 되었다고 실망할 일도 아니다.

눈에 보이는 현상만 보고 낙심해서는 안 된다.
보이는 것보다 보이지 않는 것이 오히려 귀하고 소중한 것이 많다.
안 된 것이 오히려 더 좋게 될 수도, 잘될 수도 있으니까 말이다.
난 긍정 맨.

56 책 읽어 주는 나무와 새

2020. 4. 16. (목)

아침 걷기 두 시간씩 할 때에 행복한 시간은 헤드폰을 끼고
유튜브 동영상을 들을 때다. 그중에 "책 읽기 좋은 날", "책도리",
"책 읽는 다락방"을 주로 이용한다.
떠오르는 태양을 보며, 새들의 몸짓을 보며, 방긋 인사하는
식물들에게 눈을 맞추면서 듣는 시간, 특히 "책 읽기 좋은 날"은
포근함과 솜사탕 같은 목소리로 책을 읽어 준다.
번개처럼 스치는 감동이 있었다.

나도 책 읽어 주는 부부, 나무와 새로 이름을 짓고
자연생태에 관련된 책을 아내와 함께 읽어 주면 어떨까?
어릴 적 아내의 별명은 꾀꼬리였고 꿈이 아나운서였단다.
나는 100퍼센트 인정한다. 자연생태에 관한 책만 선별하여
읽어 주면 좋겠다. 꿈이 생긴다. 수십만 명의 독자 확보에
신경 쓰지 않아도 된다. 결과에 집착하지 말고 도전하고
시도해 보는 것이 중요하다.

부정적 예측에 나를 옭아매지 말고 충분한 계획과 준비로
그냥 해 보자. 난 세상의 소금이니 많은 사람들에게 맛을 내주는
아름다운 복의 통로가 되자.

새벽길 별을 보며

57 하늘도 땅도 울었다
2020. 4. 16. (목)

　이 세상을 다 준다 해도 목숨과는 바꿀 수 없다.
생명보다 더 소중한 것이 있을까?
　6년 전 오늘을 잊을 수 있는 대한민국 국민이 있을까?
이 강산을 눈물과 통곡으로 뒤덮게 한 그날. 하늘도 울고
땅도 울었다. 경기도 안산 단원고 학생 325명을 포함
476명의 승객을 태우고 제주로 향하던 세월호. 진도 팽목항에서
물에 잠겨 죽은 295명 학생, 교사들 그리고 실종 9명.
자기들만 살겠다고 탈출한 선장과 승무원들.
어린 학생들은 배가 잠길 때 손톱이 다 빠지도록 몸부림쳤을 것이다.
살려 달라고 엄마를 부르다 물에 잠겼을 것이다.
눈에 넣어도 아프지 않을 내 새끼들을 가슴에 묻고 눈물로
세월을 보내야 하는 가족들의 원통함. 구할 수 있었는데,
모두를 구할 수 있었는데 말이다. 어쩌면 이런 일이 있을 수 있는가.
　그 뒤에 난 팽목항을 찾아갔다. 노랑 리본이 휘날리는
그곳에서 멀리 배가 가라앉았다는 곳을 보며 소리 내어 울었다.
갈매기도 깍깍 같이 울어주었다.

58 마음의 소리
2020. 4. 16. (목)

내일은 비가 많이 온단다. 옥정호 드라이브 길 왕벚나무.
저번에 한 번 라이딩을 했지만 올봄에 한 번 더 해야 하는데,
해야 하겠지……. 계속 마음에서 소리를 지른다.
뭐, 꼭 거기서만 자전거를 타야 되니? 가까운 곳도 많은데.
그래 아냐. 그곳은 힘드니까 좋은 코스야. 쉽기 때문에
좋은 코스가 아니라 힘드니까 좋은 코스라니? 힘든 것을 통하여
행복도 의미도 가치도 더 느낄 수 있거든. 그래?
그러면 행동하면 되잖아.

차로 50분 달려 옥정호 드라이브 길을 갔다.
오후 2시 30분~5시 30분까지 3시간 페달을 밟았다.
꽃비가 하염없이 내린다. 마치 눈송이 가운데를 달리는 것 같다.
숨을 헉헉거리며 난 말했다. 그냥 자전거에서 내려 끌고 갈까?
아냐. 포기는 언제든 할 수 있어. 하지만 지금은 안 돼.
내리막길이 기다리고 있어. 힘내자!

인내는 쓰다. 열매는 달다.
그런데 오늘 나에게는 인내도 달고, 열매도 달다고
고백하고 싶다.

59 언제일까 지리산 둘레길
2020. 4. 17. (금)

내가 회갑이 되기 몇 년 전부터 아내와 서로 약속했다.
회갑 기념으로 산티아고 순례길을 걷자고. 약속은 쉽게 할 수 있으나
실천하는 일은 대담한 용기가 필요하다.
시간, 경비 등등……. 그러다가 세월이 흘러갔다.
  올해 초에 다시 약속했다.
"당신 6월 말에 정년퇴직하면 산티아고 순례길 대신
지리산 둘레길을 걷자."라고. 꼭 그렇게 하자고 책도 샀다.
인생이 어찌 내 계산대로만 되더냐?
아내가 장수교육지원청으로 자리를 옮기면서 올해 지리산
둘레길도 할 수 없게 되었다.
  십여 년 전에 2박 3일 코스로 나 혼자 지리산 둘레길
4코스까지 했다. 사람, 문화, 자연이 소통하는 국내 최장 거리
3개 도, 5개 시군, 21개 읍면, 120여 개 마을을 잇는
285킬로미터의 22구간 지리산 둘레길이 다 이어졌다.
  아, 언제일까? 나 죽기 전에 반드시 한 번 해 보고 싶다.
800리 거대한 동그라미에 나의 발자국을 찍어놓고 싶다.
가장 가까운 친구인 나, 나와 단둘이라도 걸어야겠다.

60 가끔 찾아가는 공원묘지
2020. 4. 17. (금)

어느 누가 이곳에 빨리 오고 싶은 사람이 있을까?
반 평 정도 되는 묘지에 누워 있는 수많은 사람들.
올 때는 순서 있게 왔다가 갈 때는 순서 없이 간 사람들.
석양이 질 때, 땅거미가 대지를 덮을 때 난 가끔 이곳을 찾아온다.
지금은 공원묘지라 하지만 예전에는 공동묘지라 했었다.
적막함, 수없는 이름들, 꽂아놓은 조화들.
　　언젠가는 이곳에서 한참을 울고 갔다.
공원묘지에서 소리 내어 우는 것은 이상한 사람으로 여기지
않으니까 말이다. 어둠이 깔리고 고요함으로 나 혼자 덩그마니
남아 있을 때 마음의 평안함도 깃들게 된다.
나도 언젠가는 이곳에 오겠지.
흙에서 왔으니 흙으로 돌아가는 것이 당연하지 않은가.
　　한신대학 1학년 때 김경재 교수님은 말씀하셨다.
살면서 꼭 네 군데는 자주 가 보라고. 책방, 시장, 병원, 화장터.
세월이 갈수록 은사님의 말씀이 더 가슴에 다가온다.

61 아내에게 받은 용돈
2020. 4. 17. (금)

다산 정약용 선생이 쓴 『유배지에서 보낸 편지』를 한 달 전에
읽었다.
"꽉 쥐면 쥘수록 더욱 미끄러운 게 재물이니
이것이야말로 메기 같은 물고기라고나 할까?"
내게 돈 모으는 소질은 없는 것 같다. 용돈도 그렇다.
내 사례비에서 매월 얼마를 용돈으로 쓰기는 한다.
여기서 보험료, 후원 기관 후원비 등이 빠져나간다.
나중에 보면 얼마 남아 있지 않은 것이 현실이다.
하지만 이것도 얼마나 감사한지 모른다.
그런데 오늘 아내가 월급을 받았다고 용돈을 준다.
매월 20만 원씩 주기로 약속했다.
한 달간 직장 생활이 보람 있었고 행복했다고 참새처럼 말을 한다.
코로나 19로 아직 아이들이 학교에 등교를 하지 않아서
바쁘지는 않아도 교사의 책임을 잘 감당하고 있는 것을 보고
그 나이 되도록 현역으로 일할 수 있어 얼마나 감사하냐고
격려해 줬다.
미용실에서 이발하는데 어느 여성이 신은 운동화가 예뻐 보였다.
아내에게 신발을 꼭 사 줘야겠다.
용돈은 아이나 어른이나 받으면 신나는가 보다.

62 닉네임(Nick Name)
2020. 4. 18. (토)

　　사람의 생김새나 버릇, 성격 등의 특징을 가지고
남들이 본명 대신 지어 부르는 이름을 닉네임이라 한다.
나의 닉네임은 "꿈 소년"이다. 꿈꾸는 소년. 엥?
지금 나이가 몇인데 아직도 소년이라고? 그러면 어때!
요셉을 향해 꿈꾸는 자가 오는도다 했다.
내 삶이 요셉을 닮았고 요셉 같은 인물이 되길 원해서도 그런 것이다.
요셉은 산전수전 고난의 터널을 잘 지나갔고
30세에 애굽의 총리가 되었다. 인생의 쓴잔을 감사로 받아서
멋지게 승리한 인물이다.

　　내가 다른 사람 닉네임을 지어준 것도 꽤 되는 것 같다.
꽃비, 샤론의 꽃, 샛별, 초롱초롱, 초록이, 부엉이,
커피 소녀, 어메이징, 크리스털…….
닉네임을 부르면 더 다정다감한 것처럼 느껴진다. 우리 두 며늘아기
닉네임도 지어주고 싶다.
작명가들에게 이름 지으려면 돈을 많이 내야 하는데
난 닉네임을 지어주고 단돈 천 원도 받은 적이 없다.
그래도 마음에 든다고 잘 사용하는 것을 보면 보람이 있다.
이다음에 닉네임을 지어줄 사람은 누구일까?

새벽길 별을 보며

63 「그리워라」, 현경과 영애 노래 듣고

2020. 4. 18. (토)

"햇볕 따스한 아침 숲속 길을 걸어가네
당신과 둘이 마주 걸었던 이 정든 사잇길을
보랏빛 꽃잎 위에 당신 얼굴 웃고 있네
두 손 내밀어 만져보려니 어느새 사라졌네"
1974년도에 나온 현경과 영애의 「그리워라」라는 노래다.
46년 전 노래를 오늘 아침 들어보았다.
그때 내 나이 18세였다.

요즘 꽃비가 한창 내리고 있다.
향긋한 꽃 내음을 실어 바람에 휘날린다.
산에는 진달래, 들에는 개나리, 산벚나무, 왕벚나무, 복사꽃, 배꽃.
자기의 역할을 다하고 떨어진다.
사람들에게 밟히고 차바퀴에 들어가도 순응하는 꽃잎들.
서울대 미대를 다녔던 현경과 영애는 지금 어느 하늘 아래서
무엇을 하며 살고 있을까?

64 황로들아, 안녕
2020. 4. 19. (일)

이팝나무꽃이 필 때쯤 모내기가 시작된다는 것이 자연의
신호라면 모심기 전 쟁기질할 때 찾아오는 새인 황로가 보이면
모심는 준비를 한다는 것을 알 수 있다.
아침 걷기 할 때 황로 수십 마리가 벌써 농부를 기다리고 있다.
"어서 나와서 트랙터를 몰고 오세요. 우리는 배고파요. 뒤를 졸졸
따라다니면서 미꾸라지, 우렁이 같은 것을 잡아먹어야 해요."
　　4월 중순부터 9월경까지 볼 수 있는 황로. 머리를 황색으로
염색한 것 같은 것이 특징이다. 크기는 약 50센티미터고,
머리는 둥근 형태며, 목은 짧다. 부리는 주황색 또는 붉은색을 띤다.
트랙터가 윙윙거리며 갈 때 수십 마리가 날갯짓하며
너울너울 춤을 추며 따라다닌다. 옆에서 먹이를 구해 먹고 있는
동료를 보면 부럽다는 듯이 눈을 흘긴다.
　　오늘 처음 황로들을 보았으니 당분간 이 장관을 볼 것이다.
가슴이 콩닥거린다. 내일부터는 망원경을 들고 다녀야겠다.
"백조의 호수" 뮤지컬을 날마다 보게 생겼네.
마음이 설렘으로 출렁거린다.

65 손가락 귀한 줄 알지?
2020. 4. 19. (일)

오후에 나무 옮기는 일을 하다가 왼손 중지를,
그리고 연못 일을 하다가 오른손 약지를 다쳤다.
하루에 두 손가락을 다쳐 피 흘리는 일은 흔치 않다.
살점이 조금 떨어져 나가고 피가 뚝뚝 떨어진다.
장갑만 끼고 했어도 예방할 수 있는 일인데 준비성이 부족했고
일 욕심이 앞섰다.
목공실에서 일할 때도 가끔 상비약 통을 사용할 때가 있다.
난 손발이 큰 편이다. 손으로 하는 일이 많을 줄 알고
하나님께서 선물로 주셨나 보다. 엄지, 검지, 중지, 약지,
새끼손가락. 20개의 손가락 관절이 움직이는 것을 보면
참 신기한 도구다.
내 손이라 하여 요즘 너무 부려먹는 것 같다.
글씨 쓰기, 문서 작성, 나물 캐기, 풀 뜯기, 두릅 맨손으로 따기……
그리고 보니 찔리고도 제대로 핸드크림 한 번 발라준 적이 없네.
손가락 귀한 줄 알지? 나에게 말하는 것 같다.
조금만이라도 아껴야지. 고마운 내 손님.

66 돼지 막 치운 추억

2020. 4. 20. (월)

비가 오는 주일날이다. 갑자기 목 삼겹살이 먹고 싶어진다.
먹고 싶을 때는 먹을까 말까? 먹어야지 그렇고말고. 고기 굽는 일은
거의 내 몫이다. 천천히 시간을 두고 구워야지.
목 삼겹살을 먹다가 옛날 생각이 났다.

시골에서는 대부분 돼지, 닭, 소, 개는 기본적으로 키웠다.
돼지는 새끼를 낳아서 팔고, 닭은 달걀을 팔고,
소나 개도 역시 새끼를 팔아 가정 경제에 도움이 되었다.

돼지 막이나 외양간은 가끔 치워줘야 했다.
소는 한쪽에 매어놓으면 되었으나 돼지는 묶어 놓을 수도 없고
마당에 내어놓아야 한다. 어쩌다가 대문이 열려 동네 밖으로
도망가면 돼지 몰고 다니느라 진땀을 뺐다.

우리 집에서 키우는 돼지들은 새끼도 잘 낳았다.
열 마리 이상을 낳았으니 말이다. 새끼돼지 젖 주는 모습을 보면
넋을 잃고 보게 된다.
장소, 기회만 된다면 검정돼지 한 마리 키우고 싶다.
새끼 낳아서 젖 먹는 모습을 보았던 옛날이 그립다.

67 장애인이 될 뻔했는데
2020. 4. 20. (월)

　　몇 살 때였는지 기억이 뚜렷하지는 않지만
그때 있었던 사고는 소름 끼치도록 확실히 기억하고 있다.
큰집에 놀러 갔던 내가 작두를 가지고 혼자 놀고 있었다.
실수로 왼손이 작두 안에 들어갔고, 잡고 있던 오른손을 놓쳤다.
그 일은 찰나에 일어났고 내 왼쪽 손가락 4개가 덜렁덜렁했다.
어머니는 울부짖는 나를 달래시면서 집 근처에서 무슨 풀인가를
뜯어 오신 다음 싸매주셨다.
지금 살아계셨으면 그때 무슨 풀이었느냐고 물어볼 텐데…….
그렇게 한 달쯤 비닐로 손을 묶어 놓았는데 풀어보니 기적적으로
손가락이 붙어 있었다.
55년이 지났는데도 아직도 자세히 보면 흉터 4개가 보인다.
손가락 4개가 없어질 뻔했다.
　　오늘은 장애인의 날이다. 장애인에 대한 편견, 차별이 없어지는
세상을 기대한다.
한국의 장애인 수는 약 450만 명으로 추산되고 있다.
장애인 본인과 그 가족들의 아픔과 불편이 얼마나 클까?
손재주가 많은 내가 손가락 4개가 없었으면 어찌 되었을지…….
감사 천만번 더.

68 진주보다 예쁜 거
2020. 4. 21. (화)

　진주는 진주대로 예쁘고, 돌은 돌대로 예쁘다.
난 '무엇은 무엇보다 더'라고 비교하는 것을 좋아하지 않는다.
「아침 이슬」 노래에 "진주보다 더 고운 아침 이슬처럼"이라는
가사가 있어서 제목을 그렇게 적어보았다.
　탑천 길에 펼쳐져 있는 다양한 식물들과 아침마다 눈을 맞춘다.
오늘은 선글라스를 준비해 오길 잘했다.
어제의 태양이 아니었다. 더 강렬한 열과 빛을 뿜어낸다.
우후죽순처럼 파랗게 올라온 쇠뜨기 풀잎 위에 매달려 있는
영롱한 이슬방울들이 마치 진주를 널어놓은 것 같다.
　동쪽을 바라보며 태양을 정면으로 하여 걸을 때는 반짝반짝
태양 빛에 반사되어 눈에 안긴다.
태양을 등 뒤로 서쪽을 향해 걸을 때는 확연하게 반짝거림이 적다.
오래전 새벽에 지리산 장터목 대피소에서 천왕봉을 오를 때
한겨울 나뭇가지에 매달려 있던 얼음 조각들은 완전히 영롱한
다이아몬드였다.
언제 그 모습 또 볼 수 있으려나.

69 버릴 수 없는 침대
2020. 4. 21. (화)

　난 올해로 결혼 36년째다.
다음 달 결혼할 큰아이가 36살이니까.
처음에는 침대가 없었는데 지금은 많은 이야기가 담긴 침대가 있다.
형님이 딸을 위해 앵글과 합판으로 손수 만든 것으로
넓이는 120센티미터다. 조카가 어릴 때부터 사용하던 것을
내가 가져와서 30여 년을 사용하고 있다.
우리 부부가 사용하기에는 당연히 비좁다.
어떤 때는 자다가 침대 아래로 떨어져서 함께 한참을
웃은 적도 있다.
　이 침대에서 손을 맞잡고 운 적도 있고, 밤새 이야기를 나눈
적도 많다. 좋은 침대를 사 주겠다는 가족들도 있었다.
하지만 난 사양했다. 왜 이 침대를 버릴 수 없는 걸까?
이야기가 있고 삶의 희로애락이 담겨 있기 때문이다.
살아온 눈물과 웃음이 담겨 있기 때문이다.
그래서 바꿀 수가 없다.
침대 살 돈이 없어서도 아니다.
내 조카와 우리 부부의 삶의 이야기와 역사가 묻어 있기 때문이다.
내가 천국에 가는 때 이 침대는 없어지겠지.
그날이 언제일까?

70 첫 만남 홀아비꽃대
2020. 4. 21. (화)

오후에 바람이 많이 분다. 찬바람이 볼을 스친다.
모처럼 용화산에 갔다. 파도처럼 넘실거리는 철쭉 꽃잎들이 눈을
부시게 한다. 늘 다녔던 등산로 말고 안 가 본 길로 접어들었다.
고즈넉한 낙엽 쌓인 길이 포근하고 좋다.
새순들은 앞다투어 삐죽삐죽 입을 내밀고 있다.

큰 참나무 근처의 급경사 내리막길을 미끄러지듯 내려갈 때
'어, 이게 무슨 꽃이지? 처음 보는 꽃인데.' 하며 물끄러미
바라보다가 핸드폰으로 검색해 보니 홀아비꽃대다.
흰색 솔 모양의 꽃잎이 달려 있다.
그 자리에 쪼그리고 앉아 오랜 시간 마음을 주었다.
어쩐지 사람들이 잘 다니지 않는 산행로로 오고 싶었던 게
바로 이 아이를 만나기 위함이었나 보다. 취나물도 많고
엄나무도 있고 조금은 어두울 정도로 숲이 빽빽하다.

그곳에서 생애 첫 만남인 홀아비꽃대가 이십여 포기 군락을
이루고 있는 곳을 발견한 것이다.
고이고이 잘 커다오. 내년에도 반드시 너를 만나러 올게.
고맙구나. 나를 만나줘서.

새벽길 별을 보며

71 현명(賢明) 씨와 방치(放置) 씨
2020. 4. 22. (수)

　　많은 사람들이 치과에 낯가림을 할 것이다.
나도 그중 한 사람이었다. 이는 오복 중에 하나라고 할 만큼
우리 몸의 기능 중에 큰 역할을 한다.
이가 부실하여 먹지 못하면 몸의 균형이 깨질 수 있으니까.
이는 사랑니 빼고 상하 28개를 평생 사용해야 하니 관리를
잘해야 한다.
　　지금은 치과에 낯가림을 하지 않는다.
즐겨가기로 마음먹은 후부터는 말이다.
한 달에 한 번은 꼭 치석 제거와 점검을 받으러 간다.
병원 TV 모니터에 늘 나오는 현명 씨와 방치 씨 이야기가
교훈을 던져준다. 이가 아프기 전 예방과 관리, 치과 진료는
현명 씨에 속한다. 괜찮겠지 나중에 가지 뭐, 이 정도는 참지 등등
이런 사람은 방치 씨에 속한다. 그러다가 고생을 바가지로 한다.
치과를 나설 때의 입안 상쾌함은 참 기분 좋다.
　　정해진 날짜, 시간에 꼭 맞춰 병원엘 간다.
현재까지 별 문제 없이 60여 년 넘게 사용한 맷돌이니 감사하다.

72 사골 뼈 선물
2020. 4. 22. (수)

나와 종교가 다른 원불교 교무인 조 박사와 산행을 했다.
나물을 캐러 가자 하여 성당 편백나무 숲으로 갔다.
자연을 좋아하는 순수한 친구여서 말과 마음이 잘 통한다.
각자의 종교를 존중해 주니 배울 것이 많다.
양지바른 곳 산등성이에 쑥들이 옹기종기 모여 있다.
손톱 밑이 새까맣게 되도록 쑥을 뜯었다.
중간에 나의 여동생이 해 온 개떡을 먹으면서 어린아이처럼 신났다.
한 보따리 쑥을 뜯은 우리는 부자가 된 듯했다.

숭림사 입구의 한 한우식당으로 발걸음을 옮겼다.
이곳 사장님은 나에게서 사회복지학을 공부한 제자다.
대학 다닐 때도 남다르게 열심이었고 늘 섬기기를 좋아한 사람.
십 년의 세월이 훌쩍 갔어도 언제나 포근하고 친절한 사람.
갈비탕 한 그릇을 다 비우고 나오는데
"교수님 선물입니다."라면서 한우 사골 뼈 한 상자를 안겨준다.
눈물이 핑 돈다. 언제 한 번 관광버스에 사람 가득 싣고
꼭 한 번 오리라.
생각할수록 고마운 제자가 오늘따라 더 멋져 보인다.

73 의미화(意味化)
2020. 4. 23. (목)

꿈보다 해몽. 사건보다 해석을 어떻게 하느냐에 따라
결과는 크게 달라진다. 난 작은 일, 사소한 일, 자연, 생태계,
부딪히는 모든 일에 대해 의미화시키는 것을 좋아한다.
좋은 쪽으로, 긍정적인 방향으로 행복의 향기를 담아서
의미화한다.

오늘 뒷동산에서 두릅을 따다가 가시에 손가락을 찔렸다.
피가 두어 방울 난다. 난 이렇게 의미화시켰다.
"오늘 아침 두릅 된장국은 더 맛있겠지? 피 흘리면서 땄으니까.
헤헤…… 한 시간을 걸으며 햇빛 많이 봤으니 비타민 D
공짜로 50만 원어치 먹었네. 오늘은 왜가리들이 나를 만나려고
이곳에 와 있었군. 음……."

쓴잔을 마시는 일이 있을 때는 "쓴잔을 마셔 봐야 단잔을 더
기쁘게 받을 수 있을 거야." 한다. 그래, 기왕이면 좋은 방향으로.
하지만 냉철하고 지혜롭게 생각하자고 늘 내 마음을
내가 토닥거린다. 내가 나를 생각해 봐도 난 참 행복한 사람이고
복받은 사람이라고 큰소리로 외치고 싶다.

74 중학교 때 선생님의 편지
2020. 4. 23. (목)

　　노란 애기똥풀 꽃잎 위에 50년 전 선생님의 얼굴이
올려져 있다. 중학교 1학년 때 나의 담임 선생님은
영어 선생님이셨는데 훤칠한 키에 미소가 다정하셨다.
왜 우리 선생님은 영어 시간만 되면 꼭 나를 시키셨지?
"진 군, 일어나 책 읽어 봐."
그래! 선생님에게 잘 보이려면 열심히 영어 공부해야 해.
영어 수업 시간마다 영어책 읽는 소년이 바로 나였다.
　　선생님이 좋아지고 영어 과목이 좋아지기 시작했다.
영문학을 공부하고 싶은 꿈도 생겼다. 긴 여름방학, 겨울방학이
되면 펜촉으로 잉크를 찍어 난 선생님에게 몇 차례씩
편지를 드렸다. 우리 선생님도 펜촉에 파란색 잉크를 찍어
답장을 보내주셨다. 그 편지를 가슴에 안고
눈물을 흘린 적도 있었다. 이 세상에서 나만 사랑하시는
선생님으로 생각되어 행복이 넘실거렸다.
　　꿈을 심어주신 분, 지금은 어느 곳에 계신지 수소문해서
찾아뵈야겠다. 내 인생 후회되는 한 가지를 꼽으라면
선생님의 편지를 간직하지 못한 것이다.

75 꽃비 내리는 이 아침
2020. 4. 23. (목)

나는 왜 비를 좋아하지? 그러고 보니 눈도 좋아하는 것 같다.
몇 년 전 여름에 장대비가 쏟아지는 날, 흠뻑 비를 맞으려고
아내와 함께 미륵산엘 올랐다.
물에 빠진 생쥐, 아니 오리가 되었다.

여우비, 이슬비, 소낙비, 안개비, 보슬비, 장대비, 도둑비.
많기도 해라. 비가 내리면 산천초목이 춤을 추고 생기가 돈다.

이 아침에 하나로 도로가의 왕벚나무에서 꽃비가 내린다.
마치 눈송이처럼 사뿐히 내려앉는다.
꽃비 흩날리는 눈부신 아침, 「참 아름다워라 주님의 세계는」
찬송이 저절로 나온다.

비가 온다는 소식이다. 나뭇가지에 더 붙어 있고 싶은
꽃잎들도 바람과 함께 떨어지겠지. 한 잎 떨어질 때마다
솜사탕 향기가 나는 것 같은 신비로움. 고 장영희 교수님이 쓰신 책
『이 아침 축복처럼 꽃비가』는 2011년 1월 12일에
내가 나에게 사 준 책이었다.
첫 장 여백 난에 "잘 견디고 이기고 있는 나에게
이 책을 선물하다"라고 적혀 있다.

76 왜 인형을 좋아해?
2020. 4. 24. (금)

　　빚을 내서라도 꼭 해야 하는 것은 공부와 여행이라고
스스로 믿고 있다. 실제로 난 그렇게 해 왔다.
여행을 가면 그 나라의 이야기가 담긴 인형을 꼭 사 오곤 했다.
몇 개쯤 될까? 오늘 세어보니 100개가 넘는다.
모양도 크기도 제각각이다.
못난이 삼형제는 하나는 웃고, 하나는 울고,
하나는 토라져 있는 모습이다. 한때는 스펀지로 인형을
깎아 만들었고 인형극 공연도 300여 회 할 정도로 열정을
쏟아 부은 적도 있다.
　　역시 내가 가장 아끼는 인형은 직접 만들어서 공연했던
소년이다. 얼굴 생김새가 자세히 보면 나를 닮은 것 같기도 하다.
오늘은 스스로에게 물어봤다. "넌 왜 인형을 좋아하니?"
사람들을 가까이하고 싶고 인정받고 싶은 욕구 때문일까?
아니면 인형의 다양한 표정을 보면서 나의 자화상을
보고 싶어서였을까? 인형을 모은 지 30년이 넘었다.
내 책상 가까이에 놓여 있는 인형들은 10개다.
「겨울왕국」의 안나와 엘사도 있다. 그러고 보니 하나 빼고
모두 여자 인형이네. 딸이 없어서인가…….

새벽길 별을 보며

77 참 고마운 나라
2020. 4. 24. (금)

"진창오 님, 오늘은 농협 통장으로 국민연금이 지급되는
날입니다. 마음의 창문을 활짝 열어 봄기운을 가득
담아보세요."
한 달에 한 번 이러한 안내 문자가 온다. 꽤 반갑다.
341,090원. 작년부터 국민연금을 받기 시작했다.
현대 국민연금이 고갈되어 받지 못할 것이라는 가짜뉴스에 흔들린
사람들은 꽤 손해를 봤을 것이다.
난 대한민국 국민인 것이 자랑스럽다. 내가 선택한 건 아니지만
한국 땅에 태어나 지금도 한국에서 사는 것이 자랑스럽다.

매월 25일이면 기쁜 소식, 국민연금이 지급되는 날이다.
내가 죽을 때까지 큰돈은 아니지만 월급처럼 받게 되는 것이다.
국민연금은 내가 알아서 사용하기로 아내와 합의했다.
모아서 그동안 써 놓은 에세이 집 책을 내고 싶다.
"잠꾸러기 없는 나라 우리나라 좋은 나라"라는 동요도 있는데
"국민연금 지급되는 우리나라 좋은 나라"라고 노래 부르고
싶은 아침이다.

78 몽블랑 만년필
2020. 4. 24. (금)

    알프스의 최고봉인 몽블랑은 4,807미터다.
다음에 여행하고 싶은 첫 번째 장소를 꼽으라면 단연코 몽블랑이다.
눈 덮인 알프스의 장관을 죽기 전에 꼭 보리라.
    12년 전, 어떤 분이 나에게 지금 꼭 갖고 싶은 생일선물이
무엇이냐고 물어본 적이 있다. 그때 주저 없이 만년필이라고 답했다.
지금 사용하고 있는 만년필이다.
서울 광화문 교보문고에서 100만 원을 주고 사 준 선물이다.
한 번도 펜촉을 교환하지 않고 매일 쓰는 감사일기, 에세이는
이 만년필로만 쓰고 있다.
    국내에 딱 1개만 들여온 몬테그라파 만년필은
7,200만 원이나 하는 것도 있다.
헐……. 내가 몽블랑을 가서 보고 싶은 마음이 더 든다.
직접 오를 수는 없어도 가까운 전망대에서 볼 수 있다는 몽블랑.
내 생일선물로 받은 것 중에 지금까지 가장 비싼 것은
바로 이 만년필이다. 그러고 보니 워터맨 5만 원짜리 만년필을
그동안 너무 쓰지 않고 외롭게 두었다는 생각이 든다.
물건도 차별하는 거니?

새벽길 별을 보며

79 고속도로 휴게소 책방
2020. 4. 25. (토)

　　서울에 고속버스를 타고 갈 일이 있으면 휴게소에서
두 가지를 하는 취미가 있다. 하나는 호두과자 사 먹는 것이고,
또 하나는 휴게소 안에 있는 책방에 가는 일이다.
책방이라기보다 책 진열대라 하는 것이 적절하겠다.
이곳에서 판매되는 책은 40퍼센트 정도 할인을 해 준다.
　　오늘도 두 권을 샀다.
『산나물 들나물 307가지』, 『무소유』.
무소유의 삶을 몸소 실천하고 떠나신 성철 스님과
법정 스님에 관한 책이다.
나는 기독교인이지만 두 분 큰스님들이 남기고 가신 교훈을
가슴에 잘 새기고 있다.
　　3만 원짜리 책을 만 원에, 만 원짜리 책을 6천 원에 샀다.
4만 원에 사야 할 책을 1만 6천 원에 샀으니 2만 4천 원을
번 것이다. 난 책값으로 돈을 쓴 것이 아니라 벌었다.
어떤 때는 휴게소 쇼핑이 백화점 쇼핑보다 재미가 있다.
그중에 책 진열대 구경과 호두과자 사 먹는 재미는 신나는 일이다.

80 눈으로 마음껏 먹는다
2020. 4. 25. (토)

결혼식을 축하하려고 목포에 갔다. 유리로 지어진 에메랄드
예식장이 아름다웠다. 형님이 생긴 우리 둘째 아들과
형부가 생긴 우리 며늘아기는 더 멋있고 예뻤다.
뷔페로 나온 음식이 하도 많아서 셀 수가 없을 정도다.
최소한 백 가지는 넘으리라. 깨죽 한 그릇, 튀김 2개, 초밥 3개,
홍어 반 접시, 딸기 몇 개, 이것이 오늘 식사의 전부다.

오늘 같은 날은 소 위였으면 하는 마음이 들기도 한다.
저마다 색도 다르고 맛도 다른 음식들을 눈으로 먹어 본다.
아무리 눈으로 먹어도 과식이 안 되니까 말이다.
음식을 만든 분들의 수고가 얼마나 컸을까?
그러니 한 가지씩 눈곱만큼이라도 맛을 보아야 하는데,
그렇게 했다가는 응급실에 실려 가야 할 것이다.

뷔페 음식 앞에 서면 늘 떠오르는 성경 구절이 있다.
성령의 열매 중에 마지막인 "절제"다.
오늘 그토록 절제한다 했는데도 과식을 하여
헉헉거리는 것을 보면 나도 어쩔 수 없는 동물인가 보다.
그래도 먹는 행복은 참 좋다.
인생살이가 이런 거 아닐까?

새벽길 별을 보며

81 천국에 살고 계시네요!
2020. 4. 26. (일)

고등학교 선생님이신 지인이 우리 집에 오셨다.
화단과 텃밭, 목공실, 갤러리를 둘러보시더니 하시는 말
"천국에 살고 계시네요!"
700평 대지에 각양각색의 나무와 꽃들이
예쁘게 피어 있는 것을 보시더니 보기에 좋으셨나 보다.
그렇게 말씀해 주시니 한결 기분이 더 좋았다.
기분 좋으면 천국이고, 기분 나쁘면 지옥이라 했던가.
내가 만든 십자가를 선물로 드렸다.

일 년에 두 차례 가이스카향나무 전지를 해 줘야 하고
매실나무 가지치기, 감나무 거름 주고 화단 풀을 뽑아야 한다.
하지만 그보다 더 중요한 것은 늘 눈 맞춤해 주며 잘 크라고
예쁘다고 고맙다고 말을 해 주는 일이다.

꽃을 들고 있지 않은 신부는 없다.
화단 한 바퀴를 돌면서 이름들을 불러본다.
지느러미엉겅퀴야, 독일 붓꽃아, 방울철쭉아, 화살나무야,
할미꽃님, 초롱꽃아, 제비꽃들아, 라일락 아가씨야…….
불러도 불러도 끝이 없네.

82 5분의 결혼식 주례사

2020. 4. 26. (일)

결혼식 순서는 보통 10개 정도로 이뤄진다.
그동안 내가 했던 주례는 30분을 넘긴 적이 없다.
계획안을 짜고 시간을 보면서 준비하기 때문이다.
5월 16일(토) 결혼할 큰아이의 주례를 하기로 했다.
둘째 아이도 주례하고 싶었는데 하지 못했었다. 감사로 받아들인다.
큰아이 결혼식 주례사의 키워드를 잡기 위해 기도해 왔다.
행복, 사랑, 믿음, 신뢰 등등 계속 밀려오는 단어가 있었다.
바로 감사다. 감사로 결정했다. 모든 축복의 문을 여는 것이
감사기 때문이다. 행복하게 사는 것도 감사가 실천되면
가능하기 때문이다. 결혼 감사 10가지. 물론, 100가지,
1,000가지도 넘을 것이다.
　　은혜, 감동, 예술이 있는 결혼식 30분을 위해 지혜를 구한다.
주례 잘했다고 신랑 신부가 잘사는 것이 아니라 그것은 본인들의
몫이다. 길게 하는 것보다 짧게 하는 것이 더 어렵다.
짧은 시간 안에 모든 것을 다 담아내야 하기 때문이다.
77억의 사람 중에 만나는 아름다운 배필 신랑 신부.
아! 얼마나 오랜 세월을 기다리고 기도하고 기대해 왔단 말인가.
그래서 기적이 온 것이다. 분명 결혼은 기적이다.
나도 기적을 체험했으니까.

83 12년 동안 써온 감사일기
2020. 4. 26. (일)

2008년 4월. 지금으로부터 12년 전이었다. 데보라 노빌의
『감사의 힘』책을 읽고 실천하기로 했다. 바로 감사일기를
쓰는 일이었다.
다시금 처음 감사일기를 기록한 2008년 4월 22일(화)
일기를 펼쳐보았다. 이렇게 기록되어 있었다.
"아침식사에 아내가 파전해 준 것 감사. 앞으로 돈이 생기면
더 섬기고 나눌 수 있는 마음 주셔서 감사. 책 선물 주려고
15권 신청할 수 있어서 감사. 이번 주 토요일, 아들 민이가
휴가 나온다 해서 감사. 책상 앞 작은 화분에 피어 있는 꽃을
볼 수 있어서 감사."
16가지의 감사가 기록되어 있었다. 기록하기 전에는 찾지
못했던 감사의 조건들이 기록하면서 자꾸만 늘어나게 되는 것도
신기한 일이다. 기록할 만한 가치가 있어 기록할 수도 있지만
기록하니 가치가 있을 수도 있다.
내가 천국 가는 그날까지 감사일기를 쓰고 싶다. 언제 하루
시간을 내서 온종일 12년 치 감사일기를 읽어 봐야겠다.
왜 나에게는 자꾸 행복한 일이 생기는 걸까? 눈물 나도록
감사가 철철.

84 나와의 약속
2020. 4. 27. (월)

　맺을 약(約), 묶을 속(束). 일을 맺고 단단히 묶는 것이
약속이다. 칸트는 매일 같은 시간에 산책하여 사람들이
칸트를 보고 시계를 맞출 정도였다니 얼마나 자신과의 약속에
철저한 사람인가.
타인과의 약속을 너무도 쉽게 잊어버리고 소홀히 여기지
않았는지 나를 돌아본다. 그리고 나와의 약속은 아주 쉽게
하기도 하고 순간적으로 뒤집어 버리고 지키지 않는 일도
있었구나! 반성한다.
　어제 아내와 용화산 산행을 했다. 2만 5천 보를 걸었다.
"다음에 아니, 이번 주에 꼭 MTB 자전거 타러 이곳에
와야겠어."라고 소리를 내서 말을 했다. 아내도 나도
그리고 산에 있는 수많은 나무, 새들, 바람, 심지어 곤충,
하늘, 땅도 들었을 것이다. 내가 뱉은 말은 약속이었다.
허공에 사라지는 소리가 아니었다. 이제 그 약속을 지키면
되는 것이다. 안전사고는 있지 않을까, 너무 힘들지는 않을까,
꼭 해야 하는 건가? 이런저런 걱정들이 그 약속을 잡아
흔들 수도 있다. 두고 보자. 과연 나와의 약속을 잘 지킬 것인지…….
잘 지키면 그날 나에게 초밥을 사 주자.

　　　　　　　　　　　　　　새벽길 별을 보며

85 이 두릅을 누구에게 줄까?
2020. 4. 27. (월)

우리 집 옆 작은 뒷동산에는 오래전부터 두릅이 널려 있다.
땅 주인은 따로 있는데 너도나도 지나가는 사람들까지
한 주먹씩 따간다. 공들여 농사를 짓는 땅이 아니고
버려 두다시피 한 그냥 밭이다. 손톱만큼 커 있을 때 조금 있다가
따야지 했는데 다음에 가 보면 흔적도 없다.
먼저 보고 먼저 따가는 사람이 임자라고 할까.

아침 걷기를 한 후 올라가 보니 삐죽삐죽 두릅이 나와 있다.
가시에 찔려가면서 두어 주먹 땄다.
아침에 된장국으로 끓여 먹을까?
아니야, 신문지로 잘 싸서 오늘 누군가 만나는 사람에게 주자.
누군가를 정해놓지 않고 누군가가 정해지면 그것 또한
재밌는 일이 아닐까? 나 혼자 두릅 된장국을 끓여 먹으면
두 번은 충분히 먹을 양이 된다. 하지만 이 두릅을
누구에게 줄까? 이런 마음이 들었으니 마음의 소리를
들으면 된다. 지금 시간은 오후 4시다. 아직 그 주인공이
누구인지 만나지 못했네.
(이날 오후 4시 30분에 갑자기 찾아온 친구에게 두릅을 주었다.)

86 사랑하기로 결심했다

2020. 4. 28. (화)

30대 초반부터 결혼식 주례를 시작했으니까 35년이 되었다.
기록은 기억을 지배한다 했는데 몇 년 전부터는 주례했던
신랑 신부의 이름을 잘 기록해 놓고 있으나 옛날에는 그러지 못하여
기억의 저편으로 지나간 사람들도 있다.
내가 주례할 때마다 꼭 등장하는 문장이 있다.
언제 어디서 들었는지, 보았는지는 알 수 없으나 명확하게
내 가슴속에 마치 좌우명처럼 살아있는 문장이다.
"나는 당신을 사랑하기로 했다.
언제? 당신이 가장 사랑스럽지 못할 때."

사랑스러울 때 사랑하는 일은 누구나 할 수 있다.
그러나 가장 사랑스럽지 못할 때는 나를 내려놓아야 되고,
나를 깎아내야 하고, 나를 녹여야 한다. 그래야 사랑이 빛이 난다.
소금은 녹아야 맛이 나고, 촛불은 자기 몸을 태워야
어둠이 걷힌다. 그런데 나는 이 문장을 앵무새처럼 말은 잘하는데
삶에서 실천하는 일은 몇 점이나 될까?

87 육상선수 사진
2020. 4. 28. (화)

　　신문은 취재, 편집, 교열, 조판, 인쇄 등의 단계를 거쳐
만들어진다. 우리 집까지 손수 배달이 되는 간행물이다.
한 달에 1만 5천 원의 구독료니까 신문 한 부에 500원꼴인
셈이다. 신문 한 부가 발행되는 데는 수많은 기자와
직원들이 동원된다.

　　오늘 신문을 보는데 내 눈이 한참이나 고정된 사진이
있었다. 골프장의 육상선수 "코로나 시대 훈련법"이라는
제목의 사진이다. 2016년 브라질 리우 올림픽
동메달리스트인 영국 국가대표 육상선수 데지레 헨리가
훈련 장소가 없어 런던의 한 골프장 안에서 훈련하고 있는 모습이다.

　　까무잡잡한 근육질 몸에 두 손바닥을 부채처럼 펴고 뛰는
모습이 포착되어 있었다. 자연 곱슬머리의 머리카락이 길게
하늘로 치솟아 춤을 추듯 훨훨 거린다. 난 이 사진을 오려서
두꺼운 종이에 붙여 놓고 책상 앞에 세워 놓았다.
맨발로 뜀박질을 하는 무소의 뿔처럼, 아! 나도 조만간
달리기 한 번 할까? 마라톤 풀코스에 참가하기 위해 매일
달리기 연습했던 그 저력을 다시 불붙여 볼까?

88 「The Evening Bells」
2020. 4. 29. (수)

중학교 1학년 때 음악 시간이 기다려졌었다.
선생님이 음악실에서 음악 감상을 시켜주는 시간이
참으로 행복했다.

실라 라이언의 「이브닝 벨」 노래를 들으며 이 글을 쓴다.
유튜브 동영상을 보다가 우연히 처음 이 노래를 들었다.
바로 어제 이른 아침이었다. 가뭄에 단비 같았다.
아이리시 하프를 연주하며 흘러나오는 파이프 오르간 소리가
감동의 물결을 일게 한다.
"저녁 종소리 너희는 전해야 할 이야기를 얼마나 많이
전했니? 젊음과 집 그리고 아름다운 시간을……
내가 마지막 너희에게 들려주었던 종소리를……"

어제부터 열 번도 더 들었다. 앞으로 얼마나 더 많이
들을지 모르겠다. 5월 16일, 아들 결혼식 입장곡에
어떤 음악이 좋을지 찾고 있는 중이다. 예식장에서 알아서
해 주는 것을 원하지 않는다. 내가 기획하고 준비하고 싶다.

내 마음을 녹여 주는 실라 라이언의 달콤한 목소리와
신비로운 악기들의 연주 소리가 밀레의 「만종」을 생각나게 한다.
이토록 아름다운 음악을 들을 수 있다니 황홀한 아침이다.
이런 음악을 선택한 나도 참 행운아다.

89 남원시 이백면 효기리
2020. 4. 29. (수)

　　48년 전, 내 나이 27세 때였다. 한신대학교 생활관에서
하늘이 무너지는 것 같은 슬픈 소식을 들었다.
내 목숨만큼 소중한 친구 백○근이 교통사고로
죽었다는 것이다. 숨이 막히는 것 같았다.
고속버스를 타고 전북대학교 장례식장으로 내려오면서
몇 시간을 울었다. 주체할 수 없는 괴로움에 울고 또 울었다.
　　고등학교 시절, 함께 자취하면서 한 이불을 덮고 지냈던
나의 반쪽 같은 친구였다. 친구 아내의 뱃속에는 7개월 된 아이가
자라고 있었다. 몇 번이나 놀러 갔던 친구 고향 땅 남원시 이백면
효기리 집 앞동산에 묻었다.
　　그 뒤로도 몇 번 무덤을 찾아가 왜 이렇게 빨리 갔느냐고,
난 어떡하라고 먼저 갔느냐고 무덤에 눈물만 뿌리고 왔다.
코로나 19가 잠잠해지면 다시 찾아가 보고 싶다.
마음을 터놓고 말할 수 있는 친구가 있는 사람은 행운아다.
유복자인 아들 광렬이를 내가 아들로 삼아 키우고 싶었지만
그 아이마저 고등학교 졸업 전에 백혈병으로 저 세상으로
보내야 했다. 다시 또 눈물이 난다. 아! ○근아, 이 자식아!
보고 싶다. 꿈에 한 번 나와 줘라.

90 자전거 다이빙
2020. 4. 29. (수)

일요일 오후에 아내와 용화산 산행을 할 때 다짐했었다.
이번 주 안에 꼭 자전거를 타러 다시 오리라고.
서동공원에서부터 시작된 등산로 라이딩을 2시 20분~
5시 30분까지 세 시간을 했다. 328미터밖에 되지 않는
용화산 정상이지만 계속 오르막길을 걸어서 오르는 일도
헉헉거리는데 11킬로그램 정도 되는 산악자전거를 끌고
오르는 일은 참으로 힘이 들었다.

가쁜 숨을 몰아쉬면서 기어코 정상에 올랐다. 급경사를
제외한 지역은 타고 내려왔다. 동영상을 촬영하며 계속 나를
응원하면서 내려왔다. 거의 내려왔을 때 아차! 하는 순간에
자전거가 나뒹굴었고 난 곤두박질쳤다.
다이빙하는 듯한 상황이 연출된 것이다.

오른쪽 다리, 가슴과 어깨에 타박상을 입었다.
아파서 그대로 누워 한참이나 심호흡을 하며 통증이 가라앉기를
기다렸다. 아들 결혼식이 보름 정도 남았는데 크게 다치지
않은 것이 감사했다. 위험 없이는 모험도 할 수 없고,
모험 없이는 아무 일도 일어나지 않는다. 오늘 잠시 내가
20대인 줄 착각했나?
그래도 가슴이 시키는 일을 하길 잘했다. 나에게 손뼉을 쳐준다.

91 화계사와 한신대학교
2020. 4. 30. (목)

　　부처님 오신 날이면서 4월의 마지막 날이다.
갑자기 화계사 절이 생각난다. 내가 한신대학교를 다닐 적에
근처에 84번 버스 종점이 있었다. 그리고 가까운 곳에 화계사가
자리 잡고 있었다.

　　초파일이 되면 학교에서 약 10분 거리도 되지 않는
화계사에 가서 떡을 얻어먹었다. 성탄절이 다가오면 학교 정문에
"예수님 탄생을 축하합니다!"라는 플래카드가 달렸었다.
당연히 화계사에서 해 준 것이다. 부처님 오신 날이 가까워져 오면
역시 절 입구에 "부처님 오신 날을 축하합니다!"라고
플래카드를 한신대학교에서 달아주었다.
얼마나 보기 좋은지 모른다. 불교와 기독교의 아름다운 대화.

　　자기 신앙에 대한 정체성은 분명해야 하지만 타 종교에 대한
배타성은 잘못된 신념으로 비롯되는 경우가 많아 안타깝다.

　　1522년 중종 17년에 세워진 화계사는 삼각산 줄기에 있다.
500년 넘은 느티나무 세 그루가 마당을 가득 채우고 있다.
삼각산 기도원도 70, 80년대에는 굉장한 열기가 있었던 곳이다.
화계사를 안 가 본 지 오랜 세월이 흘렀다.
팥 시루떡이 아주 맛있었는데……

92 운동일지
2020. 4. 30. (목)

새벽기도 후 걷기일지를 기록하고 있다. 천재 옆에는
노트가 있다는 말이 있다. 글은 생각의 덩어리다.
기록을 통해 갈수록 걷기 성적이 좋아지는 것을 보면서
나를 칭찬해 준다. 매일 뜨는 태양이 다르고, 매일 보는 식물들이
다르고, 구름도 공기의 맛도 다르다. 매일의 힘은 대단하다.
그 매일의 힘이 루틴(routine)으로, 규칙적으로 하는 일들이
일상의 루틴으로 생겨나는 것 같다.

톨스토이는 60년간 일기를 쓰고, 헤밍웨이는 하루에
500단어를 썼다고 한다. 반복되는 루틴이 일상의 힘과 즐거움과
삶의 풍성함을 주는 것을 느낀다.

2017년 1월 9일(월)에 기록한 운동일지 내용이다.
"아내와 운동함. 조금 추워짐. 겨울에 운동해야 한 해를
건강하게 보낼 수 있다. 눈길을 밟으면서 새벽에 걷기를 했다."
정신과 전문의 이시형 박사는 이른 아침에 40년간을 걸었단다.
지금 84세. 책 100권을 넘게 쓴 그 에너지는 건강하니까
가능한 것이 아니겠는가.
4월 한 달을 걸은 내가 자랑스럽고 감사하구나.

93 처음 들어 본 소금 항아리
2020. 4. 30. (목)

고전 독서 모임 회원이 운영하는 가게에 갔다.
예쁜 한옥집 식당이다. 점심 무렵, 아내 직장동료들이 식사한 후
우리 집에 커피 마시러 온단다.
커피 한 주먹을 얻어서 나오는데 현관 입구에 오래된
항아리가 보인다. "여기에 뭐가 들어 있어요?" "소금이요."
소금을 담아 놓은 항아리였다.
설명까지 해 준다. 소금은 귀신이 싫어하는 것이고,
안 좋은 기운을 막아주고 좋은 기운은 가져다 줘서
재물 운이 따른다고 하여 돈 좀 들어오라고 이곳에 놓았노라고.
처음 들어본 이야기였다. 집에 와서 바로 인터넷을 검색해 보니
그런 말이 있긴 있었다.
이것을 현관 풍수 인테리어라고 한단다.
류시화의 「소금」이라는 시를 외우고 있다.
"소금이 바다의 상처라는 걸 아는 사람은 많지 않다/
소금이 바다의 아픔이라는 걸 아는 사람은 많지 않다"
"너희는 세상의 소금이니." 성경 말씀도 마음에 잘
간직하고 산다. 우리 집에는 소금 항아리가 현관에 없다.
김장하기 위해 몇 가마니가 있을 뿐이다. 그래도 우리 집은
물질의 복을 많이 받았다. 플로라 가게가 번창하기를.

94 Full 감동 서비스
2020. 4. 30. (목)

"지성이면 감천"이라는 말이 있다. "모든 일에 지극정성을
다하면 하늘도 도와준다."는 말이다. 아내가 장수교육지원청,
무주교육지원청 선생님들을 점심 대접했다. 오리 주물럭을 먹고
우리 집에 와서 커피 타임을 갖는다고 하여 어떻게 하면
이분들을 감동시킬 수 있을까 궁리했다.

커피가 떨어져 지인 가게에서 한 주먹 얻어왔다.
그리고 내가 쓴 생태 세밀화 그림일기 『꽃 너머 꽃으로』 책과
두릅 한 봉지씩을 선물했다. 두릅은 손수 다듬어 씻어 놓은 것으로
가족들이 먹어도 두세 번은 먹을 적지 않은 양이다.
두고 내가 먹어도 될 것이지만 기왕 대접하는 거 더 잘하기로
한 것이다. 여기에 내가 만든 십자가 하나씩도 곁들였다.

커피+책+두릅+점심+십자가 이렇게 하길 잘했다는
뿌듯함이 행복한 마음을 더해준다.
주는 자가 복이 있다 했지. 오늘 오신 세 분 선생님이
어디 가서든 오늘의 감동을 이야기하려나?
마냥 아이처럼 즐거워하시는 모습들을 보니 사는 맛이
이런 것이구나! 싶다.

새벽길 별을 보며

May

2020. 5월

옥수수 김매주는 달
(위네바고족)

95 애기똥풀들아, 안녕
2020. 5. 1. (금)

해님이 방긋 웃는 아침. 탑천 양쪽에 피어 있는 노랑
물결을 본다. 노란색 갓꽃과 함께 쭉 이불을 펴놓은 것 같다.
하늘에서 떨어진 노랑별들이 이곳저곳에 놓여 있는 듯
보인다. 홀로 피어 있어도 예쁜데 함께 모여 애기똥풀
꽃 가족을 이뤘다. 이런 것을 꽃동네라고 하면 맞을 것 같다.

2014년 4월 21일, 생태 세밀화로 애기똥풀을 그렸었다.
'아기 제비가 태어나면 엄마 제비가 애기똥풀을 입으로 꺾어
너의 몸에서 나오는 노란 애기똥 닮은 유액으로 아기 제비 눈을
닦아주지. 그래서 꽃말도 엄마가 몰래 주는 사랑인가 보다.'

한 시간 정도에 몇 송이의 애기똥풀이 내 눈에 들어오고,
내 마음에 안겼을까? 한 송이의 꽃이 필 때까지 얼마나
많은 흔들림과 기다림과 수고가 깃들어 있을까 생각하면
경이로울 정도다. 애기똥풀들아, 안녕. 하나하나에 모두
눈 맞춰 주지 못해 미안하구나.
눈부신 아침. 오월 첫날 맞이하는 이 아침에 고맙구나,
애기똥풀들아.

새벽길 별을 보며

96 김봄소리 연주를 들으며
2020. 5. 1. (금)

　　빨강 드레스, 긴 머리, 나비가 춤을 추는가. 다람쥐보다 더
빠른 손의 움직임. 음악의 바다에 푹 빠져드는 얼굴 모습.
브람스 바이올린 협주곡 라장조 작품 77을 42분 동안 보고 들었다.
수많은 오케스트라 단원들과 다양한 악기, 숨 쉬는 것도
생각하는 것도 모두 하나가 되어 이루는 하모니.
음악 하는 분들은 천재임이 틀림없다. 그냥 천재가 아니라
피나는 연습과 훈련으로 이뤄진 천재다.

　　악보를 완벽하게 보지 못하는, 음악성이 좀 떨어진다고
생각하는 나에게는 신비로울 뿐이다. 사람들이 종종 나에게
음악성이 있다고 말을 하는데도 난 스스로에게 음악성 점수를
후히 주지 못하고 있다.
그런데도 동요, 가곡 부르는 것을 좋아하고 클래식 음악 듣는 데는
열성적인 에너지가 있다.

　　거의 하루도 빼놓지 않고 듣는 것이 있다면 클래식 음악일 것이다.
내 서재에 있는 것 중 오디오 시스템을 소중히 여긴다.
김봄소리 연주를 들으니 봄을 보내고 싶지 않은데
여름이 다가온 것 같다.

97 15개의 사과를 먹던 날
2020. 5. 1. (금)

　　1978년 6월 23일 입대하여 30개월의 군 생활로 육군 병장
전역을 했다.
잊지 못하는 나의 군번 12875990. 주특기 316 전신 타자
운용병이었다. 팀스피릿 훈련으로 기억하는데 강원도 홍천의
두메산골 첩첩산중을 돌아다니며 훈련에 임했다.
'이런 곳에서도 사람이 살 수 있구나!' 할 정도로 깊은 산골로
들어갔다. 내가 만난 강원도 주민들은 순수하고 정이 많았다.
지금은 안 그렇지만 우리 시절 군 생활은 늘 배고프고,
고향 생각 절로 나는 생활이었다. 훈련 중에 잠시 어느 사과밭
근처에 이르게 되었다. 혼자 떨어져 임무를 수행 중이었다.
눈을 들어보니 황금색 사과가 눈앞에 펼쳐져 있었다.
　　슬금슬금 사과밭으로 들어간 난 배고픈 김에 정신없이
사과를 따 먹기 시작했다. 아삭아삭, 새콤달콤, 황금색 사과
꼭지가 15개 모였다. 한 자리에서 혼자 15개의 사과를
먹은 것이다. 아니 훔쳐 먹은 것이다.
　　오늘 아침 사과를 먹는데 그때 그날이 떠올랐다.
그 농장을 찾을 수만 있다면 사과 값을 드리고 싶으나 불가능하다.
주인 농부아저씨 미안합니다. 그리고 감사했습니다.

98 첫날 첫 식사기도
2020. 5. 1. (금)

　계절의 여왕 5월 첫날이다. 어린이날, 어버이날, 스승의 날,
성년의 날, 부부의 날 등 기념일이 가장 많은 달이 아닐까 싶다.
특히나 5월 16일에는 큰아들 결혼식이 있고,
며늘아기가 우리 가족 공동체가 되는 날이다.
설렘으로 첫날을 맞이했다. 역시 오늘 아침식사 준비도
내가 번개처럼 했다. 한 그릇의 된장국을 준비하는 데
걸리는 시간은 5분. 마늘, 생강, 참기름, 깨소금, 된장, 두릅,
방풍나물, 달래, 원추리, 물, 불, 이것만 있으면
맛있는 나만의 된장국 한 그릇이 나온다.

　거의 정해진 시간에 하루 세 끼 식사를 하는 좋은 습관을
지니고 있다. 5월 한 달 93끼의 식사 시간이 되는 것이다.
5월 첫날 아침 첫 식사기도. "코로나 19로 인해 아픈 사람들,
지구촌 기아로 먹지 못하는 아이들을 긍휼히 여기시고 밥 한 술
먹는 일, 숟가락질 한 번 하는 일, 선물로 주어진 반찬과 음식들,
먹을 수 있는 건강 주셔서 감사합니다.
식사하면서 손열음의 차이콥스키 피아노 협주곡 1번 1악장을
들을 수 있는 복 주셔서 감사합니다."
오늘 아침식사 기도는 조금 길었지 않았을까?

99 가슴 뛰게 하는 사색 걷기
2020. 5. 1. (금)

"pole pole haraka haraka haina baraka."
"천천히 하라. 빨리빨리 하는 것은 행운이 없다."라는
아프리카 말이다.

스스로를 실험의 대상으로 삼을 때가 있다. 걷기를 빨리도
해 보고, 천천히도 해 보고, 팔을 힘차게 흔들기도 해 본다.
10년 동안 다양한 방법으로 해 본 결과, 역시 초점을
자연에 맞추는 것이 최고임을 알았다. 느릿느릿하지는 않지만
자연과 더불어 내 몸도 자연의 일부기 때문에 조화를 맞춰야 한다.
눈앞에 보이는 식물들과 눈을 맞추며 이름을 불러주는 것이
내 영혼을 기쁘게 하는 일이기도 하다.
오묘한 아름다움이 가득한 곳, 자연을 이른 아침에 걸을 수 있다는
사실이 자연에 빚을 지고 사는 느낌이다.

10미터 눈앞에 보이는 것을 오감으로 느껴본다. 방울방울
플라타너스, 바람에 고개를 갸우뚱하는 아까시나무 잎,
길모퉁이의 민들레, 황금색으로 변해 가는 개밀, 귀여운 산딸기,
노랑별 같은 금계국, 흰 눈처럼 날릴 박주가리,
무소의 뿔처럼 뻗어가는 환삼덩굴, 무리 지어 피어 있는 개망초,
땅을 덮은 쇠뜨기, 노랑 꽃잎 네 장의 애기똥풀,
가을에 필 뚱딴지. 어찌 그냥 지나칠 수 있을까?

새벽길 별을 보며

100 22년의 삶 노트
2020. 5. 2. (토)

나의 정년 은퇴는 2028년 3월이다. 앞으로 7년이 남았고,
2019~2041년까지 사는 것을 가정하면 21년이 남은 것이다.
그래서 2019년도에 22년의 삶 노트를 한 권 준비했다.
2041년도에는 내 나이 85세가 된다. 큰아이가 58세,
작은 아이가 55세. 85세 때 하늘나라에 불러가 달라고
기도한다. 100세 시대가 되었는데 왜 85세인가?
너무 많이 살고 싶지 않아서다.

내일 죽을 것처럼 생각하고 오늘을 살라고 했다. 그래서 오늘
하루는 나의 마지막 날이라 생각하고 산다. 지금의 생각도 세월이
흘러간 뒤에는 변할지도 모르겠다. 장담할 일은 못 되는 것이고,
내 마음대로 내 생명을 연장하거나 단축할 수는 없으나
85세 이후의 삶은 자신뿐 아니라 가족들에게도 무거운 짐이
될 것 같다. 우리 인생이 70이요, 강건하면 80이라도 수고와
슬픔뿐이니 신속히 날아간다 했다.

불꽃처럼 살다가 순간에 꺼져버리는 불이 되고 싶다.
오래오래 연기만 펄펄 내면서 살아가는 인생이 되지 않기를 소망한다.
앞으로 21년의 남은 생애를 어떻게 살까?
그런데 85세에 불러가 달라고 기도하는 것이 과연 적절한 기도일까?
그전에도 아니, 오늘밤이라도 불러 가실지 모르는데 말이다.

101 며늘아기 오는 날
2020. 5. 2. (토)

7년간의 아름다운 교제 후 2018년도에 둘째 아들이 결혼했다.
지혜롭고, 건강하고, 믿음 좋은 배필 허락해 달라고 기도해 왔었는데
며늘아기는 착하기까지 하다.
옆에서 둘을 보고 있으면 어린아이들이 소꿉장난하는 것처럼 재밌다.
결혼은 인륜지대사라고 한다. 사람이 살아가면서 해야 하는
큰일 중의 하나라는 뜻이다. 큰일을 했으니 당연히
축하받아야 하고 장한 일이다. 결혼한 지 2년이 되어 가는데
아직 아기 소식이 없다. 물어보기도 그렇고 기도만 할 뿐이다.
고등학교에 재직하고 있는 며늘아기는 소고기를 좋아한다.
시댁에 와서도 꼼지락꼼지락 잘 먹고 아침 10시까지
잠을 잘 자서 예쁘다.
학생들 가르치고 담임 업무 보느라 피곤한 몸과 마음을
힐링하고 갔으면 하는 바람이다. 오늘 온다고 하니 장볼 것을
메모했다. 며늘아기는 소고기, 딸기, 밤을 좋아하니 사 와야겠다.
하룻밤 자고 가는데 편안히 즐겁게 쉬었다가 가도록
이불도 깨끗이 세탁하여 뽀송뽀송한 잠자리가 되게 하려고
아침부터 아내는 바쁘다.
새아기가 우리 집에 들어온 것이 생각할수록 고맙고 감사하다.

102 선생님 딸로 태어나고 싶어요
2020. 5. 2. (토)

내가 세상에 태어나 가장 잘한 일은 무엇일까?
첫 번째가 예수 믿고 구원받은 것이다. 물론, 나의 선택이 아니라
주님의 선택이셨지만 감사한다. 두 번째는 김경희와 결혼하여
두 아들을 낳은 것이다. 가장 아쉬운 일은 딸을 낳지 못한 것이다.
가끔 산행하러 가서나 마트에서 딸과 아빠가 산행하고
쇼핑하는 것을 보면 부러워서 한참 쳐다본다.

많은 말 중에서 처음 들었던 말이 있다. 그날 밤, 쉽게 잠을
이루기 어려울 정도로 마음이 설레고 감동된 말 한마디였다.
어느 아이가 나에게 "선생님, 다시 태어나면
저는 선생님 딸로 태어나고 싶어요."라고 했다.
왜 그랬을까?
내가 온전히 아빠 역할을 잘할 수 있다는 믿음 때문이었을까?

부활은 있어도 다시 태어날 수 없다는 신앙 고백이 나에게 있지만
진지하게 말한 그 아이의 소망을 두고 부질없는 생각이라고
말하고 싶지 않다.
인자하고 정겨운 아빠의 자격이 나에게 있는 걸까?
그래, 충분히 있고 잘할 수 있다고 점수나 많이 주자 뭐.

103 비 오는 날 듣는 「동심초」
2020. 5. 3. (일)

"꽃잎은 하염없이 바람에 지고
만날 날은 아득타 기약이 없네
무어라 맘과 맘은 맺지 못하고
한갓되이 풀잎만 맺으려는고
한갓되이 풀잎만 맺으려는고"
중학교 때부터 좋아했던 「동심초」 가곡이다.
애끓는 것 같은 애절함이 묻어 있는 신영옥, 조수미의 목소리로
들어본다. 창밖에 늦봄 비가 내리는 소리가 들리면서 이 노래에
빠진다.

유행가는 접해 볼 기회가 별로 없었으나 가곡, 동요, 클래식은
내 생활 속에서 늘 그림자처럼 따라다닌다.
핸드폰이 나오기 전에는 작은 녹음기에 노래를 녹음하여
들곤 했다. 가곡은 「동심초」, 동요는 「섬집 아기」, 클래식은
베토벤의 「영웅」, 「합창」, 차이콥스키의 「피아노 협주곡 1번」이다.
키신이 카라얀의 지휘와 함께했던 연주는 아마 100번은
들었을 것이고, 손열음의 차이콥스키 연주곡은 아침 샤워 때마다
듣는다.
「동심초」 같은 가곡이 어떻게 나올 수 있었을까?
내 손으로 작곡하고 작시한 동요 하나 탄생할 수는 없을까?

104 재난 기본소득 지원금

2020. 5. 3. (일)

    코로나 19 여파로 시에서 모든 시민에게 재난 기본소득
지원금을 지급했다. 물론, 카드로 받았다. 살다 보니 이런 선물도
받는 날이 있다. "여보, 이 카드도 당신이 쓰세요."
멋지게 카드를 넘겨주는 아내가 예쁘다.

    내 손에 20만 원어치를 쓸 수 있는 카드가 생겼다.
금세 부자가 된 것 같아 신이 났다. 슈퍼에 가면 살 품목 15가지를
적어봤다. 아몬드, 호두, 만두, 맛동산, 참외, 가스, 요구르트,
소고기, 슈퍼타이 등.

    둘째 아들과 며늘아기가 목포에서 왔다.
마침 잘 되었다.
내 옆에서 강아지처럼 졸졸 따라다니며 메모지를 들고 물건을
집어 담는 며늘아기랑 쇼핑은 처음이다. 행복이 아지랑이처럼
피어오른다.
며칠 전에 장염으로 고생하여 입술이 부르튼 모습이 안쓰럽다.
그래서 아가 먹고 싶은 것은 다 담으라 했다.
소고기도 안심, 등심, 채끝살 세 종류를 샀다.
카드 잔고가 남을 줄 알았는데 계산대 앞에 서니 엥?
25만 원이 찍힌다. 그래도 마냥 기쁜 걸 어떡해.

105 낙숫물 받는 집
2020. 5. 3. (일)

　　물은 그냥 물이 아니라 생명이라는 사실을 오래전 깨달았다.
유럽을 한 번 다녀오고 이스라엘 성지 순례를 갔다 온 후에
내 생각의 관점이 바뀌었다. 특히 갈릴리 호수에서 물을 끌어다가
작은 호스로 나무마다 공급하는 것을 보고 더욱 그랬다.
케냐에서 오신 분 이야기를 들으니 물이 귀해서
한 달에 한 번 정도 몸을 씻는다고 한다.
우리나라는 수도꼭지만 틀면 물이 콸콸 쏟아져 나온다.
강수량도 풍부하다. 그토록 물이 소중한데도 버려지는 것이
너무 많다.

　　오늘은 비가 내렸다. 처마 밑에 물통 25개를 놓고
미니 연못에도 빗물을 받았다. 그 물로 청소하고 화단에 물도 주고
텃밭 채소들 목마름도 해결해 준다.
아프리카에 우물 하나 파주는 데 천만 원이 든다고 한다.
난 언제까지 강 건너 불구경하듯 쳐다만 보고 있을 것인가?
비가 오신다. 왜 비가 온다고 하지 않고 오신다고 할까?
하나님이 내려주시는 자연의 선물이라서 그런 것이 아닐까?
가득 채워진 25개 그릇들이 바다 같다. 물이 풍성한 나라에
사는 것이 행복이다.

106 7년 후
2020. 5. 3. (일)

앞으로 7년 후 정년 은퇴를 하면 난 어디에서 살아야 하지?
7년 후의 일을 벌써 걱정하지는 않는다. 하지만 기도는 해야지.
전주에서 고등학교에 다닐 때 난 앞으로 전주에서 살 거야.
꼭 그렇게 할 거라고 생각했다. 맛, 멋, 예술의 도시니까.
7년 후면 70세가 막 넘는다. 사람이 집은 세 번 지어봐야
한다고 그러는데 두 번 집을 지어봤으니 세 번째 집도
지어보고 싶은 마음이 들긴 한다. 허리가 휠 정도로 일하면서
집을 지었다. 정확히는 성전 건축이었다.
지금 사는 집과 교회는 13억 원이 들어갔고, 빚 없이 건축했다.
7년 후 내가 살 집은 아직 감감소식이 없고 준비가 안 되었다.
집을 짓는 대신 캠핑카 중고를 구입하여 자유롭게 살고도 싶다.
85세에 나를 불러가 주시라고 기도하니까
은퇴 후 15년의 생을 살면 된다.
아름다운 이 강산을 가 보지 않은 곳도 많다. 벌교 꼬막도
먹어 봐야 하고, 주남저수지에 가서 철새들도 봐야 한다.
아름다운 섬들 여행과 지리산 둘레길 285킬로미터 800리 길도
걸어봐야 한다. 7년 후에는 나에게 어떤 일들이 펼쳐질까?
7년 후를 준비하라고 했던 성경 창세기에 나오는 요셉을 생각해 본다.
오늘을 살아 내는 일, 오늘 주어진 시간을 아끼며
삶을 사랑하는 것이 준비하는 일이 아니겠는가.

107 장모님이 주신 목걸이
2020. 5. 3. (일)

가족들이 점심을 먹는 자리였다. 장모님이 나에게 선물을
주신단다. 궁금했다. 옆에서 아내가 "당신이 받으면 좋아할
특별한 거."라고 귀띔해 준다. 잠시 후 방에서 무언가를
가져오시더니 그동안 20여 년을 한집에서 살게 해 주어 고맙다면서
금목걸이를 건네주신다. 깜짝 놀랐다. 묵직했다.
금목걸이는 장모님이 시어머니에게 물려받은 것이라 하셨다.
모시고 산 것은 어쩌면 당연한 일인데 받기가 죄송스러웠다.

사실, 20년 넘게 처형까지 모시고 살면서 마음의 고통도
많았다. 너무 힘들어서 내가 집을 나가고 싶을 때도 있었고,
속상해서 집 가까운 들판을 비를 맞으며 싸돌아다닌 적도 있었다.
공원 벤치에 늦게까지 홀로 앉아 있을 때도 있었다.
이분들이 마음이 나빠서가 아니라 생활 방식 차이 때문이고,
있는 그대로를 인정, 수용, 존중하지 못하는 속 좁은
나의 문제기도 했다. 시험, 문제, 시련도 많았지만 받은 복도 많다.

우리 부부는 22년 전 약속했었다. 두 분 돌아가실 때까지
모시겠노라고 말이다. 주신 금목걸이를 어찌하면 좋지?
검색해 보니 한 돈에 24만 원 정도 간다. 아주 의미 있는 곳에
사용하고 싶다. 며칠 후에 팔아야겠다.

새벽길 별을 보며

108 복을 짓는다
2020. 5. 4. (월)

　　옷을 짓고, 밥을 짓고, 집을 짓고, 농사짓고, 이런 말은
많이 사용하지만 복을 짓는다는 말은 그동안 잘 사용해 본 적이 없다.
그런데 언제인가 지인 중 한 사람이 나에게
"선생님은 복을 많이 지으셔서 지금 받는 것"이라고 하는 말을 듣고
마음에 새겨 놓고 있었다. 지난 5월 1일에 작지만
아이를 6명 낳은 부목사님에게 얼마를 보내드렸다.
두 번째 송금이었지만 앞으로도 기회가 되면 또 실천할 것이다.
그래서 생각해 보았다. 내가 복을 지었나 보다고.
　　"뿌린 대로 거두고 심은 대로 거둔다."는 성경 말씀도 있고,
"구제를 좋아하면 풍족하여진다."는 잠언 말씀이 있는데
나의 작은 정성을 보시고 장모님의 마음을 움직이셔서
금목걸이를 선물로 주셨나 보다.
세상에 결코 우연한 일은 없다. 아이들 여섯과 부부,
8명의 가족에게 하루 편히 쉬고 올 수 있는 펜션을 잡아주면 어떨까?
난 지금으로도 복을 많이 받았다. 그리고 보니 삼 일도 안 되어서
10배로 축복이 내려졌네. 복을 짓자. 더 많이 복을 짓자.

109 감정 관찰 능력
2020. 5. 4. (월)

　　행복의 주도권은 오롯이 나에게 있다. 내가 선택하고, 결정하고,
책임져야 한다. 모든 행동은 감정에 따르는 생각에서
나오기 때문에 내 생각, 마음, 감정을 다루는 능력이 필요하다.
그러기 위해서는 나를 제대로 볼 수 있어야 한다.
"너 자신을 알라."는 말은 아무리 스스로에게 많이 던져 줘도 지나치지
않다. 감정을 스스로 통제하면 자신감이 생기고 타인의 반응에
촉을 세우지 않아도 된다. 나의 감정과 마주 대하는 용기가 필요하며
관찰자로서의 나를 중심에 둬야 한다.
있는 그대로의 나를 너그럽게 안아주고, 감싸주고,
인정하는 데서부터 나의 소중함은 시작된다.
　　모든 사물은 너무 가까이에서 보면 오히려 보이지 않는 법이다.
적당한 거리를 둬야만 잘 보인다. 마치 숲속에 들어가면 숲 전체를
볼 수 없듯이 말이다. 내 감정, 마음, 생각에서부터 나와서
객관적으로 볼 수 있는 내면이 준비되어야 한다.
관찰자의 관점에서 자신의 마음을 본 사람은 오디세우스였다.
그는 가슴을 치며 이런 말로 마음을 꾸짖었다.
"참아라, 마음이여!"
감정 관찰 능력이 생길 수 있도록 내면을 단단히 하는
훈련을 부단히 해야겠다.

110 책상 위의 프리지아
2020. 5. 5. (화)

4월 12일은 아내 생일이었다. 내가 꽃을 좋아하니 프리지아
한 다발을 사서 선물로 주었다. 한 달이 거의 되어 가는데
내 책상 앞에 노랑, 보라, 흰색으로 피어 있다가 시들어 있다.
시들어 마른 꽃도 볼수록 예쁘다. 내가 좋아하지 않는 꽃은
없지만 빨간 장미, 프리지아, 안개꽃을 좋아한다.
로컬 푸드에서 왕궁에서 꽃을 재배하는 농부를 만났다.
수소문하여 꽃 농장에 놀러 가야겠다.

아주 어렸을 적 꿈은 꽃집 아가씨와 결혼하는 것이었다.
1960년대 초등학교 때 라디오에서 귀에 익숙하게 들려왔던
윤형주의 노래가 있었다.
"꽃집의 아가씨는 예뻐요/그렇게 예쁠 수가 없어요/
새빨간 장미보다 새하얀 백합보다/천 배나 만 배나 예뻐요"

꽃 속에 파묻혀 사는 꽃집 아가씨는 착하고 예쁜 대명사처럼
생각되었다. 내가 성장하여 꽃집에 가야 할 일이 생겼을 때
꽃집에 아가씨가 있는 경우는 거의 볼 수 없었다.
조만간 크게 한 다발의 프리지아를 사러 왕궁 꽃 농장에 가야겠다.
결혼식 날, 신부들이 부케로 프리지아를 많이 쓴다고 하는데
5월 16일 결혼하는 며늘아기의 부케가 궁금하다.

111 우렁이 잡아 오지 마세요
2020. 5. 5. (화)

아내와 함께 아침 걷기를 했다. 8,700보를 걸었다.
걷는 일은 산삼을 먹는 시간과 같다. 달콤한 산소를 먹는
시간이다. 이제는 걸을까 말까 생각을 하거나 망설이는 법이 없다.
저절로 6시부터 걷고 있는 자신을 발견한다.
걷는 일은 나에게 많은 생각을 정리하고 비움의 철학을 갖게 하는
은총의 시간이기도 하다. 죽는 날까지 매일 걷고 싶다.
갈수록 부부들이 함께 걷는 모습을 많이 볼 수 있는데
한 폭의 그림 같다.

논 옆에 만들어져 있는 작은 도랑을 유심히 살펴보았다.
우렁이가 있는지 보기 위해서였다. 우렁이가 있는지 고개를 숙이고
보는데 아내가 참새처럼 재잘거린다.
"당신 이제 우렁이 잡아 오지 마세요. 언제인가 고향으로 붕어 잡으러
가서 고기는 서너 마리 잡고 옷 호주머니에 흙투성이인 우렁이만
가득 들어 있어서 손빨래하느라고 똥 빠질 뻔했어요."
함께 깔깔대며 웃었다.

어릴 적 고향 도랑에서 물고기 잡던 시절이 그리워 그 추억을
맛보고 싶어서였는지 내 나이 50이 넘었을 때 물고기 잡으러
고향으로 갔었으니 내가 나를 생각해도 재밌는 사람이다.
"그래, 이제 우렁이 먹고 싶으면 사 먹자."
아내의 말에 장군 멍군했다.

새벽길 별을 보며

112 개구리 울음소리
2020. 5. 5. (화)

　　며칠 전 비가 오더니 이곳저곳, 심지어 우리 집 마당
미니 연못에서도 개구리 울음소리가 많이 들린다. 그러고 보니
더운 여름이 시작된다는 입하가 오늘이다. 나의 어린 시절에는
동요를 많이 불렀고 지금도 동요 노트가 하나 있을 정도로
좋아하고 즐겨 부른다.
"개굴개굴 개구리 노래를 한다/아들 손자 며느리 다 모여서/
밤새도록 하여도 듣는 이 없네……개굴개굴 개구리 목청도 좋다"
1930년대 홍난파 선생님이 작곡한 것으로 기억하고 있다.
　　몇 년 전, 어느 날 밤이었다. 개구리 노랫소리를 듣고 싶어서
집 가까운 논으로 나갔다. 모내기하려고 논에 물을 담아 놓을 때였다.
멀찍이에서 개구리 울음소리가 들려왔다.
귀가 아플 정도로 쉬지 않고 계속 울었다.
십분 이상 달빛 아래 논가에 우두커니 서서 들었다.
그리고 핸드폰에 녹음해 와서 가끔 듣곤 했다.
　　먹을 것이 귀했던 보릿고개 넘길 즈음, 쇠꼬챙이를 만들어
개구리를 잡아 뒷다리를 구워 먹었던 일이 생각나
개구리에게 죄지은 것 같은 미안한 마음이다.
우리 집 연못에서 유난히 크게 개구리 울음소리가 들린다.
먹을 거라도 갖다 줘야 하나?

113 텃밭 가족들
2020. 5. 5. (화)

우리 집 30여 평 되는 텃밭에 작년에 심었던 채소들을
다시 심었다. 그저께 비가 와 줘서 비닐을 덮고 가지, 오이,
청양고추, 꽈리고추, 오이고추, 가지고추, 치커리, 단호박,
파프리카 세 종류, 짭짤이 토마토, 흑토마토를 심었다.
그날그날 싱싱한 채소를 따 먹을 수 있어 좋고 많이 거두면
나눠 먹는 즐거움도 크다.

큰아이 결혼하면 처가에도 갖다 줘야 하니 작년보다 더
심어야 한다는 아내의 깊은 생각을 볼 수 있었다.
여름에 입맛 없을 때 밥을 물에 말아 된장, 고추장에 고추, 오이를
찍어 먹는 특별한 맛도 있다. 빗물을 받아 놓고 가물면
물을 주고 늘 돌아보면서 채소에 눈 맞춤도 해 줘야 좋아한다.
채소는 주인의 발소리를 듣고 자란다는 말은
관심과 정성이 필요하다는 뜻이리라.

오늘 때에 따라 또 비가 와 준다. 금방 꽃이 피고 열매가
주렁주렁 열리겠지. 하나의 열매가 열리기까지 얼마나
치열한 생존투쟁을 해야 하나. 어떤 분이 "농사짓는 데는
벌레가 도와줘야 하고, 짐승이 도와줘야 하고,
하늘이 도와줘야 한다."고 말했다. 맞는 말이다.
그래서 먹을 때마다 저절로 감사가 터져 나오는 거겠지.

새벽길 별을 보며

114 여동생의 찰밥
2020. 5. 6. (수)

　　여동생들 나이는 62세, 60세다. 바로 아래 여동생은
마음도 손도 크다. 음식을 잘하는 요리사인데 요리를 잘하셨던
어머니의 유전인자를 받은 것 같다. 식구들 8명 끼니때마다
준비해야 했던 어머니로서는 음식을 다양하게
해야 했을 것 같은데 그 모습을 보면서 자란 딸이 아닌가.
정월 대보름이 되면 여동생은 찰밥과 나물, 탕 등
십여 가지를 해서 이른 아침에 찾아오곤 한다. 여동생이 해 온
음식을 먹으면 어머니의 손길을 느끼는 듯해서
어머니가 그리워 콧잔등이 찡하다.

　　오늘 아침에 찰밥을 두 솥 가득 해 왔다. 한 끼 한 끼 먹을 수
있도록 봉지에 싸서 가져왔다. 냉동실에 두었다가 데워 먹으면
본래의 맛 그대로면서 열량은 30퍼센트 정도 줄어든단다.
각자 식사는 본인들이 알아서 챙겨 먹도록 한 우리 집 식사 문화는
어느 가정도 쉽게 하지 못하는 특별한 구조다.
스스로가 챙겨 먹고, 음식도 본인이 먹고 싶은 것을
요리해서 먹고, 설거지까지 책임지는 일은 서로의 시간에 대한
배려라고 생각된다. 찰밥 오래 얻어 먹으려면 여동생이 건강하게
오래 살아야겠네.
내 욕심은 아니고 아끼고 사랑하는 동생이니까 그렇다.

115 아기 이름 지어 보는 아들 부부
2020. 5. 6. (수)

2018년 10월 6일, 둘째 아이가 결혼했으니 2년이 되어
가는가 보다. 결혼하면 당연히 아기가 생길 것을 기대하고,
기도하고, 기다려왔는데 아무 소식이 없다. 그렇다고 해서
물어보기도 좀 그렇다. 어버이날이 들어 있다 하여 집에 왔다.
자기들끼리 아기 이름을 이것저것 지어 봤다면서
몇몇 이름을 나열해 보는 모습이 귀엽고 예쁘다.

나도 질세라 옆에 끼어들어 거들었다.
진초록, 진샤론이라면 어떨까?
자연을 닮은 이름이 좋지 않을까? 진보라는 어때요?
며늘아기가 상냥하게 말한다. 그동안 여러 사람의 이름을
내가 지어준 경험이 있다. 사실, 둘째 아이 결혼할 때부터
기도해 온 것 중 하나였다. 첫 아이는 딸이었으면 좋겠다.
첫 손녀를 보면 좋겠다. 마음 가운데 계속 움직여지는 이름이
있긴 한데……. 진샤론. 샤론은 장미 또는 광야, 예수님을
표현하기도 하는데 샤론의 장미가 더 적절한 것 같다.

이름 지어 놓았으니 빨리 임신 소식이 들려오길 기도한다.

116 호기심 천국
2020. 5. 6. (수)

　　다윗이 울 기력이 없을 정도로 곤경에 처했을 때가
있었듯이 누구나 그러한 사망의 음침한 골짜기를 지나갈 때가 있다.
나에게도 그러한 시련의 터널을 지나갈 때가 있었다.
그래서 나 홀로 산행도 많이 했던 것 같다.
그때는 앞이 보이지 않았고 끝이 없을 것 같았는데 지나고 보니
모두 은총이었고 감사의 조건이었다. 특히 자연의 품에 안겨
많은 종류의 식물들, 새들, 곤충들을 관찰하는 것은
힐링 그 이상이었다.

　　사람들은 나를 일컬어 호기심 천국이라고 한다.
소년 같다 하여 오래전 "꿈꾸는 소년"이라고 닉네임을 사용하기도
했다. 호기심은 나에게 관찰력으로 이어졌다. 관찰의 힘은
글쓰기로 이어졌다. 내가 그렇게 하고 싶어서도 아니다.
그냥이다. 이것이 생태 세밀화 그림일기를 하게 한
동기 부여였는지 모른다.

　　세상에는 신비롭지 않은 것이 하나도 없다. 목적 없이 세상에
존재하는 것은 아무것도 없다고 믿는다. 들꽃 하나, 곤충 한 마리도
무심코 지나칠 수 없는 DNA가 나에게 주어져 있다는 것을 안다.
그래서 내 인생은 풍성하고 즐거움이 더하는지 모른다.
특히 자연, 음악, 미술, 영화, 책은 더 그렇다.

117 아끼면 똥 된다

2020. 5. 7. (목)

어릴 적부터 "아끼면 똥 된다."는 말을 듣고 살았다.
워낙 어려운 1960~70년대에는 아낄 것조차 없었다. 엊그저께
수년 동안 미뤄왔던 일을 실천에 옮겼다. 드라이해 놓고
2~3년 입지 않고 두었던 양복을 열 벌 넘게 재활용 옷집에
갖다 주었다. 딱 네 벌만 남겨 두고 모조리 정리한 것이다.
옷집 할머니가 입이 귀에 걸려 내려올 줄 모른다.
깔끔해진 드레스 룸을 보니 마음마저 정돈된 것 같다.

아끼면 똥 되는 것이 뭐가 있을까? 치즈를 먹지 않고
아끼다가 부패하여 냄새가 온 집에 진동했다.
음식물 쓰레기에 버리지 못하고 땅에 묻었다.
땅 파느라고 허리만 아팠다. 에구구! 돈도 아끼면 똥 될까?

돈도 잘 쓰는 사람이 멋있다. 돈은 쓰라고 있는 것이다.
하루 세 끼 먹는 것이지 열 끼 먹지는 않는다.
다른 사람을 풍성하게 하면 내가 윤택해진다.
박수받는 사람보다 쳐주는 사람이 더 행복하다.
밥을 사 주는 사람이 더 즐겁다. 선물을 주는 사람이 받는 사람보다
더 기쁘다. 결국은 나를 위하는 일인 것이다.

오늘도 난 봉투를 두 개 만들었다. 누구에게 건네줄까?
월 100만 원도 안 되게 사례비를 받고 살아가는 시골 교회
두 목사님의 얼굴이 다가왔다.

118 어버이날 선물
2020. 5. 8. (금)

어버이날이어서 그런지 돌아가신 부모님 생각에 잠시
마음이 숙연해졌다. 「내 주를 가까이 하게 함은」 찬송가를 틀어놓고
드립 커피를 마시고 있는데 학교 출근 시간도 바쁠 텐데
며칠 후에 결혼할 큰아이와 며늘아기가 찾아왔다.
카네이션 꽃바구니와 티셔츠 커플티를 선물로 가져왔다.
조만간 옷가게에 가서 반팔 티셔츠를 사려고 마음먹고 있었다.
그 마음을 알기나 한 듯 내가 좋아하는 빨간색 계통의 티셔츠다.
내가 딸이 있었으면 사서 입히고 싶은 옷을 며늘아기는 잘 입는다.
며칠 전, 옷 사이즈를 물어보기에 약간 궁금했었다.
그러면서 '어차피 티를 사 오려면
내가 즐겨 입는 종류의 것을 사 오면 좋을 텐데.'라고
속으로만 생각했었다.
이런 것을 두고 이심전심이라고 하던가.
　　이 글을 쓰고 있는 지금도 오늘 선물받은 티를 입고 있다.
거울을 보니 약간 배가 나오긴 했지만 청년이 된 것 같다.
우리 아이가 아빠 좋아하는 옷 색상도 알고 있는 것을 보면 참 고맙다.
오늘은 온종일 입고 집에 있어야겠다.
그리고 다음 주에 있을 결혼식 주례사 5분짜리를 더 멋지게
다듬어야겠다.

119 물안개
2020. 5. 8. (금)

"하얗게 피어나는 물안개처럼……" 1987년도 석미경의 「물안개」 노래를 들어본다. 조회 수가 86만이나 되는 걸 보면 꽤 많은 사람이 이 노래를 좋아하나 보다. 1980년대에 가끔 라디오에서 흘러나왔던 노래를 40여 년 만에 들어보는 것 같다. 세월이 화살처럼 지나갔다.

오늘 탑천 길은 유달리 물안개가 길게, 그리고 높이 퍼져 있었다. 운동하는 사람들은 휙 하고 지나갔지만 난 멈춰 서서 한참이나 바라보고 있었다. 물안개 속에서 하얀 말을 탄 왕자와 초록색 드레스를 입은 공주가 휙 올라오는 것만 같았다. 이 아침에만 볼 수 있는 멋진 풍경이다.

은퇴 후에 전주에서 살고 싶었는데 아침마다 걸으면서 생각이 자꾸 변하는 것 같다. 탑천 가까운 곳에 살고 싶은 마음이 자꾸 드는 것은 왜일까? 아름답게 조성된 수목원 옆에서 살았으면 했는데 요즘은 다양한 식생과 물고기들, 새들이 날아다니는 탑천 옆에서 살고 싶은 생각이 꼬리를 문다. 하지만 지금의 생각이 절대 변하지 않으리라는 법은 없다. 그러니 내일 일은 내일 하도록 맡기고, 오늘 충만한 삶을 살면 될 것 같다.

120 화장실 한 번만 가기
2020. 5. 8. (금)

난 거의 기계적으로 산다. 정해진 시간에 일어나기,
물 한 컵 마시기, 새벽기도, 걷기, 식사, 샤워, 독서, 글쓰기 등
주로 오전 시간대에 이뤄진다. 2주 전까지는 오전 7시 30분경
예외 없이 화장실을 갔다. 그런데 지금은 하루에 세 번 정도
화장실을 간다. 왜일까? 많이 먹기 때문이다.
잠을 자다가도 일어나니까 배고픈지, 배고프니까 일어나는지
모르겠다.

남자들 배와 여자들 배가 다른 것 같다. 아내는 저녁을
먹지 않고도 잠을 잘 잔다. 좌변기에 앉아 잠시 생각을 해 본다.
화장실을 하루에 한 번만 볼 수 있게 하면 안 되겠니?
네 몸도 생각해야지. 항문이 욕하겠네. 문제가 있는 것은
곧 답이 있다는 뜻이리라. 먹는 양을 줄여야지.
먹는 즐거움도 큰 것인데 줄여야 한다는 거지? 맞아, 그래야겠네.
남자들의 욕구는 첫째가 식(食)이라고 하는데
나도 역시 이 범주에서 벗어나지 못하는 건가?
그래도 힘들어하는 내 몸을 위해 점심때부터는
적게 먹어야겠다. 큰일 보러 화장실 하루에 한 번 가기
한 달 성공하기. 크악, 다음 주에 아들 결혼식이 있는걸!

121 「흔들리며 피는 꽃」
2020. 5. 9. (토)

어젯밤에 봄을 보내고 여름을 재촉하는 비가 많이 왔다.
새벽 5시에도 여전히 후드득하는 소리가 들리고 바람에 창문이
흔들거리는 소리가 들린다. 늘 일어나는 시간이기 때문에
일어나졌다. 마당의 큰 느티나무는 이리저리 가지가 춤을 추듯
바람결에 몸을 가누지 못하고 있다.

우산을 챙겨 들고 탑천 길을 갔다. 옷이 젖을 정도는
아니었지만 가는 비가 기분 좋게 뿌리고 볼을 스치는 바람이
상쾌한 기분을 up(업)시킨다. 천변 쪽을 노랗게 물들인
애기똥풀과 갓꽃들이 안쓰러울 만큼 많이 흔들린다.
저러다가 부러지면 어쩌지? 지켜보고 있으니 바람과 잘 논다.

도종환 시인의 「흔들리며 피는 꽃」을 수많은 관객이
지켜보는 가운데 멋지게 시 낭송을 하며 동영상 촬영을 했다.
관객은 구름, 새들, 식물들이다.
"바람과 비에 젖으며 꽃잎 따뜻하게 피웠나니" 대목에서는
목이 메어 울 뻔했다.

새벽길 별을 보며

122 못 다 부른 노래
2020. 5. 9. (토)

어제가 어버이날이어서 더 그랬을까. 탑천 길을 걷다가
찔레꽃처럼 하얗게 핀 야생 복분자꽃을 보니 「찔레꽃」 노래가
부르고 싶어졌다. 가끔 비가 오고 먹구름 조각들이
하늘 위를 떠다닌다. 윙윙거리며 불어대는 바람 소리는 약간의
외로움을 더 맛있게 해 준다.
"엄마 일 가는 길에 하얀 찔레꽃/찔레꽃 하얀 잎은 맛도 좋지/
배고픈 날 가만히 따먹었다오/엄마 엄마 부르며
따먹었다오……/엄마 품이 그리워 눈물 나오면/
마루 끝에 나와 앉아 별만 셉니다"
이 노래를 수없이 불러봤지만 거의 못 다 부른다.
부르다 보면 목이 메고 눈물이 흐른다. 왜일까?

여러 중학교에서 부모 교육을 했었다. 강의 시작 전에 눈을
감으라 하고 아들 딸 아이 이름 부르면서 "○○야 사랑해!,
○○야 미안해!"라고 소리 내서 하라고 하면 울지 않는
엄마들이 없었다. 나중에는 펑펑 우는 분들도 있었다.

엄마가 자식을 부를 때, 자녀가 엄마를 부를 때 그곳에는
눈물이 있고, 사랑이 있고, 소망도 담겨 있으리라.
내 나이 60 중반인데도 왜 엄마 품이 그리운 걸까?

123 결혼식장 답사
2020. 5. 9. (토)

　　내가 좋아하는 비가 내리는 토요일. 다음 주 토요일 오전
11시 20분에 결혼식을 하는 큰아이 예식장을 답사했다.
예식을 올리는 모습과 조명, 자리, 분위기, 식사 관계, 식당,
폐백실, 주차장, 주변, 교통상황 등을 꼼꼼히 살펴보았다.
　　큰아이는 로비에서 입장 연습도 해 보고 발걸음, 손잡는 것까지
맞춰보았다. 일생에 한 번 있는 딸 결혼식을 위해
사부인께서 폐백 음식을 손수 만들고 계신단다.
다음 주에는 인삼을 사러 진안에 가시고, 엿을 사러 용산에
가신다 했다. 폐백 후에 모두 먹을 수 있는 것으로
준비하고 계시는 모습이 감동이다. 내가 결혼할 때는
이런 준비도 거의 없었다. 돈으로 주문했으리라 생각된다.
　　이제 큰아이 결혼시키면 부모의 책임과 의무는 거의
다했다고 본다.
둘이 행복하게 살도록 기도하고 격려해 주는 일만 남은 것 같다.
둘째 며늘아기의 어버이날 문자를 본 아내가
"자식 키우는 맛이 있네요." 한다.
그렇구나, 이런 맛도 있는 거로구나.

124 십자가 선물
2020. 5. 10. (일)

십자가를 만든 지 벌써 7년이 되었다. 각종 연장과 장비를
갖추고 20여 평 되는 공간에 십자가 공방을 마련했다.
남들이 말하기를 "손재주가 많으신 것 같아요."라고 한다.
맞는 말이다. 전기가 고장 나도 한 번도 기술자를 따로
부른 적이 없다. DNA적으로 우리 진 씨 가문에 내려준
재능인 것 같다. 오늘 십자가 선물 노트를 보니 614번까지
기록이 되어 있다. 그동안 선물을 준 사람들이 이 정도
된다는 것이다. 주로 가이스카향나무, 느티나무, 꾸지뽕나무를
사용하여 만들었다. 나무는 겉보다 속이 더 아름다운 것이 많다.
깜짝 놀랄 정도로 신비스러운 모습을 쪼개보면 알 수 있다.
알고 지내는 나무공예 사장님이 작업하고 나온
나뭇조각들을 모아 두었다가 준다. 참 고마운 분이다.
수백 년 된, 천 년쯤 되는 느티나무를 내가 쉽게 구할 수도
없는데 아깝게 생각하지 않고 제공해 준다. 나는 가끔 놀러 가서
그 사장님 이야기를 즐겁게 들어주고 오는 것이 전부다.
강대상용, 차량용, 테이블용, 목걸이 십자가 등 만드는 과정 자체가
기쁘고 행복하다. 이거면 되지 않은가.
돈하고는 별로 상관 관계가 없지만 그저 난 기쁠 뿐이다.

125 장모님을 모신 22년
2020. 5. 10. (일)

처음 일 년은 숨을 쉴 수 없을 만큼 힘들었다.
그때 내 나이는 40대 초반이었다. 지금 60대 중반이니 하염없는
세월은 이렇게 흘러왔다. 내 아내를 낳아 주신 것만 해도
장모님의 은혜는 크고 깊다.
　처음 장모님이 우리 집에 오셨을 때 생활 방식 차이 때문에
젊었던 내가 받아들이기 어려운 일들도 많았다.
갈등의 골이 깊어지고 서울 아들네 집으로 가신 지 일 년.
모든 짐을 다시 받고 돌아가실 때까지 사위인 내가 모시겠다고
했다. 착하고 성실한 세 아들이 있지만 서울생활보다
텃밭도 있고, 경로당도 다니고, 마당도 밟을 수 있는
우리 집이 편할 것 같아서였다.
　올해 89세. 한 번 왔다가 흙으로 돌아가는 인생들일진대
나를 내려놓지 못하여 마음 상한 적도 있었다.
일찍 잠자리에 들어 늦게까지 주무시며 드시는 것도 왕성한 걸
보면 사위인 내가 먼저 천국에 갈지도 모르겠다는 생각도
할 때가 있다. 그것은 모르는 일이니까.
어제 점심식사 때 샤브샤브를 처음 드셔본다고 하실 때는
마음이 찔렸다.

126 노르웨이 여군 특수 부대
2020. 5. 10. (일)

우연이 기회가 되고, 동기 부여가 되고, 복이 되는 일이 있다.
유튜브 동영상은 21세기를 살아가는 나에게 다양한 지식과 유용한
정보를 주고, 삶의 지혜를 안겨준다. 들을 만한 것을 검색하다가
노르웨이 여군 특수 부대 훈련하는 장면을 보았다.
지원자 중 96퍼센트의 탈락률. 10개월간의 지옥 훈련에서
합격하는 여성은 불과 4퍼센트다. 숲속 15킬로미터를 22킬로그램의
군장을 메고 2시간 15분 안에 주파하지 못하면 탈락이다.
공중, 지상, 모든 훈련을 통과해야 한다.

나는 맨몸으로라도 숲속 15킬로미터를 2시간 15분 안에
주파할 수 있을까? 여기에는 엄청난 인내와 넘어야 할
위기들이 있을 것이다. 그런데도 왜 그토록 많은 여성이
특수 부대에 들어오는 꿈을 가질까? 인간의 한계를 뛰어넘는
매력이 있고 명예가 주어지기 때문이다.
돈과도 바꿀 수 없는 자존심과 자랑스러운 명예다.

내가 하고 싶었는데 하지 못한 것이 있다. 철인 3종 경기다.
훈련하는 모습만 보아도 내 가슴이 뛰고 위대한 전사로 보이는데
훈련을 통과하여 합격한 여군들은 얼마나 자랑스러울까.
훈련하는 모습만 보아도 용기가 생긴다. 위대한 명장은 싸움터에서
생기고, 훌륭한 뱃사공은 험한 파도와 싸운 후 생기는가 보다.
담대함으로 살아갈 수 있는 내적 힘을 키우자.

127 하고 싶었던 철인 3종 경기
2020. 5. 10. (일)

　　오래전 나에게 작은 꿈이 있었다. 철인 3종 경기에 한 번
나가는 것이었다. 나름 꽤 많은 연습을 한 후에 2013년
11월 30일 처음 참가했던 42.195킬로미터 풀코스 마라톤 대회.
완주하기 전에는 풀코스를 나간 사람들은 보통의 사람들로
보이지 않았었다. 내가 죽을힘을 다해 4시간 15분으로
완주한 후에는 하면 되는 것이고 하지 못할 것이 없다는
강한 자신감과 의지가 생겼다.
　　철인 3종 경기에 참가했던 몇 사람을 가까이에서 보았다.
바다 수영 3.9킬로미터, 사이클 180킬로미터, 마라톤
42.195킬로미터를 쉬지 않고 완주하되, 17시간 이내에
들어와야 한다. 사이클, 마라톤은 어떻게든 해 보겠는데
바다 수영은 자신 없다. 수영을 제대로 배우지 못했고
만경강에서 개헤엄만 해 봐서다.
그래도 여전히 마음 한구석에는 미련이 남아 있다.
철인이라는 호칭을 받고 싶어서가 아니다.
극한 인내의 한계를 경험해 보고 싶을 뿐이다.
내 몸을 시험해 보고 싶으니까.

128 조문 후의 식사
2020. 5. 10. (일)

　지인의 장모님이 돌아가셨다. 96세로 건강하게 계시다가
이틀 병원에 입원하신 후 가셨다고 한다. 복된 죽음을 하셨다.
애사가 있을 때 연락받으면 거의 찾아간다. 경사 때보다 애사 때에
더 큰 위로와 용기가 필요하니까. 조문을 하러 갈 때는
가급적 식사 때에 맞춰서 간다. 돌아가신 분이 마지막으로
음식 제공을 하시는 것으로 생각한다.
그래서 맛있게 잘 먹고 온다.
　장례식장 음식은 메뉴가 거의 정해져 있다. 밥, 육개장,
코다리, 떡, 견과류, 돼지고기, 홍어 무침, 수육, 새우젓,
고추나물, 김치 이 정도다. 한 끼 식사로 조금도 부족함이 없다.
어떤 때는 밥 두 그릇, 육개장 두 그릇을 먹을 때도 있었다.
옆에 있던 아내가 눈치 하는 것을 느낄 때도 있다.
언제인가 예수병원 장례식장에 조문하러 가서
하도 맛있게 많이 먹는 것을 보더니 아내가 눈을 휘둥그레 뜬다.
　나의 장례식장에는 누가 올까? 우리 어머니 돌아가셨을 때
집에서 장례를 치렀는데 홍어 무침을 지금도 잊지 못한다고
사람들이 말을 한다. 푸짐하게 상을 차려서 조문 오시는 분들
흡족하게 드시고 가도록 했으면 좋겠다.
그날이 언제일까?

129 참 좋은 친구 가족
2020. 5. 11. (월)

지구촌에는 약 77억 5천만 명이 살고 있다. 전혀 알지 못하는
사람들도 있고 스쳐 지나가는 사람들도 많다.
잠깐의 만남 뒤 잊혀지는 사람들도 있다. 하지만 오랫동안
좋은 친구로 인연을 이어가는 사람들도 있다. 딸이 셋인 하 전무님
가족이 그렇다. 인연을 맺은 지 벌써 10년이 되어 가는가 보다.

나를 숲의 세계와 자연의 매력에 빠지게 해 준 송 선생과
숲 협동조합을 만들기 위해 몇 날 며칠 밤 머리 맞대고
워크숍을 하고, 문장을 만들고, 식사하고, 강원도 여행도
함께한 하 전무님이다. 자주 만나지 못하지만 마음의 소통과
공감을 깊이 해 주는 동생 같은 가족이다.
나는 언제나 딸 셋 있는 것을 부러워한다.
예쁘게 잘 커가는 아이들이 내 딸은 아니어도 자랑스럽다.
오늘 우리 집을 방문하기로 했다. 최고의 점심이 무엇일까
고민했다. 누군가에게 시간을 내주는 일은 목숨을 내주는 일이다.
그래서 고맙다.
자연을 닮은 참 좋은 친구 가족이 있는 것이 행운이다.

새벽길 별을 보며

130 이런 부부로 살게 하소서(1)
2020. 5. 12. (화)

저녁 10시에 잠자리에 들었다. 일어나보니 12시 30분.
조금 뒤척거리다가 다시 일어나보니 새벽 3시 30분. 어제 결혼식
순서지를 인쇄소에서 받아 보고 이집트와 이스라엘 사이에 있는
타바 국경처럼 그냥 넘어갈 수 없는 한 부분이 있어 마음에 걸렸다.
「이런 부부가 되게 하소서」라는 시였다.
"사랑을 줄 줄 알고 사랑을 받을 줄 아는 부부가 되게 하소서.
작은 것을 얻어도 소중하게 여기며……."
누가 쓴 글인지는 모르겠다. 인쇄소에서 빈 곳에 넣어준 글이었다.
　　잠을 자는 동안에도 계속 머릿속에서 빙빙 돌고 있었나 보다.
3시 30분에 불을 켜고 앉았다. 머리맡에 늘 준비해 둔 볼펜과
노트를 펼쳤다. 생각나는 대로 끄적끄적 몇 줄 적어 나가기 시작했다.
다른 사람이 써 놓은 글을 쉽게 갖다가 쓰는 것도 마음이
허락하지 않았고 깊이 감동으로 다가오지 않았기 때문이다.
물론, 좋은 글이었지만 말이다.
그리하여 오후 2시에 최종적으로 글을 다듬어 인쇄소에 보냈다.
아빠의 글이 마음에 든다는 아들과 며늘아기의 말에
피곤이 휙 달아났다.

131 이런 부부로 살게 하소서(2)
2020. 5. 12. (화)

"설렘, 기대, 꿈으로 가득한 눈부신 날로 꽃피우게 하시고
하루하루가 소풍 가는 날로 살아가게 하소서.
보고 있어도 보고 싶고, 같이 있어도 같이 있고 싶은
예쁜 부부 되게 하소서.
어떤 일들 속에서도 능히 이겨낼 수 있는 용기와 믿음 달라고
기도의 손 서로 붙잡게 하소서.
모든 생활 속에서 감사를 찾아 세어보게 하시고
먼 훗날 백년해로하고도 시간을 뒤로 돌려놓고 싶을 만큼
행복했고, 사랑했고, 최선을 다했노라고 고백하게 하소서.
자연, 인간, 생명을 사랑하는 임마누엘 복된 가정 되게 하소서. 아멘."
　새벽 3시 30분에 일어나게 된 것도 이 글을 낳기 위해
분만실로 들어가라고 한 모양이다. 이 글은 내 삶이며 인생 이야기다.
점심은 시 완성 기념으로 홍대 쌀국수를
내가 나에게 사 주었다.

132 뻐꾸기 소리 들리네
2020. 5. 12. (화)

언제쯤 뻐꾸기가 노래할까 기다렸는데 오늘 집 근처에서
뻐꾸기 노랫소리가 들렸다. 검은등뻐꾸기 소리도 들려왔다.
책상 앞에 앉아 있는 오늘, 반바지에 반팔 남방을 입고 있는
나를 봐도 여름이 왔나 보다.
"봄이 갔어요, 여름이 왔어요."라고 첫인사를 하는 것 같은
뻐꾸기 소리를 들으면 '아, 여름이 왔구나.'라고 생각해도 된다.
한국에 6종이 있는 두견과의 뻐꾸기는 다른 새 둥지에 알을
낳아 양부모 둥지에서 새끼를 자라게 한다.
특히 검은등뻐꾸기는 완전 성악가다. 앞의 3음절은 언제나
높이가 같고 마지막은 낮다. 탁란하는 개개비, 붉은머리오목눈이,
휘파람새, 산솔새 등은 자기 새끼가 아닌 뻐꾸기 새끼에게
열심히 먹이를 먹여준다.
청량한 뻐꾸기 소리는 아무리 들어도 질리지 않는다.
어떤 때에는 우리 집 마당에서도 들릴 때가 있다.
"뻐꾹 뻐꾹 봄이 가네/뻐꾸기 소리 잘 가란 인사/
복사꽃이 떨어지네"
아름다운 자연 음악을 공짜로 들려주는 뻐꾸기.
너를 만나면 한 바가지 먹이를 주고 싶다.

133 생활 습관
2020. 5. 13. (수)

　　거의 매일 규칙적으로 하는 일들이 있다. 내 몸도
내가 어떻게 프로그램화시키느냐에 따라 움직인다고 믿고 있다.
난 거의 감기에 걸리지 않고 살아왔다.
병원도 치과 정기검진 잇몸 관리 외에는 잘 가지 않는다.
내 몸의 생체 시계가 생체리듬을 잘 조화시키기 때문이라 생각한다.
식사 시간, 화장실 가는 시간, 아몬드와 견과류 및 사과 먹기,
물 마시는 일, 글 쓰는 것, 감사일기 기록, 운동일지 기록,
아침 걷기, 일어나자마자 잇몸 마사지, 스트레칭 등 규칙적으로
움직인다. 내가 건강할 수 있는 비결도 매일 규칙적인
생활 습관 때문인 것 같다. 의지가 약화되지 않도록 자신을
챙겨야 한다. 그리고 잘했다고 나를 보듬고 토닥토닥 해 줘야 한다.
　　저녁 10시면 취침해야 하고 오전 7시 30분이면 화장실을
가야 한다. 정해놓은 식사 시간도 30분 이상 오차 시간이 없다.
굴곡이 있는 생활보다 훨씬 안정적이고 생활도 쉽다.
계속해 오던 일들이기 때문에 지혜와 힘이 생긴다.
건강해야 행복하게 삶의 질을 높일 수 있으리라. 거의 기계적인
생활, 잘하고 있어. 내가 먼저 산소마스크를 잘 써야만 다른 사람도
잘 쓸 수 있도록 해 줄 수 있으리라 믿는다.
나를 먼저 사랑하고 존귀하게 여기는 일, 잘하고 있는 것 같다.

134 주례 십자가
2020. 5. 13. (수)

    서재에 일렬로 걸어놓은 이십여 개의 십자가를 몇 번이고
보고 또 보았다. 마음에 들리는 음성 '사랑의 십자가', 천 년 된
나무로 만들면 좋겠는데 마음에 품은 뜻을 실천하고 싶었다.
즉시 십자가 공방에 갔다. 먼저 종이에 모양과 크기
디자인을 하고 나무공예 사장님이 주신 용목(800~1,000년 된 느티나무)
조각에 그림을 그렸다.

    옹이 부분에서만 나오는 아름답기 그지없는 꽃 모양 또는
물결 모양의 나무 모습은 신비롭기만 하다. 나뭇가지가
떨어지면서 생긴 옹이. 인간으로 치면 상처일 것이다.
그 상처에서 아름다운 꽃 모양의 그림이 생긴다. 나무를 오리고
다듬고 사포질을 했다. 국산 동백기름을 바르고
쳐다볼수록 기쁠 뿐이다. 똑같은 것을 두 개 만들었다.
결혼식을 마치고 사부인께 선물을 드리고 싶다.
지혜롭고 예쁜 딸을 낳아 키우신 고마움을 작은 선물로
보답하고 싶다. 천년 동안 사랑해도 사랑에 지치지 않는
아들 부부가 되길 기도한다. 마당에 심어놓은 두 그루의 느티나무가
오늘은 더욱 푸르고 싱싱하다.

135 갖고 싶은 내 주방
2020. 5. 13. (수)

음식은 예술이다. 음식은 곧 생명이다. 아내가 장수로
발령이 나면서부터 거의 세 끼 음식을 나 스스로 준비해서
먹고 치운다. 내가 먹고 싶은 메뉴를 선택하여 내 방식대로
요리해서 먹을 때 행복하다.
혼자 먹는 일인용 밥상이지만 예쁜 그릇에 담아 먹는다.
한 끼 때우는 것이 아니라 한 끼 식사에도 최고의 멋과 의미가
담겨 있어야 한다.
　　지금 사는 집에서는 가능성이 없겠으나 훗날 은퇴 후에는
나만의 주방이 있었으면 하는 바람이 있다. 감성 있는
아일랜드식 주방을 갖추고 요리하고 싶다. 또 한 가지 꿈은
손수 준비한 자연주의 행복 밥상을 차려서 한 달에 한 번 정도
지인들을 초대하여 식사하고 싶다.
니체는 이런 경우를 함께 창조하고 수확하고 축제를 여는
초인의 길동무, 즉 밥과 지혜를 나누는 사람들이라고 했다.
　　텃밭에 몇 그루 약초도 심고 약간의 채소와 과일, 비빔밥
재료도 가꾸고 싶다. 클래식한 만찬과 웃음, 훈훈한 정이 있는
멋진 식사의 자리에 소중한 인연들이 모였으면 좋겠다.
아일랜드식 탁자를 어떻게 만들지?

136 금계국과 첫 눈 마주친 날
2020. 5. 14. (목)

　왜 작년에는 몰랐을까? 탑천 변에 이토록 많은 금계국꽃이
있다는 것을 말이다. 사람이 보았다 하여 다 본 것이 아닌가 보다.
수많은 금계국 꽃봉오리가 하늘의 별만큼이나 많이 맺혀 있다.
매일 하루가 다르게 키도 커가고 앞으로 더 클 것 같다.
　어저께는 꽃양귀비 두 송이가 천변에 피어 있는 걸 보고
사진을 찍었다. 오늘은 금계국꽃이 노랗게 얼굴을 활짝 내민다.
올해 들어 처음으로 두 송이의 금계국꽃에 눈을 맞추었다.
꽃말도 좋다. "상쾌한 기분." 꽃을 보니 상쾌한 기분을 넘어
마음마저 포근해진다. 누가 심어놓지도 않은 야생 금계국들.
한 발자국만 떼어도 수십 송이의 꽃을 볼 수 있을 것을 생각하니
가슴이 뛴다.
　오래전 이 꽃을 몰랐을 때는 코스모스인 줄 알았다.
그래서 '계절로 보면 코스모스가 필 계절이 아닌데…….' 하면서
고개를 갸우뚱거렸다. 이제는 막 올라오는 새싹을 보고서도
알 수 있다. 이 꽃으로 노랑 원피스를 만들어 입으면 참 예쁠 것 같다.
금계국과 첫 눈 마주친 날, 행복한 꽃길 걸을 생각만 해도
내 마음에 꽃이 핀다.
인디언들은 지치거나 피곤할 때 전나무를 끌어안고,
그 나무의 기를 받았다.
인간은 자연 없이 살 수 없다.

137 점령군이 된 미국미역취
2020. 5. 14. (목)

4년 전쯤, 길가에 노랗게 피어 있는 키다리 아저씨 같은
꽃을 두어 그루 화단에 심었다. 산과 들에서 흔히 자라는
여러해살이풀이다.
키가 내 키만큼이나 큰 북아메리카 원산의 귀화식물인데
오늘 보니 이러다가는 화단을 모두 점령해 버릴 것 같은 기세다.
워낙 키가 크고 번식력이 좋아서 화단에서 다른 식물에게
왕 노릇을 할 것 같다. 이곳에도 저곳에도 하루가 다르게 커가는
미국미역취를 보고 잠시 생각했다. '키가 너무 크고 울창하여
다른 꽃들을 잘 살지 못하게 하는구나.
미안하지만 여기까지 자라온 수고가 있어도 뽑아야겠네…….'
한 시간 남짓 뽑아내는데 구슬땀이 흐른다. 뿌리까지 깊어서
대단한 운동을 한다고 생각해야 했다.
훤하게 공간이 생긴 이곳에 어떤 꽃을 심을까? 기생초를 심을까,
금계국을 심을까? 내가 노란색을 빨간색 다음으로 좋아하니
금계국을 심어야 할까 보다. 미국미역취 뽑아내느라
아픈 허리를 잠시 침대에 눕혀 놓았다.
일하기 싫거든 먹지도 말라고 했는데 일할 수 있는 건강 주셔서
감사합니다.

새벽길 별을 보며

138 집안 대청소
2020. 5. 15. (금)

    어제저녁 11시까지 아내와 함께 거실을 치웠다. 책상 서랍, 장식장 안에 있는 물건들을 버리는 일이었다. 쓰레기통은 수북하지만 돌아보면 개운하게 정돈된 깔끔한 모습이 보기 좋다. 버려야 할 것들을 버리지 못하고 그렇다고 해서 자주 쓰는 것도 아닌데 몇 년씩 모셔놓고 있는 것들이 많다.

    우리 집은 상당히 넓은데도 불구하고 거실 공간이 여러 식구 함께 식사하기도 불편했다. 신발장 위에 선반을 만들어 올려놓고 책장도 옮기고 어머니가 쓰셨던 재봉틀도 옮겨 놓았다. 냉장고 위에 올려져 있던 물건도 많이 버리고 MTB 자전거도 위치 이동을 했다. 전기 콘센트도 다시 달고 큰아이 방에는 커튼도 다시 달았다. 내 그림 액자 두 개를 벽에 걸고 피아노 의자 위에 내가 만든 십자가 다섯 개를 올려놓았다. 대청소하다 보니 내가 즐겨 쓰고 다녔던 모자도 찾게 되었다. 잃어버린 줄 알았는데 뜻밖에 찾게 되니 그 기쁨도 컸다.

    오늘 둘째 아이 부부가 온다. 깔끔히 정돈된 방을 빨리 보여주고 싶다. 조금만 부지런 떨면 멋진 공간을 만들 수 있는데 말이야……

139 모든 날씨는 다 좋다
2020. 5. 15. (금)

시인 롱펠로는 "모든 날씨는 다 좋다."고 말했다. 비가 와도,
눈이 와도, 맑아도, 흐려도, 바람 불고 추워도, 더워도
다 좋은 것이다. 오늘 온종일 비가 내린다. 조금도 아니고
많이 내린다. 낙숫물 받는 물통이 가득 넘친다.
내일 결혼식을 앞두고 있다. 어쩌면 내일도 비가 올지 모르겠다.
그런데 난 비가 좋다. 결혼식 날 비가 오거나 눈이 오면
사람들 이동에 약간의 어려움이 있겠지만 이것은 축복이다.
2018년도 둘째 아이 결혼식 때도 전날과 당일 아침에
비바람이 세차게 불다가 언제 그랬느냐는 듯이
말끔히 개었었다.

여러 사람으로부터 온라인으로 축의금을 받았다.
내일 올 수 없다고 미리 오늘 다녀간 사람들도 있었다.
일일이 고맙다는 문자를 했다. 내가 결혼할 때는 큰 준비도 없이
그냥 한 것 같았는데 이번 아들 결혼식에는 많은 긴장과 설렘,
기대와 기도가 함께 걸어간다.
비가 오는 오늘 날씨도 좋다. 내일 어떤 날씨가 되어도
역시 좋은 것이고 감사하리라.

140 메이크업 연습
2020. 5. 15. (금)

　　아내는 내일 전주에 새벽 5시 30분까지 가야 한다.
메이크업을 받기 위해서다. 4시쯤 일어나야 한다.
이런 때가 아니면 언제 해 볼까. 난 전주까지 가지 않기로 했다.
내 얼굴에 메이크업해 봐야 얼마나 변화가 있을까 싶어서다.
또 한 가지 이유는 둘째 며늘아기가 시아버지인 나를
해 준다고 했기 때문이다. 오늘 연습 겸 조금 해 봤다.
눈썹을 그리고 분홍색 립스틱을 연하게 바르고 볼 터치도
조금 했다. 길게 나 있는 눈썹도 자르고 그러는 사이
몇 번의 웃음이 터져 나왔다. 아들이 옆에 있다가 눈썹이
길게 그려졌다고 해서 한바탕 웃었다.

　　내일 아침 9시에 메이크업하기로 했는데 워낙 얼굴에
바르는 것을 좋아하지 않아서 살짝 걱정되기도 한다.
난 화장발 없어도 사진 잘 나올 텐데 말이야. 살면서 별의별
경험을 다 해 보는구나. 이것 또한 내 인생의 선물이지.
내일 만나야 할 축하객들, 올 사람은 어떻게든 오니까.
또 못 온다 해도 이것 또한 감사해야 할 일이겠지.

141 310명의 축의금
2020. 5. 16. (토)

　비바람 불던 날씨는 언제 그랬냐는 듯 화창하지는 않으나
미세먼지까지 다 날아가 버린 결혼식 날.
30분의 예식을 위해서가 아닌, 복된 결혼식을 위해 내가 쏟은
기도와 준비와 노력은 엄청났다. 실수하지 않아야 된다는
강박관념은 없었다. 다만, 오가는 발걸음, 차들, 음식,
코로나 19로 인해 염려되는 상황 등 더욱 많은 기도가
필요했다.
　생각하고 기대했던 것 이상으로 많은 하객의 발걸음이
이어졌다. 축의금 장부를 정리해 보니 310명이 접수를 해 줬다.
살면서 경사, 애사는 빠지지 않고 다녔는데
그래도 내가 성의껏 뿌려 놓긴 했었나 보다.
　예식 마친 오후에 긴장이 풀려서인지 몸이 납덩이처럼 무겁고
피곤했다. 한숨 자고 일어나 다시 축의금 장부를 펼쳐보니
모두가 고마운 분들이다. 두고두고 이 사랑의 빚을 갚아야 하겠다.
잘 박힌 못처럼 축하객 이름들을 마음에 박아두었다.
두 아들과 두 며늘아기들. 예쁘고 자랑스럽고 고맙구나.
주님께 끝없이 감사하면서……

142

사부인이 만든 폐백 음식

2020. 5. 16. (토)

며늘아기의 치마에 밤과 대추를 내 손에 가득 담아서
던져주었다. 대추는 장수를 뜻하고 자손의 번창을 의미한다.
일가친척을 만날 기회가 많지 않기 때문에 인사도 드리고
폐백 절값으로 신혼여행 경비도 하게 된다.
폐백 홀에 들어가서 깜짝 놀랐다. 도라지, 육포, 떡 케이크, 인삼,
대추, 밤, 엿, 과일, 와인 등 10여 가지의 폐백 음식이
먹기에도 아까울 만큼 예쁘고 정성스럽게 준비되어 있었다.
사부인께서 손수 발로 뛰어다니시면서 재료를 구하여 만드셨다.
대추 하나하나에 쏟아 부은 정성을 보니 감동 그 이상이다.
폐백할 때 돕는 여사님 말씀이 지금까지
이렇게 정성으로 준비를 잘한 경우는 못 보았다고 하셨다.

하나도 빠짐없이 집으로 가져와서 가족들이 둘러앉아 실컷
먹었다. 살면서 처음 먹어 보는 금보다 귀한 음식이다.
인삼을 사러 진안으로, 엿을 사러 용산으로 뛰어다니신 사부인님.
언제까지나 잊지 못할 폐백 음식이 될 것입니다.
조만간 결혼식 마침 파티라도 해야 할 것 같습니다.

143 결혼식 후 인사
2020. 5. 17. (일)

    여기 노트에 쓰는 글들은 대부분 아침 걷기 할 때의
발 냄새가 나는 글들이다. 대부분 애경사 후에 단체
카카오톡이나 우편으로 감사 인사를 보낸다.
비슷한 내용의 글들이었고 그냥 보내는 약간의 고마움을 담은
문자나 서신들이었다.
    어제 큰아이 결혼식을 마쳤으니 나는 어떻게 인사를 해야 할까?
우선 목사님, 장로님들에게는 나의 저서 『꽃 너머 꽃으로』 책을
보내드리고, 책 안에 한지에 쓴 편지를 보내면 어떨까?
두 번째로는 결혼식 사진과 함께 카톡으로 인사말을 보내고,
세 번째로는 고전 독서 모임 회원들과 다른 모임들은 밥을 한 번
사면 어떨까?
    사실, 요즘같이 코로나 19가 완전히 종식되지 않은 상황에서
대중이 모이는 장소에 와 주는 일은 상당한 열의가 있어야만
하는 일이다. 안 오면 어쩔 수 없는 일인데도 시간 내서
운전해 찾아와 축하해 주는 일은 평생 두고두고
감사해야 하고 그 사랑의 빚을 갚아야 하는 일이 아니겠는가?
맞다.

새벽길 별을 보며

144 밥 같이 먹는 사이
2020. 5. 18. (월)

　내가 마음 내키면 언제든지 밥을 같이 먹을 수 있는 사람이
몇 명쯤 될까? 전화해서 밥 한 번 먹자고 약속할 수 있는
주변의 지인들이 얼마큼 될까? 어떤 식당의 한 공간에서
같이 식사를 한다고 해서 밥 같이 먹는 사이는 아닐 것이다.
지리적, 공간적, 시간적 개념에서는 맞겠지만 공감하고
대화해야만 같이 밥 먹는 사이라 할 수 있으리라.
　가족들은 같이 식사하고 한 상에 둘러앉을 때가 많이 있을 수
있겠지. 우리 가족 말고 관계된 사람과 함께 식사하는 일은
굉장한 행운이다. 먹는 것에서 정이 생기고 우애가 더
돈독해지는 매력이 있다. 맛있게 먹는 모습 보는 것도 즐겁고
행복하고, 먹는 시간만큼은 건강, 행복, 관계증진,
마음 연결, 공감과 대화 이런 것들이 만들어지는 비타민 같은
시간이 되기 때문이다.
　난 이번 주에 누구누구와 같이 밥 먹는 일이 있을까?
또 어떤 음식을 먹게 될까? 내가 만들어서 먹는 음식도 좋지만
다른 사람이 만들어 준 음식을 먹는 일도 즐겁다.
마음으로 만들고 마음으로 먹는 멋진 식사가 아니겠는가.

145 살아온 22년, 살아갈 7년
2020. 5. 18. (월)

　　올해 89세 되신 장모님과 69세 되신 처형을 모시고
산 지 22년. 강산이 두 번 바뀐 것이 아니라 수십 번은
바뀐 것 같다. 그만큼 굴곡이 많은 세월이었기 때문이다.
부모님과 장인어른이 일찍 돌아가셔서 내 인생에 주신 복과
선물로 알고 모신 세월이 이렇게 흘러왔다. 사실, 장모님
뜻 맞추는 일보다 처형과의 갈등, 골이 더 깊다. 분쟁의 소지는
다른 것이 아니라 취향, 생활 방식 차이 때문이다.
두 분 모두 착하고 나에게 잘해 주는 것, 고맙게 생각한다.
그런데 가끔 내 마음이 격해질 때가 있다.
　　처형은 무엇이든 주워오기를 잘하고 모아 놓고 버리지를
못한다. 창고에 빈 박스가 가득 쌓여 있어 공간을 차지해도
자꾸 모아 놓기만 한다. 나는 자꾸 버리고 정리정돈을
해야만 되는데 이게 스트레스다. 7년 후 은퇴할 때는 아마
쓰레기차 두세 대 정도는 불러야 할 것 같다. 은퇴하기까지
7년의 세월 동안 쓴잔을 마시며 살아야 할지 아닐지는
누구에게 달려 있지? 나에게. 맞다.
　　세상이 바뀌기를 바라지 말고 내가 변하면 되는 것이다.
이렇게 두 분을 모시고 살게 된 것은 내가 원해서도 아니고
원치 않아서도 아닌, 인생의 분복이며 선물이 아니겠는가.
감사로 받으면 버릴 것이 없나니……

146 누가 더 바보인가요?
2020. 5. 18. (월)

십자가 공방 장소를 차지하고 있는 큰 박스를 왜 밖에
내놓았느냐고 말하는 처형의 목소리와 모습에 갑자기
마음에 파도가 일어난다. 다른 사람한테는 친절하고 잘
섬길 줄 알면서 왜 가까운 가족에게는 부정적 반응부터 나올까?
미운 정, 고운 정이 사람에게 있다더니 나에게는
정은 고사하고 원망, 미움, 갈등만 깊이 자리하고 있다는 말인가.
난 아직 미숙한 사람이고 위선자인가. 왜 사랑하지는 못할망정
긍휼히 여기는 마음을 갖지 못하는 걸까?
아내가 나에게 한마디 던진다. "당신이 하는 말 중에 상처 주는
사람보다 상처받는 사람이 더 바보라고 하지 않았어요?"

아, 그러고 보니 내가 더 바보 멍청이였네.
나를 얼마나 더 내려놓아야 하나. 얼마나 더 비워야 하나.
따지고 보면 장모님, 처형 모시고 있어서 내가 받은 복이
얼마나 큰데. 내가 교만한 사람인가 보구나. 이러한 나를
어찌할까? 모처럼 오늘은 산에 가야겠다.
가서 큰 나무, 작은 나무가 조화를 이루어 사는 모습을
보고 와야지.

147 군화 신고 잠잔 일주일
2020. 5. 18. (월)

　　우리 시절에는 "남자는 군대를 갔다 와야 사람이 된다."는
말이 있었다. 군에 갈 때 생선이 썩는 비유와 낙엽이 썩는 비유 중에
나는 낙엽이 썩는 비유를 받아들였다.
흔히 군에 가서 썩는다는 말을 하지만 낙엽이 썩어 거름이 되고
많은 유익을 가져오는 긍정의 의미로 생각했다.
　　3년 늦게 고등학교를 졸업하고, 졸업하는 그 해 6월에 입대했다.
12875990이 나의 군번이고, 1981년 3월 23일에 육군 병장으로
강원도 홍천에서 전역했다.
주특기는 316 전신 타자 운용병이었는데 제대하는 날에는
두 번 다시 홍천 쪽을 향하여 오줌도 싸지 않겠다고 했다.
하지만 제대 후 두 번이나 다시 11사단을 찾아갔다.
추억을 더듬어 보기 위해서였을 것이다.
　　사단 사령부에서 거수경례 구호는 "화랑"이었다.
낙엽도 조심해서 밟아야 할 때라는 병장을 달고 선임자가 된
1980년 5월 18일에
광주민주화운동(당시 광주사태라고 왜곡해 불렀음)이 있었는데
전두환 신군부 세력의 쿠데타와 계엄령 선포,
화려한 휴가라는 작전이 있었던 가슴 아픈 우리 역사였다.
　　그때 우리는 광주로 출동한다고 실탄을 지급받았다.
하루 이틀 미뤄지는 바람에 일주일간 내부반 침상에서

군화를 신고 잤다. 나중에 다른 부대가 출동했다는 것을 알았다.

만일 그때 내가 광주로 출동했다면 어찌 되었을까?

생각만 해도 끔찍하다.

지금 살아있을지도 모르고, 또 원치 않게 사람을 죽였을지도 모른다.

제대 후 망월동 국립5.18 민주묘지를 찾아가

하염없는 눈물을 흘렸다.

조국의 민주화를 위해 피 흘리고 죽어간 민주열사들이여!

안식하소서.

148 시장 팥칼국수 집
2020. 5. 19. (화)

비가 새벽부터 쉬지 않고 내린다. 이런 날에는 팥칼국수가
당긴다. 마트에 들러 며칠 동안 먹지 못한 커피를 샀다.
에티오피아 예가체프 커피다. 내가 제일 좋아하는 음료는 커피다.
제대로 된 커피를 마시고 싶어서 유럽 바리스타 교육 12주를
다녔었다. 점심 메뉴로 오늘은 팥칼국수를 선택했다.
새알 팥죽이 6,000원, 팥칼국수가 5,000원, 보리밥이 5,000원이다.
허름하게 생긴 이 식당은 60대 중반이 넘어 보이는 부부가 운영한다.
현금으로만 받는데 열무김치와 겉절이가 맛있다.

할머니, 할아버지들이 많이 오시는데 가끔은 몇 마디씩 말을
건넬 때도 있다. 내가 집에서 팥칼국수 한 그릇을 만들려면 손이 많이
갈 텐데 5,000원에 식사 한 끼 맛있게 먹을 수 있는 것도 행운이다.
어서 집에 가서 드립 커피를 내려 마셔야겠다.
팥칼국수를 주문하고 기다리는 시간에 글을 썼다.
메모지에 써 놓은 글씨가 너울너울 춤을 춘다.
어디에서든지 잠깐이라도 시간이 나면
늘 가지고 다니는 노트에 글을 휘갈겨 쓴다.
이 시간이 무척 행복하다.

149 신어 보고 싶었던 장화
2020. 5. 19. (화)

　　구 시장에서 팥칼국수를 먹고 시장통을 지나오는 길.
신발 집이 보인다. 늘 걷는 시간, 이른 아침에 비가 내려도
작은 장화가 있으면 걸을 수 있겠다고 생각해 오고 있었다.
그렇다고 해서 집에 장화가 없는 것도 아니다.
무릎까지 올라오는 일할 때 신는 장화가 있긴 하다.
닭 잡는 공장에서 일할 때 신었던 장화를 몇 켤레 얻었다.
　　비 오는 날, 초등학교 앞에 가 보면 알록달록 귀여운 장화,
색깔도 화려하고 예쁜 장화를 신고 오가는 아이들을 본 적이 있다.
나는 그런 장화를 한 번도 신어 본 적이 없는데
지금이라도 신을 수 없을까? 없긴 왜 없어.
그냥 사서 신으면 되지. 신발 가게 할아버지는 나를 이상한 눈으로
쳐다보면서 남자가 여자아이 장화 찾는 것은 처음 있는
일이라고 한다. 무릎 아래만큼 오는 아담한 장화인데 신어 보니
발이 들어가고 편안하다.
　　"뜻이 있으면 길이 있다."는 말이 이런 때를 두고 하는
말인가 보다. 집에 와서 거울 앞에서 신어 보니 깡충깡충 뛰고 싶다.
내일 아침 비야 비야 와라.

150 무엇이 두려운가?
2020. 5. 20. (수)

대둔산 정상에 오르다 보면 급경사인 철 계단이 있다.
어떤 사람들은 두려워서 그곳에 오르지 못하고 우회하기도 한다.
나는 어떤가? 철 계단 중간쯤에 서서 천길 아래 계곡을 바라본다.
약간의 스릴과 멋진 풍경이 압도적이다.

살면서 두려워 시작을 못하는 일, 이것은 대인관계나
새로운 경험에 대한 도전 또는 하고 싶은 일에 대한 예측 불안
때문에 시도하지 못하는 것이다. 사람들은 나에게
상당히 도전과 개척정신이 있다고 좋은 점수를 준다.
막상 해 보면, 부딪혀 보면 걱정했던 것보다 쉽고 수월한 경우가
많고 꼬인 것도 잘 풀릴 때가 있다.

나에게 질문을 던져본다. 너는 무엇이 두려우냐?
죽음에 대해, 건강에 대해, 앞날에 대해 또는 아직 집 한 칸
준비되지 않은 미래에 대해 두려우냐? 따지고 보면 내일 일도
모르는데 말이다. 아니, 한 치 앞도 모르지 않는가.
잃어버릴 것에 대한 두려움이 나에게는 없다.
하도 잃어버린 경험이 많아서일지도 모른다. 어차피 인생은
공수래공수거. 빈손으로 왔다가 빈손으로 가는 거니까.
오늘만 충만하고 진실되게 최선을 다해 잘 살자. 오늘만.

새벽길 별을 보며

151 생각 마사지
2020. 5. 20. (수)

내 책상 의자에 앉아 손을 뻗으면 닿는 책들이 있다.
고전, 생태학, 성경, 시집 등이다. 내 서재에 5천 권 정도의 책이
있는데 손을 내밀어 늘 보는 책들이 따로 있다.
그중에 손대현 박사가 쓴 『재미론』 책도 포함된다.
산 연도는 2002년 4월 14일이었다. 한두 번 읽은 것이 아니다.
그중에 잘 박힌 못처럼 마음 가운데 오랜 여운으로 남는 내용이
생각난다.
인간의 머리에는 누구나 돌멩이 하나가 들어 있단다.
그 돌멩이는 편견, 선입견이라 한다. 그 돌멩이를 없앨 수 있는
가장 좋은 행위와 경험은 여행이다.
대학에서 학생들에게 내가 늘 강조한 것이 있다.
빚을 내서 해야 하는 일은 두 가지, 즉 여행과 공부다.
고개를 갸우뚱하는 학생들이 많았지만 훗날 그때 내 말이 맞았다고
말해주는 경우가 대부분이었다.
실제로 나는 돈이 있어서 한 여행은 거의 없다.
빚을 내서 한 후에 갚았다. 공부도 그랬다. 편견, 선입견, 고장 난
생각은 무섭다. 그래서 매일 생각을 마사지하여 유연성 있는
생각과 마음을 갖도록 해야 하지 않겠는가.

152 착한 임대 운동
2020. 5. 20. (수)

　　전주에 살지는 않아도 나는 김○○ 시장을 좋아한다.
다음에 다시 당선시키고 싶을 만큼 매력 있는 시장이다.
이번에 코로나 19로 경제가 크게 위축되는 어려움 속에서
아마 전주시에서 최초로 착한 임대 운동의 불을 붙이지
않았나 싶다.
상가에 세 들어 있는 가게, 월세를 내고 사는 집들은 매월
내야 하는 월세나 임대료 등으로 큰 압박감과 고통을 안고
살아야 했을 것이다. 몇 개월분 집세를 인하해 주거나
올리지만 않아도 숨통이 트일 것이다. 있는 사람에게는
별거 아닐 수도 있지만 없는 사람에게는 가뭄에 단비 같을 것이다.
　　이자나 월세 내는 날은 왜 그렇게 빨리 돌아오는지 모른다.
착한 임대 운동에 동참하는 분들은 분명 복받을 것이다.
고통은 나누면 줄고 기쁨은 나누면 커지는 법이다.
모쪼록 이 운동이 전국적으로 불처럼 번져갔으면 좋겠다.
나도 엊그저께 아들 결혼식을 치르고 나서 아들 결혼 기념으로 힘들고
어려운 사람, 내가 도울 사람이 누가 있는지 명단을 적어보았다.
착한 임대 운동이 나비효과가 되어 어려울 때
함께 짐을 져주는 멋진 사회가 되었으면 좋겠다.
아! 세상은 이래서 아름다운 것이겠지.

새벽길 별을 보며

153 이웃집 아저씨 같아요
2020. 5. 21. (목)

내가 목회하는 교회에 최 장로님이 계신다. 개척 초기부터
30여 년을 함께해 온 분이다. 착하고 순수하고 나누기를
좋아하는 100점 만점에 100점을 넘는 좋은 분이다.
낭산에서 복숭아 농장을 하시는데 복숭아나무가 천여 그루나 되는
큰 농장이다. 요즘 복숭아를 솎아주고 봉지를 씌우는데
인부 구하기가 쉽지 않다.
틈만 나면 가서 작은 힘이라도 보태려고 한다.

어제 일하러 갔더니 일꾼 중 한 명이 나에게 "목사님이
이런 일 하는 것 처음 봤어요. 그냥 이웃집 아저씨 같아요." 한다.
"네, 저는 아저씨가 좋아요." 부지런하고 편안하게 느껴진다나.
태국에서 온 근로자 3명, 한국인 1명, 나, 장로님 부부,
6명이 온종일 일을 했다.

오후 6시가 되어 마칠 때까지 부지런히 손을 움직여
하나라도 더 복숭아 솎아주는 일을 했다. 가지 하나에
이십여 개 이상 붙어 있는 것을 두 개 또는 한 개를 남겨두고
따내야 한다. 가지에 잘 붙어 있던 과일이 땅에 톡 떨어질 때
안쓰러운 생각이 들기도 한다.
너무 피곤하여 어제는 일찍부터 잠을 청했다.
이웃집 아저씨는 오늘도 복숭아밭으로 고고.

154 두더지야 왜 여기 있니?
2020. 5. 21. (목)

아침 6시니까 아직 농로 길을 사람들이 다니지 않았을 것 같다.
길에 두더지 한 마리가 누워 있다. 죽어 있는 것이었다.
이유는 모른다. 차에 밟힐 수도 있어 풀밭으로 옮겨 주었다.
그러기 전에 사진을 찍어야겠지.
내가 만든 인형 중에 두더지가 있다.
입(주둥이)은 뾰족하고 손과 발 4개는 커야 한다.
마치 삽처럼 생겼다. 부채에 손가락을 그려놓은 것처럼 보인다.
땅을 파고 땅속에서 주로 생활하면서 새끼를 낳으면 젖을 먹여
키우는 포유류 동물이다.

난 직접 두더지를 가까이서 본 적이 없고 사진을 찍는 것도
처음이다. 꼭 곰 발바닥을 보는 것 같다. 넌 왜 여기 있는 거니?
배고파서 죽었을까? 다른 짐승에게 물린 흔적은 없다.
내 눈에 보이는 두더지가 신기하기만 하다. 집에 와서
다시 생각해 보니 한 번 더 보고 싶다.

풀 속에 던져놓은 것 찾아와서 흙 속을 좋아하니 흙 속에
묻어줘야 할까 싶다.
딸에게 바친 책 『두더지 아빠의 일요일』을 한 번 읽어 봐야겠다.
비록 죽어서 너를 만났지만 네 모습 보여줘서 고맙구나.

155 소유냐, 존재냐?
2020. 5. 22. (금)

  아마 고등학교 때였을 것이다. 전주에서 학교에 다녔는데 방학이면 거의 한 달을 시립도서관에서 살다시피 했었다. 도시락을 싸 가서 온종일 독서를 했다. 한국문학 전집, 셰익스피어 전집을 그때 읽었다. 에리히 프롬의 『소유냐 존재냐』책을 언제 읽었는지 기억이 희미하다. 까마득한 세월의 흐름 속에서도 뚜렷이 각인된 인간의 두 가지 존재 양식에 대해 깊은 성찰과 고민을 하게 했었던 책이었다.

  오늘 다시 걷기를 하면서 나에게 질문을 했다. 이고 지고 산다고 행복한 것이더냐? 많은 소유가 많은 행복을 보장하더냐? 자유, 평화, 즐거움, 내가 원하는 삶을 사는 방식은 무엇이더냐? 좋은 차, 좋은 집, 좋은 옷, 많은 통장 잔고가 진정 행복을 꽃피게 할 수 있는 걸까? 아니었다. 내가 다 누려보지는 않았지만 소유와 행복은 분명 거리가 멀다. 잠시라도 욕심, 교만이 슬그머니 고개를 들려고 할 때는 큰소리로 물어보자, 나에게. 소유냐? 존재냐?

156 In spite of
2020. 5. 22. (금)

영어의 요술 방망이는 전치사다. 중학교 때 외웠다.
숙어 중에 in spite of를 잊지 않고 삶에 가끔 적용해 사용하는
재미도 있다. 이틀간 복숭아 농장 일손을 도왔다.
저녁에 오니 온몸이 물속으로 가라앉는 것 같았다.
잠자다가도 두 번 1시, 4시에 잠이 깨어 5시 5분 알람 소리에
쉽게 일어나지 못했다.

그럼에도 불구하고 새벽기도를 다녀와서 순간적 갈등에
빠졌다. 다시 잠을 잘까? 아니면 걷기를 할까?
본회퍼는, 인간은 가능성에 동요되기 쉬운 존재라 했지.
머릿속에 휙 하고 떠오르는 단어 in spite of(그럼에도 불구하고).
맞아, 이거야 바로.

처음에는 힘없는 다리를 옮기느라 힘들었는데 갈수록
생기가 돈다. 1시간 20분간을 걸었다. 지칭개, 방가지똥, 민들레,
토끼풀, 소리쟁이, 개망초, 까치, 금계국, 쇠뜨기, 뽀리뱅이,
환삼덩굴, 밭 일구는 부부, 논에 물 대는 아저씨,
헉헉거리며 달리는 뚱뚱한 어느 분, 하얀 개 운동시키는 젊은 부부,
뭉게구름과 눈부신 태양, 먹이 주워 먹는 황로, 왜가리들.
하마터면 이토록 많은 것들을 보는 가슴 뛰는 아침을 놓칠 뻔했네.

새벽길 별을 보며

157 위대한 용기
2020. 5. 22. (금)

전 세계 코로나 19 확진자가 500만 명, 사망자가 33만 명에
이르게 되었다. 우리나라는 확진자가 11,142명,
사망자가 264명이 되었다. 양성 판정을 받고 40일을 넘게
병원에서 치료 중인 20대 청년이 투병기를 공개했다.
쉽지 않은 결단을 했다. 주위의 따가운 시선과 비난을 감수하고
용기를 낸 것이다. 고맙다.

죽다 살아난 기분이란다.
근육통, 열, 기침으로 하루에 한 시간 잠자기도
힘들었다 한다.
에이즈 치료약을 먹고 부작용으로 고통스러운 긴 시간을
보내면서 우울증, 무기력증을 일기 쓰기로 이겨냈단다.
유학 생활 중 귀국하여 확진 판정을 받고 치료해 왔으니
내가 조심하지 않아서 걸린 것이 아니다. 나는 이 청년의
인터뷰 중에서 본인의 투병기를 사람들이 보고 더 경각심을 갖고
코로나 19를 가볍게 생각하지 않기를 바란다는 당부의 말이
가슴에 와 닿았다. 두려워할 필요는 없지만
느슨해지는 국민의 마음을 잡아준 것 같다.

158 두 달간 157개의 마음
2020. 5. 22. (금)

　　3월 22일부터 쓰기 시작한 글, 오늘로써 두 달이 되었다.
157개의 마음 조각들, 하루 평균 두 개 반의 글을 썼다.
어떤 날은 하루에 5개의 글을 쓴 적도 있고, 꾸준히
줄기차게 써 왔다.
주로 이른 아침 걷기를 할 때 손에 쥐고 다니는 메모장에
순간적으로 떠오르는 영감과 마음의 소리를 제목으로
메모해 놓고 쓰기 시작했다. 누가 하라고 해서도 아니고
하지 않는다고 하여 나를 탓할 사람은 아무도 없다.
글쓰기는 나와의 대화고, 나를 보듬고 나와 입맞춤하는 시간이다.
나에게 묻고 내가 대답하는 힐링 그 이상의
솜사탕 같은 시간이었다. 언제 누구에게 이 글이 공개될지 모른다.
또 안 된다 해도 상관없다. 글쓰기 하는 과정과 그 시간이
황홀했고 찬란한 시간이었으니까.
　　피자 조각처럼 퍼즐 맞추기를 하듯 하루하루가 기쁘고 감사하고
소풍 가는 듯했다. 어쩌면 두 달 동안 157개의 내 글을 보면
나의 인생, 철학, 목표, 꿈, 가치, 의미, 취미, 소망이
다 담겨 있는 것을 볼 수 있으리라.
한 장씩 넘어가는 이 노트는 바로 나다…….

159 다시 만난 나폴레온 힐
2020. 5. 23. (토)

　2008년 4월 15일에 구입한 나폴레온 힐의 『놓치고 싶지
않은 나의 꿈 나의 인생』 책을 다시 꺼냈다. 이 책을 사서
읽게 된 동기는 대천의 어느 회사에서 직원교육 강의 요청
때문이었다. 300명 정도 규모의 대중 강연이었다.
　주제는 "성공학"이었다. 강연 준비에 필요한 책으로
나폴레온 힐의 『성공학 노트』를 읽었었다. 긍정적인 언어와
자세로 꿈을 이룬 사람들의 이야기가 소개되었다.
회사 직원들의 가슴속에 뜨거운 에너지와 열정과 불씨를
던져주고 싶었다. 키워드는 생각, 꿈, 목표 의식이었다.
강연이 끝난 후의 우레와 같은 박수 소리를 잊을 수 없다.
강연료로 받은 액수는 100만 원이었다.
60분이었으니까 1분에 16,000원인 셈이다.
　전 세계 6,000만 부, 한국에서 500만 부가 팔린 성공철학서의
바이블이라고도 불리는 『놓치고 싶지 않은 나의 꿈 나의 인생』을
천천히 내 삶에 적용하는 마음으로 다시 한 번 읽어야겠다.
다시 만난 나폴레온 힐 선생님,
감사합니다.

160 빨간 기와집
2020. 5. 23. (토)

우리 집은 3남 3녀다. 초등학교 6학년 때 아버지가
돌아가시고 38세 젊은 나이에 혼자되신 어머니는 삶의
무거운 짐을 홀로 지고 터벅터벅 인생길을 걸어가셔야 했다.
가축들, 밭농사, 논농사를 지어야 했던 고단한 삶이 이어졌다.
아침에 눈을 뜨면 새벽부터 논에 나가 계셔서
볼 수 없었고 저녁 늦게야 집에 오시는 안쓰러운 모습을 봐야 했다.
쉬는 날이 주일밖에 없으니 여러 일을 도왔다.
하도 일에 눌려 살다 보니 나는 절대로 농부가 되지 않겠노라고
다짐하기도 했었다.

아침 학교에 갈 때쯤 되면 형제들 너도나도 어머니 앞에서
손을 내밀곤 했다. 학용품 구입비, 용돈, 눈깔사탕이라도
사 먹을 돈을 달라고 울고불고 떼를 썼었다.
그때부터 어머니는 달리기 선수가 되어 마을에서 가장 잘사는
빨간 기와집으로 달려가셨다. 돈을 빌려 오시려는 것이다.
마을 은행인 셈이었다.
급하게 돈을 빌릴 수 있는 곳이 있다는 것은 다행스러운 일이었다.
얼굴도 이름도 잊어버린 빨간 기와집 아주머니는
지금 어느 하늘 아래 살고 계실까? 돌아가셨을까?
참 고마운 분이지.

새벽길 별을 보며

161 사돈댁과의 데이트
2020. 5. 23. (토)

　　지난주 토요일 결혼한 큰아들 부부가 강릉으로 신혼여행을
다녀왔다. 3박 4일 일정이었는데 학교 개학으로 수업 일정이
있어서였다. 금산사 근방에 있는 식당에서 6명이 식사를 하면서
결혼 준비부터 결혼식 날 풍경 이야기를 함께 나눴다.
결혼 평가 및 감사의 자리였다. 예상 외로 많이 와 준
축하객들 및 흐뭇한 결혼식 이야기로 시간 가는 줄 몰랐다.

　　난 수제로 만든 빨간색 꽃무늬 앞치마를 준비하여
며늘아기에게 선물로 건넸다. 지난주에는 아가씨였는데
이제 주부가 된 기념이랄까. 식당 근처에 금평 저수지가 있다.
넓은 저수지에 물이 찰랑찰랑 가득하고 데크 길을 따라
한 시간도 넘게 산책을 했다. 나는 바깥사돈과 아내는 사부인과
함께 걸으며 이런저런 이야기꽃을 피웠다.
어린아이처럼 마냥 좋아하는 두 소년이 있었다.
바로 바깥사돈과 나였다.

　　넷이서 셀프 사진도 찍고 아까시나무 꽃향기를 맡으며
행복해했다. 종종 만나서 데이트하자고 행복했다고 인사를
나눴다. 살다 보니 사돈 부부와 데이트하는 복도 있구나.
아! 감사 감사.

162 섬나행 노트
2020. 5. 24. (일)

　　행복은 작은 일들을 실천할 때 오는 것이고, 작은 목표들을
이루어 갈 때 찾아오는 것임을 난 생활 속에서 경험했다.
구체적으로 목표를 세워서 섬기고 나누는 일을 해나가도록
하는 것은 내 삶의 의미며 행복이다. 다른 사람에게
선한 영향력을 미치고, 힘이 되어 주고, 에너지를 심어 주고,
도움이 되는 사람으로 살아갈 수 있다면 얼마나 좋을까.
이것이 주님이 말씀하신 빛과 소금으로 살아가는 복의 통로가
되는 길이 아닐까.
　　많이 있어서가 아니라 없는 가운데서도 섬기고 나누는 일은
기회 닿는 대로 해야겠다. 머리로만 하는 것이 아니라
한 달 동안 섬기고 나눌 수 있는 사람이 누가 있을지,
어떻게 해야 할지, 무엇을 할지를 노트로 만들어야겠다.
하나씩 노트가 생기는 것은 풍성한 내 삶의 증거다.
오늘부터 목표를 세워보자. 어느 해인가 내 생일 주간 한 주일을
섬김 주간으로 스스로에게 선포하고 책 선물, 밥 사 주기,
편지쓰기, 멘토해 주기, 이야기 들어주기 등을 한 적이 있다.
나만을 위해 돈을 쓰는 것은 못난 사람이다.
위대하고 아름다운 삶이 내 앞에 펼쳐질 것을 마음껏 기대하노라.
섬나행 노트를 채워갈수록 내가 살아있는 이유를 느낄 것이니까.

163 히말라야를 걷는 여자
2020. 5. 25. (월)

　"세계 곳곳을 다녀봤는데 히말라야만큼 좋은 곳은
없었다."고 말하는 고영분 씨(42). 한국인 최초로 네팔
히말라야 동쪽부터 서쪽까지를 횡단한 대단하신 분이다.
일 년의 절반 가까이를 걸었고 걷기의 마무리는 글쓰기였다는
인터뷰 내용이 가슴에 와 닿는다.
글을 쓰면서 스스로 치유되는 느낌을 갖는 것은 이 사람뿐만이
아닐 것이다. 이분은 인생의 전반기는 학교, 직장에서 보내고
후반기는 내가 살고 싶은 대로, 가슴이 시키는 대로 살고 싶어서
6,000킬로미터를 걸은 위대한 여성이다.
　난 회갑 기념으로 스페인 산티아고 걷기를 꿈꾸었었다.
그것도 아내와 함께하기로 했었다. 몇 년이 지난 지금도
이루지 못했다. 꿩 대신 닭이라 했던가. 산티아고 대신
지리산 둘레길 285킬로미터 22구간을 걸어야겠다고 목표를 세웠다.
문제는 언제 실제로 걸을 것인가 하는 것이다.
꿈만 꾸고 계획만 세우다가 인생이 다 지나가 버리면 어쩌나.
고영분 님의 히말라야 이야기를 듣고 싶다.

164 히말라야 트레킹 추억
2020. 5. 25. (월)

2008년 2월 27일, 아내를 포함한 일행 5명과 함께
히말라야 트레킹을 했었다. 원래 3박 4일 일정은 돼야
푼힐 전망대(3,193미터)를 왕복하는데 우리는 2박 3일로 다녀왔다.
　온몸을 휘감는 진한 음식 향내는 도저히 먹을 수 없었고,
고갈되어 가는 에너지를 보충할 음식이 없었다.
하지만 고산병까지 겪으면서도 기어코 목적을 달성했다.
축 늘어진 몸뚱이와 지쳐 있는 육신은 내가 봐도 안쓰러울
지경이었다. 루지에서 잠을 잘 때 가져갔던 거위 침낭도
그 추위 앞에서는 별로 도움이 안 되는 것 같았다.
뼛속까지 시릴 정도로 추워서 잠을 잘 수 없었다.
머리도 아프고, 입덧하는 것처럼 구토가 계속되고, 몸은 천근만근
납덩이 같았는데 새벽을 맞이하는 안나푸르나의 시시각각
펼쳐지는 광경은 평생 잊지 못할 아름다운 광경이었다.
　다리를 질질 끌고 부상당한 군인처럼 돌아올 때는
지옥 입구까지 다녀온 것 같았다. 12년의 세월이 흘렀는데도
왜 자꾸만 히말라야 트레킹을 다시 하고 싶을까?
언제 그런 날이 오려나. 아니지 만들면 되는 거 아냐?

새벽길 별을 보며

165 걸으며 요구르트 한 개
2020. 5. 26. (화)

아침마다 걷는 탑천 길은 자전거 우선도로다. 가끔 차가 오면
나의 안전과 운전자의 안전을 생각해 길 가장자리 끝에
잠시 등을 돌리고 서 있다. 내가 생각해도 잘하는 일 같다.
오늘은 한 시간쯤 걸은 후에 원두막에 앉아 요구르트 한 병을
천천히 마셨다.
아이들 먹는 것을 보니 아랫부분을 바늘구멍만큼 구멍을 내서
마신다. 궁금한 것이 생겼다. 요구르트 한 병의 양이
얼마나 될까? 65밀리리터고, 30칼로리였다.
입안에 감도는 달콤한 향내가 맛있다. 발효유라서 식사 후
한 개씩 먹으면 좋을 것 같다.
내일은 작은 병에 생수를 담아와야겠다.
원두막에 앉아 요구르트 한 병 마시며 모를 심으러 가는
트랙터를 바라본다.
65밀리리터를 넘길 수 있는 목구멍이 감사하다.
자기 힘으로 물 한 모금 마실 수 없는 병원의 환자들은
얼마나 힘이 들까? 나는 요로결석으로 땅을 뒹군 적이 있다.
그것도 세 번씩이나. 재발해서였다.
건강은 건강할 때 지켜야겠다.

166 연어 생선탕
2020. 5. 26. (화)

오늘 나의 아침식사는 찰밥, 연어 생선탕, 달걀부침이었다.
어제 슈퍼에 갔더니 연어 머리와 뼈를 5,800원에 팔았다.
다른 사람이 사 갈까 싶어 얼른 장바구니에 담았다.
'아마 집에 무가 있을 거야. 냉장고 속에 있는 걸 보았거든.'
와서 확인해 보니 얼어 썩어 있었다. 지혜를 구했다.
맞아. 김치를 살짝 헹궈서 넣으면 되겠다.
통마늘, 참기름을 넣고 포기김치를 넣었다.
싱거운 맛을 잡으려고 순분표 된장을 반 스푼 넣었다.
연어 머리에서 우러나오는 국물이 우유처럼 뽀얗다.
보기만 해도 내가 일류 요리사가 된 것 같은 착각이 들 정도다.

그저 즐겁다. 예쁜 그릇에 옮겨 담고 한 끼의 멋진 식사를
클래식 음악과 함께 먹는다. 침대 위에 상을 펴 놓고
안방 레스토랑 흉내를 내봤다. 내 맘이지 뭐.
생선 머리 발라 먹는 것을 좋아하는 나는 가장 먼저
생선 눈을 파먹는다. 계속 쳐다보고 있는 것 같아서.
생선탕을 먹으면서도 한마디씩 혼자 중얼거린다.
"와, 이렇게 맛있다니, 최고네. 연어 생선탕 5,800원짜리가
아니라 58,000원짜리라 해도 손색이 없잖소?"

167 보기에 심히 좋았더라

2020. 5. 26. (화)

    가족이라는 공동체는 천국이 될 수도 있고 지옥이 될 수도 있다.
운전하다가 신호 대기 중이었다. 가까운 길에 한 폭의 그림으로
그려놓고 싶은 아름다운 모습이 보인다.

    아빠는 서양 사람이고 엄마는 한국 사람인 것 같다.
둘이 다정히 손잡고 서 있다. 그리고 바로 옆에는 네 살쯤
되어 보이는 딸이 길에 피어 있는 금계국을 신기한 듯
쳐다보고 있다. 그윽한 눈으로 딸의 행동을 눈여겨보고 있는
부부의 움직임. 차를 세워 놓고 그 가족과 인터뷰를 하고 싶은
마음이 들었다.
그것은 마음뿐이었고 순간 떠오르는 문장 '보기에 심히 좋았더라.'를
메모지에 적고 차를 출발시켰다.

    온종일 잠깐 스쳐 지나간 한 장면의 영화 같은 모습이
잊혀지지 않는다.
나에게도 그런 시절이 있었을까? 내 책상 앞에 놓여 있는 작은 사진
액자를 보고 또 본다. 우리 아이들 초등학교 때 가족들이 고성
통일전망대에 가서 찍은 것이다. 여름 가족 휴가 때는 텐트 2개로
오토 캠핑장에서 한 주간을 보내면서 등산도 하고 음식도
함께해 먹으면서 보냈었다. 십 년을 넘게 이어온 가족 캠핑의
역사가 눈에 선하다.

168 엄마, 모내기 철이네요
2020. 5. 27. (수)

이팝나무에 꽃이 피면 모내기 철이 되었다는 자연의 신호다.
거리마다 하얀 눈송이처럼 이팝나무꽃이 꽃비 되어
내리기 얼마 전이었다. 논에 물을 대고 로터리를 하는
농부들의 일손이 바빠지기 시작하더니 서서히 녹색 물결로
채워져 간다. 반절 정도는 모를 심은 것 같다.
　　중학교 때 일요일 오후에는 모를 심으러 가신 어머니 옆에서
조금씩 도와드린 적이 있었다. 각자가 심어야 하는
분량이 있으니 두세 코 정도만 거들어도 큰 힘이 된다.
양쪽에서 모내기 줄을 잡는 줄잡이 아저씨들은 총알처럼
빨리도 "어이" 하면서 줄을 바꾼다. 허리를 펴고 쉴 시간이
전혀 없다. 그때 깨달았다. 세상에서 가장 힘든 일은
손으로 모를 심는 일이라는 것을. 나의 허리는 금방 끊어질 듯 아팠다.
그래도 쉴 수 없는 상황인 것이 한 필지 1,200평을 다 심을 때까지
멈추지 않는다.
그때 소변, 대변이 보고 싶으면 어떻게 했는지 궁금하다.
모내기 철에 새벽부터 밤늦게까지 들녘으로 모를 심으러 다니셨던
엄마가 그립다. 우두커니 서서 모를 심어놓은 논을 바라보니
논 가운데 엄마가 서 계시는 것 같다.

169 엄마, 어머니, 어머님
2020. 5. 27. (수)

    내가 좋아하는 정신과 전문의 이시형 박사가 올해 86세다.
이시형 TV에서 방송 중에 "우리 엄마는……"이라고 말하는 것을
들었다. 포근함과 친근감을 느낄 수 있었다.
태어나 처음 하는 말은 "엄마"다.

    지인 중 한 사람은 친정엄마를 모시고 살았다.
한번은 "우리 어머님께서……"라고 말하는 것이었다.
시어머니를 말하는 줄 알았는데 알고 보니 친정엄마였다.
조금은 거리감이 있는 듯 보였다. 다섯 살 된 남자아이가
"우리 아버님이……"이라고 말할 때는 전혀 아이답게 보이지
않았고 징그러운 생각이 들었다.

    우리 집 아이들은 36세, 33세다. 아직도 우리 부부에게
"엄마, 아빠"라고 한다. 그렇게 불러주는 것이 난 행복하다.
나는 우리 부모님께 한 번도 "엄마, 아빠"라고 해 본 적이
없는 것 같다. 기억이 없으니까.
나이가 들어갈수록 가끔 혼자 걷거나 홀로 있을 때 "엄마"라고
혼잣말을 해 본다.
살아계실 때 딱 한 번만이라도 엄마라고 불러 보지 못한 것이
아쉽고 안타깝다.
그래서 「찔레꽃」 노래를 가끔 부르나 보다.
"밤마다 꾸는 꿈은 하얀 엄마 꿈……"

170 처음 끓여 본 삼계탕
2020. 5. 27. (수)

마트에 갔더니 생닭 한 마리를 2,000원에 판다.
생선 탕거리도 5,800원에 샀는데 수지맞은 기분이다.
삼계탕 끓이는 공식은 나에게 있다.
내 마음이 시키는 대로 하면 된다.
닭을 물로 몇 번 씻고 지방 덩어리를 제거했다.
통마늘 두 주먹, 생강, 된장 반 스푼 그리고 아들 결혼할 때 사부인이
손수 만든 폐백 음식 중 인삼 반 뿌리, 밤을 넣고 압력밥솥에서
15분 끓였다.

청양고추를 송송 썰어 간장에 참기름, 콩가루, 깨소금,
매실을 섞어 소스를 만들었다. 닭고기를 찍어 먹어야 하니까.
닭이 작았지만 혼자 먹으니 고기가 한 주먹 남는다.
요것은 닭고기 미역국을 끓여야겠다. 삼계탕 국물이 남았다.
죽을 끓이지 않고 밥을 두어 숟가락 말아 먹었다.
김치와 함께 먹는 맛은 최고의 즐거움과 행복이었다.

닭 손질에서부터 다 먹고 설거지까지 하는 데 걸린 시간은
한 시간이 넘지 않았다. 지인들을 초대하여 내 손으로
삼계탕을 끓여주고 싶다. 내가 끓여서 맛있는 걸까?
아니면 내 요리 솜씨가 뛰어나서일까? 이런들 어떠하리. 저런들
어떠하리. 맛있으면 됐지. 요리는 과학과 예술의 만남이다.

새벽길 별을 보며

171 추억의 닭고기 미역국
2020. 5. 27. (수)

　내가 태어난 것은 6.25전쟁 6년 후였다. 보릿고개 직후였다.
쌀밥은 구경도 못했고 초등학교 때 강냉이죽을 배급받아
먹던 시절이었다. 어릴 때 하도 보리밥을 많이 먹어
지금은 보리밥을 잘 안 먹는다.
일 년에 명절 때 아니면 고깃국을 먹을 수 없었는데 그래도
시골에서 닭을 키우니까 가끔 백숙이 아닌, 닭고기 미역국을
얻어먹었다. 식구들은 많고 고기는 적으니까 미역국에
닭고기를 넣어 여러 명이 먹을 수 있었던 것 같다.
　어릴 때부터 먹었던 음식이어서 지금도 좋아한다.
오늘 한 시간 전에 미역을 물에 담가 불려 놓은 후
닭고기를 넣고 미역국을 끓였다. 삼계탕 끓이고 남은 국물을
사용했다. 생강, 참기름, 깨소금, 멸치액젓을 넣고
5분 정도만 끓였다. 먹기 아까울 만큼 맛있었다.
　우리 큰 며늘아기, 둘째 며늘아기가 아기를 낳으면 꼭
닭고기 미역국을 끓여 예쁜 그릇에 담아 먹이고 싶다.
미역 사러 완도에나 갈까. 언제 임신 소식 있으려나.
그래도 아이들 부부는 나름대로 계획들이 있을 것이기 때문에
걱정하거나 초조해하지 않는다. 내가 지은 「애기똥풀」 자연생태
동요 3절 한 부분을 불러본다.
"애기똥 소복이 쌓이는 날에/환하게 꽃피어 웃어주겠지"

172 검은등뻐꾸기 소리
2020. 5. 27. (수)

　　아침 걷기 할 때 멀리서 검은등뻐꾸기 소리가 낭랑하게
들려온다. 언제 들어도 아름다운 최고의 연주다.
가늘고 긴 꼬리, 뾰족한 날개, 끝이 굽은 부리를 가지고
독립생활을 하는 두견과 새다.
　　소리만 들어도 쉽게 구별이 되게 노래한다.
"카~카~카~코~!" 앞의 3음절은 언제나 똑같고, 마지막은
언제나 낮다. 여름이 가면 뻐꾸기들도 사라지니 많이
들어둬야겠다. 뻐꾸기 소리는 듣는 사람마다 마음 따라,
생각 따라 다르게 들릴 수 있을 것으로 생각한다.
행복해요, 배고파요, 즐거워요, 외로워요, 감사해요,
미워 미워, 축복해요. 나에게 들리는 뻐꾸기 소리는
'감사해요'다.
　　미물인 새 한 마리조차 우리 인간들에게 메시지를
던져주고 생각해 보라고 하는 것 같다. 나에게 생태 세밀화를 배운
초등학교 어린이가 "선생님은 초긍정 심리예요." 한다.
꽤 어려운 단어인데 그런 말을 했다.
간식을 하나 더 주고 싶을 만큼 칭찬에 기분이 좋았다.
내 마음의 상태에 따라 똑같은 검은등뻐꾸기 소리도 다르게
들릴 수 있겠다는 생각을 하면서 자꾸만 소리 나는 쪽을
바라보았다.

173 내 핸드폰을 꺼놓는 시간

2020. 5. 27. (수)

누구에게도, 어떤 환경에도 방해받지 않고 오로지
몰두하고, 집중하고, 몰입해야 하는 시간이 필요할 때가 있다.
그때에는 핸드폰을 꺼놓는다.
시계가 없는 나라에 살고 싶은 것이다. 글을 쓰는 시간,
성경 읽는 시간, 다른 사람과 식사하는 시간, 대화하고
상담하는 시간이다.

짧든 길든 글 하나에는 내 인생이 다 들어 있으므로
그 시간에는 내 혼을 다 쏟는다.
다른 사람과 식사하고 상담하는 일도 오직 그 일 외에
그 시간에는 다른 곳에 신경 쓰면 안 된다.
나는 기독교인이지만 원불교 전서를 서너 번 읽어 봤다.
앞 페이지에 "처처 불상 사사 불공"이라는 말이 있다.
"대하는 사람, 사물에 불공드리듯 진심과 정성을 다하라."는 뜻이다.
성경에도 작은 일에 성실하고 주님 대하듯 하라 했다.

나 홀로 있으면서 깊은 내면을 성찰하고 나와 여행을 해야 할 때
핸드폰이 방해물이 될 수도 있는 것이다.
이 시간에도 핸드폰은 꺼져 있다. 늘 바쁜 핸드폰도 잠시 쉬게
해 줘야 하지 않겠는가.
참 잘하고 있어. 나에게 짝짝짝.

174 앞치마 사러 가야지
2020. 5. 28. (목)

지난주 토요일 사돈댁과의 식사 자리에서 큰 며늘아기에게
앞치마를 선물했었다. 그날 저녁 집에 돌아온 아내가 "나도
예쁜 앞치마 입고 싶어요." 한다. "아, 당신 것도 하나 더 살걸.
바로 준비해 줄게." 주고받은 대화였다. 지금 입고 있는 앞치마는
수년간 사용한 것이라 낡긴 했다.
요리할 때 옷에 음식물이 튈 수 있고 또 입고 있으면 한층
예뻐 보이기도 한다. 인터넷을 뒤적거리면서 대장금 원피스형
앞치마도 봤고 다양한 종류를 검색해 봤다.
결국, 주문하지 못했다. 내일은 늦다. 지금 바로 시작하라는
나폴레온 힐의 말처럼 이번 주 안에 사 주는 것이 좋을 것 같다.

오후에 앞치마를 사러 나가야겠다. 꽃무늬 있는 빨간색,
노란색 중 하나를 고를 것 같다. 그러고 보니 나도 삼시 세 끼
내가 요리하고 음식을 챙겨 먹는데 내 것도 필요하겠구나.

아내와 결혼하여 36년간 모든 옷을 내가 사 입혔다.
눈썰미랄까, 미적 감각이랄까. 옷을 사는 재미도 있고 또 사 주면
모든 옷, 모자까지 잘 소화하는 아내가 더 대단하지 않은가.
맞다. 주는 자가 복이 있다.

175 아버지의 임종
2020. 5. 29. (금)

　　초등학교 6학년 때 더위가 기승을 부리던 여름이었다.
내 기억 속에는 아버지가 아파서 많이 누워 계셨던 것만 생각난다.
그날도 초등학교 운동장에서 놀고 있는데 급히 나를 찾아서
집으로 달려갔다.
방에 누워 계시던 아버지는 숨을 힘들게 몰아쉬고 계셨다.
생명의 불꽃이 꺼져가기 직전이었다. 슬피 울고 계시는
어머니와 두 분 형님과 나, 이렇게 넷이서 임종을 지켜야 했다.
가느다란 목소리로 어머니를 잘 모셔야 한다는
유언을 남기시며 두 눈에서 두 줄기 눈물이 흐르는
아버지의 마지막을 보았다.

　　억수로 쏟아지는 빗줄기를 맞으며 트럭에 관을 싣고
낭산 선산에 모셨다. 그렇게 세월이 흘러갔다. 슬픔과 허전함은
세월과 함께 쌓여갔다. 그때 흘리셨던 아버지의 눈물은
어떤 의미였을까? 육신적으로 헤어지는 슬픔보다 사랑하는
우리 어머니와 자식들을 더 이상 볼 수 없기에 흘리셨던 눈물.
그것은 눈물이 아니라 피였고 사랑이었으리라.
나의 임종은 누가 지켜볼까?
그때 나도 두 눈에서 눈물이 흐르겠지.

176 50년 전 걸었던 논두렁길
2020. 5. 29. (금)

내가 살던 고향은 남전리였다. 문을 나서면 보이는 것이라곤
동서남북 논뿐이었다. 지금도 그렇다. 집에서 우리가 농사짓던
논까지는 걸어서 약 10분 거리였다. 봄에는 모를 심고,
등에 농약 통을 짊어지고 농약을 뿌려야 했다.
물자세로 논에 물을 대는 일도 고단한 일이었다. 여름에는
보리를 베고 탈곡을 해야 했다. 가을에는 낫으로 벼를 베고
역시 손 탈곡을 했다. 볏짚을 쌓아야 하고 가마니에 담은 나락을
소달구지에 실어 방앗간으로 운반해야 했다.

농촌에서 태어났고 농촌에서 자랐기에 논두렁길은 내 삶의
중심이었다. 키에 비해 발과 손이 큰 나는 걷기를 즐겼다.
황혼이 지는 석양 무렵에 논두렁길을 걸으면 한 마리 새가 된다.
깡충깡충 뛰어다니는 다람쥐가 되기도 한다.

하늘이 붉게 물들어 갈 때 즐겨 부른 노래가 있었다.
「아, 목동아(Danny Boy)」다. 50년 전 걸었던 고향 논두렁길을
생각하며 오늘도 우리 집 가까운 곳의 논두렁길을 걸었다.
역시 「아, 목동아」 노래를 열 번도 더 들었다.
아, 반세기가 흘러간 내 인생이여.
아름다웠노라고 나 말하리라.

새벽길 별을 보며

177 내 책 누가 가져가지?
2020. 5. 29. (금)

  평생 책과 함께 책 속에서 살았다. 지금 내 서재는
약 11평이다. 벽에 가득 꽂혀 있는 책들이 수천 권에 이른다.
전집류는 거의 없고 단권으로 사서 본 책들이 대부분이다.
고전, 인문학, 사회복지, 종교 등 종류 또한 다양하다.
  얼마 전에는 고서수집가인 지인에게 책을 몇 권 팔아달라고
부탁했다. 중고 책이 팔기도 어렵고 나의 독서법은 밑줄을 긋고
메모까지 하는 습관이 있어서 가격이 나가지 않는다.
몇 권의 책을 팔았다면서 소고기 한 근 값 정도의 돈을 가져왔다.
아냐. 책 팔아서 내가 부자될 리도 없고 이제 파는 것은 스톱이다.
  기도 제목이 생겼다. 7년 후 은퇴인데 이 많은 책을
어찌해야 할꼬. 수양딸이라도 하나 만들어서 물려줘야 하나.
이사할 때 이삿짐센터에서 하는 소리를 들어보라.
"살림살이가 거의 책밖에 없는 것 같네요."
내 손때, 눈물, 땀, 사랑이 묻어 있는 친구 같은 내 책들아!
앞으로 어디로 갈래? 누구 손에 들려질까?

178 영웅들의 장례식
2020. 5. 29. (금)

전장에 나가서 임무를 감당하고 있는 아들을 기다리는 엄마.
남편 돌아올 날을 기다리는 아내. 보고 싶은 얼굴을 날마다
그리워하는 아이들. 차 한 대가 문밖에 서더니 군인 한 명이
한 걸음 한 걸음 다가온다. 눈물 가득한 눈으로
아무 말을 하지 못하고 고개를 숙이고 있다.
아들이, 남편이, 아빠가 전장에서 순직한 것이다.
초원 같은 묘지에서 군인들이 조포를 쏘고, 예의를 갖춰 관에 덮인
성조기를 접어 유족에게 전달한다. 무릎을 꿇고 위로의 말과 함께.
어떤 경우는 엄마에게, 아내에게, 자녀에게 성조기를 건네준다.
그리고 거수경례를 한다.
　　이것은 영화에 나오는 장례식의 장면이 아닌, 실제
장례식의 모습이다. 숙연하고도 성스럽기까지 한 장례식이다.
훗날 내가 죽어 천국 환송 예배는 어떤 순서로 누가 참석을 할까?
내가 좋아하는 찬송 「내 주를 가까이 하게 함은」,
「하늘 가는 밝은 길이」를 불러주겠지.
몇 년 몇 월 며칠 몇 시 몇 분이 될까? 난 영웅인가?
그래 살아온 자체로서 영웅이 아닐까.

　　　　　　　　　　　　　　　　　　　새벽길 별을 보며

179 스트레스성 대장증후군
2020. 5. 30. (토)

　어제 내과 병원에 갔다.
아들 결혼식을 앞두고 한 보름 전부터 아침 7시 30분경에 습관적으로
화장실을 가던 규칙이 깨졌다.
식사하고 나면 한 시간도 못 되어 화장실을 가야 했다.
그러니까 하루에 세 번 갔다.
내 몸은 내가 잘 안다. 과식해서도 아니고 음식을 잘못 먹어서도
아니다. 그런 상태가 한 달쯤 되었다.
장에 문제가 생긴 것이다. 한 시간쯤 대기하다가 진료를 받았다.
과도한 스트레스성 대장과민증후군이라고 한다.
스트레스를 많이 받아 대장의 기능이 떨어진 것이다.
내가 예상했던 대로였다.
　아이 결혼이 스트레스였을까? 행복하고 기쁜 일이었는데.
그것보다는 화단 풀과 박스 모아 놓는 일 때문에 처형과의 갈등과
미움과 원망이 문제인 것 같다. 내가 내려놓지 못했고
내가 교만했던 이유다. 사람과 세상이 바뀌기를 기다리지 말고
내가 바뀌면 되는데 말이다. 세상을 다 준다 해도
목숨과는 바꿀 수 없는 것 아니겠는가.
평안을 달라고 기도했다.

180 나에게 사 준 이불

2020. 5. 30. (토)

　　아내의 앞치마를 사기 위해 두어 군데 가 보았는데 없다.
작정하고 걸어서 쇼핑하기로 했다. 헤드폰을 끼고 강의를
들으면서 다니니 운동도 되고 깨달음의 시간도 된다.
내 발걸음을 끌어당기는 가게가 있었다. 그곳에서 내가 좋아하는
취향의 앞치마 두 개를 골랐다. 꽃무늬 있는 자주색과
노란색이다. 아내가 좋아할 것을 생각하니 기분이 업(up) 된다.
　　가게 매니저가 하는 말이 물건을 고르는 눈이 좋다 한다.
그리고 사모님은 행복하시겠다는 말도 덧붙여준다. 노란색
이불과 패드가 눈을 사로잡는다. 나라에서 준 코로나 재난 지원금
사용이 남았으니 이번 기회에 기념으로 나에게
이불을 사 주자. 오랫동안 사용해서 너덜너덜해진 것을
계속 사용하기도 그러니 마음에 든 색깔이라 잘되었다.
베갯잇도 노란색으로 샀고 서비스로 노란색 머그잔도 받았다.
　　약간의 바느질을 하여 아내에게 앞치마를 입혀보니
노란 참새가 되어 날아갈 것만 같다. 태어나서 나에게 사 준
세트 이불은 처음인 것 같다. 돈은 쓰라고 있는 거야.
맘에 든 앞치마, 이불 아주 잘 샀어. 잘했어 정말.

181 젊은 부부의 개
2020. 5. 31. (일)

　　사랑은 무례히 행치 않는 것이며 사랑하는 마음은 곧 나를 위한
일이다. 그것은 곧 친절이고 교양이고 예의를 갖추는 일이다.
개 목줄을 하지 않아 사람을 공격하여 죽게 만들고
상처를 입히는 사건이 종종 생긴다.
이럴 때는 "우리 아이는 절대 물지 않아요."라고 말한다.
상당히 배려하는 듯 말을 한다.
하지만 언제 어느 때 짐승의 본능과 야성이 나타날지
모르면서 하는 말이다.
　　아침 걷기 할 때 자주 만나는 젊은 부부가 있다.
큼직한 진돗개인데 하얀색이다. 사람들과 마주치면 주인은 목에
힘을 주고 명령한다. "앉아!" 그러면 그 자리에 꼼짝하지 않고 앉는다.
참 고마운 분들이다.
지나가고 나서 뒷모습을 보면서 멋진 부부라고 중얼거린다.
앉아 있는 백구를 보고 나는 늘 인사를 한다. "안녕!"
오늘은 두 번씩이나 "안녕 안녕!" 했다.
다음에 만나면 이름을 물어봐야겠다.
그리고 목덜미를 쓰다듬어 줘야지.
15년 수명, 건강하게 잘 크려무나.

182 가곡을 들은 한 시간
2020. 5. 31. (일)

옛날에는 녹음기도 귀하고, 핸드폰도 없고, 라디오를 켜면
어쩌다가 성악가 엄정행 님의 가곡이 들려왔었다.
천상의 목소리를 듣는 것 같아서 언제 또 그 목소리를 들을 수
있을까 학수고대하던 중학교 시절이 있었다.
지금 거의 80이 되셨으니 이분의 노래를 나도 50년,
반세기를 들어온 것이다.
　오늘 「목련화」를 비롯하여 18곡의 가곡을 들었다.
한 시간을 넘게 가곡의 바다에 풍덩 빠져 보았다.
「그리운 금강산」을 들으니 당장이라도 금강산으로 달려가고 싶고,
「보리밭」을 들으니 보리밭 사잇길로 뛰어다녔던 옛날 추억이
떠오른다.
어떻게 그러한 신비로운 목소리가 나올 수 있을까?
애절하면서도 옥구슬이 굴러가듯 한 시간이 훌쩍 지나갔다.
　가곡의 가사는 곧 나의 인생이고 나의 삶이다.
내가 엄정행 교수를 위해 해 드린 일은 아무것도 없다.
그분은 한 곡의 노래를 위해 얼마나 많은 수고와 땀을 흘렸을까?
난 언제 어디서든 핸드폰 동영상만 클릭하면 들을 수 있지 않은가.
그저 아름다운 노래를 들을 수 있는 행운을 50년이나 누려왔다니
나는 참 행운아구나.

183 유행가, 동요, 가곡, 클래식, 찬송가
2020. 5. 31. (일)

"행복한 가정은 세 가지 소리가 늘 있어야 한다."고
『탈무드』 책에서 본 기억이 있다. 아이 웃음소리, 음악 소리,
책 읽는 소리. 그래 맞다. 내가 좋아하는 성악가가 누구인지
알아맞혀 보라고 아내에게 말했더니 조수미라고 대답한다.
그 정도는 당연히 알아맞힐 수 있다는 듯이 말한다.
이것도 고마운 일이다.

　　내가 좋아하는 유행가 가수는? 문주란, 이미자
내가 좋아하는 동요는? 「오빠 생각」, 「섬집 아기」, 「반달」
내가 좋아하는 성악가는? 조수미, 엄정행
내가 좋아하는 가곡은? 「그리운 금강산」, 「동심초」, 「아, 목동아」
내가 좋아하는 클래식은? 베토벤의 「영웅」, 「합창」
내가 좋아하는 찬송가는? 「내 주를 가까이 하게 함은」, 「나 같은
죄인 살리신」
내가 좋아하는 지휘자는? 헤르베르트 폰 카라얀
내가 좋아하는 연주자는? 손열음, 키신, 한나영
　　음악은 나의 삶의 선택이 아니다. 필수과목이다.
들을 수 있는 귀가 있음이 기적이고 감사한 일이 아니던가.

184 이다음 차례는 누구일까?
2020. 5. 31. (일)

그동안에 내가 주례해 왔던 결혼식, 장례식은 얼마나 될까?
36년간을 했으니 다 기록하지는 않았지만 꽤 많은 숫자일 것이다.
작년 12월에 두 분의 장례식과 이번 달 한 쌍의 결혼식 주례를 했다.
늘 마음으로는 결혼 주례했던 사람들이 어느 하늘 아래서든
행복하게 잘 살기를 기도할 뿐이다.

컴퓨터 바탕화면에 나의 유언장을 작성해 놓았고
사전연명 의료의향서도 등록했다. 누구나 오래 건강하게 살기를
소망하지만 나는 조금 생각이 다르다. 건강하게 살다가
불러가 주시라고 기도한다. 그래서 22년의 삶 노트를 만들었다.
내가 다른 사람 장례식 주례를 하다가 언제인가는
다른 사람이 나의 장례식 주례를 하겠지?
그때가 언제가 될지는 아무도 모른다.

오늘을 마지막 날로 생각하고 소풍 가는 날로 여기며 살자.
천상병 시인의 「귀천」 시처럼 "나 하늘로 돌아가리라/
아름다운 이 세상 소풍 끝내는 날/가서 아름다웠더라고
말하리라"라고 나도 고백하고 싶다.
이다음 차례의 장례식 주례, 결혼식 주례의 주인공은 누구일까?

June

2020. 6월

——

말없이 거미를 바라보게 되는 달
(체로키족)

185 6월 첫날의 선물
2020. 6. 1. (월)

   씩씩하게 걷기 운동을 하는데 큰 며늘아기 할아버지께서
전화를 하셨다. 교장 선생님으로 은퇴하셨는데
취미로 철쭉 분재를 하신다. 생태 세밀화 그림일기 책을
선물로 드린 적이 있었는데 칭찬과 격려를 많이 해 주셨다.
   분재를 몇 개 주고 싶다 하시면서 관리법까지 자세히
설명해 주신다. 매일 아침 잊지 말고 물을 주고, 꽃잎에
물이 닿지 않게 하고, 직접 햇빛받지 않도록 하고, 꽃이 지고 나서
다시 가져다 주면 한겨울 잘 키워서 내년에 다시 주신다고 한다.
오후에 사부인이 며늘아기와 함께 철쭉 분재 6개를 싣고 오셨다.
철쭉마다 이름이 있다는 것을 처음 알았다.
아마 품종 이름인가 보다.
   손녀가 결혼하는 모습을 누구나 다 보는 것은 아니다.
복받은 일이지 않겠는가. 형형색색의 신기한 모습의 철쭉 분재를
이번 주 교회당 앞에 나란히 세워 놓아야겠다.
어느 해인가 한겨울 따뜻한 곳에 두었더니
다음 해에 꽃이 피지 않은 적이 있다.
금년에는 추운 겨울을 나도록 밖에 둬야겠다.
고난 뒤에는 영광이 있다.

186 나는 기적이다
2020. 6. 2. (화)

지구촌 약 77억 5천만 명 중의 하나인 내가 아니다.
거기에 끼어 있는 숫자에 포함된 내가 아니다. 내가 있고 우주가
있는 것이니 나는 유일한 나다. 일어나는 시간은
새벽 5시다. 양치질을 위해 화장실에 들어서면 가장 먼저
거울을 본다. 지난밤 잘 잔 내가 사랑스러워 씩 웃어준다.
웃는 내 모습이 멋지다.
그리고 머리를 빗으면서 거울에 비친 나에게 몇 마디 말을 한다.
"나는 기적이다. 나는 행복이다. 나는 축복이다."
　나는 존재 자체가 위대하고 복 있는 사람이다.
나를 감싸고 있는 조건은 아무 상관없다.
어떤 것에도 평가받을 필요가 없다. 그래서 가끔은 나에게 초밥도
사 주고 돼지 앞다리 고기도 사 와서 맛있게 김치찌개를 해서
멋있게 상을 차린다. 반찬도 예쁜 그릇에 옮겨 담아 먹는다.
나는 유일한 나다.
내가 나를 사랑하지 않는데 누가 나를 사랑해 주겠는가.
얼굴에 검은 점이 두어 개 박혀 있어도 그것 또한 매력이다.
병원 가서 빼지 않을 것이다.
내가 볼 땐 괜찮은데 뭘.

187 인종차별
2020. 6. 2. (화)

지난 달 25일, 미국 미네소타 주에서 백인 경찰이 무릎으로
흑인 남성의 목을 눌러 숨지게 한 사건이 발생했다. 시위는 갈수록
전국으로 거세게 확산되고 있다.

나는 몇 년 전 안식년 때 아내와 함께 한 달 일정으로
미국엘 갔었다. 내가 느끼고 보고 싶었던 것은 무엇보다도
미국의 중심과 미국을 움직이는 힘이 무엇인지였다.
내가 느낀 것은 청교도 정신과 기부 문화였다. 그러나 요즘은
다시 한 번 미국을 재조명하기 시작했다. 청교도 정신이
사라진 지 오래인 것 같다. 하나님의 형상대로 존귀하게
지어진 것이 인간이다. 결코, 흑인이나 백인이나 동양인, 서양인
차별이 있을 수가 없다. 있어서도 안 된다.

대낮에 수갑을 찬 사람이 숨을 쉴 수가 없다고 호소했음에도
죽은 지 3분이 지날 때까지 어떻게 무릎으로 목을 짓누르고
있을 수 있는가? 그 경찰관은 이혼을 당했다.
흑인에 대한 혐오, 무시, 비하, 멸시는 생명을 소중히
여기지 않는 사람의 고장 난 생각이다. 오만이고, 교만이고,
자만이고, 거만이다.
무릎에 눌려 죽임을 당한 흑인이 마지막으로 내뱉은 말은
"엄마, 엄마"였다.

188 문제 중심, 해결 중심
2020. 6. 2. (화)

대학원 석사과정에서 '인지적 집단 상담 프로그램이
청소년의 자살 생각 감소에 미치는 효과'라는 제목으로
논문을 썼다. 비합리적 사고와 합리적 사고는 하늘 땅만큼
차이나는 결과를 만들어 낸다. 하루에도 겪는 많은 일들,
인간관계, 사물을 보는 관점, 뜻하지 않게 휘몰아쳐 오는
쓴잔을 앞에 놓고도 내가 어떻게 의미화하고
해석하느냐의 갈림길에 설 때가 많다.

주변 사람 중에 어떤 사람은 늘 문제 중심으로 판단하고
말을 한다. 입에 거품을 물고 비난하고, 판단하고, 평가하고,
정죄하는 데 선수가 되어 있다. 감사보다는 원망의 비중이 훨씬 크다.
그런 사람 옆에 있기만 해도 에너지가 방전되고
오히려 그 사람이 안쓰럽게 느껴진다.

하지만 언제나 해결 중심의 아름다운 눈으로 보는 사람이 있다.
미리 복되게 이뤄져 있을 것으로 예상하고 긍정적인 신호를 보낸다.
나의 아내가 바로 그렇다.
김경희는 최고의 상담 선생님이다. 내가 36년 결혼생활을
행복하게 한 것은 아내의 해결 중심 사고 의식과 긍정,
낙관적인 마인드 때문이었음이 분명하다.

189 초연함
2020. 6. 2. (화)

고수와 하수의 차이는 뭘까? 하수일수록 일희일비(一喜一悲)하고,
감정 기복이 심하고, 변덕이 많고, 얽매임이 많다.
한창 피어 바람에 흔들리는 금계국에게 눈이 많이 가는 아침이다.
그 옆에 무리 지어 피어 있는 개망초에게도 눈길을 준다.
자연 생태계와 식물들은 서로 경쟁하거나 질투하지 않는다.
자연을 가까이할수록 초연함의 의미를 되새기게 된다.
"초연하다"의 사전적인 의미는 얽매이지 않고 태연하거나
느긋한 것을 말한다. 나 자신에게 질문을 던진다.
"난 초연함이 몇 점쯤 될까?"
내가 원하는 삶, 나다운 삶을 살아가고 싶다.
    진정 삶의 자유, 평화로움 그리고 어디나, 무엇에나
집착하지 않고 있는 그대로 받아들일 수 있는 여유가 있는 것인가?
물 흐르듯이 말이다. 금계국도 개망초도 이제 몇 주 있으면 시들겠지.
시들 때를 걱정하거나 두려워하지 않을 것이다.
온유함, 겸손, 친절, 너그러움, 초연함의 단어를
가슴에 꼭 안아보는 아침이다.

새벽길 별을 보며

190

네가 허락하라!
2020. 6. 2. (화)

미움도 사랑도 기쁨도 슬픔도 다 나의 마음 문을 통해서
들어오고 나간다. 하루를 살아도 천국이 될 수 있고,
한 시간을 살아도 지옥이 될 수 있다. 내 마음을 통하지 않고서는
어느 것도 출입이 될 수가 없다.

30년 전에 이스라엘 성지 순례를 갔을 때 이집트에서
이스라엘로 넘어가려면 타바 국경을 통과해야 했다.
검문검색을 하는 데 두 시간도 더 걸렸다. 내가 테러범도 아니고,
관광객인데도 먼지 하나까지 다 털어내는 듯했다.
그 일로 가끔은 나를 돌아본다. 혹시나 내 마음이 타바 국경은
아니었는지.

꼬치꼬치 따지고 묻고 해답을 다 들으려 했고 쉽게
용서하지 못하는 못난 내 마음도 있었겠지. 사랑도 기쁨도
감사도 용서도 내가 먼저 스스로에게 허락해야 하지 않을까?
행복도 내가 허락해야 들어오고, 불행도 내가 허락해야
들어오는 것이 아니더냐.

좋고 아름다운 일들은 빨리 허락하자. 안 좋은 것은
허락하지 말자. 허락의 중심은 남에게 달린 것이 아니다.
소중한 나에게 달린 것이다. 진실, 감사, 친절, 사랑, 섬김, 나눔,
베풂, 용서, 기쁨. 오늘도 허락하노라.

6월 말없이 거미를 바라보게 되는 달(체로키족)

191 행복과 의미
2020. 6. 3. (수)

정원 손질을 했다. 뿌리 전지가위를 8만 원에 구입했다.
일은 기계가 거의 반절을 하는 것 같다.
멈출 줄 모르고 자라는 개나리와 철쭉을 과감하게 잘라냈다.
힘은 들었지만 콧노래를 부르며 일을 했다.
변신해 가는 조경석 사이와 정원이 깔끔하고 보기에 좋았다.
난 일을 할 때 발걸음이 빨라진다. 내가 행복하기 위해서
일을 하는 것은 아니다. 의미와 즐거움이 있기 때문이다.
나무 전지를 하면서 비움, 내려놓음, 포기, 단순함 같은
철학으로서의 사유를 한다. 일하면서 얻어지는 것은 결과가 아니다.
일하는 과정에서 깨닫는 희열이다.
그것이 바로 의미라는 것이다. 단순한 노동은 지친다.
그리고 싫증이 날 수가 있다. 나뭇가지 하나를 전지할 때도
전체적인 생태계와 나무의 삶까지 생각을 해 본다.
어떤 일이든지 의미가 있다면 충분히 행복은 그 안에서 샘물처럼
솟아나올 것이다.

192
나무 혹을 보며
2020. 6. 4. (목)

　　화가인 지인으로부터 연락이 왔다. 혹이 신기하게 생긴 나무를
가져가라는 것이다. 소나무에 축구공보다 더 큰 혹이 붙어 있는
나무였다. 보자마자 안쓰러운 생각부터 들었다.
사람으로 치자면 암 덩어리 같은 종양이 몸 밖으로 나온 것과
같은 것이다.

　　나뭇가지가 떨어지면서 자신을 보호하기 위해 스스로 치유
분비물을 뿜어내면서 세월이 가며 만들어지는 것이 나무의 옹이다.
옹이가 전혀 없는 나무보다 옹이가 있는 나무가 더 귀하게
가구나 공예 재료로 쓰인다. 아름답기 때문이다.
어느 인간이든 혹이 없는 사람이 있을까? 옹이가 없는 사람이 있을까?
나무는 혹이 생기지만 거뜬히 이겨내고 더 예쁜 형태로
사람들의 발걸음을 더 오게 만든다.

　　나무 혹이나 옹이를 보면서 인간들은 왜 그냥 지나치지
못하는 걸까? 바로 내 인생을 보는 것 같기 때문이다.
혹이 붙어 있는 이 나무를 어떻게 활용할까? 마치 입과 꼬리,
몸통 부분이 있는 것처럼 보이니 다리를 만들어
황새가 서 있는 것 같은 작품을 만들면 어떨까?

193 나무공예 사장님의 방문
2020. 6. 4. (목)

시간을 내서 사람을 찾아간다는 것은 상당한 관심과 끌림이
있어야 하는 일이다. 발걸음이 끌려 찾아가 만나는 사람.
사람은 사람 속에서 나왔으니 사람을 통해 복도 받고
아픔도 받는 법.

공예 작업하느라 바쁠 텐데도 나무토막을 갖고 찾아와 준
귀한 분을 맞이했다.
작업하다가 버려도 될 조각들이지만 나에게는 소중한 것들이다.
쓸 만한 나무토막들을 내가 구하려면 어려울 텐데 십자가를
만드는 데 사용하라고 챙겨주니 감사한 일이다.

마당 입구에 심은 소나무 두 그루를 찬찬히 보더니 나무에
살충제를 줘야 한다고 일러준다. 그리고 어느 부분에
전지를 해야 한다는 것도 이야기해 준다.
"오늘 이거 알려주려고 오신 것 같습니다."라는 내 말에 흡족해하는
모습을 보니 기분이 상쾌해진다.

6년 전에 담가 놓은 모과차를 서로 마시면서 몇 번 웃었다.
나에게 남동생이 없는데 갑자기 남동생이 하나 쑥 나온 것만 같다.
가끔 내가 가서 해 주는 일은 한 시간 정도 이야기를
들어주고 오는 일 뿐이다.
그런데도 나에게 많은 나무토막들을 챙겨준다.

새벽길 별을 보며

앵두 따다가 생각나는 사람들
2020. 6. 4. (목)

　정신보건센터에서 우울증 치료를 받으며 힘들어하고 있는
10여 명의 내담자 분들과 앵두를 그렸다. 생태 세밀화 그림일기를
10주 동안 진행했는데 우리 집 앵두를 따다가 주스를 만들었다.
「앵두나무 처녀」 노래를 들려주면서 원 샷으로 주스를 마시며
깔깔대고 웃었다.

　앵두를 따면서 생각나는 사람들이 스쳐 지나간다.
바로 커피 열매를 따는 사람들이다. 에티오피아, 멕시코, 케냐,
브라질, 콜롬비아의 산 중턱에서 커피콩 하나하나를 손수 따는
이름 모를 사람들의 모습이다. 우리는 아주 쉽게 블렌딩 된
커피를 사서 마시지만 커피콩 따는 이들의 눈물과 정성을
기억해야 하리라. 이들의 수고와 고생이 없으면
어떻게 커피 한 잔을 마실 수 있는 행복을 누릴 수 있단 말인가.
15분 정도 앵두를 따는 데도 쉽지 않았다.

　우리 집 화단에서 앵두를 따면서도 내 마음은 에티오피아,
케냐에 가 있었다.
나도 커피콩을 직접 따 볼 수 있는 날이 있을까?
언제일까? 그런 날이 올 수 있을까?
에티오피아 산 중턱에서 커피 따고 있는 나의 모습을 상상해 본다.
상상은 현실이 될 것이다.

195 새벽에 멀리 떠나신 외삼촌
2020. 6. 4. (목)

내 나이 29세 때였다. 우리 형수님의 중매로 아내인 김경희와
선을 보았다. 목포의 작은 아파트에서 식사 겸 선을 보았다.
지금은 돌아가신 장인어른은 나를 사윗감으로 탐탁지 않게 여기셨다.
중국 성씨에다 키가 크지 않다는 이유였다.
그런데 식사 자리에서 나를 마음에 들어 하며 적극적으로
열심히 가족들을 설득한 분이 있었다.
내 아내의 외숙모였다.

몇 년 전, 60대에 돌아가셨는데 오늘 아침 70세인
집사람 외삼촌이 돌아가셨다고 연락이 왔다.
세상에서 나를 유일하게 형부라고 부르는 처제와 통화했다.
아빠를 새벽 1시 25분에 하늘나라에 보내드리고 울고 있는 처제는
천사같이 착한 딸이었다.
내가 결혼 주례를 해서 딸 하나를 낳고 아빠를 모시고 있었다.
난 평생 집사람 외숙모를 고마워하고 있다.
대학병원에 시신을 기증하고 가신 외숙모님, 천국에서 남편을
만나시겠군요. 그곳 천국에도 개망초 피어 있나요?

196 왜 아이스 와인은 맛있을까?
2020. 6. 4. (목)

벌써 3년이 된 것 같다. 아내와 함께 안식년 휴가를 갔었다.
뉴질랜드, 호주 12일간이었다. 나는 원래 술, 담배를 하지 않는다.
군대에서 내무반 회식 때 선임자들이 소주를 마시라고 권했다.
단호히 거절했다. 지금은 이런 일은 상상도 못할 일이지만.
그러자 몇 사람이 내 입을 벌리고 억지로 먹이려고 했다.
끝까지 거절했다. 그로 인한 대가는 얼차려, 기압이었다.
그 뒤로 제대할 때까지 술 마시지 않는 사람으로 인정이 되었다.

내가 술 마시고 취해 본 경험이 전혀 없어서 술 마시는 사람들
심정을 이해하지 못한다. 뉴질랜드 어느 농장에 갔더니
아이스 와인을 맛보라고 한 컵씩 주었다.
처음 먹어 보는 그 맛은 신기했다. 그냥 달콤한 맛이 아니었다.
온몸의 세포마다 적셔놓는 맛이었다.
한겨울에 떨어지지 않고 매달려 있는 적은 양의 포도를
따지 않고 언 상태로 두었다가 수확하여 만든다는 아이스 와인.
겨울을 견딘 아이스 와인은 인생의 고난을
잘 통과한 사람이 마시면 그 맛이 백배는 더 하겠지?

197 고된 일 뒤의 샤워
2020. 6. 4. (목)

사람들이 내게 일복이 많다고 한다. 특히 식물과 관련된 일은
가슴이 뛴다. 3일 동안 흘린 땀이 한 바가지는 될 것이다.
그만큼 힘든 노동이었다. 교회 정원을 조경석으로 쌓고
사이사이 2천 주 정도 철쭉을 심은 지 8년째다.

그동안 한 번도 전지하지 않아 예쁜 조경석이 모두 가려져 버렸다.
꽃도 피지 않고 무성하게 자라 숲을 이루었다. 요즘 한낮 기온은
25도쯤 된다. 20퍼센트 정도만 남기고 모두 잘라내야 된다고
조경을 하셨던 사장님이 조언해 주셨다.

일하다가 너무 힘들어서 누워 있는 시간이 종종 있었다.
아침 10시부터 오후 7시까지 나무를 자르는 일이다.
일을 마치고 낙지 한 마리에 김치를 넣고 낙지 김칫국을 끓였다.
땀으로 뒤범벅이 된 몸을 샤워할 땐 그렇게 행복할 수가 없다.
고된 일 뒤의 샤워. 다음에 다시 집을 지을 기회가 되면
목욕탕 안에 작은 욕조를 만들어야겠다.
노란색 작은 전구 켜놓고 따뜻한 물속에 들어가 클래식 음악을
들으며 목욕을 즐기고 싶다.

198 권위적인 사람
2020. 6. 5. (금)

　　언어의 연금술사라 불리는 파울로의 책에 나온 이야기다.
소년과 구두 수선공이 있었는데 구두 수선공이 몇 번이고 실수를
인정하고 소년에게 사과한다. 큰소리치는 소년의 말에
화를 내지 않고 그래도 받아주는 구두 수선공이
소년을 데리고 카페에 간다. 손님 중 한 사람이 의자를
조금 옮겨 달라는 종업원의 말에 고래고래 소리를 지른다.
구두 수선공이 소년에게 말한다.
"잘 봐둬. 유능한 사람은 무능한 사람 취급받아도 그러려니 하는
사람이란다."

　　쉽게 분노하고, 마음이 격동되고, 화를 잘 내는 사람은
본인이 생각할 때 굉장히 권위가 있다고 생각할지 모른다.
그것은 완전 착각이다. 목에 깁스하고 힘을 준다고 하여
권위가 세워지는 것은 아니다. 가장 추한 사람은 누구일까?
이 질문은 나에게 하는 것이다.
교만한 사람, 거드름 피우는 사람, 말 많은 사람이 아닐까?

　　가을 추수하기 전 잘 익은 벼는 다소곳이 고개를 숙이고 있다.
하지만 잘 익지 않은 쭉정이는 고개를 뻣뻣이 들고
"내가 잘났어, 넌 못났어." 하면서 고개를 뒤흔든다.
최고의 권위는 늘 부드럽고, 온유하며, 친절한 것.
권위적인 사람은 곧 위선적이고 허위의식으로 차 있다.

199 오늘 만난 자연 친구들
2020. 6. 5. (금)

　창의력은 관찰력에서 나온다는 것에 대해 "아니요!"라고
할 사람은 없을 것이다. 정답이기 때문이다.
내가 생태 세밀화를 그리고 그림일기를 쓸 때도 세심히 보고 또 보고
교감이 이뤄지면 생각지 못한 깨달음의 희열과 예상치 못한
멋진 글이 민들레 홀씨처럼 휙 날아온다.
　오늘 탑천 길을 걸으며 만난 자연 친구들이다. 소리쟁이,
개망초, 쇠뜨기, 버드나무, 아까시나무, 금계국, 모심은 논, 억새,
까치집, 살갈퀴, 애기똥풀, 나팔꽃, 뽕나무, 환삼덩굴, 뚱딴지,
지칭개, 낮달맞이, 뻐꾸기 소리, 검은등뻐꾸기 노래,
까치들이 입에 문 집 재료, 할미새의 꼬리 흔듦, 토끼풀, 왜가리,
트랙터 따라다니는 황로, 참새 떼, 주변의 농가, 달리기하는 여성,
살랑살랑 바람, 꽃향기, 풀 냄새, 텅 빈 외양간, 노란 민들레,
통나무 원두막, 명아주, 마른 익모초 씨앗,
개망초 위에 짝짓기 하는 남색하늘소, 도꼬마리.
자연 친구들 품에 안으니 세상 모든 것 다 가진 것처럼
마음의 부자가 된 것 같다.

　　　　　　　　　　　　　　　　　　　　　새벽길 별을 보며

200 비인지 능력
2020. 6. 5. (금)

　　인성 교육은 노벨상 수상자를 최대 배출한 시카고 대학에서
실천하고 있고, 유태인 교육의 핵심 사상이다.
신의 직장으로 불리는 구글에서도 능력을 키우는 감성, 책임 있는
의사결정인 도덕성, 공감과 소통인 사회성, 세 가지를 눈여겨본다.
IQ나 시험 점수는 인지 능력이다. 하지만 인내심, 끈기, 집중력은
비인지 능력이다. 어떤 인생의 고난, 풍파도 이기며
헤쳐 나갈 수 있는 내면의 강화, 내공이 있어야 한다.

　　새벽별을 바라보며 걷는 시간에 사색을 통한 본질적 실존에 대해
접근하게 된다. 아직 어둠이 짙게 깔려 있는 농로를 걷다 보면
자신을 향한 질문이 깊어진다. 나는 인지 능력이 부족하다고
인정한다. 하지만 비인지 능력은 넘어온 산과 건너온 강들을 통해서
얻은 교훈들이었다. 이제는 모두 비우고 내려놓고 낮아지는 일에
망설임이 없다. 욕심, 욕망, 집착, 과욕, 과식까지도
흘려보내야 한다. 어제와 오늘, 내일을 같은 낱말로 나타내는
푸리족 인디언처럼 살고 싶다. 자연에 몸을 맡긴 평온함으로.

201 수의
2020. 6. 6. (토)

어제의 일이 자꾸만 떠오른다. 한 사람이 태어나서 입는 옷이
얼마나 될까? 태어나서 입는 배내옷, 백일잔치 옷,
유치원 졸업식 옷, 학교 교복, 웨딩드레스, 예복,
병원 환자복, 잠옷, 일상복, 딱 몇 시간만 입고 없어지는
이 세상에서의 마지막 옷 수의.

수의에는 호주머니가 없다. 넣고 갈 것이 없는 인생,
공수래공수거(空手來空手去)니까. 수의는 한 벌에 보통 30만 원짜리부터
수백만 원짜리까지 있다. 중국 요나라 소태후의 황금 수의는
1만 개의 금실로 짰단다.
요즘 돈으로 환산하면 약 5천 700억 원에 이른다.
애견이 죽으면 강아지 수의를 입히는데 30만 원쯤 한다.
반려견을 화장하여 수목장하는 데 수백만 원이 든다고 들었다.
그렇게 했다고 비판해서는 안 된다.

돈으로 가치를 판단할 수는 없다. 30만 원짜리 수의를 입히든지
5천억 원짜리 수의를 입히든지 결국 죽음 앞에서는 똑같다.
나는 이미 수의를 정해놨다.
내가 입을 수의는 예배 인도 때 입는 가운이다.

202 어머니의 혀
2020. 6. 6. (토)

　어제가 24절기 중 아홉 번째 돌아온 망종이었다.
음력으로는 4월 14일이다. 보리 추수를 해야 하는 시기다.
지금은 보리를 심는 일이 많지 않지만 옛날에는 거의 보리를 심었다.
모를 심어야 하는 시기를 놓치면 안 되었기 때문에
적절한 때에 보리를 베어야 했다.

　낮으로 일일이 베어서 탈곡했다. 탈곡기에 보릿단을 넣으면
그 근방 일대가 뿌옇게 먼지와 티끌로 앞이 안 보일 정도였다.
1960년대다. 그 당시 아플 때 병원 가는 일은 꿈도 꾸기 어려웠다.
눈을 보호할 선글라스도 보안경도 없던 시절,
탈곡하는 것을 돕다가 눈에 티가 들어가기 일쑤였다.
내 눈도 그랬었다.
눈물 나고 아프고 괴롭다. 이때 응급의사가 달려온다.
바로 어머니였다.

　논 한쪽으로 데리고 가서 앉혀 놓고 어머니는 긴 혓바닥으로
내 눈을 핥아주셨다. 그러면 신기하게도 눈이 시원해져서
다시 일손을 도울 수 있었다.
지금은 안과에 가면 해결이 되지만 어머니의 혀를 경험한
사람이 얼마나 될까? 망종이 돌아오니 어머니 혀도 돌아왔네.

203 난 거지 나사로였다
2020. 6. 6. (토)

"대기만성형의 사람"은 내가 나에게 붙여준 칭호다.
중학교를 졸업하고 3년 공백이 있고 난 뒤에 고등학교에
들어갔다. 고교과정 3년, 대학과정 4년, 7년의 세월은
내 인생에 가장 훈련이 혹독한 시간이었다. 스스로의 힘으로
먹고 자고 공부를 해야 했던 독학생이었으니까.
낮에는 일하고 밤에는 공부를 한 주경야독이라는 단어가
고등학교 졸업 때까지 해당되었다.
자취방 이사를 하도 많이 해서 덕분에 전주 지리를 잘 알게 되었다.
내가 정년 은퇴 후에 전주에서 살고 싶다고 하는 것도
어쩌면 땀, 눈물, 푸른 꿈이 고여 있는 전주 땅이기 때문인지 모른다.
진북동에 행운독서실이 있었다. 대문 뒤 한 평쯤 되는
마당에서 석유곤로로 밥을 해결했고, 잠은 독서실 구석에서 잤다.
물론, 청소를 해 주는 대가로 말이다.
그래도 공부해야 한다는 꿈은 식을 줄 몰랐다.
돌아보면 그 모든 경험은 돈을 주고도 살 수 없는
소중한 인생의 선물이었다.
주인아저씨는 정이 많으셨다. 내가 언제 그런 경험을 해 보겠는가.
부잣집 문간에서 얻어먹던 나사로가 나였네.

새벽길 별을 보며

204 색깔이 달라져 가는 논
2020. 6. 7. (일)

　어제 본 색과 오늘 본 색이 달라진 것 같다. 모를 심은 지
얼마 되지 않은 것 같은데 심은 시기와 때에 따라서
눈에 띄게 차이가 난다. 뿌리가 자리를 잡아 가면서
짙은 녹색으로 물감을 칠한 듯 변해가는 모습을 느낄 수 있다.
일찍 심은 모는 꼿꼿이 허리를 펴고 있고, 늦게 심은 모는
아직도 구부정하게 허리를 펴지 못하고 약간의 몸살을 한다.
땅에 온전히 뿌리를 박을 때까지 치열한 투쟁과 노력을 하는 것이다.
거기에 황로, 왜가리들이 먹이를 찾기 위해
첨벙대며 다닐 때 밟혀 쓰러질 수도 있다.

　가을 추수 때까지 불과 4~5개월의 시간 속에서 우리의 생명을
책임지는 열매를 맺어내는 일에 얼마나 많은 방해와 시련이
따르겠는가. 병충해들의 공격, 태풍의 강한 힘 앞에서의 견딤,
참새 떼들의 집중 식사 시간과 모든 시간을 통과하여
한 알의 쌀로 나오는 것이다.

　매일 먹는 밥이지만 모내기 준비부터 정미소에서 도정되어
나오기까지 어찌 보면 모, 벼의 일생을 생각해 본 적이 얼마나 있는가.
매일 이곳저곳 수채화처럼 칠해놓은 논의 색깔이
아름다움 그 이상이다.

205 자전거 타는 아이들
2020. 6. 7. (일)

한 시간을 걷고 나니 아침 7시가 되었다.
원두막에 앉아 견과류 몇 개를 먹으며 물끄러미 넓은 들녘과
하늘과 맞닿아 보이는 미륵산을 쳐다보고 있었다.
가까이에서 귓전에 들려오는 아이들 소리.
초등학교 남자아이들 셋이서 자전거를 타고 온다.
누가 시키지도 않았는데 나를 보더니 "안녕하세요!" 인사를 한다.
나는 힘 있게 손뼉을 쳐주었다.
많은 의미가 담긴 박수였다. 그냥 고맙고 사랑스럽고
대견하기 그지없어서였다.

참새처럼 재잘대며 페달을 밟는 세 남자아이를 보니
마치 세 마리 반달곰처럼 귀여웠다. 지나고 보니 언뜻 스치는 생각,
저 아이들 맛있는 거 사 준다고 할걸.
기회가 올까? 함께 자전거를 탈 수 있으면 닭튀김, 피자, 음료수를
사 주고 싶다. 그리고 꿈을 이야기하고 싶다.
아니, 아이들의 꿈을 들어보고 싶다.
내가 늦둥이를 낳은 것처럼이나 흐뭇한 아침이다.

206 내일 일은 내일이
2020. 6. 7. (일)

　　큰 며늘아기 할아버지댁을 방문했다. 꿀 한 통을 선물로
드리며 마당에 앉아 한 시간쯤 철쭉 분재 이야기를 들었다.
40년 전부터 자식처럼 사랑과 정성으로 키운 분재가
족히 백 개는 넘어 보였다. 은퇴하신 후 87세가 되시기까지
쏟으신 철쭉 분재 취미는 감동적이었다.
　　나에게 분재를 다 맡기고 싶다고 하시며 키우는 법,
관리법, 손질 원리까지 설명해 주셨다. 꽃이 지는 6월 말쯤에는
손톱으로 꽃잎을 다 따줘야 다음 해에 예쁜 꽃을 피운다는 설명,
폭포수처럼 쏟아져 나오는 분재, 식물 이야기는
한 주일 내내 들어도 부족할 것만 같았다.
심지어 분재 놓을 자리까지 조언해 주셨다.
그런데 조금 걱정이 된다. 만일 반세기 동안 키우신
그 많은 분재를 나에게 주신다 해도 어떻게 매일 물을 주며
죽지 않게 할 수 있을 것인지 예측 불안이라 할까?
많은 시간과 애정을 쏟아야 할 텐데 거기에 구속되지는 않을까?
나도 이제부터 하나씩 정리해 갈 인생인데 말이다.

207 나에게 글을 쓰는 시간은?

2020. 6. 7. (일)

1. 나를 보듬고 토닥거려 주는 시간이다.
2. 마음 챙김 시간이다.
3. 내면으로의 여행 시간이다.
4. 사색과 명상의 오솔길을 걷는 시간이다.
5. 마냥 행복해서 몰입되는 시간이다.
6. 나의 꿈이 무지개처럼 피어오르는 시간이다.
7. 나와 대화하고 질문하고 대답하는 시간이다.
8. 본질적 삶의 의미와 목적을 정리하는 시간이다.
9. 내 마음에 영양분을 제공하는 시간이다.
10. 시간을 뚝 떼어서 나에게 선물하는 시간이다.
11. 갈수록 품고 있는 꿈을 구체화시키는 시간이다.
12. 모든 것을 잊고 깊은 사유의 바다에 빠지는 시간이다.
13. 이타적인 삶으로의 가치가 형성되는 시간이다.

(이 글은 화장실에 앉아 기록한 것을 옮긴 것임)

새벽길 별을 보며

208 병든 가지에 핀 장미
2020. 6. 8. (월)

　　어린이와 청소년들에게 멘토가 되어 주고, 작은 힘이나마
옆에 서 있어 주는 사람(by stander)이 되고 싶은 열망은
아직도 식지 않고 있다.
내 나이 60대 중반인데 은퇴 후에는 어떤 삶을 살아야 하는지
큰 줄기는 붙잡고 있다. 나눔과 섬김이다.
나는 돈을 모으는 재능도 없고, 얼마나 모으느냐보다
어떻게 쓸 수 있을까를 먼저 생각하는 사람이다. 물질이든,
재능이든, 지식이든 나누지 않으면 병든 가지에 핀 장미
한 송이 같은 것이리라.
장미가 피긴 했으나 가지가 병들어 있으므로 쉽게 시들고
온전히 필 수 없으리라는 것은 자명한 사실이다.
　　어차피 땅 한 평, 집 한 칸 없는 나그네 인생을 지금 살고 있으니
물질을 나누는 일은 생각에 그칠 뿐이고 나에게 주신 재능,
달란트를 나누며 살 수는 있을 것이다.
30년 전부터 기도해 온 복지시설 건립의 꿈이 있었다.
미혼모 시설이다.
내 힘만으로는 어려울 수 있으나 함께할 수 있는 파트너가 없을까?
없긴 왜 없겠어? 있지.
지금 못 만났을 뿐이겠지.

209 마음 대문을 열어두라!
2020. 6. 8. (월)

아침마다 만나는 들녘과 자연을 보면서 나를 토닥토닥하며
말을 한다. 마음 문을 늘 열어두자. 바늘구멍만 한 마음 문 말고
25톤 트럭도 들어올 수 있는 마음 문을 열어놓자고 다짐한다.

우리 인생 빨주노초파남보 일곱 가지 색이 모여 아름다운
무지개가 되듯이 어떤 때는 빨간색이 강렬하게,
어떤 때는 노란색이 뒤범벅될 때도 있다. 내가 마실 수 있는 잔은
꿀 같은 달콤한 잔만 오는 것이 아니었다.
익모초처럼 혓바닥에 대기 어려울 만큼 쓰디쓴 잔도 올 때가 있었다.
지나고 보면 모두 버릴 것이 없는 내 인생에 준 선물이고
보약들이었다. 오히려 고난이 큰 유익이었을 때도 많았다.
여기에서 꽉 붙잡은 것은 하나였으니 감사다.

에릭 호퍼는 "세상에서 가장 어려운 산수가 있다면
그것은 바로 우리에게 주어진 축복을 헤아리는 것이다."라고 했다.
나에게 주어진 축복을 헤아려보면 감사하지 않을 일이 하나도
없다. 단순한 사실이지만 내가 "감사합니다!"라는 말을
많이 할수록 내 마음이 풍성해지고 기쁨이 파도처럼
밀려오는 것을 느낄 수 있었다.

어떤 일, 어떤 상황, 풀기 힘든 미적분 문제가 주어져도
받아들이고 환영할 마음 대문을 열어두자.
모든 것이 다 감사고 감사로 될 것이다. 활짝 열어놓자.

210 뒤를 돌아보라!
2020. 6. 8. (월)

고등학교 방학 때 남원시 이백면 효기리에 살던 친구 집에
가기 위해 남원역에서 내렸다. 역 앞 휴게소에서 쉬었다가
일어서는데 어느 할아버지께서 나를 부르셨다.
"학생, 한 바퀴 돌아봐." "네?" "자리에서 일어나면
뒤를 돌아보라는 거야." 그때 기억에 손수건을 자리에 두고
그냥 가려는 나를 일깨워주신 것 같다. 그 한마디 말씀이
평생 큰 도움이 되었다.

어제 아침 걷기를 하다가 원두막에서 잠시 땀을 식혔다.
자전거를 타는 아이들이 오기에 손뼉을 쳐주느라
자리에 선글라스를 놓고 그냥 왔다.
결국, 잃어버렸지만 어제는 뒤를 돌아보지 못했다.
한순간 이 단어를 생각만 했어도 잃어버리지는 않았을 터.
하지만 잃어버린 것에 마음 두지 말자.
더 좋은 것을 구입할 수 있는 기회가 왔으니.

남의 물건을 가져간 사람 원망할 것도 없다.
오히려 내가 미안해해야 한다. 견물생심이라 했으니 누군가
선글라스를 보고 마음에 갈등을 하지 않았겠는가 말이다.
원인 제공을 내가 했으니 미안한 마음을 가져야지.
멋진 선글라스 하나 생기게 되었으니 이것 또한 감사할 이유다.

211 며늘아기 수박
2020. 6. 8. (월)

    2년 사이에 우리 집에 새로운 변화의 바람이 불어왔다.
두 며늘아기들이 새 가족이 된 것이다.
내 인생에 전혀 경험하지 못했던 행복한 선물을 받았다.
이곳에 이사 온 후 한 번도 조경석 사이에서 자라나는 철쭉을 손대지
못했다. 무려 2천 그루가 넘는다. 조경석을 덮지 않도록
전지를 해 줘야 하는데 말이다. 사람 마음처럼 정원도 늘
손질해 줘야 한다. 그냥 두면 자연스러운 것 같아도 나무를
위하는 일이 아니다. 충분히 햇빛과 바람을 맞도록 과감히
잘라 줘야 한다.
    한 주간 내내 일을 해도 아직 끝내지 못했다.
요즘 한낮 기온이 30도가 된다. 상당히 더운 날씨다.
"아버님 일하시는데 드세요."라면서 큰 며늘아기가 논산
흑미 수박을 사 왔다. 달콤하고 시원한 수박이 마음마저
시원하게 해 주는 것 같았다. 이러한 것이 사는 행복인가 보다.
수박을 사러 슈퍼에 가고, 고르고, 가져오고 그냥 쉽게 되는 일이
아니다. 작은 일에도 마음 써 주는 아가가 고맙다.
처음 보는 흑미 수박, 마음을 알아준다는 것은 대단한 일이다.
섬세한 부분까지 챙기는 착한 마음을 보는 난 복받은 사람이다.
학교가 개학하여 피곤할 것 같은 며늘아기가 언제나
건강했으면 하고 간구해 본다. 아가야!

새벽길 별을 보며

212 기다리는 오동나무꽃

2020. 6. 8. (월)

옛날에는 딸이 태어나면 오동나무를 심었었다. 20여 년이 지난 후
딸 시집보낼 때 가구를 만들어 주기 위해서였다. 나뭇결이 아름답고
갈라지거나 뒤틀리지 않아서 가구, 악기를 만드는 재료로 사용했다.
나에게는 딸이 없지만 뒤뜰에 오동나무 한 그루를 심었다.
지금은 지붕 높이만큼 훌쩍 컸고 심은 지 6년쯤 되었나 보다.
가지치기를 해 주면서 물어보았다. "넌 언제 꽃을 피워
나에게 보여줄 거니?" 종 모양의 연보라색 꽃이 피고 향기가 진하여
몇 송이만 방에 두어도 방안에 향기가 물씬 풍기는 예쁜 꽃이다.
꽃을 가까이 보기 위해서 내가 심은 것이다.
심은 지 6년밖에 되지 않았으니 더 나이를 먹어야 꽃이 피겠지.
기다려야지 뭐.

그리고 보니 요즘 오동나무꽃이 필 시기인데 아직 못 본 것 같다.
화단 일만 하느라 꽃을 볼 여유가 없었다.
오늘이라도 개화기가 5~6월, 결실기가 10월인 히어리를 닮은
연보라색 오동나무꽃을 보러 가야 하겠다.
그리고 우리 집 오동나무꽃이 피면 나무 아래에서 하룻밤 자야겠지.
앨러스테어 험프리스가 쓴 『모험은 문밖에 있다』 책을
2015년 9월에 사 읽었다. 그는 천 번도 넘게 야외에서 밤을 보냈는데
그중 10번 정도만 갖춰진 캠핑장에서 잤다.
오동나무 아래서 하룻밤 자는 일, 거창한 모험은 아니지 않은가.

213 둘째 며늘아기 킥보드
2020. 6. 8. (월)

둘째 아들이 타고 다니던 킥보드를 잘 사용했었는데
수명이 다 되었는지 꼼짝을 하지 않는다. 차, 자전거, 도보 등
다양한 이동수단을 쓰니 더 재미있다. 타보지 않았던 킥보드를
타보니 학생, 청년들만 타는 것인 줄 알았다가 편견임을 깨달았다.
막상 타보니 정말 재미있는 도구였다.

둘째 며늘아기가 타고 다니던 킥보드를 가지고 왔다.
"아버님 꼭 안전모 쓰시고 조심해서 타세요."라는 당부와 함께.
결혼하기 전, 완도고등학교에 근무할 때 킥보드를 타는
사진을 본 적이 있다. 깜찍하고 귀여웠다. 오늘은 은행에 갔다가
아침 걷기 할 때 손으로 찍고 오는 탑천 목표지점까지
타고 왔다. 여름 바람을 휙휙 가르며 스쳐 지나가는
논과 들을 보니 환호성이 나올 만큼 즐거웠다.
어제는 큰 며늘아기의 수박, 오늘은 둘째 며늘아기의 킥보드.
꽃보다 더 예쁘고 착한 며늘아기들이 둘씩이나 있는 것이 자랑스럽다.
이 세상에서 나만 며늘아기들이 있는 것 같다.

214 북부시장 장날 구경
2020. 6. 9. (화)

북부시장 장날은 4일, 9일이다. 오늘 장이 서는 날이다.
오늘은 어떤 종류의 물건들이 많이 나올까? 수박, 마늘, 감자 등등.
보고만 다녀도 눈이 배부른 것 같다. 한신대학 1학년 때
김경재 교수님의 한마디가 오랜 기억 속에 잠겨 있다.
앞으로 살아가면서 꼭 일 삼아 가 봐야 할 곳 네 군데가 있으니
서점, 시장, 병원, 화장터라고 하셨다. 서점에 가서 한 주간의
베스트셀러가 무엇인지 보고, 시장에 가서 열심히 사는
사람들의 모습도 보고, 병원에 가서 건강에 대해 감사를 느끼고,
화장터에서 삶과 죽음의 의미를 되새겨 보라는 당부셨다.
지금도 물건 구입 목록 없이도 시장 구경하러 종종 간다.
해가 기웃기웃해질 때쯤 자전거를 타고 공원묘지도 한 번씩 간다.
언제인가는 천 원짜리 핫바를 입에 물고서 시장 구경을
다니기도 했다. 어떤 때는 홍어도 사 오고, 땅콩도 사 오고,
꽃을 사 오기도 한다. 오늘 북부시장에 가면 단호박도 사고
호떡도 사 먹어야겠다. 길에 펼쳐놓고 싸게 줄 테니
사가라고 애원하는 듯한 할머니들의 모습도 눈여겨봐야겠다.
지금쯤 장 준비에 바쁜 손길 발길들이겠지.
열심히 살아가는 삶의 종합선물을 보는 것 같다.

215 교장 선생님의 눈물
2020. 6. 9. (화)

　　길을 걷다가 갑자기 멈춰 섰다. 오래전 대학에서 사회복지학과
교수로 재직할 때의 한 장면이 클로즈업되었기 때문이다.
학생 중 한 명이 고등학교 교장 정년을 앞두고 대학에 들어왔다.
정이 많고 늘 따뜻한 미소를 머금고 계시는 멋진 분이셨다.
학생들을 자식처럼 사랑으로 섬기던 키다리 교장 선생님이셨다.
어느 날, 하얀 봉투를 내미시면서 "교수님이 쓰고 싶은 대로
쓰세요. 그동안 감사했습니다. 학교를 그만둬야겠습니다." 하신다.
자초지종 말씀을 안 하시어 알아보니 큰아들이 교통사고로
세상을 뜬 것이었다.
　　너무도 큰 충격과 슬픔에 아무것도 할 수 없는 절망적인
상황이었다. 세상 살면서 우여곡절 세상 풍파 많은 것이
인생이지만 자식을 가슴에 묻어야 하는 것처럼 가슴 아픈 일이
또 있을까. 건네준 봉투에는 백만 원이 들어 있었다.
그때 당시 학생회장으로 있던 학생이 등록금을 내지 못하여
학업을 포기하거나 휴학해야 할 절박한 처지에 있었다.
이 학생에게 사연을 말하고 백만 원을 건네주었다.
그 돈은 교장 선생님 아들의 핏값이었다. 이 학생은 위기를 넘겼고
그 후 신학대학원을 가서 목사가 되었다. 그리고 교장 선생님은
큰 용기를 내어 졸업하셨다.
아, 지금도 교장 선생님의 눈물이 멈추지 않았으리라.

216 갈치 앞에서
2020. 6. 10. (수)

장날인 어제 시장에서 보았던 갈치가 눈에 오간다. 살면서
그렇게 큰 갈치는 처음 보았다. 호기심이 발동한 내가 그냥
지나갈 리 없다. 한참 동안 쳐다보다가 물어보았다.
한 마리에 얼마 가느냐고. 8만 원이란다. 갈치 한 마리에
8만 원이라니? 그래도 가격이 조금 내려서 그렇단다.
제주에서 잡는 갈치는 은갈치, 목포에서 잡는 갈치는 먹갈치라 한다.
그동안 갈치를 썩 좋아하지 않았었다.
가시가 많고 특유의 비린내 때문이었다. 그런데 얼마 전
한 음식점에서 갈치 정식을 맛본 후에는 생각이 달라졌다.
꽤 맛있었다. 내 지갑에 8만 원짜리 갈치 살 돈은 있었다.

옛날 모내기 철에 점심을 준비해서 이고 지고 손수레에 밥, 반찬,
그릇을 싣고 논에 가져다 줄 때 햇감자에 갈치를 넣어
요리한 갈치 감자조림이 생각난다. 약간 매콤하게 요리하여
살을 발라 흰 쌀밥에 얹어 먹으면 얼마나 맛있을까!
정말 내 배짱에 8만 원짜리 갈치 한 마리 살 수 있을까?
있다 있어. 의미를 두면 가능하겠다.
지인들 초대하여 갈치 잔치하면 어떨까?

217 해님과 바람의 게임
2020. 6. 10. (수)

아침 7시경에는 햇살이 약간 뜨겁게 느껴진다.
걷기 할 때 6시에는 해를 정면에서 보고 걷지만 돌아오는 길
7시경은 해가 등 뒤에 있다. 햇볕의 기운이 역력하게
느껴질 무렵, 어릴 때 읽었던 해님과 바람의 내기 시합이 떠오른다.
길 가는 나그네의 옷을 누가 벗길 수 있을까? 서로 장담했다.
분명 내가 이길 거라고 큰소리치며 바람이 강하게 불어제쳤다.
나그네는 더욱 힘을 다해 옷을 움켜쥐었다.
해님이 서서히 뜨겁게 나그네의 몸을 비추기 시작하니
"아휴, 더워!" 하면서 나그네가 옷을 벗었다.

따뜻함, 포근함, 사랑, 부드러움이 강함, 구속, 억지, 통제를
이길 수 있다는 뜻 아닐까? 모든 인간관계, 사회성에
어떻게 적용할까? 타인에 대한 배려와 포용력이 나에게는
얼마나 있는 걸까? 내 중심으로 통제하고, 구속하고, 집착하려는
마음을 절대적 진리인 양 움켜쥐고 있지는 않은가.
살아있으면 부드럽다. 생각의 유연성을 갖기 위해 어떤 노력을
기울여야 할 것인가? '나는 누구인가, 어떻게 살 것인가,
어떤 우아한 죽음을 맞이할 것인가?'라는
세 가지 질문을 자신에게 던져본다.

218 내가 행복할 때
2020. 6. 10. (수)

　　어느 때가 최고의 나일까? 내가 원하고, 내가 꿈꾸며,
내가 하고 싶은 일을 할 때다. 마음의 소리에 귀 기울이고,
즉각 실천에 옮겼을 때다.
직접 재료를 다듬어 요리해서 멋진 상을 차려놓고 먹을 때,
책을 읽다가 공간에 느낌을 적을 때, 걷기를 하고 산행을 할 때,
꽃과 나무와 눈이 마주칠 때, 지쳐 있는 사람
이야기 들어주고 옆에 서 있어 줄 때, 긴 시간 음악에
빠져 있을 때, 찬양에 온 마음, 영혼을 쥐어짜 드릴 때, 성도들
눈을 보며 하나님 말씀 전할 때, 새벽에 성도들 이름을 부를 때,
진한 커피 한 잔 내려 음악과 함께 마실 때, 혼자 10시간
산속에 있을 때, 아무것에도 방해받지 않고 글을 쓸 때,
사람들 밥 사 주며 같이 밥 먹을 때, 내 마음에 드는
옷을 사 줄 때, 몇 시간 달리기하고 자전거를 타고 나서
앉아 쉬면서 벌컥벌컥 생수를 마실 때, 스릴 반전이 있는
심리 스릴러 영화를 볼 때, 내가 쓴 글을 다른 이에게 읽어 줄 때,
맛있는 거 함께 먹는 사람이 있을 때, 먼지 마시며
십자가 만들 때 난 행복한 자로다.

219

힘을 빼자!
2020. 6. 10. (수)

　　30년 전, 수영을 배울 때 귀가 아프게 들은 말, "몸에 힘
빼세요." 40년 전, 볼링을 처음 배울 때 수없이 들은 말,
"어깨에 힘 빼세요." 운전면허를 따고 초보운전 때
옆에 앉은 사람들이 하는 말, "왜 몸에 힘이 들어가 있느냐?"
핸들에 온 힘을 주고 있으니 백미러를 쳐다볼 여유가 없고
심지어는 백미러가 접혀 있는 줄 모르고 집까지 온 적도 있다.
앞만 보고 왔든지, 차선 변경할 때도 백미러를 쳐다보지 않고
운전을 했다는 말이다.

　　나는 수영할 때 물속에 들어가 앞으로 가는 것을 좋아했었다.
첫 번째 조건은 몸에 힘을 빼는 것이다.
힘을 빼야 체중의 힘으로 저절로 바닥까지 내려간다.
최대한 내려가야만 몸이 뜨지 않고 멀리 오래 갈 수가 있다.
교만하면 마음, 몸, 생각에 과도한 힘이 들어간다.
겸손하면 부드럽고 온유하게 힘이 빠져 있다.
눈에 힘을 주고 상대방을 쳐다보면 무섭게 느껴지고,
힘을 쫙 빼고 보면 사랑과 긍휼의 마음으로 보인다.
탁월한 운동선수의 비결은 힘을 빼야 힘이 생기는 법이다.
지금 나는 어느 부분에서 힘을 빼야만 할까?

새벽길 별을 보며

220 나는 곧 생각이다
2020. 6. 11. (목)

환경이 나를 지배하지 않는다. 생각이 나를 지배한다.
지배하는 것은 긍정적 결과를 가져올 수도 있고, 부정적 결과를
낳을 수도 있다. 하루 동안 나에게는 어떤 생각이
비중을 많이 차지하고 있는 걸까?

민들레 홀씨는 목적지를 정해놓고 날아가지 않는다.
바람 부는 대로 옥상에도, 길가에도, 논두렁에도, 마당
한구석에도 날아가 자리를 잡을 수 있다. 내 마음도 어떻게
움직일 것인가는 내 생각에 따라 달라질 수 있다. 생각, 마음,
행동은 유기적 관계다. 날마다 생각훈련을 하는 이유도
여기에 있는 것이 아닐까.

기도하고, 책을 읽고, 운동, 클래식 음악, 요리, 만남, 일,
모든 것은 생각을 다듬고 그 생각이 마음을 움직여서
행동하게 만드는 것이리라. 모든 일은 마음이 짓는다는
일체유심조 또한 원효대사의 깨달음 교훈을 주고 있다고 본다.
해골 물을 마신 물바가지는 똑같은데, 어제는 맛있게 마시고
오늘은 구토해야 하는가.
생각이 바로 내 존재다.
소망적이고, 진취적이고, 도전적이고, 모험적인 행동과
평안의 생각으로 레츠 고!

221 장화 신고 걷는다
2020. 6. 11. (목)

오래전 초등학교 앞에서 비 오는 날의 풍경이었다.
토끼같이 귀여운 아이들이 우산을 쓰고 등교하고 있었다.
알록달록한 우산도 멋진 모습이었지만 제각기 신고 있던 장화가
더욱 깜찍했다.
빨주노초파남보 일곱 가지 색이 다 동원된 것 같았다.
나의 어린 시절에는 구경도 하지 못한 장화다.

시간이 흘러 구 시장 신발 가게에서 여자 장화를 샀다.
다행히 발이 큰 나에게도 맞는 장화가 있었다.
지난달 19일에 샀으니까 거의 한 달이 되어 간다.
어서 비가 와야 신어 볼 텐데. 비야 비야 와라.

어젯밤 밤새 후드득 비가 내렸고 아침에도 가는 비가 내린다.
기다렸던 만큼 모셔놓았던 귀여운 장화를 신고 우산을 쓰고
걸었다. 길에 물이 고여 있는 곳도 일부러 개구쟁이 아이처럼
첨벙거리며 지나가기도 했다.
초등학교에 등교하는 어린이들 세계 속으로 들어간 것 같았다.
동심의 세계에 들어갔다가 한 시간 후 거울을 봤다.
60대 중반의 꿈 소년이 활짝 웃고 있었다.
니체가 말한 대로 아이처럼 춤을 추었다.

222 에너지 뱀파이어
2020. 6. 11. (목)

사람의 피를 빨아먹는 전설상의 귀신을 뱀파이어라 한다.
인체의 피의 양이 5.2리터 정도 되는데 피를 많이 흘리면 죽게 된다.
난 생각해 본다. 자신을 돌아본다.
어제 나의 에너지를 소멸시킨 것은 무엇이었을까? 살아가는
에너지, 삶의 의미를 약화시키는 뱀파이어는 무엇일까?
다른 것이 아니라 걱정이었다.

긍정 마인드로 살아간다고 나름 나를 스스로 인정하고 있지만
가끔은 걱정을 빚내서 할 때도 있다. 지금 현실적으로
걱정되는 것에는 무엇이 있을까? 죽음인가?
전혀 아니다. 꽤 많이 살았다고 생각한다. 자식들인가?
아니다. 둘 다 결혼시켰으니 본인들 인생의 몫이지.
은퇴 후 살아야 할 집 걱정인가? 조금 걱정되긴 한다.
그러나 이것 또한 늘 자신을 타이르고 토닥거린다. 이 몸 하나
머리 둘 곳이 없을까? 비닐하우스 안에 방을 마련하여 산들
어떠하며, 차를 개조하여 캠핑카 타고 집시되어 살면 어떠리.
건강 걱정인가? 내일 일은 내일 하면 되는 거고,
나의 에너지를 빨아먹는 뱀파이어는 걱정이다.
참 부질없는 짓 아닌가?

223 비름나물
2020. 6. 12. (금)

우리 산과 들에는 숨 쉬고 있는 보물들이 수없이 많다.
십여 년 전에 고속도로 휴게소에서 『한국의 산나물』이라는 책을
샀는데 종종 보고 있다. 그냥 잡초나 풀로만 생각했던 것들이
얼마나 맛있고 우리 몸에 보약 같은 귀한 선물인지 알았다.

아침 걷기를 하다가 비름이 왕성하게 자란 것을 보았다.
늘 동쪽 길로 가다가 오늘은 서쪽 길로 방향을 잡았더니
변화무쌍한 자연임을 실감케 했다. 쓴맛이나 냄새가 없어서
의외로 맛있는 산나물이 비름이다. 무침, 찌개 건더기, 조림 등
여러 가지 요리에 사용한다. 아침 한 끼 먹을 양만큼
한 주먹만 뜯어 와서 데쳤다. 참기름, 간장, 깨소금을 넣고
버무려 아침 한 끼 식사를 맛있게 먹었다. 간장이 많이
들어갔는지 조금 짠 느낌이 있으니 점심에 된장을 넣고
국을 끓여 먹어야겠다. 모르면 성가시고 알면 애착이 가는 것이
산나물인가 보다.

내 주변에 행복한 요소들이 무수히 많이 있다.
이것을 알아차리지 못할 뿐이다.
그 계절에 먹을 수 있는 나물, 공짜로 널려 있는 보약들이다.
나는 자연에 빚을 지고 살고 있다는 것을 다시금 깨닫는다.

224 생각의 전환
2020. 6. 12. (금)

지난달 12일 이발을 했으니까 딱 한 달이 되었다.
반드시 한 달에 한 번은 해야 하는 것이 세 가지가 있다. 혈압약
타는 일, 치과 검진, 이발이다.

숟가락질 몇 번 한 것 같은데 한 달이 쏜살같이 지나갔다.
50대에는 시속 50킬로미터로 가고, 60대에는 60킬로미터로
갈 줄 알았는데 그렇지 않다. 600킬로미터로 달리는 것 같다.
치과 검진은 약 10분, 혈압약 타는 것도 약 10분,
이발은 염색까지 해서 한 시간쯤 걸린다.
다녀오면 기분 좋은 데 가기 전에는 중얼거린다.
왜 이렇게 빨리 머리카락은 자라는 거야.
좀 천천히 자라서 두 달에 한 번 갈 수는 없나.
한때는 염색하지 않았더니 주변 사람들, 특히 가족들이 더 입을
삐죽인다. 젊게 보이면 좋은 거 아니냐고 말이다.
세상은 나 혼자 사는 것이 아니니까 그 말도 옳다.

오늘 아침에 이발하러 가야 한다. 미용실 원장님은 늦게
왔다고 핀잔하겠지만 나는 더 기르고도 싶다. 오늘부터 휙
생각을 바꿔야겠다. '또 한 달이 되었네. 이발하러 가야 하나?'가
아니라 '멋있게 나를 바꾸는 날이 왔구나!'라고.
내 생각이니 내가 통제할 수 있으니까.

225 살아 천 년, 죽어 천 년
2020. 6. 12. (금)

살아 백 년, 죽어 백 년도 어려운 법인데 살아 천 년, 죽어
천 년이라니. 이발하기 위해 잠시 기다리면서 읽은 한 페이지,
여성잡지에 소개된 태백산 주목에 관한 내용을 보니
글을 써야겠다는 생각이 순간접착제가 되었다.

몇 년 전, 태백산에 겨울 산행을 간 적이 있었다. 설경을
잊을 수 없다. 그곳에 주목이 약 4,000그루가 있는데 수령이
1,000년에 이르는 나무들도 있다. 살아서도 늠름하고
죽은 고사목도 멋진 쓸쓸함이 더해져 있다. 죽어서도
천 년을 서서 버티는 주목, 줄기와 큰 가지가 적갈색이어서
더 열정적인 나무인 것 같아 좋아한다.
주목(朱木)은 "붉은 나무"라는 뜻으로 붙여졌다.

작년에 남덕유산 향적봉 겨울 트레킹을 그토록 되뇌기만
하다가 가지 못했었다. 흰 눈을 뒤집어쓰고 있는
남덕유산의 주목도 나를 기다렸을 텐데 왜 못 갔을꼬.

살아서 천 년, 죽어서 천 년. 이천 년의 세월, 그 인고의 시간을
생각하니 경이로움을 말로 다하지 못하겠다.
강산이 백 번 바뀌어야 천 년인데…….
풀의 꽃처럼 시들고 말 인생은 어찌하는가.
무엇을 남기고 가지 않아도 좋다. 하루가 마지막 날로 알고 살아가자.

226 손수건나무
2020. 6. 12. (금)

　　이발하는 날, 오 분 정도 앉아 있는 시간에 책 한 권을
뒤적였다. 간단하게 나무 하나를 소개해 놨는데 처음 듣는
나무였다. 손수건나무. 세계적인 희귀 인기 정원수.
열 살이 되어야 꽃이 핀다. 집에 오자마자 검색해 보니 나무에
손수건을 걸어 놓은 것 같은 하얀 꽃이 피는 나무였다.
우리나라에는 청양 고운식물원과 홍릉수목원밖에 없단다.
전주 한국도로공사 수목원에 물어보니 없다고 하여 수소문해서
한 곳에 주문했더니 품절이고 고향이 임실이라는 사장님과
연결되었다.
1미터 정도 크기에 가격은 15만 원. 즉시 송금을 했다.
　　꿈너머꿈교회에 기념식수로 심고 싶다. 그리고 훗날
내가 천국에 가는 날 손수건나무 아래에 묻히고 싶다.
그 옆에 아내 김경희도 함께 말이다. 오늘 주문했으니 정성으로
심어야겠다. 희귀한 나무를 알게 된 것도 큰 복인데
구입할 수 있게 된 것은 더 큰 복이다.
화단 어느 쪽에 심어야 할지 살펴봐야겠다.
미리 구덩이를 파놓아야 할까 보다.
손수건나무야, 너를 기다린다……

227 상황 재해석
2020. 6. 13. (토)

　　의미화, 생각의 전환, 상황 재해석. 비슷한 뜻인 것 같다.
똑같은 일, 문제, 상황, 현실, 사건, 숙제를 만나도 그것을
어떻게 재해석하고 내면화시키느냐에 따라 결과는 크게
달라진다. 이것은 내가 60년을 넘게 살면서 터득한 것이고
고백이다.

　　내가 기도하고 소망하며 계획하던 일들과 전혀 계획하지도
않고 계산하지도 않았던 복되고 좋은 일들이 기다렸다가
순서가 되면 입장하듯이 내 인생이 그렇게 펼쳐져 왔다.
난 어떤 일을 만났을 때, 즉 눈에 보이는 일들이 어둡고,
가시 같고, 손으로 잡기 힘든 철조망 같은 상황이 생겼을 때
그것을 재해석하고 의미화시키는 데
꽤 달인이 되어 있다. 아직 완벽하지는 않지만 그렇게 긍정적
의미화를 시켜야 한다고 늘 자신에게 말을 하고 있다.
검은 안경을 쓰고 세상이 왜 어둡냐고 하는 것은 지혜롭지 못한
사람이 아니겠는가. 재해석은 남이 해 주지 않는다.
내가 해야 한다.

228

47년 전 읽었던 『독일인의 사랑』
2020. 6. 13. (토)

그때가 고등학교 시절이었다. 방학이 되면 전주
시립도서관에 이른 아침 출근하여 저녁 늦게 퇴근하다시피 했다.
고등학교 2학년 때쯤이었으리라. 자전거를 타고 손수
자취집에서 싼 도시락을 들고 도서관 문을 닫을 때까지 독서를 했다.
세계문학 전집, 셰익스피어 전집, 한국문학 전집 등이었다.
두 번 자전거도 잃어버린 경험이 있다.

그 책을 읽을 때 자리에서 일어서지를 못했다. 단숨에 한 권을
읽었으니까. 바로 막스 뮐러의 『독일인의 사랑』이었다.
아름다운 영혼을 지닌 연인들의 사랑 이야기였는데
주인공 마리아가 병으로 먼저 죽게 될 때는
얼마나 가슴이 뻥 뚫린 것 같은 쓸쓸함과 슬픔을 느꼈는지 모른다.

어쩌면 오랜 세월이 흘러 내가 박사과정에서 사회복지학을
전공하게 된 불씨를 그때 받았는지 모르겠다.
아무 계산 없이 있는 그대로를 받아들이는 존재 자체의 사랑.
유튜브를 통해 일부분이지만 읽어 주는 책, 『독일인의 사랑』을
다시금 들었다. 반세기가 되어 가는 흥분과 설렘으로
읽었던 시절, "넌 문학소년이야!"라고 나에게 불러주었던
그때 그 시절이여!

229 노트 찾아 3만 리
2020. 6. 13. (토)

　　발바닥 냄새 나는 글, 아침 걷기에서 영감받은 글 제목으로
글쓰기 하는 노트 반절을 더 사용했다. 쓰다 보니 깊은 애정이 가는
노트가 되었다. 물론, 종이의 재료는 나무기 때문에
더 친근감이 갈 것이다.
약 350 글자가 들어가는 스프링 상철 노트가 필요하다.
문을 두드리면 열리리라. 그래서 그동안 대형 문구점
네 군데를 가 보았으나 헛걸음이었다. 분명코 어느
문구점엔가는 있을 거라고 스스로를 위안해 주었다.
그런데 오늘 아침 갑자기 모닝글로리 사이트가 생각났다.
왜 진즉 이 생각을 못했지? 못한 것이 아니라 생각이 나지
않았을 뿐이다.
　　인터넷 사이트에 들어가 보니 똑같은 스프링 노트가
"나 여기 있었소!" 하면서 얼굴을 내민다. 즉시 6권을 주문했다.
더할 걸 그랬다는 생각이 들었지만 이쯤에서 마음을
진정시키기로 했다. 어릴 적에 「엄마 찾아 3만 리」라는
영화가 있었다. 내가 이 노트를 찾아 3만 리는 다니지 않았지만
영화 주인공이 된 것 같은 기분이다. 와 좋아라!
나의 노트 사랑은 남다른 것 같다.

230 내 맘대로 요리
2020. 6. 13. (토)

　　우리 집 식사 문화는 조금 다르다. 식사는 가족들이 각자 알아서 먹고 설거지까지 하는 것으로 합의하고 실천에 들어간 지 몇 년째다. 본격적으로 온전히 하루 세 끼를 내가 준비해서 먹고 뒷정리까지 한 것은 올해 3월부터였다.

　　4일을 혼자 잠자고 생활하다가 금요일 저녁에 아내가 온다. 이 늦은 나이에 주말 부부 비슷한 것도 해 보는 것이다. 아내는 장수교육지원청에서 상담 파견 교사로 일하고 있다. 관사에서 지내다가 금요일 밤에 오는 것이다. 고기도 먹어 본 사람이 잘 먹는다고 했다. 요리도 할수록 재미있고 실력이 는다고 해야 하나? 장모님, 처형은 내가 하는 돼지고기 김치찌개, 생선탕 등이 너무 맛있다고 자꾸 해달라고 조르신다. 1인분을 10분도 채 안 걸려 뚝딱 요리한다. 공식은 없다.

　　점심때 오징어 볶음을 했다. 통마늘 한 주먹, 참기름, 초장, 깨소금, 포도주 한 술, 고추가 전부다. 먹으면서도 이렇게 혼잣말을 한다. "왜 이렇게 맛있는 거야 도대체? 내 시간, 정성, 생각이 들어가서 그럴 거야." 내가 요리해서 나에게 먹이는 귀중한 식사 한 끼. 아! 난 행복한 꿈 소년.

231 시계꽃이 피었네
2020. 6. 13. (토)

　　작년 여름, 전주 어느 식당 마당에서 신기한 꽃을 보았었다.
주인에게 물어보니 시계꽃이라 했다.
흥분 그 이상으로 가슴이 요동쳤다. 집에 오자마자 꽃집에 부탁해
큰 줄기로 된 꽃나무를 구했다. 암술 3개는 시곗바늘, 꽃잎
10장은 둥근 시계 같다. 왜 이 꽃을 "그리스도의 꽃"이라고 할까?
꽃의 줄기는 예수님 묶은 밧줄, 다섯 개의 수술은
두 개의 망치와 못, 창을 나타내고 바늘처럼 생긴 것은
예수님께서 쓰셨던 가시관을 닮았다 하여 그리스도의
꽃이라고 한다.

　　작년에도 꽃이 피고 올해도 첫 꽃이 피었다. 꽃을 오래 볼 수
없도록 빨리 시들어 떨어져 버리니 늘 아쉽다.
내가 만난 식물 중에 가장 의미 있는 식물이 아닐까 싶다.
추위에는 약하기 때문에 겨울 동안 실내에 들여놓고
한 해를 기다렸었다. 줄기에 줄줄이 달린 꽃봉오리들을 보니
올해에는 시계꽃을 실컷 보여주려나 보다.
겨울을 잘 견디고 살아준 것도 고마운데 신기한 꽃까지 피워주는 너,
사랑해.

232 장대비 속을 걷다
2020. 6. 14. (일)

남부지방에 천둥과 번개를 동반한 호우주의보가 내려졌다.
어제부터 온 비는 150밀리미터를 넘도록 밤새 내렸다.
이른 아침, 그칠 줄 모르는 장대비를 바라보고 있노라니
장화가 신고 싶어졌다.

아무 일도 하지 않으면 아무 일도 일어나지 않는다.
우산을 쓰고 집을 나섰다. 우산 위에 떨어지는 후드득 빗소리가
피아노 건반을 두드리는 것 같다. 기분이 너무 좋아 논 주변에
자라고 있는 식물들과 소리 내어 인사했다.
"벼들아 안녕, 민들레야 안녕, 개망초야 안녕, 환삼덩굴아 안녕,
왜가리야 안녕."

논인지 바다인지 구분이 안 될 만큼 물이 찰랑거린다.
늦게 심은 벼들은 물속에 오래 잠겨 있으면 안 되는데
걱정이 된다. 탑천에 흐르는 황토색 물은 용트림을 하면서
빠르게 흐른다. 몇 년 만에 이렇게 많은 물이 흐르는 것을 보았다.

한 시간쯤 논두렁길을 걸으니 온몸이 다 젖었다.
아무 일 없는 이른 시간, 천둥과 번개가 안 쳐서 고맙다.
내 마음은 풍선이 되어 장대비 속을 뚫고
하늘로하늘로 올라가는 것만 같았다. 자연은 인간 없이도
살 수 있지만 인간은 자연 없이는 살 수 없게 되어 있다.
아름다운 이 강산, 더 이상 훼손되는 일이 없으면 좋겠다.

233 빗속에서 불러 본 「마포종점」
2020. 6. 14. (일)

아침 6시부터 걷기 하는 일은 오늘도 성공했다. 한 달 동안
한 번도 결석하지 않은 것이다. 거세게 내리는 굵은 비를 맞으며
걸은 지 한 시간. 갑자기 빗속에서 은방울 자매의 노래
「마포종점」이 부르고 싶어졌다. 1962년, 그러니까
58년 전에 나온 흥겨운 노래다.
"밤 깊은 마포종점/갈 곳 없는 밤 전차/
비에 젖어 너도 섰고/갈 곳 없는 나도 섰다"

우리 어머니는 어린 시절 나를 데리고 가끔 군산에 사시는
큰 이모 집에 가셨다. 큰 이모는 군산에, 작은 이모는 전주에
살고 계셨다. 지글지글 끓는 소리가 나는 전축에서
귀가 아프게 많이 들은 노래가 바로 「마포종점」이었다.
이모 집에 갈 때마다 귀에 들리는 노래였다.
몇 년 전에 돌아가신 큰 이모의 장례식을 내가 주례했고,
선산이 있는 옥구 청암산 자락에 묻어드렸다.

이 넓은 들녘에 홀로 서 있는데 어찌하여 「마포종점」 노래가
내 입에서 나올까. 비가 오면 새벽부터 논에 물꼬를
보러 가신 어머니가 그리워서 그럴까?

234 말을 예쁘게 하시오
2020. 6. 14. (일)

아내는 거실에서 스트레칭을 하고 있고, 난 거울 앞에서
면도하고 있었다. 거실이 어둡기에 "불 좀 켜라." 그랬다.
내 억양에 힘을 줬음을 나도 인정한다. 내가 "장군" 했더니
아내도 "멍군" 하면서 "말을 예쁘게 하시오." 한다.
이럴 때는 즉시 꼬리를 내리는 것이 상책이다. 그런데 나를
합리화하고 싶어서 "가끔 이렇게 말하면 귀엽지 않아?" 했다.
헐~ 맞다. 말은 그 사람의 인격과 교양이다. 그 사람의 마음과 혼이다.
아내에게 명령어를 사용해서는 안 되고말고.
"여보 어두우니 불을 켜주면 안 될까?"
이렇게 말을 해야겠지? 아니, 그보다는 내가 저벅저벅
걸어가서 불을 켜면 더 좋겠지?
예쁜 것은 좋은 것이고, 사람 기분을 up시켜 주는 것이지.
"사람의 입으로 들어가는 것이 그 사람을 더럽히는 것이 아니라
사람의 입에서 나오는 말이 본인과 다른 사람을 더럽힌다."는
성경 말씀이 떠오른다.
오늘 귀여운 아내로부터 한 방 맞았네그려. 맞아.
지금보다 더 말을 예쁘게 하고 살아야겠네.

235 생애 첫 반찬
2020. 6. 15. (월)

오늘 아침식사는 특별한 식사다. 큰 며늘아기가 해 온
생애 첫 반찬이 상에 올랐기 때문이다.
내가 요리하여 다른 사람에게 주는 일은 생각보다 어렵다.
맛있다고 할까? 맛없으면 어쩌지?
걱정도 들어가기 마련이다.

어제 텃밭에서 오이를 따서 며늘아기에게 3개를 줬다.
그런데 저녁 무렵에 작은 반찬통을 들고 다시 왔다.
쑥스러운 듯 오이무침을 했다고 드셔보라고 한다.
어제저녁에 먹어 보고 싶었지만 참고 기다렸다.
이미 저녁식사를 마친 뒤였기 때문이다. 먹어 보니 아주 맛있다.
우렁이, 도라지, 양파와 조합을 이룬 예쁘고도 맛있는 반찬이다.
며늘아기가 해 준 반찬은 처음 먹어 본다.

요리는 예술이다. 노래 한 곡 부르는데도 많은 악기,
음향시설, 응원이 들어간다. 음식 하나, 심지어 라면 하나를
끓이더라도 그냥 쉽게 되지 않는다.
오이무침을 할 때 큰 며늘아기는 무슨 생각을 했을까?
그리고 시아버지인 내가 사 준 예쁜 앞치마를 입었겠지?

236 나는 나답게 살자!
2020. 6. 16. (화)

나는 나의 색깔이 있고, 타고난 DNA가 있고, 나의 개성,
달란트가 있다. 양파는 아무리 까도 다른 것이 나오지 않는다.
양파기 때문이다. 다른 사람의 평가나 판단,
다른 사람의 삶을 흉내 낼 필요도 없다. 나만의 독특한
장점이 있고, 원하는 것이 있고, 좋아하는 것이 있다.
　　내가 빨간색을 좋아해야겠다고 결심해서가 아니라
그냥 빨간색이 마음을 끌어당긴다. 사람들은 나에게 일복과
인복이 많다고 한다. 일을 할 때는 내 움직이는 발걸음이 빨라진다.
어떤 때는 십자가 공방에서 온종일 밥 먹을 생각도 잊고
일을 할 때가 있다. 일하는 것, 글 쓰는 것, 사람 좋아하는 것,
날아다니는 까마귀라도 불러서 밥을 사 주고 싶은 마음.
요건 그냥 마음이 내키니까 하는 것이다.
　　가까이서 계속 짖어대는 개소리는 싫다.
내 생각을 몰입하지 못하게 방해하기 때문이다.
요즘은 관심의 초점이 글 쓰는 것에 가 있다.
내가 만일 달나라에 여행 간다 해도 노트와 볼펜은 가져갈 것이다.
내 삶은 나의 것이다.
오늘 하루도 내게 주신 선물이다. 나의 삶을 내가 받았으니
내가 책임지고 살아야 할 나의 몫이다. 나답게, 내 때깔대로 살자.

237 느낌, 생각의 차이
2020. 6. 16. (화)

　차이는 나쁜 것이 아니다. 다를 뿐이다. 다름을 인정하고
존중하고 받아들이는 것은 가장 자연스럽고도 당연한 것이다.
지하철에 타서 같은 공간에 있으면서도
어떤 사람은 덥다고 투덜대고, 어떤 사람은 시원해서
좋다고 한다.
같은 꽃을 보고서도 어떤 사람은 "와, 너무 예쁘다." 하는가 하면
어떤 사람은 그냥 피어 있는가 보다 하고 지나친다.
누구의 삶이 더 풍성한 것일까? 작은 것에 감동하고
즐거움을 느끼는 사람이 더 행복한 것은 당연하다.
　섬세한 관찰을 하고 거기서 지혜를 얻고 작은 기쁨을 얻는
사람도 있고, 아예 관찰 자체에 관심이 없는 사람도 있다.
세탁기를 믿고 빨랫감을 집어넣는 사람도 있지만
구닥다리 옷, 색도 바래고 버려야 할 것 같은 오래된 옷도
꼭 손빨래를 하는 사람이 있다. 어쩌겠는가. 자기가 좋으니
하는 행동을 말이다. "내비 둬!"라는 말이 있다. "그러거나
말거나."라는 말도 있다. 내 할 일도 많은데 왜 남의 인생을
요리하려고 하지? 너나 잘하세요.

238 이김과 견딤
2020. 6. 16. (화)

    10여 년 전에 내 인생 최대의 시련과 고통의 눈물을
흘릴 때가 있었다. 울 힘조차 없었다. 근심 없고 고민 없는
사람이 있으리오. 한순간 땅바닥에 내동댕이침을 당하는 것 같은
무너짐의 터널을 지나야 했다. 다 지나가리라고
수없이 자신을 토닥이며 눈물만 한나절씩 흘리고 있을 때였다.
    내가 이러다가는 우울증에 먹히고 말겠구나.
이때 찾은 곳이 자연이었다. 물론, 감사하게도 아내와 함께하는
시간이 많았다. 무릎만큼 쌓인 눈을 터벅터벅 헤치며 걸었던
남덕유산 8시간 차가운 겨울바람은 혹독하리만치
매섭고 추웠다. 나 홀로 하얀 눈 위에 뜨거운 눈물을
뚝뚝 떨어뜨리며 무릎을 눈에 파묻고 소리쳐 기도도 했었다.
"주여! 이길 힘까지는 다음에 주셔도 되지만 견딜 수 있는
힘과 지혜와 마음의 힘은 지금 주세요."
    세월이 흘러 지금 생각해 보면 그래, 이기는 것만 이기는
것이 아니구나. 견디고 있는 것도 이기는 것이구나.
견뎌내지 않으면 이 또한 지나가지 않기 때문이다.
난 잘 견뎌냈다. 그래서 지금 숨 쉬고 있는 것이다.

239 세 번의 울음
2020. 6. 16. (화)

　　남자 화장실에서 "남자가 흘리지 말아야 할 것은
눈물만이 아닙니다."라고 쓴 글을 본 적이 있다.
소변을 잘 보라는 뜻인 줄 다 안다. 그런데 왜 남자는 눈물 흘리면
안 되나? 돌이켜 보면 난 눈물이 많다. 예배드릴 때,
찬송가 부를 때 특히 솟구쳐 나오는 눈물을 참을 수가 없다.
　　내 인생에 잊지 못하는 울음이 몇 번 있었다.
첫 번째는 스물일곱에 교통사고로 죽은 내 친구 ○근이를
먼저 보낼 때였다. 실성한 사람처럼 일주일 넘게 울고 다녔다.
두 번째는 둘째 아들 공군에 입대하는 날이었다. 입소식
마칠 무렵, 부모님들을 향해 큰절을 한 아들이 연병장에서
내무반으로 들어갈 때의 뒷모습을 보자 억누를 수 없는
울음이 나왔다.
세 번째는 큰아들이 대학 휴학을 하고 이스라엘 키부츠 농장으로
몇 개월 일하러 갈 때였다. 인천공항에서 출국 게이트를
나가기 전 포옹을 하며 사랑한다는 말을 들려주고 뒤돌아설 때
울음을 참을 수 없었다. 물끄러미 뒷모습을 바라보며
눈물만 흘렸었다. 그리고 세월호 사건으로 차가운 바닷물에
잠겨 죽은 학생들을 생각하며 팽목항에 가서 바닷바람에
눈물을 뿌렸다.

새벽길 별을 보며

240 접도에 뿌린 눈물
2020. 6. 16. (화)

가족들에게 네 장의 편지를 남기고 전남 진도 접도로 떠났다.
12년 전의 일이다. 오늘 길을 걷다가 모심은 논을
물끄러미 바라보고 있노라니 그때 그날, 그 밤의 접도가
눈에 선하여 소리 없이 눈물을 쏟고 말았다.

저녁 6시경 도착한 접도. 지금은 다리가 놓였지만 섬이었다.
산에 올라 파도 소리 들려오는 한밤중을 맞이할 때는 밤 9시경이었다.
무서움이 별로 없는 나였으나 그날은 불안, 두려움, 무서움이
내 주변을 감쌌다. 아래는 바다였고 내가 서 있는 곳은
족히 200미터는 넘을 듯한 깎아지른 절벽 위였다.

난 그냥 소리 내어 엉엉 울었다. 그러다가 또다시 얼마나
지났을까. 하염없이 눈물만 뺨에 흘렀다.
갑자기 머리가 뿌연 밀가루로 덮인 것 같았다.
그리고 아무런 느낌도 생각도 나지 않는 고요의 시간이 흘렀다.
그때 나를 위해 중보기도 해 주신 분의 전화 한 통이 있었다.
한 시간을 넘게 난 전화기를 붙잡고 그분의 말을 듣기만 했다.
내가 겪고 있는 고난은 그분에 비하면 작은 돌멩이 하나에 불과했다.
난 다시 집에 돌아와서 남기고 간 편지를 찢어 없앴다.
그 뒤에 다시 가 본 접도는 몹시 아름다워 보였다.

241 빗속에서 맛동산 먹고
2020. 6. 16. (화)

　　1975년도에 나온 맛동산. 지금까지 30억 봉지가 더
팔렸다는 과자. 오래전 아내와 둘이 오붓이 여름휴가를 갔었다.
자라섬 캠핑장이었다. 아이들이 어렸을 때부터
두 개의 텐트를 들고 여름휴가 때는 변함없이 오토 캠핑장을
즐겨 찾았었다.
　　우리 둘은 가평에 있는 연인산을 산행했다.
높이 1,068미터, 정상에 가 보니 "사랑과 소망이 이루어지는 곳
연인산"이라고 적혀 있었다. 여름 폭우로 열 번을 넘게
신발을 벗고 계곡을 건넜고 10여 시간 동안 자연에 푹 빠졌었다.
　　그칠 줄 모르는 장대비를 맞으며 처음에는 어떻게든 비를
맞지 않으려고 노력했으나 결국 비를 맞는 편이 낫겠다는
결론을 내렸다. 이른 아침부터 시작한 산행은 저녁 무렵이 되어
하산하게 되었다. 하산 길에 작은 가게가 있었으니
얼마나 반가웠을까. 맛동산 한 봉지를 서로 먹여주며 물에 빠진
생쥐 꼴로 산에서 내려오면서 깔깔대고 웃었다.
웃으며 내려오니 나무도 사람들도 새들도 부러운 듯
눈을 치켜뜨더라. 우리는 마치 퐁네프의 연인이 된 기분이었다.

242 담배 피우는 아가씨
2020. 6. 16. (화)

　혈압약 처방을 받기 위해 찾아간 병원. 2시 15분 전이다.
오후 진료 시작 15분이 남았다. 차 속에 앉아 나에게 묻는다.
넌 15분간 무엇을 하면 의미가 있겠니? 당연히 글쓰기지.
그때 바로 내 앞에 한 아가씨가 한쪽에 서서 담배를 입에 문다.
그래, 제목을 "담배 피우는 아가씨"라고 하자.

　난 담배를 피우는 사람들을 보면 살짝 꿀밤 한 대 주고 싶다.
폐암 원인의 첫 번째가 흡연이지만 주위 사람들에게도 피해를 준다.
또 담배꽁초를 휴지에 싸서 가져가거나
호주머니에 넣는 사람을 아직 보지 못했다.

　우리나라의 흡연 인구는 46.8퍼센트고, 여성은 6.5퍼센트가
담배를 피운다. 국내 암환자 사망률 1위가 폐암이다.
눈앞에서 하얀 연기를 뿜어대는 아가씨가 안쓰럽게 보인다.
천하를 주고도 바꿀 수 없는 것이 목숨인데 몸 안에
니코틴을 저렇게 부어 넣을까.
저 아가씨는 담배를 피우고, 나는 차 안에서 글을 쓰고.
담배 없는 세상을 꿈꾸는 것은 아예 불가능한 바람일까?
담배 한 갑에 오만 원쯤 하면 안 되려나? 서민들 호주머니
생각하면 그것도 안 되겠네.

243 견디기 힘들 때는
2020. 6. 17. (수)

미국 대통령을 지낸 케네디. 40살에 암살당해 죽고,
형은 39살에 심장마비로 죽고, 아버지는 42살에 암살당해 죽고,
아들도 경비행기 추락으로 죽고, 삼촌도 46살에 암살당해 죽었다.
케네디 대통령의 어머니 로즈 여사는 4자녀를 먼저 보냈다.
이보다 더한 슬픔과 고통이 어디에 또 있을까?

로즈 여사는 자녀들에게 늘 이렇게 말했다. "견디기 힘들 때는
무조건 햇살을 받으며 걸어라." 난 요즘 이 말을
100퍼센트 공감한다. 지금 난 견디기 힘들어서 걷는 것은
아니다. 오전에 글을 쓰면서부터 자전거 타기, 산행도 거의
하지 않고 있다. 몇 날 며칠이고 앉아서 커피, 녹차를 마시며
글을 쓰고 싶은 강렬한 욕구가 솟구쳐 나온다.
왜 그러는지 나도 모른다. 내 가슴이 시키니까 하는 것이다.
햇살을 받으며 걸을 때 하늘과 땅의 기운이 나를 감싸준다.
매일 떠오르는 아침 태양이 매일 다르다.
로즈 여사의 마음을 헤아려본다……

244 음악가는 천재인가 봐

2020. 6. 17. (수)

드보르작 교향곡 9번 「신세계로부터」 4악장과
손열음의 차이콥스키 피아노 협주곡 1번 1악장, 그리고 소프라노
신영옥 님의 찬송가 몇 곡을 들었다. 교향악단의 다양한
악기들의 하모니. 플루트, 클라리넷, 바순, 트럼펫, 팀파니, 북,
바이올린, 첼로, 비올라 등 악기마다 연주할 때와 멈출 때,
함께할 때 등 그 많은 소리를 듣고 수많은 악보를
다 외우고 있는 지휘자는 천재 아니면 가능할까 싶다.
그런데 가능한 것이다. 치열한 노력의 결과니까.
악보 보는 눈이 부족한 나로서는 신기할 따름이다.
카라얀의 손 끝, 동작 하나하나를 보며 한 시간여 동안
공연하는 악보가 몇 장쯤 될까를 상상해 본다.
아마 500페이지는 되고도 남을 것 같다. 나는 짧은 시 하나
외우는 데도 수백 번 반복 후에 겨우 내 것이 되는데
어느 부분에서는 이 악기가 들어오고 어느 타임에는 저 악기가
들어오고 나가고를 어떻게 알 수 있을까? 기회가 되면
지휘자의 경험을 들어보고 싶다. 천재는 타고나기도 하지만
만들어진다고 믿는다.
위대한 천재들 덕분에 나도 음악을 듣는구나.

245 닉네임 새벽이슬
2020. 6. 17. (수)

"수요일마다 시민 강의를 나가요. 설 때마다 겁이 나요.
공부란 게 하면 할수록 깊어지니 누군가에게 전달한다는 게
갈수록 부담이 되네요. 하지만 많은 이들에게 나누고픈
제 꿈이라 오늘 새벽도 충실해 봅니다."
　내가 가장 자신 있었던 과목은 영어, 생물, 국어였다.
가장 자신 없었던 과목은 역사, 수학이었다.
아내가 가장 좋아하는 과목은 역사였다.
그런데 큰아들은 역사 선생, 둘째 아들은 생물 선생이 되었다.
희한한 일이다.
　7년 전, 도서관에서 북코칭 12주 수업 때 만났던
역사문화교육원 대표 임○경 선생이 오늘 아침 내게 보낸
문자 내용이다. 역사에 눈이 떠 있지 않은 나에게 『꽃신』이라는
책으로 강의해 줄 때 '역사가 이렇게 재미있는 것이구나.'를
처음 느끼고 알았다. 바로 위에 오빠가 암으로 돌아가신 후
뻥 뚫린 마음으로 찬바람이 지나갔는데 내가 오빠를 많이 닮았단다.
언제나 지칠 줄 모르는 열정과 진실함으로 역사 스토리텔링을
해 주는 그분에게 내가 "새벽이슬"이라는 닉네임을 지어주었다.
이 땅 위의 많은 사람들에게 역사의 눈을
밝혀 주는 국보급 강사가 되길 빈다.

새벽길 별을 보며

246 다시 한 번만 들려주오
2020. 6. 17. (수)

내 나이 29세 때, 우리 둘째 형수님의 중매로 다섯 번째
선을 본 사람이 나의 아내 김경희다. 1984년 6월에 첫선을 보고
8월에 약혼하고 11월 27일에 결혼했다. 기적을 안겨줬다.
둘이 대학 졸업반 때 결혼을 했으니 대학생끼리 결혼한 셈이다.
전주 덕진중앙교회에서 결혼식을 했고, 축가는 서○영 선생님이
「여호와는 나의 목자시니」 성가를 불러주셨다.

세월이 흘러 36년이 훌쩍 지나갔다. 그때 노래를
불러주셨던 선생님은 지금 어느 하늘 아래에 살고 계실까?
갑자기 생각난 것이 아니라 늘 생각하며 마음의 기도가 되는
고마운 분이다. 돌아보니 그때 제대로 인사도 못 한 것 같다.
보답도 못했다. 마음 한구석에 아쉬움, 미안함이 남아 있다.

오늘은 수소문해서 연락처를 알아봐야겠다.
과일 한 박스라도 보내드려야지.
그때는 비디오 촬영도 없었고 녹음도 없었다.
다시 한 번 나운영 곡의 「여호와는 나의 목자시니」를
들을 기회가 올까?
큰아이 결혼사진 찍어준 결혼업체에서 우리 부부 리마인더(reminder)
결혼사진을 찍어준다는데 녹음이라도 해서 그때 들을까?

247 갈치 가시를 발라주다
2020. 6. 18. (목)

한 해 동안 생태 세밀화 강의를 해 주기로 한 영천
지역아동센터에 갔다. 남자아이들 6명, 여자아이들 5명,
열한 명이 기다리고 있었다. 몇몇 아이들은 작년에도 보았던
친숙한 아이들이다. 자기가 제일 잘하는 것,
한 가지씩 소개하기 시간을 갖고 그림은 잘 그리는 것도
중요하지만 느끼고 관찰하며 자연을 배우는 게 더 중요하다고
강조했다.

왕사마귀 애벌레 집, 작두콩, 죽순, 망고 씨를 보여준 후
선 긋기 연습을 시켰다. 세 명의 남자아이들은 거의 5분을
앉아 있지 못하고 황소처럼 뛰어다녔다. 3학년 남자아이는
자기가 제일 잘하는 일 소개하라 했더니 깝치기라 했다.
나대는 것을 깝치기라고 한다며 설명까지 해 준다.

아이들 교육은 많이 참아주고 기다려줘야 한다.
목구멍까지 올라오려고 하는 소리를 억눌렀다.
수업을 마치고 저녁을 먹는 시간이다.
남자아이들이 앉아 있는 식탁 테이블에 같이 앉아 갈치 가시를
발라 밥에 올려놔 주었다.
이렇게 예쁜 녀석들인데…….

248 개망초와의 대화(1)

2020. 6. 18. (목)

　"예쁜 개망초야 안녕, 잘 잤니?" "못 잤어."
"왜?" "오늘 아침 네가 올 줄 알고 기다리느라고."
"오오 고마워라. 밤에 비가 왔는데 얼굴에 비 다 맞았겠네?"
"응, 갑자기 비 맞는 일 자주 겪으니까 괜찮아.
무지개 우산 쓰고 알록달록 장화 신고 걸어오는 널 보고 멋있다고
생각했어." "그래, 고마워, 개망초야."
"근데 난 네가 참 고마워." "뭐가?"
"많은 사람이 바람처럼 휙휙 지나가는데 넌 내 얼굴 가까이 대고
코를 킁킁대고 눈을 마주쳐 주잖아.
그리고 세찬 바람에 부러지면 어쩌나 걱정도 해 주는 거 알아."
"나도 고마워. 그런 내 마음을 알아주니까. 개망초야!"
"응?"
"난 조금씩 슬퍼지는 게 있는데 말해도 되니?"
"그래 말해 봐."
"지금도 많이 시들었는데 조금 있으면 다 시들어서 볼 수 없잖니."
"큭큭, 내가 시들면 또 금방 비슷하게 생긴 망초꽃이 피어나잖아."
"그렇지만 너를 일 년 기다려야 한다 생각하니 아쉽기만 해."
"나를 잡초라고, 쓸모없는 풀이라고 생각하는 사람들도 있잖아."
"뭐, 사람들 생각이 다르니까 그럴 수 있지."

249 개망초와의 대화(2)
2020. 6. 18. (목)

　"개망초야!" "응."
"아침마다 걸을 때 나를 반겨줘서 고마운데 난 너를 위해
해 줄 수 있는 게 아무것도 없네!"
"있는 그대로를 인정해 주고 예뻐해 주는 것만으로도 난 만족해.
넌 나를 보면 무슨 생각이 드니?"
"예쁘고 순수하고 착하고……." "착하지 않은 꽃도 있니?"
"착하지 않고 쓸모없는 풀이라고 생각하는 사람들이 있겠지."
"나 궁금한 거 있걸랑?"
"뭔데?" "사람들한테 나쁘게 한 적 없는데 왜 무시무시한
제초제를 듬뿍 뿌리고 나를 막 뽑아내면서 구시렁구시렁하는지 몰라."
"그래, 그것은 인간들이 무지해서 그런 거야. 자기들 이익과
기준에 맞추니까 그런 거지. 개망초야?"
"응." "오늘도 계속 비가 오면 춥겠구나."
"넌 내일도 와서 나를 불러주고 눈 맞춤해 줄 거지?"
"그럼 당연하지. 예쁘게 잘 있어. 바람이 많이 불면 멀미하겠네.
내일 또 만나, 안녕."
"잘 가."
"개망초야 안녕, 사랑해."
"나도 사랑해."

새벽길 별을 보며

250 모음, 나눔 그리고 채움, 비움
2020. 6. 18. (목)

"내일 지구의 종말이 온다 해도 오늘 한 그루의 사과나무를
심겠다." 17세기 합리주의 철학자인 스피노자의 말이다.
각자의 해석에 차이가 있겠지만 나는 내일 종말이 와도 오늘
인간이 해야 할 일과 희망을 심겠다는 말로 받아들이고 있다.
아침 걷기 명상을 하고 300자 정도 원고를 쓰면서
다음 네 단어가 마음에 깊이 꽂혀 가슴에서 맴돌고 있다.
모음, 나눔, 채움, 비움. 몇몇이 모여 있는 자리에서 근래에
주식을 해서 얼마만큼 돈을 벌었고 자기는 부자가 될 것이라고
자랑하는 사람이 있었단다. 내 고등학교 동창들 몇몇은
주식을 해서 돈 번 경우도 있지만 큰 손해를 본 경우도 있다.
무엇이 정석인지 말할 필요는 없다. 다만, 60대 중반인
내 인생, 내일 지구의 종말이 온다고 해도 살아가야 한다.
그러면 오늘 바로 지금 내가 해야 할 일과 삶의 철학과 가치를
어디에 둘 것인가? 자꾸만 모으려고 해야 하나, 더 채우려고
해야 하나, 아니면 기회를 만들어 나누려고 해야 하나?
이제는 모음, 채움보다는 나눔과 비움!
한순간도 잊지 말자고 나에게 소리쳐 외쳐본다.

251 독서 여행
2020. 6. 19. (금)

모차르트는 천재의 음악은 길 위에서 만들어졌다고 했다.
마크 트웨인은 선입견, 편협함, 우물 안 개구리 근성을 없애는 데는
여행이 최고라고 했다. 살아가면서 내가 한 일을 후회하는 것보다
하지 않은 일들로 후회를 더 하면 안 된다고 늘 자신을 타이른다.

10년 전부터 일 년에 한두 차례 독서 여행을 갔었다.
2011년도에는 일주일 동안 장수사과시험표로 갔었는데
내가 좋아하는 변화 경영전문가 구본형 선생이 쓴 책을 한꺼번에
이십여 권을 사서 싸 짊어지고 갔다.
『깊은 인생』, 『낯선 곳에서의 아침』 등 한 아름 안고 가서
한 주를 보냈다. 혼자 있다 보니 펜션에서 밥하고 요리하는 시간,
잠자고 커피 마시는 시간, 산책하고 목욕하는 시간 외에는
계속 책만 읽었다.

이른 아침에 일어나 드넓은 사과밭을 거닐면서 아이처럼
혼자 웃고, 혼잣말하고, 마냥 행복해했던 적이 마음에
차곡차곡 쌓여 있다.
한 주간 읽은 책이 10권은 된다.
밑줄을 하고, 발췌록에 옮겨 적고, 또다시 되새김질하는 형식이다.
다시 또 독서 여행을 가고 싶다.
아니, 이번에는 글쓰기 여행이라고 타이틀을 붙여보면 어떨까.
걷기, 읽기, 쓰기의 3기는 가장 친한 나의 친구들이다.

새벽길 별을 보며

252 내 인생을 바꿀 영화
2020. 6. 19. (금)

　　수십, 수백억을 들여서 각종 장비와 스태프들과 배우들이
온 힘을 다해 만드는 영화를 한 달에 만 원 정도의 경비로
몇 개를 본다. 「Into The Wild(야생 속으로)」 영화는 내 이야기를
풀어나가는 것 같았다.

　　두둑한 통장과 흠 없이 안정된 가정까지 버리고 훌쩍 도시를 떠난
크리스토퍼는 야생의 절대고독에 이르러 그토록 찾던
인생의 진리와 비로소 만난다. 2년간 대지를 방황하며 원시적인
삶을 사는 23살의 청년. 위대한 모험의 여정 이야기를 두 번이나 봤다.

　　돈이 있을 때보다 없을 때가 인생이 더 재미있다는 말은
나를 온종일 상념에 빠지게 하고 더 내려놓음과 더 비움의 철학을
갖게 하기에 충분했다. 드넓은 사막, 자연과 하나 되어 살다가
버려진 고물 버스 속 창가에서 하얀 구름이 흘러가는
하늘을 바라보면서 숨진다. 이때 하는 말, "난 행복한 삶을 살았다.
주님께 감사드린다. 모두 안녕히.
신의 축복이 함께하길⋯⋯."

　　「야생 속으로」. 이 한 편의 영화가 이후의 나의 인생을
어떻게 바꿀지 설렘과 기대로 흥분된다.
하지만 이 영화를 보았다 하여 인생이 달라지는 것은 없다.
행동해야 한다. 몸을 움직여야 하며 나의 스토리를 써 나가야 한다.
충분히 나는 할 수 있다.

253 소고기 사러 김제로
2020. 6. 20. (토)

　소는 대단한 동물이다. 소고기는 29가지 부위에서 다양한
색과 맛을 낸다. 목심, 등심, 안심, 채끝, 사태 등 부위별로
입안에서의 맛 교향곡이 다르게 연주된다. 쓰이는 용도 또한
제각각이어서 한 마리의 소에서 어쩌면 이렇게 많은
종류가 나오는지 신기한 일이다.
　나의 어린 시절에는 일 년에 한두 번 맛을 볼 수 있었던
소고기. 그것도 스테이크나 구이는 상상도 하지 못하고
소가 국 속에 풍덩 들어가서 수영하고 나온 듯이 국물 속에
몇 개의 고기만 떠다녔었다.
　오늘은 큰 며늘아기, 둘째 며늘아기가 오는 날이다. 둘 다
돼지고기보다 소고기를 더 좋아한다. 코로나 19로 식당에 가서
식사하는 것보다 소고기를 사 와서 집에서 먹기로 했다.
왕복 한 시간 거리의 김제로 소고기를 사러 가야겠다.
안심, 등심, 부챗살, 국거리를 사 와야겠다.
　처형이 카드를 주면서 출근을 했다. 먹을 만큼 충분히
사 오라는 말과 함께. 며늘아기들 덕분에 소고기를 먹게 된 것도
감사한데 사랑하는 마음으로 고기 사러 가는 발걸음이 행복하다.
이런 시아버지가 또 있을까.
두 며늘아기들아 건강해 다오.

254 분홍 꽃송이 우렁이 알
2020. 6. 20. (토)

　　우리 집 마당 한쪽에 미니 연못이 있다. 가끔 새들이
목욕하고 작년에는 고라니도 다녀갔다. 안에서는
개구리들이 합창하고 십여 마리 금붕어 가족들도 살고 있다.
고향 냇가에서 말조개 몇 마리와 우렁이 몇 마리를 잡아 와
우리 집으로 이사시켰다. 하룻밤이 지나서 보니
분홍 꽃송이처럼 송알송알 십여 군데 우렁이들이 알을 낳았다.
분홍색 이불을 덮어 때를 기다리고 있는 것 같다.
일주일쯤 지나면 새끼우렁이들이 앞다투어 나올 것이다.
마치 분홍색 작은 구슬이 보석처럼 붙어 있는 예쁜 모습이다.
　　된장에 우렁이를 넣어 쌈밥 해서 먹으면 먹어도먹어도
먹고 싶다. 자연에서 그냥 살라고 잡으면 안 되지 않나?라는
생각을 해 보기도 한다. 그러다가도 이렇게 많으니까,
내가 좀 잡아다 먹어도 괜찮을 거라고 합리화시키기도 한다.
　　언제나 새끼우렁이들이 밖으로 나오려나 매일 관찰하고 있다.
아마 백 마리는 더 나올 것 같다. 그래도 짝짓기에 성공해서
자손이 번식하게 되었으니 이것 또한 행운이지 않겠는가.
그런데 누구에게 우렁각시라고 부를까.

255 실컷 자고, 먹고, 쉬고
2020. 6. 21. (일)

친정에 가면 아무 때나 어디서나 마음대로 눕기도 하고,
언제든 냉장고 문도 열 수 있다. 하지만 시댁에 오면
그렇게 할 수 있을까? 당연히 어려워서 쉽지 않다.
근본적으로 차이가 있기 때문이다.
둘째 며늘아기가 한 달에 한 번 목포에서 올라온다.
시아버지인 나는 며늘아기가 좋아하는 밤도 사다 놓고, 딸기도
사다 놓고 하는 즐거움이 있다. 아침 10시가 되어도 방에서
나오지를 않는다. 잠자느라 그렇다. 며늘아기가 우리 집에 오면
나는 세 가지를 늘 말해준다. 실컷 자고, 실컷 먹고,
실컷 쉬었다 가라고. "실컷"이라는 말은 "마음에 하고 싶은
한껏"이라는 뜻이다. 실컷 웃었다, 실컷 울었다,
실컷 먹었다는 긍정적 의미로 많이 쓰이는 것 같다.
　　내 집 자식이 귀하면 남의 집 자식도 귀한 것이다. 그런데
이제는 남의 집 자식이 아닌, 우리 집 가족이며 며늘아기다.
비스킷을 나에게 권하면서 "아버님 드셔보실래요?"
말하는 며늘아기가 천사 같다.
셋째를 낳지 못한 이유는 또 아들일 것 같아서였다.
그런데 지금 생각해 보면 그 생각이 짧았다.
셋째도 아들이었으면 며늘아기들이 세 명이 되는 건데 말이다.
내가 욕심이 과했나?

새벽길 별을 보며

256 마당 모기장 속 두 아들 부부

2020. 6. 21. (일)

이런 때를 두고 "보기에 심히 좋았더라."라는 창세기
성경 말씀을 인용하는가 보다. 2층 내 서재 창문으로
내려다보는 마당에서 두 아들 부부의 노는 모습이 정겹고,
흐뭇하고, 좋다. 강아지 꼬미도 어슬렁대고 수박을 먹으며
이야기꽃을 피우는 아름다운 광경을 사진으로 남겼다.

처음에는 마당에 돗자리만 깔고 앉아 있기에 모기 물릴까
싶어 내가 모기장을 쳐주었다. 무선 선풍기까지 갖다 주고
즐거운 시간을 가지길 바랐다. 가족인데 가족 아닌 것 같은
사이가 동서지간이라고 하는데 우리 집 동서지간은 소통이
잘되어 감사하다. 둘째 아들과 큰 며늘아기가 초등학교
동창이어서도 그렇지만 두 며늘아기들의 본성이 착하고
두 아들이 원래부터 형제 우애가 남다르게 돈독해서리라.

마당에 큰 느티나무가 두 그루 있는데 그 아래에 평상 하나
만들어 놓으면 좋겠다는 생각이 든다. 작은 원두막을 하나
지을까 했었는데 경비가 꽤 들어가기도 하니 평상을 만드는 거로
결정했다. 물끄러미 마당 모기장 속에서 오순도순
이야기하는 모습을 보니 눈물 나게 감사뿐이다.

257 길에서 만난 할머니 이야기
2020. 6. 22. (월)

　　원두막에 앉아 메모 노트를 꺼내 들고 있는 찰나,
"안녕하세요?" 한다. 낭랑한 목소리의 인사를 받고,
"네 안녕하세요." "기록을 잘하시나 봐요. 저도 매일 일기를
쓰고 있어요." 이때부터 74년을 살아오신 할머니의 삶의
스토리가 고상하고 품위 있게 이어졌다.

　　5년 전 어느 날, 전화를 받고 달려간 곳은 병원.
그날 남편은 심장마비로 홀연히 떠나갔다.
늘 따뜻하게 손을 잡아주고, 다정다감한 말도 잘해주고,
중소기업도 3개를 세워서 성공적인 삶을 살았던 남편을 보내고
그 충격으로 귀가 안 들리고 우울증이 깊어졌단다.
그렇게 할머니는 73세의 짧은 생을 마감한 남편이 그리워
눈물의 세월을 5년 보냈단다.
부송동 할머니 네 분에게 바나나, 막걸리, 속옷을 종종 사다 드리면
그토록 행복해한다면서 사는 것이 긴 줄 알았는데 너무
짧다며 울먹이시는 할머니.
평생 써 온 일기를 책으로 내고 싶은데 나이가 많아
이제는 소용없다는 말씀에 마음이 먹먹해져 왔다.
한 시간 이야기를 들어드리다 보니 배가 고프다.

258 호랑이콩과의 만남
2020. 6. 22. (월)

　　6월 9일 북부시장 장날에 기웃거리다가 알록달록한 콩을 보았다.
호랑이콩이었다. 할머니 한 분이 한 그릇에 만 원씩 팔고 있었다.
작두콩은 키워봤고 또 그림을 그려본 모델이어서
잘 알고 있었지만 작두콩 크기만 한 또 다른 콩은 처음 보았다.
할머니 말씀에 이보다 더 맛있는 콩은 찾아볼 수 없다고 한다.
그림의 떡으로만 지나치면 안 되겠다 싶어 한 그릇을 샀다.
몇 개 되지 않았다. 단호박을 송송 썰어 압력솥에 넣고 끓였다.
호기심이 발동했다. 단호박에 호랑이콩을 넣어 같이 끓이면 더
맛있지 않을까? 결과는 생각지 말고 가슴이 시키는 대로 해 보는 거야.
내 맘이지 뭐. 모험해 보고 시도해 보는 것은 창의력에 최고 좋은
비결이라 믿기에⋯⋯. 역시 그렇게 하길 잘했다.
　　호랑이콩과 단호박의 하모니는 환상이었다.
거기에 우유와 꿀 한 수저까지 더해 먹으니 최고의 영양 간식이다.
내년에는 호랑이콩을 많이 심어야겠다.
귀하고 비싼 몸이니 많이 심어 지인들에게 나눠 줘야지.
손편지 몇 글자와 함께. 호랑이콩을 처음 만난 그날을 생각하며
어제 35,000원어치를 구입했다. 콩 이름도 잘 붙였다.
겉모양도 호랑이털 색깔을 닮았고 크기도 크다.
콩 농사를 하신 분들의 얼굴도 이름도 모르지만 고마운 마음이다.

259 표현의 힘
2020. 6. 23. (화)

청와대 대변인은 정부와 대통령의 입을 대신한다.
표현 한 번 잘못했다가 경질되기도 한다. 침묵이 금이라는 말은
경청하는 자세를 우선순위에 두어야 한다는 뜻일 것이다.
사람들이 나에게 "표현을 잘하십니다."라고 말한다.
회의에서도 내가 주장하는 의견을 말할 때도 상대방을 먼저
배려하고 기분 상하지 않게 표현을 한다.

어제 아침 걷기 중에 만난 할머니 말씀이 다 성장한 아들들인데도
일주일이면 몇 차례씩 전화 와서 엄마 사랑한다고 말을 한단다.
딸들은 그런 솜사탕 같은 표현을 잘할 가능성이 있지만
두 아들만 키워 본 나로서는 사랑한다는 말도 편지로 받았었다.
물론, 말을 안했어도 마음은 안다.

감사와 긍정과 자기존중의 표현은 많이 할수록 삶에 생기가
돌 것이다. 원망과 부정과 판단, 평가, 충고, 비판 등의
공격적인 표현은 아무런 영양 가치가 없을 뿐만 아니라 해가 된다.
아침에 거울을 보고서도 씨~익 웃는 표현을 하는
내가 사랑스럽다.

새벽길 별을 보며

260

뼛속까지 감사 맨
2020. 6. 23. (화)

2008년 4월 22일부터 쓰기 시작한 감사 노트는 현재도
진행형이다. 12년째 매일 쓰고 있다. 나는 한 번 마음먹고
시작하면 중도에 쉽게 포기하지 않는다. 걷기를 하면서
자신에게 물어보았다. 너는 뼛속까지 감사로 가득 차 있는가?
감사 맨이라 불러도 손색이 없겠니? 내가 나를 평가하는 것에
우선 합격점수를 맞아야 하지 않나?
남의 평가는 주관적으로 될 수도 있지만 내가 나를 바라보는
시선은 가장 진실하고 숨길 것이 없기 때문이다.

눈을 뜨면서부터 잠자리에 들어 눈을 감을 때까지 내 마음,
생각, 행동, 말을 촬영하고 다시 보기를 할 수 있다면
어떤 점수가 나올지 궁금하다. 감사하지 않으면 내가 손해고,
불행하고, 어둠 속에 길 잃은 한 마리 양이 된다는 것을
알기 때문이다. 내 안을 다 비워내고, 끄집어내고 감사로
가득가득 채우고 싶다. 나를 향하신 하나님의 뜻과 기대도
당연히 감사임을 믿는다. 고난과 시험의 산등성이를 몇 개 넘고
눈이 크게 뜨이면서 보인 것이 감사였다.
별명을 감사 맨이라 부르면 너무 고상할까?

261 나를 대신해 줄 사람
2020. 6. 23. (화)

　　2013년 11월 30일(토), 서울 여의나루에서 전국 결식아동
돕기 전국 마라톤 대회 풀코스에 참여했었다. 4시간 15분 동안
달리면서 누가 나를 대신해 줄 사람이 없다는 것을
새삼 느꼈고 알았다. 태어나서 죽을 때까지 나의 삶은
내가 보듬어야 하고, 내 인생은 내가 돌보고 사랑해야 하리라.
누가 대신 나의 삶을 살아줄 수도 없는 법이고, 대신 죽어 줄
사람도 없다. 가벼운 갈대 하나부터 무거운 짐까지 내가 지고
묵묵히 걸어가야 할 내 인생이다. 늘 내가 선택하고, 결정하고,
책임져야 할 아름답고 존귀한 내 인생이다.
내 마음의 정원도 남이 가꾸어 주지 않는다. 열심히 내가 풀을 뽑고
물을 주고 가꾸어야 한다.
　　삶과 죽음 사이는 손바닥 한 뼘이라고 성경에도 기록이
되어 있는데 화살처럼 지나가는 짧은 인생 여정, 내가 나를 돌보고,
보듬고, 토닥거리고, 안아주자. 나를 대신해 줄 사람은
오직 나밖에 없으니까.
더 열심히 살아야겠다.

　　　　　　　　　　　　　　　　　　새벽길 별을 보며

262 큰아들이 다녔던 고등학교
2020. 6. 23. (화)

우리 집에서 걸어가면 약 40분쯤 되어 도착하는 곳이 있다.
아침 걷기 목적지다. 직선거리로 약 500미터 앞에 대리석
건물이 보이는데 큰아들이 다녔던 고등학교다.
더 걸을 수도 있고 덜 걸을 수도 있는데 나도 모르는 사이에 그곳이
턴하는 목적지가 되었다. 다시 돌아 집에 오면 1시간 20분 정도
걷게 되며 책 읽어 주는 동영상 듣기를 하다가 노트에 적고,
생각하고, 자연을 관찰하는 시간을 가지면 두 시간이 될 때도 있다.

오늘 아침에도 데크 난간에 기대어 한참 동안 바라보았다.
1985년 8월 12일 월요일, 몸무게 3.2킬로그램, 키 48센티미터,
혈액형 A형으로 태어난 우리 가정의 첫 보물이 우리 아들이다.
지구상에 우리 아이 혼자만 있는 것 같은
기쁨과 행복에 감사 눈물을 흘렸었다.
1985년 8월 12일~1989년 11월 5일까지 아내는 육아일기를 썼다.

저 고등학교에 다니면서 무슨 꿈을 꾸었을까?
어떤 멋진 추억이 있을까? 마음의 고민은 무엇이었을까?
유달리 축구를 좋아하는 아들은 쉬는 시간이면 학교 운동장을
누비고 다녔으리라. 내가 한 번도 같이 공차기해 준 적이 없는
아빠여서 미안한 마음은 지금도 사라지지 않는다.
지난달 결혼한 큰아들이 다녔던 고등학교를 물끄러미
바라보고 있노라니 한 방울의 눈물이 뺨을 타고 흘러내렸다.

263 정년 은퇴 연수 계산
2020. 6. 23. (화)

　　70세 나의 정년 은퇴는 약 7년 남아 있다. 2028년 3월에
하니까 말이다. 그때까지 목회하고 은퇴를 하게 되면
46년간의 목회 기간인 것이다.
1982년도 용운리의 섬 교회 목회부터 시작했으니까.
　　어제 선배 목사님으로부터 내년 3월 은퇴 준비 이야기를 들었다.
군산에 있는 30평짜리 임대아파트로 들어가시기로 했단다.
나에게는 한 명도 없는 딸 네 명을 둔 자상하고
정이 많으신 분이다.
　　70세 정년 은퇴를 누구나 다하는 줄 알았다. 그동안 그것이
당연한 줄 알았다. 그런데 요즘 들어 생각이 바뀌었다.
70세까지 채우기가 절대 쉽지 않다는 걸 말이다. 그 안에
죽어서도 안 되고, 질병으로 그만두는 일이 있어서도 안 된다.
어쩔 수 없는 상처나 문제로 중도 포기해서도 안 된다.
70세까지 아내도 함께 살아있어야 한다. 어찌 보면
난 46년의 직장을 다닌 것과 같다. 달려 갈 길 다 가고, 선한 싸움
다 싸우고, 믿음 지키는 일이 얼마나 복된 일이런가.

264 아코디언 할아버지
2020. 6. 23. (화)

　　지금으로부터 13년쯤 된 일이다. 2박 3일 일정으로 지리산
둘레길을 혼자 걸었다. 가을 추수할 무렵,
밤도 감도 익어가는 늦은 가을이었다. 지리산 사람들이
다녔던 길과 다니고 있는 길을 보듬은 아름다운 길이다.
지금은 285킬로미터 800리 길이 조성되어 있지만 그 당시에는 5개
구간이 있었다. 나는 주천-운봉 구간부터 시작하여
동강-수철까지 갔다. 민박집을 찾는 중에 어느 마을 입구에
아코디언 할아버지 민박집 안내가 보였다. 그토록 배우고 싶었던
악기가 아코디언이었던 터라 오랜 가뭄에 단비를 만난 듯 기뻤다.
　　40년을 넘게 아코디언, 전자오르간, 기타, 장구 등 다루지 못하는
악기가 없을 정도로 탁월한 연주가이신 할아버지 집에
하룻밤을 묵었다. 간절한 나의 부탁으로 두 시간 동안
연주를 해 주신 할아버지는 민박집을 하면서 연주해 달라는
손님은 처음이라면서 즐거워하셨다.
　　다음 해에 아내와 함께 다시 찾았다. 아코디언 할아버지는
몇 개월 전에 갑자기 돌아가셨다고 할머니가 눈물지며 전해주셨다.
그래서 할머니만 뵙고 왔다. 그래서 사람의 만남은 다 때가 있나 보다.
관중은 한 명, 연주자도 한 명. 두 시간 동안의 아코디언 연주회의
그날 밤은 별이 총총 빛나는 아름다운 밤이었다.

265 즉각 설거지
2020. 6. 23. (화)

요리하는 일은 여러 과정을 준비해야 한다.
거의 육하원칙에 의해 하게 되는 일이니 지식도 지혜도 필요하다.
설거지하는 것은 씻기만 하면 되니까 훨씬 쉽다.
하지만 "요리할래? 설거지할래?" 하면 난 요리하는 쪽에 선다.
창의성이 나올 수 있고 요리 작품이 되어 나오기 때문이다.
물론, 설거지도 깨끗이 정리될 수 있고 이다음
식사를 위해 필요한 일이기 때문에 그 일 또한 소중하다.
혼자 살고 있는 남자 지인이 있는데 가끔 가 보면 일주일분 설거지가
고스란히 쌓여 있다. 한꺼번에 설거지하는 것이 더 편하고
좋다 하여 그대로를 인정하고 있다. 한 가지는 냄새 나고
보기에 좀 그렇다는 것이다.
　　우리 집 식사 문화는 각자 알아서 다 해결하게 되어 있다.
5분 이상 미루거나 지체하지 않는다. 즉각 설거지부터 하고 본다.
장모님이 설거지한 걸 보면 연세가 많아서 그러신지
그릇 뒤를 씻어 놓지 않는 경우가 있다. 흉 좀 보자면
처형은 그릇을 잘 깨먹는다. 깨끗이 설거지 된 그릇들이
말을 한다. 고마워!

266 내가 섬에 갇힌다면
2020. 6. 24. (수)

기회는 반드시 준비하는 자에게 온다. 꿈을 꾸고 계획을
세우고 거기에 따른 실천 항목을 기록하고 차근차근 실행하는 것이다.
언제부터인가 가슴에 모락모락 피어오르는 나의 꿈이 하나 있었다.
무인도에서 일주일 살아보기다. 두세 명도 아닌, 혼자서다.

작은 노트를 준비하여 기록하기 시작했다. 왜 무인도인가,
어떤 기대와 결과를 예측할 수 있을 것인가, 어느 지역으로
해야 하는가 등. 바람이 많이 부는 오늘은 가끔 후드득
비까지 오니 바다가 가고 싶어진다.
바다를 생각하니 무인도가 연결된다.

섬에 갇혀 일주일쯤 육지로 나올 수 없다면 난 무엇을 할 것인가.
핸드폰도 사용할 수 없고 전깃불도 없는데 말이다.
글을 쓸 것이다.
섬 구석구석을 보면서 식물들과 눈 맞추고 이름을 불러줄 것이다.
땅을 파서 둥글레 같은 뿌리를 캐서 먹을 것이다.
누워서 나뭇가지 사이로 보이는 하늘, 구름에 마음을 실려 보낼 것이다.
파도 소리를 들으며 알고 있는 동요와 이미자 노래를 부를 것이다.
토끼처럼 섬을 마구 뛰어다닐 것이다.
그리고 수염도 길러보겠지. 아! 그날이 언제 올까? 아니다.
기회는 저절로 오는 것이 아니다. 내가 만들어야 한다.

267 사소한 것에 깃든 행복
2020. 6. 24. (수)

　　브라질에 있는 나비의 날갯짓이 미국 텍사스에 토네이도를
발생시킬 수 있다는 나비효과는 작고 미미한 것이 엄청난 결과를
가져올 수 있다는 뜻이다. 아주 사소한 일이어도
큰 사건으로 발전할 수 있다는 것은 분명코 진리다.
내가 살아가는 삶의 조각들은 대부분 사소한 일들의 연속이다.
　　예를 들면 글을 쓰기 전에 녹차 한 잔을 준비했다.
어제 사용한 차 그릇들을 씻어 다시 따뜻한 물로 헹군다.
녹차를 넣고 5분의 시간을 기다린다. 노란 머그잔도 다시 씻고
내가 만든 향나무 찻잔 받침에 올려놓는다. 녹차 향을 맡고
입안에서 느껴지는 녹차 고유의 향과 맛을 느껴본다.
그리고 표현을 한다. 음, 좋군. 좋아! 그리고 3초, 나만의
특유한 웃음을 소리 내어 웃어본다. 차 한 잔 마시는 일,
사소한 일이다. 그런데 여기에 굉장한 기쁨과 행복까지
같이 마신다. 사소한 것에 진실하고 최선을 다해야 한다고
내가 나에게 말해주는 것을 듣는다.
　　행복은 멀리 있는 것이 아니다.
가까운 나의 일상생활 속에 늘 머무르고 있다.
다만, 이것을 내가 얼마나 느끼고 고마워하며 감사로
받아들이느냐에 달린 것이다.

268

바람 춤을 추는 식물들

2020. 6. 24. (수)

바람은 불어오는 곳에 따라, 계절에 따라, 시간과 장소에
따라, 모양과 느낌에 따라, 바람의 세기에 따라 100가지도 넘는다.
핸드폰으로 바람 소리를 녹음한 후 다시 들어봤다.
약, 강, 중간, 약이 변화를 주면서 부는 것을 알 수 있었다.
우산이 뒤집히려고 할 정도의 바람이 부는 이 아침에
천변 쪽에 서 있는 식물들의 춤을 본다. 그중에 가장 키가 큰
아이가 억새다. 2미터쯤 되니까 홀로 서 있기도 힘들어 보인다.
그 밑에 개망초가 억새 허리 아래쯤에 있다.
한 뼘쯤 되는 민들레와 그 옆의 애기똥풀, 개밀 등이
한결같이 바람 춤을 추고 있다. 금방이라도 허리가
끊어질 것 같은 아슬아슬한 광경을 보고 있노라니
안쓰럽기도 하다.
　　나무가 크면 바람도 많이 맞듯이 인간도 큰 그릇들은
혹독한 고난의 쓴잔들을 많이 마시는가 보다.
내가 걱정하지 않아도 억새, 개망초, 애기똥풀, 개밀과 같은
식물들은 내일 여전히 그 자리에 서 있을 것이다. 부는 바람을
온몸으로 받으며 부는 방향으로 몸을 구부리는 식물들을 보면서
주어진 상황을 감사로 받아들여야 함을
식물들이 나에게 말해주는 것 같다.

269 논에서 타는 오토바이

2020. 6. 24. (수)

　　지금은 AI(인공지능) 시대다. 내가 어릴 적에 모심는 기계가
나오리라는 것은 상상도 못했다. 지금은 손으로 모를 심는 곳은
찾아볼 수가 없다.
기계화된 농촌은 갈수록 진화되는가 보다.
　　오늘 처음으로 신기한 기계를 보았다.
농부 한 사람이 논 속에서 오토바이를 타고 다니는 것이다.
모를 심은 지 얼마 되지 않았기에 이곳저곳 손 볼 곳을
찾아다니는 것 같았다. 앞바퀴는 둥근 바퀴, 뒤에는 수륙양용
보트 같은 기구가 달려 있었다. 장화를 신고 한 필지 1,200평을
다니려면 상당한 시간이 필요할 것이다.
그런데 논 오토바이를 타고 다니면 힘도 덜 들고 시간도 많이
아낄 것 같았다. 예전에 모를 심어놓고 한 손에 한 뭉치의
모를 들고 다니면서 빈 곳을 채우는 일을 했었다.
이것을 모를 때운다고 한다. 장화도 귀한 시절이어서 논에
들어갔다 나오면 피를 빨아먹는 거머리에게 헌혈을 많이 했었다.
불과 50여 년 전의 일이다.
내가 88 오토바이를 타고 다닌 적이 32년 전인데
이제 논에서 타는 오토바이도 있다니 헐.

새벽길 별을 보며

270 부족함 즐기기
2020. 6. 25. (목)

　　작년에 10주 과정으로 숲 해설가들 대상으로 생태 세밀화
그림일기 강의가 있었다. 강사료에서 세금을 공제하고
약 300만 원의 강의료가 입금되었다.
강연을 하고 한 시간에 백만 원을 받은 적도 있었는데 통장을 보니
갑자기 부자가 된 듯했다. 거의 몇만 원, 몇십만 원의 잔고가
있던 터라 실감이 나지 않았다.
　　인간은 흔들리는 갈대인가. 천만 원까지 내 통장이 채워지면
얼마나 좋을까라는, 내가 생각해도 좀 웃기는 상상을 했다.
그러한 나의 모습을 보고 누가 놀랐겠는가?
당연히 내가 놀랐다. '아직도 내 안에 좀 더 채우고, 늘리고,
갖고 싶은 욕망이 있구나!'라고. 천만 원까지 통장 잔액이 있으면
거기에 난 만족하고 감사할까? 그때에는 다시금
이천만 원의 목표치를 세울 것이다.
　　여기서 잠시 내 생각을 멈췄다. 그리고 생각을 쳐다보기 시작했다.
채움보다는 부족함을 즐길 수는 없는 것일까?
채움의 행복과 부족함을 즐기는 행복은 어느 쪽이 더 긍정의
의미가 있는 걸까? 부족함을 즐기기에는 아직도 갈 길이 먼 것인가?
더 크게 눈을 뜨고 조용히 자신을 바라본다.
넌 하루에 열 끼 밥을 먹니? 열 벌의 옷을 입니?
대답은 이미 마음으로 했다.

271 구멍 난 항아리
2020. 6. 25. (목)

    소크라테스의 말이 생각난다. 인간의 욕망과 쾌락과 욕심은
구멍 난 항아리와 같다고. 우리 집 마당 한쪽에는
항아리들이 50여 개가 있다. 막내 여동생의 시어머니께서
시어머니로부터 물려받은 항아리도 있다.
족히 백 년은 넘었을 것 같다. 금이 가서 테이프로 붙여 놓았지만
이것저것 물건 보관 창고로 쓴다.
결국, 구멍이 난 것과 같다.
    더 소유하고 싶고, 더 갖고 싶고, 더 늘리고 싶은 욕망은
어디까지일까? 나의 어린 시절에는 마을에 공동우물이 있어서
물지게를 지고 가서 물을 길어왔다.
수도시설이 없던 1960~70년대 초반이다.
부엌에 두세 사람이 들어갈 만한 큰 항아리에 물을 채워 놓는 일이
가족들의 큰 숙제였고 노동이었다.
이것도 일주일 이상 가지 않았다.
지금 있는 것에 만족하고 한없이 감사하고 사는 것이
한 마리 자유로운 새이리라.
구멍 난 줄도 모르고 계속 채우려고 하는 인생.
나는 어떤 사람인가?

새벽길 별을 보며

272 라인홀드 니버의 기도문
2020. 6. 25. (목)

 분명코 어느 곳 책꽂이에 꽂혀 있을 것 같아서
찾아보았지만 포기하고 다시 책을 주문했다.
라인홀드 니버의 『도덕적 인간과 비도덕적 사회』다.
창조적 사회윤리학자인 니버의 책을 대학 1학년 때 은사이신
김경재 교수님의 추천으로 샀었다. 개인적으로 매우
도덕적인 사람들도 자기가 속한 이익과 관련이 되면 대단히
비도덕적으로 변한다는 것이다. 무엇보다 살면서 니버의
"평온을 위한 기도"는 삶의 이정표가 되고 있다.
"하나님, 바꿀 수 없는 것을 받아들이는 평온과 바꿀 수 있는 것을
바꾸는 용기를 주소서. 그리고 바꿀 수 있는 것과 없는 것을
구별할 수 있는 지혜를 주소서."
평온과 용기와 지혜, 삼각형의 세 꼭짓점처럼 이 세 가지는 항상
마음에 간직해야겠다.
 오늘 아침에 몇 번이고 소리 내어 읽어 본다. 작게, 크게,
천천히, 빠르게, 약하게, 강하게 변화를 주면서.
잘 박힌 못처럼 나의 가슴 속에서 빠지지 않도록 가끔
확인해서 빠지려고 하면 더 큰 쇠망치로 깊이 박아 놓도록 하자.

273 목공 일의 신비
2020. 6. 25. (목)

　　나의 몰입 장소가 있다. 한 번 들어가면 한나절, 하루는
쏜살같이 지나가는 공간이다. 우리 집에 20여 평 되는
십자가 공방이다. 방문객들은 종종 "마치 철물점에 들어온 것
같다."고 한다. 목공 일의 반절 이상은 기계가 한다.
늘 안전사고 없게 해달라고 기도해야 하고 좋은 작품이 나오게
해달라고 지혜를 구한다.
　　음식점을 하는 지인이 퇴근할 때 가게 앞에 세워 놓는
1미터쯤 되는 칸막이를 부탁해 왔다. 사람에게 부탁할 때는
얼마나 많은 생각을 했을까? 내가 할 수 없으면 모르거니와
할 수 있는 것은 거절할 수가 없다. 나무를 자르고, 재단하고,
다듬고, 만들어 가는 과정이 아주 재밌다.
물론, 먼지도 마시고, 기계 소리도 들어야 하고,
시간도 소요되지만 작지만 하나의 작품이 나올 때는 보람도 크고
흐뭇하기 그지없다. 계획하고 설계하고 작업을 할 때마다
느끼는 것은 내가 생각했던 그 이상의 작품이 나온다는 것이다.
이것이 목공의 신비인가 보다.
　　21세기에 선진국에서 번지는 취미활동으로 두 가지를 꼽는다.
목공 일과 그림이다.
감사하게도 나는 이 두 가지를 다 하고 있으니 행운아인 것 같다.

274 새끼 친 모를 보면서
2020. 6. 25. (목)

　　논에 모내기를 한 때가 조금 지났다. 농촌에서 태어나
어릴 적부터 늘 논에 가야 할 일이 많았다. 농사하는 일이
너무 힘들어서 나는 절대로 농사는 짓지 않겠다고 했었다.
못자리해서 모를 키운 다음 평평하게 작업한 후에 모를 심는다.
포기당 모 수는 3~4본이어야 한다. 가을에 벼를 벨 때는
한 주먹도 넘게 되어 있다. 새끼를 치기 때문이다.
그래서 농부는 거름주기, 물대고 빼기, 소독하기를 때에 맞게
잘해야 한다.

　　장맛비가 오면 벼가 물에 오랫동안 잠겨 있지 않도록
물꼬를 잘 터줘야 한다. 이것은 벼에 대한 배려기도 하고
사랑이기도 하다. 모를 심을 때 과도한 밀식을 피해야 한다는
것은 역시 욕심을 부린다고 되는 것이 아니라는 뜻도 있을 것이다.
모 수가 3~4본이 아니라 7~8본이 된다고
수확을 많이 하는 것도 아닌 것이 과학적으로도 증명되었고
경험상 맞기도 하다. 살면서 마음의 여지는 언제나 필요하다.
새끼를 칠 수 있는 여백이 있어야 가능하니까.
오늘 아침에도 새끼를 많이 친 논을 보면서 철학적 사유를 해 본다.

275 대단한 여인들
2020. 6. 26. (금)

　"이슬비 내리는 이른 아침에 우산 셋이 나란히 걸어갑니다"
초등학교 때 불렀던 「우산」이라는 동요가 입에서 흘러나온다.
얼마 전에는 비가 오면 이렇게 중얼거렸다.
"비가 오니까 오늘은 운동 쉬어야지." 지금은 이렇게 바뀌었다.
"비가 오니까 우산을 쓰고 걸어야지."
한 번도 사용하지 않은 골프 우산이 구석에 쪼그리고 있었다.
오오, 고마운지고.
　거의 같은 시간에 검정 옷을 입고 달리기하는 30대 여성이 있다.
다이어트를 하기 위함인지 매일 스쳐 지나가면서도
아직 인사를 나누지 못했다. 비를 오롯이 맞고서
헉헉거리며 달리는 그 용기에 마음의 박수를 보낸다.
　오늘 같은 날에 누가 자전거를 탈까 싶었는데 역시 30대 여인이
쫄딱 비를 맞으며 페달을 밟고 지나간다.
나는 비를 맞고 달리기는 해 봤어도 자전거를 타 보지는 않았다.
대단한 분들, 대단한 여인들이 나에게 삶의 열기를 던져준다.
"열정 없이는 아무것도 성취할 수 없다."는 에머슨의 말이 떠오른다.

276 세컨하우스
2020. 6. 26. (금)

　누구인들 갖고 싶지 않으랴. 자연환경을 누리며 휴식과
여가를 위해 마련하는 세컨하우스. 내가 존경하는 지인이
집필을 하고 있는 곳으로 달려갔다. 작은 위로와 용기를
주고 싶기도 했지만 세컨하우스를 구경하고 싶어서였다.
　동서남북 보이는 것은 울창한 산과 숲, 집 앞에 흐르는
시냇물이었다. 잔디가 깔려 있고 멋진 자태의 소나무들과
꽃들이 정원을 아름답게 수놓고 있었다.
3층으로 된 빨간 벽돌집은 두세 가족이 살아도 넉넉하리만치 컸다.
세컨하우스를 이토록 크게 짓는 경우도 있나 보다.
하도 방이 많아서 미로를 헤매고 다니는 것 같았다.
일주일에 한두 번 다녀간다고 했다.
우리 집은 매일 창문을 열고 환기를 시켜도 아쉬운데 이곳은
어쩌할지.
　1층, 3층에서 약간의 곰팡이 냄새가 났다.
매일 사용하는 집, 가끔 사용하는 집, 아예 방치해 놓은 집은
전혀 다르다. 집은 사람의 기운이 늘 차 있어야 한다.
세컨하우스 작은 거라도 하나 있었으면 했던 로망을 조금
내려놓게 되었다.
주어진 것에 만족하라고 교훈을 줘서 감사했다.

277 자연생태 동요 작사하기
2020. 6. 26. (금)

계속 이어 동요를 부른다면 나는 몇 곡이나 부를 수 있을까?
「나뭇잎 배」, 「아빠하고 나하고」, 「오빠 생각」 등 10곡은 된다.
물론, 가사를 다 외운 것들이다. 가끔 가수 이선희의
동요 모음을 듣는 재미가 있다. 자연, 인간, 생명이 예쁘게
버무려져 있고 누구나 동심의 세계로 빠지게 하는 묘약이 동요다.
매일 글을 쓰면서 또 하나의 작은 메모 노트를 준비했다.
자연생태 동요 작사 노트다. 나에게 실현 가능한 일일까?
나도 동요 하나를 작사할 수 있을까? 이미 작곡가는 정해져 있으니까
작사만 하면 되는 건가? 작사 작곡이 완성되면 노래는 누가
해야 하지? 여자아이, 남자아이, 아니면 내가 직접?
에이, 그건 좀 무리인 것 같네. 지성이면 감천이고, 꿈은 이뤄지고,
간절히 원하면 된다고 스스로에게 자꾸 강조해서 말해준다.
단순하고 즐겁고 경쾌하게, 부를수록 자연 사랑, 생명 사랑,
인간 사랑의 마음이 숭숭 솟아나는 그런 동요가
반드시 나오리라 믿는다.
나는 지혜가 부족하니 주님께 구해야지.

278 달팽이 앞에서
2020. 6. 27. (토)

　길 한가운데를 향해 기어가고 있는 달팽이를 만났다.
하마터면 발로 밟을 뻔했는데 이른 아침부터 마실 가는가 보다.
아무래도 길 가운데로 가면 차가 지날 때 밟혀 죽을 가능성이
큰데 말이다. 그래서 번쩍 들어 방향을 바꿔주었다.
동요 애기똥풀, 달팽이, 야옹야옹 내 이름 룰루 세 개를
작사하려고 마음먹었다.

　달팽이가 걸어가고 있는 것을 유심히 보기를 원했는데
달팽이는 비가 올 때는 많이 볼 수 있어도 맑은 날에는 드물게 보인다.
뜻이 있으면 길이 있다더니 어제저녁 「달팽이의 발자국」
동요 제목만 정해놓은 상황에서 이런 행운이 와서 감사했다.
달팽이는 혀에 돌기가 있는 연체동물이다.
혀에 박힌 이빨이 무려 25,000개쯤 된다. 달팽이 치과는 어떨까?

　둘레길 이미지 사진들이 달팽이를 많이 그려놓은 것을 볼 수 있다.
천천히 자연을 오감으로 느끼며 걸으라는 것이겠지.
땅바닥에 50밀리미터 간격으로 발자국을 남기는
달팽이가 자기 집을 등에 지고 한 걸음씩 몸을 움직인다.
느리게 사는 미학을 배워라. 인생은 느려서 실패하는 것이 아니라
서두르기 때문에 온갖 환란이 오지 않더냐.

279 Self-Esteem(자아존중감)
2020. 6. 27. (토)

　　대학원에서 교육학 석사과정으로 상담심리를 전공할 때
만난 책이 바로 『Self-Esteem』이었다.
열 번은 더 읽었다. 왜냐하면 내가 나를 인정하고 수용하고
존중해 주는 일이 어려웠기 때문이다.
　　중학교 2학년 전까지처럼 염세주의적인 성격으로 계속
살았으면 어쩌면 지금 숨 쉬고 살아있지 못했으리라 여겨진다.
가장 도덕적, 윤리적으로 살아야 하며 모든 사람으로부터
인정받아야만 된다는 강박관념이 나를 이끌고 다니기도 했다.
다른 사람의 인정과 평가, 거기에 광대처럼
춤추고 살아온 나 아닌 다른 존재의 삶이 폭탄의 파편처럼
내 인생에 촘촘히 박혀 있었다.
　　나의 성숙하고 발효된 생각과 가치관으로 내가 내 인생의
주인공이 되는 삶을 살아야만 된다고 스스로를 안아주고,
격려하고, 응원하는 마음이 지치지 않기를 바랐다.
　　셀프 이스팀, 셀프 주유, 셀프 세차, 셀프 서비스, 요즘 내가 많이
하는 셀프 요리. 내 색깔대로 내가 원하는 삶을 기념비적으로 살자.
이 세상이라는 우주는 나를 중심으로 돌아간다.
내가 없는 우주는 존재할 수 없고 의미도 없다. 나는 나를 믿는다.
자기 자신부터 사랑하라는 니체의 철학사상에 동의한다.

새벽길 별을 보며

280 자족과 만족 사이

2020. 6. 27. (토)

대부분의 사람이 인생 터미널에 이르게 되면 세 가지 "~걸"이 많다고 한다. 나는 어떠한가 돌아본다. 좀 더 베풀걸, 좀 더 참을걸, 좀 더 재밌게 살걸. 섬김, 인내, 기쁨의 삶을 살지 못한 것에 대한 후회를 줄이면서 사는 일이 큰 숙제다.

조선 시대 대표적인 실학자 다산 정약용 선생은 40세부터 18년간 전라도 강진에서 유배생활을 하면서 500여 권의 방대한 저술을 남기고 갔다. 3남 1녀를 먼저 저 세상으로 보내고 세월이 오래 지나고 나서 보니 고생스러운 처지도 편안하게 여겨지고, 가난하고 곤궁하여 고생하다 보면 마음이 단련되어 지혜와 생각이 깊어진다는 『유배지에서 보낸 편지』 책을 읽었다.

비교하지 말고 있는 것에서 최고의 감사와 기쁨을 찾고 살 수는 없는 것인가? 여기까지여도 좋아. 더 채우려고 창고를 짓고, 더 늘리고, 더 모으려고 하지 말자. 이제는 60대 중반인 나, 살아온 날보다 살아갈 날이 훨씬 적지 않은가. 무엇이 채워져야 만족한다면 부족해도 있는 것에 감사를 찾고 행복을 찾자. 빈손으로 와서 나그네 인생 살다가 가는 것이라고 한다면 이제는 다 내려놓자.

281 지금 그리고 여기
2020. 6. 28. (일)

「죽은 시인의 사회」에서 나오는 명대사가 떠오른다.
"Carpe Diem(카르페 디엠)", 오늘을 즐기라는 말이다.
어제는 추억, 내일은 환상, 오늘은 내 인생의 마지막 날이면서
처음이다.
어떤 삶을 살았는가의 발자취가 내일 나타나는 법이 아니겠는가.
누구에게나 주어진 하루 1,440분이다.
너는 자신에게 진실했는가? 자신에게 최선을 다했는가?
식지 않는 열정과 쉼과 안식이 있었는가?
너와 만났던 인연들에게 친절했고 성실했고 그들을 섬겼는가?
  "오늘은 하나님의 시간이고 내일은 마귀의 시간"이라는 말이 있다.
톨스토이가 말한 대로 지금 만나는 사람, 지금 하고 있는 일,
지금 주어진 시간. 이것이 가장 소중하고 귀한 것이다.
어제는 지나갔으니 손을 담근 강물은 바다로 흘러갔을 것이고,
내일 담글 강물은 오지 않았으니 기다릴 필요도 없는 법이고,
바로 지금 그리고 여기가 화양연화(花樣年華) 아니겠는가.

282 한 시간밖에 없다면
2020. 6. 28. (일)

한국인 사망원인 중 3위는 심장병이다. 주먹 한 개 반 정도
크기의 심장은 1분에 60~70번 펌프질을 해서 피를 온몸에 보낸다.
그래서 산소를 공급한다. 죽은 사람의 몸이 차가운 것도
더 이상 몸에 피가 흐르지 않기 때문이다.
걷기 운동 하는 나, 자전거 타는 사람들, 논에 약을 주는 사람,
차를 몰고 지나가는 사람, 다 살아있기에 이렇게 활동하고
움직이며 이야기하는 것이다.

만일 나에게 남은 시간이 한 시간밖에 없다면,
그리고 천국으로 가야 한다면 두 가지를 정리해 본다.
하나는 그 시간에 내 옆에 있어 줄 사람은 누구일까?
두 번째는 그 시간에 내가 마지막으로 해야 할 일은 무엇일까?
한 시간, 즉 60분 동안에 말이다.
시편 23편을 더 이상 소리가 안 나올 때까지 낭독할 것이다.
찬송가 338장 「내 주를 가까이 하게 함은」과 493장 「하늘 가는
밝은 길이」를 부를 것이다.
그리고 내 영혼을 하나님께 부탁드리는 기도를 할 것이다.
우리 아이들과 아내와 함께했던 즐거운 추억을 떠올릴 것이다.
내 옆에 있는 사람들에게 그동안 감사했고, 행복했고, 사랑한다고
인사를 할 것이다. 아직도 시간이 남았나?

6월 말없이 거미를 바라보게 되는 달(체로키족)

283 1분 피난처
2020. 6. 28. (일)

어제저녁 아내가 소고기 뭇국을 끓여 큰 그릇에 가득 담아주었다.
아내가 한 요리와 음식은 한 번도 맛없다고 생각한 적이 없다.
사실이니까 말이다. 거기에 잠자기 전 우유 한 컵까지 마셨다.
아침에 한참 걷기 하는데 배에서 SOS 구조 신호가 온다.
어서 빨리 화장실 좀 가달라고 말이다.
이 너른 들판에 몸을 쪼그리고 앉아 있을 곳이 없는데 어쩌나.
500미터 눈앞에 비닐하우스가 보인다. 언제인가 바람이
쌩쌩 부는 초봄에 추워서 잠시 들어가 쉰 곳이다.
그곳에 앉아 망고를 먹었었다. "땅 매매함"이라고 팻말이 붙어 있는
비닐하우스다. 500미터 달리기를 했다. 왜 그리 거리가 먼지.
엉덩이를 오므리고 달렸다. 비닐하우스 안에서 "휴~" 하면서
볼일을 봤다. 그리고 삽으로 떠서 밖의 땅에 묻었다.
어찌나 속이 편한지 몇 가지 농기구가 들어 있는 비닐하우스는
1분 피난처였다. 내일 그곳에 오천 원짜리 한 장을
팁으로 두고 와야 하겠다며 허허 웃었다.

284 바람을 길들인 풍차 소년
2020. 6. 29. (월)

말라위라는 나라가 지구상에 있는 것을 처음 알았다.
아프리카다. 윌리엄 캄캄바라는 13살 소년이 오랜 가뭄으로
기근과 식량난에 시달리는 말라위에서 고철을 이용해
풍차를 만들어 식량난을 해결한다는 감동적인 영화였다.
겨우 하루에 한 끼, 그것도 옥수수가 주식이다.
초등학교 다닐 때 나는 노란 도시락에 옥수수죽 한 국자씩
배급을 받아먹었었다.
먹고 뒤돌아서면 배고파 오는 죽이었다.

　　포기하고 낙심하는 일은 아주 쉽다.
하지만 도전하고 꿈을 이뤄내는 노력은 어렵다.
쉬운 길을 찾으면 의미도 행복도 보람도 멀리 도망가 버린다.
윌리엄 소년의 지칠 줄 모르는 풍차 만들겠다는 의지와
소망은 모든 환경과 가난과 시련을 쩔쩔매게 했다.
역경을 지치게 해 버린 것이다. 천신만고 끝에 자전거 발전기를
이용해 풍차를 만들고 땅에서 지하수를 퍼 올릴 때
춤추며 즐거워하는 가족과 마을 사람들의 표정을
두고두고 잊을 수 없을 것 같다.

285 사랑이 답이다
2020. 6. 29. (월)

    40여 년 전에 읽었던 에리히 프롬의
『The Art of Loving(사랑의 기술, 사랑의 예술)』이 떠오른다.
책을 읽는다는 것은 콩나물에 물을 주면 물이 다 빠지지만
콩나물은 크듯이 세월이 흘러가면서 어느 날 어느 때 그 힘이
크게 작용할 때가 있다.
그래서 손에서 책을 놓으면 안 된다고 늘 생각해 왔다.

    걸으면서 나에게 질문하고, 답해 보고, 다시 또 질문하고,
대답해 본다. 넌 행복하길 원하니?
그럼, 당연하지.
잠깐의 즐거움, 쾌락 말고 마음 깊은 샘에서 길어 올리는
기쁨, 감사, 감격의 행복 말이야.
음, 사랑해야지. 누구를?
하나님, 사람들, 나, 자연을.
대답도 100점이네. 근데 더 중요한 것은 사실, 안다는 것은
큰 힘이 아니거든.
그럼 뭔데? 실천하고 행동하는 거지.
어떻게 실천하고 행동해야 하는데?
부정적 감정을 버려야지. 무엇보다 너 자신을 사랑하는
Love yourself가 되어야지 않겠어?
맞다 맞아.

새벽길 별을 보며

286 정서적 공감 능력
2020. 6. 29. (월)

큰 며늘아기는 중국에 유학을 다녀와 고등학교에서
중국어를 가르치는 선생이다. 일주일에 한 번 우리 집,
시댁에 찾아오는데 오늘은 복숭아 한 박스와 연근 떡국 한 박스
그리고 텃밭에서 오이 십여 개와 호박을 따서 안겨주었다.
주어도 주고 싶은 것이 자식 사랑인가 보다.

내가 정원에 가득 피어 있는 꽃을 가리키며 물었다.
"아가, 이게 무슨 꽃이지?" "맨드라미요." 확신 있고 자신 있게
대답한다. 하마터면 내가 알고 있는 기생초를 맨드라미라고
인정할 뻔했다. 한바탕 웃었다.
비록 이름은 다르게 말했지만 씩씩한 대답이 예쁘기 그지없다.
연못가에 핑크빛 알을 낳아 놓은 우렁이 알을 보고
스티로폼인 줄 알았다며 감탄사를 연발한다.

손수건나무, 달맞이꽃, 새깃유홍초, 도라지꽃, 딸기, 땅두릅,
방풍나물 등을 알려주면서 시아버지인 내가 며늘아기에게
아는 체를 했다. 고개를 끄덕이며 맞장구쳐 주니 나도 신이 났다.
"아버님은 모르는 게 없으세요."
칭찬까지 해 주니 행복이 이런 건가 보다 싶었다.
정서적 공감 능력이 큰 며늘아기가 고맙기만 하다.

287 "박카스 사드세요!" 메모
2020. 6. 29. (월)

어제 「1분 피난처」라는 제목으로 글을 썼었다. 올해에
두 번씩이나 잠시 공간을 사용했던 비닐하우스 주인의
얼굴도 모르지만 그냥 고마웠다. 나의 발자국이 논 가운데 있는
그곳으로 향했다. 메모했다. "올해 겨울에 운동하다가 추워서
잠시 이곳에서 쉬었었습니다. 감사드립니다.
박카스 사드세요."
비닐하우스 안에 오천 원짜리 한 장을 메모지와 함께 두고 나왔다.
　주인아저씨가 하우스 문을 열고 깜짝 놀라는 모습이 그려진다.
"아니, 이게 뭐야? 누가 돈을 놓고 갔지?
살다 보니 별일이 다 있네그려."
어제 글을 쓰면서 내일 그곳에 오천 원짜리 한 장 팁으로
두고 와야겠다고 생각했었다.
내 말에 공수표를 날리면 안 되지 않는가.
작은 신세를 지고 고마운 마음이 들었으니 당연히 해야 하는 거 아닌가?
열 마디 말과 다짐보다 한 번의 실천이 더 의미 있고 행복한 일이리라.
어느 날 갑자기 하우스 주인아저씨를 만나면 뭐라 말하지?
그냥 씩 웃어주고 지나가야지.

288 잘못 불러준 이름
2020. 6. 29. (월)

　　탑천 주변에 여기도 저기도 피어 있는 나팔꽃을 보고
한 달 넘게 눈을 맞추며 이름을 불렀었다.
"나팔꽃 예쁘구나, 정말 예뻐⋯⋯."
요즘은 핸드폰 기능이 좋아서 사진을 찍으면 꽃 이름이 나온다.
찰칵, 아니 나팔꽃이 아니고 메꽃이었네.
메꽃과 나팔꽃을 혼동하기 쉽다는 정보도 확인했다.
메꽃이 말을 하는 것 같다.
"내 이름을 잘못 알고 불러줬어도 괜찮아요. 저를 예뻐해 줬잖아요.
눈길 한 번 주지 않고 지나가는 사람들도 많이 있는 걸요."
　　새로운 이름을 알았다는 기쁨보다 잘못 불러준 것이 미안했다.
아무리 작고 볼품없고 흔한 잡초 같은 식물도
모두 삶의 계획서가 있어서 존재하는 것인데 언제까지
인간들이 갑질만 하고 살 것인지.
메꽃을 알았으니 기왕 효능과 약효가 어떤 것인지도 검색해 봤다.
벌레 물린 데, 당뇨병, 고혈압 예방, 신경통에 쓰이고,
몸이 허약한 것을 돕는다고 나와 있다.
잘못 부른 이름 덕분에 다시금 메꽃을 새롭게 알게 되어
감사가 두 배나 되었다. 자연의 혜택을 받고 살아가는
인간들이 자연을 사랑하고 잘 보존했으면 좋겠다고 기원해 본다.

6월 말없이 거미를 바라보게 되는 달(체로키족)

289 자연생태 동요 작사를 마치고
2020. 6. 29. (월)

여행 갈 때, 산행할 때, 회의하러 갈 때, 강의하러 갈 때
휙 집어 들고 가는 노트들이 여러 종류다.
그중에 동요 노트도 있다. 손으로 써 놓은, 주로 어릴 적부터
즐겨 부른 동요들이다. 동요를 부르노라면 타임머신을 타고
동심의 세계로 돌아가는 것 같다. 그리고 가끔은 훌쩍거리기도 한다.
일주일 전쯤부터 마음이 뜨거워지기 시작했다.
거부할 수 없는 마음의 소리도 계속 들렸다.
자연생태 동요를 작사하고 싶은 열망이 샘솟았다.
하나님께 지혜를 주시라고 기도했다.
부르기 쉽고, 외우기 쉬워야 하고, 생태계의 사랑을 담고 싶었다.
난 할 수 있을까? 안 되면 어쩌지? 이런 생각은 해 보지 않았다.
충분히 할 수 있어. 두고 봐.
멋진 동요가 곧 나오게 될 거야.
애기똥풀, 달팽이, 고양이, 기왕 하는 거 세 개가 좋겠다는
결론이었다.
그 뒤로 일주일이 지났다.
일주일간 잉태를 하여 작사가 완성되어 세상에 태어났다.
작곡가에게 원고를 넘기니 눈물이 나왔다.

새벽길 별을 보며

불러도 자꾸 부르고 싶은 창작 동요
2020. 6. 29. (월)

애기똥풀

1. 애기야 애기야 애기똥풀아
   네개의 노랑별 미소를짓고
   바람에 춤추며 노래를하네
   애기똥 노랑똥 예쁘기도해
2. 애기야 애기야 애기똥풀아
   제비가 널꺾어 날아날아서
   새끼눈 고운눈 닦아줄테니
   포근한 엄마의 사랑이란다
3. 애기야 애기야 애기똥풀아
   이나라 이강산 구석구석에
   애기똥 소복이 쌓이는날에
   환하게 꽃피어 웃어주겠지

달팽이의 발자국

1. 하나둘셋 발걸음 앞으로가요
   비온뒤의 풀밭은 우리들세상
   느릿느릿 걸어요 꿈을찾아서
   한걸음씩 천천히 꿈을이뤄요
2. 큰항아리 내몸에 놓여있어도

하나둘셋 발자국 남겨놓으며
두개의눈 반짝여 길을찾아요
나의꿈길 누구도 막지못하죠
3. 빨간우산 없어도 상관없어요
노란장화 없어도 상관없어요
소리없이 가는길 여행가는길
보슬보슬 비님도 친구되었죠

야옹야옹 내 이름 룰루

1. 한여름밤 작은몸이 떨려왔어요
마당있는 예쁜집에 버려졌을때
박스에서 배가고파 울고있었죠
내친구와 눈맞춤을 잊지못해요
2. 내이름은 야옹야옹 룰루랍니다
세상에서 가장많은 사랑을받죠
이른아침 다정하게 부르는이름
룰루안녕 야옹야옹 대답을하죠
3. 알록달록 황금색옷 차려입었죠
나를닮은 아기들도 낳았답니다
오래오래 친구집에 살고싶어요
내이름은 야옹야옹 룰루랍니다

새벽길 별을 보며

291 왜 잠을 잘 못 잤지?

2020. 6. 30. (화)

깨어 보니 내 잠이 달았더라는 성경 말씀이 떠오른다.
어젯밤에는 꿀잠은 아니었고 몇 번 눈을 떴다.
모기 소리 때문만은 아니었다. 생각에 생각이 꼬리를 물어서였다.
큰 며늘아기 할아버지께서 40여 년 정성으로 키운 철쭉 분재를
9개 주셨다. 어제 잘 크고 있는지 보러 오셨다.
영양제를 줘야 한다고 하셔서 영양제도 사 왔다.
내가 키운 것이 아니라 아기처럼 손수 키워주신 것이고
앞으로도 더 많이 주실 것 같다.

매일 물을 줘야 하고 건강하게 잘 키워야 한다는 부담감으로
걱정이 낙엽처럼 쌓였나 보다.
상당히 낙관적이고 긍정적인 사람이라고 스스로 생각해 왔는데
걱정이 되었나 보다. 마음의 근심은 심령을 상하게 하는데
분재 걱정 때문에 잠을 뒤척였다는 거니?
그래, 그럴 수도 있지.
내일부터는 미리 걱정하지 말고 잘 자자꾸나.
부딪히면서 그때그때 해결하도록 하자고 마음을 타이른다.

292 원예 치료라고 생각하세요
2020. 6. 30. (화)

"잘 주무셨어요?" 물어보는 아내에게 말했다. "철쭉 분재
생각 때문에 부담되어 잘 못 잤어." "부담 갖지 마세요.
당신이 원예 치료한다고 생각하세요." 그 말이 참 고맙고 힘이 되었다.
장수로 출근한 아내로부터 문자가 왔다.
"사랑해." 톡 알림 소리다. "비가 계속 오고 있네요. 잘 도착했습니다.
분재 어렵게 생각하지 마세요. 내일 일 염려하지 마세요.
다 잘 될 것입니다. 오늘도 파이팅입니다.
원예 치료 기쁘게 하면 뭐가 또 발견되겠죠?"
"고마워요, ♡♡♡"

그리하여 잠시 들고 있던 무거운 짐을 내려놓게 되었다.
말 한마디에 마음이 백 년 넘은 산삼을 먹는 것 같다.
아침마다 분재에, 화분에 물을 주면서 나는 무엇을 배우는가?
바로 배려, 사랑, 친절을 배우게 된다.

700평이 되는 우리 집에는 100종류가 넘는 식물들이 있다.
언제 한 번 목록을 작성하고 다시 이름표도 붙여야 하겠다.
고대 이집트에서는 환자를 정원에서 산책하게 했다고 한다.
육체적, 사회적, 정서적, 심리적 회복과 재활을 도모하는 원예 치료.
그러고 보니 나는 날마다 원예 치료 중이군그려.
복받았수.

293 불꽃 같은 삶으로
2020. 6. 30. (화)

한 달 동안 살아온 것이 기적이고, 감격이고, 감사다.
85세에 하늘나라로 불러가 주시라고 기도하는 것은 진심이다.
니체는 이런 말을 했다. "생명은 타오르는 불꽃"이라고.
　중국의 이광이라는 사람은 활을 잘 쏘았다.
어느 날, 숲속에서 호랑이를 만났다. 있는 힘을 다해 호랑이를 향해
활시위를 당겼다. 꼼짝하지 않아 가 보니 큰 바위였다.
바위에 꽂힌 것이다. 다시 한 번 활시위를 당겼다.
이번에는 활이 부러지고 말았다. 왜 그랬을까?
온 힘을 다 모으지 않았기 때문이다.
　중학교 때 내 책상 앞에 "정신일도 하사불성(情神一到 何事不成)",
즉 정신을 한곳으로 모으면 무슨 일이든지 해낼 수 있다는
이 글을 붙여 놓았었다. 불꽃은 타오르면서 연기가 거의 나지 않는다.
하지만 연기만 나면서 타는 것도 있다.
　한 달간 눈물 나게 행복했다.
하루를 42.195킬로미터 마라톤 하듯 살았다.
아침 5시에 눈을 뜨고 저녁 10시에 눈을 감을 때까지
하루가 불꽃과 같았다.
이렇게 살다가 어느 날 훅 꺼지는 불꽃이 되고 싶다.
반드시 그렇게 되리라 믿는다. 왜냐하면 그렇게 살고 있으니까.

294 자화자찬하자!
2020. 6. 30. (화)

생태 세밀화를 그리고, 그림일기를 쓰고 난 후
보고 또 보면서 나를 칭찬해 준다. "훌륭해. 아주 잘 그렸어.
식물 모델보다 더 사실적이고 더 예쁘네.
나에게도 이런 능력이 있었어."
자기가 그린 그림을 스스로 칭찬하는 것을 자화자찬이라고 한다.
내가 바로 그렇다.
어제저녁 돼지고기 김치찌개를 해 먹으면서도
"이렇게 맛있는 찌개는 없을 거야. 내가 끓였지만 정말 맛있네."
혼자 먹으면서 입 밖으로 소리를 내서 말을 했다.
교만이 아니다. 나를 사랑하고 소중히 여기기 때문이다.
니체는 『이 사람을 보라』라는 책을 낸 후에 이렇게 말을 했다.
"이 책으로 나는 인류에게 최대의 선물을 했다."
　나는 아내의 옷을 평생 사 줬다. 30여 년간이나 사 주는 옷마다
모두 어울리고 예뻤다. 모자는 50개도 더 사 줬다.
고르는 눈이 탁월하다. 남들도 그렇게 말하고 내가 봐도 그렇다.
매일 쓰는 이 글도 내가 쓰고 다시 읽고 녹음해서 다시 들어본다.
글이 맛이 있다. 깨소금 맛이다. 간도 잘 맞는다.
쓰다 보니 자화자찬이 좀 과했나?
아니다. 더하려면 아직 멀었다. 그런데 참 기쁘고 행복하다.

새벽길 별을 보며

295 스물세 번의 인사
2020. 6. 30. (화)

몇 년 전에 탑천 길 따라 미륵사지까지 약 9킬로미터의
자전거 우선도로가 조성되었다. 걸어서, 자전거로, 달리기로
모두 왕복도 해 봤다.
어젯밤 비가 많이 내렸고 오늘은 구름이 가득하다.
매일 태양만 떠 있으면 세상은 사막이 될 터인데 흐리고
비 오는 날도 있으니 감사하다.
걷기 목적지까지 갔다가 돌아오면서 인사를 시작했다.
약 500미터 거리 십 여분의 시간이었다.
"애기똥풀아 안녕, 개밀아 안녕, 개망초야 안녕, 환삼덩굴아
안녕, 억새야 안녕, 왜가리야 안녕, 직박구리야 안녕,
뚱딴지야 안녕, 민들레야 안녕, 소리쟁이야 안녕, 돼지풀아
안녕, 아까시나무야 안녕, 쇠뜨기야 안녕, 뽕나무야 안녕,
메꽃아 안녕, 질경이야 안녕, 달팽이야 안녕,
잠자리들아 안녕." 도레미파솔, 솔음으로 소리 내어
스물세 번의 인사를 했다. 인형극 할 때의 목소리를 내 봤다.
내 마음에 날개가 생겨 하늘을 나는 것 같이 기분이 좋았다.
얘들아, 고마워. 여기에 있어 줘서.
인사로 6월을 보낸다.

296 더 받으세요. 더 가져가세요
2020. 6. 30. (화)

　　수년째 단골 꽃집이 있다. 우리 집에서는 거리가 좀 있어도
멀게 생각하지 않는다. 가끔 오고 가는 길에 들르기도 하고
필요한 꽃이 있으면 주문도 해 놓는다. 분갈이 마사토를
사러 갔다. 브라질이 원산지인 덩굴식물 '만데빌라'
하나를 포함하여 24,000원이다. 6,000원을 거슬러주기에
"다 받으세요. 더 받으셔도 돼요."라고 했다. 오늘도 몇 그루의
꽃나무를 덤으로 차에 실어주면서 심으라고 한다.
나는 늘 "돈을 더 받으세요."라고 하고,
여동생 같은 꽃집 사장님은 "꽃 더 가져가세요."라고 한다.
이분은 꽃을 닮았다. 자연을 닮았다고 해야겠다.
　　어떻게든 작은 화분 하나라도 더 주고 싶어 한다.
나도 화단에, 화분에 정성으로 심어서 잘 키운다. 그리고 꽃이 피면
사진을 찍어서 보낸다. 꽃집 중에서 가장 바쁜 집같이 보이는데
한 번도 나를 소홀히 대한 적이 없다.
나의 막내 여동생보다 나이가 어린데도 하는 행동과 말이
어른스럽다. 그 이름 ○○꽃집이다. 한 방울 한 방울 물이 흘러
서해 바다로 가듯이 이 꽃집으로도 돈이 흘러가기를 기원한다.
꽃을 심으라고 비까지 와 주니 얼마나 감사한가.
미소가 얼굴에서 번진다.

July

2020. 7월

열매가 빛을 저장하는 달
(크리크족)

297 내 삶은 모험이다
2020. 7. 1. (수)

2015년 9월 10일에 구입한 책 『모험은 문밖에 있다』
첫 장에 이렇게 쓰여 있다. "모험가, 호기심 천국, 자연을
사랑하는 진창오." 마이크로 어드벤처는 어느 곳에서도
벌어지는 일이고 이것이 가장 위대하고 놀라운 점이다.

며칠 전, 중앙 체육공원을 갔다. 처음 MTB 자전거를 탈 때는
물론, 50대였지만 팔과 무릎 보호대를 하지 않고
경사진 계단을 타고 내려온 적이 있었다.
생각해 보니 무모한 모험을 했던 것 같다.
다시 한 번 자전거 없이 그 위에 서 보았다.
지금은 보호대를 하고 내려가라고 해도 자신이 없다.
차박 캠핑, 스키, MTB, 오지 탐험 등 위험과 어려움이 도사리는
일들이지만 다이내믹하게 모험을 했다.
만경 강가에서, 오봉산에서, 미륵산에서 비박 텐트를 쳐놓고
하룻밤 자 보는 경험도 했다. 황홀했고 기뻤다.

내 삶 자체가 모험이다. 가 보지 않은 길을 가는 것이다.
길이 없는 것 같아도 발걸음을 옮겼더니 길이 생겼다.
난 꽤 용감한 편인 것 같다고 스스로를 격려해 준다.

새벽길 별을 보며

298 세 가지를 외친다
2020. 7. 1. (수)

떠다니는 구름들아 들어보렴. 날아다니는 참새들아 들어볼래?
흐르는 시냇물아 귀 기울여 줘. 떠 있는 태양아 들어주렴.
외치는 내 목소리를. 잘 되었고! 잘되고 있고! 잘되리라!
그 이상도 없고 그 이하도 없다. 믿고 고백한 대로 될 것만 생각하자.
영원한 것은 세상에 없다. 영원한 기쁨도 영원한 고통도 없다.
다 지나가기 때문이다. 논산 훈련소에는 눈물 고개가 있었다.
그곳에서는 꼭 두 가지 노래를 시키는 것이 전통이 되어 왔다.
「울려고 내가 왔나」와 「어머니의 마음」이다.
오리걸음으로 눈물 고개를 기어 올라오면서 울지 않는 사람은
아무도 없었다. 울고 싶었는데 뺨 때린다는 말처럼
울고 싶었던 참에 그때 실컷 울었다.
지금은 즐거운 추억이다.

어제 일은 감사뿐이고, 오늘 일은 기쁨뿐이고, 내일 일은
소망뿐이라고 가끔 소리 내어 말한다. 어제는 과거, 내일은 미래,
오늘은 현재다. 숨 쉬고 있는 것은 지금 현재다.
설령, 어제의 고난도 오늘 내가 있게 한 보약이었고 축복이었으니
어제 잘 되었고 그래서 오늘 잘되고 있다.
내일 장애물이 없어서 잘되리라는 것이 아니다.
있을 수 있으나 겁내지 않고 두려워하지 않고 기회로 삼을 용기가
있으니 잘되리라는 것이다.

299

5기의 7월
2020. 7. 1. (수)

하늘에 떠 있는 구름이 두 손 들어 손짓하는 것 같은
7월 첫날이다. 기도한다. 기대한다. 기다린다.
기회가 올 것이다. 기적이 따르리라. 나라와 민족, 남북통일을 위해
기도한다. 코로나 19 종식을 위해 기도한다. 두 며늘아기들
임신 소식 있기를 기도한다. 교우들의 평안과 건강을 기도한다.
행복을 기대하고 힘쓰고 노력하는 열정의 삶을 기대한다.
예상치 못한 어떤 일이 다가와도 감사함으로
받을 것을 기대한다. 시간이 말해주는 것이니, 꽃이 피고
열매가 맺기를 기다리듯이 부흥, 회복, 강건, 위로의 복을 기다린다.
섬김과 나눔의 기회가 올 것이고 마음이 시키는 것을 해야 할 때
그 기회가 올 것이다. 사람 만남과 복받는 기회가 올 것이다.
그러면 당연히 기적이 따르리라.
초복, 중복이 들어 있는 7월이다. 24절기 중 12번째 절기인
대서도 있다. 더위가 가장 심한 시기다.
여름 과일이 가장 풍성한 때다. 크게 외쳐보자.
기도, 기대, 기다림, 기회, 기적, 5기의 7월은 나의 것이다.

300 역전승의 묘미

2020. 7. 1. (수)

옛날 고교야구에서 역전승의 대명사는 군산상고였다.
9회 말 투아웃에서 터져 나온 홈런은 한순간 관중석과
전광판을 뒤집어 놓았다. 다 진 줄 알고 TV 앞에 앉아 있던
사람들과 경기장을 나가려고 생각했던 관중들은 역전승에 환호했다.
나는 TV를 거의 켜지 않는다. 드라마 또한 거의 보지 않는다.
역전승과 반전의 묘미가 별로 없기 때문이다.
대신 스릴러, 수사극, 첩보 영화를 잘 보는 편이다. 극적인 짜릿함이
내 존재를 확인시키는 시간이다. 내 심장이 뛰고 있다는 것을
느끼는 시간이다.
1976년도에 개봉한 「록키」 영화는 실베스터 스탤론이
주연이었고 그의 애인은 애드리안이었다.
아직도 영화의 끝 장면이 눈에 선하다.
44년 전인데도 연속 세 번을 봤다. 수없이 맞고 피투성이가 되어도
끝까지 포기할 줄 모르는 강인한 집념, 오뚝이처럼
다시 일어서서 승리로 환호를 받는 주인공, 약혼녀 "애드리안"을
외치면서 링 위로 뛰어 올라온 약혼녀와 포옹하는 감동과
복싱 챔피언 스탤론의 피가 엉긴 역전승의 전율이었다.
우리 인생은 전혀 넘어지지 않는 것이 위대함이 아니라
넘어져도 끝내는 다시 일어서는 것이 더 위대한 것이다.

301 7월의 버킷리스트

2020. 7. 1. (수)

　　녹색 천이 깔린 듯한 드넓은 논을 바라보다가 메모 노트에 갈겨 적기 시작했다. 7월 첫날이니까.

1. 읽고 싶은 책은? 『성경』, 사마천의 『사기』, 『차라투스트라는 이렇게 말했다』
2. 먹고 싶은 음식은? 소고기 불고기, 연어 생선탕
3. 보고 싶은 영화는? 「007」
4. 가고 싶은 곳은? 청산도, 추자도, 중국
5. 해 보고 싶은 일은? 차박 캠핑, 달리기
6. 만나고 싶은 사람은? 이영이 선생
7. 섬기고 싶은 사람은? 꿈너머꿈교회 교우들
8. 보고 싶은 자연은? 월출산, 오대산, 공룡 능선
9. 해 보고 싶은 요리는? 소고기 불고기, 연어 생선탕
10. 사고 싶은 것은? 고전 책, 니체 관련 책
11. 듣고 싶은 음악은? 알리, 베토벤, 손열음 연주
12. 갖고 싶은 것은? 노트
13. 걷고 싶은 길은? 지리산 둘레길
14. 살고 싶은 집은? 아일랜드식 주방이 있는 오두막집
15. 타 보고 싶은 것은? 스키, 행글라이더

302 앉아서 주고 서서 받은 일
2020. 7. 2. (목)

　지금 생각해 보면 씁쓸한 웃음이 나온다. "믿는 도끼에
발등 찍힌다."는 속담을 경험했던 사연이 떠오른다.
　약 30년 전에 몇 번의 인사와 교제가 있었던 남자가 있었다.
그때 내 나이는 30대 중반이었고, 그분은 50대 중반이었다.
어디에서 사는지 정확한 주소도 모르고 가족, 직장 관계도 몰랐다.
다만, 몇 번 만나보니 친절하고 겸손하고 인상이 좋았을 뿐이다.
하루는 나를 찾아와서 하는 말이 급한 일이 생겨서 돈 200만 원이
필요하니 일주일만 빌려 달라는 것이었다. 나에게는 2만 원도 없던
때였다. 마을 아는 할머니에게 빌려서 드렸다. 차용증도 없이 말이다.
일주일이 지나고 한 달이 지나고 석 달이 지나갔다.
숨 쉬는 것 빼고는 모두 거짓말이었다.
　자나 깨나 돈, 돈으로 돌아버릴 것 같았다. 내 것도 아니고
아는 할머니에게 빌려 꾸어준 것이어서 더 애를 태웠다.
피가 마른다는 표현이 실감 나게 다가왔다.
못난 나를 원망도 했다. 하루는 독한 마음을 먹었다.
그분에게 경찰서로 가자고 했다. 그랬더니 다음날 200만 원을 갚았다.
내 인생 큰 교훈이었다. 앉아서 주고 서서 받은 것이다.
이때부터 내 사전에 돈 빌려주는 일은 없었다.
혹독한 인생 수업을 받은 것이다.
이것 또한 지나고 보니 감사한 일이다.

303 구사일생(九死一生)

2020. 7. 2. (목)

아홉 번 죽을 뻔하다가 한 번 살아난 것을 구사일생이라 한다.
우리 집 마당에는 세 마리의 고양이가 종횡무진으로 활약한다.
룰루, 달이, 꼬리다. 가끔 쥐도 잡아 와서 가지고 논다.
먹지는 않는다. 달이가 참새 한 마리를 입에 물고 다닌다.
가만히 지켜보고 있으니 신난 것 같다.
날쌘 새를 잡았다는 자부심이 보이는 듯했다. 가지고 놀려고 입에서
놓는 순간 횡하고 날아가는 것을 보았다.
날아가는 쪽을 향해 총알처럼 달려갔어도 날개가 없는
달이는 속수무책 몇 번 야옹 소리만 내다 말았다.
우스운 장면이었다.
　　여기서 나는 두 가지를 깨달았다. 하나는 무엇인가 손에
잡았다고 생각하는 순간, 날아가 버린다는 것이다.
또 하나는 '이제는 죽었구나.'라고 생각하는 순간,
구사일생 살게 되는 기적도 있다는 것이다.
인생은 씨줄, 날줄로 엮어져 가는 것이리라. 기쁨, 슬픔, 형통,
고난, 성공, 실패, 웃음, 눈물의 씨줄, 날줄이 있어
천 하나가 완성된다. 사는 것은 기적이다.

304 장모님께 해드린 김치찌개
2020. 7. 2. (목)

올해 장모님의 연세는 89세시다. 아들들 셋이 서울에서
안정되게 잘 살고 있는데 우리 부부가 모신 세월이 벌써
20여 년이 되었다. 음식도 잘하시고 부지런하시고 건강하셔서
텃밭뿐만 아니라 주변에 손바닥만 한 땅도 콩, 들깨, 옥수수
등으로 꽉 차게 심으신다.

사위인 내가 요리한 돼지고기 김치찌개가 먹고 싶으시다면서
돈을 주신다. 내가 만드는 김치찌개는 나만의 방식이 있고,
네가 만드는 음식은 너만의 방식이 있다.
나만의 방식은 우선 고기를 요구르트병 크기로 크게 자르고
포기김치는 머리만 잘라서 위를 덮는다.
참기름, 포도주 한 술, 통마늘과 깨소금, 된장 두 숟가락이면 끝이다.
생강도 잊지 않는다.
될 수 있는 대로 고기를 많다 할 정도로 충분히 넣는다.

다른 사람이 내가 해 준 음식을 맛있게 먹어주면 행복이 스며든다.
내가 한 음식을 맛있게 드시니 참 좋다.
내가 먹어 봐도 맛있어서 두어 번 더 갖다 먹는 내 모습도 본다.

"넌 어떤 음식을 가장 좋아하니?"라고 나에게 물어보면
첫 번째가 김치찌개다. 두 번째는 생선탕이고, 그중에 생선 대가리
발라먹는 것을 좋아한다. 역시 음식 요리는 예술이다.
장모님을 위해 베푸는 일이었는가. 음, 당연한 일인데 뭐.

305 「그리운 금강산」 노래를 들을수록
2020. 7. 2. (목)

한국인이 좋아하는 우리 가곡 베스트 1위는 한상억 시,
최영섭 곡의 「그리운 금강산」이다. 1961년도에 발표된 이 곡을
나도 무척 좋아한다. 엄정행, 백남옥, 조수미 성악가들의 목소리로
수없이 들었다.

오늘 아침 엄정행 님의 목소리를 다시 찾았다.
"누구의 주제런가 맑고 고운 산/그리운 만 이천 봉 말은 없어도"
초등학교 때는 "금강산 찾아가자 일만 이천 봉/볼수록 아름답고
신기하구나"라는 노래를 불렀었다.

내가 살아있는 동안 금강산을 가 볼 수 있을까?
꿈에도 그리던 금강산을 아직 못 가 봤다.
한때 금강산 관광이 가능했을 때는 차일피일 미루다가 기회를 놓쳤다.
남북정상회담, 북미정상회담이 열릴 때는 금방이라도
통일이 될 것 같았고 금강산도 쉽게 가려니 했는데 갈수록
더 실타래 꼬이듯이 남북관계가 꼬여 가고 긴장 상태로 되어 간다.
아, 내 평생 과연 금강산을 볼 수 있을까?
오늘 아침에도 「그리운 금강산」 가곡을 들으며 먼 북녘 하늘을
바라본다. 기러기들만 날갯짓하며 날아가는구나.

새벽길 별을 보며

306 안 된 것이 때로는 잘된 일이기도

2020. 7. 2. (목)

감사하지 않은 것이 하나도 없다. 살아온 인생 여정 속에
펼쳐져 왔던 크고 작은 많은 사연과 일들을 돌아보면서 하는
고백은 "감사합니다!"다.

2011년 8월 3일, 가족 여름휴가를 가평 자라섬 캠핑장으로
가기로 했다. 갑작스러운 홍수로 인해 예약이 취소되었고
무조건 무주로 차를 몰았다. 아내와 둘이서. 무주, 장수,
고산 캠핑장은 포화상태였다. 난감했으나 희망을 잃지 않았다.
갑자기 무주 자연환경 연수원에 근무하는 신진철 선생님이 생각났다.
자기 집 잔디밭에 텐트를 치고 한 주일 지내라 했다.
마을 높은 외딴집이었다.

눈앞에 남덕유산, 향적봉, 등업령이 펼쳐져 있었다.
우리 부부는 매일 도시락을 싸 들고 산행을 했다. 억수 같은 소낙비를
온종일 맞기도 했다. 남덕유산 정상에 피어 있는 원추리 꽃들은
천상의 화원 그 자체였다. 밤에는 밤하늘의 별들이
청정지역인 무주에, 내 가슴에 쏟아져 내려왔다.
하늘 별똥이 떨어질 때면 나의 소원도 말했다.
칠연계곡에서 아내와 물장구를 치면서 어린아이가 되기도 했다.
자라섬 오토 캠핑장으로 가지 못한 것은 안 된 일이었다.
그런데 안 된 것이 잘된 일이기도 했으니 내 평생 언제 또다시
무주 시골 마당에 텐트를 치는 날이 올 수 있을까?

307 내일 아침에는 달리기를
2020. 7. 2. (목)

　　나의 황홀한 달리기 일기 노트에는 "사슴처럼 달리는 남자.
2013년 7월 23일"이라 기록되어 있다.
거의 매일 달렸었고 몇 분, 몇 킬로미터, 어떤 느낌이었는지를 기록했다.
"「마이 웨이」 영화 주인공이 되어", "젖은 운동화 드라이기로
말려 신고", "매일의 힘은 위대하다"라는 등의 제목을 적고
매일 달리기 일지를 썼다. 하프, 풀코스 마라톤 대회에 나갔었고
매일 기록하는 일지의 내용 또한 똑같은 적이 없다. 신기하다.
　　나는 걷기 운동을 하고 있는데 헉헉거리며 달리기를 하는
몇 사람들을 보았다. 나의 마라톤 추리닝에는 '꿈꾸며 달리는
클럽'이라고 적혀 있다. 연습을 함께하며 지평선 마라톤 대회 하프에
4명이 완주를 한 후 얼싸안고 운 적도 있었다.
이때 내 옆에서 같이 달렸던 샤론은 맨 뒤에서 앰뷸런스의
호위를 받으며 2시간 57분으로 탈락 3분 전에 극적인 완주를 했다.
완주 후 그 자리에 주저앉아 아이처럼 엉엉 울던 모습이
영화의 한 장면 같았다.
　　오랜만에 내일 아침 6시부터 달려야겠다.
간단한 아침식사도 준비하여 미륵사지까지 왕복 20킬로미터를
달릴 작정이다. 신나겠지? 그럼. 코로나 19 종식을 위한 달리기.
음, 주제도 좋군그려. 내일은 나의 날이다.

308 내 몸 테스트 달리기
2020. 7. 3. (금)

옛날 아테네의 전령이 전투에서 승리한 소식을 전하기 위해
달렸다는 고대신화의 영웅처럼 초죽음이 될 때까지 달리지는 않았다.
나는 오늘 한 시간을 달리기로 하고 출발을 했다. 선글라스 고글,
마라톤 모자, 마라톤 대회에 나갔을 때 입었던 짧은 반바지와 티셔츠.
막상 달리려고 하니 1퍼센트는 걱정이 되긴 했다.
하지만 매일 꾸준히 걷기를 했던 저력을 믿으라고
스스로를 타일렀다.

달리기는 산소 목욕이라 할 수 있다. 힘들어서 더 해 볼
가치가 있다.
세상에서 쉬운 쪽을 찾으면 쪽박 차기 쉽다.
그리고 거짓일 가능성이 크다. 늘상 그렇듯이 출발하여
20분 정도까지는 많은 인내가 필요하다. 그 후부터는 몸이
활성화되어 발걸음이 가벼워진다.

오늘은 탑천 따라 미륵사지까지 자전거 우선도로를 달렸다.
신기마을 원두막까지 갔다가 돌아오니 정확히 한 시간이 걸렸다.
땀으로 전신 목욕을 했다. 내 주먹만 한 심장이
잘 뛰고 있다는 것을 실감했다. 내 몸 테스트가 되었다.
아직 쓸 만하고 좋았다. 계속 감사를 외쳤다.

309 눈보다 게으르고 손보다 부지런하고
2020. 7. 3. (금)

　2천 주가 넘는 화단 철쭉과 기타 나무들 전지를 하니
3트럭 분량의 나무가 나왔다. 태우는 것도 안 되고
자연으로 돌려보내는 것이 가장 좋은 일이다. 그게 뭔가?
파쇄기로 부수는 것이다. 산처럼 쌓여 있는 이 많은 나무를
계속 보고 있으려니 까마득하다.
　눈으로 보고 있으면 일이 되지 않고 줄지도 않는다.
몸을 움직여야만 시작이 반이 된다. 파쇄기 기계 소리가 커서
헤드폰을 쓰고 작업했다. 날리는 먼지와 휘발유 냄새,
눈으로 침범하는 작은 티끌들도 춤추며 다닌다.
몸은 땀으로 끈적거리고 욱신욱신 허리도 아파온다.
그래도 하다 보니 서너 시간이 지났고, 그렇게 많던 잔가지 나무들이
많이 없어졌다.
　'힘들면 몇 번 나눠서 하면 되지.'라고 생각했는데
하루 만에 다 끝내버렸다. 내가 일 앞에서 쩔쩔매지 않고,
일이 내 앞에서 쩔쩔맨 것 같다. 하다 보니 작업이 다 끝난 것이다.
복 중에 일복도 있나 보다. 내가 바로 그렇다.
일하기 싫거든 먹지도 말라 했지. 무슨 일이든지 겁낼 것은 없다.
그냥 해 보면 되게 되어 있다.
손의 힘은 위대하다.

새벽길 별을 보며

310 다시 보고 싶은 「My Way」 영화
2020. 7. 3. (금)

이 글을 쓰는 시간에 프랭크 시나트라의 「My Way」 음악을
듣고 있다. "The record shows I took the blows and
did it my way.(내 지나온 날이 보여주듯 난 담담히 시련을 받아들였고
난 내 방식대로 했어요.)"
1975년도에 개봉된 결승점을 향해 달리기할 때 영화 클라이맥스에
바로 이 음악이 나온다. 천신만고 끝에 포기하지 않고 다리를
절뚝거리면서 한 걸음씩 움직일 때 모든 관중이 일어서서
열광했고 가족들은 뛰쳐나와 주인공을 끌어안고 운다.

그때 처음 들었던 「마이 웨이」 노래는 세월이 가도 잊히지
않는다. 그래서 한때는 이 노래를 외워 보려고도 한 적이 있었다.
오늘 달리기를 할 때 45년 전의 그때 그 감동과 감격과
흥분의 에너지가 전달되어 오는 것 같은 느낌,
전기에 감전된 것 같은 짜릿함을 경험했다.
'1등 했는가, 시간을 단축했는가, 빨리 달렸는가?'보다는
'포기하지 않았는가, 끝까지 달렸는가, 달릴 때 행복했는가?'다.
난 후자에 yes라고 답하고 싶다.

311 내 손 좀 쉬게 해 줘!
2020. 7. 3. (금)

    쉼표 없는 악보는 없다. 공부도 일도 쉬는 시간이 필요하다.
개구리도 멀리 뛰려면 잠시 몸을 움츠리고 있어야 한다.
일주일 넘게 화단에 있는 철쭉, 가이스카향나무, 죽순, 소나무 등
많은 나무를 전지와 톱질을 했다.
한 번 일을 시작하면 마무리될 때까지 몸을 혹사하는
경향이 있는데 잘 고쳐지지 않는다. 쉬엄쉬엄이라는 것 자체가 없다.
그러다 보니 몸이 아우성칠 때가 있다.

    일주일 전부터 왼손 가운뎃손가락이 아파왔다.
병원은 미룰수록 손해인 줄 알면서도 미뤄왔다.
인대에 염증이 생겨서 그렇단다.
빨리 오시지 그랬느냐고 한마디 들었다.
주사 맞고 약 계속 먹고 물리치료하면서 생각해 보니 손을 너무
부려먹기만 하고 관리를 못한 것이 미안했다.
그래도 오른손이 아닌, 왼손인 것이 다행이었다.
병원에서 다시 한 번 내 손가락들을 유심히 쳐다보았다.
"고마워 그리고 미안해."라는 말이 나왔다.
실컷 부려먹었으니 한 열흘 손가락 호강 좀 시켜줘야겠다.

312 스물세 개의 계단
2020. 7. 4. (토)

지금 사는 집을 지은 것은 8년 전이다. 마당에서 2층에
오르려면 스물세 개의 계단을 밟고 가야 한다.
8년을 살면서도 한 번도 계단이 몇 개인지 세어본 적이 없었다.
그런데 오늘 갑자기 떠오르는 생각에 세어보니 그렇다.
하루에도 몇 번씩 오르내린다. 고양이 밥 주러, 신문 가지러,
아래층에서 모닝커피 마시러, 연못에 물고기들 밥 주러, 나무 물 주러,
택배 상자 받으러, 피어 있는 꽃들 눈 맞추러, 외출하러,
교회 가서 기도하러, 오이고추 따러 왕복 46개의 나무 계단을
8년간 오르내린 것이다.

어제 한 시간 달리기한 후 오늘은 성큼성큼 계단을 오르내리지
못했다. 난간을 잡고 겨우 한 걸음씩 살금살금 오르내렸다.
어떤 때는 아래에서 두세 계단씩 뛰어오르기도 했는데 말이다.
그동안 아프지 않고 건강했던 내 다리에
새삼 고마운 마음이 들었다.

장모님 연세가 89세신데 2층에 올라오시려면 시간이
나보다 세 배 정도 더 걸리신다. 어떤 때는 힘들게
올라오시는 모습이 안타깝지만 계단 덕분에 더 건강하신지도 모른다.
이곳에서 살아야 할 시간은 7년이 남았다.
7년 후 난 어디서 살아야 하지? 7년 후가 아니라 7분 후의 일도
모르는 인생이지 않은가? 걱정하지 말자.

313 정아, 지금 어디에 있니?
2020. 7. 4. (토)

우연이 그냥 흘러가는 경우도 있지만 우연이 인연이 되는 수도
있는 것 같다. 13년 전 어느 날, 인쇄소에 갔다.
그곳에서 북경에서 유학 온 여학생을 만났다. 인쇄소 사장님과
대화하는 것을 옆에서 들어보니 사연이 안타까웠다.
아르바이트해야 해서 어학원 기숙사에 머무를 수 없다는 것이다.
이때부터 21살 된 중국 유학생은 우리 집에 머물게 되었다.

일 년 정도 우리 가족과 함께 살면서 아르바이트를 하며
착하고 성실한 신랑을 만나게 되었다.
약혼식에 입을 꼼빠니아 옷도 사 주고 식당에서 약혼식을 해 줬다.
그리고 잘생긴 아들을 낳았다. 과일, 생필품을 사서 사는 아파트에
갖다 주는 즐거움이 나에게 있었다.
그 아이 정아는 토마토 요리를 잘했었다.
"아빠, 이거 드셔보세요." 애교도 많았고 영특한 아이였다.

딸이 없는 우리 집에 일 년간 딸 역할을 했다.
그리고 어느 날 홀연히 아이를 두고 중국으로 돌아갔다.
그 아이와 함께 찍은 우리 가족사진을 보면서 아빠라고 불러줬던
흘러간 세월의 뒤안길을 돌아본다. 정아, 지금 어디에 있니?

새벽길 별을 보며

314 7월에 만나고 싶은 사람
2020. 7. 4. (토)

　　7월 첫날에 기록한 7월의 버킷리스트 열다섯 개 목록 중에
만나고 싶은 사람이 이영이 선생이라고 기록했었다. 이분을
만난 때가 15년 전쯤 되는가 보다. 우리 대학 사회복지학과
학생으로 들어왔다. 나보다 세 살 위의 누님이었지만
깍듯했다. 불교 신자였지만 나와 함께 식사할 때
내가 기도한 후에는 "아멘"이라고 상대의 종교도 인정해 준 분이다.
하늘에서 천사가 내려온 것 같은 사람이라 생각했고,
아들 결혼식 주례도 나에게 맡겼었다.
　　한 번씩 오가며 가게에 들르면 그림을 그리고 있었고
섬기고 나누기를 좋아하는 사람이었다. 산전수전
시련의 소용돌이 속에서도 결코 낙담하거나 용기를 잃는 모습을
본 적이 없다. 몇 차례 학생들이 노래방을 가자 하여
따라간 적이 있었는데 가수 못지않게 맛있게 노래를 잘 불렀다.
특히 「울산 아가씨」 노래는 내가 좋아해서
계속 신청곡으로 불러주었다.
　　2년 넘게 만나지 못한 것 같다. 마음만 먹으면 한 시간 내로
달려갈 수 있는 거리인데도 말이다. 공주님 같은 이 선생님은
내가 새벽기도 할 때 이름을 부르며 기도하고 있다.
평생 고마운 분, 7월에는 만나서 밥 한 번 사야겠다.

315 같이 있고 싶은 사람
2020. 7. 5. (일)

　　내가 같이 있고 싶은 사람, 나와 같이 있고 싶은 사람은
어떤 사람일까?
산 위에 오르면 두 팔 벌린 품안에 시내가 다 안긴다.
내가 나를 볼 수 있으려면 어떻게 해야 할까?
내가 같이 있고 싶은 사람이 어떤 사람인지 답을 찾으려면
나를 비춰보면 된다.
　　나는 다른 사람의 질문을 잘 끌어낸다.
계속 혼자 이야기하고 공을 혼자 잡고 있지 않는다.
이야기하며 얼굴에 웃음을 늘 머금는다.
타인의 흉을 보거나 비난하지 않는다.
어떤 취미와 관심사가 있는지 잘 물어본다.
좋아하는 분야에 더 많은 질문을 하고 반응을 한다.
부정적인 이야기는 하지 않고 특히 정치 이야기는 접어둔다.
대화할 때 핸드폰을 꺼놓고 집중해 준다.
약간 고개를 상대방에게 기울인다. 듣기 싫은 말을 들어도
반박하지 않는다. 이 정도면 되었을까? 아니다.
그래도 더 많이 노력하고 나를 다듬어가야 하느니라.

316 같이 있으면 피곤한 사람
2020. 7. 5. (일)

    인간의 모습은 천태만상이다. 천 가지 모습, 만 가지 형상이다.
사람이나 사물의 모양과 형상과 개성이 모두 다르므로
세상은 묘미가 있는 것이다. 하지만 같이 있으면
힘이 빠지는 것 같고 피곤한 사람이 있다.
얼른 자리를 뜨고 싶게 만드는 사람도 있으니까 말이다.
그 사람이 바로 나일 수도 있지만 나여서는 안된다고 못을 박는다.
    자기 이야기만 강하게 어필하는 사람, 상대방에게 이야기할
기회나 여유를 주지 않는 사람, 사소한 일인데도 여지없이
비난하고 평가하고 판단하고 정죄하는 사람, 결코 자기 지갑을
열지 않는 사람, 자기 자랑에 푹 빠져 있는 사람,
아홉 번 밥 얻어먹고 가뭄에 콩 나듯 밥 한 번 사면서
생색내는 사람, 했던 이야기 하고 또 하는 사람,
자기의 지위가 황제나 되는 것처럼 생각하고 으스대는 사람,
교만 덩어리인 사람, 상대방의 생각을 깔아뭉개고 무시하는 사람,
약자에게 강하고 강자에게 약한 사람,
손해 볼 것 같으면 얼른 꽁무니를 빼는 사람.
이런 사람이 있을까?
당연히 있다. 내 주변에도 있다. 그런데 어쩌나.
가끔은 그런 사람 꼴도 보고 살아야 하니, 나를 또한 돌아본다.

317 짧은 인생, 긴 예술
2020. 7. 5. (일)

　　베토벤은 1770년에 출생했고, 피카소는 1881년에 출생했다.
국민 동요라고 불리는 「오빠 생각」은 최순애와 이원수의
러브스토리를 1925년 박태준 님이 곡을 붙인 것이다.
베토벤이 태어난 지 250년이 되었는데 그가 남긴 곡은
어쩌면 지구가 없어진 후에도 남아 있을 것이다.
내 책상 앞에 놓여 있는 책들, 노트, 만년필, 십자가, 인형들은
내가 죽는 순간부터 없어질 것이다.
세월이 흘러 한 세대가 가고 또 오면서 사람들 기억 속에서 나도
희미해질 것이다. 당연한 일이다.
　　난 일주일에 한 번 이상은 꼭 베토벤의 교향곡을 듣는다.
250년 전의 사람을 만나는 것이다. 그리고 감격하고 때로는
눈물을 흘린다. 내 마음 가운데 살아서 말하기 때문이다.
감사를 표현하고 싶은 것이다. 그래서 "인생은 짧고,
예술은 길다."고 한 것이리라. 한 곡의 음악, 하나의 그림이
나오기까지에는 그 얼마나 많은 산고의 아픔이 있었겠는가.
이 아침에는 베토벤, 피카소, 박태준 님이 나를 안아주는 것만 같다.

318 로드킬당한 두더지
2020. 7. 6. (월)

포유동물인 두더지는 발톱이 영락없이 삽처럼 생겼다.
대개 문방구 앞 놀이기구에 두더지 잡기가 있다.
망치로 계속 올라오는 두더지의 머리를 힘껏 내려치는 것이다.
스트레스 푸는 것이라 하지만 죄 없는 두더지 잡기를 꼭 해야만
하느냐는 의구심이 든다. 갈수록 더 세게 치는 그 힘이
폭력성을 기르는 것은 아닐까 하는 생각이 들어서다.

아침 6시니까 조금 이른 시간, 매일 걷는 길 가운데에
두더지가 죽어 있다. 로드킬을 당한 듯 형상을 구분하기
어려울 만큼 되어 있다. 내가 치우지 않으면 누가 하겠는가.
긴 막대기 두 개를 주워 와서 안 보이는 곳으로 치워주었다.
땅속을 헤집고 다니며 살아야 하는 두더지가 어찌하여
길가로 나와서 죽임을 당했을까?
삽이 없어서 묻어주지는 못했지만 안타까웠다.

「누가 내 머리에 똥 쌌어?」 인형극을 공연하기 위해 두더지를
만들어 놓은 것이 있다. 땅을 파느라 단련된 앞발을 만져보니
돌처럼 단단하다. 언제인가는 차를 세워 놓고
로드킬당한 고라니를 치워준 적도 있다. 내 몸무게 정도 되는
고라니를 들고 옮기느라 허리가 휘는 줄 알았다.
두더지들아, 햇살이 눈부시니 그저 땅속에서 잘 살거라.

319 기생초와 개망초의 어울림
2020. 7. 6. (월)

내가 처음 기생초를 만났을 때는 10여 년 전이었다.
그때는 우리 주변에 거의 안 보일 정도로 귀했던 것 같다.
섬진강 강가를 거닐고 있는데 눈앞에 펼쳐진 기생초의 몸짓은
입을 다물지 못할 정도였다.

북아메리카가 원산지인 기생초의 꽃말이 좋아서 그림을 그렸었다.
"다정다감한 그대의 마음." 나도 이렇게 살고 싶어서였을 것이다.
화려한 자태가 기생이 치장한 것 같다 하여
기생초라 한다는데 요즘 개망초와 더불어 멀미가 날 정도로
아름다움을 자랑하고 있다. 흰색, 노란색의 개망초,
주황색, 진분홍색의 기생초. 색의 조합이 이토록 예쁠 수 있을까 싶다.

제주도 유채꽃밭은 빼놓을 수 없는 신혼여행 사진 장소기도 한데
요즘 기생초와 개망초 꽃밭 역시 이 계절에 볼 수 있는
놀라운 광경이다. 삶의 계획서가 없는 존재는 하나도 없다.
불법경작물 장소에 제초제를 뿌려 꽤 많은 개망초와 애기똥풀을
죽인 사람들이 밉다.

320 처음 본 영롱한 새 알
2020. 7. 6. (월)

　　창의력은 관찰력에서 나온다. 서두르고 조급해하면 관찰과는
거리가 멀어진다. 혜민 스님이 쓴
『멈추면, 비로소 보이는 것들』 책에 "고민이 있으세요?
그러면 햇볕을 쬐며 걸으세요."라는 글이 있다.
　　걷기 운동 하다가, 아니 운동이라기보다 명상에 더 가깝다.
탑천 길가에서 새집 하나를 발견했다. 귀엽고 작은 새 한 마리가
파드득 날아가 버린다. 붉은머리오목눈이 새집이다.
혹시나 하여 안방을 들여다보고 깜짝 놀랐다.
내 눈을 의심할 정도로 영롱한 짙은 바다색 알 다섯 개가 있었다.
야생 복분자나무에 지은 주먹보다 작은 둥지는
60센티미터 정도 높이에 있었다.
　　"뱁새가 황새 따라가다 가랑이 찢어진다."는 속담에 나오는
바로 그 새다. 알은 어미 새가 계속 품고 있어야 한다.
따뜻이 온도를 유지해야 새가 부화되니까 말이다.
하루에도 많은 사람이 오가는 자전거 우선도로인데 이 새가
많이 놀랄 수 있겠다 싶었다. 아까시나무를 꺾어 새집을
위장막처럼 가려주었다. 꼭 새끼가 부화되어 건강하게
자라줬으면 하고 기원한다. 붉은머리오목눈이들이 부화될 때까지
이 길을 막을 수도 없고 내가 해 줄 수 있는 일은
가려주는 일밖에 없다. 붉은머리오목눈이야! 꼭 성공하길 바라.

321 이런 복도 왔었다
2020. 7. 6. (월)

　　지금으로부터 18년 전 어느 날이었다.
처음 받은 전화였는데 잘못 걸려온 전화였다. CBS 기독교 방송국
PD였는데 전화번호를 잘못 누른 것이었다. 다음날 다시 또
전화가 왔다. 이렇게 친절하게 전화받으시는 분은 처음이라면서
방송국 출연 제의가 왔다. 마침 봄 방송국 프로그램 개편을
해야 할 때였다.

　　매주 한 번 오전 10시부터 10시 30분까지 주부들의
황금 시간대에 맡은 것은 "가정살롱"이었다.
물론, 생방송으로 진행했다. "가정이 흔들리고 있다, 자녀들의
고민, 부모와 자녀 관계, 아름다운 여성은 어떤 사람,
여자답다는 것은, 아름다운 여성과 가정" 등의 주제를
가지고 대담형식으로 이뤄졌다.
멀리 천안에서도 잘 듣고 있다는 청취자도 있었다.

　　6개월 정도 진행한 것으로 기억하고 있는데 덕분에 많은 책도
볼 수 있었다. 살다 보니 이런 복도 오는 것이구나.
주님께 감사드렸다. 내가 40대 중반이었으니까
그때 목소리는 어땠을까? 또 그런 예상치 못한 복이 올까?
당연하지.

322 동요 작곡비 100만 원
2020. 7. 6. (월)

해야만 된다고, 할 수 있다고 마음의 소리를 계속 들었다.
매일 글쓰기를 하는 일이 엄청난 행복과 힐링의 짜릿한 시간이
계속되면서 동요를 좋아하는 내가 나의 동요를 지어보고 싶었다.
「애기똥풀」, 「달팽이의 발자국」, 「야옹야옹 내 이름 룰루」
가사를 완성하여 작곡가에게 넘겼다. 일주일 동안 기도했다.
좋은 곡이 나올 수 있게 해달라고. 드디어 완성된 곡을 받았다.
물방울이 톡톡 튀는 것 같은 경쾌함과 향기로운 듯
감미로움이 전해져 온다. 원래 한 곡 작곡비가 백만 원인데
3곡에 백만 원으로 결정이 되었다.
마음 같아서는 더 주고 싶은데…….
내가 해 보지 않은 일에 대해서는 잘 모르기 때문에
상대방의 수고와 노력과 고생을 잘 모를 수가 있다.
곡조 하나하나 붙이는 일이 굉장히 힘들고 어렵다는
추측만 할 뿐이다.
누구에게 이 노래를 부르게 해야 하지?
살다 보니 나도 별 경험을 다 해 보는 것 같다.
이 얼마나 놀라운 일인가 말이다. 작사하는 과정이 행복했는데
곡을 붙여 완성된 동요를 불러보니 더 행복하다.
이 땅 위에 아름다운 자연생태 동요가 구석구석 퍼져서 자연, 인간,
생명의 존엄성이 확고히 자리 잡는 불씨와 밀알이 되었으면 좋겠다.

323 생각의 게으름
2020. 7. 7. (화)

스코트 팩의 말이 떠오른다. "원죄는 불순종보다는 생각의 게으름"이다. 한 시간쯤 걷다가 원두막에 잠시 앉는 것이 습관처럼 되었다. 메모하고 요구르트 하나도 먹는 시간이다. 푸르른 논을 쳐다보고 있는 것도 상당한 즐거움이니까. 내 눈도 그것을 원한다.

앉기 전에 주변을 살펴본다. 누군가가 달걀을 까먹고 껍질을 바닥에 흩뿌려 놓았다. '에이 나쁜 사람들 같으니.' 금방 욕이 나올 뻔했다. 그런 사람은 욕을 먹어도 싸다. 몇 개의 담배꽁초도 널브러져 있다. 짐승이 해 놓지는 않았다. 인간들이 해 놓은 것이다. 늘 옆에 놓아둔 싸리 빗자루로 주변을 쓸어냈다. 달걀을 까먹으면서 한 번만, 조금만 생각했으면 이렇게 더럽히지는 않았을 것이다.

강릉 경포대 해수욕장 백사장에 술병과 쓰레기가 넘쳐난다고 한다. 아침 신문에 그 장면이 나왔다. 도대체 왜들 그러는 걸까? 좀 심한 말일지는 모르지만 아무 생각이 없는 사람들이 왜 숨은 쉬고 살까? 내가 다른 것으로는 쉽게 화를 내지 않는다. 하지만 자연을 훼손하는 일에서는 참기 힘들다.

새벽길 별을 보며

324 내가 가장 잘하는 악기
2020. 7. 7. (화)

등산 배낭에 쏙 들어가는 우쿨렐레가 있다. 일 년 정도
배워서 동요 3곡과 「Amazing Grace」, 찬송가 한 곡을
C코드로 외워 전주 한옥마을에서 혼자 길거리 공연을 한 적이 있다.
5곡을 계속 반복해서 연주하며 노래를 불렀는데
나중에는 십여 명이 넘게 내 주변에 몰려들어서 얼굴이 화끈거렸다.
어설픈 실력을 보고 웃음을 지은 사람들도 있었을 것이다.
누가 뭐라 하든 말든 내가 하는 것은 소중한 의미가 있는 일이다.

서재 한쪽에 얌전히 모셔져 있는 우쿨렐레에 손을 대지 않은
세월이 벌써 2년이다. 내가 할 수 있는 악기 연주는 뭐가 있을까?
음악성이 없는 것이 아니라 노력이 부족한 것을 인정하자.

걸으면서 휘파람을 불어봤다. 이미자의 「여자의 일생」과
「반달」 동요를 불렀다. 입술, 혀, 바람, 힘 네 가지만 있으면
휘파람 소리가 나온다. 가장 위대한 악기는 나고 내 몸인 것 같다.
왠지 휘파람을 불면 기분이 상쾌해진다.
어린 시절, 시골 논두렁길을 노을 지는 석양을 바라보고
걸으며 「오빠 생각」, 「섬집 아기」 같은 동요를
휘파람 불며 자연에 묻혔던 적이 아련히 떠오르는 아침이다.

325 붉은머리오목눈이와의 눈 맞춤

2020. 7. 7. (화)

어제 처음으로 본 새집 안에 있던 영롱한 옥색 알들
다섯 개. 어느 지점, 어느 장소에 있다는 것을 알고 있기에
그 근방에 이르자 새가 놀라지 않게 천천히 걸어갔다.
오늘은 둥지 안에 새가 있을까? 알을 품고 있어야 하니
분명코 앉아 있을 거야. 조심조심 발뒤꿈치를 들고
3미터쯤 떨어진 거리에 섰다. 목만 빼꼼히 내밀고 있는
붉은머리오목눈이가 있었다.

가까이서 관찰하기 어려우므로 한국의 새 도감을 자세히 보았다.
13센티미터, 몸은 전체적으로 밝은 갈색, 날개를 접고 있을 땐
적갈색으로 보이고 꼬리는 길다.
"비, 비, 비" 하고 우는 이 새는 한국에 2종이 있다.

오늘 본 새는 암컷으로 보였다.
새끼가 부화될 때까지 얼마나 배가 고플까? "내가 새 한 마리를
살려 날아가게 할 수 있다면 내 삶은 절대 헛되지 않으리라"는
시구가 떠오른다. 수천수만 번을 날아 새집을 짓고
짝짓기에 성공하여 다섯 개의 알을 품고 있는 오목눈이의 눈은
점 하나 콕 찍어 놓은 것 같이 작았지만 반짝반짝 빛났다.

326 그냥 하루만 살자!
2020. 7. 7. (화)

논산 훈련소에서 6주간의 훈련은 길고 길었다.
입대 전, 한 달 보름의 시간과 입대 후의 시간 차이는 매우 컸다.
30개월의 남아 있는 군 생활에 비하면 6주는 짧은 것이었으나
생애 처음 경험하는 것인지라 몸도 마음도 지치고 힘들었었다.
그때 깨달은 것은 하루만 살자는 것이었다.
마라톤 풀코스 때도 마찬가지였고 MTB 자전거를 타고
미륵산 중계소 오르막길을 오를 때도 그랬었다.
눈알이 빠져나올 것 같고 심장이 펑 터질 것 같은 오르막길의
연속에서 조금이라도 더 어렵지 않게 올라갈 수 있는 비결은
바로 코앞의 땅만 바라보고 페달을 밟는 것이다.
그러다 보면 어느새 정상에 올라와 있는 자신을 본다.

내일 일은 난 모른다. 살아있을지도 모르고 내일 나에게
무슨 일이 일어날지도 모른다. 미국에서 복권에 당첨되어
수천억 원의 돈벼락을 맞은 사람이 그날 저녁 강도에게
총 맞아 죽었다는 기사도 봤다. 천상병 시인의 「귀천」 시처럼
"나 하늘로 돌아가리라/아름다운 이 세상 소풍 끝내는 날/
가서 아름다웠더라고 말하리라"
그래, 오늘 하루만 소풍 가는 날로 살자.
많이 웃고 더 감사하고 더 기뻐하자.

327 철학적 사고의 습관
2020. 7. 8. (수)

매일 오전 5시부터 10시까지 약 5시간 동안에 벌어지는
일들. 일어나 이불 개기, 잇몸 마사지하기, 양치, 물 한 컵
마시기, 기도, 찬송, 고양이 밥 주고 이름 불러주기,
"책 읽기 좋은 날" 유튜브 청취, 걷기, 명상, 자연과 눈 맞춤,
메모, 키워드 정리, 식사, 샤워, 면도, 드립 커피 내려 마시기,
신문 보기, 클래식 듣기, 화분 물 주기, 공방 창문 열기,
화단 한 바퀴 돌아보기, 그리고 글쓰기.
오전 10시 또는 10시 30분에 이 모든 일을 마치게 된다.
　　5시간 동안 많은 일이 주어지는데 나의 존재 이유, 정체성,
내 생각을 재봉질하고, 대패질하고, 다듬고, 보듬는 시간은
오전 6시부터 7시 30분까지다. 눈앞에 보이는 미륵산과 하늘,
나는 새들의 몸짓, 날이 갈수록 푸르름이 더해가는 논,
피고 지는 변화무쌍한 식물들, 한 번도 똑같지 않은
하늘의 구름들, 한 걸음씩 딛는 나의 발걸음,
그러면서 퍼즐 맞추듯이 내 마음과 생각들을 모아본다.
좀 더 깊이 있게 그리고 가장 나다운 삶이 무엇인가를
더듬어보는 행복한 시간이다.

328 헤밍웨이의 연필

2020. 7. 8. (수)

한 달에 꼭 한 번은 해야 하는 것이 이발이다.
10년 넘게 다니는 미용실에 갔다.
기다리는 잠깐 시간에 여성잡지를 훑어보았다.
글 잘 쓰는 법 3가지가 나와 있어서 핸드폰에 메모했다.
많이 읽고, 많이 생각하고, 많이 써 보는 것이다.
그리고 헤밍웨이 스토리가 소개되어 있다.
헤밍웨이는 하루에 연필 8자루가 닳을 때까지 글을 썼는데
써 내려가다 보면 자신감이 생긴다는 용기를 주는 말도 있었다.
연필 한 자루를 다 쓰는 데도 상당한 시간이 걸리는데 어떻게
하루에 8자루를 쓸 수 있었을까?
그럴 만한 시간이 되었을까? 누구에게나 하루는 24시간이
주어지는 것인데 말이다. 그만큼 글을 많이 써 보라는 뜻이려니 했다.
그냥 김연아 선수가 되는 것이 아닐 것이다.
연습하면서 몇만 번, 몇십만 번의 엉덩방아를 찧었을 것이다.
세상에서 가장 아름다운 발이라고 불리는
발레리나 강수진의 발은 완전 울퉁불퉁 변형되었다.
피나는 연습과 훈련 뒤에 나올 수 있는 발레의 한 동작일 것이다.
그래, 많이 읽고 많이 생각하고 많이 써 보자. 지금 잘하고 있어.

329 약초 산행 8년의 인연

2020. 7. 8. (수)

꿈 소년, 꽃비, 샤론, 초록이, 천사, 다이아, 눈부셔.
이렇게 7명의 회원이 오늘 저녁 닭갈비를 먹었다.
다이아가 자기 아들 취직했다고 한턱 쏜 것이다.
8년의 세월이 흘렀다. 매달 한 번씩 하는 산행은 웃음보따리를
잔뜩 풀어놓는다. 처음에는 엎어지면 코 닿을 가까운 거리의 산도
힘들어했던 사람들이다.
이제는 덕유산 향적봉도 한라산도 거뜬히 오를 수 있는
강인한 체력으로 바뀌었고, 10킬로미터, 21.0975킬로미터
하프 마라톤 대회에도 완주할 정도가 되었다.
직장 생활, 가정생활에 충실한 좋은 사람들이다.
이 세상은 스쳐 지나가는 사람도 많고 잊혀지는 사람들도
있는데 8년의 오랜 세월을 자연과 함께 걸어온 발자국이
소중하고 아름답게 느껴진다.
남자 혼자와 여자 여섯 명인지라 무례하지 않게 나의 리더 자리를
지키는 일이 쉬운 일만은 아니었다. 식사 후 운동장 몇 바퀴를
걸은 후 며늘아기들 이야기를 해달라고 하여 실컷 자랑했다.
아직도 귀에서 내 입이 내려오지 않았다.

330 있는 그대로를
2020. 7. 9. (목)

나는 어린이들을 보면 가슴이 뛴다. 이 아이들에게서
희망과 미래를 보기 때문이다. 지역아동센터로 생태 세밀화
그림일기 지도를 하러 갔다. 남자아이 6명, 여자아이 2명,
8명이 모였다. 은행나무, 진달래, 등나무, 담쟁이덩굴,
목련에 대해 퀴즈형식으로 문제 풀이를 했고 카드 뒤집기
게임을 하여 활동성을 높였다. 모모랜드의 「뿜뿜」 노래를 틀어주고
나름 꽤 준비했다.

한 시간 동안에 작은 인원인데도 많은 사연이 생긴다.
갑자기 서로 티격태격 싸우고, 한쪽에선 울고, 선생님들은
달래느라 애쓰고, 황소처럼 뛰어다니는 아이, 잠시도
앉아 있지 못하고 이리저리 돌아다니는 아이, 달래보기도 하고,
잘한 일 손뼉도 쳐주고, 억양의 톤이 높아지기도 하고 그렇다.
짧지 않은 한 시간이다.

수십 년 가르치는 일을 했어도 할 때마다 많은 절제, 인내가
필요하다. 바다는 세상의 모든 배를 다 품는다.
하지만 결코 배는 바다를 품을 수 없다. 작기 때문이다.
아이들은 꽃이다. 자연이다. 있는 그대로를 인정하고 받아들이자.
사랑의 은사를 달라고 기도한다.

331 물꼬가 터진 날
2020. 7. 9. (목)

동요 악보와 MR을 받은 지 일주일이 되어 간다.
개인과 중창 또는 합창단을 누구에게 맡겨 자연생태 동요 녹음을
해야 할지 내내 생각해 왔다. 잠을 자다가도 깨어 그 생각에 마치
밀린 숙제를 하지 못하고 있는 것 같은 심정이었다.
여러 단체, 교회 등 가능성이 있을까 문을 두드려보려고 하다가
하루하루 기다림의 시간이 흘러갔다.

오늘 새벽 뻥 하고 물꼬가 터졌다. 아! 맞아, 그러면 되겠네.
후배 목사가 6명의 자녀를 두었다. 몇 차례 분유 값 하라고
얼마씩 보냈고 엊그저께 연근 떡국 한 박스도 보냈다.
하경, 하원, 주언, 주찬, 하정, 주신, 얼마 전에 낳은 아기 외에
5명이 동요를 부르면 좋겠다는 지혜가 위로부터 부어졌다.
물론, 아직 미션을 준 것은 아니었지만 가능성이 있을 듯하다.
KBS, MBC 창작동요 대회에도 출전해서 대상을 탔으면 좋겠다.
물론, 상금은 전부 그 아이들에게 줘야겠지.
기분이 참 좋은 날이다.

332 훔친 배추, 훔친 오리
2020. 7. 9. (목)

가끔 그 생각을 하면 피식 웃음이 절로 나온다.
고등학교 시절, 전주 시내 여러 곳을 옮겨 다니며 자취를 했다.
서서학동, 진북동, 태평동, 서신동, 밤나무골 등. 싼 방을
찾아다녔기 때문이다. 친구와 둘이 서신동에서 자취할 때의 일이다.
김치가 없어 먹고 싶은 마음에 자취방에서 3킬로미터쯤
떨어진 배추밭으로 갔다. 두세 포기 배추를 뽑아
포대에 담는 찰나, 밭주인이 손오공처럼 나타났다.
다리야 나 살리라고 도망치는데 계속 쫓아오는 것이었다.
붙잡히면 맞아 죽을 것 같아서 배추를 내동댕이치고
겨우 자취집에 도착했다.
간이 쪼그라드는 것 같았고 달리기 연습만 했다.
학교에서 돌아오는 길, 전주천에 백여 마리도 넘는
오리들이 있었다. 주인이 그곳에 안 보였다. 순식간에 오리
한 마리를 가방에 담고 시치미를 떼고 총총걸음으로
자취집으로 왔다. 털을 뽑아 큰 솥에 넣고 장작불로 얼마나 끓였을까?
오리 기름이 엉겨 붙어 먹을 수가 없었다.
기름을 제거하지 않았던 것이다. 내가 살면서 남의 것을
도둑질해 본 것은 배추와 오리였다. 이런 것을 두고 헛수고라고
해야 하나? 배추밭 아저씨, 그리고 오리 주인님 미안합니다.
철부지 아이를 용서해 주이소.

333 빨래골과 건조기
2020. 7. 9. (목)

1982년도에 수유리에 있는 한신대학에 들어갔다.
기숙사에서도 지냈지만 삼양동 빨래골에서도 자취를 했다.
그곳에는 작은 시냇물 같은 천이 흐르고 있었다.
주변에는 달동네처럼 작은 판잣집들이 다닥다닥 붙어 있었다.
토요일, 주일이 되면 기네스북에 올릴 만큼 길고 긴 빨래 행렬이
이어졌다. 너도나도 한 보따리 빨래를 이고 지고 와서
그곳에서 빨래했다. 나도 그랬었다.
천 주변 나뭇가지나 큰 바위 같은 곳에 널어놓고 집에 다녀와야 했다.
　　둘째 며늘아기 친정집에서 빨래 건조기를 보내왔다.
'이런 것도 있나 보다!'라고 놀랬었다. 딸이 있으면
우선순위로 건조기를 사 줘야겠다는 생각이 들 만큼 편리했다.
미세먼지, 장마철, 흐리고 비 오는 날에는 꼭
건조기가 있어야 하겠다는 강한 신념도 생겼다.
세탁기와 건조기, 빨래골과 손빨래, 추억의 빨래골이었다.
그 뒤에 세월이 얼마큼 흘러 다시 가 보니 빨래골의 '빨'자도 없었다.

334 담배는 왜 피울까?
2020. 7. 9. (목)

우리나라는 OECD 국가 중 흡연율이 14위다. 높은 편이다.
2017년도 한 해에만 35억 2,000만 갑이 팔렸고,
담배 세수가 11조 4,471억이나 되었다.
니코틴의 강력한 중독성 때문에 쉽게 끊지 못하는 것이 현실이다.
발암물질 1순위가 담배인 줄 알면서도 약 45퍼센트의 남자들이
흡연하고 있다.

걷기 운동하다가 잠시 쉬는 원두막 바닥에 여러 개의
담배꽁초가 버려져 있었다. 어제도 빗자루로 쓸어냈는데
오늘도 마찬가지다. 난 담배 냄새가 나는 택시는 탔다가도
그냥 내린다. 우리 집 앞 2층에 있는 스크린 골프장에서
담배를 피우고 우리 집 화단 쪽에 휙~ 하고 던져버린 것을
꽤 많이 주웠다.
앞에 달리던 고급 차가 창문을 열고 길가에 담배를 던지는 것도
여러 차례 보았다.
아빠가 옆에 오면 썩은 냄새가 난다는 딸의 말에 충격을 받고
그날부로 담배를 끊었다는 버스 기사님 이야기도 들었다.
이런 분은 금연상을 줘야 한다. 그런데 어쩌겠나.
12조나 되는 세금을 걷어야 하는데. 헐~ 이런 것을 필수적
모순이라고 해야 하나?

335 화장실 체조
2020. 7. 9. (목)

약 8년째 아침마다 머리 샴푸는 다시마 가루로 한다.
환경보호 차원이기도 하지만 머리, 얼굴, 온몸에 다시마로
샤워가 되기도 한다. 물론, 화장실에서다. 머리, 온몸에
시커먼 다시마 반죽을 바르고 나면 영락없이 인디언이 된다.
내가 나를 재미있게 해 주면 더할 나위 없이 즐거운 일이지.
　모모랜드의 「뿜뿜」이라는 아이돌 노래를 틀어놓고 3분 정도
체조를 했다. 아니, 춤에 가깝다. 일명 화장실 인디언 체조다.
아무것도 걸치지 않고 순서도 없고 격식도 없다.
그냥 하고 싶은 대로 혀도 쭉 빼보고 머리도 흔들어본다.
팔도 앞뒤 좌우로 흔들기도 하고 제자리에서 뛰어보기도 한다.
3분이 짧을 줄 알았는데 길었다. 나중에는 숨이 헐떡거려진다.
꽤 운동이 되었다는 증거일 것이다.
아무도 봐주는 사람 없다.
거울에서 내가 나를 보면서 키득키득 웃을 뿐이다.
기왕 시작했으니 날마다 춤을 춰야지.

336 왜 이렇게 가셨나요?
2020. 7. 10. (금)

　　밤을 거의 뜬눈으로 새웠다. 어제 실종 소식으로 걱정되어
잠이 오지 않았다. 박원순 서울시장님이다.
무사히 돌아오시기만 기도하면서.
자정이 조금 넘어 다시 뉴스를 보니 극단적 선택을 하셨다.
가슴이 아프고 슬픔이 밀려온다.
산을 좋아하시더니 마지막 순간에 산에서 발견이 되었다.
백두대간을 40일 넘게 종주한 후 너덜너덜해진
등산화를 신고 서울시장 선거에 출마하신 서울시장님.
10년을 넘게 서울시를 위해 한순간도 쉬지 못하셨을 것 같다.
　　인간은 누구나 한 번은 가야 하지만 나와 같은 나이 64세에
가시다니. 인간이 절대로 포기해서는 안 되는 것이 있다.
바로 목숨이다. 세상을 다 준다 해도 바꿀 수 없는 것이니.
하늘도 땅도 슬펐는지 밤새 비가 내렸다.
아빠를 잃은 자녀들은 어찌하나.
아직도 믿어지지 않는 고인의 죽음 앞에
마음이 납덩이처럼 무겁다.

337 비에 젖은 새끼 새 한 마리

2020. 7. 10. (금)

　　어제 밤새 잠을 이루지 못했더니 머리가 아파온다.
새벽 5시에 늘 일어나는 시간인데 계속 누워 있어도
마음이 무겁고 몸도 무겁다. 겨우 일어나 교회에 갔다.
박원순 시장님의 안식과 유가족들을 위해 잠시 기도했다.
긴 의자에 누워 있는데 어서 속히 걷기를 해야 한다는
마음의 소리가 들린다.

　　장화 신고 우산을 쓰고 빗길을 걷는다.
미륵산에 걸쳐 있는 구름이 옷을 몇 겹 입은 것 같다.
탑천 길, 10여 미터 앞에 주먹보다 작은 돌이 움직인다.
뭐지? 에구머니, 새끼 새 한 마리가 비에 흠뻑 젖어 날지 못하고 있다.
눈을 마주치려는 순간, 택배 차가 막 달려온다.
얼른 새를 집어 손바닥에 올려놓았다.
더 걷기 하려던 것을 멈추고 집으로 왔다.

　　뽕나무에서 애벌레를 잡아 먹여줘도 먹지 않고 쨱쨱 소리만
쉬지 않고 해댄다. 몸이 다 마른 후 고양이들이 손대지 못하도록
향나무 위에 올려줬다.
한 시간 후 가 보니 어디론가 날아갔다.

338 새 한 마리를 살린 기쁨
2020. 7. 10. (금)

　　세상에는 우연한 일이 없다. 오늘만큼은 하루 새벽기도도
걷는 일도 쉬고 싶은 마음이 굴뚝 같았다.
하루 중에 어느 때든 자고 싶으면 잠깐 자도록 하고
매일 해야 하는 미션은 감당해야 한다.
자리를 박차고 일어날 수 있는 결단력과 의지가 있는지
나 자신을 시험해 볼 때도 있다.

　　5분 후의 일도 나는 모른다. 다만, 주어진 시간, 주어진 일,
주어진 사람에게 최선을 다할 뿐이다. 매일 듣던 유튜브 동영상
"책 읽기 좋은 날"도 오늘은 귀에 들어오지 않는다.
신비롭게 느껴졌던 들판의 초록빛 모두도 별다른 감흥이 없는 날이다.
그러다가 길 한가운데에 떨고 있는 새끼 참새 한 마리를 만난 것이다.
그대로 30초만 늦게 갔어도 막 지나가던 차에 깔려 죽었을 것이
분명하다. 이것이 우연한 일인가?
아니다. 하늘의 은총이리라.

　　날지 못한다는 것은 엄마 품을 이제 막 떠났다는 증거다.
연약한 날개에 힘이 더 생겨야 하는데 밤새 비를 맞았으니
날개가 얼마나 무거웠을까?
새 한 마리를 살린 기쁨 때문이었을까?
그렇게 무겁던 머리의 먹구름이 말갛게 벗겨짐을 느꼈다.

339 올 것은 오게 되어 있다
2020. 7. 11. (토)

길을 걷다가 주먹 반절 크기 정도의 돌이 눈에 띄었다.
어느 누가 이곳에 갖다 놓지는 않았을 것이며 오래전부터
이 도로에서 굴러다녔을 것이다. 똑같은 돌인데도 왜 다르게 볼까?
내 발걸음이 멈추게 된 것은 우연한 일이 아니었다.
손에 들고 보니 작은 얼굴 형태다. 깊게 들어간 두 눈과
높은 코, 우묵한 입, 내가 이 돌을 찾아다닌 적도 없다.
만나게 된 것이다.
나는 이것을 가리켜 올 것은 오게 되어 있다고 말하고 싶다.

우주적으로 보면 섭리, 계획, 예정이라 믿고, 어느 면에서는
운명, 숙명적이라 할 수도 있겠다. 이것을 거부하거나
부정하고 싶지 않다. 달나라에도 가는 세상이고
인간에게 불가능이 없다 하지만 어쩔 수 없는 일들도 많다.
도무지 힘쓰고 애써도 인간의 힘으로 되지 않는 일들이
얼마나 많은가.
때로는 쓴잔이 와도 달콤한 잔이 와도 올 것이 왔다고
평온한 얼굴로 "welcome"하자.

새벽길 별을 보며

340 모래쥐 같은 인간
2020. 7. 11. (토)

동물을 앞세워 부정적인 의미의 말을 사용할 때 쥐, 개가 많이
등장한다. 쥐새끼 같다고 하거나 개 같은 또는 개새끼라는 말을
듣는 것은 치욕스러운 일이다. 사막에 모래쥐가 살고 있다.
일 년 정도 먹을 양으로는 풀뿌리 1킬로그램 정도면 되는데
이 모래쥐는 온 사막을 헤집고 다니면서 10킬로그램 정도의
풀뿌리를 모은다. 다 먹지도 못할 뿐만 아니라 나머지는 썩고
상하게 되는데도 10킬로그램 이상 정도를 모아 놔야만 안심이 되는
태생적으로 유전적으로 그렇게 되어 있다.

인간도 어제 일을 후회하고, 내일 일을 걱정하며,
소중한 오늘을 잃어버리고 놓치는 일들이 많이 있으리라.
걱정하지 않아도 될 일을 사서 걱정해서 하지 않아도 될 고생을 하는
사람들이 있는데 나는 어떤가? 아직도 7년이라는 세월의
은퇴 시간이 남아 있는데 어디서, 어느 정도 규모에, 어떤 형태의
집에서 살 것인지 괜한 걱정을 할 때가 있다.

나는 85세에 하늘나라에 데려가 달라고 기도를 한다.
85세까지만 불꽃처럼 살다가 가고 싶다. 70세 이후 85세까지
산다면 15년을 더 살게 되는 것인데 이 한 몸 어디에
누울 곳이 없으랴. 누울 곳이 없으면 들고 다닐 텐트는 있지 않은가.
그저 좋은 집이 아니라 좋은 삶을 사는 것이 중요하다.
모래쥐 같은 삶은 살지 말자.

7월 열매가 빛을 저장하는 달(크리크족)

341 바다, 그 바다에 가고 싶다
2020. 7. 11. (토)

　　밀물, 썰물, 파도와 바람, 깊음, 넓음, 낮음이 다 있는 곳, 바다.
내가 사는 곳에서 한 시간 거리에는 서해가 있다.
변산, 대천은 아름다운 바다다.
하얀 눈이 소복소복 내리는 겨울 바다를 좋아한다.
근래 약 2년 사이에 바다를 못 가 봤다.
다음 주에는 변산이든 대천이든 바닷가를 거닐고 싶다.
경치 보는 일은 두 번째, 바다가 갖고 있는 철학을 생각하고 싶다.
깊음, 넓음, 낮음에 대해.
　　시냇물, 강물, 계곡물 모두 흘러 흘러 바다로 나간다.
스티로폼, 쓰레기, 온갖 잡동사니, 오물 모두 다 받아들이는 곳이
바다다. 낮기 때문이다. 마음을 낮은 곳에 두면 모두
받아들일 수 있는 여유가 생긴다.
작은 시냇가, 도랑, 강에는 큰 물고기들이 살 수 없다.
바다에는 길이 30~33미터, 몸무게 180톤이나 되는
흰긴수염고래도 산다.
깊고 넓기 때문이다.
그 바다에 가서 클래식한 생각을 깊이 하고 싶다.

342 나무 혹은 단단하다
2020. 7. 11. (토)

상처 없는 인간, 상처 없는 나무는 없다. 빅터 프랭클의
『죽음의 수용소』 책을 보면 시련은 운명과 죽음처럼
우리 삶에서 빼놓을 수 없는 한 부분이다.
그래서 삶의 의미를 찾는 방법 중에 시련을 통해서, 즉 시련의 도전을
용감하게 받아들이면 삶은 마지막 순간에도 의미를 갖게
된다는 말이다.

나무가 성장하기 위해서는 스스로 나뭇가지를 떨어뜨린다.
그곳에 상처가 생기고 스스로를 치유하기 위한 물질이
뿜어져 나온다. 아픔을 겪고 난 뒤 혹, 옹이가 생기면서 단단해진다.
천 년쯤 된 느티나무에서 나오는 용목은
반드시 여기에서만 나오는 아름다움의 극치다. 중요한 것은
인간에게도 상처가 될 만한 시련이나 고통, 시험이 있을 수 있다.
아물지 않으면 썩어버린다. 하지만 잘 치유되면
오히려 아름다운 무늬를 내는 위대한 작품이 나올 수가 있다.

내가 시련 아래에 있을 때는 고통과 원망의 비가 내렸다.
이제는 어느 정도 자신이 있다.
시련 위에 올라가 있겠노라고 말이다.
시련을 지치게 해 버릴 수 있는 용기가 내게 있노라고 외치고 싶다.

343 아내가 얻어온 채소들

2020. 7. 12. (일)

    음성 꽃동네 입구 표지석에 이런 글이 새겨져 있다.
"얻어먹을 수 있는 힘만 있어도 주님의 은총입니다." 맞다.
금요일 저녁만 되면 나는 마당에 내려간다. 아내가 오는 시간에
이런저런 보따리를 받아오기 위해서다. 장수교육지원청 관사에서
4일 밤을 자고 돌아온다.
    청정지역인 장수에서 퇴근 후 걷기 운동할 때 밭에서
만나는 할머니, 할아버지들에게 인사를 잘한단다.
인심 좋은 할머니, 할아버지들이 상추, 양배추, 호박 등을 따서
담아 준다고 한다. 양배추를 데쳐서 양념장을 하여 싸 먹었다.
슈퍼에서 사다가 먹는 맛하고는 크게 달랐다.
살짝 달짝지근하면서 씹히는 촉감이 아삭아삭
입이 행복하기 그지없다.
낮과 밤의 온도 차가 많은 산간지역의 물, 바람, 공기,
사람 냄새는 채소와 과일의 맛을 한층 높여주는 것 같다.
채소를 주는 손길, 받아오는 손길.
생각해 보면 이게 사람 사는 행복이 아니겠는가.

새벽길 별을 보며

344 텅 빈 붉은머리오목눈이 새집

2020. 7. 12. (일)

아침 6시 15분, 있어야 할 아이가 안 보인다. 어제까지만 해도
고개를 빼꼼히 내밀고 알을 품고 있는 아이를 멀찍이 보았었다.
그런데 오늘은 안 보였다. 가까이 가서 새집 안을 살펴보니
다섯 개의 영롱한 옥색 알도 없어졌다. 갑자기 당황이 되었다.
벌써 새끼가 부화하지는 않았을 텐데 무슨 변고가 생긴 듯하다.

길가 너무 가까운 곳에 둥지를 틀었으니 외부의 침략을
받았나 보다. 삵일까, 뱀일까, 들고양이었을까?
알 수가 없는 일이다. 새집 근방에 털이 없는 것을 보니 어미 새는
잡아먹히지 않은 것 같은데 알은 어찌된 일일까?
지나가는 사람들 눈을 피하게 해 주려고 아까시 나뭇가지로
덮어줬는데 어찌된 일인지 안타깝기만 하다.
새끼가 부화되어 먹이를 먹여주는 모습도 보고 싶었는데
치열한 생존세계에서 살아남기 어려웠나 보다.

붉은머리오목눈이를 일명 뱁새라고도 부른다. 작고 귀여운
너를 두고 왜 뱁새가 황새 따라가면 가랑이 찢어진다고 했을까?
넌 결코 황새를 따라가려고 하지도 않았을 텐데.
너의 있는 모습 그대로 존귀하게 살고 싶어 했을 텐데 말이다.
마음이 싸한 아침이다.

345 이때를 위한 한마디
2020. 7. 12. (일)

한 시간 반 정도 아내와 걷기를 하면서 빅터 프랭클의
의미치료에 대해 서로 이야기를 했다. 그리고 『죽음의 수용소』와
『삶의 의미를 찾아서』 책 두 권을 주문했다.
그것이 한 달 전쯤의 일이다.
　장수에서 산책하면서 아내가 함께 근무하는 선생님에게
내가 들려준 말을 다시 들려줬단다.
이 선생님이 교육대학원 입학시험을 보는데 몇십 대 일의
치열한 경쟁률로 힘든 시험이었다. 다섯 명씩 면접을 볼 때
각자에게 한 가지씩의 상담이론 문제를 내줬는데 어쩌면
이럴 수가! 아내가 이야기해 준 의미치료 이론 문제가
주어진 것이었다.
그래서 바늘구멍 같은 좁은 곳을 뚫고 당당히 합격했다.
나도 이제 장수에 가서 밥 한 번 얻어먹을 자격을 얻었다.
　세상에 우연히 일어나는 일은 없다.
한 달 전쯤 아내와 걸을 때 내 입에서 나온 의미치료
그리고 다시 또 그 이야기가 전해져 시험에 합격한 이 기적.
난 기적을 몰고 다니는 미러클 맨.

346

tiara(티아라)
2020. 7. 12. (일)

    그리스에서는 지금도 결혼식 제단을 장식할 때
담쟁이덩굴로 하며 여성이 남성에게 담쟁이덩굴을 선물하는
풍습이 있다. 약혼자를 기다리던 사연이 담긴 이 식물이
결혼식에 쓰임받는 의미 있는 식물이 된 것이었다.

    큰 며늘아기가 결혼식 때 찍었던 스냅사진을 보여주면서
머리에 썼던 티아라가 예뻤다고 한다. 처음 듣는 단어다.
자세한 설명을 부탁했더니 공주들이 쓰는 작은 면류관이라고 한다.
crown(크라운)은 왕이 쓰는 것이고, tiara는 공주가 쓰는 것이란다.

    그렇다면 결혼식 때 왜 신부만 쓰게 할까? 신랑도 crown을
쓰면 안 될까? 한 남자와 한 여자가 만나 결혼하는 것은
승리한 것이다. 7년 동안 교제한 후 결혼을 한
둘째 아이와 며늘아기에게 내가 "너희들은 사랑의
승리자들이다."라고 했었다. 야곱이 라헬을 사랑하여 7년을
수일처럼 여긴 것은 사랑의 힘이었다.
큰 며늘아기 차에 옥수수, 호박, 복숭아, 미숫가루, 블루베리,
고구마순 김치 등 여러 보따리를 실어주었다.
잘 먹고 한 주간도 수업 잘하길 빈다.

347 이때가 되면 생각나는 홍천 옥수수
2020. 7. 12. (일)

　　막내 여동생이 농사한 옥수수를 가져왔다. 압력밥솥에
한 솥을 쪄서 막 꺼내 맛있게 먹었다. 갑자기 군 생활할 때
먹었던 홍천 옥수수가 떠올랐다. 물론, 사 먹은 것은 아니다.
여름에 훈련을 나가서 어찌어찌하여 구워 먹은 옥수수다.
팔뚝 길이만큼 컸다. 1970년대 말이었으니까
배고팠던 군 생활이었다. 시장이 반찬이라고는 하지만
세상에서 제일 맛있는 옥수수였다고 지금도 말하고 있다.
불에 살짝 구워서 얼굴에 검정 숯을 칠하면서 먹다 보면
내 옆에 누가 앉아 있었는지도 모를 정도였다.
한 알 한 알이 톡~ 입안에서 씹히는 맛은
무엇과도 비교할 수 없을 만큼 맛있었다.

　　아, 언제 한 번 그 옥수수를 찾으러 홍천을 가 보려나.
남면인지, 서면인지 산골짜기 토끼 발맞추며 사는 마을
다시 한 번 가 보고 싶다. 그리운 홍천 땅, 코로나 19가 끝나면
꼭 가 보리라. 군 생활 덕분에 홍천에서 30개월을 보냈던
나의 청년 시절은 아름다운 인생의 한 페이지 그림이었다.
굴곡도 아픔도 시련도 기쁨도 많았기 때문에.

348 죽을 뻔했던 홍천강
2020. 7. 12. (일)

문○보, 김○은, 김○정······. 화랑사단교회 유치부,
1980년 45명의 이름이 나의 노트에 빼곡히 적혀 있다.
군 생활하면서 군인교회 주일학교 유치부 선생을 맡았었다.
바로 옆에는 홍천강이 흐르고 있는 곳이다.
　어느 일요일 오후, 강 위쪽에서 주일학교 아이들과 함께
놀고 있었다. 갑자기 강 아래에서 비명이 들렸다.
"사람 살려! 아이들이 떠내려가요." 놀러 온 어느 가족의
자매 아이 둘이었다. 옷 벗을 겨를도 없이 내가 뛰어 들어갔다.
강 물살이 생각보다 거셌고 두 아이를 잡는 순간,
셋이 물속에 잠겼다 나오기를 몇 차례 했다.
얼마나 물을 먹었는지 순간적으로 아! 이렇게 죽는 거구나 생각했다.
정신이 혼미해질 때쯤 다행히 강가에 있던 사람들이 뛰어 들어와
우리 셋을 살려주었다.
　두 아이 인공호흡을 시키고 우는 아이들을 달래주고
난 강바닥에 누워 물을 토해내며 기진맥진했다.
만경강에서 개헤엄을 했었던 나였지만 소용돌이치는 거센 물속에서
두 아이 건져 주는 일은 목숨을 거는 일이었다는 것을 깨달았다.
이름도 얼굴도 기억나지 않지만 그때를 생각하면
난 지금 보너스로 살아가고 있는 것 아니겠는가.
홍천 옥수수, 홍천강 ㅋㅋ.

349 빗소리 음악
2020. 7. 13. (월)

어제부터 쏟아진 굵은 빗소리는 밤새 창가를 두드렸다.
처마 밑 낙숫물을 받으려고 줄줄이 놓은 크고 작은 그릇들에는
이미 물이 차고 넘친다.
오늘 같은 날은 비 오면 듣기 좋은 7080 노래가 딱 맞다.
　아내가 덜 깬 목소리로 말을 한다. "비 오는데 운동 나가요?"
"그럼, 비 오니까 나가야지."
난 참 특이한 사람이야. 길거리에는 첨벙거릴 정도의 물이 고였다.
황토색 붉은 물은 거센 줄기로 탑천을 요동치며
빠르게 서둘러 흘러간다. 왜가리, 황로, 백로들이 너울너울
춤추며 빗속을 난다. 참새들은 비를 피해 다리난간 틈 사이에
몸을 움츠리고 있다.
　이미 옷이 많이 젖었다. 원두막에 앉아 줄기차게 내리는
빗소리를 듣는다. 땅에 떨어지면서 물방울이 원을 그린다.
들어도들어도 질리지 않는 것이 빗소리 음악이다.
빗방울 속에 얼굴이 담겨 있다. 돌아가신 우리 엄마, 빗속을
걸어와서 날 한 번만 안아주시면 좋겠다.
엄마 계신 별나라 하늘나라. 왜 눈물만 흐르는 걸까?

350 역지사지(易地思之)
2020. 7. 13. (월)

　　고지혈증 검사를 받으려고 병원을 가던 중 차 안에서
라디오를 들었다. "역지사지"는 상대방의 처지를 바꿔서
생각해 보라는 뜻이다. 병원주차장에서 문을 여는 순간,
탕 하는 소리와 함께 옆에 주차해 놓은 문짝에 약간의 충격을 가했다.
검사받느라고 아침도 안 먹고 비가 오는 가운데 우산도 쓰지 않았다.
서두른 것이다.

　　상대방 차는 공교롭게도 그랜저 신형. 이제 막 차를 뽑은 것 같은
느낌이다. 죄송하다고 몇 번이나 머리를 조아렸다.
나이는 50대도 안 되는 것 같았다. "좋은 차 막 뽑으신 것 같은데
얼마나 속상하세요? 죄송합니다. 수리하시고 연락주세요." 하고
명함을 내밀었다. 그 와중에 그분은 병원 사람들이 다 들을 만큼
큰소리를 쳤다. 내가 자세히 봐도 별 이상이 없어 보였고
내 차 페인트가 묻을 정도의 가벼운 일이었다.

　　조금 전 차에서 들었던 역지사지를 증명이라도 하듯
이런 일이 일어났다. 만일 내 차를 그렇게 했다면 나도 속상해서
큰소리가 나올 수도 있을 것 같다. 수리비와 렌트 비 35만 원이 나왔다.
보험처리하고 다시 역지사지의 뜻을 새겨본다.
값비싼 교훈을 다시 얻었다.

351 일어날 수 있는 일
2020. 7. 13. (월)

　　우리나라의 일 년 교통사고 사망자 수는 약 4천 명에 이른다.
하루에 열한 명이 죽는다는 뜻이다.
내가 가장 아끼던 친구도 27세에 교통사고로 죽었다.
우리 어머니도 64세를 일기로 교통사고로 돌아가셨다.
교통법규를 지키지 않아서, 또는 나는 지켰으나
상대방으로 인해 사고가 나기도 하며,
40퍼센트 이상은 보행 중에 사고를 만난 것으로 나타났다.
주행 중 접촉사고도 있지만 오늘 나처럼 주차한 후 문을 열다가
상대방 차를 손상시키는 사고도 있다.
왜냐하면 보험회사에 사고 접수를 했기 때문이다.
일어나서는 안 되는 일이 왜 하필 일어났느냐, 왜 내 옆에
고급 차를 주차해 놨을까, 내 차를 좀 더 먼 공터에 주차해 놓을걸,
별의별 생각을 해 봤자 유익되는 것은 1퍼센트도 없다.

　　홀연히 찾아온 일과 현실은 받아들여야 한다.
그리고 인정하자. 앞으로 서두르지 말자꾸나. 좀 더 느리게 사는
철학을 갖자. 그리고 괴로워도 웃을 수 있는 유머를 갖자.
얼마든지 일어날 수 있는 일인 것이다. 나도 똑같은 사람이니까.
이럴 때 진정 감사가 나와야만 복받은 사람이다.

352 7억 원짜리 시계
2020. 7. 14. (화)

　　옛날에는 시계를 시간을 보기 위해 차고 다녔지만 지금은
품위와 멋을 위해 차고 다니는 듯싶다. 기능도 디자인도 다양하다.
남자는 넥타이, 구두, 시계를 잘 연출해야 멋이 더 돋보인다.
　　이번 주 홍콩에서 시계 경매가 있었다.
그랜드 컴플리케이션 손목시계가 무려 7억 원에 낙찰되었다.
사진을 통해서라도 구경할 수 있었으니 이것도 즐거운 일이다.
핸드폰이 보급되면서부터 시계의 필요성이 많이 줄긴 했지만
이십여 년 전에는 시계가 필요했었다.
　　내가 외출할 때 가끔 손목에 차고 다니는 시계는
20여 년 전, 8만 원짜리다. 시계는 시간이 잘 맞고 잘 가면 된다.
배터리가 없어서 멈춘 적은 있었지만 지금까지 잘 간다.
물질이 반드시 있어야만 하고 기필코 무언가 채워져야
만족하는 사람도 있다. 하지만 없어도, 채워지지 않아도
자족하는 사람이 있다. 7억 원짜리 시계를 찾는 사람을
이상하게 봐서는 안 된다. 8만 원짜리 시계를 차고 다닌다고
청빈하거나 잘했다고 할 필요도 없다.
너는 너대로, 나는 나대로 사는 것이 세상이니까.
가치관과 목적성이 다 다르기 때문이다.
세상은 네모난 것이 아니고 둥글둥글하다.

353 깊은 바닷속을 생각하라!
2020. 7. 14. (화)

파도 없는 바다, 밀물이나 썰물 없는 바다, 고기와 갈매기들이
없는 바다는 생각할 수 없다. 바다의 매력이 어디에 있을까?
사람마다 다르겠으나 나는 바다의 깊이에서 찾는다.
인간의 과학기술이 아무리 뛰어나다 해도 지금까지
바다 아래로 7,062미터까지 잠수정을 타고 내려간 것이
최고의 기록이다. 마리아나 해구의 챌린저 해연은
1만 1,000미터에 이른다. 11킬로미터의 깊이니 상상할 수도 없다.
　세상 살다 보면 뜻하지 않은 이런저런 일을 만나고 겪게 된다.
찬송가 가사 중에 "악한 죄 파도가 많으나 맘이 늘
평안해"라는 내용이 있다. 다른 사람이 내 마음을 격동시켜도,
억울한 일이 있는 것 같아도, 내 계산대로 이뤄지지 않고
실망스러운 결과를 가져온다 해도 내 마음은
여전히 깊은 바닷속 같은가를 물어보자.
아무리 산더미만 한 파도가 일어난다 해도 깊은 바닷속은
고요하며 평온하다. 내 마음이 시냇가 같은지, 바다 같은지를
누구에게 물어볼까? 그래, 오늘 바다로 가서 한 번 물어볼까?
아니다. 나에게 물어보면 된다.

새벽길 별을 보며

354 잊어버리는 복

2020. 7. 14. (화)

2008년 5월에 나폴레온 힐의 책에 푹 빠진 적이 있었다.
『놓치고 싶지 않은 나의 꿈 나의 인생』, 『마음의 평화로 부자 되기』,
『성공학 노트』 같은 여러 권의 책을 읽었다.
"행동하는 철학가는 과거의 비참했던 기억이나 아픔에
얽매이지 않는다. 과거의 귀중한 경험을 바탕으로 성공하는
삶을 향해 전력 질주한다."
　　나는 생태 세밀화 스케치를 할 때 떡 지우개, 샤프 지우개,
일반 지우개 등 다양한 지우개를 사용한다.
지워야만 새로운 스케치가 나오는 법이다. 깔끔히 지워야 한다.
지난날의 상처, 아픔, 괴로움의 순간들을 지우개로 싹
지울 수 있다면 얼마나 좋으랴. 하지만 쉽게 되지 않는다고 하여
전혀 안 되는 것은 아니다. 구정물에 새 물을 부으면 맑아지듯
지금 현재 행복한 경험을 많이 하면 가능한 것이다.
　　지난날의 서운함, 상처, 아픔을 잊어버리지 않으면
치매에 걸릴 확률이 높은 것으로 나타나 있다.
어제가 오늘을 발목 잡으면 얼마나 힘들까?
객관적으로 나를 내면화하고 단순해지는 훈련을 매일하기 위해서
걷기, 명상, 기도, 독서, 글쓰기, 클래식 음악 감상, 달리기 등
부단한 노력을 게을리 하지 말아야겠다.
내 삶은 내가 책임져야 하니까.

355 명예와 권세

2020. 7. 14. (화)

내가 사는 지역의 시의원은 25명이다. 며칠 전부터 시내 곳곳에 시의장 당선 플래카드가 국회의원 당선 플래카드보다 더 많이 걸려 있는 것 같다. 물론, 축하할 일이다.
사람들이 가장 추구하는 것이 무엇일까? 건강, 행복, 돈, 화목한 가정, 여기에 명예와 권세도 빠뜨릴 수 없다.
돈이 없는 사람은 돈을 원하지만 돈이 있는 사람은 명예와 권세를 추구할 수 있다.

로마의 크라수스는 전쟁에서 생포한 사람들 6,000명을 십자가에 매달아 죽였다. 로마로 가는 길 97킬로미터 거리에 30미터 간격으로 한 명씩 시신이 매달려 있게 했다.
안식년으로 미국에 갔을 때 링컨의 거리에서 링컨의 흔적을 많이 보았다. 그때 링컨 사진 카드도 사 왔다.

명예와 권세는 왜 주어지는 것인가? 교만해질 가능성과 섬김의 가능성 어느 쪽으로 기울어지느냐에 따라 시민, 백성들의 삶의 질도 분위기도 달라질 것이다.
길거리 곳곳에 도배하다시피 걸려 있는 플래카드를 보면서 명예와 권세, 섬김과 충성을 생각해 봤다.
명예와 권세는 섬기라고 있는 것이 아니겠는가.
25명의 시의원들의 건투를 빈다.

356 퇴직 급여금을 받던 날
2020. 7. 14. (화)

2013년 2월 5일에 사립학교 교직원 연금공단에서 퇴직금을
받았다. 그동안 결혼하여 물질적, 경제적으로 자유로웠던 적이
거의 없었다. 교회를 개척하고 세 번의 땅을 사고
두 번의 성전건축을 하면서 두 아이 학원도 제대로 한 번
보낸 적이 없었다. 사회복지학 박사과정 공부도 모두 빚으로 했다.
연금공단에서 안내 전화가 왔다. 퇴직금을 일시금으로 받을 수도
있고 국민연금으로 연계할 수도 있다고 했다.
그때는 국민연금도 내지 못하고 있었던 상황이었다.
우선, 당장 빚 갚는 것이 우선이었다.
그래서 일시금으로 받아 빚을 갚았다.
작년부터 국민연금을 받고 있다.
참 고마운 나라다. 그때 당시에 국민연금으로 연계해 놨으면
지금은 꽤 많은 금액을 받을 수 있었을 것이다.
가끔 어제 일을 잊어버려야 하는데도 미련이 남아 있는 것은
아직도 나를 내려놓는 일이 멀었나 보다.
살면서 내가 한꺼번에 그런 돈을 만져본 일은 처음이었다.
그래서 내가 근무했던 동아보건대학교가 항상 자랑스럽고 고맙게
생각되는 것이다. 빚을 갚은 것은 생각지 않고
국민연금을 더 못 받은 것만 생각하면 되겠냐!
정신 차리라고 나에게 군밤 한 대 주자.

357 혼자 있는 시간의 가치

2020. 7. 15. (수)

코로나 19는 문명의 한 줄기를 바꿔 놓는 계기가 된 것 같다.
비대면, untact(언택트) 시대라는 용어가 친숙하게 되었다.
외출, 외식, 관광, 쇼핑, 소비문화가 많이 달라졌다.
요즘같이 코로나 19가 창궐할 때는 혼자 있는 시간에 대한
의미성을 가져야 한다. 혼자 있는 것이 불안하고 따분하고
힘든 사람이 있을 것이다. 우리에게 주어진 하루 속에서
시간 분초는 실에 구슬을 하나씩 꿰놓는 것이라고 본다.
서 말의 구슬을 줘도 꿰놓지 않으면 어쩌겠는가.

요즘 혼자 있는 시간이 많아지면서 더 바쁘다.
사색의 숲길을 거니는 시간이기 때문이다. 나와 친밀하게 소통하고
대화하고 놀이를 하는 꿀맛 같은 시간이 너무도 좋다.
여럿이 함께해야 할 일도 있지만 혼자일 때 나를 대면하고
자연을 대면하는 행복으로의 여행이 더 깊어지는 것 같다.
날아가는 까마귀라도 불러서 같이 밥 먹고 싶을 정도로
사람을 좋아하지만 요즘은 혼자 있는 시간이 많은 것이 행복하다.
에머슨의 말이다. "내면적인 사색 활동을 하라. 그러면 가장 부유한
사람보다 더 행복한 사람이 될 것이다." 고독의 힘은 위대하다.

새벽길 별을 보며

358 진정한 친구
2020. 7. 15. (수)

　　나에게 물어본다. 새벽 한두 시에 잠 못 들어 마음이
답답할 때 거리낌 없이 전화해서 속마음을 터놓고 이야기할
친구가 있니? 내 핸드폰에 저장된 개인이나 단체가
1,200개쯤 되는데 한두 시간 이야기 들어줄 친구가
몇 손가락쯤 되니? 내가 밥 같이 먹고 싶을 때 전화해서
칼국수라도 먹자고 하면 만사를 제쳐놓고 달려올 사람이 누가 있니?
오늘같이 비가 오는 날 가고 싶은 바닷가에
같이 가자고 하면 운전해 줄 친구가 있니?
아무 걱정 없이 온종일 차 마시며 이야기할 수 있는 친구가
있기는 한 거니?
　　서로의 필요 때문에 만나는 모임, 스쳐 지나가는
길거리의 사람들같이 그런 사람들 말고, 내가 어깨를
기대고 울고 싶을 때 울고 비를 맞고 싶으면 우산 없이
함께 비를 맞으며 걸을 수 있는 친구가 있니?
그런 친구가 있었으나 지금은 이 세상에 없으니 불러 봐도 소용없다.
나의 장례식에 우리 가족 외에 눈물 한 방울 흘려줄 친구가
얼마나 있을까? 대답이 쉽게 나오지 않는다.
이제부터는 나를 진정한 친구로 삼고 내면 깊숙이 함께 들어가 보자.

359 목소리에도 맛이 있다
2020. 7. 15. (수)

약 77억 인구 중에 목소리가 똑같은 사람은 한 명도 없다.
아무리 기가 막히게 성대모사를 해도 같을 수는 없다.
목소리도 타고나니까 말이다. 이미자가 연습으로 그런 목소리가
나올까. 타고난 DNA와 훈련도 있겠지.
나의 목소리를 녹음해서 들어봐도 실감 나게 내 목소리인지 모르겠다.
하지만 다른 사람 목소리는 쉽게 구분할 수 있다.

내가 즐겨듣는 가수와 성악가들 목소리는 맛이 있다는
생각이 든다.
조수미, 엄정행, 파바로티, 이미자, 배호, 문주란, 조용필.
배호와 문주란 목소리는 완전 저음의 매력이 있다.
가수 알리의 「누가 이 사람을 모르시나요」 노래를 들으면서
눈물을 몇 번 흘렸다. 영혼을 뒤흔드는 애절한 목소리다.
음식, 과일만 맛있는 것이 아니다.
감칠맛, 담백한 맛, 사이다 맛, 쥐어짜는 맛. 사람마다 맛이
어쩌면 그렇게 다를 수 있을까 싶다.

아름답고 감미로운 목소리 타고나는 것도 행운인가 보다.
언제든지 터치만 하면 듣고 싶은 성악가, 가수들 목소리를
들을 수 있는 것도 복이라는 생각이 든다. 고마운 분들이다.

360

생동감 있는 삶

2020. 7. 16. (목)

"아는 것이 힘"이라는 베이컨의 말이 오랫동안
정신사적으로 큰 영향을 주었다. 하지만 아는 것도 항아리에
밀봉되어 있듯이 그대로 있으면 힘이 되기 어렵다.
이 세상에 영향력을 끼쳐야 진정한 힘이 되는 것이다.
실천하는 힘이 더 크다고 본다. 오히려 많이 알고 있는
지식의 힘이 사람을 더 교만하게 만들 수도 있다.

하루를 눈부신 삶으로, 내가 원하는 일을 하며 어제를 후회하지
않고, 내일을 걱정하지 않는 삶을 살아야 된다.
고여 있는 웅덩이 물과 같은 삶, 자극도 도전도 아픔도 쓴잔도
굴곡도 없는 늘 그렇고 그런 대충 사는 삶은 살아있으나
죽은 자의 삶이다.

늙었다는 것은 늘 그렇다는 것이다. 변화도 생동감도
새로움도 없는 늘 그렇고 그런 삶은 소년이고 청년이어도
늙은 사람인 것이다. 나는 잃어버릴 것에 대한 두려움은 없는지
질문해 본다. 어차피 인생은 공수래공수거인데 원래부터
내 것이 어디 있더냐. 재미있게 사는 삶은 남이 만들어 주지 않는다.
내가 나를 믿고 내가 만들어 가야 한다.
오늘은 생동감 있는 삶이 바다에서 막 잡아 올린 펄떡거리며 뛰는
활어처럼 될 것이다.

361 자족, 만족, 풍족, 흡족
2020. 7. 16. (목)

한 낚시꾼이 있었다. 옆에 있는 낚시꾼들은
작은 피라미까지 모두 잡아 그릇에 넣는데 이 사람은 특이했다.
고기를 낚으면 작대기에 길이를 맞추고 작대기보다 고기가 크면
모두 다시 물로 보냈다. 다른 낚시꾼들이 의아하여
물어볼 수밖에. "아니, 어찌하여 당신은 애써 잡은 고기를
다시 살려주는 거요?" "네, 우리 집 솥이 여기 작대기만 한
크기거든요. 큰 물고기는 들어가지 않는답니다."

보통 사람들은 더 큰 가마솥을 사면 된다고 생각할 것이다.
진정 내가 받은 복이 얼마나 많은지를 헤아려볼 생각은 안하고
다른 사람이 가지고 있는 것을 비교하고 만족하지 못하여
투덜대는 인생. 자족하여 스스로 만족하고, 마음이 풍성하고,
감사함으로 흡족히 여기면 그게 바로 천국 아니겠는가.

어릴 적 논에서 일할 때 다리에 붙어 있는 거머리는
배가 터질 지경이 되어도 계속 피를 빨아먹었다.
욕심, 탐욕, 집착을 버릴수록 평온하고 행복하리라.
낮아짐, 더 낮아짐, 완전 낮아짐.

362 한 소녀의 이야기

2020. 7. 16. (목)

　　살면서 잃어버린 경험이 없는 사람은 아무도 없을 것이다.
나는 차도 잃어버렸다가 한 달 만에 찾은 경험도 있고,
고등학교 때 새 자전거를 잃어버리고 일주일 동안을 찾아
방황한 적도 있다.

　　어느 소녀가 시계를 잃어버렸다.
너무나도 아쉬워 생각할수록 밥도, 물도 입에 들어가지 않았다.
급기야 몸져눕게 되었다. 신부님이 찾아와 "10만 원을
잃어버렸는데 나중에 20만 원을 더 잃어버려도
괜찮겠느냐?"고 했다.
소녀는 펄쩍 뛰며 "무슨 말씀이냐? 당연히 안 되지요."라고 했다.
"그런데 너는 지금 건강까지 잃고 있지 않느냐?"는 신부님의
말씀이 충격이 되어 그 소녀는 자리에서 벌떡 일어났다.
시계를 잃어버린 것 때문에 마음도 정신도 몸도 잃어버린 것이다.

　　지금 내게 가장 소중한 것은 무엇일까?
내가 없으면 이 우주도 없다. 내가 존재하기에 이 우주도
삼라만상도 존재하는 것이다. 시계를 잃어버리고 누워 버린
소녀의 이야기는 바로 내 모습을 보라는 것이다.
설령, 목숨을 잃는다고 해도 천국 가니까 되는 것이고 그 외의
어떤 것을 잃는다고 해도 그게 뭐 대수겠느냐?
아니지, 아니고말고.

363 요양원의 입구와 출구
2020. 7. 17. (금)

한국의 시설급여 제공기관이 약 5,500개, 재가급여 제공기관이
약 15,000개다. 약 35만 명이 요양 인력으로 일하고 있다.
20여 년째 모시고 살고 있는 우리 장모님은 89세신데
내가 지금 글 쓰고 있는 시간에도 텃밭에서 일하고 계신다.
들깨와 콩을 심고 계신다. 잠도 나보다 더 많이 주무시고
드시는 양도 나보다 더 많다.
60대 초반부터 요양원에 들어가 있는 사람들도 많은데
내일모레 90이 되시는 분이 팔팔을 넘어 비둘기처럼 구구하신다.
　　요양원의 출구는 병원처럼 치료를 받고 회복되어
나오는 출구가 아니다. 죽음이라는 출구다.
물론, 호전되어 퇴원하는 경우도 있지만.
요즘 같은 코로나 19 상황은 가족이나 자식들이 보고 싶어도
쉽게 볼 수 없는 큰 장벽이다.
어버이날이 되면 아프신 분들이 더 늘어난다고 들었다.
기다려도 오지 않는 자식 보고 싶음이 분노가 되어
스트레스로 병이 생길 만하다.
만일 내가 요양원에 들어간다면 살 수 있을까?
나무 전지나 해야겠다.

364 날마다 준비하는 죽음
2020. 7. 17. (금)

우리나라에서 한 해 동안 죽는 사람은 약 27만 명이고,
하루에 700명이 이 세상을 떠난다.
질병, 자살, 교통사고, 음주 교통사고 등 모두 사연이 있다.
비가 온다는 소식을 듣거나 하늘을 보니 비가 올 것 같은 느낌이 들면
우산을 준비하는 것이 지혜로운 사람이다.
그래도 여름비는 맞을 만하지만 봄, 가을, 겨울비는
맞으면 감기에 딱 걸리기 쉽다.
하늘에서 따뜻한 비는 내리지 않으니까.
지금 내가 건강할 때 작은 묘비석 준비를 해 놓아야겠다.
책 크기 정도면 좋겠다. 태어난 날은 출(出), 죽는 날은 졸(卒)이라는
단어를 사용한다.
출. 1957. 9. 17. 졸. 20 년 월 일이 될 것이다.
난 오늘밤 천국으로 불러 가셔도 감사하다.
수천 권의 책 정리를 하지 못한 것이 마음에 걸리지만 말이다.
그리고 마음으로 고마움의 물결이 치는 사람들을 만나 식사라도 한 끼
대접할 시간이 부족한 아쉬움이 있지만 아직 내일은 오지 않았다.
또 내일 나의 태양이 뜰지 모르는 것이다.
오늘 하루 죽음을 준비하는 마음으로 삶을 사는 것은 아름다운 삶을
사는 비결이기도 하다.
삶은 기적이다. 삶은 아름다운 교향곡이다.

365 64년을 사용한 기계
2020. 7. 17. (금)

며칠 전, 고지혈증 검사를 받았는데 수치가 높게 나왔다.
비타민 D도 많이 부족하여 주사와 약 처방을 받았다.
작은 한 알의 혈압약이지만 매일 복용하고 있고,
왼손가락 하나가 인대염증이 있어 한 알의 소염제도 먹고 있는
중이다.
검사한 내용 중 다른 항목은 상태가 좋았다.
꾸준히 하루 한 시간 이상 걷기 운동을 하는 덕분이라고
의사 선생님이 말씀해 주셨다.
지금까지 60년을 넘게 사용한 기계가 나에게는 없다.
하나 있다면 바로 내 몸이다. 두개골 머리뼈부터 206개의 뼈가
60년을 넘게 잘 지탱해 줘서 사용해 왔다.
수많은 장기도 큰 이상 없이 제 기능을 잘해 오고 있다.
생각해 보면 내 몸이라는 것은 기계인데 이 세상에서
가장 완벽한 기계로 만들어 주셨고 감사하게도
오랜 세월 잘 사용해 왔다.
병원에서 약봉지를 들고 나오는데 감사가 물밀 듯 밀려왔다.
그리고 내 몸 훗날 한 줌의 흙이 되겠지 하고 되뇐다.

새벽길 별을 보며

366

넌 왜 인형을 좋아하니?

2020. 7. 18. (토)

내가 늘 앉아 업무를 보고 독서를 하는 컴퓨터 책상 앞에는
못난이 삼형제 인형과 「겨울왕국」에 나오는 안나와 엘사 인형이
놓여 있다. 해외 여행을 가면 꼭 그 나라의 인형을 사 오곤 했다.
그렇게 해서 수집한 인형을 100개까지 세다 말았다.
베트남, 중국, 네팔, 대만, 필리핀 등
주로 동남아 여행에서 사 온 것들이다.
일본에는 대학생들 사회복지 실습기관 방문 인솔 차 다섯 번을 갔지만
일본 인형은 사 오지 않았다.
그리고 하늘소리 인형극단을 조직하여 260번 정도의 공연을 했었다.
스펀지를 깎아 인형을 만들고 대본도 쓰며 인형극단 설립 강사로도
다녔었다. 인형의 표정들은 모두 제각각이다.
사람의 모습도 감정, 기분, 마음에 따라서 다양한 표정이 나온다.
    넌 왜 인형을 좋아하니? 재밌으니까,
다양한 표정의 모습을 보는 것이 즐거우니까,
긴머리 소녀를 좋아하는 것이 대부분의 남자 심리니까,
딸이 없으니 귀엽고 예쁜 여자 인형을 어쩌다 보는 기쁨도 있으니까.
그리고 보니 먼지가 많이 앉아 있네.
날 잡아서 먼지도 닦고 인형들 목욕시켜야겠다.

367 창의적 요리
2020. 7. 19. (일)

　　마음의 소리를 듣고 행동으로 옮기면 영혼이 자유롭다.
몇 년 전에 김치찌개를 하려고 동영상을 보면서 노트 필기를 한 후
요리를 했더니 한 시간이 넘게 걸렸다.
요리를 한두 번 하고 말 일이 아닌데 이렇게 시간이 많이 소요되면
안 되겠다 싶었다. 그때부터 내가 하고 싶은 대로,
마음 움직이는 대로 하고 있다. 지금은 김치찌개 완성하는 데
십오 분이면 끝난다.
　　오늘 아침에는 토마토 요리를 했다. 그동안 몇 번 해서
혼자 먹었는데 오늘은 아내가 먹을 양까지 했다. 텃밭에서 따온
짭짤이 토마토, 올리브유, 깨소금, 포도주 두 술, 계란,
멸치액젓 반 술을 넣고 프라이팬에 볶았다.
예쁜 그릇에 담아 아내에게 줬더니 맛있다고 먹었다.
엄마들이 힘들어도 요리를 하는 것은 아이들이 맛있게 먹어주는 모습
보면 행복하니까 할 수 있는 즐거움이 있는 것 같다.
소고기를 사다가 스테이크를 한번 해 보고 싶다.
단호박 수프도 한번 해 봐야지. 맛있겠다.
요리는 입안에서 교향곡을 연주하게 하는 것이다.

368 부추김치
2020. 7. 19. (일)

사람들이 나에게 하는 말. "못하시는 게 뭐예요?" 난 이런 말을
많이 듣는다. 나무 전지, 전기수리, 목공일, 요리, 그림(아마추어지만)
등을 하기 때문이다. 하지만 공식적으로 아직 김치를
담가 보지는 못했다. 김장할 때 간을 하고 씻고 버무리는 일은
해 봤지만 재료를 준비해서 담가 본 적은 없다. 아내는 정말
못 하는 것이 없다. 물론, 딸 낳지 못한 것은 있지만.
계속 낳았으면 아마 가능했을지도 모른다. 아내가 텃밭에서 가꾼
부추로 김치를 담가줘서 거의 매끼 먹고 있다.
부추는 채소 중에 가장 따뜻한 성질을 갖고 있고 천연 피로회복제인
황화알릴이 풍부하다. 그리고 간의 채소라고도 불린다.
스님들은 부추를 먹지 않는다고 한다. 그러니까 나라도 많이
먹어야겠지? 이번 주에 아내가 근무하러 장수에 가면 어떤 할아버지
텃밭에서 가꾼 부추를 얻어온다고 했다. 청정지역인 장수 부추는
더 맛있을 것 같은 기대가 된다.

퇴근 후 걷기 운동할 때 마을 어르신들에게 인사를 잘하니까
얻어오는 것도 꽤 된다. 이번에 담그는 부추김치는 양념을
많이 하지 말고 단순하게 담가 보라고 주문을 했다.
다른 반찬 없어도 부추김치 하나면 식사 한 끼 훌륭하게 된다.
오늘은 한 시간 반 같이 걷기를 하면서 장수 마을
여행 이야기를 계속 들었다. 참새처럼 떠들어도 여전히 귀여운가요?

369 단호박찜 간식
2020. 7. 19. (일)

　　의사 선생님 말 들어서 손해 볼 것은 없다.
내가 고지혈증이 있다고 탄수화물을 줄이라고 한다.
실천에 옮겼다. 때가 되면 반드시 밥을 먹어야만 한다는
확고한 신념 같은 것이 자리 잡고 있는 나다.
　　밥 양을 줄이다 보니 식사 시간 전이면 허기질 때가 있다.
그래서 간식을 만들어 보기로 했다.
단호박과 호랑이콩을 넣고 압력밥솥에 삼십 분 정도 끓였다.
여기에 우유와 꿀을 섞어 한 그릇씩 간식으로 먹었다.
호랑이콩의 고소한 맛과 달콤한 꿀맛이 어우러진
최고의 간식이다. 이전에는 팥과 쥐눈이콩을 넣어 보기도
했는데 역시 호랑이콩이 가장 비싸서 그런지 맛이 으뜸이다.
한 솥을 해 놓으면 거의 일주일을 먹는다.
　　단호박을 사서 먹었는데 어떻게 형님이 그 마음을 알았는지
논두렁에 몽땅 심어놨으니 얼마든지 따다 먹으라는 것이 아닌가.
여호와이레 하나님이 친히 준비해 주시리라는 말씀대로 되었다.
내년에는 단호박, 호랑이콩 좀 심어 볼까?
주변 지인들에게도 한 주먹씩 나눠 주고 싶다.

370 처음 혼자의 휴가
2020. 7. 19. (일)

여름이 오면 공식적으로 한 주간 가족 휴가를 했었다.
두 아이가 고등학교에 들어가기 전까지는 해마다 캠핑하러 갔다.
두 개의 텐트를 살림과 함께 챙겨 오토 캠핑장으로 갔다.
도시락을 싸서 매일 산행을 했다. 주변 관광도 포함해서 말이다.
오토 캠핑장은 샤워실, 화장실이 잘 구비되어 있어
한 주간 생활에 어려움이 없다.
먹고 싶은 삼겹살, 토종닭, 회도 즐거운 식단이다.
그렇게 가족 여름휴가 캠핑을 이십 년쯤 했으니 대단한 역사다.

이제 두 아이는 결혼하고 올해에는 우리 부부 휴가가
기다리고 있다. 그런데 변수가 생겼다.
아내가 출근해야 하고 시험, 연수 등이 줄줄이 기다리고 있다.
그리하여 혼자 휴가 계획을 세워야 한다.

1. 한 주간 숙소 얻어 독서 여행하기
2. 집에 그냥 있기
3. 매일 이벤트를 만들어 실천하기(자전거, 산행, 맛집 등)
4. 장수 마을 여행하고 아내 관사에서 숙식 해결하기

일상을 벗어나는 일이 필요하겠지만 요즘 같은 코로나 19
상황에서는 썩 바람직하지 않은 것 같다. 그러면 결론은 뭐지?
그냥 오늘 점심이나 맛있게 먹자.

371 며늘아기가 타던 킥보드
2020. 7. 19. (일)

비가 오려고 그러는지 바람이 시원하다.
걸을 때, 달리기할 때, 자전거 탈 때, 킥보드 탈 때 느끼는 바람은
다르다. 둘째 며늘아기가 타고 다녔던 킥보드를 나에게 갖다 줬다.
안전모까지 말이다. 그토록 기쁘고 행복할 수 없었다.
"아버님 꼭 보호 장비 갖추고 타세요!"라고 친절한
안내방송까지 해 줬다. 탑천 길 따라 달리는데
시속 25킬로미터까지 나왔다. 미륵초등학교 앞까지 다녀왔으니
약 15킬로미터쯤 되나 보다. 더 가고 싶었지만 배터리가
어느 정도까지인지 알 수 없어서 돌아왔다.

발을 앞뒤 일자로 해야 하기 때문에 장시간 타려면 왼발,
오른발을 바꿔줘야 한다. 달리면서 할 수 있을까?
시도해 보기로 했다. 해 보니 되었다. 일직선으로 달리는 것보다는
스키 다운 업 하듯 타면 어떨까? 이것 역시 성공했다.
여름 바람이 온몸의 세포를 되살려 주는 것 같았다.
내가 작사한 「애기똥풀」 동요를 몇 번이나 부르면서 달렸다.
며늘아기야 고맙구나!
킥보드를 타고 있는 내가 64세인지, 24세인지 헷갈리네!

372 애기똥풀 임상시험
2020. 7. 19. (일)

　킥보드를 타고 가다가 잠시 속도를 늦춰 사람을 피해
가는데 갑자기 벌 한 마리가 슝~ 날아와 오른쪽 팔등을 쏘았다.
주사 한 방을 맞은 것이다. 약간 부어오르기 시작했다.
내가 작사한 「애기똥풀」 동요 2절에
"애기야 애기야 애기똥풀아/제비가 널 꺾어 날아 날아서/새끼 눈
고운 눈 닦아줄 테니/포근한 엄마의 사랑이란다"라고 되어 있다.
　원두막에 앉아 탑천 주변에 널려 있는 애기똥풀을 꺾었다.
노란 애기 똥 같은 유액이 나왔다.
팔에 흠뻑 발라주니 싸~한 약간의 통증이 가라앉았다.
아니, 애기똥풀 임상시험이 내 팔뚝이었나?
　한참을 가다가 두 번째 원두막에서도 역시 애기똥풀 유액을
발라주었다. 즉각적인 효능을 본 것이다.
그리고 돌아오는 길에 동요를 두세 번 다시 불러보았다.
"포근한 엄마의 사랑이란다" 대목에서 또 갑자기 눈물이 아른거렸다.
나이가 60이든 80이든 엄마라는 말 앞에서는 어찌할 수 없나 보다.
자연에 답이 있다. 집에 돌아와 보니 벌에 쏘인 팔등이
언제 그랬냐는 듯이 멀쩡해 있었다.
「애기똥풀」 노래 만들었다고 애기똥풀이 나에게 보답했을까?

373 시작이 반이라는 명언
2020. 7. 20. (월)

　　세찬 비가 창가를 강타한다. 창문을 흔드는 바람도 느낀다.
새벽 한 시쯤 빗소리에 잠이 깼다가 5시에 다시 일어났다.
그래도 일어나야 한다. 등을 붙잡는 침대에게 어서 놓으라고 한다.
7월 들어 다섯 번째 장화 신고, 우산 쓰고 걷기다.
매일 운동일지를 기록하기 때문에 기억을 되살리기 쉽다.
우산을 써도 옷이 다 젖을 생각을 하는 것이 차라리 마음 편하다.
　　오늘의 걷기 동영상은 『내가 죽으면 장례식에 누가 와줄까』
책 읽기다. 듣는 중에 "시작이 반이다."라는 말이
아리스토텔레스의 말이었다는 것을 오늘 알았다.
비 오고 바람 부는 이른 아침에도 한결같이 걷기 명상을 했더니
벌써 목적지 정해놓은 곳까지 왔다.
　　무슨 일이든지 시작하는 것이 어렵다. 망설이고, 머리 굴리고,
불안 예측을 하고 그러다가 시간만 훌쩍 지나가 버린다.
일단 시작하고 보면 마치게 되어 있는데도 두려움이 앞서고
배짱이 없다. 무소의 뿔처럼 앞만 보고 가면 되는데 말이다.
글도 쓰다 보니 다 쓴 것처럼.

　　　　　　　　　　　　　　　　　　　　새벽길 별을 보며

374 인생길은 몇 구비냐?
2020. 7. 20. (월)

　"가도 가도 끝이 없는 인생길은 몇 구비냐" 문주란의 「유정 천리」
노래 중에 나오는 가사 중 일부다. 유행가 가사나 동요,
가곡 노래들은 우리 인생살이를 풀어놓은 것 같다.

　중학교 2학년 때 생애 처음 속리산으로 수학여행이라는 것을
갔다. 2박 3일 일정이었고 수학여행비는 2,300원이었다.
돈이 없다고 가지 말라고 하시는 어머니와
매일 울고불고 떼를 쓰는 아들의 고집 싸움에서 내가 이겼다.
아니, 어머니가 져주신 것이다.

　버스가 속리산 말티고개를 넘게 되었는데 가도 가도 끝이 없는
고갯길이었다. 몇 구비가 지났는지 셀 수도 없었고
멀미를 참느라 혼쭐이 난 기억이 새롭다. 뿌연 먼지를 일으키는
비포장도로였으니까 공이 튀듯이 버스가 그랬다.
문장대까지 앞다퉈 갔는데 내가 단연 일등이었다.
산을 좋아하는 DNA가 있었다는 것을 나중에 알게 되었다.

　그토록 굽이굽이 말티고개가 길고 힘들었지만 결국은
속리산 법주사까지 도착했다. 그 뒤로 가족 여름휴가 때
아내와 함께 다시 가 보았는데 매끈하게 포장된 말티고개를
넘어갈 때 중학교 2학년 소년으로 다시 돌아가 있었다.
우리 인생길은 몇 구비냐?

375

나 홀로 카페에 앉아

2020. 7. 20. (월)

구지 사키소, 게이샤, 미칠레, 예가체프. 에티오피아 커피
이름들이다. 생두를 사서 직접 프라이팬에 볶아 먹은
커피들이 30가지가 넘는다. 주로 에티오피아, 멕시코, 케냐
커피를 좋아한다. 아침식사 후에는 반드시 나 홀로 카페에 간다.
"~의 방"이라고 이름 붙여진 세 평 정도 되는 작은 룸이다.

드립 커피 한 잔을 내리는 데 나의 온갖 정성을 쏟아붓는다.
커피 내리는 시간, 필터 헹굼, 잔 준비 등 한 잔의 커피가
쉽게 만들어지지 않는다. 내가 마실 커피기 때문이기도 하지만
이면에는 다른 뜻이 있다. 커피콩을 따는 에티오피아, 케냐,
멕시코 사람들이 눈에 아른거리기 때문이다.

우리나라의 국민소득은 3만 불, 에티오피아는 900불쯤 된다.
언제 기회가 되면 에티오피아 여행을 가서 산에서
커피콩 따는 체험을 해 보고 싶다. 한 알 한 알 따서
내가 먹는 곳에 오기까지 얼마나 많은 고생과 수고가 따르겠는가.
검게 햇볕에 그을린 에티오피아 사람들을 생각하면서
난 오늘도 에티오피아 예가체프 한 잔을 마셨다.
커피 잔에 그들의 땀이 한 방울 톡! 떨어져 있는 것 같다.

새벽길 별을 보며

376

EF 소나타

2020. 7. 20. (월)

　　차가 시동이 걸리지 않은 적이 한두 번이 아니다.
몇 차례 수리를 받았지만 2004년식, 그러니까 16년 된 차라서
그런가 보다. 큰아이가 중고로 구입하여 타다가,
둘째 아이가 타고 다니다가, 아내가 타다가 이젠 내게로 왔다.
줄줄이 사용도 잘해 왔다. 차는 굴러만 가면 된다고 생각하지만
가끔 고장이 나서 긴급출동 서비스를 불러
해결해야 하는 당황스러운 일도 있었다. 늘 차에 고마운
마음을 갖고 있고 될 수 있는 대로 깨끗이 사용하려고 노력도 한다.
　　주차해 놓은 곳 옆에 차 전시장이 있어 빼꼼히 쳐다보았다.
모닝 1490, K3 2290, 스포티지 2945, K5 3238, 소렌토 3738,
모하비 5500, K9 6190. 천만 원대부터
6천만 원대까지 있었다. 작년에 종종 차 수리를 하다 보니
폐차해야 하나 생각했다가 이제는, '아냐 고칠 수 있는 데까지
고쳐 쓸 거야.
기름 값도 적게 들고 차를 모시고 다닐 이유도 없으니까.' 한다.
나는 K9을 살 돈도 없지만 그렇다고 해서 그 차를 꼭 갖고 싶은
생각도 없다. 난 EF 소나타로 17만 킬로미터를 탔지만
만족을 넘어 행복하니까. 행복은 만족도와 정비례한다.

377 꽃도 피는 때가 있다
2020. 7. 21. (화)

    모든 일에는 다 때가 있다. 태어날 때, 죽을 때, 만날 때,
헤어질 때, 웃을 때, 울 때, 모일 때, 흩어질 때, 밀물과 썰물의 때,
비 온 뒤에 땅이 굳어지는 때.

    오늘따라 달맞이꽃이 아침을 눈부시게 한다.
애기똥풀 뒤에 금계국, 그 뒤에 기생초 그리고 요즘 달맞이꽃.
남아메리카에서 우리나라로 귀화한 식물인데 아침마다
나의 발걸음을 가볍게 해 준다. 아무리 달맞이꽃이 보고 싶다고
해서 이른 봄에 꽃을 피우라고 할 수는 없다.
만일 세상 모든 꽃이 한 계절에 모두 핀다고 하면 이 세상은
단조로움으로 도배가 될 것이다. 제각기 꽃을 피우기 위해
준비하는 기간도 다르고, 피었다가 지는 시간도 다르다.

    오늘에서야 닭의장풀꽃이 눈에 띄었다. 보라색 앙증맞게 생긴
두 개의 꽃잎이 날개를 폈다. 꽃도 피는 때가 있듯이
세상사 모든 일도 다 때가 있으니 꽃이 필 때까지 바람도 비도
천둥과 번개도 다 이겨야 하느니.

새벽길 별을 보며

378 착한 일, 당연한 일
2020. 7. 21. (화)

아침 6시다. 아직은 차량통행이 조금은 분주하지 않은 시간이다.
우리 집 앞에는 6차선 하나로 도로가 있다.
로드킬을 당하여 죽은 큰 고양이가 길 한가운데 심하게
훼손되어 있다. 비위가 약한 사람은 구역질할지도 모른다.
인간은 늘 순간마다 선택의 갈림길에 서 있다.
저것을 치워줘야 하나? 그냥 모르는 체 해야 하나?

이런 때는 마음의 소리에 귀 기울여야 한다.
만일 내가 운전하고 간다면 어떨까? 우리 가족이 운전하다가
이 모습을 보면 피하느라 사고 위험도 따르지 않겠는가.
내가 치워주지 않으면 누가 치우겠는가.
내가 하라고 내 눈에 먼저 띄지 않았을까?
주변에서 치울 만한 나뭇가지를 찾아보았다.
마침 긴 나뭇가지가 준비나 된 듯 있었다.

어쩌다가 이곳까지 와서 죽임을 당한 거니? 검정색 큰 고양이었다.
내가 착한 일을 한 건가? 에이 뭐 이런 걸 가지고.
당연한 일을 한 거 아니겠어? 뭐 기왕이면 착한 일을 했다고 해 주자.
아차, 그런데 우리 집에 하루에 한 번 정도
밥을 얻어먹으러 왔던 그 길고양이를 닮았네.
어제도 먹고 갔는데……. 은근히 그 고양이가 기다려진다.

379 내 마음의 가지치기
2020. 7. 21. (화)

　　30년을 넘게 나무 전지를 했다. 서로 붙어 있으면 햇빛도
볼 수 없고 바람도 통하지 않으니 최소한 일 년에 한두 번은
꼭 전지해야 한다. 정성을 들인 만큼 나무도 보답하듯이 잘 자란다.
엔진식 전동 전지 기계, 큰 전지가위 4개, 작은 것 몇 개가 있다.
　　올해 봄에 가이스카향나무를 20그루 넘게 전지를 했다.
해마다 부드럽게 해 줘야 나무가 곱게 자란다. 한 해라도
걸러서 강하게 전지를 하면 가시가 돋친 것 같은 새순이 나온다.
사람이나 나무나 보살핌이 필요하다.
전지할 때 아깝다고 자르지 않으면 나무를 사랑하는 것이 아니다.
과감하게 잘라내야 한다. 그래서 그런지 우리 화단에 있는
나무들은 모두 잘 자라고 있다.
　　며칠 전에는 토마토 가지를 많이 잘라 주었다.
햇빛을 많이 보게 된 토마토들이 하루가 다르게 익어가는 것 같다.
내 마음에는 가지치기할 것들이 무엇이 있을까?
내려놓음, 더 내려놓음. 비움, 더 비움.

380 언제나 떠 있는 태양
2020. 7. 21. (화)

오늘 아침에는 태양이 구름에 가려져 있는 시간이 많다.
태양의 표면 온도는 6,000도, 핵 부분은 1,500만도니 엄청나다.
지구에서 태양까지의 거리가 1억 4,960만 킬로미터,
시속 800킬로미터 비행기 속도로 가도 태양까지
17년이 걸린다. 새마을호 열차로 가면 114년 3개월이 걸리고,
걸어가면 4,270년이 걸린다. 상상할 수 없는 먼 거리다.
난 늘 꿈을 꾸고 그 꿈을 이루기 위해 노력하는 것을
게을리 하지 않는다. 내 가슴은 식어본 적이 거의 없었다.
이것은 구름 속에 태양이 가려져 있지만 여전히 태양은
떠 있는 것과 같다. 지금 이 순간, 침 삼키는 동안을 빼면
나머지 시간과 내일은 전혀 알 수도 없고 가 보지 않은 날이다.
살아오면서 태양이 구름에 가려 안 보이듯이 어느 때는
정말 태양이 없어지지는 않았을까 미리 겁내고 두려워하고
불안한 적도 있었다. 이제는 아니다. 언제나 햇볕이 쨍쨍
내리쬐는 날만 기대하면 세상은 사막이 되고 만다.
오늘따라 많은 시간 동안 구름에 가려 얼굴 한 귀퉁이 조금만
보여주는 태양을 보니 새삼 살아있음이 감사하다.

381 빗방울 전주곡
2020. 7. 22. (수)

    때로는 멍때림(zone out, space out)을 가져보는 것도
필요한 일이다. 『딴 생각의 힘』 저자인 마이클 코벌리스는
멍때림, 즉 딴 생각은 좋은 습관이라 말한다.
창의적인 활동으로까지 보고 있으니까. 그냥 아무 생각 안하기,
안해야 하겠다가 아니라 멍때림의 시간이 다가오면 그대로
순응하기다.

    빗길을 걷다가 원두막에 앉아 쇼팽의 No. 15 「Raindrop
(빗방울 전주곡)」을 틀어놓고 초록색 양탄자가 깔린 것 같은
들녘의 논을 바라본다. 왕개구리들의 웅웅거리는 소리와
참새, 박새들이 빗속을 날며 울고, 빗방울을 머금은 풀잎들이
바람에 춤을 춘다. 마음이 고요해진다.

    왜 오늘은 글쓰기 주제가 떠오르지 않는 걸까 조급해지도도
않는다. 없으면 없는 대로, 있으면 있는 대로 물 흐르듯이
지나가면 되는 것 아닌가. 비 오는 날은 멍때림의 매력이 있다.
영혼을 샤워시키는 것 같은 시간이 이십여 분 흐른다.
내 머릿속에도 큰 휴지통이 하나 있어야겠다.

새벽길 별을 보며

382 36.5도

2020. 7. 22. (수)

치과에 들어서니 체온을 잰다. 요즘은 식당에 가도
어딜 가도 열을 재는 것이 일상화되었다. "36.2도입니다."라고
말을 해 준다. 갑자기 이런 질문을 나에게 해 봤다.
사람의 체온은 왜 36.5도일까? 지금까지 "왜?"라는 단어를
사용해 보지 않았다. 그냥 그런가 보다 했다.
우리 몸속의 내장 온도라는 것을 처음 알게 되었다.
모르는 것이 많으니 새로운 사실을 안다는 것이 신기로울 뿐이다.
세포들이 계속 움직이므로 운동에너지에 의해 열이
발생되는 것이고, 그래서 온도가 올라가도 안 되고
내려가도 안 된다는 것. 40도가 넘으면 뇌세포가 파괴될 수
있다는 사실. 몸을 따뜻이 하려면 소식, 운동, 반신욕, 고추, 생강,
계피, 단호박, 부추 등을 많이 먹는 것이 좋다는 정보.
다시 한 번 운동의 절실함을 알게 되었다.
　　위치에너지도 필요하지만 운동에너지가 있어야 한다.
내 몸은 내가 프로그램화하는 것에 따라 움직인다.
오늘도 우산을 쓰고 운동한 자신이 대견스럽고 뿌듯하다.
그러고 보니 우연치 않게 요즘 부추와 단호박을 즐겨 먹었다는 것을
생각하니 내가 앞을 내다보는 천리안이라도 있다는 말인가.
에이, 너무 앞섰네.

383 어머니의 재봉틀
2020. 7. 23. (목)

    어릴 적 6남매가 시골 작은 집에서 살 때 방은 딱 두 개였다.
큰방, 작은방뿐이었다. 좁은 방이었지만
어머니가 사용하시던 재봉틀은 꼭 그 자리에 있었다.
재봉틀 앞에 앉아 바느질하시던 어머니 어깨 너머로 실패에
실을 감는 법, 바늘에 실을 꿰는 것, 페달을 밟는 것 등을
많이 보았다. 나는 이미 초등학교 때 재봉틀을 돌려 천을
박을 정도가 되었다.
    어머니가 돌아가시고 쓰셨던 재봉틀을 큰 누님이 가져갔다.
내가 떼를 써서 기필코 가져왔다.
1875년 미국의 Singer라는 사람이 발명한 singer 재봉틀이다. 지금
시점으로 보면 어머니의 재봉틀은 100년도 훨씬 넘은 골동품이다.
오늘 아침에도 어머니의 손때와 스토리가 담겨 있는
재봉틀을 어루만졌다. 고물상에 갖다 주면 오천 원도 안 줄 것이다.
오십만 원을 준다 해도 갖다 주지 않겠지만 말이다.
재봉틀에는 어머니의 눈물, 기쁨, 사연, 가족들을 부양하신
사랑이 담겨 있다. 역사인 것이다.
비가 와서 그런지 어머니가 더 그립다.

384 익숙한 것에 저항하기
2020. 7. 23. (목)

　　내가 정년 은퇴를 한 후에는 전주에서 살리라고
늘 입버릇처럼 말을 했다. 3년의 고등학교 시절, 집시와 같이
떠돌던 자취 생활과 나의 정서가 전주에서 살고 싶은
마음으로 이어졌나 보다. 고향 형님이 살고 있는 집 옆에
집은 없어지고 땅만 100평 있는 곳을 살 기회가 왔다.
형수님이 그곳에 집을 짓고 형님 가족과 함께 노후를 보내자고
간곡하게 말하셨다. 3,500만 원이면 살 수 있다고 하지만
현재 나에게는 3,500만 원이 없다. 어찌어찌 산다고 해도
내 성격상 익숙한 고향 땅에서 여생을 살아야 하나?
아니면 새로운 환경, 도전, 자극, 동기 부여를 가지면서
전주에서 살아야 하나? 열쇠는 아내에게 달려 있다.
내일 집에 오면 상황 설명을 하고 의향을 물어봐야 하겠다.
　　지금 모시고 살고 있는 처형, 장모님이 7년 안에
돌아가신다는 것은 희박하게 보이는데 아직 판단이 서지를 않는다.
앞으로 7년이나 남아 있는데 벌써 집 걱정을 해야 하나?
꼭 집이 있어야만 하는 건가? 오늘 하루만 살자고
두 주먹 굳게 쥘 때는 언제고, 왜 7년 후를 걱정하니?
내 체질상 언제나 익숙한 것에 익숙해지고 안주하고 싶지는
않으니 말이다.

385 황제밥상 그 위
2020. 7. 23. (목)

　　15년 전쯤 될까 싶다. 장수군 번암면이 고향인 지인
배 교수 집에 초대받아 갔었다. 이백여 평 되는 약초 텃밭에서
따온 약초를 넣고 삼계탕을 끓였다.
처음 먹어 보는 야생 약초 차와 함께 신비로운 맛을 잊지 못한다.
식사 후 가스레인지와 밀가루, 프라이팬을 들고 계곡으로 갔다.
물고기를 잡아 그 자리에서 튀김을 해 주는데 태어나
처음 먹어 본 환상의 맛이었다.
　　그날 나에게 꿈의 날개가 생겼다. 내가 먹은 한 끼 식사는
황제밥상 그 위였다. 그리하여 훗날 은퇴한 후 한 달에
한 번씩 지인들을 초대하여 자연 행복 밥상을 제공하리라.
나도 작은 텃밭에 약초를 키우고 손수 만든 탁자와
야생 약초를 끓여 심신이 지친 사람들을 대접해야겠다고 생각했다.
집 주위에 계수나무, 손수건나무, 느티나무를 심고
나무 위에다 한 평짜리 집도 지어봐야지.
그곳에서 하룻밤 자면서 새소리, 바람 소리도 듣고
구름 흘러가는 것도 보면서 살아야지. 그래, 꿈이 현실이 되겠지?

386 문제 있는 곳에 답이 있다
2020. 7. 23. (목)

8년 전에 700평의 대지 위에 13억 원을 들여 교회를 건축했다.
빚 없이 건축하기 위해 직영을 하면서 허리 협착증이 생길 정도로
일을 했다. 7년 후에는 사임을 하고 정년을 맞이해야 한다.
등기는 당연히 교회 단체 명의로 했다.
내가 어머니 유산을 받아 개척했지만 내 것이 아니다. 내려놓았다.
지붕 창틀 쪽에 비가 샌다. 아스팔트 싱글을 붙였는데
시간이 가면서 방수 능력이 떨어졌나 보다.
비가 오면 실내에 물통을 대 놓고 여간 신경이 쓰이는 것이 아니다.
지붕이 급경사여서 위험하기 그지없다.
여러 전문 업자들에게 공사 부탁을 했으나 이삼일 분량은
못하겠다고 한다. 하루 인건비 50만 원과 간식비, 식사비,
이틀 잡으면 재료비까지 200여만 원이 들어간다.
옆 교회 젊은 목사님에게 일당을 줄 테니 도와 달라 했다.
몇 년 전에도 지붕 위에 올라 몸에 로프를 감고 이틀간
일을 하고 일주일을 몸져누웠었다. 이렇게 일을 하다가
죽을 수도 있겠구나 싶었다. 하지만 그때의 감사와 기쁨은 이루
말할 수 없었다. 계속 비가 오는 관계로 아직 교회 지붕 수리를
하지 못하고 있다. 문제가 있는 곳에는 답이 있다.
답이 없는 문제는 문제로 취급하지 않는다.
걱정하지 말자. 해결될 테니까.

387 완장 차지 마라!
2020. 7. 24. (금)

아파트 경비원에게 폭언하고 갑질을 하여 극단적인 선택을 한
사건이 얼마 전에 또 일어났다. 주민이 상이고 경비원은 하라는
왜곡된 생각을 가진 사람들의 인격은 어떻게 돼먹었을까?

일제 강점기 때 지역 면장에게 완장을 차게 했다.
어떤 통제 수단으로 써먹었을 것이다. 열차가 지나가면
"야, 너 열차 거기에 서 있어." 이렇게 명령하면 서 있을 것으로
생각할 정도로 자신을 대단한 권세가 있는 사람처럼
생각하고 살았던 것을 비유하여, 요즘도 완장 차면 사람이
변한다는 말을 쓰곤 한다. 추한 사람이 누굴까?
옷을 누추하게 입은 사람이 아니다. 교만하고, 거만하고,
오만하고, 자만한 사람일 것이다.

세상의 모든 갈등, 어려움, 분쟁은 대부분 여기에서 비롯된다.
내가 대학 강단에 설 때 반드시 양복 정장을 갖춰 입고 강의를 했다.
내 나름의 철학은 외모부터, 형식부터 갖추는 것이
중요하다고 여겼기 때문이다.
이것도 학생들에 대한 예의라고 생각했었다. 더 겸손하자.

388 감사 감각
2020. 7. 24. (금)

    햇볕이 쨍쨍 내리쬐는 날은 하늘의 구름도 푸르고
새털구름, 뭉게구름 등 흘러가는 모양도 흥겹다.
지난주에도 3일, 이번 주에도 3일 계속 비가 온다. 비가 오는
날에는 차분해지는 것은 좋은데 약간 기분이 가라앉기도 한다.
물론, 이것이 나쁜 것이라고는 생각지 않는다.
몸이 마비되면 꼬집어도 모른다.
이 치료하느라고 잇몸 마취는 해 봤지만 지금까지 살면서
부분마취, 전신마취는 한 번도 해 보지 않았다.
이것 또한 감사한 조건이다.

    걷다가 원두막에 앉아 나를 돌아보며 나의 내면으로 들어가 본다.
감사 감각이 얼마나 둔해졌는지, 아니면 예민해졌는지를 물어본다.
감사가 빠져 있는 행복은 절대 없다.
시소처럼 감사가 올라갈수록 불평, 걱정, 불안은 바닥까지 내려간다.
내가 좋아했던 박원순 서울시장이 극단적 선택을 한 슬픔이
쉽게 사라지지 않는다.
나름대로 고통이 있어서였겠으나 결코, 있어서는 안 되는 일이다.
돌아가신 분이나 피해자나 그 고통이 크기 때문이다.
감사 감각을 예민하게 하자.

389 배려를 배우다
2020. 7. 24. (금)

아침식사 전에 먼저 고양이들 밥을 챙겨주고,
물고기들 밥 주고, 철쭉 분재와 화분에 물을 주면서 잠시 멈춰 서서
배려에 대해 생각해 본다.
이들은 나에게 더 많은 즐거움과 행복을 가져다 주기 때문에
내가 할 수 있는 최소한의 행위라고 생각된다.

요즘 장맛비로 길에 물이 고여 있는 곳이 많다.
운전하고 가다가 사람이 걸어가는 것을 보면 천천히 속도를 낮추고
물벼락이 치지 않도록 하는 것이 당연한 일 아닌가.
달려오던 속도로 쌩하고 지나가면서 파도가 갈라지는 것 같은
물을 튕기고 가는 차들이 많다. 뭐 조급한 일이 있나?

산행을 하다 보면 가끔 유행가를 크게 틀고서 가는 사람도 있다.
숲에서, 자연에서 자연의 소리를 듣거나 헤드폰, 이어폰을 끼고
혼자 들어도 좋을 텐데 타인에 대한 배려가 없어 안타깝다.
언제인가 미륵산 정상에서 어떤 사람이 큰소리로 "주여!"라고 외쳤다.
나도 기독교인이지만 엉덩이를 뻥 차주고 싶었다.
동물들이 놀라서 어쨌을까?

새벽길 별을 보며

390 잠자리를 보니 생각난다
2020. 7. 24. (금)

나의 육군 군번은 12875990이다. 주특기는 316 전신 타자
운용병이었다. 대전 통신학교에서 후반기 교육 12주 동안
손에 쥐가 나도록 타자 연습을 했다. 30개월 군 생활 중에
일 년 정도는 BOQ 장교 숙소 관리병으로 근무했지만
나머지는 통신병이었다.

4월 초에 팀스피릿 훈련이 있었는데 충북 음성에서 강원도
백운산 정상까지 헬리콥터를 타고 이동을 했다. 태어나
처음 타 본 헬리콥터였고 아마 마지막일지도 모른다.
30분 동안 얼마나 공포스럽고 무서웠던지 아찔했던 시간이 길기만
했다. 그 덕분인지 요즘은 높은 곳에 올라가도 크게 겁이 나지 않는다.
백운산 정상에 내려 눈 덮인 산에서 철모에 눈을 녹여
밥을 해 먹었던 기억이 새롭다.

인간은 어떤 환경이든지 적응하고 이겨낼 수 있는 잠재력이
있는 것 같다. 아침에 보니 내 머리 위로 잠자리 십여 마리가
윙윙거리며 날아다닌다. 40년이 훌쩍 흘러간 세월인데도
또렷이 기억에 새겨져 있는 걸 보니 30분 동안
헬기를 타고 있던 시간이 엄청나게 길었었나 보다.
지금 다시 헬기를 탄다면 또렷이 아래를 내려다보면서
"야~ 기분 좋다!" 할 텐데 말이야.

391 페타 레다스트!(잘 될 거야!)
2020. 7. 25. (토)

아이슬란드 사람들은 세계에서 가장 낙천적이고 긍정적인
사람들이다. 인간이 생존하기 힘든 척박한 환경에
놓여 있는 곳이 아이슬란드다. 북부지역은 춥고 건조하며,
남부지역은 강수량이 많고 기온이 높다.
지진이 자주 발생하고 150번 이상 화산이 폭발했다.
신이 세상을 창조하기 전에 연습게임으로 창조한 땅이
아이슬란드라고 하는데 이 나라 사람들은
미리 계획하지 않는다고 한다.
자주 땅속에서 불이 솟구쳐 나오고 땅이 갈라지고 뒤집히는 것을
보기 때문에 지금이 중요하지 내일이 중요하지 않다는 생각이다.

지금 하고 싶은 것이 뭐니? 잘 될 거야.
내가 여행하고 싶은 곳 1순위는 아이슬란드다.
신비로운 오로라를 보고 싶다. '앞으로 뭐가 되고 싶고 이루고 싶은
계획이 무엇이고 장래를 위해 준비해 놓고 싶은 것이
무엇이냐?'라는 말은 아이슬란드에서는 부질없는 질문인 것이다.
하루하루를 살고 순간순간을 살면 되는 것이다.
요즘 들어 더욱더 '하루만 살자, 잘 될 거야!'라는 마음의 소리가
많이 들린다. "페타 레다스트!"라고 크게 외친다.

392 말하길 잘했다

2020. 7. 26. (일)

오늘은 은기리까지 걷고 오자고 했다.
6시부터 7시 30분까지 한 시간 반 동안 아내와 함께했다.
혼자 걸을 때는 헤드폰을 쓰고 "책 읽기 좋은 날"을 듣지만
오늘은 대화가 더 중요하다. 개망초, 메꽃, 애기똥풀, 쇠뜨기 등
다양한 식물 이야기와 한 주간 학교에서 수업했던 일, 운동,
우리 아이들과 며늘아기들 이야기 등 훌쩍 시간이 지나갔다.

그동안 12일 전에 병원주차장에서 차 문을 열다가 옆 차 보험
처리한 것에 대해 말하지 않고 있었다.
왜 조심하지 않았냐고 핀잔을 줄 사람은 아니니까 그런 염려는 없었다.
걱정 끼치고 부담될까 싶어 전전긍긍했다.
그래서인지 마음에 지우지 않은 얼룩 자국이 남아 있는 것 같았다.
말하는 것이 더 좋을 텐데, 마음의 소리가 오늘은 더 크게 들려왔다.
소상하게 설명을 하고 내가 실수를 한 것이지만
내 편이 되어 주길 바랐다.

그 일을 통해 깨달은 것은 큰 소득이라 할 수 있다.
주차는 멀리, 새 차 옆에는 주차하지 않기, 앞으로 새 차 안 살 것,
지금 차 고쳐서 쓰는 데까지 쓰기, 남의 처지에서 생각하기,
좋은 쪽으로 생각하기 등등 오늘 아내에게 말하길 잘했어.
내 편이 되어 준 아내가 고맙다.

393 너 언제 피었었니?
2020. 7. 26. (일)

걷기 운동하고 들어오다가 아내가 감탄사를 지른다.
"여보 여기 좀 보세요. 상사화가 피었네요."
"아, 그러네. 언제 피었지?" 예쁘게 장맛비에 젖어 있는
상사화의 고개가 무겁게 보인다. 수선화과인 상사화는
초여름에 잎이 말라 죽은 다음 여름에 꽃줄기가 자라
연분홍색 꽃이 핀다. 사슴처럼 긴 목 위에서 핀 꽃이 활짝
얼굴을 펴고 있다.

선운사, 불갑사에서 열리는 상사화 축제를 아직 한 번도
가 보지 못했다. 먼 거리도 아닌데 우리 집 화단에서 많이
본 거라서 그런지 서울에서도 온다는데 나는 못 가 봤다.
비가 계속 내려 화단에 풀이 가득하다.
마치 때를 만난 듯이 풍성해진 풀들을 어찌해야 하나. 풀 하나 뽑는
일도 아까운데 그냥 두면 안 될까? 요즈음에 천천히 화단을
둘러보는 일을 하지 못했나 보다. 상사화가 꽃이 피고 나를
얼마나 기다렸을까? 눈 맞춤해 주길 매일 기다렸을 텐데 말이다.
작년과 올해 다를 것이니 사진을 찍어둬야지.
"바람과 비에 젖으며 꽃잎 따뜻하게 피웠나니"
「흔들리며 피는 꽃」 시가 떠오른다.

394 이해할 수 없는 일들
2020. 7. 26. (일)

　　남자는 화성에서, 여자는 금성에서 왔다고 하던가. 생각, 마음,
생활 방식이 같을 수는 없다. 나에게는 5살 많은 처형이 있다.
89세 되신 장모님과 함께 지금 20여 년째 모시고 있다.
내가 결혼할 때부터 본인을 위해서는 절약하고
아내와 우리 가족을 위해서는 아낌없는 후원을 하는 좋은 사람이다.
정이 많아 어려운 사람 외면하지 못하는 좋은 품성도 갖고 있다.
그런데 생활 방식이 너무 달라서 힘든 여건을 만들 때가 있다.
이것 또한 내가 더 훈련돼야 할 부분이긴 하다.
그릇을 만드는 과정이라고 생각하고 감사해야 하는데 말이다.
　　원래 먼 데 있는 사람보다 가까이 있는 사람에게 잘해주기가
더 힘들다.
이해할 수 없는 생활 방식을 보면 그냥 그러려니 해야 하는데,
그리고 내 할 일만 하면 되는데 쉽게 되지 않는다.
　　앞으로 7년 후 은퇴하면 화목하게 살 방법이 무엇일까?
엄청 나 자신을 억누르고 내려놓는 훈련을 많이 한다고 해도
받아들이기 어려운 부분이 많다.
인간은 정말이지 이해할 수 없는 수수께끼 같은 존재인가 보다.
이런들 어떠리, 저런들 어떠리. 그냥 살아야지 뭐. 받아들이는
마음의 여지가 넓을수록 행복도 더 넓어질 것이니.

395 죽는다는 걸 기억하라!
2020. 7. 27. (월)

톨스토이는 "죽는다는 걸 기억하라. 그러면 삶이 아름다울
것이다."라고 말했다.
고등학교 선생으로 재직할 때의 일이다. 학생들을 데리고
수련회를 갔다가 혼자 새벽 첫차를 타고 진안에서 오던 길이었다.
시외버스에는 운전기사와 나 한 사람만 타고 있었다.
나도 졸고 기사님도 졸았나 보다.
갑자기 쿵 하는 소리에 놀라 눈을 떠 보니 산 쪽으로 버스가 충돌했다.
왼쪽은 천 길 낭떠러지로 유명한 부귀면 모래재다.

죽을 뻔했던 적이 세 번 있었다. 난 지금 덤으로 사는 것이다.
내가 만일 일 년만 산다면 아니 한 시간 후 죽는다면
더 진실하고 더 행복한 삶을 살 수 있을까?
어리석게 삶을 낭비하지는 않을 것이다. 33년을 사신 예수님에
비할 수는 없으나 나는 거의 두 배를 살고 있는 것 아닌가.

죽음과 삶은 한 뼘 차이다. 의식적으로 죽는다는 걸
기억해야 내 삶을 더 행복하고 빛나게 살려고 노력할 것이다.
아름다운 삶이다.
202년 전에 톨스토이는 나에게 이 말을 해 주려고 태어났을까?

396 후회를 줄이는 삶
2020. 7. 27. (월)

후회가 전혀 없는 삶이 어디 있으랴. 하지만 이제부터라도
후회를 줄이는 것이 더 행복한 삶의 여정 길이 되리라.
호스피스 병동에서 죽음을 앞에 둔 환자들에게 물어봤다.
"당신이 가장 후회하는 것이 무엇입니까?"
다섯 가지로 요약하면 이렇다.
첫째, 자기가 원하는 삶을 살지 못한 것
둘째, 일을 너무 열심히 한 것
셋째, 감정 표현을 하지 않은 것
넷째, 친구와의 관계를 소홀히 한 것
다섯째, 행복을 선택하지 않은 것
남의 판단과 평가와 잣대에 의해 살아가는 삶이 아니라
내 인생을 주도적으로 책임지는 자세가 나에게 얼마나 있는지를
돌아보게 된다. 그동안 나는 원하는 것을 대부분 하고 살아왔다.
여건, 형편이 전혀 안 되어도 돌진해 왔었다.
특히 여행과 공부에서는 더욱 그랬다. 마음의 소리에 귀 기울이면서
행동하고 실천해 왔다. 주저하거나 망설이지 않았다.
그래서 나에게 내가 칭찬해 주고 싶다. 마라톤 풀코스가
마음을 강하게 움직여서 두 달 연습 후에 42.195킬로미터를
4시간 15분에 완주했다. 다섯 가지 중에 첫 번째 항목에
초점을 맞춰 살아야겠다. 내가 진정 원하는 삶을…….

397 닭갈비 철판 구매

2020. 7. 27. (월)

　지난 토요일 닭갈비를 잘 먹었다. 종종 먹는 음식인데
이번에는 이런 생각을 했다. 식당에서 먹던 것을 집에서
한번 해 먹어 볼까? 그래도 처음이니까 춘천에 닭갈비를
택배 주문하고 재료를 사야 하겠다.
내가 군대 생활을 하던 곳은 홍천인데 홍천 닭갈비는 특이했었다.
닭갈비를 양념하여 구워 먹었다.

　지금은 많이 변했나 보다. 닭갈비가 아니라 살코기와
양배추를 양념하여 주물럭처럼 해서 먹는 것이 대부분이다.
식당에 가서 요리사들이 해 준 음식 사 먹는 것도 맛있다.
그런데 이번 주 목요일에 생태 세밀화 수강생들 8명에게는
손수 닭갈비를 요리해서 대접하고 싶다.

　오늘 4킬로그램, 55,000원어치를 주문했다. 철판을 사야 하겠다.
내가 일류 요리사가 되려고 하는 것은 아니다.
하지만 지금도 삼류 요리사는 아니다. 특별 요리사라고 해야 할까?
요리는 예술이다.
손맛, 정성, 사랑이 담긴 드라마와 같다.
내가 준비한 닭갈비 맛있겠다.

398 느림, 비움, 단순함
2020. 7. 28. (화)

　　스키, MTB 자전거, 달리기, 킥보드는 모두 속도가 있는 것들이다.
무주스키장 실크로드 코스를 처음에 내려올 때는 2시간이 걸렸다.
지금은 10분이면 내려온다.
시속 70킬로미터쯤 될 것이다. MTB 자전거로도 내리막길에서
시속 60킬로미터로 내려온 적도 있다. 킥보드 최고 속도는
25킬로미터까지 나오는데 스키와 MTB 탈 때 몇 번
다친 적이 있었다. 감사하게도 한 달쯤 고생은 했지만
입원할 정도는 아니었다. 문제는 빠르다는 것이다.
위험 요소가 많다. 하지만 난 앞으로도 스키와 MTB를 탈 것이다.
　　몇 달째 매일 걸으면서 느림, 비움, 단순함에 대한 철학적
사색을 많이 한다. 스키, MTB는 휙 지나가기 때문에
순간적 즐거움은 느낄 수 있어도 깊은 명상과 사색하는 여유는 없다.
소유가 많은 사람은 그것을 지키기 위해 걱정을 많이 하고,
소유가 적은 사람은 지킬 것이 없으니까 더 자유로움이 있다.
느림, 비움, 단순함을 가지려면 마음의 근육을 키워야 된다.
느리게 걸으니 식물들과 눈 맞추고
지렁이, 달팽이 기어가는 것도 보인다. 첼로, 기타, 우쿨렐레 등의
악기들은 속이 비어 있기에 아름다운 소리가 난다.

399 행복 감수성
2020. 7. 28. (화)

　　자극을 받아들여 느끼는 성질이나 성향을 감수성이라 한다.
긍정적인 감수성이 예민한 사람도 있겠지만
부정적인 감수성이 예민한 사람도 있다. 관찰력과 창의성은
긍정적인 감수성이 많을수록 극대화된다.
　　몇몇 일행들과 꽃이 피어 있는 산책로를 걸었다. 지리산
구룡폭포 계곡 길을 따라 걷는데 깃대종인 히어리가 계곡을
연두, 노란색으로 물을 들였고 제비꽃과 양지꽃들이 활짝
웃고 있었다. 다들 감탄사를 지르며 사진 찍고 친구에게
전송하고 있는데 어떤 사람은 아무런 감탄사도 없고 빨리
이 길을 벗어났으면 한다는 느낌을 받았다.
행복은 멀리 있는 것이 아니라 가까운 곳에, 바로 내 옆에 있는데
감수성이 무디어져 있지는 않은가.
　　기다렸다는 듯이 피어 있는 달맞이꽃, 새깃유홍초,
휘파람을 불면 입을 벌려 먹이를 먹는 물고기들, 온몸을 뒹굴며
애교부리는 고양이들 모습, 나 보라고 활짝 피어 있는 시계꽃,
가느다란 몸에 물감을 칠해 놓은 일일초.
이런 것을 보는 일, 느끼는 일, 듣는 일이 행복 아니겠는가.

400 122일
2020. 7. 28. (화)

내 삶의 에스프레소를 내리는 시간이었다. 폴짝폴짝 뛰며
마음이 춤을 추는 시간이었다. 흠뻑 땀을 흘리고 샤워하는 내 영혼의
샤워 시간이었다. 3월 28일부터 매일 걸었고 그 길은 탑천 길이다.
7월에는 일곱 번이나 장화, 우산과 함께 걸었다. 걸으면서 얼른
작은 노트에 길에서 담은 생각의 주제어를 떠오르는 대로 적었다.
책을 내기 위해 글쓰기를 시작한 것이 아니고 쓰다 보니
꿈이 새록새록 피어올랐다. 400개의 글을 쓰는 날,
노트 한 권이 가득 차는 날을 기대했고 기다렸고 기도했다.

드디어 오늘이다. 특별한 날이다. 나의 과거, 현재, 미래가
여기 작은 노트에 꽃이 피었다. 나를 위해 마음껏
축하해 주는 날이 왔다. 42.195킬로미터 마라톤 완주를 한 것 같다.
다시 또 내일부터 출발점에 서리라.

잘 견디고 참고 이겨낸 나 자신이 자랑스럽다. 온 천하가
나를 축하해 주면 좋겠다. 122일은 내 인생의 축복이고 은총이었다.
몽블랑 만년필과 잉크가 기능을 다 해 줬다.
엄지, 검지, 장지 손가락이 글을 쓰는 데 도구가 되었다.
고맙다. 나에게 점심도 사 주고, 지인 두 명을 불러 122일
글쓰기 노트 한 권 완주기념 축하를 해달라고 했다.
꽃집에 가서 작은 꽃다발도 사서 나에게 줘야겠다.
오늘은 세상의 모든 꽃이 나를 위해 핀 것만 같다.

401 오체투지를 보고서

2020. 7. 29. (수)

KBS 명작 다큐멘터리 차마고도 2부 "순례의 길"을 보았다.
시종일관 눈을 떼지 못하게 하는 가슴 뭉클한 장면들의 연속이었다.
오체투지였다. 무릎을 꿇고 두 팔꿈치를 땅에 댄 다음 머리가
땅에 닿도록 절하는 불교의 큰절 예법이다. 34세 라빠, 62세 루루,
66세 부사 세 사람이 성지 티베트 라싸까지 2,100킬로미터를
7개월 여정으로 순례의 길을 갔다. 다섯 걸음 걷고 손뼉을
세 번 치고 땅에 완전히 엎드려 절하고 일어서서 다시 하며 나아간다.
힘들고 고통스러울수록 자신들의 죄가 정화된다고 믿기 때문에
아무리 힘들어도 포기하고 되돌아가는 법이 없다.
손에 끼는 나무 신발과 가죽 천으로 만든 앞치마를
백여 개나 바꿔야 한다. 믿음의 힘은 위대하며
어떤 고난도 이겨낼 수 있다. 인간의 인내와 집념은 상상을 초월한다.
걸어서도, 차로도 가기 힘든 머나먼 거리다.
강과 4,000미터가 넘는 산도 넘어야 한다. 죽으면 죽으리라
각오하면 하지 못할 것이 없는 것이 인간의 무한한 잠재력이다.
아무리 높은 산도 포기하지만 않으면 결국은 때가 되면 넘어갈 수
있는 것이다. 7개월 후 목적지인 라싸에 도착했을 때의
세 사람은 온갖 상처투성이와 검게 그을린 삐쩍 마른 몸이었으나
그들 내면에서 뿜어 나오는 평화와 자유와 승리의 노래는
세상을 덮는 것만 같았다. 아! 내 가슴도 뛴다.

402 내가 데리고 사는 남자
2020. 7. 29. (수)

　　30년 전에 보았던 「사랑과 영혼」 영화가 다가온다.
샘과 몰리의 아름답고 애절한 사랑 이야기와 주제곡은
내 눈물샘을 엄청나게 자극했다.
"Sam, can you feel me?(샘, 나를 느낄 수 있나요?)"
"With all my heart.(나의 온 마음으로 당신을 느껴요.)"
"I've always loved you.(항상 사랑했어요.)"
죽어서도 헤어지기 어려운 사랑.
　　우산 위로 후드득 떨어지는 빗소리를 들으며 걷는데
갑자기 내가 나를 바라보는 느낌이 있었다.
맞아, 넌 내가 데리고 사는 남자야. 내 안에 또 다른 내가 있다는 사실,
오늘부터는 내가 샘이고 넌 몰리야.
하나면서도 둘이고 둘이면서도 하나야. 합일된 사랑으로 살아가자.
때로는 네가 나를 힘들게 한 적도 많았었지? 이젠 괜찮아 그 모습
그대로 받아줄 수 있어. 어제 글 400개 완성기념 점심 근사했지?
단호박 수프, 고르곤졸라 피자, 토마토 파스타, 커피.
나에게 사 주길 잘했지. 오늘부터 널 행복하게 해 줄게. 너를 위해
이벤트도 많이 해 주고 안아줄게. 가끔 너를 임계점에 이르도록
달리고, 걷고, 산행하고, 자전거를 탄다 해도
너를 사랑하기에 그런 거라고 믿어줄 수 있지? Yes!

403 아버지를 보낸 날
2020. 7. 29. (수)

비가 쉼 없이 쏟아진다. 탑천 다리 위에서 황로, 백로들의
비행을 바라보고 있노라니 아버지 생각이 난다.
아버지가 돌아가시고 3일째 되는 출상 날에도 오늘처럼 비가
억수로 내렸다. 그때는 비가 내렸다기보다는 퍼부었다.
여름이었다. 앞이 안 보일 정도로 장대비가 오던 날,
운구차도 없던 시절에 상여를 트럭 뒤에 싣고 그 트럭에 함께
타고 갔다.

초등학교 6학년이었던 그때는 죽음, 이별의 슬픔을 몰랐다.
세월이 가면서 아버지의 빈 자리를 실감 나게 느끼게 되었다.
아버지의 사랑을 받았는지 기억이 없다.
왜 어머니를 두고 먼저 가셨는지 아버지가 원망스러울 때가
많았고, 아침에 눈을 뜨면 맨 먼저 어머니가 옆자리에 있는지
확인하는 버릇이 생길 정도였다. 밤새 어머니가 자식들을 버리고
도망갈 것 같아서였다. 무심하게도 아버지가
몇 세에 돌아가셨는지 정확히 몰랐는데 훗날 알게 되었다.
47세에 돌아가셨다. 돌아가신 날이 바로 오늘이다.
어쩐지 아버지 생각이 나더라.
우리 자녀들에게 나의 자리는 어디일까?

404 바리캉 추억
2020. 7. 29. (수)

　내가 초등학교 3학년 이전쯤 되겠지. 머리를 거의 집에서 깎았다.
큰 보자기를 쓰고 의자에 앉아 있으면 아버지가
바리캉으로 머리를 박박 밀었다.
아들이 셋이어서 아버지가 고생 좀 하셨겠다.
지금처럼 성능 좋은 바리캉이 아니라 두 손으로 나무 전지질 하듯이
했다. 머리를 깎는다는 표현보다는 머리를 쥐어뜯어
놓는다고 해도 과언이 아니다. 바리캉에 머리가 엉키고
깎이지 않으면 눈물이 쏙 나올 만큼 아팠다. 이발 한 번씩
하고 나면 마치 도살장에 끌려 들어갔다 나온 기분이었다.
　어떤 때는 혼날까 싶어 아파도 아프다고 하지 못했다.
그러한 기억이 있어서일까?
내가 싫어하는 것이 없는데 한 달에 한 번 이발하러 가는 일은
발걸음이 무겁다. 기계는 잘 들지 않고 아프다고
아우성쳤었는데 이제 세월이 흘러 아버지의 마음을 이해한다.
아버지 돌아가신 지 51년, 반세기가 넘었다.
서른여덟에 혼자되신 어머니.
지금 계신 천국에도 개망초꽃 많이 피었나요?

405 빗소리 명상
2020. 7. 30. (목)

　　남부지방에 200밀리미터가 넘는 폭우가 쏟아진다는
일기 예보다. 새벽 4시경부터는 빗소리가 점점 커졌다.
6시부터는 아예 퍼붓듯이 종횡무진 여러 갈래 바람의 길을
따라 내린다. 거기에 천둥 번개까지 무섭게 내리친다.
"오늘은 하루 걷기 안 해도 되겠지? 그럼, 오늘 같은 날은
하지 않아야지. 비는 괜찮은데 천둥 번개는 무섭구먼.
아냐, 그러니까 오늘 같은 날 탑천에 나가보면 뭔가
이야기가 있을 거야. 그래, 그러자."
　　백 미터쯤 우산 쓰고 걸어가다가 되돌아오고 말았다.
우르릉 꽝, 번개와 함께 번쩍하고 섬광이 비친다.
어찌하나? 그래, 차라도 가지고 가 보자.
원두막 옆에 주차해 놓고 논을 바라본다. 베토벤 「월광 소나타」를
들으려 해도 빗소리 때문에 잘 들리지 않지만 이렇게라도
들을 수 있어서 감사한 일이다.
　　중국에 이재민들이 5천만 명이 넘는다는데 걱정된다.
세상을 삼킬 것 같은 폭우, 바람, 천둥, 번개 속에 너는 왜 있지?
이것을 나는 빗소리 명상이라 하고 싶다.
한 시간 동안 깊은 명상에 잠겼다. 다음에 이런 날이 또 있으면
비발디의 「사계」 중 여름을 듣고 싶다.

　　　　　　　　　　　　　　　　새벽길 별을 보며

406

팔공산에서 다리야 나 살려라!

2020. 7. 30. (목)

12년쯤 되었다. 이맘때쯤 친구와 함께 장수 팔공산에 가서
흠뻑 자연에 도취해 있을 때 갑자기 검은 먹구름이 하늘을 뒤덮었다.
곧이어 천둥, 번개가 치기 시작했다.
이러다가 끝나겠지 했는데 심상치 않았다.
살면서 이토록 많은 천둥, 번개를 본 것은 처음 있는 일이었다.
산에서 큰 나무 옆에 있으면 더 위험하기에 어서 속히
산에서 내려가는 것이 상책이라 여겼다.

우산도 없고 배낭과 온몸이 완전히 젖어서 몸무게가 더
나갔는데 있는 힘을 다하여 다리야 나 살려라 하며 한 시간
이상을 달렸다. 초인적인 힘이 어디서 나왔는지 한참을
달리다 보니 마치 내가 치타가 된 듯했다.
아마 올림픽 마라톤에 나가도 되겠다 싶었다.
머리털부터 온몸의 털이 고슴도치처럼 쭈뼛쭈뼛 서 있었다.
벼락이 떨어지는 경로의 온도는 무려 3만도다.

2년이 지나 다시 팔공산에 갔더니 원추리들이 이곳저곳에서
반겨주었다.
2년 전 호되게 혼이 난 것을 달래주기라도 하듯이 말이다.
자연은 어머니처럼 포근히 안아주다가도 갑자기 성난 사자가
되기도 한다. 내가 산을 오르는 것이 아니라 산이 나를
받아줘야 하는 것이다.

407 휴가 시간표 짜기

2020. 7. 31. (금)

내가 좋아했던 변화 경영전문가인 구본형 선생은 이런 말을 했다.
"여행은 낯선 항구에서 이른 새벽 막 잡아 올린 팔딱팔딱 뛰는
활어를 보는 것이다."
낯선 항구를 가려면 일상을 벗어나야 한다.
하지만 금년에는 캠핑장에서까지 코로나 19가 감염될 정도니
일상을 벗어나기가 곤란해졌다. 그리고 사회적 거리 두기를
지키려면 가급적 외출을 삼가는 것이 나라를 위하는 길이기도 하다.
　내게 주어진 휴가비는 50만 원이다. 휴가 계획을 한 번
세워보았다.
펜션, 민박, 차박, 캠핑 등. 하지만 얼른 손에 잡히지를 않고
마음이 당기지 않는다. 그래도 한 주간 나를 위한 특별한 시간을
갖고 싶다. 그래서 휴가 시간표를 짜서 아침부터 저녁까지
실천하면 되겠다 싶다. 물론, 숙소는 우리 집이다.
　초등학교 때 방학하면 시간표를 짜서 벽에 붙여놓았던 기억이
생각났다. 이번에는 그렇게 하기로 했다.
궁궐도 불평이 있으면 지옥이고, 초막도 감사가 있으면 천국이다.
어디인가도 중요하지만 어떤 마음인가가 더 중요하다.
꿈은 잘 꾸는데 행동으로 옮기지 않으면 그림의 떡이 되고 만다.
오늘이 7월 마지막 날이니 멋진 휴가 시간표를 짜보자.
8월 3~8일까지 말이다.

새벽길 별을 보며

408 자아 찾아보기
2020. 7. 31. (금)

이 세상이 손바닥 안에 있다. 지식정보의 바다에 살고 있다.
참 좋은 세상이다.
유튜브 동영상을 통해 『내 인생의 모든 것 영화에서 배웠다』
책 읽어 주는 동영상을 보았다. 내가 영화를 좋아한다고
큰아이가 Netflix(넷플릭스)를 설치해 주었다.

난 영화광은 아니지만 좋아하는 편이다. 스릴러, 첩보,
액션 순으로 좋아한다. 특히 심리 스릴러 영화를 잘 보는 이유는
반전, 역전, 실타래처럼 꼬인 위기를 풀어가는 매력이 있어서다.
영화를 통해 자아 찾기를 해 봐야겠다.
자아 탐색, 인정, 해방으로 이어지는 멋진 영화여행이 될 것 같다.
휴가 기간에 하면 좋겠다. 「아이언맨」, 「모아나」, 「업」,
「월터의 상상은 현실이 된다」, 「겨울 왕국」 등의 다섯 개 영화를
다시 보고, 나는 누구인가에 대한 정체성과
내면으로의 여행을 해야겠다. 지식을 아는 것으로 멈추면
자만에 빠질 가능성도 있으니 내 삶에 적용해 보는 실천적
노력이 필요하리라.

영화 보는 날에는 내가 좋아하는 맛동산을 5개 사다 놔야겠다.
내가 원하는 삶을 살자. 행복하게 7월 한 달 동안
불꽃처럼 살아온 나를 꼭 껴안아 보는 아침이다.

409 나와 약속한 것 잊지 않고 있지?

2020. 7. 31. (금)

"기록은 기억을 지배한다." 어느 카메라 회사의 광고 문구다.
몇 년 전, "나는 왜 기록의 바다에 빠져 사는가?"라는 주제로
전북도청 대강당에서 대중강연을 한 적이 있었다.
30여 종류의 기록 노트를 캐리어에 담아 갔었다.
매주 하나씩 쓰고 있는 칼럼은 십 년이 넘었다.
2013년 7월 30일부터 기록한 나의 황홀한 달리기 일지도
문서 작성 작업을 마쳤다.
2016년 10월 23일부터 6박 7일간 했던 환갑소년의 6박 7일
차박 캠핑 체험기도 마찬가지다.

그동안 꿈을 꾸면서 반드시 책을 내리라고 자신과 약속했었다.
생태 세밀화 그림일기 책 한 권을 출간한 후 나머지는 진행 중이다.
결코 멈추거나 포기는 하지 않는다. 어떤 일이 있어도 출간할 것이다.
나에게는 시간이 없다. 난 시한부 인생이다.
무슨 병에 걸려서가 아니다. 건강하다. 하지만 다음에, 다음으로,
이렇게 앵무새처럼 되뇔 시간이 없다.
왜냐하면 오늘밤이라도 주먹만 한 내 심장이 멈출지 모르기 때문이다.
내일 일을 알 수 없고 장담할 수 없기 때문이다.
'나와 약속한 것 잊지 않고 있지?'라고 다시 나에게 물어본다.

새벽길 별을 보며

August

2020. 8월

다른 모든 것을 잊게 하는 달
(쇼니족)

410 쾌락과 기쁨
2020. 8. 1. (토)

"아침에 눈을 뜰 때마다 오늘은 무슨 좋은 일을 할까
스스로 묻도록 하라." 인도 격언이다.
어제 섬나행(섬김, 나눔, 행복) 노트에 또 한 줄을 기록했다.
기쁨의 여운이 커피 향처럼 마음속에서 고요히 피어난다.
쾌락을 추구하는 일은 뭘까? 이것은 밖에서 안으로
들어오는 것. 들어오는 것이 멈추면 금세 우울해진다.
기쁨을 갖는 것은 뭘까? 이것은 안에서 나오는 깊은 샘 같은 것이다.
퍼내도 퍼내도 계속 새 물이 나오는 깊은 샘물이다.
　　새롭게 맞이한 8월이다.
31일은 내게 주신 선물이다. 하루하루를 정중하고 진지하게
잘 받아야 한다.
어릴 적 마을 한가운데에 큰 공동 우물이 있었다.
물지게에 물을 받으려면 두레박질을 잘해야 한다.
한 달간 나는 어떤 두레박을 마음의 샘물에 내려 퍼 올려야 할까?
지난 7월 한 달처럼 살면 된다. 글쓰기, 책 읽기, 새벽기도,
아침 걷기 명상, 나눔과 섬김 실천.
내 영혼에 단비가 내려 건조해지지 않고 풍성해지도록 해야 한다.
모두 나의 선택과 행동과 마음먹기에 달려 있다.

411 자연생태 동요 녹음한 날
2020. 8. 1. (토)

꿈을 꾸고 이뤄진다는 상상을 하고 그에 따라 최선을 다하면
아름다운 열매가 맺힌다. 6월 29일은 3곡의 동요 작사를 마친 날이다.
한 달간의 준비로 스튜디오에서 동요 녹음을 했다.
원래 계획은 7살 시엘이와 5살 시하가 부르기로 했다.
그런데 복음 가수인 정잘해 선생이 메인으로 부르고
나와 아이들은 보조 역할을 했다.
시하는 아직 어려서 한글을 전혀 알지 못하는데도 3절까지 있는
동요 3곡을 다 외웠다. 영특하다.
집에서 음대를 나온 엄마의 지도가 한몫 했겠지만
노력과 음악성이 합해진 것 같다.

녹음을 마치고 팥빙수와 고르곤졸라 피자를 사서
안겨주었고 두 개의 금일봉 봉투를 손에 쥐어 주었다.
아이들이 그동안 갖고 싶었던 장난감을 달라고 기도해 왔는데
응답을 받았다고 문자가 왔다.
동요에 담긴 한 소절 한 소절이 큰 울림이 되었단다.

앞으로 「애기똥풀」, 「달팽이의 발자국」, 「야옹야옹 내 이름 룰루」
세 동요가 이 땅에 두루 펴져서 인간, 자연, 생명을 사랑하는
불씨가 되었으면 참 좋겠다.
내가 작사한 동요라서 그런지 들어도 들어도 자꾸 듣고 싶다.

412 행복한 저녁 밥상
2020. 8. 1. (토)

　　가족들이 한 밥상에 앉아 식사할 수 있다는 것은 큰 복이며
즐거운 일이다.
큰아이와 둘째 아이, 며늘아기들이 왔다.
한 달에 한 번 1박 2일로 오는 둘째네 가족이 이번에는
2박 3일 일정으로 왔다. 우리 집은 아내를 비롯, 5명이 모두 교사다.
나도 한때는 그랬었다.
전공도 상담, 역사, 중국어, 생물, 모이면 학교 이야기,
수업 이야기들이 공통분모다.
　　아내는 음식 준비에 실내화 타는 냄새가 날 정도다.
나도 그냥 있을 수 없어서 귤, 체리를 사 왔다.
아내는 닭 세 마리로 백숙과 죽을 만들었다.
장모님, 처형까지 8명이 식사를 하게 되니 감사했다.
며늘아기들 많이 먹으라고 고기를 건네주는 시어머니의 손이 예쁘다.
행복은 밥상에 있다. 살진 소를 먹으며 불화한 것보다
채소를 먹으며 화목한 것이 낫다고 잠언에 기록되어 있다.
올 추석에는 두 며늘아기들에게 친정부터 가라고 했다.
웃음꽃이 활짝 핀 밤이었다. 거실에서 천사도 웃고 있는 듯했다.

새벽길 별을 보며

413 휴가 일정표 작성

2020. 8. 2. (일)

나는 잠시 외출할 때도 반드시 메모 노트와 필기도구를
가지고 가는 것이 습관화되어 있다. 병원 진료 기다릴 때도
글을 쓰면 시간이 금방 간다. 기획, 행정 능력이 뛰어나다고
사람들이 나에게 말을 한다.
아니다. 그저 모든 것을 자료화시키고 기록을 잘할 뿐이다.
머리에만 맴돌던 생각도 글로 옮기면 더 구체화된다.
경험상 그렇다.
　　오늘 오후부터 한 주간 휴가다. 물론, 코로나 19로 인해
집을 떠나기는 어렵지만 의미 부여를 한 것이다.
하루는 나에게 주는 선물이고 내 삶을 사랑하기 때문이다.
최악의 선물은 걱정, 두려움, 불안, 분노, 염려, 원망이다.
최고의 선물은 기쁨, 평안, 사랑, 감사, 맡김이다.
일요일 오후 : 요리와 킥보드 타는 날/월요일 : 영화로
자아 찾는 날/화요일 : 걷기 하는 날/수요일 : 책과 함께하는
날/목요일 : MTB 자전거 타는 날/금요일 : 원고 교정 보는 날/
토 : 주일 준비하는 날
　　황금 같은 시간을 어떻게 의미화시켜 나갈 것인가는
남이 해 주지 않고 나의 태도와 실천에 달려 있다.
두려워 말고 앞으로 나아가라. 잘 될 것만 생각하고 달려가라.
나는 너를 믿는다.

414 아내 옷 코디네이터
2020. 8. 2. (일)

coordinator는 옷, 신발, 장신구, 화장 등을
전체적으로 조화롭고 아름답게 꾸며 주는 일을 전문으로 하는
사람을 말한다.

결혼하여 36년간 아내의 코디네이터 역할을 했다.
옷, 신발, 모자, 가방도 거의 내가 구입해 주었다. 중요한 것은
아내가 소화를 잘 시켜준다는 것이다. 그리고 잘 어울린다.
모자만 따로 걸어놓은 모자걸이는 전나무로 내가 만들었는데
30개 정도가 걸려 있다. 색상 선택과 디자인을 보는 눈이
본래부터 나에게 재능으로 주어진 것 같다.
절대 비싸지 않은 인터넷 쇼핑몰에서 구입하거나 때로는 재활용
구제 의류도 구입한다. 오천 원짜리 옷인데도 아내가 입고
직장에 가면 어디서 그렇게 예쁜 옷을 샀느냐고 물어보는
일도 있단다.

주로 내가 좋아하는 색상은 노랑, 빨강, 흰색 종류다.
오늘 아침에도 예배드리러 가기 전에 옷을 입고 와서
"요건 어때요?" 하고 묻기에 "응, 좀 볼까? 아주 잘 어울리네!
계절에 잘 맞아." 그랬다. 어떤 때는 상하를 다른 것과
색상을 바꿔보라고 주문하기도 한다.
이것이 나는 즐겁다. 섬김은 항상 행복이 따르는가 보다.

새벽길 별을 보며

415

올해 첫 벼 이삭

2020. 8. 3. (월)

모내기하기 전에 트랙터를 졸졸 따라다니며 먹이를 주워 먹던
황로들의 멋진 모습을 본 적이 엊그저께 같은데 벌써 이삭이 팼다.
모내기 후 약 60~70일이 지나면 이삭이 패기 시작한다.
이때는 15일 전부터 계속 물을 유지해 줘야 한다. 그러고 나서
이삭이 팬 후 30~40일이 지나면 완전히 물을 빼고 논바닥을
말려줘야 쌀 품질이 좋다. 농사도 과학적이어야 된다.

벼도 치열한 생존경쟁이 드라마처럼 펼쳐진다.
이삭이 팰 때 이삭도열병, 흰잎마름병 등 다양한 병이 찾아온다.
또 참새 떼들의 먹잇감이 되기도 한다.
그러다가 가을에 오는 태풍도 언제 올지 모른다.
이 모든 것을 이기고 우리 밥상까지 오는 것이 밥이다.

보릿고개가 있던 1960년대, 나의 어린 시절에는 일 년에
쌀밥 구경은 명절 때만 할 수 있었다.
그래서 지금도 벼가 그냥 벼로 보이지 않는다.
정미소에서 쌀이 되어 나올 때까지 임신하여 출산하는 과정과
같은 것이다. 모, 벼, 나락, 쌀로 이어지는 과정은 실로 경이롭다.
주걱으로 밥 한 공기 퍼서 먹는 일은 온 우주가 도와준 결과를
내가 선물로 받는 것이 아니겠는가. 그러니 저절로 감사가
나오지 않을 수 없다. 벼 이삭 앞에 서 있으면 벼들에게 미안한 생각이
들 때가 있다. 모두가 고개 숙이고 있으니 말이다.

416 새로운 발견의 기쁨
2020. 8. 3. (월)

　　두 달이 넘는 항해로 육지를 고대하던 선박 3척이
1492년 10월 12일 서인도제도에 도착하게 되었다.
이것을 콜럼버스 신대륙 발견이라 부른다. 무엇이 되었든
새로운 발견을 했다는 사실은 가슴 뛰는 벅찬 일임에 틀림없다.
　　작년에는 기생여뀌가 많았는데 올해에는 잘 보이지 않았다.
늘 걷던 길 반대 방향 서쪽 논두렁길로 접어들었다.
아! 이곳에 기생여뀌, 익모초, 부추꽃이 활짝 피어 있었다.
오늘 처음 발견한 꽃들이다. 휴대전화에 소중히 담았다.
나에게서 생태 세밀화를 배우는 분이 이런 말을 했다.
"기생여뀌를 그리기 전에는 이렇게 예쁜 줄을 몰랐어요.
그냥 풀이려니 했는데 가까이서 많이 보니 생각이 달라지더라고요."
6월 25일 단옷날에 익모초를 채취해야 효능이 가장 좋다고 하는데
벌써 꽃이 피었다.
솜털보다 하얀 부추꽃은 꽃잎 꽃받침이 6장이다.
　　『모험은 문밖에 있다』라는 책을 보면 편안한 영역에서 벗어나
열정, 야망, 호기심, 열린 마음만 있으면 주변 어디에서나,
언제나 있는 것이 모험이라고 했다.
조금 더 자고 싶은 욕망을 떨쳐버리고 문밖에 나오니
이러한 새로운 발견의 기쁨을 벅차게 느끼는 것이 아니겠는가.

417 안락사
2020. 8. 3. (월)

　　인간이 느낄 수 있는 고통의 정도는 얼마만큼일까?
난 세 번의 요로결석 시술을 했다. 옆구리 쪽으로 시작되는 고통은
식은땀이 흐르고 언젠가는 너무 고통이 심해서 생 똥을 쌌다.
계속 이렇게 아프면 빨리 죽는 것이 낫겠다 싶을 정도였다.
언제 재발할지 모르기 때문에 가끔 해외 여행을 갈 때는
강력 진통제를 휴대하고 다녔다. 참을 수 있는 고통과 한계를 넘었다.
네덜란드, 벨기에, 스위스 같은 나라에서는 스스로
존엄한 죽음을 맞이한다는 측면으로 안락사를 허용하고 있다.
천만 원 정도의 비용이 소요된다.
　　내가 오른쪽 엄지발톱을 뺄 때 발톱 아래에 마취 주사를
놓았는데 기절할 뻔했다. 눈이 뒤집히고 악 소리도
낼 수 없을 만큼 아팠다. 훗날 나의 임종 마지막은 어떨까?
누구나 소망하듯 나도 잠자는 듯 세상을 떠나고 싶다.
한 해 동안 우리나라 사망자 수는 25만 명이 된다. 6만 명이
암으로 사망을 한다. 세상을 다 줘도 바꿀 수 없는 것이 생명이다.
생명처럼 존엄하고 소중한 것이 없다.
나의 마지막 천국 가는 모습을 내 옆에서 누가 지켜볼까?
나에게는 주사로 맞는 안락사 말고 천국 소망의 평온한 죽음이
있을 것이라고 믿는다.

418 지명피의자 수배 포스터
2020. 8. 4. (화)

　　내가 보려고 해서도 아니고 보고 싶어서도 아니었다.
그냥 눈에 들어왔다. 평상시에는 이러한 포스터 앞을 그냥
지나쳤는데 오늘은 발걸음이 멈춰졌다.
살인 5명, 성폭력 1명, 사기 13명, 수배 포스터 내용이다.
40, 50대가 가장 많았고 45세 젊은 나이에 살인도 있었다.
주소, 본적, 나이, 이름 등 인적사항이 자세히 적혀 있었고
신고하면 포상금도 준다는 안내 글도 있다. 성경에 보면
다윗은 사울 왕의 미움을 받아 10여 년을 산과 들로 도망 다니는
신세가 되었다.
어떤 죄를 지어서가 아니라 미움, 시기, 질투 때문이었다.
그래서 죽음의 고비를 수없이 넘겼다. 그래도 결국은
이스라엘의 2대 왕으로 40여 년을 통치하며 견고히 나라를 세웠다.
　　나는 이 포스터를 보면서 어떤 실수나 사연이 있어서
살인, 사기를 했는지 모르지만 연민의 정도 갔다.
도망 다니는 사람과 찾는 사람들의 마음고생이 눈앞에
보이는 것 같다. 언제 잡힐까? 언제 붙잡을 수 있을까?
어쩌다가 45세에 살인자가 되었을까? 가족은 없을까?
지옥 옆방이 감옥이라고 하는데 남은 가족은 어떻게 살아야 하나?
발걸음이 무거웠다.

　　　　　　　　　　　　　　새벽길 별을 보며

419 다시 읽어 보고 싶은 『죄와 벌』 소설
2020. 8. 4. (화)

　　고등학교 때 방학이 되면 전주 시립도서관에서 거의
살다시피 했다. 문을 여는 시간 전에 가서 문을 닫는
시간까지 있었으니까 말이다.
이때 읽었던 한국문학 전집, 셰익스피어 전집 등은
살아가면서 글쓰기와 사색, 삶의 방식에 지대한 영향을 주었다.
그때 읽었던 도스토옙스키의 『죄와 벌』은 이해접근이 어려웠다.
　　오늘 고려대 석영중 교수의 강연을 1시간 45분간 들었다.
막힌 것을 뻥 뚫어주는 명강의였다.
45년 전에 읽었던 『죄와 벌』 책을 다시 펼쳐 보아야겠다.
　　도스토옙스키가 정치범으로 몰려 시베리아 감옥에서 했던 일
세 가지가 깊이 다가왔다. 인간의 내면 관찰, 성경책 읽음,
자유에 대한 사색이었다.
이것을 통해 불후의 명작이고 고전인 『죄와 벌』이 나오게 되었고
『카라마조프의 형제들』이 나왔다. 전화위복의 기회로 만든 것이다.
언제일지 모르지만 러시아 여행을 하면서 도스토옙스키의 흔적을
더듬어 보고 싶다.
그리고 그곳에서 도스토옙스키를 영혼으로 느끼면서 단편소설
하나를 쓰고 올 수 있으면 얼마나 좋을까?

420 자신을 사랑하는 일
2020. 8. 5. (수)

　　프리드리히 니체가 쓴 『차라투스트라는 이렇게 말했다』
책을 읽는 가운데 이런 말이 있어 발췌록에 적어놓았다.
"그대들의 이웃을 언제나 자신처럼 사랑하라.
하지만 우선 자기 자신을 사랑하는 자가 되도록 하라."
　　나의 작은 실수에 대해서도 괴로워하고 자책을 했었다.
내가 나를 용서하지 못한 것임을 깨달았다.
인간은 누구나 실수할 수 있고 실수를 통해서 성숙함에 이르기도
하는 것인데 나만큼은 완벽해야 하고 가장 도덕적이어야 한다는
강박관념이 지배하고 있었다. 그리고 비난 기능을 나에게
사용한 적도 많았다. 이제는 생각을 바꿨다.
나는 실수할 권리도 있다고 말이다.
실수한 나를 내가 보듬고 사랑해야 함을.
내가 나를 업신여기지 않는 한 누가 나를 업신여기겠는가.
내가 나를 존귀하게 여기고, 토닥거리고, 위로하며 살아야겠다.
머리부터 발끝까지 내 몸은 나의 것이다.
　　김승희 님의 시 한 구절이 떠오른다.
"가시투성이 삶의 온몸을 만지며 나는 미소 지었지/
이토록 가시가 많으니 곧 장미꽃이 피겠구나"
오늘도 나를 사랑하려면 무엇을 어떻게 해야 하지?

421 물고기 잡는 어부 새
2020. 8. 6. (목)

　　밤새 매우 많은 비가 내렸다. 우산이 뒤집힐 정도의 바람과 함께
비가 오는 아침. 빗소리, 바람 소리를 들으며 걷는다.
인간에게 발이 있는 것은 걸으라고 있는 것이다.
탑천에 황토색 물이 소용돌이치며 흐른다.
　　오늘도 종종 보았던 새 한 마리가 보인다. 부리가 길고 까치보다
조금 작은 몸의 이름 모를 새다.
시멘트로 만든 제방 위에 앉아 계속 무엇인가 기다리고 있다.
물이 흐르며 물가 쪽으로 나오는 물고기를 잡아먹기 위해서다.
십여 분 멀찍이 서서 동영상을 촬영하려고 기다렸다.
이윽고 손가락 크기의 하얀 물고기를 잡아 냠냠 먹는 모습이
눈에 들어왔다.
물고기 한 마리를 아침식사로 하고 있는 것이다.
저런 몸 크기 정도면 물고기 열 마리는 먹어야 할 텐데 말이다.
　　점프할 자세를 취하고 있다가 한순간에 물고기를 낚아챈다.
세상에 수많은 장면이 있겠지만 오늘 아침에 본 이 장면은
생존싸움이었다.
새야 새야 물고기 많이 먹고 새끼도 많이 낳으려무나.
먹어야 힘이 나겠지?
너를 물고기 잡는 어부 새라고 불러주마.

422 한 시간의 인내와 절제

2020. 8. 6. (목)

　　10여 명의 초등학교 아이들과 매주 한 시간씩 만나고 있다.
지역아동센터 아이들이다. 아이 하나를 키우려면 마을 하나가
필요하다고 했다. 요즘은 목욕탕에 가도 아이들을 보기 힘들다.
오늘은 27가지 문제를 내서 느티나무를 이해하는 학습으로
우리 집에서 가져온 느티나무 잎을 그려보는 시간이었다.

　　지난달까지 나왔던 남자아이가 웬일인지 나오지 않기로 했단다.
그 아이는 잠시도, 한순간도 앉아 있지 못했었다.
그리고 바람처럼 다니면서 수업하는 데 어려움을 주었다.
큰소리칠 수도 없고 한 시간이 무척 길었다. 초등학교 3학년인
또 다른 남자아이는 작은 방죽을 흐리고 다니는 미꾸라지 같다.
전혀 엉뚱한 대답을 의도적으로 하고 모든 일에 부정적이다.
한 시간을 위해 내가 준비하는 노력과 정성이 헛수고가
되지는 않지만 안타깝다.

　　속에서 무엇인가 끓어오를 때도 있다.
이럴 때는 호흡도 길게 하고 긍휼히 여기는 마음을 가져야 한다.
아, 이 아이가 사랑받고 싶고, 관심받고 싶어서 그러는구나.
알면서도 한 시간의 인내와 절제를 웃음으로 해야 한다.
다른 길이 없다. 무조건 기다려줘야 한다.
내가 이 아이들에게 얼마나 많은 것을 가르쳐줄 것인가보다
이 아이들의 마음을 알아주고 공감하고 소통하는 데 마음을 둔다.

　　　　　　　　　　　　　　　　　　　　새벽길 별을 보며

423 갈 때와 올 때의 거리 감각
2020. 8. 6. (목)

어디 잘 모르는 곳을 갈 때는 굉장히 멀게 느껴지고
갈 때보다는 올 때 쉽게 빨리 온다고 하는 사람이 많다.
갈 때 그 길이, 올 때 다른 길로 바뀌어 있거나 변해 있는 것도
아닌데 말이다.
왜 그럴까? "일체유심조(一切唯心造)." 모든 일은 마음먹기에
달려 있다는 말이다. 맞다.

롱펠로는 "모든 날씨는 다 좋다."고 말했다. 왜 좋은가?
비가 오면 사람들은 날씨가 궂다고 하지만 나는 비가 오면 즐겁다.
운치도 더 있고 마음도 차분해진다.
식물들도 좋아서 춤을 추는 것처럼 느껴진다. 물을 줘야 할 화단에
하늘이 물을 준다.

엊그저께 만난 지인들이 나에게 "요즘 얼굴이 바닷속같이
평화롭게 보이네요." 한다. 어떤 사람들은 "도통한 사람
같다."고도 한다. 뱀파이어 같은 것은 걱정이고, 불안이고,
두려움이다. 나는 더 이상 잃어버릴 것에 대한 두려움이 없다.
많은 것들을 잃어버려 본 배짱이랄까?
갈 것은 가고 올 것은 오게 되어 있다.
똑같은 거리인데 갈 때와 올 때가 다르게 느껴지는 것은
마음 문제지 현실이 바뀐 것이 아니다.
난 초긍정 마인드 맨이다.

424 복숭아 배달 체험
2020. 8. 7. (금)

　　살면서 이렇게 비가 그치지 않고 많이 오는 것을 처음 본다.
창문을 열어놓았다가도 언제 갑자기 비가 쏟아질지 모르니까
노심초사해야 하고 곰팡이가 이곳저곳 피어난다. 햇볕이 쨍쨍
내리쬐는 때가 언제였었는가 싶을 정도다.

　　과일 농사 중에 요즘 수확하는 것이 복숭아다. 오늘 따야 할 것을
내일로 미룰 수가 없는 것이 복숭아다. 보관도 오래 할 수 없다.
흐리고 비 오는 날씨가 이어지니 맛도 작년보다 못하고 판매량도
저조하다. 우리 교회 장로님의 착한 부부농장 복숭아 배달을 했다.
소비자들에게 직접 판매하는 것이 조금 더 가격을 받을 수 있지만
내가 생각해도 너무 싸다. 복숭아를 솎아주는 일, 봉지를 씌우는 일,
따는 일, 선별하는 일을 직접 해 보니 복숭아 한 개에 만 원한다고
해도 비싸다고 할 수 없을 것 같았다. 누군가의 수고를 통해
내가 먹을 수 있다는 것은 내가 빚진 것과 같은 것이 아닐까?

　　32박스를 승용차에 꽉 채워서 싣고 다니며 12가정에 배달했다.
비는 그칠 줄 모르고, 아파트에 오르내리기를 수없이 했다.
저녁에 집에 오니 녹초가 되었다. 나는 하루를 일했는데도
녹초가 되는데 이분들은 얼마나 힘들까? 내가 경험해 보기 전에는
남들이 하는 일이 쉽게 보이지만 막상 체험해 보면 그 심정을
조금은 알 것 같다. 그래도 하루 만에 내가 지인들에게 32박스를
팔아주다니 대단한 실력이 아닌가. 나에게 손뼉을 쳐주었다.

425 햇살, 햇빛, 햇볕이 그리운 나날
2020. 8. 8. (토)

요즘은 햇빛 보기가 힘들다. 8월 들어서 아침 6시경에
장화 신고 우산 쓰고 걸은 날이 4일이나 된다.
오전, 오후, 저녁 시간에 내린 비는 얼마나 많겠는가.
남부지방에 400밀리미터 이상 폭우가 쏟아졌는데 다음
한 주간까지 많은 비가 내린다고 한다. 엎친 데 덮친 격으로
태풍까지 몰고 올 조짐이다. 인간의 힘으로는 어쩔 수 없는
일들이 많다. 그래서 최선을 다하고, 결과는 하늘에
맡겨야 한다. 하늘에서 내리는 비를 누가 막겠는가?
이로 인해 재산피해, 인명피해가 많다.

늘 주어지는 것에 대해서는 소중함과 고마움을 잊어버리고
살 때가 많다.
어쩌면 당연시하며 사는지도 모른다. 그래서 가장 경계해야 할 것은
타성에 젖고 안일주의에 빠지는 것이다.
안방에 걸어둔 양복에 곰팡이가 생겼다.
병원 진찰 결과, 비타민 D가 부족하다 하여 주사와
약 처방을 받았다.
"햇볕은 쨍쨍/모래알은 반짝/모래알로 떡해 놓고/
조약돌로 소반 지어/언니 누나 모셔다가/맛있게도 냠냠"
동요가 저절로 나오는 비오는 날 아침이다.
태양아, 언제 쨍쨍 세상을 비춰줄래?

426 필하모닉이 생각난다
2020. 8. 8. (토)

가끔은 한 번씩 '나는 왜 악보를 잘 못 볼까?'라면서 입을
삐죽거린 적이 있었다. 이제는 나를 있는 모습 그대로 받아들인다.
그렇게 타고난 것을 어쩌라고. 사람이 모든 것을 다 가지고
태어날 수는 없다. 초등학교 때 음악점수가 좋지 않았다고 해서
난 아예 음악성이 없는가 보다고 스스로를 규정해 놓았던 것 같다.
그런데 어릴 적부터 음악을 참 좋아했다. 고등학교 시절,
전주 홍지서림 옆에 음악 감상실이 있었다. 필하모닉이다.
자주 갈 수 있는 형편이 못되었지만 독학하며 공부를 해야 했던
어려운 그 시절에도 가끔 한 번씩 찾아갔다.
그곳은 내 영혼을 샤워시키는 것 같았다. 깊은 소파에 편안히,
거의 누운 채로 클래식 음악을 감상했다.
대화 금지 규칙이 있었으므로 침묵 속에서 흠뻑 음악에
빠질 수 있었다.
내가 가장 많이 들었던 곡은 파바로티가 부르는 「별은 빛나건만」,
베토벤의 「운명」 교향곡이었다. 「별은 빛나건만」을 들으면
내 창자가 끊어질 것 같은 애절함에 몸서리를 쳤다.
오랜 세월이 흘러 그곳을 찾아가 봤으나 없어졌다.
라라 파비안과 알리, 베토벤, 차이콥스키, 손열음, 이미자,
키신 같은 분들은 내가 사랑의 빚을 많이 지고 있다.
그리고 보니 나도 꿈 많던 고등학교 시절이 있었네.

새벽길 별을 보며

427 "대화가 필요해"
2020. 8. 9. (일)

개그 콘서트에서 한때 큰 인기를 끌었던 코너가 있었다.
개그맨 셋이서 출연하는 "대화가 필요해" 코너다.
시대적인 상황이나 단절된 세상의 관계를 코믹하게 표현한다.
웃음이 절로 나오는 재미있는 프로였다.

2006년 11월부터 2008년 11월까지 2년 동안 방영되었다.
그때 나도 즐겨 보았었는데 근래에 다시 한 번 보고 있다.
나와의 대화도 있지만 어느 누군가와의 대화는
일상생활의 중요한 한 부분이다. 나는 대화 나눌 때와
다른 사람과 식사할 때는 휴대전화를 잠시 잠들게 해둔다.
지금 만나는 사람, 시간, 일 이 세 가지보다 더 중요한 것이 없기
때문이다.

대화가 되는 사람이 많을 것 같지만 일상적인 업무나
이야기 정도에 머무르는 사람도 많다. 내 편이 되고 인정, 공감,
소통의 장이 펼쳐지고 뭔가 안위함을 찾고 에너지가 생기는 대화는
아무하고나 이뤄지는 것이 아니다.
진정 마음을 다 내놓고 끄집어내 보여줄 수 있는 사람이 몇이나 될까?
가깝다는 이유로 통제, 간섭, 충고하려고 하는 사람보다
인정해 주고 존중해 주고 공감해 주는 한 사람,
나에게 그 한 사람은 누구인가?

428 상선약수(上善若水)
2020. 8. 9. (일)

　　하늘이 뚫린 것처럼 거의 매일 퍼붓는 비로 인해 여기저기
물로 피해가 크다. 오늘 아침에 보니 논이 강이 된 곳도 많았고,
도로가 유실된 곳도 있었다.
노자의 『도덕경』이 떠올랐다. 물처럼 살다 가는 것이 인생인데
가장 아름다운 인생(상선)은 물처럼 사는 것(약수)이란 뜻이다.
물은 남과 다투거나 경쟁하지 않는다.
많은 사람이 싫어하는 낮은 곳으로 흐른다는 겸손의 철학이다.
물은 누구에게나 은혜를 베풀고 신뢰를 잃지 않고 세상을
깨끗하게 해 준다.
물처럼 다투지 말고 겸손하게 살라고 하면서 물의 정신을
시처럼 읊고 있다.
　　아침에도 황토색 물이 거세게 흘러가는 것을 지켜보았다.
결국에 이를 곳은 바다다.
낮으므로 다 받아주는 것이다. 그래서 바다인가?
물처럼 순리대로 거부하지도 말고 흐르는 대로 자연스럽게
살 일이다. 적으면 적은 대로, 없으면 없는 대로, 비어 있으면
비어 있는 대로, 아프면 아픈 대로, 이해할 수 없으면 없는 대로
그냥 바다처럼 받아들이자.
계속되는 비를 보며 노자의 사상을 되새겨 본다.
그리고 실천할 수 있으려면 어떻게 해야 할지를 곰곰이 헤아려본다.

　　　　　　　　　　　　　　　　　　　　　　새벽길 별을 보며

429 식사 자리에서 휴대전화 잠재우기
2020. 8. 9. (일)

    지하철을 타거나 버스정류장에서 차를 기다리거나
길을 걸어가면서도 사람들은 대부분 휴대전화에 매여 있다.
잠시도 손에서 떼어놓으면 불안 증세를 일으키는 사람도 있단다.
나는 다른 사람과 식사할 때, 글을 쓸 때 휴대전화를 꺼놓는다.
    한번은 이런 일이 있었다. 어떤 두 사람의 만남을 주선했다.
통념상 결혼할 나이가 조금 넘은 남녀였다.
레스토랑에서 저녁식사를 하는데
식사 도중에 아가씨가 전화를 받으러 자리에서
두 번이나 나갔다 왔다. 전혀 진지한 만남이 될 수 없었고
소개해 준 내가 민망해서 얼굴이 화끈거렸다.
결국은 없었던 일로 하자고 했다. 네댓 명이 같이 식사를 할 때도
그중 한 사람이 전화 통화를 길게 하는 바람에 식사 분위기에
찬물을 끼얹은 때도 있다.
    지금 함께하는 사람이 가장 중요한 사람이다.
여기에만 몰입을 해야 하고 최선을 다해야 하지 않겠는가.
실천하기 쉬운 일인데도 배려의 마음이 부족해서일까, 아니면 그것이
당연하다고 여기는 것일까?

430 모든 것은 선택이다

2020. 8. 10. (월)

불평 나라에 사는 일도, 감사 나라에 사는 일도 나의 선택에
달려 있다. 마치 라디오나 TV 채널을 돌리듯이 내가 하면 되는
것이다. 남이 해 주는 것이 아니다.

아무리 낮아짐, 비움의 연습을 하고 늘 유연한 생각을 하게
생각 마사지를 한다고 해도 순간적으로 부정적인 생각이
휭 하고 날아올 때가 있다. 이럴 때는 그것을 마음으로 받을
공간을 주면 안 된다. 들어올 틈새를 허용해서는 안 된다.
긍정 마인드로, 낙관적으로, 희망적인 생각으로 잽싸게
되돌려 놓아야 한다.
그러면 금방 미소가 지어진다. 내가 생각한 대로 일이 되지 않고
막힐 때도 있다. 상대방이 하는 행동이 도무지
이해되지 않을 때도 있다.
내가 하고 싶고 원하는 일이 막혀서 잘 이뤄지지 않을 때도 있다.
나는 꽤 잘해준다고 생각했는데 돌아오는 반응이 실망일 때도 있다.
엉뚱한 일로 물질 손해를 볼 때도 있고 비난받을 때도 있다.
이런저런 이유가 생겨날 때 선택을 잘해야 한다.
나의 선택으로 나도 좋고 남도 좋을 수가 있다.

나는 오늘 일어나자마자 거울을 보면서 나를 향해
씩 웃으면서 말을 했다. 나는 오늘 감사와 행복을 선택했다.
웃고 있는 내가 멋져 보였다.

새벽길 별을 보며

431 국방부 시계
2020. 8. 10. (월)

교도소에 있는 시계, 놀이터에 있는 시계,
국방부 시계는 같은 것인가? 기능은 같다.
하지만 의미는 다르다. 빠르게의 느낌과 느리게의 느낌은
내 생각에 달린 것이다. 내가 그림을 그릴 때, 목공실에서 작업할 때,
책을 볼 때, 글을 쓸 때 이런 때는 시간이 빨리 간다.
즐겁고 행복하면 빠르게 갈 것이고, 힘들고 고통스러우면 느리게
갈 것이다. 내가 지리산 둘레길을 갔을 때 요로결석이 재발하여
남원시 인월면 민박집에서 새벽 두 시에 119구급차를 부르고
기다리는 30분은 얼마나 길고 느리게 느껴졌는지 모른다.

나의 군대 생활은 30개월이었다. 지금은 육군이 18개월이다.
옛날에는 자유 배식도 없었고, 휴대전화도 없었다.
편지와 외출, 외박을 나가서 전화하는 일 외에는
연락할 방법도 없었다. 국방부 시계는 왜 그렇게 천천히 가느냐고
입을 삐죽거렸었다.

지나고 보니 그래도 30개월이 지나갔다.
산도 넘어가기 전에는 까마득한데 넘고 나면 휘파람을 불 수 있고
자신에게 손뼉도 쳐준다.
인생의 결핍과 굴곡이 있을 때 언제 지나가려나 해도
버티고 있으면 반드시 지나간다. 그래서 백두대간의 행동 강령이
"이 또한 지나가리라."인가 보다.

432 지치지 않는 복
2020. 8. 11. (화)

인간이기에 넘어지기도 하고, 아파하기도 한다. 실수도 있고,
시행착오도 생긴다.

그래도 괜찮다고 나를 토닥거린다.

처음으로 MTB 동호회원들을 따라 나섰다가 몇 번이나
다리에 쥐가 나서 민폐를 끼친 적이 있다. 약 100킬로미터
구간이었는데 거의 매일 운동하는 사람들을 따라가려니
뱁새가 황새 따라가다가 가랑이 찢어질 뻔했다.

몸이 지치니 두 다리에 쥐가 난 것이다. 양쪽 다리 장딴지와
허벅지까지 쥐가 나서 그 통증이 죽을 것만 같았다.

결국은 대아리 저수지 근방에서 아내에게 SOS 신호를 보냈다.
한두 번 차에 실려 온 것이 아니라서 미안하기도 했다.
내 몸의 상태에 따라 조절해야 하는데 마음은 늘 젊으니까
마음만 믿다가 몸을 고생시켰다.

어떤 일을 하든지 지치지 않아야 한다. 독서, 그림, 운동,
글쓰기, 걷기, 기도 등 근육량을 늘려야 한다. 하루아침에
되는 것이 아니다. 매일 조금씩이라도 꾸준히 해야 한다.
난 역경도 내 앞에 왔다가 지치게 할 자신감이 있다.
섬기는 일, 사랑하는 일, 자신을 계발하고 내면의
아름다움을 위해 노력하는 일 지치면 안 된다.
독수리 날개 치며 올라가듯이 말이다.

새벽길 별을 보며

433 감성과 이성의 균형
2020. 8. 11, (화)

누군가는 나에게 "감성과 이성 넘나들기를 잘하십니다."라고
말한다.
이 두 가지를 잘 조율해야 균형 잡힌 인격으로 살아갈 수 있을 것이다.
오늘 『마음아, 넌 누구니』 책을 보았다. 어떤 비난의 말이나
불쾌한 말을 듣거나 오해받거나 멸시받거나 할 때 편도체를
자극하는 시간은 3초다. 그래서 6초만 참는 연습을 하면
남에게 상처 주는 말을 하지 않는다고 한다. 이때 감정을
다스리지 못하면 혈압, 분노, 혈관수축이 일어나서 몸에
이상 신호를 보낸다.
6초 안에 입만 열지 않아도 감정을 다스릴 수 있다.
긴 호흡을 하면서 자신을 이기는 훈련을 늘 해야겠다.
지나친 이성주의자가 되면 냉정하고 인간미가 사라지게 될 것이다.
좌로나 우로나 치우치지 않고 중심에 서는 일이 중요하다.
그래서 요즘 균형심리의 비중이 높은가 보다.
내 몸도 컨트롤할 수 있어야 한다. 어떤 경우에도 마음의 평화와
고요함을 유지하는 것. 바다는 세상의 모든 더러운 물과
큰 배들도 다 품에 안는다.

434 익모초꽃을 보면서
2020. 8. 11. (화)

　　익모초는 "육모초"라고도 한다. "어머니에게 이익을 주는
풀"이라는 뜻으로 부인병에 효험이 있는 것으로 알려져 있다.
어디에서든지 잘 자라는 생명력이 강한 풀인데 걷기 하다가
익모초꽃이 핀 그 앞에 섰다. 우리 장모님이 가끔 하시는
말씀 중에 익모초 덕분에 우리 딸이 살아났다고 하신다.
내 아내를 가리켜서 하시는 말씀이다.
　　내 아내가 아주 어렸을 때 여름에 갑자기 몸이 식어가더니
숨을 가늘게 몰아쉬면서 호흡이 끊어졌단다.
윗목에 홑이불로 덮어놓고 통곡을 하고 있었다.
이때 지나가던 나그네가 사연을 물어보더니 어서 속히
익모초를 뜯어다가 먹여보라고 했고 그대로 했더니
살아났다고 한다. 한 생명이 살아나는 일에 기적이 일어났다.
　　단옷날이 되면 진안 부귀산까지 가서 익모초를 채취하여
효소를 만든 후 많은 사람에게 비상약으로 나눠 주었다.
아내는 그때 더위를 먹고 죽을 뻔했다. 익모초 한 숟가락 정도면
배 아플 때, 속이 더부룩할 때, 설사하고 체했을 때 효능을 본
사람들이 많다. 그래서 나는 여행을 갈 때 꼭 익모초 몇 숟가락을
담아서 간다.
세상의 모든 식물, 하찮게 보이는 풀까지도 소중한 보약들이다.
익모초 앞에 서서 "고마워 고마워!" 말을 했다.

435 불리한 조건이 불행은 아니다

2020. 8. 12. (수)

　　세계를 누비고 있는 우리나라 축구선수 손흥민,
키는 183센티미터, 연봉 866억 원이다. 호날두와 함께 축구
양대 산맥을 이루고 있고 전 세계 가장 영향력 있는 선수
리오넬 메시, 그의 연봉은 세계 TOP 1위인 1,500억 원이고
스폰서 수입도 1,000억 원이 넘는다.
『메시, 축구는 키로 하는 게 아니야』라는 책도 나왔다.
메시의 키는 170센티미터다. 축구선수로서는 작다고들 한다.
오늘의 메시가 있기까지에는 숱한 고난과 위기와
불리한 환경여건이 있었다. 어릴 때 성장판 멈춤 병도 있었다.
하지만 그의 아버지는 어릴 적부터 아들을 축구 황제로 키워나갔다.
가능성을 본 것이다. 불리한 조건이 있기에 더 많은 노력과
피나는 연습이 있었다. 불리한 조건에 굴하지 않고 그것을
뛰어넘는 인간승리가 있었다.
　　누구에게나 유리한 조건만 있는 것은 아니다.
주도적인 인생은 자신에게 달려 있다.
나는 축구를 썩 즐기지는 않는다. 큰아이는 축구 소리만 나면
자다가도 일어날 정도다. 다시 한 번 메시의 골 넣는
멋진 장면을 보아야겠다. 아직도 메시, 역시 메시라는
칭호가 자랑스러울 것 같다. 레인의 말이 떠오른다.
"불리한 여건과 싸우는 사람이 세상에서 가장 용감한 사람이다."

436 생각과 실천 사이의 시간
2020. 8. 12. (수)

베이컨 하면 "아는 것이 힘이다."라는 말을 떠올린다.
제대로 된 지식은 자기가 직접 경험해서 아는 것을 말한다.
관찰과 실험을 통해 얻은 경험주의 철학이다.
단순히 정보의 홍수 속에서 머리로만 알고 있는 지식의 축적을
말하는 것이 아니다.
생각은 많이 하는데 실천이 없다면 빛 좋은 개살구다.
괴테는 "생각하는 것은 쉬운 일이다. 행동하는 것은 어려운 것이다.
생각하는 것을 행동하는 것은 더욱 어려운 일이다."라고 말했다.

계속되는 장맛비로 양복에 곰팡이가 군데군데 생긴 것을
일주일 전에 알았다. 세탁소에 맡겨야지 생각만 하다가
일주일이 지나갔다. 그랬더니 곰팡이가 더 많이 그림을
그려놓았다. 방안에서 곰팡이 냄새가 난다.
발견한 즉시 세탁소에 갖다 줬어야 했다. 생각과 실천 사이의
시간이 너무 길었다.
아직도 나에게 즉각적인 실천 능력이 부족하다는 말이다.
목수는 나무를 자르기 전 수없이 재보고 생각한다. 그리고
답이다 싶으면 한 치의 망설임도 없이 순식간에 절단하고 만다.
아는 것도 힘이지만 실천하는 것이 더 큰 힘이다. 넌 어떠니?

새벽길 별을 보며

437 꿈과 인생의 풍요로움
2020. 8. 12. (수)

내 책상 앞 70센티미터 거리에 메모지가 하나 붙어 있다.
의자에 앉으면 계속 보도록 눈에 띄게 붙여 놓은 것이다.
보면서 자꾸 생각하고 꿈을 이뤄가도록 기도하고 노력하자는 뜻이다.
올해 안에 출간할 책 5권의 제목들이다.
이미 자료는 확보되었고 정리하고 수정하면 되는 것들이다.
그동안 내가 꿈꾼 것들은 거의 다 이뤄졌다. 감사한 일이다.
조금 늦을 때도 있었지만 결국은 이뤄졌다.
그래서 기다림은 기적을 가져온다고 믿는다.

여행, 학교 선생, 교수, 동요 작사, 박사과정 공부, 책 출간,
생태 세밀화 그림일기 코칭 등 아름답게 이뤄졌다.
과연 될까? 될 수 있을까? 이런 생각은 해 본 적이 없다.
할까? 할 수 있을까? 이런 생각도 없었다. 그냥 하면 된다고 믿었다.
예측 불안을 할 필요가 없는 것이다. 해 보니까 되었다.
두려워하거나 염려할 이유도 없다. 서두를 것도 없다.
꿈을 품고 줄기차게 포기만 하지 않으면 끝난 것이 아니었다.
중간에 멀미도 나고 비포장길 걷듯이 터덕거릴 수도 있다.
헤쳐 나가야 할 난관이 있는 것은 당연하다.
큰 나무는 큰 바람도 있는 법이고 나에게 고난이 없었다는 것은
어떤 면에서는 축복받을 기회도 없었다는 이야기도 된다.
꿈을 하나씩 이뤄 나가면서 내 삶은 더욱 풍성해졌다.

438 물건은 뺄셈, 마음은 덧셈
2020. 8. 13. (목)

사람들은 내가 못하는 것이 없다고 말한다. 하지만 정말
잘하지 못하는 것이 있다.
버리지를 못한다. 그렇다고 해서 소유에 대한 집착이
있어서도 아니다.
몇 달 전에 양복 4벌만 남기고 모두 구제 의류에 기증했다.
정리하려고 마음만 먹으면 언제든지 할 수 있는데 미뤄온 것이다.

물건을 쌓아두기만 하고 버릴 줄 모르는 것도 저장 강박성
정신질환에 속한다는 말을 듣고 깜짝 놀랐다. 오늘 일 년간
입지 않은 옷, 책, 물건들을 기증하거나 버려야겠다.
우선, 늘 내가 머물러 있는 서재부터 치워야겠다. 몇 년간
사용하지 않은 수십 장의 CD들도 있다. 내가 죽은 후
내 유품을 정리하는 데 가족들 고생은 시키지 않아야 하지
않겠는가? 쓸데없는 물건들로 가득 차 있다고 욕심 사납다는
말을 듣지 않도록 해야겠다.

아침 운동할 때 입었던 옷도 더 좋은 옷으로 갈아입고
걸어야겠다. 아낄 이유가 없지 않은가. 세상 떠날 때는
수의 한 벌이면 된다. 수의는 호주머니가 없다. 왜 그럴까?
빈손으로 가기 때문이다.

439 지식과 내공
2020. 8. 14. (금)

내가 좋아하는 철학 교수님 중에 최진석 교수님이 계신다.
이분 강의를 들으면 블랙홀에 빠지듯이 빨려 들어간다.
오늘 이런 이야기를 하셨다.
"우리나라는 지식 수입국인데 이제는 지식 생산국이 되어야 한다.
지식 수입국은 지식으로서 한계가 있지만 지식 생산국은 내공이 있다.
독서는 수련이고 지식과 내공을 같이 쌓으려면
책 읽기를 해야 하고, 깊음이 있어야 하며,
인간으로서 가장 기본을 지켜야 한다."

지식과 정보의 홍수 속에 살고 있고 손 안의 휴대전화 속에
세상의 모든 지식이 있어서 언제든지 끄집어내서 쓸 수도 있다.
하지만 지식이 가득 찬다 해도 변화하지 않고 행동하지 않는다면
무슨 소용이 있을까?

난 앉으면 책을 읽고 싶고, 글을 쓰고 싶은 강렬한
에너지가 나온다.
내 안에 조용히 흐르는 시냇가가 아니고 용암처럼 솟구친다.
몇 개월간 밥만 먹고 온종일 책만 읽고 글 쓰는 시간이
주어졌으면 참 좋겠다.
그리고 사람들과 나누고 싶고, 자기만의 고유성을 글로 쓰라고
안내해 주고 싶다. 지식과 내공을 같이 쌓아 가야 하겠다.

440 나는 나를
2020. 8. 14. (금)

　　나는 나를 어떻게 바라보며, 어떻게 생각하며, 얼마만큼
신뢰하는가?
나는 나를 믿는다. 나의 가능성과 잠재력과 열정을 믿는다.
설렘으로 하루를 살며 순간마다 작은 것에 감사하며 사는
나를 사랑한다.
무엇이든 잃어버릴 것에 대해 두려움이 없으며 설령,
실수하고 실패한다 해도 그것까지 가슴에 안을 수 있다.
10년 후에 내가 어떤 사람이 되어 있고, 내가 하고 싶은
일을 하며, 내가 원하는 삶을 디자인하며 살아갈 것이라고 믿는다.
오늘 당장 내 생명의 불꽃이 사그라진다 해도 아무런 여한이나
미련도 없으며 좋은 차, 좋은 집, 많은 돈,
이런 것에 별 관심이 없다.
　　이곳저곳 떠돌아다니며 집시처럼 자연과 술래잡기 하며
사는 것이 내 본성이다. 난 자유로운 영혼이다.
나는 내가 실수한 일이 있어도 그것을 통해 배움의 기회로 삼을지언정
자책하거나 나 자신을 탓하지 않을 것이다.
내 인생에 가장 후회되는 일은 서울 강남에 아파트를
사놓지 않은 것이라고 하는 요즘 유행하는 말에 나는 1퍼센트도
동의하지 않는다.
내 인생 후회되는 일은 하고 싶은 일을 하지 않고 미루는 데 있다.

새벽길 별을 보며

441 명아주가 나를 그리다
2020. 8. 14. (금)

　　한 번 붓을 놓으니 다시 잡기가 어려웠다.
그러다가 일 년이 지나갔다.
앉기만 하면 언제든지 그림을 그릴 수 있도록 붓, 물감, 기타 도구들이
세팅되어 있지만 몇 그램밖에 되지 않는 붓 들기가 어려웠었다.
걷기를 하다가 논가에 있는 명아주가 내 걸음을 끌어당긴다.
예쁘게 단풍이 든 노랑 잎을 따서 노트에 넣었다.
명아주는 12장의 잎 모양과 색깔이 다 다르다. 명아주 줄기로 만든
지팡이를 나도 가지고 있는데 "청려장"이라고 한다.
가벼우면서도 단단해서 좋다. 명아주 나물도 금년 봄에
두어 차례 나물로 먹었다.
　　여섯 번 정도의 색 입히기를 하게 되는 생태 세밀화는
예술과 과학의 만남이다. 작년 한 해 동안 강의일지를 보면
생태 세밀화 외부 강의가 68회로 기록되어 있다.
얼마나 잘 그리느냐는 중요치 않다. 어떤 기술이든 중요할 수
있지만 그리는 과정이 행복하고 자연과 깊은 교감이 이뤄지면
행복한 것이다.
내가 명아주를 그리는 것이 아니라 명아주가 나를
그려 가는 것 같은 느낌이다.
내 마음을 읽고 내 영혼에 노란색, 빨간색, 연두색을 칠하는 것 같다.
다시 붓을 잡으니 마음에 불을 피우는 것 같아서 감사하다.

442 도전과 모험의 삶
2020. 8. 15. (토)

25년 전에 내가 배우고 싶어서가 아니라 등을 떠미는 사람이 있어서 아내와 함께 스키를 배웠다.
처음부터 개인지도를 제대로 받은 것도 아니고 스스로 터득해 나갔다. 수없이 넘어지면서 어떤 때는 울타리 밖으로 떨어지는 아찔한 위기도 있었다.

나에게는 운동 신경이 없는 사람이라고 스스로 단정 지었지만 아내는 원래부터 연식정구 국가 대표급이었으니 운동 방면에서는 내가 기가 죽는다. 하지만 지금 스키만큼은 아내가 나를 따라오지 못한다. 겨울이 되면 짧지만 하루나 이틀 무주스키장에서 온종일 스키를 타고 온다. 지금은 상급자 코스에서 스키를 타야 재미있다. 내가 도전해 보지 않고 모험하지 않았으면 스키의 묘미를 맛보지 못했을 것이다. 나는 자극, 동기 부여, 아픔, 경험, 실수들을 겁내지 않는다.

내가 하지 못한 도전은 번지점프다. 세계 최초의 번지점프 원조인 뉴질랜드에서 현장까지 갔는데 25만 원이 들어간다고 해서 하지 않았다. 부부가 하면 50만 원이 들어가는데 남이섬에서 할 거라고 하면서 다음으로 미뤘다.
무엇이든지 새롭게 도전해야 한다. 도전 없는 삶은 죽은 삶이다.
내 인생을 돌아보면 끊임없는 도전의 연속이었다.
앞으로도 더욱 그럴 것이다.

443 내게 가슴 뛰는 순간은
2020. 8. 15. (토)

　　아무 때나 가슴이 뛸까? 아니다. 내가 좋아하고 원하는
일을 했을 때 두근거리는 가슴을 느낀다. 설교하고
찬양하기 위해 강단에 섰을 때, 학생들이나 청중들 앞에 서서
강의 및 강연할 때, 식물을 관찰하며 눈을 마주쳤을 때,
클래식, 동요, 가곡을 들으면서 흘러내리는 눈물을 닦을 때,
사람들이 아픈 마음을 털어놓고 이야기하는 것을 들어줄 때,
스스로를 고립시키고 몇 시간 글을 쓸 때, 목공 일을 하며
작품을 만들어 갈 때, 자전거로 오르막 내리막길을 몇 시간
온몸을 쥐어짜서 힘든 과정을 겪고 지나갈 때, 찬바람이
얼굴을 할퀴고 무릎까지 쌓인 눈을 밟으며 온종일
높은 산을 넘을 때, 한 권의 책을 붙들고 씨름하다가
마지막 한 페이지를 넘길 때, 암송하고 있는 시를 낭송할 때,
내가 사 주는 밥을 맛있다고 먹는 사람을 볼 때,
깊은 의자에 몸을 맡기고 심리 스릴러 영화를 볼 때,
내가 한 음식을 함께 맛있게 먹을 때,
아침 떠오르는 태양을 볼 때 내 가슴은 뛴다.

444 수족관 물고기, 바다의 물고기
2020. 8. 15. (토)

"당신은 수족관에 있는 물고기 회를 먹고 싶으세요?
아니면 막 바다에서 잡아 온 활어 회를 먹고 싶으세요?"라고
물으면 당연히 후자를 택할 것이다.
물어보나 마나다.
수족관은 제한된 공간 안에서 공기와 먹이를 공급한다.
주는 것을 편히 먹는 물고기다. 하지만 바다에 있는 물고기는
천적으로부터 자기를 보호해야 한다. 먹이도 스스로 찾아
먹어야 한다. 끊임없이 파도와 싸우며 살기 위해 노력한다.
수족관의 물고기는 편하다. 그러니 고기 맛도 떨어질 수밖에 없다.

한번은 큰 누님이 추자도에서 잡은 민어라면서 팔뚝만 한
고기를 줘서 먹었다.
내가 뜨는 회는 예술이라고 하는 사람도 있다.
어디서 배운 것이 아니고 스스로 터득한 아마추어지만 거의 같은
두께로 회를 뜬다.
추자도는 제주도를 가기 전 파도가 소용돌이치는 곳이다.
그곳에서 잡히는 고기를 알아준다. 투쟁, 시련, 도전이 있는 곳에서
살기 때문에 식감 좋은 회가 되는 것이다.

나는 편안한 것을 썩 좋아하지 않는다. 가끔 스틱 차를
운전해 보면 운전하는 맛이 느껴지기도 한다. 나는 바다의 물고기다.
거친 파도를 넘고 파도를 타는 물고기다.

445 잠자다가 일어나 찍은 하늘
2020. 8. 16. (일)

우리 집 안방 내 침대에 누우면 창가로 하늘이 보인다.
원래 집을 지을 때 지붕을 투명 유리로 하여 하늘이 훤히 보이고
비 올 때는 빗소리도 듣는 것을 생각했다가
그렇게 하지는 못하고 창문을 크게 했다.
잠을 자다가 깨어 창밖을 보니 밤중인데도 하늘이 맑았고
초승달과 그 옆에 큰 별 하나가 반짝였다. 자리에서 일어나
사진을 찍었다. 그리고 「별 보며 달 보며」 동요를 불렀다.
"멀리서 반짝이는 별님과 같이/의좋게 사귀고서 놀아봤으면/
높푸른 하늘나라 별님의 나라/그곳에 나도 가서 살아봤으면"
　　잠자다 말고 동요를 부르는 나도 참 즐거운 사람이다.
가슴이 시키기 때문에 하는 것이다.
한밤중인데도 하늘이 푸르고, 새털구름이 위아래로 깔려 있고,
달과 별이 위아래로 놓여 있는 이 환상적인 풍경은
내 가슴을 콩닥거리게 했다.
　　약 6년 전에 "아름다운 이 아침 김창환입니다"라는
라디오 방송에서 흘러나온 말이 떠올랐다.
"자두를 보고서 감동하는 사람은 자두를 보고 아이디어를 얻는다.
하지만 자두를 보고서 감동하지 못하는 사람은
자두를 보고서 아이디어를 얻지 못한다. 감동은 능력이다."
그러면 잠자다 말고 하늘을 보며 감동한 나는 능력자라는 말인가?

446 모든 일에 몰두
2020. 8. 17. (월)

아침마다 샤워하는 그 시간에는 오로지 거기에만 몰두한다.
당연한 일이다. 독서를 할 때도 자리에 앉으면 시간을 정해놓고
자리에서 일어나지 않는다. 최소 한 시간 정도는 되어야 일어서는
습관을 지니려고 한다. 드립 커피를 내릴 때는 최초 물 붓는 시간과
기다리는 시간, 다시 물을 붓는 시간을 정해놓고 추출한다.
그냥 훌쩍 마시기 위해 커피를 내리는 것이 아니다. 가장 VIP
손님인 나에게 대접하는 커피기 때문에 100퍼센트 정성을 기울인다.
지난주 화단에 일일초를 심을 때도 마지막이라는 생각을 가지고
이 꽃을 심었다.
영화를 볼 때도 주변 방해받지 않도록 커튼을 치고 영화 공부 노트를
옆에 놓고 집중을 한다. 그래야 더 재미있고 감동이 더한다.
일, 운동, 요리, 달리기, 자전거, 문자 하나 보낼 때도 지극정성으로
몰두한다.

이것도 내가 수양하는 하나의 방법이라 생각한다. 얼마나 잘했느냐,
어떤 성공을 이루고 많은 결과를 가져왔느냐 보다 너는 얼마나
최선을 다했는가에 대해 내가 "Yes!"라고 답할 수 있어야 한다.
다산 정약용 선생의 형인 손암 정약전은 흑산도에서 15년간
유배생활을 했다. 흑산도 근처의 물고기와 해산물 200여 종의
생태를 기록한 『자산어보』를 집필한 것도 길고 긴
유배생활 속에서의 몰두의 힘이었을 것이다.

새벽길 별을 보며

447 지금만 존재한다
2020. 8. 17. (월)

　지금이 최고의 순간이라는 "화양연화(花樣年華)"는 내가 즐겨 쓰는 말이고, 영화 「죽은 시인의 사회」에서 나오는 명대사 "카르페 디엠", 라틴어로 현재를 즐기라는 말도 마찬가지다. 「과거를 묻지 마세요」라는 노래가 있다. 「내일 일은 난 몰라요」라는 가스펠 송도 있다.

　오늘 새벽 눈을 뜨고 잠자리에 들기까지 숨 쉬는 순간순간이 나의 것이다.

아니, 하루도 온전히 보장할 수 없는 것이다.

어제는 이미 지나갔고, 흘러간 강물이다. 돌아오게 할 수 없다.

내일은 아직 오지 않았으니 내 것이 아니다.

　어부들이 잘 쓰는 말이 있다. "바다에 나가는 것은 인간의 의지지만 바다에서 돌아오는 것은 신의 뜻에 달려 있다."라고.

부푼 꿈을 안고 만선의 기대로 나갔지만 영원히 돌아오지 못하기도 하고 빈 배로 돌아오기도 한다.

　지금만 나에게 존재한다. 지금이 영원한 현재며 나의 삶은 바로 이 순간이다. 삶, 인생, 세상은 우주적인 망원경으로 봐야 하지만 내가 영위하는 하루, 한 시간, 분초의 시간은 현미경으로 봐야 한다.

지금만 나의 것이다. 가장 잘 가꾸는 순간이 지금이 되게 하자.

448 감사로 받을 준비

2020. 8. 17. (월)

　　내가 결혼하여 36년을 살면서 감사하게도 아내가 아파서
누워 본 적이 거의 없다. 약간의 감기 기운 정도는 있었지만
아프지 않고 건강한 것이 얼마나 고마운지 모른다.
한 달 전쯤부터 왼쪽 갈비 있는 쪽이 아파서 잠자는 일이 불편했다고
말한다. 갈비 쪽과 등 뒤쪽으로 통증이 있는 것은 내 짧은 지식으로는
췌장과 관련성이 있을 수 있는데 그래서 오늘 병원에 갔다.
근육통일 것이니 걱정하지 말라고 했지만 한편으로는
걱정이 되었다. 그러면서 스스로에게 어떤 경우에도 무슨 일을
만나도 감사로 받을 준비가 되어 있는지 물었다.

　　감사로 받으면 버릴 것이 없다고 했는데 늘 수용하고,
인정하고, 받을 수 있는 준비를 하면 두려울 일이 없다.
이렇게 생각할 때 마음의 평안을 주셨다. 얼마 후 병원에 간
아내에게 문자가 왔다. 내장에는 문제가 없고, 근육통인 것
같다고 한다. 주사 맞고 약 처방해 간다고 말한다.
큰 걱정 피할 길을 주신 하나님께 감사드렸다.

　　병원에 다녀온 아내의 몸에 뿌리는 파스를 발라 주었다.
점심은 내가 준비하여 챙겨줬다. 그동안 아픈 데 없이
씩씩하고 건강하게 살아온 아내가 오늘따라 더욱더 고맙고
짠해 보인다. "감사의 역량에 따라 행복의 크기가 결정된다."는
밀러의 말이 떠오른다.

새벽길 별을 보며

449 눈물 나게 혼자 웃은 아침
2020. 8. 18. (화)

　　현대사회의 문제인 가족 간의 의사소통 부재를 코믹하게
그린 개그 코너가 있었다.
개그맨 세 사람이 가족이 되어 펼치는 연기는 보아도보아도 즐겁다.
　　아침 걷기를 출발하여 내가 정해놓은 장소까지 가는 데는
왕복 두 시간쯤 소요된다. 아까시나무 한 그루가 아름답게 자리 잡고
있는 곳에서 논을 바라보면서 그 개그 동영상을 보았다.
헤드폰을 쓰고 보니까 밖으로 소리는 들리지 않지만 극적인 반전이
나올 때마다 웃음을 참을 수가 없다.
아침 운동하는 사람들이 가끔 지나가지만 웃다가 입을 가릴 수는
없는 노릇이다. 그래서 눈치코치 안 보고 웃어 제낀다.
15분 정도 보고 있자니 몇 번이나 눈물이 나왔다.
슬퍼도 눈물이 나오지만 즐거워도 기분 좋은 눈물이 나온다.
그 순간에는 세상이 달라 보인다.
　　아, 이 개그맨들은 표정 하나하나가 몸에 밸 정도로
얼마나 연습을 많이 했을까? 웃을 일이 없는 요즘이라고
말하는 사람들이 있지만 아니다, 웃을 일은 내가 만들면 된다.
눈물 나게 혼자 웃으니 하늘도 땅도 새들도 같이 웃는 것만 같은
신나는 아침이었다.

450 나에게 성공이란?
2020. 8. 18. (화)

성공의 사전적 의미는 목적하는 바를 이룸으로 되어 있다.
"pan out", "성공을 거둔다"의 유래는 금 채취에서 나왔다.
서부 개척시대에 서부에서 금광이 발견되었고
금을 찾아내는 방법 중에 뚜껑 없는 조리기구 pan을 이용해
금을 채취하는 것이 pan out, 즉 성공한다는 의미로 쓰이게 되었다.
그렇다면 성공은 돈, 물질과 연관이 있었다는 것인가?
나에게 있어 성공은 무엇일까?
돈, 물질, 부유함, 강남의 아파트, 보이는 굉장한 것, 이것일까?
　　나에게 성공은 하루를 감사로 살아가는 것이다.
감사와 기쁨으로 주어진 시간 속에서 성실과 진실함으로 불꽃처럼
사는 일, 해 먹고 싶은 음식을 내 마음대로 맛있게 해 먹는 일,
기회만 닿으면 섬나행(섬김과 나눔과 행복) 노트 페이지 수가
늘어나는 일, 자연과 숨 쉬고 관찰하고 느끼고 생명을
노래하는 일, 진정 내가 하고 싶은 일을 자유로운 영혼으로
하는 것, 70세까지 잘 마무리하여 정년 은퇴하는 일,
내 가족과 내 주변 사람들을 섬기고 그들에게 선한 영향력을
끼치는 일, 이것이 나의 진정한 행복이다.

451 평화, 내 영혼을 덮으소서!
2020. 8. 18. (화)

"평화 평화로다/하늘 위에서 내려오네/그 사랑의 물결이/
영원토록 내 영혼을 덮으소서" 내가 좋아하는 찬송 가사다.

25년 전쯤의 2월 29일, 청년들 12명과 영암 월출산 산행을 갔다.
무박 2일로 가서 눈 덮인 산에서 내려오니 새벽 1시쯤 되었다.
몸은 지치고 멀리 있는 길을 돌아와야만 했기 때문에 청년이 운전하던
것을 내가 교대했다. 강하게 마음이 움직여서 그랬다.

3월 1일 새벽녘에 도로가 살짝 얼어 있던 것을 몰랐다.
순식간에 벌어진 사고였다. 차가 휘청하면서 그 자리에서 한 바퀴
돌아서 50미터 아래로 미끄러져 내려갔다. 그리고 다시 한 번
차가 360도 돌아서 내려가는데 반대차선 쪽에 시멘트 축대 벽이
보였다. 그곳에 충돌하면 다 죽게 생긴 위기 절박한 상황이었다.
그 순간에 내 마음은 냉정해지고 평온해지면서 운전대를 힘 있게
붙들었다. 축대 벽 1미터 앞에 흙이 있었고 그곳에 차가 처박히면서
타이어 휠이 주저앉았다.

차가 미끄러져 내려오고, 회전하고, 사고가 종료될 때까지 불과
몇십 초 사이였지만 8차선에 한 대의 차도 오고 가지 않았다는
것은 결코 우연이 아닌 기적이었다. 만일 그곳에 흙이 없었으면
축대 벽에 충돌할 뻔했다. 죽다가 살아난 위기 속에서 한 시간 동안
차 안에서 우리는 찬송을 부르며 눈물로 기도했다.
덤으로 사는 인생이다. 깊은 바닷속 같은 고요함을 주소서.

452 편한 것을 거부하라!
2020. 8. 19. (수)

서면 앉고 싶고, 앉으면 눕고 싶고, 누우면 자고 싶은 것이
인간본능이다. 어느 해인가 아내와 여름휴가를 백운산 캠핑장으로
갔다. 일찍부터 서둘러 도시락을 준비하여 매일 산행을 했다.
저녁 늦게 돌아와 잠자는 일만 텐트에서 하고 나머지는 산행으로
시간을 보냈다. 그것도 일주일씩이나 말이다. 옆에 텐트를 치고
휴가를 온 가족들이 우리 부부를 보고 이해하기 어렵다고 했다.
휴가는 놀고, 먹고, 뒹굴뒹굴하고 그러는건데 웬 고행이냐고 그랬다.
우리는 산행하는 것이 휴가라고 했더니 입을 못 다문다.

내가 시련의 골짜기를 지날 때 집에만 틀어박혀 있었더니
우울증이 찾아오려 했다. 그래서 독립군(혼자서 산행할 때 일컫는 말)이
되어 하루에 열 시간을 넘게 산행을 하고 두어 시간씩 달리기를 했다.
그러고 나면 정신이 번쩍 들었다.

부자인 지인들 몇몇은 휴가를 필리핀, 대만, 중국 같은 곳에 가서
최고급 호텔에서 먹고 자며 낮에는 골프를 친다고 했다.
그것 또한 휴가의 한 방법일 것이다. 하지만 그동안의 나의 휴가는
내 몸을 힘들게 하는 고행 가까운 것을 택했다.
나는 이것이 몸에 배었는지 모른다. 바다는 가끔 스스로를 정화한다.
태풍과 풍랑과 해일과 파도는 바다가 스스로를 정화하는 도구들이다.
바다가 바다일 수 있는 것은 스스로를 새롭게 할 수 있는 능력 때문이다.
편한 것이 좋은 사람은 그렇게 사는 것이고,
편한 것을 거부하는 사람도 그렇게 사는 것이니.

새벽길 별을 보며

453 근심의 미끼
2020. 8. 19. (수)

근심은 해결되지 않은 일 때문에 속을 태우거나 우울해하는
것을 말한다. 주어진 모든 일을 감사함으로 받고, 하늘의 때를
기다리면서 마음의 평온과 고요함을 유지하는 일은 필수과목이다.
내려놓고 비울수록 근심은 줄어든다. 근심의 미끼가 무엇일지
자신에게 물어보았다. 나에게 묻고 나에게서 해답을 찾으면 나를
아름답게 객관화할 수 있다. 바로 욕심이라는 단어가 튀어 나왔다.
"욕심이 잉태하면 죄를 낳고 죄가 장성하면 사망을 낳는다."는
성경 말씀도 있다.

코앞만 생각하면 마음이 조급해진다. 세상 사람들 살아가는
방식을 따라 살려고 하면 욕심이 생긴다. 경쟁해야 하고
비교해야 하기 때문이다. 곧 자신을 잃어버리고 눈이 어두워진다.
눈이 어두워지니 분별력이 없어지고 혼돈이 온다.

진시황제가 죄수 70만 명을 동원해서 지은 아방궁이 있다.
사치와 호화의 대명사가 된 이곳은 후에 함양에 진격한
항우의 군대에 의해 불태워졌을 때 3개월간이나 탔다.
헛되고 헛된 일이다. 진나라를 멸망케 한 것은 바로 진나라였다.
사치와 욕심 때문이었다. 근심이 생기느냐?
모두 욕심 때문이니라. 비워라, 낮아져라, 내려놓으라,
마음의 여백을 많이 둬라. 근심의 미끼인 욕심에 물려서는 안 되지.
나는 눈이 먼 붕어가 아니니까.

454 9회 말 투 아웃일 때
2020. 8. 20. (목)

축구, 야구, 권투, 농구, 배구 다섯 경기 중에
나는 권투 경기를 좋아한다.
때리고 맞고 피투성이가 되고 다운되고 그래서 재미있는 것이 아니다.
6미터의 공간에서 줄을 치고 12라운드까지
펼쳐지는 경기는 한순간도 놓칠 수가 없다.
언제 역전과 반전이 일어날지 모르기 때문이다.
진 것 같다고 생각했는데 주먹 한 방으로 KO승을 거두는 일도 많다.
극적인 순간을 놓치고 싶지 않아서 눈을 떼지 못한다.

야구 경기는 9회까지 하게 되는데 방망이에 불이 붙으면
안타나 홈런이 나온다. 한때 군산상고 팀이 역전의 명수로
알려졌었다. 대통령배 전국고교야구대회는 1967년 4월 25일
동대문야구장에서 막을 올렸다. 게임이 끝났다고
자리를 털고 일어나서 퇴장하려고 할 때 홈런 하나로
열광의 도가니가 되어 승리의 눈물을 흘리는 일이 종종 일어났었다.

우리 인생도 이러하지 않던가? 9회 말 투 아웃처럼 이제
다 끝났다고 하는 순간에 방망이 하나가 기적을 일으킨다.
그래서 101세까지 그림을 그린 미국의 국민 화가
모지스 할머니가 말한 것처럼 "포기하지 않는 한 우리 인생은
결코 끝난 것이 끝난 것이 아니다."

455 살아야 할 이유
2020. 8. 20. (목)

　　나이가 나보다 서너 살 위인 선배 한 분은 50대 후반에
충격적인 일을 이기지 못하고 뇌가 망가졌다.
극심한 분노가 병을 유발한 것이다. 치매 증세가 오더니 더 이상
회복되지 못하고 60대 초반부터 요양원에 들어갔다.
우리 집에 한 번 왔을 때도 세상, 사람, 자신에 대한 원망을
끝도 없이 쏟아내는 것을 보았다.

　　요양원은 입구는 있지만 출구는 없다는 말도 있다.
출구는 곧 죽음이라는 뜻이다. 물론, 모든 요양원에 해당하는
절대적인 진리는 아니지만 한 번 들어가면 다시 회복되어
나오기 어렵다는 말일 것이다. 몸이 죽는 죽음도 있지만
살아있으나 죽어 있는 목숨 같은 경우도 있다.
내가 살아야 할 이유를 찾지 못하고, 사는 꿈이 없다면
죽어 있는 것과 같다. 나에게는 그렇다는 뜻이다.
산책할 때마다 너는 왜 사느냐고 물어본다.
의미 없는 것은 세상에 아무것도 없다.

　　정년 은퇴가 7년 남아 있다. 내가 살아있음으로
내 주변 사람들과 세상이 행복해졌으면 좋겠다.
긍정적인 에너지가 사람들에게 힘이 되고 희망의 불을 붙여주는
복의 통로가 되었으면 좋겠다. 그동안 마음으로 고마운
사랑의 빚을 진 주변 분들에게 복숭아를 택배로 보내드려야겠다.

456 오토바이 농부 부부
2020. 8. 21. (금)

벼 이삭이 날이 갈수록 많이 팬다. 아침에 논의 물꼬를
보러 다니는 아저씨들을 종종 만난다. 좁은 논두렁길을 삽을 들고
다니면서 물이 새어나가는지 살피며 적절한 때 물꼬를 터주기도 한다.
해가 중천에 뜬 후에 논에 나오면 요즘 같은 날씨에는 햇볕이 뜨겁다.
그래서 아침식사 전에 나오는 것이 현명하다.

내 앞에 털털거리며 천천히 지나가는 오토바이가 있다.
남편은 오토바이를 몰고 아내는 삽 하나를 들고 남편 옆구리를
붙잡고 타고 오는 모습이다. 일상적인 흔한 일이겠지만 내 눈에는
그냥 안 보인다. 아름다운 광경이다. 60대가 훨씬 넘어 보이는
허리 구부정한 남편과 물꼬를 다 보고 올 때까지 우두커니 서서
바라보고 있는 아내의 모습이 경이롭게만 느껴졌다.

인디언 미크맥 부족은 오래 사신 할머니에게 "어이쿠, 정말
늙으셨군요."라고 크게 말하도록 어린이들을 부추긴다.
2월이라 부르는 배고픈 달을 몇 번이나 넘겼기 때문에 어려운 시기를
많이 넘긴 세월 그 자체로 공경받을 만하다는 것이다.

난 어릴 적에 한 번도 부모님이 함께 논에 나가서 일하시는 모습을
본 적이 없다. 아버지가 아파서 늘 누워 계셨기 때문이다.
어머니 혼자서 발을 동동 구르며 논일, 집안일, 밭일, 가축,
자식들 양육, 빨래, 음식 등 눈코 뜰 새 없으셨던 것 같다.
그래서 요즘은 돌아가신 어머니 생각에 가슴이 싸하다.

새벽길 별을 보며

457 무슨 새 깃털일까?

2020. 8. 21. (금)

늘 걷던 방향의 반대 길로 걸었다. 동쪽 길에는 사람, 자전거,
차, 트랙터가 많이 다니는데 서쪽 길은 한산한 편이다.
탑천에 물도 더 찰랑거리고 새들도 많다. 동쪽 길에서는 잘 안 보이던
여뀌도 많이 피어 있다. 씹으면 매운맛이 나는 분홍빛 여뀌는 촘촘히
이삭 모양처럼 달려 고개를 다소곳이 숙이고 있다.
내년에는 우리 집 화단에 여뀌를 종류별로 심어야겠다.
귀엽고 예쁜 한해살이풀이다. 논을 파서 메기, 잉어를 키우는
양식장까지 갔다. 길가에 하얗게 그림을 그려놓은 듯이 똥을 싸놓은
새들의 흔적을 본다.

　길 가장자리에 새 깃털 하나가 뎅그렇게 놓여 있다. 그냥 지나갈
내가 아니다. 무슨 새 깃털일까? 아마 왜가리가 아닐까 싶다.
이곳에서 먹이활동을 하다가 깃털 하나가 빠졌나 보다.
만경강에 떠내려 온 논병아리와 우리 집 마당에 떨어져 죽은 꾀꼬리를
그리면서 새의 깃털을 유심히 관찰해 본 경험이 있다.

　행복은 지나치기 쉬운 작은 일 가운데서 찾는다. 집에 들고 와서
비누로 씻어 말렸다. 크기를 재보니 33센티미터다.
길에서 돈을 주운 것보다 나에게는 새 깃털 하나가
더 의미가 있다. 새의 꼬리 샘에서 지방 성분의 분비물이 나와
이것으로 하루에도 몇 번씩 깃털 단장을 하기 때문에
비가 와도 젖지 않는 신비한 창조 원리를 깨닫게 되었다.

458 보고 싶은 보육원 아이들
2020. 8. 21. (금)

2018년 8월에 10주간에 걸쳐 보육원 아이들 생태 세밀화
그림일기반을 진행했다. 매주 두 시간씩의 만남을 위해
최선을 다해 준비했다. 준비한 그릇만큼 채워지는 것은
세상 이치다. 고등학교 1학년 여학생인 김○아가 그린 강아지풀과
버지니아 그림이 완성된 후 물어봤다.
"이 그림 선생님에게 팔 수 있니? 네, 천 원만 주세요."
웃음이 피식 나왔다. 오만 원을 봉투에 넣어 건네주면서
함께 손뼉을 쳐주었다. "여기 있는 친구들 모두 잘 그렸는데
선생님이 간직하고 싶어서 언니 거 산 거야, 이해하지?"
갑작스러운 상황에 놀란 그 아이는 눈물을 흘렸다.

눈이 큰 그 아이의 그림일기는 이렇다. "강아지풀, 너는 그 꼬리
부분을 살랑이며 당장이라도 내게 달려와 안길 것만 같다.
나는 연신 웃으며 '귀여워라, 예뻐라!' 그러겠지."
그 부드러운 꼬리를 살랑이며 내 품에 푹 안기는 모습이,
그 폭신한 감촉이 저절로 연상된다.

지금도 그 보육원에 잘 있는지, 한 달에 한 번이라도 가서
생태 세밀화 수업을 하면서 아이들의 눈을 보고 싶다. 그리고
어떤 꿈을 가졌는지도 듣고 싶다.
고르곤졸라 피자, 팥빙수도 사 주고 싶은데 그런 기회가 올까?
오게 만들어야겠다.

새벽길 별을 보며

459 두 시간 반 독서
2020. 8. 21. (금)

　　내 습관 중의 하나가 책을 사면 날짜와 읽은 날을 기록해 두는 것이다. 읽으면서 마음에 와 닿는 내용은 발췌록에 옮겨 적어놓고 다시 읽는다. 사골국물 내린 것을 먹는 것 같다.

　　2009년 9월 2일, 인천에 세미나를 가면서 산 책을 하루 만에 다 읽었던 기억이 있다. 11년 만에 다시 두 번째로 읽었다. 이번에는 작정했다. 앞으로 이러한 습관을 기르기로 하면서. 읽기 시작하여 다 읽을 때까지 의자에서 일어나지 않으리라. 그래서 두 시부터 네 시 반까지 한번에 다 읽었다.

　　앤디 앤드루스가 쓴 『폰더 씨의 위대한 하루』로 데이비드라는 한 사람의 인생을 바꾼 7가지 선물 이야기다. 참나무를 들이받고 트루먼, 솔로몬, 체임벌린, 콜럼버스, 안네 프랑크, 링컨, 가브리엘 7명을 만나서 받은 교훈 7가지다.

1. 공은 여기서 멈춘다.
2. 나는 지혜를 찾아 나서겠다.
3. 나는 행동을 선택하는 사람이다.
4. 내 운명은 내가 개척한다.
5. 오늘 나는 행복한 사람이 될 것을 선택하겠다.
6. 나는 매일 용서하는 마음으로 오늘 하루를 맞이하겠다.
7. 나는 어떤 상황에서도 물러서지 않겠다.

　　조금 눈 좀 쉬었다가 『장자』를 읽어야겠다. 힘이 솟구친다.

460 죽기 전에 가 보고 싶다
2020. 8. 22. (토)

인생을 흥미롭게 살아가는 데 큰 원동력은 호기심이다.
어린아이가 늘 생기에 차 있는 것은 호기심이 살아있기 때문이고,
늙는다는 것은 무료한 삶이 계속되는 것을 말한다.
사람들로부터 나는 행복하게 산다는 말을 많이 듣는다.
그렇다고 해서 물질적인 부유함이나 소유의 넉넉함이
있어서가 아니다.

소위 명품이라고 불리는 것은 하나도 없다. 실제로 관심도 없다.
하지만 호기심, 도전, 모험, 관찰력은 많이 갖고 있다.
걷기 산책을 하면서 나에게 물어봤다. "넌 죽기 전에
꼭 가 보고 싶은 곳이 어디니?" "눈을 좋아하니까 겨울에
얼음 축제하는 하얼빈 빙등축제를 가고 싶어.
오로라를 보고 싶으니 아이슬란드도 가 보고 싶네."
그리고 한군데를 더 꼽으라고 한다면 알래스카다.

내 꿈이 이뤄질 수 있을까? 돈, 건강, 시간, 관심 네 가지가 있어야
여행은 할 수 있는 거라고 하는데 말이다. 내가 지금까지
꿈꾼 것들은 다 이루어졌다. 빚을 내서라도 시도했었다.
아! 언제나 코로나 19가 끝이 날까? 그 끝은 언제 올까?

새벽길 별을 보며

461 재수라는 것이 있는 것일까?
2020. 8. 23. (일)

　　재물에 대한 수, 운수 따위가 순탄하지 못하고 나쁜 것을
재수가 없다고 한다.
인간의 힘으로 할 수 없는 영역이 있긴 하다.
하지만 내가 살아온 삶의 결론은 불행, 불운, 재수 나쁨은 없다.
대부분은 내가 심어놓은 씨앗에서 거두는 열매가 많기 때문이다.
복을 짓는 일을 많이 하면 복이 오는 법이고,
심어놓지 않았는데 거두는 법은 없다.

　　잘 되었고, 잘 되고 있고, 잘 될 것이라는 믿음을 갖고 산다.
이 믿음은 결코 흔들림이 없다. 설령, 일이 막히고
내 뜻대로 되지 않는 일이 있다 해도 마음의 평온을 잃지 않고
조급함 없이 기다린다. 중요한 일은 미소를 잃지 않는 것.
그러면 이전보다 더 큰 복, 더 좋은 결과로 오는 일이 많았다.

　　칼 융은 "무의식이 정하는 삶이 운명이다."라고 말했다.
재수, 행운이라는 것은 만들어져 있다가 나에게 굴러오는 것이
아니다. 내가 아름다운 내 삶에 복받을 그릇을 늘 준비해 놓고 살면
오는 것이다.
즉, 내가 만드는 것이다. 모든 인생사는 내가 선택하고, 결정하고,
책임을 져야 하니까.

462 벼룩 효과
2020. 8. 23. (일)

내 인생에 지대한 힘과 영향력을 준 것은 세 가지다.
신앙의 힘과 독서의 힘, 자연의 힘이다. 고등학교 때 읽었던
지그 지글러의 『정상에 도전하라』와 군 생활하면서 읽었던
로버트 슐러의 『불가능은 없다』, 이시형 박사의 『배짱으로 삽시다』와
같은 책들이다. 자연의 일부인 나를 자연 속에서
재발견하며 내면으로의 여행을 종종 했었던 까닭이다.

중학교 1학년 때 담임이셨던 박○윤 선생님은 나의 잠재 능력을
인정해 주시고 키워주셨다. 영어 시간만 되면 꼭 나를 일어서라
하여 읽으라고 하셨다. 선생님이 좋았고 영어를 좋아하기 시작했다.

나에게는 키 콤플렉스가 있었다.
고등학교와 대학에 한 번 불합격한 실패에 대한 두려움도 있었다.
스스로 자신의 한계를 설정해 놓고 할 수 없다는 예측 불안도 있었다.

벼룩은 4밀리미터 정도밖에 되지 않는데 1미터 높이까지 뛴다.
병 속에 벼룩을 넣고 뚜껑을 닫아 놓았다가 열면 더 이상 뛰지를
못하는 것을 실험을 통해 발견했다. 이것을 벼룩 효과라고 한다.
막상 하기 어려운 일도 도전하고 계속 포기하지 않고 했더니
대부분 다 해낼 수 있었다. 하면 되더라. 하다가 막혀도
포기만 안 하면 의외로 쉽게 문제가 풀리는 경우도 경험했다.
그러니 미리 염려하거나 두려워할 일이 없다.
나에게는 무한한 가능성이 있으니까.

463 회복 탄력성 지수(RQ)
2020. 8. 23. (일)

　　인생의 바닥에서 치고 올라올 수 있는 힘, 역경 속에서
이겨내는 긍정적이고 소망적인 힘을 회복 탄력성(RQ, Resilience
Quotient)이라 한다.
　　걷기를 하다가 호랑나비가 날갯짓하는 것을 동영상에 담았다.
지난주에는 호랑나비 애벌레의 움직임을 촬영했다.
갑자기 단어가 휙 하고 내 머리에 앉는다. 회복 탄력성이다.
나비 한 마리도 오랜 시간 기다리고, 인내하며, 힘써 온 것이다.
곤충 한 마리도 역경이 없을 수 없고,
꽃 한 송이도 저절로 쉽게 피지 않는다.
　　나의 RQ는 몇 점쯤 될까?
내 앞에 산이 없기를 바라지는 않았다.
내 앞에 강이 없기를 바라지는 않는다.
높은 산도 넘어갈 힘을 기르면 되고, 강을 건널 수 있는
실력을 기르면 웃으면서 넘고 건널 수 있으니까.
나의 잠재력, 가능성, 다시 일어설 수 있는 내적 힘을 믿는다.
내가 나를 믿어주는 신뢰감이 튼튼하다.
내가 데리고 사는 나를 사랑한다.

464 시간은 사랑이다
2020. 8. 24. (월)

　　믿음, 소망, 사랑 이 세 가지는 항상 있을 것인데
그중에 제일은 사랑이라 했다. 살아가는 모든 바탕에는 사랑이
담겨 있어야 한다.

　　베토벤의 「영웅」 교향곡을 즐겨 듣는다.
내가 베토벤을 만난 적도 없고 250년 전에 태어난 사람과의 오랜
시간 차도 있다. 하지만 베토벤의 교향곡을 들을 때 그 시간에는
베토벤을 좋아한다.

　　사랑한다는 것은 가까이하는 것이다. 사랑은 시간을 내주는
것이다. 어떤 사람과 함께 식사하는 것은 그 사람이 내게,
내가 그 사람에게 시간을 준 것이니 곧 사랑을 주는 것이다.
이른 아침, 내가 식사하기 전에 고양이들 밥을 주는 것도
사랑을 주는 것이다. 내 시간을 그곳에 쓰기 때문이다.
내가 책을 좋아하고 독서를 즐기는 것도 오롯이 저자를
만나는 시간이며 니체, 셰익스피어, 장자, 예수님을 사랑하니
시간을 붓는 것이다.

　　한때 내가 어느 작가를 좋아해서 그분의 책을 많이 사서 읽었다.
그런데 요즘 그 작가는 유튜브에서 국민이 뽑은 대통령을
비난하는 데 열을 올리고 있다.
사랑이 없어졌기 때문일 것이다.

465 시간 요리
2020. 8. 24. (월)

    시간을 내 편으로 만들려면 시간에 몰두하면 된다고
데이비드 소로가 지은 『고독의 발견』 책에 나와 있다.
어제 받은 『고독의 발견』 책을 세 시간에 다 읽었다.
휴대전화도 잠시 off시키고 독서에 몰두했다.
화장실을 가지 않으려고 물도 마시지 않았다. 도서관에 가면 의외의
집중력이 생기기도 하지만 내가 마음먹고 어떤 선택으로
의지를 갖추느냐에 따라 시간의 질이 달라진다. 두 시간 독서,
두 시간 글쓰기, 한 시간 글 교정하기, 한 시간 반 영화 공부,
이렇게 한나절의 일정을 잡아놓고 실천했더니 6시간 30분
동안을 시간 요리할 수 있었다.
같은 양의 일도 몰두하면 두 배의 효과를 낼 수도 있다.
    내게 주어진 시간은 내가 관리하고, 가꾸고, 요리해야만 된다.
시간 낭비는 악한 일이다. 하나님은 세월을 낭비하는 사람을
가장 싫어하신다. 오랜 시간 앉아 있다가 마당에 나가
고양이들을 보고, 화단 한 바퀴 휙 둘러보면서 꽃들의 이름을
불러주면 새 힘이 솟구친다.

466 음유 시인과 함께하는 아침
2020. 8. 24. (월)

　　노래하며 시를 읊고 자유롭게 다니는 사람을 음유 시인이라 한다.
아침마다 막 떠오르는 태양을 본다. 장맛비가 계속되는 날에는
이글거리는 붉은 해를 감추어 두었다. 석 달 동안
그토록 비가 많이 왔어도 거의 아침 걷기를 빼먹은 날이 없다.
장화와 우산에게 고맙다. 아침 시간은 나에게 생명력이 넘치며
활력이 솟구치는 복된 시간이다.
　　음유 시인은 자연이다. 제일 좋은 이웃도, 친구도 자연이다.
너른 논들과 물이 흐르는 천이 있고 다양한 식생들, 곤충, 새들,
시시각각 변하는 하늘, 눈앞에 보이는 미륵산,
운동하는 사람들까지 아름다움의 종합 세트다.
　　갈 때는 조금 빠른 걸음, 올 때는 느릿느릿 사진도 찍고, 글쓰기
사색 주제어도 적고, 자연관찰도 이어진다.
얼마 전에는 한 시간이면 되었는데 지금은 한 시간 반이 넘어간다.
오늘은 거미줄을 쳐놓고 걸려든 먹이를 먹는
호랑거미 동영상도 찍었다.
물론, 1분 정도 짧은 시간이지만 관찰의 희열은 짜릿한
기쁨으로 이어진다.
나도 자연의 일부니까.
불현듯 생텍쥐페리의 『어린 왕자』에 나오는 여우가 되고 싶다.

467 교양과 지성이 무릎 꿇다
2020. 8. 25. (화)

아내에게 했던 말 "당신은 공부의 신이네." 정말 그렇다.
청소년 상담사 1급 국가시험에 합격하고 100시간의 연수를 받고
한 주 건너 다시 청소년 지도사 2급 시험 준비하느라고
무리했는지 아내에게 대상포진이 찾아왔다.
결혼하여 36년 동안 크게 아픈 것은 대상포진 두 번이 전부다.
그래서 오늘은 하루 병가를 냈다.
　모처럼 아침 걷기를 함께하며 많은 대화를 나눴다.
몇 년 전, 아내가 선생님 한 분으로부터 새해 연하장을 받았다.
거기에 기록한 문구를 아침에 다시 떠올리며 웃었다.
"교양과 지성이 무릎 꿇는 김 선생님." 물론, 나도 인정한다.
이번에는 아내가 나에게 그럴싸한 문구를 말해준다.
"인자와 자상이 엎드려 절하는 사람." 기분이 좋다.
기왕 점수 주는 거 몽땅 주면 더 좋지 뭐. 앞으로 나에게,
사람들에게, 자연에게, 인자함과 자상함이 더 플러스 되는
아름다운 삶을 살리라고 결심하는 아침이다.

468 영국을 울린 맨발 아빠 1,127킬로미터 행군
2020. 8. 25. (화)

자식을 향한 부모의 사랑은 끝이 있을까? 사랑은 모든 것을
견디며 모든 것을 이긴다. 한 남성이 무게 25킬로그램 배낭을
메고 1,127킬로미터 거리를 맨발로 38일을 걸어왔다.
두 팔 벌려 딸을 꼭 껴안은 그는 뜨거운 눈물을 쏟아낸다.
40세 브레니건은 그의 딸 하스티(8세)가 희귀 질환을 앓고 있어
치료 연구비를 모금하기 위한 도전에 성공했다.
평소 고된 훈련으로 단련된 직업 군인이었지만 육체적,
정신적으로 가장 힘든 도전에서 약 8억 1,000만 원을 모금했다.
마지막 도착지에서 딸과 포옹하는 장면은 전 세계 사람들을 울렸다.
아! 이보다 더한 감동, 이보다 더 지독한 사랑이 어디 있겠는가!
두 아들 중등 임용고시를 한 달 앞두고 나는 풀코스 마라톤
대회에 출전했었다.
30킬로미터를 지나면서 죽을 것만 같을 정도로 힘들었다.
여의나루 한강에서 불어오는 바람에 내 눈물을 뿌리며
소리 내어 울었다.
우리 아이들 이름을 부르면서 아빠도 포기하지 않을 테니
너희들도 포기해서는 안 된다고 응원하면서 뛰었다.
그때가 생각난다.
하스티야, 아빠의 사랑을 힘입어 건강해다오.

469 그때가 좋았지. 지금도 좋지
2020. 8. 26. (수)

알렉산드르 푸시킨의 「삶이 그대를 속일지라도」 시 가운데
"지나간 것은 그리움이 되리니……/가 버린 것은 마음에
소중하리라……/그리고 지나가는 것은 훗날 소중하게
되리니"라는 구절이 있다.

몇 년 전에 혼자 내장산 8개 봉(서래봉, 불출봉, 망해봉, 연지봉,
까치봉, 신선봉, 연자봉, 장군봉) 종주를 한 주에 하루씩 다섯 주에 걸쳐
한 적이 있다. 주봉 신선봉은 763미터다.
약 7시간쯤 소요되는데 말발굽 형태로 되어 있어서
지나왔던 코스를 뒤돌아볼 수 있는 멋진 곳이다.

오늘 걷기 하며 아내가 이런 이야기를 했다.
"우리 아이들 어릴 적 목포 가는 열차, 서울 가는 열차 타고
명절 보내러 갈 때 오가며 사람들에게 오징어, 계란을
얻어먹고 다닌 적이 있었는데 그때가 좋았지요.
그때 당신도 30대 때였는데 지금은 60대가 되었네요."
"맞아, 그때가 좋았지. 그런데 지금도 좋아.
그때 행복이 꽃피었고 지금은 행복이 열매 맺을 때가 아닐까?"
우리는 서로 맞장구를 치면서 "맞아!" 그랬다.
지금 내 인생은 그때보다 더 맛있게 발효되었겠지.

470 견딤은 승리다
2020. 8. 26. (수)

성공하는 이유는 여러 가지다. 하지만 실패하는 이유는 딱 하나다. 포기하기 때문이다. 원예를 전문적으로 하는 어느 업체에서 신문에 하얀색 금잔화를 구한다는 광고를 냈다.

국화과인 금잔화는 여름에 피는데 꽃송이 모양이 술잔 같아서 금잔화라고 한다. 대부분 진노랑, 주황색인데 하얀색 금잔화는 거의 찾아볼 수 없다. 신문광고만 내고 소득 없이 세월만 갔다.

세월이 흘러 20년이 지난 어느 날, 광고를 낸 업체에 소포가 배달되었는데 하얀색 금잔화 씨가 온 것이다. 어찌된 영문인지 여기저기 수소문하여 찾아보니 시골에서 농사를 짓는 노부부가 보내온 거였다. 이분들은 해마다 금잔화를 심어서 가장 연한 꽃의 씨앗을 받아 그다음 해에 심고 다시 심고 한 결과, 20년이 되어 하얀색 금잔화가 나온 것이다. 꽃에 대한 전문지식도 없는 노부부가 20년을 견뎌 얻은 결과였다.

요즘같이 어려운 시대에는 무엇보다 견디는 힘을 길러야 한다. 한 달, 일 년을 살아갈 힘이 필요한 것이 아니라 하루를 살아갈 힘만 있으면 된다. 이기는 것만 이기는 것이 아니라 견디는 것 또한 이기는 것이다. 꿈이 있는 사람만 견딘다.

471 천사들의 손톱 봉숭아물
2020. 8. 27. (목)

봉숭아(Garden Balsam)는 봉새라고도 하고, 피는 꽃이
봉황의 모습을 닮아 봉선화라고도 한다.
질 때는 생생한 꽃잎이 떨어져서 땅에도 꽃이 핀 것 같다.
"나를 만지지 마세요."라는 꽃말이지만 만져줘야 톡 하고
열매 꼬투리가 터진다.
　　일주일에 한 시간 만나는 지역아동센터 아이들은
나를 생태 세밀화 선생님이라고 부른다.
봉숭아는 어떤 식물인지, 꽃과 잎을 보여주며 내가 스케치해 간 그림
색을 칠했다. 손톱 주변에 매니큐어를 바른 후 물을 들여야
오롯이 손톱에만 예쁜 색이 나온다. 어떤 아이는
열 손가락, 어떤 아이는 두 손가락, 다섯 손가락 등
줄을 서서 기다리며 쫑알대는 모습이 귀엽다.
나도 왼손가락 두 개에 물을 들였다.
손톱 위에 콩콩 찧은 봉숭아 잎과 꽃잎을 올려놓고 비닐로 싸고
실로 묶어줬다.
　　직접 아이들 손을 만져보니 천사들의 손이다.
영특한 해솔이가 "선생님 첫눈 올 때까지 봉숭아물 남아 있으면
첫사랑이 이루어진대요." 한다. 나는 작년에 첫눈 올 때까지 손톱에
봉숭아물이 남아 있었다.

472 삶에서 가장 힘들 때
2020. 8. 27. (목)

    결혼한 후 석사과정 공부를 아내와 함께했다. 전공은 상담심리.
등록금을 마련할 길이 없었다.
돈이 없는 것은 불행한 것이 아니라 불편했다.
당시에 은행에서 대출받기는 참으로 어려운 일이었다.
담보할 것이 없었기 때문이다.
아내와 함께 대학교 이사장을 힘들게 면담하여 새마을 금고에서
14퍼센트의 이자를 내고 대출을 받았다.
물론, 돈이 없을 때는 삶이 힘들다.
    이제 60대 중반이 되어 걷기 하면서 나에게 물어봤다.
무엇이 지금 삶에서 가장 힘드냐고? 삶에서 일어나는 일,
현실을 받아들이지 못할 때가 힘든 것이다. 주로 이런 것이다.
탑천 주변에 냉장고, 생활 쓰레기를 갖다 버린 사람들,
자연을 훼손하고 망가뜨리는 행위, 길가에 다소곳이 피어 있는
금계국, 달맞이꽃, 닭의장풀들이 누군가 뿌린 제초제로 인해
노랗게 죽어 있는 현실.
자연, 생명에 관해 일어나는 불합리한 일들을 받아들이기가 어렵다.
이럴 때는 분노가 일어난다.
내 삶에 주어지는 시련이나 고난은 다 받아 마실 수 있는데 말이다.

                            새벽길 별을 보며

473 벼 이삭 바다를 보며
2020. 8. 27. (목)

    하루가 다르게 벼들이 익어간다. 새끼를 치고 이제는
여물어 갈 때다. 사람으로 치면 벼가 출산하는 시기다.
가장 이상적인 벼 한 포기는 17개 정도의 벼가 있어야
수확량이 많다. 욕심 부려서 비료를 너무 많이 주거나 심을 때
5개 이상 심으면 햇빛 보기도 힘들고 오히려
수확량이 줄어든다.
요즘 같은 때는 논에 물이 마르지 않도록 해 줘야 한다.
    오늘은 논 옆에 나 있는 농로를 걸었다.
태풍의 영향으로 이른 아침 바람이 많이 분다.
푸르른 논을 바라보는 것은 철학적 사유를 할 수 있는
가장 좋은 방법 중 하나다.
서서 벼들을 바라보고 있노라니 바람에 흔들리며 춤추듯
몸을 움직이는 벼들이 마치 바다를 연상케 한다.
얼른 메모 노트에 "벼 이삭 바다"라고 기록을 해 뒀다.
벼들은 바람에 따라 어느 때는 발레 춤을 추고, 어느 때는 왈츠,
어느 때는 디스코, 못 추는 춤이 없다.
고개 숙인 벼 이삭은 나에게 말한다. 겸손이 최고의 덕이라고.

474 몇 년째 보는 새벽 무리들
2020. 8. 28. (금)

    하루 이틀 하는 일은 쉽다. 한 달 두 달 하는 일은 어렵다.
몇 년을 줄기차게 하는 일은 위대하다.
내가 몇 년째 이른 아침 6시가 넘으면 꼭 보는 무리들이 있다.
저분들은 이렇게 이른 시간에 어디를 다녀올까?
새벽기도 다녀오는 모습은 아니고 궁금했다. 얼마 전에 물어봤다.
지금 몇 년째 새벽 3시경부터 미륵사지까지 걸어서 다녀온단다.
연세가 있어 보이는 남성 두세 명과 여성 두 명이다.
어떤 때는 탑천 근방의 빈병, 쓰레기들을 주워
큰 쓰레기봉투에 담아 놓기도 하고 원두막 주변 청소도
하는 것을 보았다. 운동도 하고 자연보호도 하는 분들이어서
존경심에 고개가 숙여진다.
습관을 넘어, 중독을 넘어 완전 걷기가 생활화된 분들 같다.
    같은 시간에 마을에서 모여 이런저런 이야기를 하면서
왕복 20여 킬로미터를 다녀오는 것이다.
아침 운동하는 사람들에게 무한 긍정 에너지를 공급하는 분들이다.
이런 분들이 세상에 있기 때문에 아직
세상의 온기가 식지 않고 따뜻한 것 같다.
참 고마운 분들, 파이팅입니다.

475 대단한 사람들
2020. 8. 28. (금)

　지난 3개월간 꾸준히 걸었다. 비가 억수처럼 퍼부어도,
천둥 번개가 세상을 갈라놓을 듯해도 거의 같은 시간에
거의 같은 장소를 걷는다.
사람들은 나에게 대단하다고 한다.
그런데 내가 아침에 보는 사람 중에 대단한 사람들이 있다.
한결같음으로 천년나무가 그 자리에 서 있듯이 말이다.

　긴 머리를 찰랑거리며 자매인지, 친구인지 꼭 자전거를
타고 지나가는 아가씨들이 있다. 헬멧 뒤로 머리가
희끗희끗하게 보이는 할아버지도 열심히 페달을 밟는다.
하얀 진돗개를 데리고 운동하다가 사람들이 지나가면
그 자리에 앉히는 친절한 30대 부부도 대단하다.
달려와서 원두막에서 스트레칭을 하는 두 아들을 둔 어린이집
선생님도 있다. 내 여동생과 친한 분이 다리 수술을 했다고 하는데
자전거를 타고 미륵사지까지 간다고 한다.

　매일 같은 시간에 만나는 사람들이다.
나는 이런 분들을 보면 대단하다고 생각한다.
어쩌면 그분들도 나를 보면 대단하다고 할지도 모르겠다.

476 삼세판
2020. 8. 28. (금)

"여보, 당신은 꼭 가 보고 싶은 곳이 어디야?"
"산티아고 순례길이요."
"우리나라도 안 가 본 곳이 많구먼." "지리산 둘레길도 안 가 봤네요."
"나 혼자 2박 3일 지리산 둘레길 참 좋았었는데."
"이제는 당신 혼자 가면 안 돼요. 요로결석 재발하면 어떡하라고요.
또 데리러 오라고 하려고?"
"큭큭, 나 이제 요로결석 재발 안 해. 끝났어. 세 번 시술했으니까.
삼세판 다 끝난 거지."
"제발 그랬으면 좋겠네요. 아멘!이네요."
  십여 년 전에 지리산 둘레길을 갔다가 민박집에서 새벽
두 시에 요로결석이 재발하여 구급차에 실려 남원 의료원에 갔었다.
이대로 계속 아프면 빨리 숨이 멎었으면 좋겠다고 할 정도로
고통이 심해 생 똥을 쌌었다.
하도 아프면 그런가 보다. 새벽녘에 아내에게 전화해서
남원 의료원에서 나 좀 태워가라고 했다.
무슨 일이든지 세 번째야말로 꼭 이루어지리라는 기대와 희망을
말할 때 삼세판이라고 한다.
민속씨름대회도 삼판양승제로 한다.
세 번 요로결석이 왔었으니 이제는 요로결석이 good-bye하겠지.

477 초스피드 긍정 해석

2020. 8. 29. (토)

어제 세탁물을 찾아왔는데 비가 오는 중이어서 차에서
내리지 못했다.
아침에 차 열쇠를 들고 주차장으로 내려갔다.
에구머니나! 다른 차 키를 들고 온 것이다. 다시 계단을
오르는데 나와 이야기를 하고 싶어진다.
"뭐 그럴 수도 있지. 키를 잘못 가져와서 계단 오르락내리락
운동하잖아? 그러니까 오히려 잘된 거야. 키 잘못 가져왔다고
너를 나무랄 것이 없네."
발자국 소리를 퉁퉁거리면서 올라왔다 다시 내려갔다.

상황 파악이 되면 지체할 이유가 없다.
후진 기어에서 전진 기어로 빨리 바꿔야 한다. 물론, 회복 탄력성도
필요하겠지. 난 이것을 초스피드 긍정 해석이라 말하고 싶다.
내가 만난 현실적인 일, 문제, 숙제는 누가 대신
풀어주거나 해석해 주지 않는다. 오롯이 내 몫이고 내 선택이다.

긍정 해석을 하고 나면 순식간에 날아오는 것이 있다. 감사다.
감사 뒤에 이어 오는 것이 있다. 마음의 평안이다.
생각의 전환을 빨리해야 한다. 늦을수록 고민, 걱정, 두려움이
화살처럼 날아오니까.

478 7년 전 달리기 일기
2020. 8. 29. (토)

2013년 7월 23일부터 매일 달리기를 했다.
같은 장소를 거의 같은 시간에 달리는데도 느낌, 생각,
보고 느끼는 것이 다르다.
달리고 난 후에는 일기를 썼다. "나의 황홀한 달리기 일기"로
노트에 만년필로 꾹꾹 눌러서 쓴 나의 체험 기록이다.
뒷부분을 문서 작성 작업을 하면서 놀랐다.
2014년 1월 14일(화) 일기를 보니 그날이 영하 8도였다.
"겨울이 되니 탑천과 농로 주변에 말라 있는 마른 잎들이
얼마나 예쁜지 모르겠다."고 기록되어 있다.

중학교 때부터 작은 노트와 메모지를 옆에 끼고 살았다.
2014년 3월까지 기록한 노트는 반드시 책으로 탄생되어 나올 것이다.
지금은 이른 아침 달리기 대신 한 시간 반씩 걷기를 하며
글쓰기를 하고 있는데 당시의 기록이 없다면 흘러간 강물처럼
뜨거운 감동도 흘러가 버렸을 것이다.
그때 사용했던 만년필이 지금 쓰고 있는 만년필이라니.
아! 행복한 시간이여.
"그래, 달려! 첫발을 내딛는 순간, 정체된 삶도 함께 달린다."
『나는 달린다』의 저자 요슈카 피셔의 말이다.

479 그냥 내버려 둬!
2020. 8. 30. (일)

화성에서 온 남자와 금성에서 온 여자가 만나 지구인이 되는 것이
결혼이라고 했던가. 화성의 문화와 금성의 문화, 문명, 습관,
생활 방식에는 얼마나 많은 차이가 있겠는가.
20년을 넘게 모시고 있는 장모님, 처형은 좋은 분들이다.
자기만을 위해 돈을 모으는 구두쇠도 아니고 욕심 사나운 분들도
아니다.
아내와 나의 생활 방식은 같은 것이 많고 서로 맞추려고
노력을 많이 했다.

그런데 가족 구성원이기는 해도 장모님과 처형은 사정이 다르다.
취미, 습관, 추구하는 가치, 삶의 철학, 음식이 나와 다를 수밖에 없다.
내 기준과 잣대에 맞추려 하면 갈등만 일어난다.
무엇을 하든지 그냥 내버려 둬야 한다. 있는 그대로를 수용하고
인정하려면 그냥 내버려 두는 것부터 해야 한다.

가깝다는 이유로 통제하고 간섭하려고 해서는 안 된다는 것을
깨달았다. 수용성의 문제인 것 같다. 상대방의 10퍼센트를
받아들이려면 나의 것 10퍼센트도 덜어내야 가능한 것 아니겠는가.
내가 꽃이 될 수 없듯이 내가 네가 될 수 없는 것이다.
치약을 앞에서 짜서 사용하든지, 뒤에서 짜든지, 가운데서 짜든지
자기 마음대로 하도록 내버려 둬야 한다.

480 간 떨어질 뻔한 공룡 능선
2020. 8. 30. (일)

　　사람들은 나에게 산행을 잘한다고 하는데 아내는 더 잘한다.
나의 트레킹 방법은 서두르지 않고 오감으로 자연을 느끼고,
관찰하고, 식물과 눈 맞추며 다닌다.
내면적인 사색도 많이 하고 안전 산행에 초점을 맞춘다.

　　십여 년 전에 아내와 설악산 공룡 능선을 갔다.
숙련된 산 마니아들도 힘든 코스라고 한마디씩 하는 코스다.
소공원-마등령-공룡 능선-희운각 대피소로 8시간쯤
소요되었다. 오르내리기를 쉴 새 없이 했다.
뒤에 따라가던 내가 물통 뚜껑이 없어져서 스틱을 그 자리에 놓고
오던 길로 뒤돌아서 얼마나 갔을까? 아내는 나를 불러도 대답도
없고 스틱은 그대로 있고 순식간에 사람이 사라졌으니
얼마나 놀랐는지 모른다.

　　그때 아내는 간 떨어지는 줄 알았다고 두고두고 이야기한다.
시간이 한참 지나 내가 다시 스틱 둔 곳까지 와서 아내를 만났는데
찾고 다녔던 물통 뚜껑이 바로 그 자리에 있었다.
공교롭게도 그 전 주에 우리 부부가 어느 책을 읽었는데
미국 어느 산에서 등산객이 재규어에게 잡아먹힌 내용이 있었다.
설악산에서의 추억, 지금도 놀란 아내에게 미안한 마음이다.
그때 간이 안 떨어져서 지금도 살고 있는 것 아니겠는가.

481 수박이 위기를 만났을 때
2020. 8. 30. (일)

　　수박 농사하신 분의 경험담이다. 내 삶에 적용시켜 보았다.
수박 모종을 심을 때 거름을 많이 주었단다.
줄기가 왕성하게 잘 자랐다. 많은 수박을 거둘 수 있을 것이라는
기대가 컸다.
기대가 기적으로 이어지면 얼마나 좋으랴.

　　그런데 뜻밖의 변수가 생겼으니 수박의 생각은 이랬다.
'거름기도 충분하고 줄기도 잘 자라서 이대로 잘 크면 되겠군.
아쉬울 것이 없잖아. 꽃도 열매도 맺을 필요가 없겠어.'
농부는 다시 생각했다. '안 되겠다. 힘들게 심었는데
이대로 두면 안 되겠어. 억제 성장을 시켜야겠군.'
그러더니 어느 날 갑자기 줄기를 반절 싹둑 잘라냈다.
수박은 다시 골똘히 고민하기 시작한다.
'위기가 왔군, 내가 살려면 꽃을 피워 열매를 맺어야 하겠어.'
이때부터 수박꽃이 피고 수박이 열리기 시작했다.

　　놀라운 자연 현상이면서 동시에 내 삶에 대입시켜 보았다.
위기를 만났을 때 기회로 만들 가능성을 가질 수 있겠구나.
편안함에 안주하면 아무런 열매도 맺을 수 없다는 사실을.
국가적인 코로나 19 위기가 기회가 되었으면.

482 22년 만에 다시 보는 책
2020. 8. 31. (월)

　　1998년 10월 1일, 전주 예수병원에서 호스피스 교육이 있었다.
40대 초반이었던 나는 그때 처음으로 시간표에
나와 있는 대로 유언장을 써 보았다. 발표 시간에 울지 않은
사람이 없었다. 교육 장소에서 미치 앨봄의『모리와 함께한 화요일』
책을 구입했다.
　　은사였던 모리 교수와 20년 만에 재회한 제자 미치가
열네 번의 화요일 만남 속에서 주고받은 가슴 뜨거운 사연들이다.
20년의 세월이 흘러 그때 읽었던 내용은 모두 기억할 수 없으나
사랑하는 법을 배우려면 자식을 갖는 일이라는
모리 교수의 말이 돌에 조각해 놓은 듯 마음 판에 새겨져 있다.
"아무도 내 대신 경험할 수 없는 일은 자식을 낳는 일이다.
죽음의 길목에서 마지막까지 곁에서 지켜볼 수 있는 사람은
가족밖에 없다."
　　내 책꽂이에 꽂혀 있는 수천 권의 책 속에서 바로 손을 뻗어
이 책을 뽑아낼 수 있다는 것은 오랫동안 내 마음을 감동의 단비로
적셔줬다는 뜻이리라.
오늘 안으로『모리와 함께한 화요일』책에 풍덩 빠져야겠다.

483 금년도 생일 project
2020. 8. 31. (월)

금년도에 맞이하는 내 생일은 11월 2일 월요일이다.
이십여 년 전에 생일 주간에는 "섬김 주간"이라 명하고
매일 하나씩 섬김을 실천한 적이 있다. 책 선물, 용돈 주기,
밥 사 주기 이 세 가지가 가장 많았다.
걷기 하면서 논의 벼 이삭을 물끄러미 바라보니
휙 날아오르는 생각이 있었다.
'올 생일 프로젝트를 만들어 멋지게 보낼 수 없을까?'
계획하고, 실천한 후에 기록하고, 평가하고, 나누면 되겠다.
훌륭한 생각이다.
첫째, 11월 1일부터 7일까지 하루에 한 사람 또는 한 팀과 만난다.
둘째, 점심 또는 저녁식사를 나누며 2시간 동안 함께한다.
셋째, 식사는 내가 제공하며 내가 만든 질문지에 답하게 한다.
당신이 가장 행복한 때는 언제입니까? 지금 가장 가고 싶은 곳은
어디입니까? 인상 깊게 읽은 책, 강추하고 싶은 책은
무엇입니까? 등.
메뉴, 질문지, 식당은 예약해 둔다.
청산도 여행을 하고 싶었는데 이번에 맞이하는 생일은 이렇게
진행하려고 한다. 과연 어느 누가 초대될까?
일주일간 생일파티가 열리는 건가? 난 그럴 만한 자격이 있으니까.

484 고추 다듬는 세 모녀
2020. 8. 31. (월)

　　올해 고추 농사는 모두가 어려움이 많다. 쉴 새 없이 내리는
비 때문에 탄저병으로 수확량이 아주 적다.
가까운 곳에서 고추를 사지 못하고 전남 영광 누님에게 부탁했다.
최소 50포기 김장은 해야 하므로 30근 정도는 필요하다.
아내와 나, 장모님, 처형 넷이서 고추를 일일이 닦고
꼭지를 따는 일이 쉽지는 않다. 맵고, 허리 아프고, 덥다.
남자는 허리가 약하다는 핑계를 대고 슬그머니 방으로 들어왔다.
워드 작업도 하고 글 교정도 봐야 했기 때문이다.
　　고추 작업을 마치고 들어온 아내가 뾰로통해서 말을 한다.
"미숫가루 같은 간식 좀 챙겨주면 얼마나 좋았을까?"
내가 바보 같았다. "아! 내 생각이 짧았네. 정말 미안해.
미처 그 생각을 못했어." 빨리 꼬리를 내렸다.
손에 쥐어 줘야만 하는 일들이 더러 있다.
가족을 배려하고, 돌아보고, 섬기는 일이 마음만 먹으면
어려운 일이 아닌데도 말이다. TV를 보고 있는 아내에게
"당신 삐졌어?" 두 번 고개를 끄떡인다.
꼬집어 줄까 보다 잉!

　　　　　　　　　　　　　　　　　　　새벽길 별을 보며

September

2020. 9월

———

풀이 마르는 달
(수우족)

485 외상 후 성숙
2020. 9. 1. (화)

　　인간 누구에게나 크고 작은 상처와 아픔이 있다. 당연하다.
모든 일은 어떻게 반응하고 받아들이고 생각하는가에 따라서
그 결과가 크게 차이가 난다.
　　인생의 크나큰 풍파가 삼키려고 했던 사람들도 많다.
주 문왕은 은나라 감옥에 갇혀 있는 동안 『주역』을 만들고,
공자는 진나라에서 곤경에 처했을 때 『춘추』를 썼다.
여불위는 촉나라로 귀양 갔기 때문에 『여람』을 남겼으며,
손자는 다리가 끊기는 형벌을 받고 나서 『손자병법』을 완성했다.
불멸의 고전 『사기』를 남긴 사마천은 패전 장군 이중을
도와주려다가 죄인으로 몰려 48세에 남근을 거세당하는 형벌 뒤
그 치욕적인 시간에 역사적인 『사기』를 쓰기 시작했다.
오히려 역전승한 사람들이다. 외상 후 스트레스가 극심하여
우울증에 걸리거나 포기하는 인생도 있지만
오히려 이 풍랑으로 인해 더 빨리 나아가는 사람도 있다.
　　나는 어떠한가. 나도 충분히 이길 수 있고 오히려 상처를
성숙되는 계기로 삼을 수 있다.
고통과 결핍을 통해 창조적인 역사를 이루어 낸 일들은
얼마든지 있다.

486

플라세보(placebo) 효과
2020. 9. 1. (화)

    치료에 전혀 도움이 되지 않는 가짜 약제를 심리적 효과를
얻기 위해 사용했을 때 실제로 효과가 나타나는 현상을
플라세보 효과라고 한다.
2차 세계 대전 중 약이 부족할 때 사용했던 방법이다.
일체유심조(一切唯心造), 모든 것은 마음먹기에 달려 있다는
단어가 떠오른다.
고통이 완화되리라는 믿음은 몸에도 행동에도 영향을 미친다.
언제나 좋은 쪽으로 생각해서 나쁠 것은 없다.
    내가 아는 지인은 체질 검사를 한 후에 음식을 가려 먹느라고
먹지 않는 음식이 상당히 있다.
가끔 같이 식사할 기회가 있을 때 이것은 이래서 먹지 않고,
저것은 저래서 먹지 않고, 그것은 그래서 먹지 않는다고 한다.
지나친 건강 염려 때문에 오히려 그것이
더 건강하지 못한 상황을 만드는 것은 아닌지…….
어떤 음식이든 맛있게, 즐겁게, 감사히 먹으면 모두 보약이라고
나는 믿는다.
이것 또한 믿음의 힘이고 효과일 수도 있으리라.
과학적으로 증명되지 않은 어느 부분도 긍정적으로 기대하면
긍정적인 결과가 된다는 것은 정말이지 마음먹기 나름인 것이다.

487 꿈의 목록

2020. 9. 2. (수)

    지식이 많은 것 자체가 힘이 아니다. 실천하고 적용할 때
힘과 능력이 나의 것이 된다. 행동하지 않는 지식은 무용지물이다.
쑤쑤가 지은 『인생을 바르게 보는 법 놓아주는 법 내려놓는 법』
책을 읽었다.
마음의 직관을 따라 좋아하는 일을 하며 사는 용기,
모든 상상이 이뤄지고 경험은 자산이 된다는 것, 자유로운
영혼으로 살려면 내려놓음, 놓아주는 것을 과감히
해야 한다는 것이다.

    특히 존 고다드의 『존 아저씨의 꿈의 목록』 이야기는
내 이야기와 닮았고, 내 영혼을 다시금 뒤흔들어 놓았다.
15살 소년이 평생 하고 싶은 것, 가고 싶은 곳, 배우고 싶은 것
127개의 목록을 작성했다.
항상 가지고 다니면서 이 목록을 보고 상상했다.
그리고 끊임없이 도전하고 실천했다.
그중에는 아프리카 어린이들을 위한 100만 달러 모으기도 있다.
44년이 지난 어느 날, 1972년에 111가지를 완벽히 실천했다.

    나는 해마다 버킷리스트를 작성해 왔다. 그해 연말이 되면
80퍼센트 이상이 이뤄져 있었다.
할 일이 있고, 사랑하는 사람이 있고, 희망이 있어 행복하다.

488 6년 전 나의 버킷리스트
2020. 9. 2. (수)

존 고다드의 『존 아저씨의 꿈의 목록』을 보고 해마다 작성했던
나의 버킷리스트 노트를 펼쳐보았다.
6년 전부터 쓰기 시작한 나의 버킷리스트 노트 첫 장에
다음과 같이 기록해 놓은 것을 다시 봤다.
"쓰고, 실천하고, 행복하라.
꿈은 머리로 생각하는 것이 아니라 가슴으로 느끼고, 손으로 적고,
발로 실천하는 것이다."(존 고다드_탐험가, 인류학자)
내가 써 놓고도 내가 놀랐다.
2014년에 이룰 버킷리스트는 이랬다.
1. 생태 세밀화 심화과정 졸업 작품 출품
2. 생태 세밀화 그림일기 100개 완성 책 출간
3. 풀코스 마라톤 세 군데 출전
4. 매일 달리기   5. 아내와 함께 백두산 여행
6. 백두대간 이어가기   7. 일주일 독서 여행
8. 외부 강연 20회 이상 하기   9. 매주 칼럼 쓰기
10. 고전 독서 모임 무결석(매주)
11. 달리기 일기책 출판사 선정
12. 일주일 캠핑
그 해의 실천 중인 목록은 9개였다. 난 복받은 사람이다.

489 어린이들과의 팔씨름
2020. 9. 2. (수)

매주 한 시간씩 어린이들을 만나는 일에도 상당한 준비를
해야 한다. 오늘은 지역아동센터에 남자아이 6명, 여자아이 4명 해서
모두 열 명이 모였다. 수업 시작 전 아이들의 모습은 열 명 모두
핸드폰으로 게임을 하고 있었다. 수업 끝난 후 돌려주겠다며
핸드폰을 다 걷었다.

오늘 생태 세밀화의 강의 주제는 "배추흰나비 알 100개는
어디 갔을까?"이다. 동화를 그림으로 옮긴 후 아내와 내가
성우가 되어 녹음을 해서 그림 동화를 보여주었다.
애벌레와 배추흰나비를 그린 후 수업을 마쳤다.
좀 더 아이들과 재미있게 할 수 있는 놀이가 없을까 생각하다가
팔씨름을 제안했다.
방바닥에 엎드려 손가락 하나로도 했고, 손목만 잡고도 했다.
물론, 어떻게 해도 내가 질 수가 없다.
그런데 나는 힘쓰는 듯하다가 져줬다. "내가 선생님을 이겼다.
와! 나도 힘이 세다." 하면서 폴짝폴짝 공이 튀듯이 뛰며
좋아하는 아이들을 보며 한바탕 웃었다.
모두 달려들어 내 손을 누르는 아이들이 얼마나 예쁘고
귀여운지 모르겠다.
난 언제 손주 생기나.

490 조금만 가자, 조금 더 가자!
2020. 9. 3. (목)

　　9호 태풍 마이삭이 시속 160킬로미터로 한반도를 지나갔다.
밤새 창문이 흔들리고 창문을 때리는 빗소리를 들으며
잠 못 이루고 뒤척였다.
계속 누워 있고 싶은 몸과 마음인데 "날씨 상황에
내가 흔들리면 안 되지." 혼잣말로 독백하며 일어났다.
　　아직 밖은 어둠이 채 가시지 않았다.
장화, 우산으로 무장하고 집을 나섰다.
길에 고여 있는 빗물, 바람에 누워 있는 벼들, 심하게 몸을
흔들거리고 있는 키 큰 망초들과 달맞이꽃이 안쓰럽다.
오늘은 조금 피곤하니 원두막까지만 다녀오자.
그러면 되겠지 하고 논길로 접어들었다. 노랗게 익어가는 벼들을
가까이 볼 수 있다는 것이 얼마나 감사한 일인가?
시내에서 가까운 곳에 이러한 논들이 있다니.
　　걷다 보니 우산이 뒤집힐 정도로 바람이 심했지만
피곤했던 몸에 점점 생기가 도는 것을 느낄 수 있다.
가까운 원두막까지 조금만 더 가자고 했는데 걷다 보니
조금 더 가자 그렇게 되었다.
조금만과 조금 더는 엄청난 차이다. 이 아침에도 나는 걷기를
선택했고 행복을 선택했다. 작은 기쁨이 이어지는 것이 행복이다.
누죽걸산, 누우면 죽고 걸으면 산다.

491 벼들이 주는 교훈
2020. 9. 3. (목)

비바람이 심하니 운동 나온 사람들이 거의 안 보인다.
생각이 더 모이고 사색의 지경이 더 넓어지는 시간이다.
탑천 길은 왼쪽으로는 천이 흐르고, 오른쪽으로는 논이 이어져 있다.
논 한가운데 집을 짓고 살면 '봄, 여름, 가을, 겨울의
아름다운 정취를 맛볼 텐데.'라는 생각이 든다.
가만히 서 있기도 힘든 거센 바람이 분다.

논 앞에 서서 우산을 쓰고 푸른 물결치는 벼들을 바라본 10여 분.
알곡은 고개 숙이고 쭉정이는 고개를 뻣뻣이 들고 있다.
바람 부는 방향대로 거스르지 않고 순응하여
몸을 숙였다 폈다를 계속하고 있다.
부러질 것 같으나 부드러워 부러지지 않고 자기 몸을 조절한다.
『도덕경』에 나오는 유능제강(柔能制剛), 즉 부드러운 것이
능히 강하고 굳센 것을 누른다는 진리를 떠올린다.

내 발 5미터 앞에 보이는 식물들, 벼, 망초, 닭의장풀,
박주가리, 메꽃, 버드나무, 아까시나무, 소리쟁이들
하나하나에 눈을 맞춰준다.
의지, 인내, 기다림, 순리를 가르치는 자연생태 선생님들이다.

492 행복의 온도
2020. 9. 3. (목)

   채워져 있고 가지고 있는 것에 대해서는 잘 느끼지 못하는데
비워지고 없는 것에 대해서는 민감하게 느끼는 것이
인생이 아닌가 싶다.
내 여동생은 뜨거운 솥이나 냄비를 잘 잡는다.
오랫동안 요리사를 하다 보니 손이 단련되어서일 것이다.
그에 비하면 나는 그렇지 못하다. 단련이 되지 않아서다.

   행복에 대해서는 민감해야 한다. 그것은 작고 사소한 것을 통해
감사를 느끼고 의미를 찾을 때 가능하다.
결코 소유와 행복이 정비례하는 것만은 아니다.

   오늘 아침에 미역국, 김, 갓김치로 식사를 했다.
그리고 브라질 산토스 커피로 드립 커피를 내려 마셨다.
아침 먹기 전에 고양이들과 연못의 물고기들에게 밥을 줬다.
입을 크게 벌려 밥을 먹는 일곱 마리 금붕어들과
두 마리 개구리들, 핑크빛 알을 낳아 놓은 우렁이 알들을 관찰한다.
이것이 나의 행복이다. 김장용 고추를 널어놓고 만져보면서
"이렇게 잘 커 줘서 고맙구나! 올해 김장은 최고로 맛이 있겠어."
감사가 솟구쳐 나올 때 행복이 이런 거구나! 느낀다.
행복의 온도가 100도가 아니어도 10도만 되어도 난 행복하다.

493 버텨 낼게요, 이길게요!
2020. 9. 4. (금)

작년 12월에 젊은 두 사람의 장례식을 주례했다.
한 사람은 위암 말기, 또 한 사람은 췌장암 말기로
일 년 정도 항암 치료 후 세상을 떠나갔다.
2017년도 암 발생자 수는 23만 명이었다. 남자는 5명 중
3명이 암으로 죽는단다.
일 년 내내 암 투병 하는 분들을 보면서 몸과 마음에 얼마나 많은
잔인한 고통이 주어지는지 알게 되었다.

칼럼니스트, 작가, 방송인인 허지웅 님의 『살고 싶다는 농담』
책을 봤다. 6권의 책을 쓴 40세 젊은 분이다.
혈액암 투병 중인데 28개의 알약을 넘길 때의 고통과 심정을
글로 썼다.
글 쓰는 것을 통해 살아있다는 존재감을 확인한다고 말한다.
이 땅 위의 수많은 암 환자들과 가족들에게 용기를 주고 있는
고마운 분이다. SNS를 통해 현재 겪고 있는 암 투병의
처절한 싸움을 나누면서 본인 스스로가 "버텨낼게요,
이길게요!"라고 눈물겨운 사연을 올리고 있다.
이분에 비하면 난 지금 많이 살았다.
이 아침, 결론보다 결심이 더 중요하다는 말이 가슴에 박힌다.

새벽길 별을 보며

494 홍시감 해님
2020. 9. 4. (금)

　　음력으로 7월 15일, 보름달이 뜬 날은 이번 주 수요일이었다.
잠을 자다가 창문을 열고 달을 찍었다.

　　오늘 해 뜨는 시간은 6시 7분이다.
오늘의 해는 다른 날보다 더 크고 아름다웠다.
한참 동안 논길에서 쳐다보고 있으려니 마치 홍시처럼 보인다.
그래서 "홍시감 해님"이라고 이름 붙여봤다.
아침 해를 보면 가슴이 뛴다.
하루를 설렘으로 시작하는 멋진 시간이다.
지구 질량의 33만 배가 되는 해, 지구상에 사는 생명에게
생명을 유지하도록 에너지를 공급해 준다.
1,000억 개의 은하의 별들 중 하나인 해, 지름이 무려
139만 2,000킬로미터가 되니 상상도 못하겠다.

　　나는 매일 한 시간 반씩 걷기를 하며 햇빛을 봐도 비타민 D가
부족하다고 한다.
손을 뻗으면 금방이라도 잡을 것 같이 눈앞에 떠오르는 태양,
김장용 고추를 말려야 하는데 온종일 비춰주면 좋겠다.
아무리 구름이 짙게 드리워져 있다 해도 여전히 태양은 뜬다.
구름 위에서 태양이 웃고 있다. "홍시감 해님."
어떤 화가가 이토록 아름다운 색을 낼 수 있을까?

495 청양고추 추억
2020. 9. 5. (토)

　　현재의 고통도 지나가면 추억이니 지금 만나는
모든 고통스러운 일들도 감사함으로 받아들여야 복이 되는 법이다.
텃밭에 심어놓은 청양고추를 따왔다.
빨갛게 익어 보기에도 좋아 맛있게 보여 먹었다.
아침식사 시간의 일이다. 얼마나 매운지 안 매운지 맛도 보지 않고
한 입에 덥석 먹었다. 지독하게 맵다.
서서 거실을 왔다 갔다 하다 보니 가라앉았다.

　　몇 년 전, 저녁식사 시간에 청양고추 두 개를 한꺼번에 먹어봤다.
내가 얼마나 참을 수 있는지 시험이라도 하듯이 말이다.
10분 정도 눈물, 콧물, 입물 다 쏟았다.
매운 고추 먹고 기절했다는 말이 사실인가 보다.
소리 지르면 더 고통스러우니 꼼짝 않고 앉아
계속 눈만 껌뻑거리면서 화성에서 온 사람처럼 그랬다.
자발적 고난 체험이었다.
그날 이후 청양고추가 그토록 맛있을 수 없다.
커피도 처음에는 쓴맛인데 한두 번 삼키다 보면 깊은 맛에 빠져들듯이
매운맛이 그렇다.
지금도 여전히 좋아한다.
고통을 통해 내 몸이 청양고추 체질로 바뀌었을까?

　　　　　　　　　　　　　　새벽길 별을 보며

496 발이 커서
2020. 9. 5. (토)

아내와 함께 아침 걷기를 했다. 한 주간 생활했던
이야기들을 펼쳐 놓았다.
무슨 책을 보았고, 어떤 일을 했으며, 어떤 음식을 만들어 먹었는지
말하고 서로 들어준다.
어제 하루 동안 있었던 일 중에 오른발을 세 번 부딪혀서
새끼발가락에 피가 나서 밴드를 붙였다고 말했다.
"어쩌다가 그랬어요?" "응, 내가 조심성이 없이 서둘러서
다니다 보니 그랬네." 이렇게 말하지 않고 "응, 내 발이 좀 크잖아.
솥뚜껑만 해서 잘 부딪혀……. 큭큭."
내가 265밀리미터 신발을 신는다고 하면 잘 안 믿는
사람들이 있다. 나를 닮아 두 아이의 발도 크다.
신발을 보면 항공모함 같은 생각이 든다. 일 잘하라고 손도
크게 만들어졌나 보다. 매일 만년필을 잡고 글 쓰고,
워드 작업하는 데도 유리하다.
문 같은 곳에 발을 찧으면 아프다.
그래서 오늘부터는 양말을 신었다. 생각하기 나름이지.
내가 조심성 없어 그런 것이 아니라
발이 커서 잘 부딪힌다는 생각은 내가 나의 실수를 너그럽게 봐주는
것이니 잘한 일이다.
너는 내가 데리고 사는 남자니까 사랑해야지.

497 껄떡거리지 말고
2020. 9. 5. (토)

아내 직장 동료의 이야기를 듣고 한바탕 웃었다.
남편이 동료들과 짜장면을 먹고 온다고 외출했다고 한다.
한참 짜장면을 맛있게 먹고 있는데 아내 직장 동료가 전화를 걸어
"당신 충분히 먹고 와요……. 맛있게 드세요."가 아니라
"집에 와서 껄떡거리지 말고 배부르게 먹고 와." 이랬단다.
남편이 집에 오자마자 눈꼬리가 올라가더니 "당신 교양도 없이
껄떡거리지 말라고 말할 수가 있냐?"고 하더란다.
그 뒤 스토리는 모른다.
음식을 먹거나 물건 따위를 갖고 싶어서 자꾸 입맛을 다시거나
안달하는 것을 껄떡거린다고 한다.
참 오랜만에 들어본 말이다.
그래서 또 한 번 아내와 크게 웃는 아침이었다.
　　웃는 것은 같이 웃으면 더 효과가 있다.
길을 걸으며, 화장실에서 나 혼자 소리 내서 웃을 때가 있다.
약간의 억지웃음이지만 그러고 나면 "내가 뭐 코미디언
나가려고 그랬나? 그래도 조금 웃기긴 해." 한다.
한마디 말을 듣고 글로 옮기는 나도 참 대단하다고 나를 칭찬해 준다.
글쓰기의 눈으로 보면 모든 사건, 대상이 글쓰기 제목이다.

498 극한 직업
2020. 9. 6. (일)

　　우리나라 헌법에는 "모든 국민은 직업 선택의 자유를
가진다."라고 명시되어 있다.
직업은 개인의 수입과 사회 활동에 필요하고 소중하다.
한국직업 사전에 보면 우리나라 직업의 종류는 2016년 기준으로
11,927개가 있는 것으로 나와 있다.
　　중국에는 화산 짐꾼이라는 극한 직업도 있다.
2,160미터의 험한 산에 3,000개가 넘는 계단이 있다.
3시간 넘게 약 50~60킬로그램의 짐을 지고 배달을 하는 사람들이다.
하루에 두 번 정도 짐을 옮겨주고 받는 품삯은 한국 돈으로
16,000원 정도다.
이 돈으로 온 가족이 먹고 산다. 중심을 잃고 넘어지거나 구르게 되면
천 길 낭떠러지로 떨어지고 관광객들까지 대형 사고가 날 수 있다.
어떤 사람은 왼팔을 잃고 짐꾼으로 일하고 있다.
　　"가진 것에 만족하고 갖고 있지 않은 것에 대해 불평하지 않는
데서 진짜 행복이 온다."는 장 지오노의 말을 더 가슴에 새긴다.
한두 해도 아니고 십 년, 이십 년을 연중 300여 일을 화산에
오르내리기를 하니……
산 위에 있는 호텔이나 음식점을 이용하는 사람들은 극한 직업
짐꾼들의 수고, 고통, 고마움을 알고 고마워하고 있을까?

499 미역국 사랑
2020. 9. 6. (일)

지난 한 주간에 아내가 끓여놓은 미역국을 한 냄비 다 먹었다.
오늘 아침에는 내가 끓여봤다. 미역, 깨소금, 참기름, 통마늘,
빨간 청양고추, 멸치액젓 이게 전부다.
아내에게 한 그릇 주었더니 맛있다고 한다.
이럴 때는 음식 만드는 보람이 있다. 아마 한국 사람들처럼
미역을 좋아하는 사람들도 없을 것이다.
지형학적으로도 한국에서 좋은 미역이 생산되는 이유가 있기도 하다.
아이를 낳으면 산후조리에 미역국을 먹고, 생일날에도
미역국에 흰밥을 먹는다.

중국 임산부들은 닭고기 미역국을 먹는다.
그리고 보니 내가 중국에서 600년 전에 삼척으로 귀화한
진 씨라서 그런지 어릴 때부터 닭고기 미역국을 좋아했다.
이번 주에는 한우 소고기를 사 와서 한 주먹 넣고 끓여야겠다.

하루 세 끼 먹을 수 있는 것은 기적이고 은총이다.
내 손의 힘으로 숟가락질, 젓가락질을 하지 못하는 사람,
목구멍을 뚫어 호스로 미음 음식을 받아먹는 사람도 많다.
완도 미역을 먹으면서 미역이 내 밥상까지 오는 동안
고생한 사람들에게 고마운 마음이다.

500 행복의 파랑새는 없다

2020. 9. 7. (월)

파랑새는 세계에 12종, 한국에 1종이 있다. 끝이 구부러진
강한 부리와 넓고 긴 날개를 가졌다.
금속광택이 있는 아름다운 색채를 띠고 있다.
나도 몇 번 본 적이 있다.
밤새 찾아 헤매던 행복의 파랑새를 결국은 자기 집에서 찾았다는
동화 『파랑새』의 이야기를 알면서도 행복이 감나무에 달린 것마냥
새처럼 돌아다니는 것을 잡기라도 할 듯이 사는 삶이 있다.
행복은 누가 휙 던져주는 것도 아니고, 하늘에서 갑자기
떨어지는 것도 아니다.
아무리 상황이 바뀌어도 내가 먼저 변하지 않으면 깨진 항아리에
물 붓기다.
행복의 파랑새는 이리저리 날아다니지 않는다.
내 안에 있고, 내 가족에게 있고, 내가 하는 즐거운 일 속에 있고,
다른 사람을 기쁘게 하는 보람 속에 있고, 깊은 평온함 속에 있다.
음식도 남이 만들어 준 것을 먹는 맛도 있지만 내 정성, 시간, 노력,
사랑으로 내가 만들어 먹는 음식 또한 맛있다.
오늘 초속 40미터의 강한 태풍 하이선이 상륙했어도
나는 우산 쓰고 장화 신고 걸었다.
이것이 행복이었다.
I know I'm heaven blessed.(난 하늘의 축복을 받았죠.)

9월 풀이 마르는 달(수우족)

501 욕심 버리는 일은

2020. 9. 7. (월)

13년 전에 그랜저 TG를 탄 적이 있었다. 내가 산 것이 아니라
선물로 받은 것이었다. 과분한 선물이었다.
2년쯤 타다가 반 가격 정도를 받고 팔았다. 모래 한 알만 차에
날아와도 속상했던 바보 같은 생각을 한 적도 있었다. 차가 나를 싣고
다니는 것이 아니라 내가 차를 모시고 다니는 것 같았다.
이건 아닌데 했다.
지금 내가 타고 다니는 차는 EF 소나타다.
2004년도 식으로 18만 킬로미터를 탔고 아들 차였는데
중고로 구입한 지 5년쯤 된다.
지금은 모래 한 알이 아니라 작은 돌멩이가 차에 와서
흠집을 낸다 해도 속상하지 않다.
차가 굴러갈 때까지 고쳐서 사용할 거라고 생각한 날부터
차 욕심이 없어졌다. 가끔 시동이 걸리지 않아도 말이다.
지금 내 분수도 알고 훗날 얼마든지 살 수도 있으니까.
자족하면 된다. 그리고 감사로 받으면 버릴 것이 하나도 없다.
세상만사 모순, 갈등, 불행은 대부분 욕심, 탐욕 때문에 생긴다.
헨리 데이비드 소로가 지은 『고독의 발견』에 보면 "인생은 정말 멋지다.
모든 것을 벗어놓고 내려놓았을 때만 그렇다.
살아가기 힘든 까닭은 현실에 얽매이기 때문이다."라고 말하고 있다.
욕심을 내려놓을수록 감사, 자유가 깊어진다.

새벽길 별을 보며

502 나이보다 젊게 보이는 이유
2020. 9. 8. (화)

　　89세 되신 우리 장모님은 아직도 얼굴 마사지를 하시고
머리 염색을 하신다. 더 젊게, 더 생기 있게 보이고
싶어 하는 것은 20대나 80대나 같은 마음인가 보다.
하긴 나이가 꼭 달력 나이만 있는 것은 아니다. 건강 나이도 있고
사회적인 나이, 정신적인 나이, 지성의 나이도 있다.
꼭 성형수술을 하고 보톡스를 맞고 해야만 젊게 보이는 것은 아니다.
그 사람의 외모를 보면 어떤 사람인지 대충 감이 잡힌다.
늘 우울하고 감사 기쁨이 없고 남 탓, 사회 탓, 자기 탓을 많이 하고
공격적이고 충동적인 사람이나 자존감이 낮고 독사 같은 사람은
얼굴에 행복하지 못하다고 쓰여 있다.
　　어떤 사람이 나이보다 훨씬 젊게 보이는 이유는
외모 자체에 있지 않다.
얼굴에서 고요히 풍겨 나오는 평안과 자신과 타인을 소중히 여기고
생명을 사랑하는 에너지가 흘러나오기 때문이다.
얼굴에서 생기, 활기, 향기가 천리향 또는 가는 사람 길을 막는다는
길마가지 꽃향기처럼 은은하게 나오면 얼마나 세상이 밝을까?
이런 사람이 나인가?
내가 그렇게 되어야겠다.

503 오드리 헵번은 이렇게 말했다
2020. 9. 8. (화)

　　24세에 「로마의 휴일」 영화로 세계적인 스타의 자리에 오르고
『People』에서 선정한 "세상에서 가장 아름다운 사람 50인 중
한 사람"으로 뽑힌 오드리 헵번.
그녀는 "진정으로 나를 사랑하는 법"을 이렇게 말했다.
첫째, 나 자신이 심심하지 않도록 취미를 만들어 줄 것
둘째, 친구를 사귀어 외롭지 않게 해 줄 것
셋째, 가끔은 멋진 식당에서 식사하고 자신에게 선물을 줄 것
넷째, 많은 사람과 어울릴 수 있도록 해박한 지식을 쌓도록
　　　책을 읽을 것
다섯째, 아침마다 거울 보고 파이팅 외치고 활기찬 하루를 만들 것
여섯째, 건강을 유지하도록 하루 30분씩 산책할 것
　　　나를 두고 한 말인 듯싶다.
1928년생인 오드리 헵번이 내가 사는 모습을 언제 보았나 보다.
내가 나를 사랑하지 않으면서 누가 나를 사랑해 주기를 바라겠는가.
나를 사랑하면서부터 이웃 사랑도 시작된다.
30년 전에 로마에 갔을 때 오드리 헵번이 먹었다는 아이스크림
젤라토를 사 먹었다.
일행 20여 명에게 내가 아이스크림을 사 주었던 기억이 새롭다.
「로마의 휴일」, 「티파니에서 아침을」 다시 한 번 볼까.

504 탑천 길을 걷는 이유(1)
2020. 9. 9. (수)

『차라투스트라는 이렇게 말했다』에서 프리드리히 니체는
"삶은 타오르는 불꽃이다."라고 했다.
연기만 오랫동안 나는 타다만 장작불이 아니라 뜨거운 불꽃을
사르다가 휙 꺼지는 인생을 살고 싶기에 오늘도 한 시간 반을
어제와 다름없이 걸었다.

처음에는 건강을 위해 걸었다.
비바람이 심하게 불고 태풍이 와도 천둥 번개가 치는
이른 아침에도 걸었다. 그렇게 걷고 보니 행복의 눈물이 나왔다.
걷기 위해 걸은 것이 아니었다. 자연의 일부인 나도 자연과
한 몸이 되고 싶었다.
땅이 없었다면 두 발을 지탱할 수 있는 인간이 어찌 세상에
존재할 수 있겠는가.

시시각각 변하는 하늘의 구름과 떠오르는 태양을 가슴에 안고
걷다 보니 보이는 자연, 논두렁길 옆에 피어 있는 여뀌들과
민들레, 다소곳이 머리 숙인 벼들과 태풍에 누워 있는
벼들의 모습이 보인다.
애기똥풀, 달맞이꽃 등 내 모습 좀 봐달라고 손짓하는 예쁜 식물과
꽃들을 사진으로 남기고 가다가 물고기를 낚아채
아침식사를 하고 있는 백로를 만났다.
자연은 최고의 선생님이다.

505 탑천 길을 걷는 이유(2)
2020. 9. 9. (수)

길에 나와 죽어 있는 두더지, 차에 깔린 왕개구리, 굵게
싸놓은 개똥을 치웠다. 내 눈에 보인 것은 나에게 치우라는 신호다.
한참을 서서 눈앞에 보이는 식물들의 이름을 불러주기도 한다.
"개망초 예쁘구나!" "닭의장풀 예쁘구나!"
걷다 보니 행복하고, 행복하니 호기심이 생기고, 가까이서
자연을 보며 교감하니 생각의 문도 열린다.
한쪽 손에 들고 걷는 작은 메모 노트에 순간 떠오르는 문장을 적는다.
그리고 집에 와서 약 360자 원고의 글을 쓴다.
거의 매일 꾸준히 두 개 이상 글쓰기를 했다.
그러다 보니 건강이 덤으로 왔다.

처음에는 운동하기 위해 걸었으나 지금은 꿈, 비전이
나를 끌고 나가기 때문에 이끌림 되어 걷는다.
글쓰기의 역동적인 사고와 철학적 사유의 원재료를 얻는 시간이
산책 시간이다.
코로나 19로 인해 외출, 모임, 회의, 외식이 많이 사라졌기에
혼자 갖는 시간이 황금처럼 주어진 것은 나에게는
큰 축복이며 행운이다.
넘어진 김에 쉬어 간다는 마음으로 마음을 편히 갖자.
코로나 19는 벽이지만 벽도 눕히면 다리가 될 수 있다.

새벽길 별을 보며

506 할아버지 꺼져 버려!
2020. 9. 10. (목)

지역아동센터에서의 한 시간은 아이들에게 그림을
잘 그리게 하는 목적보다 더 앞서는 것이 있다.
아이들을 행복하게 하고, 나도 행복하고 싶은 것이다.
자연을 사랑하고 다양한 색을 사용함으로써
즐거움의 시간을 갖게 하려 함이다.
준비하는 데 조금도 소홀한 적이 없다.

10여 명 아이 중에 그림 소질이 뛰어난 아이들이 서너 명 있고
행복해한다. 그중에 3학년 남자아이가 있다.
누구에게도 인정받지 못하고 외면당하는 아이다.
다른 아이들 그림을 훼손시키거나 폭력적이고 충동적이다.
주의집중을 하지 못하도록 방해하는 선수다.
오늘따라 신경이 더 예민해져 있나 보다.
끄적끄적한 버드나무 잎 그리기를 동그라미 점수로 100점을 주었다.
마음에서는 빵점을 주라고 하는데도.

아이들이 소리를 지른다. "선생님, 왜 100점씩이나 주세요?"
"다음에 잘할 줄 믿고 점수 주는 거란다."라고 했다.
그래도 막무가내다. 그 아이는 소리 지르며
"할아버지 꺼져 버려!" 한다. 선생님이라고 하지도 않는다.
순간적으로 머리가 띵 했다. 호흡을 길게 내쉬었다. 이 아이의
외침에서 "나는 사랑받고 싶어요."라는 뜻이 담겨 있음을 느꼈다.

507 나와 사이좋게 살기
2020. 9. 10. (목)

　　내 안에는 또 다른 내가 있다. 어떤 때는 어린아이로,
장성한 청년으로, 숙성된 된장처럼 발효된 사람으로
여러 가면을 바꾸어 쓰고 나타난다.
세상의 모든 것은 인간의 감정에 의해 좋고 싫음이 결정되며
본질 자체에 문제가 있는 것이 아니다.
아침에 세 개, 저녁에 네 개든 아침에 네 개, 저녁에 세 개든
합은 일곱 개라는 장자의 조삼모사(朝三暮四) 철학처럼
나를 보는 관점이 중요하다.

　　얼마 전에 나를 독립된 존재로 인식하면서 "내가 데리고
사는 남자"라고 했다.
그 이름은 꿈 소년이다. 진창오와 꿈 소년이 같이 사는 것이다.
나를 있는 그대로 수용하고, 인정하고, 존중하는 것은
완전히 나를 비우고 내려놓을 때 가능한 일이다.
내 삶, 내 인생, 꿈 소년과 싸워서는 안 된다.
사이좋게 지내야 한다. 누가 내 삶을 대신할까?
누가 내 인생을 대신 살아줄까?
누가 내 짐을 맡아줄까? 77억 인구 중에 나는 오직 하나,
천하를 주고도 바꿀 수 없는 국보보다 더 소중한 존재니까.
그러니 먹는 것도, 옷 입는 것도, 생각하는 것도 천박해서는 안 된다.
품위가 있어야 하고 고상하고 아름다워야 한다.

　　　　　　　　　　　　　　　　새벽길 별을 보며

508 삶의 행복을 그린 모지스 할머니
2020. 9. 11. (금)

미국인이 가장 사랑하는 예술가 중 한 사람, 76세부터
101세까지 1,600여 점의 그림을 남긴 미국 국민 화가.
"내 심장이 시킨 것을 했을 때 내가 가장 젊었을 때다.
인생에서 너무 늦은 때란 없다. 인생도 포기만 하지 않으면
끝날 때까지 끝난 게 아니다." 모지스 할머니의 말이다.
10명의 자녀 중에 5명을 먼저 하늘나라로 보내고 모진
인생 풍파의 소용돌이 속에서도 잘 될 것이라는 믿음을 가졌던
모지스 할머니.
삶의 행복을 그린 모지스 할머니의 책을 읽었다.
죽고 난 뒤 남긴 그림은 모두 가난한 사람, 불치병을 앓고 있는
사람을 위해 써 달라는 유언을 남겼다.
처음 그림을 그렸을 때는 아무도 관심이 없었다.
하지만 자수를 놓을 힘이 없을 때 붓을 잡고 그림을 그렸다.
얼마나 잘 그리느냐보다 얼마나 행복하게 그리느냐를
더 중요하게 여기고 말이다.
맞다. 열정이 있는 한 늙지 않는다.
얼마나 오래 살았느냐는 그다지 의미가 없다.
어떻게 살았느냐다.
삶을 껴안고 사랑했던 모지스 할머니는 거대한 거목이 되어
오고 가는 세대에게 꿈과 용기의 불을 붙여줄 것이다.

509 소풍 가는 날처럼 살아야지
2020. 9. 11. (금)

만경강은 내가 살았던 고향에서 멀지 않다. 초등학교 때는
연중행사로 그곳으로 봄 소풍, 가을 소풍을 갔다.
아예 코스가 정해져 있는데 바로 만경 강둑이었다.
두 줄로 서서 삼십여 분을 걸어갔다. 보물찾기는 빠뜨리지 않고
했으며 점심 도시락을 먹고 오는 것이 전부였다.
친구들이 싸 오는 도시락 반찬 중에 부러운 듯 쳐다본 것은
계란말이와 멸치조림이었다.
밥이라고 해야 꽁보리밥이었으니 그래도 만경 강둑에 앉아
강가를 바라보며 밥 먹는 게 최고의 즐거움이었다.

소풍 가기 전날 밤은 마음이 콩닥거려 거의 잠을 못 잤다.
'내일 비가 오지 않아야 할 텐데.'라며 자다가도 하늘을
쳐다보곤 했었다.
소풍 가서 대단한 것을 봐서가 아니라 그저 자연으로 나간다는 것
자체가 신이 났다.
봄바람, 가을바람을 가슴에 안아보는 시간이었다.
그 뒤로 깨달았다.
천상병 시인의 「귀천」에 보면 "나 하늘로 돌아가리라/
아름다운 이 세상 소풍 끝내는 날/가서 아름다웠더라고 말하리라"는
구절이 있다.
오늘 하루도 소풍 가는 날처럼 살아야지.

510 나에게 계란말이 사 주었지

2020. 9. 11. (금)

　　오늘 아침 글쓰기 중에 초등학교 소풍 때 친구들이 싸 온
도시락 반찬 중 가장 부러웠던 것이 계란말이였다는
글을 썼다. 그리고 슈퍼에 갔다.
내일 며늘아기들 오면 맛있게 음식을 해 주고 싶다며
소고기 불고기 감을 사다 달라는 아내의 부탁이 있었다.
바로 옆에 반찬을 만드는 코너가 있었는데 기름에 튀겨내는 전,
당면, 계란말이가 맛있게 보였다.
내가 마음먹고 계란말이를 한 번 해 봐야지 했는데 한 팩을 샀다.
한 끼 먹기에는 양이 많을 정도니 초고추장에 찍어 먹어야겠다.
아침에 글쓰기를 하고 슈퍼에 가기 전만 해도 계란말이가
그곳에서 즉석요리로 해서 판매되는 줄을 몰랐다.
　　내가 마음에 간절히 원하면 반드시 이뤄졌다.
마치 나를 위해 준비해 두었다가 내 손에 던져주는 것 같은 일들이
내 삶 속에는 아주 많다.
기다렸다는 듯이 대기하고 있다가 때가 되면 나에게 안긴다.
나는 이것을 은총이고 주님의 손길이라 믿는다.
늘 먹는 점심식사 시간 1시가 되어 간다.
상을 펴야겠다. 계란말이 맛있겠다.

511 눈물겨운 나날의 사람들
2020. 9. 12. (토)

　　숨만 쉬어도 나가야 하는 돈이 있다.
자영업을 하는 사람들은 장사가 잘되나 안 되나 임대료,
관리비가 나가야 한다.
전주에서부터 착한 임대료 운동이 시작되기는 했지만
갈수록 태산이라고 코로나 19로 인해 PC방, 노래방, 커피숍, 음식점
등이 저녁이면 문을 닫아야 하는 상황에 놓여 있다.
　　생사를 걱정하는 벼랑 끝에 서 있는 사람들이 너무도 많다.
음식점을 하는 지인의 말을 들어봐도 언제 이 악몽이
끝날지 모르기 때문에 더 답답하다는 것이다.
하루를 눈물겹게 살아가는 사람들, 자영업자들에게
하루빨리 회복의 은총이 주어졌으면 좋겠다.
이런 비상시국일수록 교회도 정치도 하나 되어 헤쳐 나가면 좋으련만.
부자들은 이웃을 위해 기부하고 전세, 월세도 낮춰주고
조금만 배려하면 모두 힘을 얻을 텐데 말이다.
미국 어느 연구기관에서 행복하다고 말하는 사람
15,000명을 인터뷰했다.
공통분모 10가지 중에 "남을 위해 봉사하는 기쁨"이 있다.
어려울 때일수록 행복지수가 높아갔으면 좋겠다.

새벽길 별을 보며

512 8년을 같은 길 걸은 분
2020. 9. 13. (일)

　　고전 문헌 학자인 서울대학교 배철현 교수의 자기 수양법을
들었다.
헤라클레이토스의 "습관이 그 사람을 천재로 만든다."는 말 뒤에
본인의 실천과 경험 이야기를 하셨다.
30분간 눈을 감고 명상하기, 한 시간 반씩 매일 산책하기,
떠오르는 생각일기 쓰기 등 세 가지였다.
똑같은 장소를 8년을 걸었다는 말에 나보다 훨씬 앞서
내가 지금 하고 있는 일들을 몸소 행한 사람들이 있음에
놀라기도 하고 감사하기도 했다.
같은 장소를 걸어도 매일 새로운 것을 보여주는 길, 자연.
내 마음이 늘 새로워지니 다르게 보이는 것이다.
명상, 산책, 일기 쓰기 대신 나에게는 글쓰기다.
　　루틴은 나의 힘이고 삶의 활력이다. 규칙적으로 하는 일들이
이제는 일상 속에서 루틴으로 자리 잡은 것이 여러 가지다.
하루키는 새벽에 일어나 달리기와 수영을 했고,
하루에 5시간 동안 앉아 원고지 20매 분량의 글을 썼다.
반복되는 루틴이 일상의 힘을 주었고 작은 기쁨들이 모여
자신감과 담대함을 얻었다.
하루라도 글을 쓰지 않으면 괴롭다. 그리고 글감도 떨어진다.

513 오브 허스키와 아가씨
2020. 9. 14. (월)

전염병을 앓고 있는 알래스카 아이들의 약을 구하기 위해
사력을 다해 달리는 개, 그 이름은 토고.
대 자연의 멋진 설원을 달리며 펼쳐지는 감동을 넘는 영화 「토고」.
　두 살 된 오브를 데리고 킥보드를 타고 달리는 아가씨가 있다.
오늘 아침에 두 번째로 만났다.
전남대학교에 다니는 학생이다.
유기견을 입양하여 반려견이 된 지 2년.
한 달 간식비 10만 원, 석 달 사료비 20만 원이 들어간다고 했다.
"결코, 비싼 것이 아니야. 간식, 사료비 돈으로 계산하면
내가 행복하지 못해. 이 아이가 나를 즐겁게 해 주고
행복한 시간을 함께하는 것을 생각하면 돈으로는 환산이 되지 않지."
"격려해 주시니 너무 기분 좋아요."
그러더니 나에게 간식 하나를 주면서 오브에게 먹여주라 한다.
그리고 사진을 찍어 보내줬다.
이른 아침 동터 오르는 시간에 이루어진 짧은 만남이었지만
무척 즐거워하고 행복해하는 오브와 그 아이를 보니 내가 더 행복했다.
"정녕 중요한 것은 당신이 얼마나 많은 일을 했느냐가 아니라
당신의 가족과 사랑하는 이들을 위해 보낸 시간이
얼마나 되느냐는 것이다."라는 말이 생각났다.

514 살아있다는 뜻
2020. 9. 14. (월)

　　병원 중환자실에서, 호스피스 병동에서 산소 호흡기를 꽂고
하루하루를 살아가야 하는 환자들에게 살아있다는 의미는 무엇일까?
암 투병 하는 분들이 삭발을 할 때 바닥에 떨어지는
머리카락을 보며 얼마나 아픈 눈물을 흘릴까.
칠레에서 2010년 700미터 아래 광산에 매몰되어 69일 만에
극적으로 구조된 33명 전원에게 살아있다는 의미는 무엇이었을까?
1993년, 부안 위도에서 발생한 서해 페리호 침몰 사고로
292명이 죽었는데 헤엄쳐서 구조된 사람이 제2의 인생을
덤으로 살게 되었다면서 그때부터 세상이 다르게 보인다 했다.
그 사람에게 살아있다는 의미는 무엇일까?
　　살아있다는 말은 라틴어 아리마에서 유래되었는데
삶, 영혼, 정신 세 가지를 포함하고 있다.
나의 삶은 살아있는가? 나의 영혼은 살아있는가?
나의 정신은 살아있는가?
여기에 대한 명확한 답이 나와야 한다.
지금까지 단 한 번도 누가 나에게 "당신은 살아있습니까?"라고
질문한 적이 없다.
그래서 오늘은 내가 나에게, 내가 데리고 사는 남자인 나에게
물어보기로 했다.
너는 진정 살아있는가?

515 M. C. O. Model
2020. 9. 15. (화)

문제에는 꼭 해답이 있다. 해답이 없는 것은 문제로 취급하지
않는다. 문제 앞에 섰을 때 직면해서 돌파해 나갈지,
회피하거나 도망할지는 나의 선택에 달려 있다.
어떤 이는 저녁이 되면 아예 운전대를 놓는 사람도 있다.
두렵다는 것이다. 어떤 사람은 저녁에 운전이 스릴 있고
재미있다는 사람도 있다. 결국, 행복은 관점의 차이에 있다.
　　어떤 일이 생산적으로 이뤄지려면 Motivation,
즉 동기 부여가 필요하다.
아픔, 도전, 눈물, 훈련, 비난, 시련, 모험들이 동기 부여로
작용할 수도 있다. 그 후에는 Capacity(능력)가 생긴다.
있는 그대로의 자신과 현실, 때로는 모순도 받아들여서 이길 수
있는 힘, 지혜, 용기가 생긴다.
그런 다음에 Opportunity(기회)가 온다.
기회는 사람으로, 돈으로, 환경으로 오기도 한다.
내가 쫓아다닌다고 잡는 것이 아니라 준비되었다가 때가 되면
나에게 오는 것이다.
작은 일들도 훗날 어떤 기회로 작용할지 알 수 없다.
벼가 고개 숙인 논을 바라보고 있노라니 갑자기 M. C. O. Model이
생각났다.
동기 부여, 능력, 기회! 멋진 말이다.

516 앞에는 승냥이, 뒤에는 호랑이
2020. 9. 15. (화)

　　길이 없는 줄 알고 갔는데 길이 생기는 일이 있다.
길이 있을 줄 알고 갔는데 길이 막히는 일도 있다.
길이 있는 줄 알고 갔는데 길은 막혀 있고 전혀 뜻하지 않은
신비로운 길이 열릴 수도 있다.
첫째, 포기, 주저앉음이냐? 둘째, 회피, 도망가느냐?
셋째, 정면 돌파, 부딪혀 보느냐? 나는 세 번째에 속한다.
현재 내게 능력이 10이 있어도 막상 도전하고, 모험하고,
부딪혀 보면 의외로 쉽게 100퍼센트 길이 열리고 해결되는 일이
많았다.
　　이젠 어떤 장애물도 두려워하지 않는다.
앞에 있는 승냥이 피하고, 뒤에 있는 호랑이 피하려고 하다가
승냥이와 호랑이 둘 다 한꺼번에 만날 수 있다.
승냥이는 야생들개의 일종으로 늑대와 여우의 특징을 모두 갖고 있다.
5분 후의 일, 손가락 마디 하나 정도의 한 치 앞도 알 수 없고
장담 못하는 것이 인생이다. 가장 나쁜 것은 실패가 아니다.
해 보지 않은 것이고 하려고 시도조차 안하는 것이다.
나는 마라톤 풀코스를 3시간 안에 완주할 수 없다.
하지만 절대 포기는 하지 않는다. 포기하지 않고 4시간 15분에
완주한 후 그 자리에 주저앉아 펑펑 울었다.
2013년 11월 30일 토요일이었다.

517 애경사(哀慶事)

2020. 9. 16. (수)

　　슬픈 일과 기쁜 일을 아울러 이르는 말을 애경사라고 한다.
살아가면서 작은 애경사는 다양하게 있을 수 있지만
상을 당했을 때나 자녀 결혼시킬 때를 중요한 포인트로 잡는다.
강 선생 시어머니께서 돌아가셔서 전남 나주에 다녀왔다.
갈 때는 수월하게 2시간쯤 걸려 찾아갔다.
조문을 마치고 돌아오는 길에 길치인 것을 증명이라도 하듯
엉뚱한 길로 접어들었다.
내비게이션 입력을 잘못한 것이었다.
예정했던 도착 시각보다 한 시간 정도가 늦었다.
피곤이 밀려왔다. 그런데 마음은 흐뭇했다.
슬픔을 당한 가정에 작은 위로가 되었을 것을 생각하니
잘했다 싶었다.
　　장례식장에서의 식사는 가시는 분이 남은 사람들을 위해
마지막 대접을 하는 것이라 여기고 잘 먹고 온다.
장례식장 음식이 정갈하고 맛도 있다.
남도라서 홍어가 나왔다.
오늘 6일째 홍어를 먹었다.
홍어는 그냥 먹으면 음식, 썩혀 먹으면 약이 된다고 한다.
『홍어』 소설을 한 번 더 읽어보고 싶다.

518 히치하이킹(hitchhiking) 경험
2020. 9. 17. (목)

　　행복을 주는 최고의 활동은 여행이라고 말한다.
돈, 시간, 건강 세 가지가 구비되어야 여행을 한다고 하지만
고등학교 때 독학을 하면서도 방학 때는 전주 시립도서관에서
독서 여행을 즐겼다.
2박 3일씩 홍도, 설악산으로 여행을 갔다.
홍도 바다에서의 파도타기는 잊을 수가 없다.
백두대간을 가려고 65리터짜리 내 키만 한 배낭을 사서
지리산 천왕봉부터 시작했었다. 20년 전의 일이다.
　　히치하이킹의 경험은 새로웠다.
다른 사람의 차를 얻어 타려면 도로변에 서서 팔을 쭉
도로 쪽으로 뻗고, 엄지손가락을 치켜든다.
통계에 따르면 승용차에 태워줄 확률은 20퍼센트인데
승합차는 30~40퍼센트, 트럭은 70퍼센트라고 한다.
털털한 아저씨들이 대부분이기 때문에 낯선 사람을 그다지
경계하지 않고 한 사람 더 태운다고 하여 무드가 깨질 리도
없기 때문이다.
남원 쪽에서 시골 아주머니들이 운전하는 트럭이 잘 태워준 것을
기억하고 있다. 왜 오늘 아침 히치하이킹이 생각났지?
코로나 19로 요즘 여행을 못 가서 몸이 근질거리나?

519 누가 작가인가?
2020. 9. 17. (목)

　　작가란 예술, 취미 분야에서 작품을 창작하는 사람,
글을 쓰는 사람을 말한다.
시인, 소설가 겸 문학평론가인 장석주 님은
"매일 쓰는 사람이 작가다."라고 했다.
운명처럼 생각하고 매일 쓰는 일은 고된 지적 노동이기도 하지만
황홀한 경험이기도 하다.
힐링을 넘어 자신의 내면을 높은 데서 바라보는 시간이다.
마치 거울로 자기를 보듯이 내가 또 다른 나를 구석구석 보는 일이다.
　　해 보면 늘고, 늘면 재밌고, 행복이 출렁거리는 시간이
글쓰기 시간이다.
12평 되는 나의 서재는 사고, 사유, 사색의 공간이기도 하다.
이제는 하루라도 산책하지 않으면 견딜 수 없다.
아침 시간 글쓰기를 하지 않으면 가슴이 텅 빈다.
꾹꾹 눌러서 손으로 한 자씩 써 내려가는 예술 그 자체다.
내가 글을 써 갔으나 갈수록 글이 나를 써 가는 것만 같다.
유명한 작가일 필요가 있는가? 매일 글을 쓰면 매일 행복하다.
그래서 나 또한 작가인 것이다. 프랑스의 한 바텐더 청년이
손님에게 "저는 시인입니다."라고 했다. 그러자 손님이
"시집을 냈습니까?"라고 물었고, 청년은
"시집을 내지는 않았지만 매일 시를 쓰고 있습니다."라고 대답했다.

520 열세 번째 시 암송 노트

2020. 9. 17. (목)

나의 암송 시 노트는 한지로 내가 만들었다. 「흔들리며
피는 꽃」, 「담쟁이」, 「들꽃」, 「소금」, 「토닥토닥」, 「귀천」,
「우리가 눈발이라면」, 「애기똥풀」, 「시와 커피」, 「장미와 가시」,
「춘흥」, 「딸에게 보낸 매조도」, 「대추 한 알」.
오늘까지 13개의 시다.
암송 시 노트에는 내 가슴이 뜨겁고 내 마음에 눈물이 맺혀야
올라간다.

몇 개월 만에 장석주 시인의 「대추 한 알」을 올렸다.
"저게 저절로 붉어질 리는 없다/저 안에 태풍 몇 개/
저 안에 천둥 몇 개/저 안에 벼락 몇 개/저게 저 혼자
둥글어질 리는 없다/저 안에 무서리 내리는 몇 밤/
저 안에 땡볕 두어 달/저 안에 초승달 몇 날"

손으로 써서 화장실 벽에, 차 안에, 휴대폰 안에, 침대 맡에
두었다. 내 방법이다.
열세 번째 암송할 시 「대추 한 알」을 만난 것은 굉장한 축복이다.
우리 집에는 대추나무가 다섯 그루 있다.
빨갛게 익어가는 대추나무 아래서 큰 소리로 암송해야겠다.
대추나무 아래서 시를 낭송하는 64세 꿈꾸는 소년.
오오! 아름다워라!

521 하버드대와 인성(人性)

2020. 9. 18. (금)

15년 전, 안식년으로 미국에 갔을 때 MIT 공대, 시카고 대학,
하버드 대학을 방문한 적이 있다.
보스턴에 있는 하버드 대학은 세계 대학 순위 1위와
노벨상 수상자 33명을 배출한 명문대학이다.
재밌는 기억은 이 학교를 세운 존 하버드 목사의 뜻을 기리기 위해
학교명을 그렇게 붙였는데 하버드 동상의 왼쪽 발을 만지면
가족 중에 3대 안에 이 학교에 입학하는 인재가 나온다는
가이드 말에 나와 아내도 한참 동안 만진 적이 있다.
하버드 대학에서 가장 강조하는 것은 인성이다.
자기의 정체성을 찾아 자아실현을 하고 고난도 이겨내는 용감,
인내, 열정이 우선임을 가르친다.
머리보다 인성이라는 말을 증명해 내는 곳이 바로 이 학교다.
입학 조건 9가지 중 아홉 번째가 Character & Personal,
Qualities(인성과 자질)다.
다른 사람과의 상호 작용, 인간관계, 자신을 객관적으로
볼 수 있는 눈, 사회적 행동, 살아가는 삶의 모든 영역에
영향을 주는 인성에 비중을 두고 있으니 이쯤에서
내 인성은 어떤가?
나를 돌아보자.

새벽길 별을 보며

522 지금 여기다!
2020. 9. 18. (금)

폴 트루니에는 "인생에 있어서 가장 큰 비극은 많은 사람들이
살아가는 일에 막연히 준비만 하다가 그들 생애 전부를 낭비한다는
사실이다."라고 했다.

내가 나의 삶을 낭비하고 있다는 생각이 드는 순간,
초라해지고 불행한 마음이 든다. 이런 생각에서 벗어나려면
내가 좋아하는 일을 하고 있는지에 대한 대답이 나와야 한다.
먼 훗날, 아니면 내일부터 해야겠다는 생각과 꿈만 가지고 있다가는
정말 인생을 낭비하고 살아가게 된다.
오늘이다. 지금 여기다.

어제는 지나갔고 내일은 오지 않았으니 오늘이 내 인생
최고의 날이라고 믿는다. 지금 여기에서 주어진 시간,
하루라는 큰 선물을 어떤 일을 하며 누구와 함께할 것인가?
내가 붙잡고 사용할 수 있는 시간은 오늘밖에 없다.
아니, 오늘도 지금, 이 순간뿐이다.

극단적 선택 말고 생명의 불꽃이 꺼지는 것은 하늘에 달려 있다.
그래서 인명은 재천(在天)이라 하지 않았던가.
하루 시간표를 짜놓고 살아도 화살처럼 지나가는 것이 시간이고
세월이다.
나에게는 시간, 시간이 금싸라기다.
지금 여기, 지금 이 순간을 사는 것이 바로 "나"다.

523 차 안에서의 강의
2020. 9. 19. (토)

나보다 6살이 많은 철학 전공 교수님과 함께 조문하러
가게 되었다. 가는 시간, 오는 시간에 강의를 부탁했다.
강의 노트를 들고 오시라고 주문을 한 것이다.
왕복 4시간 거리기 때문이었다.
"집착과 욕심 앞에서는 눈이 멀어 안 보인다.
분별력이 없어지게 된다. 의식과 무의식의 세계를 오고 갈 수 있는
사람이 성인이다. 문을 들어가는 것도 욕심, 나오는 것도 욕심이다.
여기에서 놓임받아야 자유로운 사람이다.
그래서 자기 수행을 치열하게 해야 한다."
차 안에서의 강의 부탁은 처음이시란다.
그리고 진지하게 배우는 자세로 듣는 내가 더 대단하다고
칭찬을 해 주신다. 나주에 도착하니 첫 조문객이라 한다.
　　차 안에서 들은 강의 내용을 되새기며 "바다는 메워도
사람의 욕심은 못 채운다."는 속담이 생각났다.
빈손으로 왔다가 빈손으로 가는 것이 인생이다.
한 인디언 부족은 덜 갖는 것이 더 갖는 것이라고 여긴다.
돈은 현재를 위해 쓰일 때만 의미가 있다고 『시계가 없는 나라』
책에서 말하고 있다.
차 안에서의 철학 강의. 아차, 강의비를 안 드렸네.

524 거실 갤러리화
2020. 9. 19. (토)

　　두 며늘아기들이 가족이 되니 많은 변화가 생겼다.
한 달에 한 번 두 아들 부부와 우리 부부, 장모님, 처형,
이렇게 8명이 식사를 하게 된다.
우리 부부가 외식을 썩 좋아하지 않기도 하지만 코로나 19로
될 수 있는 대로 집에서 준비하게 된다.
8명이 함께 같은 테이블에 앉을 거실 여건이 되지 못했었다.
궁즉통(窮即通), 궁하면 통한다고 했다.
세상에 답이 없는 경우는 없다.
문제는, 미리 답이 없다고 포기하는 것이다.
　　거실에 있는 책꽂이를 치우고 벽에 나의 27개의 생태 세밀화
그림을 걸어 거실을 갤러리로 만들었다.
그리고 탁자 2개와 의자 8개를 거실 중앙에 배치했다.
근사한 갤러리가 되었다.
"여보, 우리 집에서 전시회하면 어떨까?" "아주 좋은 생각 같아요."
아내와 온종일 물건을 나르고 거실 단장을 했다.
8명이 한자리에 모여 즐거운 식사를 할 수 있는 여건을 돈 한 푼
안 들이고 꾸몄다.
전시회할 때만 반짝 얼굴을 내밀던 생태 세밀화 액자들이
거실에서 방긋방긋 미소 짓고 있다.
변화는 기운을 up시킨다.

525 두 며늘아기들과의 쇼핑
2020. 9. 19. (토)

"아버님, 드시고 싶은 것 있으세요? 골라보세요.
입고 싶은 옷 있으세요? 돈 걱정하지 마시고 선택해 보세요.
캐리어에 초밥, 맛동산, 체리, 망고, 연어도 넣을게요.
아! 아버님, 노트 좋아하시지. 문구 코너도 가시게요?
이 블라우스 예쁜데 저 하나 사 주세요. 아버님, 1층부터
캐리어 끌고 다니면서 4층까지 두루 쇼핑하시게요?"
　　돌아다니다가 아는 사람을 만났다.
"쇼핑하시네요? 근데 따님들이신가 봐요? 정겹게 보이네요."
"아니요. 며늘아기들입니다." "오오, 예쁘고 착하게 보여요."
"며느리 사랑이 시아버지인지, 시아버지 사랑이 며느리인지
모르겠지만 우리 며늘아기들인 것이 행복하고 감사하죠.
내가 복을 많이 받았어요."
"아버님, 우리 팡파레 아이스크림 하나씩 물고 다니면서 쇼핑할까요?"
"그래 좋지. 아이스크림 좋아하는데."
쇼핑 나온 손님들이 모두 부러운 듯 우리만 보는 것 같았다.
　　지금까지 쓴 것은 내가 바라는 꿈이고 버킷리스트 중 하나다.
두 며늘아기들과의 쇼핑, 그날을 기대한다.

새벽길 별을 보며

526 내가 직면해 본 나의 상처
2020. 9. 20. (일)

　　나는 내 모습 이대로를 껴안고 사랑한다.
심리학에서는 어린 시절의 트라우마가 무의식 속에 가라앉아 있어서
호수에 돌을 던지면 파장이 일듯 살면서 자극이 주어지면
나타난다고 말한다.
　　나를 객관화하고 거리를 두고 살펴보는 또 다른 내가 있다.
내가 진 씨 가문에 태어나고 싶어 태어난 것은 아니다.
선택이 아니라 내 운명과 하나님의 계획하심이 있었다고 믿는다.
초등학교 6학년 때 돌아가신 아버지,
늘 병으로 누워만 계셨던 아버지에 대한 기억, 6남매를 키워야 하는
39세에 과부가 되신 어머니의 고달프고 처절한 삶의 모습을
보아야 하는 고통, 고등학교 낙방, 고3과 대학 4년을 독학으로
공부해야 했던 세월들.
　　이것은 나의 상처였으나 인생의 훈련으로, 발효되기 위한
성숙의 시간으로 받아들이면서부터 참 평화와 자유가
밀려오기 시작했다.
아버지도 어머니도 일찍 돌아가셔서 나도 오래 살지
못하지 않을까라는 두려움이 한 번씩 엄습할 때도 있었다.
이제는 죽음까지도 언제든지 받아들일 수 있는 마음의 준비를
하고 보니 두려움의 먹구름도 사라졌다.

527 첫 숨, 마지막 숨

2020. 9. 21. (월)

1956년 9월 17일에 나의 첫 숨이 세상에 나와서 있었고,
어머니 뱃속에서부터 숨을 쉰 것은 10개월 전이었겠다.
성인 남성이 1분에 14~15회, 하루에 2만 1천 6백 회 정도니 70년을
잡으면 5억 4천 4백만 회의 숨을 쉬는 것이다.

숨은 생명 자체다. 수영을 배울 때 물속에 들어가서 숨을 참고
올라오기도 하고, 초등학교 때 물놀이를 가서 얼마나 오래
물속에 있는지 게임을 하기도 했다.
1분 이상 참으면 긴 것이다.
들숨, 날숨으로 반복되는 호흡은 살아있기에 가능하다.
나의 마지막 숨은 언제일까? 물론, 알 수 없다.
그때 내 옆에는 누가 있을까? 나를 바라보고 있을 가족이 누구일까?

많은 사람의 마지막 임종, 숨이 멎는 그 순간을 보았다.
다른 사람들 조문객으로 그동안 다녔지만 언제인가는
사람들이 나의 죽음 소식을 듣고 조문하러 올 것이다.
인간은 누구나 죽는다는 것을 늘 상기해야 삶을 아름답게
가꾸는 것이리라.
지금 숨 쉬는 순간이 행복하다.

528 비사표 덕용성냥
2020. 9. 21. (월)

버릴 물건은 버리고 정리하다 보면 뜻밖의 횡재 비슷한 것을
만나기도 한다.
예상치 못했던 물건이 오랫동안 숨어 있다 발견될 때
그 즐거움은 꽤 크다.
오랜만에 다락에 있는 물건을 정리하다 보니 40년 전에 나온
성냥 1갑이 나왔다.
제조일을 보니 1980년 1월이고, 제조는 남성 성냥 공업사다.
성냥공장이 충남 논산에 있다는 것은 우리나라 사람들은 다 안다.
한 통에 750개비가 들어 있다.
성냥 머리에는 염소산칼륨과 황을 붙이고, 성냥갑에는 적린과
유리 가루를 붙여 마찰로 불을 붙였다.
내가 어린 시절에는 반드시 부엌에 성냥이 있었다.
1950년대부터 만들기 시작한 성냥이라서 그런지 성냥갑에
지금 시대에는 듣기도 생소한 "멸공, 방첩"이라고 적혀 있다.
원시시대부터 불은 인류문명에 반드시 있어야 하는 중요한 것이었다.
40년 된 성냥을 보니 나는 그때 무엇을 하고 있었을까?
육군 전역을 앞두고 있던 청년이었다.
강산이 네 번 변한 것이다.
갑자기 안데르센의 『성냥팔이 소녀』가 생각난다.
오늘 다시 읽어봐야겠다.

529 그리운 실비아 수녀님
2020. 9. 21. (월)

    3년 전에 석 달 정도의 시간 속에서 몇 번 만났던 수녀님.
오늘 아침 황금색 고개 숙인 벼를 바라보고 있으려니 생각이 났다.
정확한 이름은 모르고 실비아 수녀로만 알고 있다.
몇 번의 만남과 식사를 통해 천주교의 교리를 더 이해하는
계기가 되었다.
    고등학교 때 전주 중앙성당을 일 년 다녔다.
물론, 나는 기독교인이지만 거부감 없이 주일 외에는 미사에 참여했다.
실비아 수녀님과의 대화의 문이 열렸는데
두어 시간 이야기를 하다 보면 눈물을 많이 흘리셨다.
나는 주로 들었고, 수녀님은 이야기 보따리를 풀어 놓으셨다.
자연을 닮은 순수한 영혼이라고 나를 칭찬해 주셨다.
역시 그분도 그랬다.
산골 소녀 같은 맑은 영혼을 갖고 계셨다.
    3개월 정도, 몇 번의 만남 후에 어느 날 갑자기 봉쇄
수도원으로 들어가셨다.
노란색 민들레가 그려진 작은 편지 한 장 남기시고.
"✝ 그리스도의 사랑, 예수님으로 인해 만나서 풍요로웠습니다.
건강하시고 행복한 지상낙원 생활하시다 천국에서 만나요.
2017. 9. 15. 실비아 수녀 드림"
그리운 실비아 수녀님, 평안하소서.

530 참새 다섯 마리의 운명
2020. 9. 21. (월)

"참새처럼 떠들어도 여전히 귀여운가요"
이선희의 「알고 싶어요」 노래 가사다.
참새는 세계 161종, 한국 2종으로 인가 근처에서 서식하며
인간 생활에 잘 적응한 조류다.
내 손목부터 장지 손가락 끝까지, 손바닥이 19센티미터인데
참새 길이는 14.5센티미터다.
흔한 새에 포함되지만 무리를 지어 다니는 귀여운 새다.

요즘 벼가 익어가는 시기인데 논 가운데에 그물을 쳐놓은 것이
보였다.
참새가 방앗간을 그냥 지나치지 않듯이 벼를 먹지 못하게
그물을 높이 쳐놓았다. 그곳에 참새 다섯 마리가 매달려 있다.
마치 스파이더맨과 같이. 이미 죽었다.
연약한 발이 그물에 걸려 살고 싶어 몸부림쳤을 것이다.

그 앞에 서서 우두커니 한참 바라보았다.
힘써 농사하는 농부의 마음도 이해한다.
그런데 꼭 이렇게까지 해야 하나 싶은 마음에 발걸음이 쉽게
떨어지지 않는다.
저렇게 계속 매달려 있으면 비바람에 썩어 냄새가 날 텐데……
창공을 휘저으며 자유롭게 날아다닐 저 아이들이 그물에 걸려
죽임을 당하고 말았구나. 참새 먹이 운동장은 없을까?

531 이른 아침 양산을 든 여인
2020. 9. 21. (월)

6시부터 걷기를 시작하다 보면 몇 분 후에 해가 떠오른다.
오늘 아침 기온이 14도로 꽤 쌀쌀하니 해가 더 그립다.
매일 뜨는 해지만 다 다르다.
크기는 같으나 보는 내 관점과 기분, 생각에 따라 다르다.
우울증으로 고생하는 분들에게 내리는 처방 중 하나가
떠오르는 해를 바라보는 것이라 들었다.
태양은 지구에서 가장 가까운 별이고, 지구보다 109배 크다.
우리나라의 남성 85퍼센트, 여성 95퍼센트가 비타민 D가
절대적으로 부족하다고 한다.

왜 집을 지을 때 남향으로 지으라고 할까? 햇볕 때문이다.
햇볕만으로도 감기, 무기력증, 골다공증, 우울증 예방이
된다고 하니 얼마나 고마운가.

오전 7시인데 산책을 하는 어느 여성이 지나간다.
얼굴을 다 가리고 거기에 양산까지 받쳐 들고 지나간다.
식물, 동물, 인간 모두 태양 에너지를 받아서 살아가고 성장한다.
"이렇게 좋은 햇빛 온몸 가득 받고 걸으시면 좋을 텐데요."
말하고 싶은데 꾹 참았다.
왜냐하면 네가 내가 될 수 없고, 내가 꽃이 될 수 없으니까.

532 누가 보면 이사한다고 하겠어요
2020. 9. 21. (월)

　　시작하면 되는 것인데 미루고 망설이고 이대로 좋으니
하는 생각으로 쌓아둔 물건 중 몇 년째 사용하지 않는 것이 많다.
거실을 갤러리화하다 보니 다용도실이 눈에 거슬린다.
걸어 다니기 불편할 정도로 많은 짐이 동서남북 널려 있다.
일 년쯤 손을 안 댄 것은 앞으로도 사용할 가능성이 적다.
미니멀 라이프의 철학은 물건을 줄이고, 적게 가지며,
집중할 것에 중점을 두자는 것이다.
단순히 사는 것이 나답게 사는 길인 것도 알고 있다.
　　나는 꺼내 놓고 아내는 분리수거하여 리어카로 세 번을 날랐다.
버리면 공간이 생기고, 마음의 여유와 자유로움도 생긴다.
익숙한 것들과의 결별은 인간관계나 물건에 대해
어려운 것은 사실이다.
하지만 버릴 줄 알고 비울 줄 알아야 풍성함으로 다른 것이 채워진다.
아내가 하는 말 "누가 보면 이사한다고 하겠어요."
정리정돈이 된 다용도실을 자꾸만 보게 된다.
"나는 정리의 달인, 내가 TV에 나가야 하는 건데."
"나는 정리의 천재."
이런 말들을 주고받으며 한나절 동안 일을 하고 나서 뿌듯한 마음에
가지나물, 호박전, 소고기 미역국으로 저녁을 장식했다.

533 뜻밖의 횡재
2020. 9. 22. (화)

차를 즐겨 마시는 편인 나는 한때 야생차에 빠진 적도 있다.
봄에 생강 나뭇잎, 뽕나무, 가시오갈피, 딱총나무 등 나무에게 허락을
받고 먹을 양만 채취한다. 씻어 말리고 불에 덖는다.
커피도 생두를 사서 큰 철판에 볶았다.
그 뒤에 보이차의 대가인 ○규 동생 덕분에 좋은 차를 많이
얻어먹었다.
가끔 같이 산행을 할 때면 꼭 보이차와 찻잔 등을 준비해 와서
상큼한 자연 속에서 따뜻하게 마시는 행복이 있었다.

보이차는 중국 위난 성에서 생산하여 찻잎을 가공한 후
발효해서 만든 것인데 시간이 갈수록 맛과 향이 좋고 깊은 맛이 난다.
역시 떫은맛이 사라지고 가격은 세월에 정비례한다.

다용도실을 치우다가 작은 단지 하나를 발견했다.
뚜껑에 보이차 2010년이라고 적혀 있었다.
이런 것을 두고 횡재했다고 하는 걸까?
물론, 내가 사서 잘 보관해 놓은 것이기는 하다.
그걸 잊어버리고 있었다. 계속 잊어버리고 있을 뻔했다.
모처럼 한 잔을 마셔보았더니 우와! 역시 보이차는 명품에
속하는 것 같다.
늘 감사하며 사니까 감사할 일이 또 생겼네.

534 떼창
2020. 9. 22. (화)

한 번도 경험해 보지 못한 것이 나에게 있다. 떼창이다.
떼창은 가수의 노래를 청중들이 일제히 따라 부르는 것을 말한다.
떼를 지어 노래를 부르는 것이다.
라라 파비안이 「아다지오」 노래를 부르는데 관중들이 떼창을 한다.
두 손을 흔들면서 마치 무엇에 취한 것처럼. 파비안은 더 이상
노래를 부르지 못하고 눈물을 흘리며 목이 메어 감동한다.
이것이 몇천만 회 유튜브 동영상 조회 수를 기록했다.

나는 유행가를 잘 모르고 외우고 있는 것은 「남원의 애수」,
「여자의 일생」, 「뜨거운 안녕」 세 곡이다.
그런데 노래와 함께 나오는 악기 연주는 푹 빠져들 정도로 좋아한다.
유행가 가사는 우리 인생살이의 이야기와 사연들이어서 공감이 된다.
이건우 작사, 홍신복 작곡, 김수희의 노래 「고독한 연인」,
"고개 들어 나를 봐요 슬퍼하지 말아요……예전처럼
한 번만 더 날 꼭 안아주세요"를 관중들이 떼창을 한다.
1976년도에 데뷔한 김수희는 노래를 맛있게 부르고 애절하다.
관중들에게 "잘하시네요, 잘하셨어요."라고 말하는 긍정적인
마인드와 인정, 존중해 줄 줄 아는 훌륭한 모습에 감동이 된다.

535 작은 착한 일
2020. 9. 22. (화)

탑천 길을 걷다 보면 넓지 않은 길이기 때문에
로드킬을 당한 여러 종류의 짐승과 파충류를 만나게 된다.
내가 사랑하고 늘 다니는 길 보이는 곳에 30센티미터 정도 되는
뱀이 로드킬을 당해 말라서 길에 붙어 있을 정도가 되었다.
어제도 그저께도 보고 그냥 지나왔다.
이대로 계속 두면 누가 치울지 모르는 일이다.
불현듯 작은 착한 일을 다른 사람이 하기 전에 내가 하자는
생각이 들었다.
억새 줄기를 꺾어 보이지 않는 곳으로 치웠다.

뱀은 체온을 올릴 수 있는 장소를 찾아다니기 때문에
숲에서 길 쪽으로 나오다가 죽임을 당했나 보다.
사람을 해치려고 하지 않는데 사람들은 징그럽다는 이유로,
혐오감이 간다는 이유로 죽인다.

가수 김해연은 큰 경제적 위기에서 「뱀이다」 노래 한 곡으로
대박이 났고 집 한 채 살 정도로 효자 노릇을 했다.
아이들은 이 노래를 좋아하고 뱀에 대해 혐오감을 덜 가진다.
작은 용기와 행동이 작지만 착한 일을 했다.
당연한 일이었겠지.

새벽길 별을 보며

536 쑥꽃이 이렇게 예뻤나?
2020. 9. 22. (화)

　쑥은 마늘, 당근과 함께 성인병을 예방하는 3대 식물이다.
산성 체질 개선, 살균작용, 변비 예방, 풍부한 비타민, 노화 방지,
고혈압 개선 등 효능이 굉장하다.
며칠 전부터 쑥꽃이 가슴에 안긴다.
보일 듯 안 보일 듯 안개꽃처럼 방울방울 달린 향기가
내 발걸음을 멈추게 한다.
　"너 좀 먹을게." 그리고 코에 대고 한참을 걸었다.
쑥 향은 아무리 맡고 있어도 질리지 않는다.
가만! 분명 작년에도, 재작년에도 이 길에 자라고
꽃피었을 터인데 어찌하여 예쁘다고 못 느꼈을까?
똑같은 길을 수년째 걸어도 날마다 새로운 것이 자연인데
올해에는 한층 더 예쁜 모습으로 나에게 다가왔을까?
보았다 하여 다 본 것이 아니고, 안다고 해서 다 아는 것이 아니며,
가졌다고 하여 다 가진 것이 아니다.
마음, 생각, 의미, 가치, 철학, 보는 관점이 달라진 것이다.
쑥떡, 개떡, 쑥차. 쑥이 필요한 곳은 많다.
　이 글을 쓰면서 큰아이 장모님, 사부인께서 손수 만들어
선물로 주신 쑥차를 아카시아 꿀 한 방울 넣어 마시니 날아갈 것 같다.

537 목적 지향적, 과정 지향적
2020. 9. 22. (화)

천 리 길도 한 걸음부터다. 한 번에 열 걸음을 갈 수는 없다.
인디언 알곤킨 부족의 영성은 땅에 기초한다.
태초에 창조주가 우리에게 주신 어머니인 땅은
우리가 행복하고 건강하게 지내는 데 필요한 모든 것을 가지고 있다.

산책하면서 자신에게 물어본다. 넌 목적 지향적이니?
과정 지향적이니?
의욕과 에너지가 많은 나는 목적 지향적일 때가 많았었다.
이제는 아니다. 철들면 죽는다더니 이제 철이 들었나?
그래도 난 안 죽는다. 글을 써야 하니까.

한라산 1,950미터, 지리산 1,915미터, 스무 번도 더 간
월출산은 809미터다.
한 걸음, 한 걸음으로 정상에 도착하는 것이다.
과정을 무시한 결과와 목적은 위험하다.
월출산을 오를 때 시간 분초마다 경험하고 느끼는 자연의 위대함과
경이로움은 과정이다.
때로는 목적 지향적인 경우도 필요하겠으나 중심적인 가치 의식은
늘 과정 지향적으로 되고 싶다.
인생은 서두른다고 안 될 일이 되는 것도 아니고,
내 계산대로 인생이 되는 게 아니니까.
선물받은 혜민 스님의 『멈추면, 비로소 보이는 것들』 책을 다시 폈다.

새벽길 별을 보며

538 논두렁 옆에서 아침식사

2020. 9. 23. (수)

아침 햇살이 포근하고 감미롭다. 추분이 어제였으니
따뜻한 기운이 아침저녁으로 친근해지는 것 같다.
몇 개월에 걸쳐서 자라고 있는 벼들이 고개를 숙이고 있지만
이삭도열병이 심한 금년에는 수확량이 감소될 것 같다는 소식에
농부들의 걱정이 많다.

한 시간 반 걸은 후 논두렁 옆길에 자리를 깔고 식사를 했다.
새들의 똥이 하얀 그림으로 밀가루 한 숟가락씩 떨어뜨려 놓은 것 같다.
새가 먹다 만 물고기 머리도 보이고 벼 끝에 아침 이슬이
초롱초롱 매달려 있다.
배낭 가득 넣어간 미역국, 찰밥, 망고, 파김치로 황금색 논을
바라보며 식사를 했다.
주말 부부인 관계로 미역국은 오늘 5시에 일어나 끓였다.

추수 때까지 논에서 농약을 주고, 물자세로 물을 대고,
비료를 뿌려주며 일을 할 때 새참, 점심을 리어카에 싣고 와서
먹었던 추억이 아련히 떠오른다.
전 세계 인구 40퍼센트 정도의 주식인 쌀은 탄수화물 70~
80퍼센트, 단백질 6.5~8퍼센트, 지방 1.0~2퍼센트다.
이 가을이 가기 전에 종종 오늘 같은 멋진 식사를 해야겠다.
커피만 빠졌네. 다음에는 드립 커피를 가져와서 내려야겠다.
논두렁 식사는 행복 넘실.

539 지영이는 시인이 될 거야
2020. 9. 24. (목)

지역아동센터 아이들은 나를 세밀화 선생님이라고 부른다.
일주일에 한 시간씩 만나는 아이들은 내 마음에 불을 붙여준다.
그렇다고 해서 열두어 명 되는 아이들이 집중만 해 주는 것은 아니다.
엄청 많은 절제, 인내심, 기다림이 필요하다.
2019년 한 해 동안 정신보건센터, 전주 건지산 숲속작은도서관
20명의 숲해설가 선생님들 등 생태 세밀화 그림일기 강의를
68회했다.
그래도 할 때마다 새롭고 영혼을 쥐어짜듯 준비를 하고 선다.

지영이는 4학년이다. 할머니, 할아버지 댁이 금마고,
텃밭에 심은 과일, 꽃들을 많이 본 경험이 있다. 반응도 잘해준다.
감나무, 아까시나무, 소나무, 모과, 대추나무를
퀴즈 형식으로 진행한 후 상상을 하며 그림으로 그리게 했다.
지영이는 감나무를 그렸다. 열심히 하는 것을 보면 감동이다.
한 시간 수업이 끝났는데도 시간을 더 달라 하여 완성하는 걸 보았다.
그림일기 감. "감이 익어갈수록 우리의 얼굴도 익어간다.
추운 겨울이 오고 있다. 추워서 빨개지는 우리의 얼굴 같은 감."
"지영이는 시인이 될 거야."라고 말해주고 눈을 보니
그 아이 눈이 별처럼 빛났다.

새벽길 별을 보며

540 간장 종지 그릇보다 작았다
2020. 9. 24. (목)

　　사람이나 그 태도가 잘난 체하며 남을 업신여기고
건방진 것을 거만이라 한다.
거만, 교만, 오만, 자만, 태만은 망하는 길이다.
어거스틴은 인간의 가장 큰 덕목이 첫째도 겸손, 둘째도 겸손,
셋째도 겸손이라 했다.
정채봉 님의 『눈을 감고 보는 길』책의 「나의 기도」중
"바다의 가슴을 닮게 하소서"라는 시구에서 홍수 들어도
넘치지 않는 겸손, 가뭄 들어도 부족함이 없는 자유,
항시 움직이며 썩지 않는 생명, 이게 바다의 가슴이라고 했다.
　　13년 전에 내 생애 가장 큰 차를 선물받았었다.
그랜저 TG 신형이었다.
고속도로를 달리고 있는데 앞에 소형차가 가고 있었다.
나도 모르게 비상 라이트를 켜고 비켜 달라고, 왜 내 앞에서
얼씬거리고 있느냐고 행동하는 내 모습을 보고 스스로가 놀랐다.
그것은 거만한 모습이었다.
차는 쓰임새가 다르고 가치는 똑같다.
바퀴 둥글어 가는 것은 똑같다. 내 차가 크고, 앞에 가는 차가
작다는 것에 무슨 가치와 의미를 둬야 하는가?
그 순간의 내 마음과 인격은 바다가 아니라 간장 종지보다 작았다.

541 세 가지 삶
2020. 9. 24. (목)

찰리 채플린은 "인생은 가까이 보면 비극이지만 멀리서 보면
희극일 수도 있다."라고 했다.
빅터 프랭클은 Say yes to life, in spite of everything.
(어떤 경우라도 삶에 대해 "네"라고 말하라.)이라고 했다.
빅터 프랭클은 유대인으로 나치의 강제 수용소에서 죽음의 고비를
수없이 넘겼다. 생생한 체험을 바탕으로 로고테라피 학파를 창시했다.
의미치료 요법이다. 왜 사는지에 대한 이유가 있는 사람은 어떤
고난도 견뎌내며 이것은 성 아우구스투스의 철학과 일맥상통한다.
"인간의 심장은 그가 인생의 의미와 목적을 발견하고 그것을
달성하지 않는 한 멈출 수 없다."

긍정 심리학의 창시자라 불리는 셀리그만 교수가 말한
세 가지 삶을 나에게 연결해 보았다.
즐거운 삶, 몰입하는 삶, 의미 있는 삶이다.
내가 살아보니 즐거운 삶과 몰입하는 삶은 의미 있는 삶을 추구할 때
보너스로 따라왔다. 이 세상에 선한 에너지와 긍정 영향력을
줄 수 있어야 의미가 있었다. 즉, 복의 통로가 되어야 한다.
이것이 꿈 너머 꿈이며 비전이라고 믿는다.
소금과 빛으로서의 삶이다.
이렇게 살고 싶은 것이 내 삶의 존재 이유다.

새벽길 별을 보며

542 7년 후 내가 살 집(1)
2020. 9. 25. (금)

　지금 살고 있는 집은 나의 것이 아니다.
잠시 빌려 쓰고 있다.
7년 후 정년 은퇴하면 내 나이 71세가 된다.
아직은 무대책이 대책이다. 사람 생각도 바뀌나 보다.
　얼마 전까지만 해도 비닐하우스에서 살면 어떠리,
컨테이너에서 살면 어떠리? 캠핑카 중고 사서 집시처럼 살면 어떨까?
움막에서 산다면 그것도 낭만이 아닐까? 했다.
그것이 나 혼자만의 삶이면 가능한 일이라는 것을 잊고 있었다.
두 아들과 며늘아기들, 앞으로 태어날 손자 손녀가 일 년에
몇 차례 오면 어찌하고?
어릴 때부터 경험과 추억을 갖도록 해야 하는데.
흙도 만지고, 지렁이, 달팽이도 관찰해야 하고, 꽃잎도 따서
코에 대보기도 해야 하는데.
　아! 그래서 어찌하겠다는 거냐? 주거 공간이 필요하겠구나.
장성 축령산 자락에 한 평 반짜리 2만 8천 원 들여 지은
이름 없는 도공의 집, 지리산 악양에 있는 시인 박남준의
3칸짜리 초가집도 있다.
집안에서 휴식, 명상, 차 마시고, 그림 그리고, 책 읽고,
음악 들을 수 있는 성스러움을 느끼는 공간이 필요하겠구나.

543 7년 후 내가 살 집(2)
2020. 9. 25. (금)

집이 어떤 재료로 건축되었느냐는 중요하지 않다.
어느 장소에 있느냐가 중요하다. 내가 꿈꾸는 집은 이렇다.
1. 사시사철을 느낄 수 있는 논 가운데
2. 일출, 일몰을 매일 볼 수 있는 곳
3. 벽을 담쟁이덩굴이 덮을 수 있게
4. 한 달에 한 번 지인들 초대하여 나눌 수 있는 행복 밥상
   할 수 있는 아일랜드식 주방
5. 철 따라 따 먹을 수 있는 몇 그루 과일나무
6. 손수건나무, 느티나무, 노간주나무 같은 나무 심을 수 있는 곳
7. 매일 걸으며 산책할 수 있는 곳
8. 북 콘서트, 십자가 공방, 생태 세밀화 강좌할 수 있는 공간
9. 작은 연못에 연과 물고기 살 수 있는 곳
10. 야생화와 몇 가지 채소 심어 먹을 수 있는 곳
11. 개소리 안 들리고 새소리만 들리는 곳
12. 10분 안에 갈 수 있는 병원 있는 곳
13. 장모님, 처형이 따로 기거할 수 있는 곳
14. 집필하며 명상할 수 있는 공간
15. 고양이들이 뛰놀 수 있는 마당
16. 아내와 합장할 수 있는 나무
    상상은 현실로 이루어질 것이다. 되게 되어 있으니까.

새벽길 별을 보며

544 생각 유연성
2020. 9. 25. (금)

    과학자들은 우주의 나이를 180억 년이라고 추정한다.
내가 80년을 산다고 하면 0.2초에 불과한 것이다.
0.2초를 살면서 속상해하고 걱정하고 욕심 부리고 할 시간이 없다.
새벽 5시에 일어나면 전동 마사지 기계로 잇몸, 뒷목,
허리를 마사지하는 데 걸리는 시간은 1분이다.
이것을 10년 해 왔다. 몸을 마사지할 때 기분이 좋다.
내 몸을 내가 기분 좋게 해 주는 것은 나를 사랑하기 때문이다.
고장 난 생각, 선입견, 왜곡된 생각, 충동, 분노, 혐오감, 원망,
비교 의식, 부정적 관점, 열등감, 포기, 좌절감과 우울감 등은
생각의 유연성이 부족하기 때문이다.
    아이 때는 호기심이 많다가 나이가 들어갈수록 호기심은
줄고 궁금증이 늘어날 수가 있다.
자기고집, 완악함, 고난을 이길 수 있는 용기 부족,
무엇이든 받아들이고 삶에 대해 예스라고 인정하고 긍정할 수 있는
여지도 생각 유연성이 있어야 가능한 일이다.
살아있는 사람은 부드럽다. 죽은 사람은 몸이 뻣뻣하다.
가장 나다움은 유연성이 있을 때만 가능한 것이다. 나를 본다.
굳어 있는 곳은 없는지, 자꾸 생각을 마사지하자.

545 내가 나에게 속삭이는 말
2020. 9. 25. (금)

　　꿈 소년 진창오라는 사람은 스스로에게 말을 걸고 질문하고
대답도 한다.
내 안에 또 다른 내가 있는 것으로 여기고 있다.
내가 나를 바라보는 눈은 언제나 정겹고, 포근하고, 사랑스럽다.
농가와 경지 사이, 경지와 경지 사이를 연결하는 길을 농로라고 한다.
어릴 적 평야 지대에서 태어나 걸을 수 있는 산책길은 농로뿐이었다.
구닥다리 하모니카를 불고, 휘파람을 불고,
동요를 소리 내어 부르고 다녔다.
　　황금색 벼들이 너울거리는 농로를 걸으며 나에게 속삭인다.
'난 행복해. 행복할 권리가 있어. 무엇이든 도전해 왔지.
할 가능성이 커. 특별한 사람이거든. 모험, 개척정신이 강해.
늘 생기가 있고 샘솟듯 올라오는 기쁨 감사가 있어.
내 몸, 마음, 영혼을 사랑해. 누구도 흉내 못 내는 나만의
아우라가 있잖아. 에너지가 많아서 좋아.
있는 내 모습 이대로 인정하고 받아들여.
내면의 깊이가 있고 사물을 호기심 있게 관찰하는 힘도 강해.
복 많이 받은 사람이지.'
계속 쓰면 하루 종일 쓰게 생겼네.
자아존중감이지 자화자찬은 아니다.

새벽길 별을 보며

546 다시 보이는 임신한 여인
2020. 9. 26. (토)

　　GMO(Genetically Modified Organism), 즉 유전자 변형
농수산물 수입국 1위가 대한민국이다.
먹거리의 80퍼센트가 GMO에 속해 있고, 이로 인한 불임도
사회적인 이슈다.
2100년도에는 한국 인구가 절반 정도로 줄어들 전망이라고
하는데 어쩌다가 배부른 여인들을 보기도 힘든 세상이 되었다.
신호를 기다리고 있는데 8개월쯤 된 듯한 임신한 여인이 지나간다.
유전은 어찌할 수 없지만 음식은 선택할 수 있다.
자기가 먹은 음식이 3대에 걸쳐 영향을 끼친다고 했다.
　　임산부가 스트레스받으면 양수가 건조해지고 줄어들어
태아와 산모에게 영향을 준다는 것은 대부분 알고 있다.
한 명의 아이를 키우려면 한 마을이 필요하다고 했다.
지나가는 저 임산부의 마음이 행복하길 빈다.
아기가 태어날 때까지 겪어야 할 입덧과 해산의 고통은
겪어 본 사람만 안다.
우리 두 며늘아기들은 언제쯤 배가 불러올까?
지나가는 이름 모를 여인이지만 두 손 모아본다.
기도만 할 뿐이다.
무엇보다 건강한 아이, 건강한 산모 되길 빈다.

547 유리 멘탈
2020. 9. 26. (토)

섭섭함, 상처, 분노, 공격적이고, 격동되는 마음은
깨지기 쉬운 유리 멘탈이다.
상대방의 악플이나 부정적인 피드백에 마음의 평정심을 잃고
불안해하고 화를 낸다면 본인 스스로가 더 상처를 만드는
결과가 된다.
방울뱀이 화가 나면 스스로를 물어서 독이 퍼져 죽는 것과 같다.
똑같은 상황과 현상을 만나도 유머와 긍정으로 넘기는
사람이 있고, 자기를 무시하고 모욕하고 비난했다고 생각해서
공격적인 행동을 하는 사람이 있다.
유리는 깨지기 쉽고 다칠 수도 있다.
자기도 남도 다치는 것은 당연하다.
내면을 강화유리처럼 만들어야 한다. 강화유리는 제조 때
판유리를 800도 정도 가열해 유리표면에 공기를 불어 급랭시킨
유리여서 쉽게 깨지지 않는다.
뜨거운 불 속에서 연단된 사람은 비난, 비방,
모욕적인 취급을 받아도 마음의 평정심을 잃지 않는다.
나에게도 유리 멘탈일 때가 있는가? 언제일까?
언제나 미소, 언제나 평화, 자기 정체성의 확립, 심지가 견고하여
흔들림 없는 뿌리 깊은 나무 같은 내면을 만들어야 하리라.

새벽길 별을 보며

548 웃음소리 집안 가득
2020. 9. 27. (일)

우체국에 두 아이 교통상해보험을 들었었다.
월 12,100원짜리 10년 만기가 되었다.
"여보, 요거 찾으면 나 쓸 일 있으니 내가 가져가네."
"뭐하려고요?" "책 내야 하니까.
내 꿈 이루는 소중한 일이니까. 다른 곳에는 돈 안 쓰잖아."
"에구구 당신 맛동산도 사 먹고 망고도 사 먹으면서 뭘 그래요."
"그래, 그러면 반타작하자. 50퍼센트씩 나누자."
"나는 조금씩 돈을 모아서 큰아이 집 얻는 데 조금이라도 줘야
부모 할 일을 다 하는 것이니까요."
"자기들끼리 알아서 한다고 했으니 그 뜻도 존중해 줘야 하니까
부담 갖지 말자고."
엊그저께 마트에 갔더니 망고 많이 익은 것이 4개에 만 원
하기에 사 왔다.
큰 며늘아기가 사 온 이후에 내 손으로 가끔 한두 개 사 오게 되었다.
"당신은 맛동산도 사 먹고 망고도 사 먹으면서 뭘 그래요."라는
아내의 말에 한바탕 서로 웃었다.
이른 아침 함께 13,000보를 걸었다.
근무 중 학교에서 있었던 재미난 이야기를 두 시간 동안 들었다.
화단에 상사화가 방긋 웃는 아침이다.

549 은근히 즐거운 일
2020. 9. 28. (월)

　　버려도 또 버려도 버릴 것이 나왔다.
20여 평 되는 창고와 십자가 공방 정리정돈을 하고 나니
폐기 물품이 산처럼 쌓였다.
　　아침에 일어나니 아내가 "여보, 피곤하지 않아요?
허리는 어때요?" 한다.
어제 물건을 치우다가 눈두덩을 강하게 맞았다.
"눈은 어때요?" "조금 피곤하니 깊은 단잠을 잤고,
눈탱이는 조금 아프지만 이상은 없는 것 같아.
물건 버리는 일이 일은 많지만 은근히 즐거움이 있는 것 같아."
맞다.
먼지 먹고, 짐 꺼내서 버리고 분리수거하고, 청소하고,
정돈하고, 모기 물리고, 거실, 다용도실에 이어 창고와 공방
정리정돈으로 이어졌다.
　　아직도 하우스, 창고, 사무실 캐비닛이 남아 있다.
이걸 버려야 하나, 말아야 하나 잠시 갈등이 올 때도 있으나
일 년 이상 사용하지 않은 것은 일단 버리는 품목에 넣었다.
기준을 정해놓은 것이다.
단순해지는 일은 나답게 사는 철학의 기본이다.
내 삶의 가지치기해야 할 것도 무엇인가를 사색해 본다.

550 세상에 온 날, 갈 날
2020. 9. 28. (월)

　　도널드 홀의 「마지막 날들」이라는 시를 읽었다.
미시간 대학 영문학과 교수가 19살 연하의 제자와 결혼하여
23년을 살았다.
백혈병으로 눈을 감는 순간까지 약을 쓰레기통에 던져버리고
집에서 남편의 품에 안겨 죽는 그녀의 아름답고 가슴 아픈
삶의 여정을 보고 있노라니 한 편의 시처럼 살다간 인간 승리자였다.
도나 마르코바는 「삶을 살지 않은 채로 죽지 않으리라」라는
시를 썼다.
　　탑천 물가에 앉아 있다가 훨훨 날아오르는 백로를 보면서
그래 태어날 때는 스스로 눈을 뜨지,
죽을 때는 누군가가 눈을 감겨줘야 한다.
마지막 숨을 끝으로 인생의 한 페이지가 끝날 때 누가 내 옆에서
내 눈을 감겨줄 것인가?
그리고 누가 식어가는 손을 잡아줄 것인가?
　　2018년 8월 3일에 사전연명의료 의향서를 등록했다.
난 항암 주사와 치료, 산소 호흡기를 거부하겠다.
오늘밤 내 생명이 다한다 해도 천국에 갈 준비가 되어 있다.
태어난 일, 죽는 일, 세상에 온 날과 갈 날이 하늘에 달려 있으니까.

551 좋다가 말았네
2020. 9. 28. (월)

두 아이 교통상해보험 만기가 작년 1월이었고
오늘 만기 환급금을 받으면 얼마나 될까?
열심히 계산해 보니 백만 원쯤 되었다.
약간의 설렘으로 우체국에 갔더니 헐~ 이미 지급이 된 거였다.
작년 만기 날짜에 찾았다는 것이 서류에 남아 있었다.
아직 안 찾은 줄 착각하고 헛걸음을 한 것이다.
아내와 반타작을 하자느니 하면서 웃은 것만 남았다.
이런 때를 두고 하는 말, 좋다가 말았네그려.
꿈 같은 일장춘몽이 우리 인생이 아닌가.
좋다가 말았으나 이 또한 감사해야 할 일이다.
인생살이가 어찌 좋았다가 또 좋은 일로만 계속 이어지겠는가.
안 좋은 일은 없는 것이다.
    "이것이 잘 될는지, 저것이 잘 될는지, 혹 둘 다 잘 될는지
알지 못함이니라."라고 전도서 11장 6절에서 말씀하고 있다. 영어 성
경책을 펼쳐 보았다.
"For you do not know which will succeed, whether
this or that, or whether both will do equally well."
암송해야겠다.
아! 그리고 보니 영어로 성경 구절 외우라고 이런 일이 생겼나 보다.

새벽길 별을 보며

552 엄마표 전복죽

2020. 9. 29. (화)

　"조개류의 황제" 하면 전복이다. 중국의 진시황제가
불로장생을 위해 먹었다고 하는데 보양식에 전복을 빼놓을 수는 없다.
처갓집이 목포인 둘째 아이가 완도에서 전복을 주문하여
집에 배송했다. 손질은 내 몫이다.
살과 내장을 분리하여 씻어 냉동실에 넣어두었다.
꽤 신경 써서 손질해야 하는데 잘못하면 손을 베일 수가
있기 때문이다.

　이번 명절은 처갓집으로 가서 보내라고 해도 기어코 집에 온다는
아들과 며늘아기를 더 이상 말리면 안 되겠다 싶어 오라고 했다.
전복을 택배로 보내고서 "엄마한테 전복죽 끓여 달라 해야겠다." 한다.
역시 목포가 친정이었던 내 아내는 전복죽을 잘 끓인다.

　남자들은 나이가 들어도 엄마가 해 주던 음식, 반찬의 맛을
잊지 못하는가 보다.
왜 그럴까?
탯줄을 통해 엄마에게서 영양분을 공급받고 태어났고,
성장하면서 거의 하루 세 끼 엄마의 손 솜씨를 통해 먹고 커왔기
때문일 것 같다.
둘째 아이 덕분에 이번 명절 전복죽 먹고 힘나겠다.

553 하늘, 땅, 나무들 앞에서 약속한 일
2020. 9. 29. (화)

구름이 가려진 시간이 길다는 운장산, 굽이굽이 용의 등뼈처럼
아홉 개의 봉우리의 절정인 구봉산. 그동안 몇 번 다녀왔으나
특히 아홉 개의 봉을 찍고 다니는 구봉산은 체력소모가 심한 난코스의
산이지만 용담댐의 그림 같은 풍경은 한 폭의 그림 이상이다.
그런가 하면 잔돌도 많고 계단도 많다. 종주는 약 10시간으로 잡는다.
몇 년 전과 금년 1월 1일에도 우리 부부는 약속했다.
"이번 여름에는 꼭 운장산-구봉산 연계 종주를 합시다!"라고.
이때 하늘, 땅, 나무들도 이 말을 다 들었다.

그런데 어제 아내의 말 "여보, 종주 너무 무리하는 것이 아닐까요?
가까운 데도 있는데 꼭 거기만 가야 하나요?" 나의 대답은 이랬다.
"그래, 당신 말이 일리는 있어. 이해해. 음, 그런데 우리 생각을
긍정적으로 해 보면 어때? 우리가 몇 년 전부터 약속했잖아.
해 보기도 전에 힘들 것 같다고 포기하는 것은 우리가 살아온 삶과는
안 맞는 것 같지 않아?
일단 해 보면 좋겠어. 막상 부딪쳐 보면 의외로 쉽게 풀리는 일이
많다는 것을 우리 살아오면서 경험해 왔잖아?
가장 큰 실패는 해 보기 전에 포기하는 것이 아니겠어?
우리 잘할 수 있을 거야. 이번 명절이 딱 좋은 기회인 것 같아."
"좋아요, 그러면 해 봅시다! 파이팅!"
그래서 10월 2일을 설렘으로 기다리게 되었다.

새벽길 별을 보며

554 가을에 본 봄꽃 왕벚나무
2020. 9. 30. (수)

   "봄의 꽃비" 하면 생각나는 것은 왕벚나무꽃이다.
벚꽃 축제가 방방곡곡에서 열리지만 올해에는 코로나 19로 인해
꽃구경하러 언제 갔는지 모르게 지나갔다.
꽃봉오리가 열리기 시작해서 일주일이면 활짝 피고 질 때는
손톱만 한 꽃잎이 눈처럼 흩날린다.
초등학교 시절에 학교 운동장에 있던 왕벚나무 열매인 버찌를
먹고 나면 혀와 입술이 새까맣게 변한 것을 서로 보면서
깔깔 대던 적이 있었다.
새들의 먹이로도 버찌는 좋은 음식이다. 김용규 님이 쓴 『숲에게
길을 묻다』를 보면 식물에게는 과한 꿈이 없다. 나무와 들풀은
오로지 자신을 꽃피우려는 꿈, 어떻게든 열매를 맺는 것으로
이 세상에 존재하게 된 이유를 증명하려 한다고 한다.
   지금 잎들이 노랗고 빨갛게 단풍이 들어가는데 아침에 꽃이 핀
왕벚나무 한 그루를 보았다. 아, 지난주 추분이 지났는데
이 가을 왕벚나무꽃을 볼 수 있다니 신기한 일이구나.
마을 천변에 있는 나무들이 마을을 더 아름답게 장식하고 있다.
플라타너스, 자귀나무, 수양버들, 천일홍, 익어가는 벼들의
출렁이는 몸짓이 떠오르는 태양 빛에 한 폭의 그림이 된다.
9월 마지막 날, 두 시간 동안 자연의 일부인 나도 자연과
함께 걸은 행복이 넘실거리는 아침이었다.

555 플라스틱 논두렁길

2020. 9. 30. (수)

"내가 놀던 정든 시골길 소달구지 덜컹 대던 길"
임성훈의 「시골길」 노래다.
우리 집 마당을 벗어나면 논이 보인다.
제주도에 살던 사람이 생애 처음으로 김제평야, 만경평야를 보고
입을 다물지 못했다고 한다.
드넓은 바다 같은 평야의 장관을 쉽게 볼 수 없다가 보았으니
그럴 만하다. 끝도 없이 펼쳐진 김제·만경평야는 황금색 바다다.
백두산으로 이동할 때 7~8시간을 달려도 보이는 것이
해바라기와 옥수수밭이었다.
내가 느낀 감정이 평야를 보는 사람과 같으리라.

논두렁길은 논과 논으로 연결된 초미니 도로인 셈이다.
흙으로 쌓아 올려 만들었는데 오늘은 고속도로처럼 연결해 놓은
플라스틱 논두렁길을 발견했다.
누구 머리에서 나왔을까? 1개의 길이 1미터, 높이 40센티미터,
폭 30센티미터, 두께 15센티미터로 물이 누수되지 않도록
연결이 되어 있다.
이것을 논두렁 재활용 플라스틱 보호구라고 했다.
흙을 밟고 다니던 논두렁길도 플라스틱으로 바뀌는가 보다.
과연 인간의 편리함만 추구하는 것이 좋은 것일까?
자연은 가장 자연스러워야 하는데.

새벽길 별을 보며

556 아가씨들의 유모차
2020. 9. 30. (수)

어? 아가씨들이 유모차를 끌고 다니네?
한 손에는 예쁜 강아지들을 데리고 신호를 기다리고 있다.
예전에는 잘 못 보던 풍경이다. 아기 대신 강아지 유모차였다.
검색해 보니 몇만 원부터 몇십만 원까지 가격이 나간다.
우리나라 전체 인구의 26.4퍼센트, 즉 천만 명 이상이
반려동물을 키우고 있다. 단순히 동물이라기보다 한 가족의 개념으로
자리 잡은 지 몇 년이 된 것 같다.
동물들은 산책, 운동하는 것을 가장 좋아한다.
역시 인간이나 동물은 자연을 벗 삼아 사는 것이 제일 행복한가 보다.
왜곡된 생각을 가진 사람들은 그럴 것이다.
애견 한 마리 키우는 데도 상당한 돈이 들어가는데 그 돈으로
기아에 굶주리는 사람들 도와주지 그러느냐? 아기는 안 낳고
유모차에 웬 강아지냐? 입을 삐죽이는 사람이 있을 수 있다. 아니다.
동물, 인간, 자연 모두 소중한 가족이다.
생명이 있는 것은 아름다운 것이다. 말 못하는 동물,
자연을 학대하는 일은 가장 나쁜 것이다. 우리 집 마당에는 룰루,
달이, 꼬리, 소리 이렇게 네 마리의 고양이가 뛰어다닌다.
자식 입에 음식 들어가는 것은 마른논에 물 들어가는 것과 같은
기쁨이 있다고 했는데 고양이들 밥 먹는 것을 보면
바로 그러한 마음이다.

October

2020. 10월

잎이 떨어지는 달
(수우족)

557 동갑내기 친구의 죽음
2020. 10. 1. (목)

오늘 폐암 발병한 지 2년 된 친구의 부고를 받았다.
작년에 한국의 사망자 수는 한 해에 29만 8천 명인데
사망원인 1위는 암, 2위는 심장질환, 폐렴, 뇌출혈, 자살 순이다.
죽은 친구는 딸이 둘이다.
얼마 전, 집을 방문했을 때 녹즙을 준비하고 있었다.
하루에 먹을 양 12병을 준비하는데 한나절씩 걸린다 했다.
신약개발 임상 프로젝트에 참여하여 항암 주사를 계속 투여받았다.
머리, 뇌에까지 전이되어 더 이상 손을 쓸 수 없게 되었다.
점심으로 보리밥, 청국장을 같이 먹은 것이 마지막 식사였다.
상태가 악화되어 호스피스 병동에 들어간 지 몇 달 되었다.

명절에 죽어 장례를 치르게 되고 코로나 19로 조문객도
적을 텐데 걱정이다. 사는 것도 죽는 것도 모두 소풍이다.
죽는 것은 하늘이 정해놓은 이치다.
거부할 수도 연장할 수도 없는 일이다. 키케로의 말이 떠오른다.
"임종이 우리에게 주는 것은 사멸이 아니라 변화다."
우리 인생에는 아는 것 3가지와 모르는 것 3가지가 있다.
내가 반드시 죽는다는 것, 혼자 죽음을 맞이한다는 것,
아무것도 가지고 가지 못한다는 것은 안다.
언제 죽을지, 어떻게 죽을지, 어디서 죽을지는 알지 못한다.
친구여, 하늘나라에서 만나세. 편히 쉬길.

새벽길 별을 보며

558 시댁에서 제일 힘든 일은
2020. 10. 1. (목)

    내가 아는 주부의 실제 모습이다.
얼마나 힘들었을까, 힘들었을까?

    명절 두 번, 시부모님 생신, 거기에 제사까지 있는
맏아들 집안이다.
며느리 입장에서는 얼마나 부담되고 스트레스받는 일인지 모른다.
밀리는 차 안에서 시댁까지 가는 길 멀기도 한데 멀미도 하고
먼 거리를 아이들까지 데리고 간다.
아이들 셋 돌보며 하루도 쉴 날 없이 직장 생활하다가
명절이라고 시댁에 가야 한다.
시어머니는 기다리고 있었다는 듯이
"주방일은 네가 다 알아서 해라." 한다.
며느리 오느라 고생했다고 따뜻한 위로의 말 한마디 없다.
끼니때마다 상을 차리고 설거지하고 조금 있으면 또 상을
차려야 한다.
도와주는 사람 없이 모두 혼자 감당해야 한다.
잠시라도 누워 쉬고 싶은데 그럴 만한 장소도 없다.
아, 나는 일만 하러 온 소처럼 취급받는구나.
이런 생각이 엄습하면서 서러운 눈물이 쏟아진다.
시골 부엌에서 쪼그리고 앉아 훌쩍거릴 시간도 없다.

사는 게 허무하고 천대받는 느낌에 몸은 말할 것도 없고
마음이 더 피곤하다.
며칠 일만 죽어라 하다가 오면서 너무 속상해서 남편에게
퍼부으며 다툼만 하면서 온다.
이것이 내 운명인가? 언제까지 이렇게 살아야 하나?
상처만 받고 다녀오는 시댁, 천 리 길 만 리 길 고통의 길이다.

　　가정도 이제는 변화되어야 한다.
앨빈 토플러의 『미래쇼크』, 『제3의 물결』, 『권력 이동』 모두 변화의
과정, 변화의 방향, 변화의 통제를 말하고 있고,
결국 공동 주제는 변화인데
아직도 우리 가정의 변화는 이토록 더딘 것인가?
가사노동도 나눠서 해야 한다.
의무가 아니라 사랑과 배려하는 마음이 있으면 가능하다.
인간으로서 존중받아야 할 권리가 있기 때문이다.
　　우리 두 며늘아기들에게 명절 때 먼저 한번은 친정으로 가고,
한번은 시댁으로 오라 했다.
이렇게 하는 것이 마땅한 일 아니겠는가. 먼 곳이 아니다.
바로 우리 가정부터 평등, 평화의 세상이 꽃피어야 세상은
살 만한 가치가 있다.

　　　　　　　　　　　　　　　　　　새벽길 별을 보며

559 10시간 산행의 매콤달콤
2020. 10. 2. (금)

   얼마나 많은 위험천만한 구간과 위기가 있었는지 모른다.
구봉산 정상에서 내려오는 길은 매달린 줄을 놓치면
천 길 낭떠러지 아래로 떨어질 아찔한 순간의 연속이었다.
오전 5시에 기상하여 샤워, 아침식사, 드립 커피 한 잔을 마시고
7시에 출발했다.
   오늘은 우리 부부를 위해 준비된 청명한 명절 기간이다.
스트레칭을 하고 산행을 시작하여 동봉까지는 약 2시간 30분,
칼크미재, 복두봉, 천황봉, 구봉산 주차장까지는 7시간,
총 10시간 산행을 하게 된 것이다.
   동봉까지는 계속 오르막길이 이어지고 평상시는 나보다
발걸음이 빠른 아내지만 "산행 대장님 앞장 서시와요."라고 말한다.
오감으로 자연을 느끼면서 가는 나를 따라오려니 걸음이
빠른 아내는 조금 답답함을 느꼈을 터인데도 뒤에 붙어
참새처럼 재잘거리며 잘 따라온다.
까실쑥부쟁이, 산박하, 꽃향유, 구절초, 조밥나물꽃, 용담,
처음 보는 하얀 물매화가 눈부시다.
주름치마처럼 휘감고 있는 산맥들, 장엄한 자연의 아름다움은
입을 다물지 못하게 한다.
산이 높으면 골도 깊듯이 긴 10시간의 산행이 혹독하게
맵기도 했지만 달콤한 즐거움과 행복 또한 컸다.

560 모르고 가는 길이기에

2020. 10. 2. (금)

운장산과 구봉산은 여러 차례 왔었지만 연계하여
종주하는 일은 처음이다.
두 번은 하고 싶지 않을 만큼 힘이 들었다.
물을 충분히 준비한다고 했으나 끝없이 설악산 공룡 능선처럼
오르내리기를 반복해야 하는 긴 시간이라서 물이 부족했다.
피곤함이 밀려오면서 다리에 쥐가 나기 시작했다.
내 다리는 특이한 것인지 쥐가 나면 양쪽 허벅지와 장딴지에
동시에 온다. 칼로 도려내는 듯한 고통을 견디려면
등에서는 식은땀이 흐른다. 숨을 길게 내쉬면서 쥐를 잡아야 한다.
그래서 배낭에 언제나 혼자서도 발을 묶고 풀 수 있도록
노끈을 가지고 다닌다.
마음으로 긴장하고 두려워하면 더 심해진다는 것을 경험을 통해 안다.
주물러주고 풀어주기를 십여 분, 다시 걷다가 또 쥐가 나기를
반복한다. 구봉산 주차장까지 가도 가도 끝이 없는 길.
이 산이 험하다는 것을 알고서는 못 갈 것 같다고 아내가 말을 한다.
모르기 때문에 종주하자고 시도해 본 것이다.
우리 인생도 그렇다. 모르고 가는 길이다.
한 치 앞도 알 수 없다. 그러기에 모험해 볼 가치가 있는 것이다.
아무리 힘들고 어려운 길도 다 끝이 있는 법이리라.
다 지나가고 마는 것이다.

새벽길 별을 보며

561 14시간의 부부 대화(1)
2020. 10. 2. (금)

긴 시간 동안 아내와 이야기를 나눴다.
부부산행의 좋은 점은 많은 대화를 할 수 있는 꿀 같은 시간이
된다는 것이다.

아내는 교양, 지성, 지혜로움, 공감 능력이 뛰어난 사람이다.
사랑하면서 존경한다. 기록은 기억을 지배한다고 했으니
세월이 가도 소중하게 간직하고 싶어서 아내와의 대화 내용을
간추려 본다.

1. 우리 집 고양이들 네 마리는 얼마나 행복한지 몰라.
   새벽부터 밥 주고 사랑받으니. 3년 전에 우리 집 마당에
   버리고 간 사람 만나면 밥 한 번 사 줘야겠어.
2. 둘째 며늘아기는 고양이하고 잘 놀아주니 고양이들이
   다음 달을 기다리겠어요.
3. 두 며늘아기들과 두 아들들, 당신까지 학교 선생이니
   공통분모가 있어서 좋네. 우리 집 중소기업인가?
   감사할 뿐이네.
4. 우리 아들들 어릴 때 생각나요? 남중동에서 베니어합판으로
   막은 초라한 집에서도 농구도 하고 뛰어놀다가 어항을 깨뜨려 방이
   한강이 된 적이 있었지요.
   형제애가 남다르게 좋은 것 같아서 감사해요.
5. 사람들이 그러더라. 예쁘고 착한 두 며늘아기들 생겨서

좋겠다고. 집안 분위기가 새로워진 것 같아. 부모로서 해야
할 일은 어느 정도 한 것 같기도 하고.

6. 오늘 처음 보는 물매화 정말 예뻐요. 종주하는 보람이 있네요.
당신 물매화 세밀화로 그리고 싶겠네요.

7. 당신 다리 지금 괜찮아요? 힘들지 않아요?
우리 부부 대단하네요.

8. 깻잎 김치, 김하고 달랑 반찬 두 가지였어도 점심 환상이었어.

9. 장모님, 처형 모시고 산 지 벌써 20년이 넘었어.
우리가 더 잘해드려야 우리가 복받고 행복한 거야.
맘에 안 드는 일 많아도 있는 그대로 받아들이자고.

10. 어느 부부가 10시간 산행을 하겠어요? 아마 지구상에
우리 외에는 아무도 없을 거예요.

11. 우리 7년 후에 은퇴하면 어디서 살지?
거기까지는 생각하지 말고 그냥 오늘 하루를 마지막 날로
생각하고 행복하게 살자. 하루에 밥 열 끼 먹는 것도 아니고 말이야.

562 14시간의 부부 대화(2)
2020. 10. 2. (금)

12. 그동안 하고 싶은 일, 마음이 시키는 일을
다 했으니 당신은 행복한 사람이네요.

13. 다른 사람 인생의 멘토 역할을 해 주며 살아온 것이
참 보람이었어.

14. 사람이 태어날 때는 스스로 눈을 뜨지만 죽을 때는
누군가 눈을 감겨줘야 한다는 것을 깨달았어.
내 눈을 감겨줄 사람은 누굴까? 가족이 있잖아.

15. 울 기력이 없을 만큼 힘들었을 때도 절망하지 않고 잘 견디어왔네.
당신 덕분이지.

16. 마실 물이 떨어졌는데 구봉산 정상에서 공사하는 사람들이
먹다가 둔 생수 한 통 먹을 수 있으니 얼마나 고마운 일이야.

17. 전에 우리가 히말라야 트레킹할 때 한 번 더 가자고
했었는데 벌써 12년이 훌쩍 갔네요.
그때 당신 완전히 죽어서 내려왔던 것 기억나요?

18. 우리 꿈너머꿈교회 교인들처럼 순수하고 착한 사람들은
없을 거야. 복덩어리들이지.

19. 오늘 시작부터 마칠 때까지 안전사고 없이 잘 내려오게
해 주신 하나님께 감사기도 해요.

20. 내려와서 내처사동 주차장 칠흑같이 어두운데 차에서
저녁 먹으니 정말 맛있네요.

563 매일 운동했던 힘 저축
2020. 10. 3. (토)

"여보, 한숨 푹 자고 나면 몸이 가뿐해질 거야.
나는 내일 아침에도 여전히 걷기를 할 것이고 오늘 애썼네."
어제저녁 잠자기 전에 아내에게 한 말이다.
말로 선포하고 시인하고 고백하고 믿으면 그대로 이루어진다.
"내가 깨어보니 내 잠이 달았더라."
성경 예레미야 31장 26절이다.

어제보다 한 시간 늦은 6시에 일어났다.
아내도 나도 10시간의 힘든 산행을 한 사람이라고 할 수
없을 만큼 몸이 가벼웠다.
심은 대로 거둔다. 내년이면 환갑인 해피레그클럽 김○임 회장은
울트라 마라톤 100회를 완주했다. 운동은 최고의 명약이다.
평상시에 매일 걷고 운동했던 힘이 저축된 것이다.
오늘도 한 시간 반을 걸었다.

내 몸과 마음은 내가 조절하고 통제해야 한다.
다스리고, 움직일 수 있다. 감정에, 기분에 얽매여서도 안 된다.
감성과 이성의 경계를 자유롭게 넘나들 줄 알아야 한다.
잔혹하리만치 차가우면서도 태양보다 더 뜨거움이 공존해야 한다.
가장 바보스러운 듯하다가도 가장 통찰력 있고 지혜로운
사람이 되어야 한다.

새벽길 별을 보며

564 어떻게 해야 글맛이 있을까?
2020. 10. 4. (일)

　　이문열의 『삼국지』를 보았다. 출간되어 나오는 책 중에 200권도
안 팔려서 폐기되는 경우도 많다고 출판사 대표에게 들었던
적이 있다.
그런데 2천 권도 아니고 2천만 권이 팔린 책이 이문열의
『삼국지』라고 하니 놀라운 일이다.
장비, 관우, 유비의 만남을 묘사한 부분에서는 내가 그 현장에
있는 듯했다.
"장비가 벌개져서 화를 냈다. 위엄이 서려 있었다.
아직도 목소리가 질그릇 깨지듯 거칠었다."
글이 맛이 있다. 살아 움직이는 생명력이 있다.
　　몇 년 전, 중국 드라마 「삼국지」 96편을 본 적이 있다.
그 뒤에 『삼국지 인생 전략 오디세이』, 『조조처럼 대담하라』
책을 샀다.
이문열 작가는 타고난 것일까?
그 천재성은 DNA가 그렇게 된 것일까, 아니면 노력일까?
이미자, 김수희, 알리, 문주란, 라라 파비안, 조수미, 이선희.
내가 좋아하는 가수들의 목소리는 맛이 있다.
목소리는 귀로만 듣는 것이 아니다. 먹기도 한다.
글도 먹는 양식이다.
맛있는 글 『삼국지』를 볼 수 있어 행복한 아침이다.

565 처음 눈 맞춤한 물매화에 반하고
2020. 10. 4. (일)

나의 뜨거운 심장을 더 달궈준 꽃이었다.
며칠이 지났는데도 설렘의 여운이 여전히 남아 있다.
칼크미재 가기 전 만난 가을 야생화의 여왕인 물매화다.
생애 처음 눈 맞춤한 꽃이다.
순백의 꽃이 바람에 살랑대는 모습에 홀딱 반해 버렸다.
물매화 앞에 쪼그리고 앉아 오랫동안 바라보았다.

범의귓과에 속하는 여러해살이풀이고 잎 몸이 둥근 심장형으로
가장자리가 밋밋하다. 한 장의 줄기 잎이 둥글게 밑부분을 감싸고 있다.
매화를 닮은 흰색 꽃, 하늘을 보고 피어 있다.
내가 올 줄 알고 기다리고 있었다는 듯이 5개의 수술,
1개의 암술이 보인다.
가을 하늘 바다에 비친 물매화, 얼굴이 이토록 눈부시고
하얗게 빛나는 건지.

물매화를 만난 것은 두고두고 잊지 못할 놀랍고 신기한 경험이다.
그래서 모험은 문밖에 있고 모든 해답은 자연에 있다고 하는가 보다.
꽃줄기도 30센티미터 정도로 길게 올라와 있는데 높은 운장산
자락에서 바람에 꺾이지 않고 서 있다.
아침저녁으로 기온이 내려갈 텐데 밤새 견딘 위대함이
꽃잎에서 느껴진다.
물매화 동요 가사를 지어 곡을 붙여 보리라.

새벽길 별을 보며

566 장모님에게 배우는 인생 수업
2020. 10. 5. (월)

　　모시고 사는 장모님은 올해 89세시다.

몸에 좋다는 것은 무엇이든 드신다.

건강식품, 영양제, 좋은 물, 약도 한 주먹이다.

갈수록 느는 것이 약인가 보다.

20년 넘게 우리 집에 사시면서 아파서 병원에 입원하신 적이

거의 없으시다. 감사한 일이다.

주무시는 시간도 나보다 길다.

엉뚱한 생각인지 모르지만 가끔 장모님이 나보다 오래 사실 수도

있겠다는 생각도 해 볼 때가 있다.

그 정도로 건강하시다.

　　뒤에 가는 사람은 앞에 가는 사람의 뒷모습이 보인다.

멋지고 아름답게 늙어가는 모습이 어떠해야 하는지,

자식들과 손주들에게 어떤 처신을 해야 하는지, 가족에게 부담을

주지 않고 잘 사는 방법 등 동서남북으로 교훈을 얻는다.

옷 입는 것, 먹는 식습관, 운동, 병원 오고 가는 일, 앞으로

내가 살아가야 할 세월의 발걸음을 미리 보는 것 같다.

나보다 25년 앞서 인생길 걸어가시는 장모님은 복된 삶을 살려면

어떤 자세, 습관, 의식, 마음, 관계 형성을 해야 하는지

가르쳐주시는 인생 선생님이시다.

567 너의 몸은 네가 책임져라!

2020. 10. 5. (월)

　　누구도 내 인생을 대신 살아주지 않는다.
어떤 사람도 내가 아플 때 대신 아파줄 수 없다.
무엇이든 학대하는 것은 나쁜 짓이다.
동물, 식물, 인간, 특히 자신을 학대하는 것은 더욱 그렇다.
내 몸, 마음, 영혼을 언제나 최고, 최상의 상태가 되도록 해야 하는
책임, 의무, 권리, 결정, 선택은 바로 나에게 있다.
내 몸의 세포를 미치게 만들어 암을 유발하게 하는 경우는
대부분 잘못된 식습관, 생활 습관이 영향을 미친다.
　　"유전은 어찌할 수 없다. 그러나 음식은 선택할 수 있다.
그래서 당신이 먹은 음식이 당신이다."
내가 숲태교지도사 교육을 받을 때 노트에 기록해 놓은 내용이다.
열심히 걷고 기쁨과 감사로 살면서 내 몸을
내가 관리하는 주치의가 되기로 했다.
머리카락 하나, 손톱 하나, 몸의 털 하나,
40억 개의 피부세포 하나까지 모두 나의 것이다.
내가 책임지려면 무엇을 어떻게 해야 하는지
답도 내가 알고 있으니까.

새벽길 별을 보며

568 체계적인 일상 관리
2020. 10. 6. (화)

2017년 3월 6일부터 2018년 2월 28일까지 일 년 동안
노회장을 할 때 모두 118회의 회의 및 행사에 참여했다.
3일에 한 번꼴인 셈이다.
일 년간 매일 양복을 입고 활동해야 할 정도였으니 꽤 분주한
한 해를 보냈다.
지금은 코로나 19로 인해 모든 행사, 회의가 생략되어
대부분 집에 있어야 하는 시간이 되었다.
오전 5시부터 저녁 10시까지 17시간 동안의 시간 관리를
양질로 해야만 된다. 오전에는 글쓰기, 독서, 원고 교정, 성경 읽기,
오후에는 일상적인 업무, 저녁에는 음악, 클래식, 그림 그리기,
영화 공부, 감사일기 기록 등을 한다.
내게 주어진 금보다 더 귀한 시간은 그 효과를 100으로 만들 수도
1,000으로 만들 수도 있다. 내일 할 일은 오늘 메모해 놓는다.
메모 노트에 적힌 대로 오늘 할 일을 실천하면 된다.
운전하고 가면서도 계속 메모를 해야 할 일이 있다.
시간이 흘러가도록 그냥 둬서는 안 된다.
이쪽저쪽으로 물줄기를 내가 주도적으로 잡아야 한다.
주어진 시간에 집중하고 의미를 찾아야 한다.
아무리 사소한 일이라도 의미 없이 하면 낭비하는 삶을 살기 쉽다.
나는 나를 경영하며 최고의 관리자는 바로 나다.

569 내 뇌의 습관 시스템
2020. 10. 6. (화)

30년간 습관 연구를 하고 수많은 사람의 인생 설계 법칙을
연구해 온 웬디 우드는 매일 30분 이상의 걷기 습관이 며칠을 해야만
자리 잡을 수 있는가에서 90일로 보았다.
이것은 검증된 보고 자료다.
아침 샤워는 비누를 사용하지 않고 다시마 가루를 사용한 지
7년이 되었다. 하루도 거르지 않고 했다.
또 단 하루도 빠뜨리지 않고 걸은 지 6개월 기록을 세웠다.
물론, 9년 동안 한 달에 한두 번 걷기를 빼먹은 적은 있다.
감사일기를 쓰기 시작한 것은 2008년 4월 22일부터였다.
머리 샴푸, 걷기, 감사일기 기록, 운동일지 기록.
이것은 나의 뇌에서 습관 시스템으로 자리를 잡았다.
다시마를 사서 전기장판에 하루 말리고 제분소에 가서 분쇄해 온다.
정성 없이 이루어지는 일은 없다.
매일 다시마 가루로 샤워를 하는 셈이 된다.
그래서 그런지 더 머리카락도 빠지는 법이 없다.
그리고 친환경적이다.
이제 글쓰기도 뇌에서 습관 시스템으로 뿌리내리게 할 것이다.
이러한 습관이 나를 행복을 넘어 깊고, 넓고, 높은 의미로
이끌어 갈 것이다.

새벽길 별을 보며

570 마광수 교수를 만나는 날
2020. 10. 6. (화)

연세대 마광수 교수의 문학 강의는 이웃 학교 여대생들까지
원정을 와서 강의실이 언제나 붐볐다.
무엇 때문에 마 교수를 모르면 연세대생이 아니라고 할 정도로
폭발적인 명성을 얻게 되었을까?
1989년 1월에 초판이 나온 후 5개월 만에 6판이 발행될 정도로
화제작이 되었고 한때는 구속까지 되었다.
외설적 표현이 심하다 하여 구속한 정권이 있었다.
그는 『행복 철학』 책 서평에서 "1992년에 일어난 마광수 교수의
'즐거운 사라' 사건은 시대를 앞서간 죄 때문에 벌어진
문화사적 해프닝이었다. 거시의 문학에서 미시의 문학으로,
전체의 대의에 관한 이야기에서 개인의 욕망에 관한 이야기로
돌아서는 출발점이었다."고 말했다.

『가자 장미 여관으로』, 『나는 야한 여자가 좋다』, 『즐거운 사라』.
이 중에서 『나는 야한 여자가 좋다』 책을 읽어야겠다.
책을 사지는 못했고 빌렸다.
옛날에는 나 또한 편견이 있고, 자신을 자칭 도덕주의자라
생각해서였는지 마광수 교수의 책을 읽어볼 생각을 하지 않았다.
어떤 내용이고 문학적 가치가 있는지조차 알려고 하지 않았다.
이제라도 한 세대 돌풍처럼 살다간 마광수라는 분을
책으로라도 만나고 싶다.

571 참기름 집에서 20분
2020. 10. 6. (화)

　　다시마를 가루 내서 머리 샴푸로 쓰던 것이 바닥났다.
어제부터 전기장판에 깔아 말려서 구 시장 참기름 집으로 갔다.
아저씨는 참기름을 짜고 아주머니는 다시마를 기계에 넣으셨다.
"기름집 몇 년 하셨어요?" "30년 넘게 했어요."
"기름집 해서 아이들 다 가르치셨겠어요."
피식 웃으면서 하시는 말씀 "아들만 셋이에요."
"70 되어 가시나요?
늘 얼굴에 미소가 있으셔서 보기 좋아요.
힘드시면 아들 하나 오라 해서 물려받으라고 하셔요."
"네, 정년 은퇴하면 그렇게 하려고요.
지금은 아들 연봉이 1억이 넘어요."
"와, 좋으시겠다. 엄마한테 용돈도 많이 주나요?"
"그럼요. 여기 다 되었으니 15,000원을 주시면 돼요."
현금으로 드리면서 팁을 드렸다.
"재미있는 말씀해 주신 팁입니다." 그랬더니 하시는 말씀
"사람들은 깎으려고만 하는데 더 주시는 분도 있네요."
　　참기름 냄새가 집에 와서까지도 가실 줄을 모른다.
행복한 20분이었다.
좋은 말은 나도 다른 사람도 기분 좋게 한다.

572 삶의 색깔
2020. 10. 7. (수)

2015년도에 스에나가 타미오가 쓴 『색채 심리』라는 책을 읽었다.
어린이들이 사용한 색채와 심리, 건강 상태의 관련성을
조사한 내용이 나온다. 노란색은 행복하며 적극적인 아이,
오렌지색은 상쾌한 기분을 돋우거나 불안을 해소하는 데
효과가 있다고 한다.
생명력을 발산시키는 색은 빨강이다.
　나는 빨간색을 가장 좋아하고 즐겨 쓴다.
아내 옷을 사 줄 때도 빨간빛 계통의 옷을 많이 사 줬고,
내가 즐겨 입는 남방 색깔도 빨간색이다.
이름을 쓸 때도 마찬가지다. 넥타이, 핸드폰 케이스도 그렇다.
무지개색은 빨간색이 가장 앞에 나온다.
그림을 그릴 때도 빨강, 노랑, 초록, 연두, 녹색, 파란색을
사용할 때 기분이 좋다.
　오늘 나의 기분을 색으로 표현한다면 무슨 색일까? 빨간색이다.
매일 하루가 온통 빨강만 있을 수는 없을 것이다.
가끔은 보라색, 검은색도 들어가 있다.
왼쪽 손가락 두 개의 손톱에 봉숭아물이 남아 있다.
볼 때마다 '어쩌면 이렇게 내 손가락 손톱이 예쁜 거지?'라고 말한다.
내 안에서는 생명력이 품어 나와서일까? 그렇다고 해 두자.

인정과 칭찬
2020. 10. 7. (수)

내가 아끼는 지인에게서 오늘 이러한 인정과 칭찬을 들었다.
"삶을 개척해 가는 지혜가 뛰어난 사람, 고난과 모험을
헤쳐 나가는 용기를 낼 줄 아는 사람,
자신을 믿고 사랑할 줄 아는 사람,
내가 경험해 보지 못한 매력을 너무 많이 가진 사람,
누구라도 한 번 접해 보면 매력에 끌려 좋아할 것 같은 사람,
아내가 나이 들었는데도 여전히 귀엽고 사랑스럽고
존경스럽다는 말을 자주 하는 사람, 글을 쓰면서 자신을
표현해 나가는 창조적인 삶을 사는 사람, 자신을 다스리고
나태해지려는 마음을 이겨내는 시간을 살아가는 사람,
떨어져 있어도 어느 부부보다 가깝고 행복하게 사는 모습의 사람,
산더미 같은 파도가 일더라도 마음속은 늘 깊은 바다처럼
고요하고 평온한 사람, 하루를 열심히 아름다운 삶을 사는 사람,
큰 시련을 겪었다고 볼 수 없을 만큼 밝은 모습,
환한 얼굴, 희망찬 의지를 가진 사람, 풍부한 감성이 살아있는 사람."
이 칭찬에 걸맞게 살아야겠다. 점수를 많이 줘서 고마움 곱배기다.

574 나도 어린이가 되어
2020. 10. 7. (수)

        오늘 지역아동센터 생태 세밀화 수업 시간에는 감잎,
머위 잎으로 물 옮기기 게임을 했다. 각자의 컵에 있는 물을 나뭇잎에
담아 옮기는 일이다. 순조롭게 잘 되는 듯하더니 특별한 남자아이
하나가 방을 물바다로 만들어 놨다.
결국, 오랫동안 하지 못하고 밀걸레 4개를 동원하여 방바닥을
닦아야 했다. 물이 흐르듯이 자연스럽게 시간이 갔다.
지영이가 내 마음을 알아주며 "세밀화 선생님, 수업하러 오셨는데
이렇게 되었네요." 한다. 어른스럽다. "그래 고마워. 우리 인생은
계산대로 되지 않고 어긋나기도 하는 거란다."
        모두가 양말을 벗더니 서로 밀걸레질을 하려고 티격태격한다.
까르르 웃으며 한바탕 밀걸레 게임이 시작되었다.
청소가 아니라 오락이 되었다.
아, 아이들은 이렇게 상황을 놀이로 변화시키기도 하는구나.
감탄했다. 열심히 걸레를 짜주면 금세 다시 와서 걸레를 건네준다.
        수업을 마치고 남자아이들 5명과 축구를 했다. 나도 어린이가
되어 이십여 분 뛰어다녔더니 골인이 되었다고 환호성을 지르는
아이들이 예쁘다. 우리 아들들하고는 한 번도 축구를 하지 못한 것이
늘 아쉬움으로 남는다.
숨이 턱에 차 헉헉거리는데도 아이들은 계속 조금만 더 하자고
조르며 성화를 부린다. 나도 10대인 줄 알고 착각했다.

10월 잎이 떨어지는 달(수우족)   633

575 장례식 때 내 몸 염습하지 마라!
2020. 10. 8. (목)

그동안 내가 손수 염습한 사람이 수십 명에 이른다.
지금은 장례 지도사들이 시종일관 장례절차를 돕지만
예전에는 처음부터 끝까지 내가 했다.
고모들, 큰아버지, 이모까지 했다.
고인의 몸을 알코올로 씻긴 다음 새 옷으로 갈아입히고 염포로
묶는 일이다.
시간은 두 시간 정도 소요된다.
그 후 관에 모시고 화장을 하거나 매장을 한다.
염습하는 것을 당연히 여겼었다.

컴퓨터 화면에 저장해 둔 나의 유언장과 장례순서를
수정해야겠다.
내 몸은 염습하지 말라는 것이다.
새 옷을 갈아입힐 필요도 없다. 주일날 설교할 때 입었던
흰색 가운이면 되니까.
비용 절약, 시간 절약도 되지만 굳이 해야 할 필요를 느끼지 못한다.
이미 영혼은 천국에 입성이 되었을 것이니 천국 환송 예배면 된다.
한 번 죽는 것은 정해져 있다.
언제, 어느 곳에서, 어떤 모습으로 마지막 숨을 쉬고 끝날지 모른다.
그날을 위해 소풍 가는 날처럼 살려고 한다.
나는 천국을 소망한다. 부활을 믿는다.

576 서 있는 벼, 누워 있는 벼
2020. 10. 8. (목)

하얀 쌀밥을 연상케 하고 흰 눈이 소복이 내린 것 같은
이팝나무꽃이 필 때가 되면 모내기 철이 되었다는 것을 알 수 있다.
백일홍꽃이 시들어가고 감잎 색이 변할 때쯤이면 추수 때가
온 것이다.
약 5개월 만에 심고 거둘 수 있다는 것은 놀라운 자연의 선물이며
농부들의 고마움이다.

논 한쪽은 벼를 베고 짚만 누워 있다.
또 한쪽은 아직 추수 전이라서 벼가 서 있다.
논에 꽉 찬 벼들의 모습도 아름답지만 누워 있는 짚을 보는 일도
많은 사색을 불러온다.
사람도 온종일 서 있는 때가 더 많다.
누워 있는 시간이 많은 것은 건강하지 못하다는 증거다.
잠자는 7~8시간 외에 14시간 정도는 서 있든지 앉아 있든지 한다.

추수를 다 하기 전에 벼 이삭 하나에 몇 개의 이삭 낱알이
붙어 있는지 세어보았다. 논두렁에 쪼그리고 앉아 세어보니 135개다.
밥 한 수저가 될 것 같다.
벼 이삭 열 개 정도는 되어야 밥 한 공기쯤 된다는 뜻이다.
몇 개월 동안 태풍, 새들, 가뭄, 병충해를 견디고 익은 벼는
승리한 것이다.
아침마다 논을 바라보는 일은 눈물겹게 감사한 일이다.

577 자연과 함께하는 마음
2020. 10. 8. (목)

노벨 문학상을 받은 헤르만 헤세의 『삶을 견뎌 내기』책을 읽었다.
모두 나에게 하는 말이고 나에게 주는 메시지여서 마음이 뜨거웠다.
"당신은 하루에 몇 번이나 푸른 하늘을 쳐다보는가.
주변을 살펴보라.
한 뼘의 하늘, 자연에 눈을 뜨는 법을 알아야 한다.
사소한 것에 의미를 두고 적은 것에서 행복을 찾으면 일분 일초
허비하지 않은 것이다. 보려는 마음이 있어야 보는 것이다.
사소한 것에서 기쁨을 많이 경험하라.
고통을 견디고 이겨내는 것은 인생을 잘 살았다는 것이다."
어느 것 하나 버릴 수 없는 명언들이다.
똑같은 시간에 같은 것을 보아도 마음은 늘 새롭다.
요즘 한창 많이 피는 뚱딴지 노란꽃들과 새깃유홍초, 고마리꽃들,
코스모스의 한들거림, 매일 변하는 구름의 모습과 이동,
냇가에 흐르는 물소리의 강약.
자연과 함께하는 마음은 행복을 달궈준다.
자연에게서 단순하면서도 위대한 삶의 진리를 배운다.
태양 빛에 따라 내 그림자는 시시각각 크기가 달라진다.
신기하지 않은 것이 하나도 없고 의미 없이 있는 것이 한 개도 없다.
나는 자연인, 자유인이다.

새벽길 별을 보며

578 7개의 길바닥 담뱃갑
2020. 10. 8. (목)

    40분 정도 걸어오는 도중에 길바닥에 버려져 있는 담뱃갑이
몇 개나 되는지 세어봤다.
택시를 탔다가도 담배 냄새가 나면 내려서 다른 차를 잡는다.
    몇 년 전에 국립공원 오대산에서 담배를 피우는 등산객과
하마터면 싸울 뻔했다. 엉덩이를 발로 차 주고 싶었다. 정말 미웠다.
그것도 건조한 날씨가 이어지는 가을철에 말이다.
생각 없이 사는 인간들이 있다.
산에서 담배 피우는 사람은 산에 올 자격이 없다.
    오늘 아침에 걸어오면서 본 담뱃갑은 7개였다.
줍고 싶지는 않았다.
"ESSE, 수, 흡연은 발기부전을 유발합니다.
금연 상담 전화 1544-9030/타르 1.0mg, 니코틴 0.01mg,
흡연 매너 대쪽같이 챙기세요."라는 문구도 적혀 있었다.
대나무가 그려져 있다.
담배 한 갑에 4,500원, 한 갑에 내는 세금은 3,347원.
하루에 한 갑을 피면 일 년에 내는 세금이 57만 원,
10년이면 570만 원이다.
여기에 폐암 등 사회적 경비 지출 포함하면 엄청난 금액이다.
그걸 떠나서 길바닥에 휙 던져버리는 담뱃갑은 왜 있을까?
언제쯤이나 길바닥에 담배꽁초, 담뱃갑 없는 나라가 될까?

579 「이래도 되는 건가요」 노래의 맛
2020. 10. 8. (목)

　평소 유행가를 잘 듣지 않고, TV 시청도 거의 안하는 편이라서
노래를 잘 모른다. 근래 들어 김수희의 노래 중「고독한 연인」,
「이래도 되는 건가요」를 들었다.
가사가 우리 삶의 이야기들이다.
만남, 이별, 상처, 아픔, 그리움.
인생살이가 그런 것이다.
고독의 매력에 감동한 것은 바로 악기 소리다.
이건우 작사, 홍신복 작곡의 노래인데 1987년도에 나왔다.
헐, 33년이 지난 뒤에야 내가 듣는 사람이 되었다니.
강산이 세 번씩 바뀌었어도 노래는 변하지 않았다.
지금 그의 나이 67세가 되었으니 김수희 씨가 30대 때 부른 것이다.
　「이래도 되는 건가요」 노래 연주 중에 흘러나오는 피아노
기법이 신기하다. 다양한 악기가 동원되어 노래가 나오도록 하는 것은
아무나 할 수 있는 것이 아니다.
내가 지은 자연생태 동요 곡 중에「애기똥풀」곡을 스튜디오에서
녹음할 때는 아코디언 소리를 넣어 달라 부탁했다.
배우고 싶은 악기였으나 마음만 먹고 말았다.
그때는 악기 살 돈도 없는 어려운 시기였다.
두 노래는 맛이 있다.
엄청나게 투자했을 노래를 쉽게 듣다니 고맙기만 하다.

580 학교 오가던 길의 무 밭

2020. 10. 9. (금)

난 1970년도에 중학교를 다녔다.
시내버스 요금이 50원이었던 것으로 기억하고 있다.
집에서 중학교까지의 거리는 약 9킬로미터, 20리 길로
왕복 40리가 넘었다. 버스 비용도 아낄 겸 많이 걸어 다녔다.
겨울이 가장 힘들었다.
지금의 추위는 그때 비하면 아무것도 아니다.

학교 오고 가는 길에 무 밭이 군데군데 있었다.
배고픈 시절인지라 목도 축일 겸, 주변을 풍뎅이 목처럼
좌우로 돌려 살핀 후 순식간에 긴 무 하나를 뽑는다.
흙이 묻어 있으니 무 잎으로 적당히 닦아내고 이로 껍질을 벗긴 후
먹었다.
무 밭에 인분(똥)을 많이 준 곳은 무가 매웠다.
한 개를 먹고 나면 배가 든든해서 걸음걸이도 더 씩씩해졌다.
어쩌다 무 밭 주인아저씨를 만나게 되면 도둑이 제 발 저리다고
고개를 옆으로 돌리고 지나갔다.

오늘 걸으면서 무 밭을 보았다.
냉장고에 무가 있어도 옛날처럼 먹고 싶은 마음이 없다.
배고픈 시절, 무 한 개는 갈비보다 더 맛있었다.
반세기가 흐른 지금 그때를 생각해 보면 무를 먹을 때의 발걸음은
왜 그렇게 빨랐을까?

581 일 년 후에 받을 엽서
2020. 10. 9. (금)

사랑하는 여보에게

가을이 깊어가는 오늘, 전주 한국도로공사 수목원에 왔어.
계수나무 잎을 모아 집에 가져가고 싶어서 왔지.
솜사탕 향기 나는 계수나무 잎.
일 년 후에 배달되는 이 엽서를 받을 때쯤이면
당신은 회갑이 되는 건가?
늘 고마워. 늘 미안해. 늘 사랑하는 김경희 당신.
36년의 아름다운 세월을 같이 걸어왔구나.
당신 늘 건강하길 바라.
우리도 언제인가 떨어지는 낙엽처럼 생을 마감할 때가 있겠지.
화살처럼 지나가는 시간 속에서 하루하루를 행복으로 알알이
영글어 가도록 합시다.
임마누엘 은총이 한 해 동안에도 함께하실 줄 믿고
김경희 여보야, 사랑해.

남편 진창오로부터/전주 한국도로공사 수목원에서
2018년 11월 8일(그때 주워온 계수나무 잎 몇 바가지는 지금도 내 서재에 있다.)

582 다람쥐들의 외침
2020. 10. 9. (금)

　"얘들아, 평소에는 사람들이 이쪽 계곡 길 잘 안 왔는데
요즘 웬일이니?"
"그러게. 부쩍 사람들이 많아졌지.
코로나 19로 산에 와서 운동하려고 그럴까?
아니면 가을맞이하려고 그러는 걸까?"
"아냐. 아닌 것 같아. 등산객 복장이 아닌 사람들이 많네.
어? 저 여자 분은 호주머니가 빵빵한데. 뭐가 들었을까?"
"자꾸 고개를 숙여 뭔가 줍고 있어. 가까이 가 보자."
"그래. 뱀, 산족제비 조심해야 해.
우리 잡아먹으려고 눈에 불을 켜고 다니니까 주변 잘 살펴봐."
"헐, 밤을 줍고 있잖아.
어쩐지 요즘 계곡 길에 사람들이 많더라 했어."
"여보세요, 인간 여러분. 우리 소리 좀 들어줘 봐요.
우리 겨울 양식이 도토리, 밤인데 다 주워가면
우리는 어찌하라고요. 들어보니 햇밤 2킬로그램을
15,000원이면 산다는데 떨어진 밤, 그냥 두면 안 될까요?
해도 너무 하네요. 인간들은 밤 아니어도 먹을 것 많은데
우리 양식까지 욕심내나요?
우리 다람쥐들은 이로 밤 껍질도 잘 까고요, 이빨이 자라니까
도토리로 이빨을 갈기도 해야 하거든요."

583 『익숙한 것과의 결별』
2020. 10. 10. (토)

2007년도에 출간된 구본형 선생의 『익숙한 것과의 결별』은
내 삶의 뿌리를 견고하게 내리는 촉매 역할을 했다.
"타인의 삶으로부터 나는 뛰어내렸다.
내가 되기 위해 나는 혁명이 필요했다. 변화를 두려워해서는 안 된다."
구본형 선생이 돌아가셨을 때 장례식에 가지 못한 것이
두고두고 아쉽다.

직접 한 번 만나 뵌 적도 없지만 이분 책은 거의 다 사서 보았다.
일주일 독서 여행 때도 구 선생님 책을 10권도 넘게 껴안고 갔다.
몇 년 동안 같은 자리에서 움직이지 않았던 물건들을 치우고
변화를 시도했다.
버릴 것은 과감히 버리고 다시 새로운 나의 생태 세밀화
그림 액자로 거실 벽을 꾸몄다.

물은 고여 있으면 썩는다.
생각도 마음도 영혼도 몸도 늘 변화를 추구해야 신선하다.
이대로가 좋아 그러면 당시에는 편하지만 깊이 있는 인생으로
나아갈 수 없다.
물건이나 사람이나 관계도 때로는 익숙한 것과 결별해야 할 때는
주저해서는 안 된다. 과감한 용기와 결단이 필요하다.

새벽길 별을 보며

584 나의 묘비명 공모
2020. 10. 10. (토)

죽음은 현실이다. 니체가 말한 대로 필멸의 인간이다.
막연한 이데올로기가 아닌, 매일 준비를 해야 하는 뜻밖의
귀한 손님이다.
손님 맞을 준비를 해야 하는 것이다.
2017년도 한 해, 한국인 출생자 수는 36만 3천 382명이고
사망자 수는 28만 2천 109명이었다.
올 때는 순서 있게 오지만 갈 때는 순서가 없다.
가끔 시립 공원묘지에 자전거를 타고 간다.
석양이 물들 때쯤에는 단 한 명도 없고 혼자 덩그렇게
남아 있을 때가 있다.
출, 졸이 몇 년 몇 월 며칠로 기록되어 있다.
나의 묘비명을 공모했다. 누구에게도 알리지 않은 공모다.
어느 누가 내가 살아온 인생을 나보다 더 잘 아는 사람이 있을까?
어느 날 갑자기 죽음이 내 앞에 왔을 때 준비되어 있지 않은
묘비명은 한두 시간에 나올 수 없을 것이다.
작은 비석에 내 삶을 담을 수 있는 글은 무엇이어야 할까?
깊이 있게 오늘부터 염두에 두고 준비해야겠다.
공모도 내가 했으니 당첨도 내가 되겠지.
간단하면서도 모든 것을 담아내는 문장은 무엇일까?
나태주 시인의 묘비명 "많이 보고 싶겠지만 조금만 참자." 짧으면서 좋다.

585 마운틴이라 부르지 않는다
2020. 10. 11. (일)

　　2008년 2월에 아내와 함께 히말라야 트레킹을 하고 왔다.
가장 힘들었던 것은 거위털 침낭 속에 들어가 있어도
뼛속까지 스며드는 추위와 지독한 향내가 나는 음식이었다.
고산병으로 인해 구토, 메스꺼움, 두통도 한몫했었다.
누군가는 히말라야 5,000미터를 넘을 때 가장 보고 싶은 사람은
아내였고, 6,000미터를 넘으니 자식들 생각이 났고,
7,000미터를 넘으니 아무것도 생각나지 않고 순간순간
죽느냐 사느냐는 생사의 갈림길에서의 순간뿐이었다고 말했다.

　　박범신의 장편소설 『촐라체』를 보면 히말라야에 사는 사람들은
5천 미터가 넘는 산도 마운틴(mountain)이라고 부르지 않는다.
그 정도의 산은 힐(hill, 언덕)이라고 부른다.
우리 인생길에서 만나는 고통스러운 시련도 산이 아니라 언덕으로
생각하는 낙관주의적이고 긍정적인 생각은 역경도 지치게 할 것이다.
내 인생길에 산이 없게 해달라고 하지 말고 산도 언덕처럼
넘을 수 있는 힘을 달라고 기도했다.

　　초주검이 되어 지옥 입구까지 내가 왜 왔느냐는 질문을
스스로에게 던졌던 히말라야 트레킹이었지만 세월이 흐를수록 자꾸만
가고 싶은 아름다운 산.
산은 산이 나를 받아줘야만 오를 수 있는 곳이다.
그곳에 다시 가고 싶은 열망은 왜 식지 않는 것일까?

586 관계
2020. 10. 12. (월)

벼 추수 때가 되어 하루가 다르게 꽉 차 있던 벼들은
없어지고 볏짚만 남아 있다.
5개월 정도 땅에 뿌리내리고 있던 벼. 땅과 벼의 관계를
생각해 보다가 타인과의 관계, 일과의 관계, 자신과의 관계를
정립해 보는 시간을 갖는다.
첫째로, 나와 타인과의 관계는 어떤가?
나 외에는 모두 타인이다.
물론, 가족은 타인이라 할 수 없겠지만 나를 둘러싸고 있는
사람들과의 관계는 얼마나 진실하고 친밀한가?
둘째로, 일과의 관계에서 하는 일들이 주어졌을 때
현재 하는 일에 대해서 얼마나 최선을 다하고 있으며 행복한가?
셋째로, 나와의 관계에서 나는 나의 정체성을 잃지 않고
내가 하고 싶은 일을 하면서 자신 앞에서 진실한가?
두려운 일이라도 도망치지 않는다.
언제나 마음의 평화와 고요함을 빼앗기지 않고 평정심을
유지하고 있는가? 작은 일에 진정 감사하며 조그마한 일상의
일들에서 감사 기쁨을 찾는가?
타인, 일, 자신과의 관계에 구멍이 나지 않게 하자.
아름다운 색이 흘러나오게 하자.

587 언택트(untact) 시대

2020. 10. 12. (월)

　　작년 12월부터 휘몰아치기 시작한 코로나 19 전염병은
우리 사회의 전반적인 구조, 문화, 경제, 관계, 소비, 종교까지
영향을 미치지 않은 곳이 없을 정도가 되었다.

　　언택트는 사람을 직접 만나지 않고 물품을 구매하여 서비스
따위를 받는 일을 말하지만 21세기의 트렌드 용어가 되어 버렸다.
접촉이 멀어지는 시대로 심지어 9월 30일, 74세인 나훈아의
언택트 공연이 그 절정을 이루었다.
반면, 마이크로소프트사는 작년보다 1분기 수입이 40조,
아마존은 92조가 증가했다.
교회에서 예배까지도 비대면 동영상 예배로 드리는
처음 경험하는 방식이 나오게 되었다.
악수를 꺼리고 옆으로 사람이 지나가면 코를 막고 가는 사람도
보았다.

　　21세기의 화두는 "자연과 사람"이다. 자연과 사람을 존중하지
않고 무시하고 천시하고 멸시하는 데서부터 재앙은 시작되니
코로나 19도 그런 것이 아닐까?
새로운 문명사적인 전환 시대에 나는 어떤 삶의 철학과 의미를
추구하며 살 것인가? 내일 지구의 종말이 와도
오늘 한 그루의 사과나무를 심는 마음을 가지고 살자.
코로나 19 종식을 위해 새벽마다 기도하고 있다.

588 인생도 길이다
2020. 10. 13. (화)

    평탄한 직선거리를 걸으면 편하기는 하지만 지루하다.
산의 매력 중 하나는 오르내리기를 하다 보면 능선도 나오고
평탄한 길도 나온다는 것이다.
낮은 산일수록 굴곡이 적고, 높은 산일수록 굴곡이 심하다.
등산 마니아들의 로망인 설악산 공룡 능선은 쉼 없이 오르고 내리고를
8시간쯤 반복한다.
여기서만 외설악, 내설악을 모두 볼 수 있다고 알려져 있다.
험한 곳일수록 보상이라도 해 주려는 듯 아름다운 경치가
기다리고 있다. 돌아보면서 "내가 어떻게 저 길을 지나왔지?"
믿어지지 않는 듯 말을 한다. 가파른 길을 오를 때는 그때가 행복했고,
의미가 있었고, 좋았던 시절이었다.
숨 막힐 듯 어려울 때 그 안에 기쁨도 함께하고 있었다.
    아이들이 어릴 때 다 키워 놓은 사람들을 보면서 힘든 시절
언제 지나가나 부러운 눈으로 바라본다.
사실은 아이들이 어렸을 때는 훨씬 젊음이 약동하던 시절이었으니
얼마나 좋은가?
좋은 것인데도 좋은 것에 절실히 감사하지 못하는 것이 인간인가?
인생도 길이다. 계속되는 고속도로도 없고, 계속되는
비포장도로도 없다. 내 앞에 놓이는 길, 어떤 길인들 어떠리!
나는 휘파람을 불며 갈 테니까.

589 내 손의 힘으로
2020. 10. 14. (수)

유전적으로 내 손과 발이 큰지, 아니면 많이 사용해서
그런지는 모르겠다.
확률적으로는 유전적인 것이 맞을 듯싶다.
누군가는 내 손을 일컬어 황금손, 맥가이버 손이라 한다. 맞다.
어릴 적 큰집에서 작두를 가지고 놀다가 4개의 손가락이
잘릴 뻔한 극적인 위기를 면한 적이 있다.
반세기의 세월이 지나갔어도 여전히 눈에 보일 듯 말 듯
흉터가 남아 있다.
그때 1퍼센트의 힘이라도 더 가해졌거나 작두날이 무디지
않았더라면 어떠했을까? 생각만 해도 등골이 오싹하다.
손을 쓰면서 더 감사하는 이유기도 하다.
내 손의 힘으로 숟가락, 젓가락질할 수 있다는 것,
이렇게 만년필을 잡고 글을 쓸 수 있다는 사실,
컴퓨터 자판기를 두드릴 수 있는 일. 지금도 병원에서는
자기 손의 힘으로 숟가락질 한 번 못하는 힘든 사람이 많다.
인도에 갔을 때 손으로 식사를 해 봤다.
열 개의 손가락이 있고 손톱이 달려 있고 수많은 신경, 인대,
근육이 움직인다는 것은 엄청난 행운이다.
그래서 내 왼쪽 손가락 약지와 새끼손톱에 봉숭아물을 들였나 보다.

새벽길 별을 보며

590 외로움이라는 친구
2020. 10. 14. (수)

휘트니 휴스턴은 말했다. "자기 자신을 사랑하는 것을 배우는
사람이 세상에서 가장 위대한 사람이다."
자신을 사랑하고, 자신과 대면하며, 자신과 질문하고 대답하는
시간이 나는 행복하다.
30여 년 전부터 나 홀로 산행을 많이 했고 횡횡 부는 매서운
겨울바람을 뺨에 맞으며 눈 속에 무릎을 꿇고 펑펑 울면서
기도한 적도 있다.
고난의 터널을 지나가게 해달라고, 그 힘과 지혜를 달라고 애원했다.
　3월부터 오늘까지 590개의 글을 쓰면서 외로움은 더 친밀한
나의 친구가 되었다. "치열하게 고독할 줄 알아야 한다. 고독할 줄
모르는 사람들은 휩쓸려서 산다."고 한 니체의 말이 떠오른다.
홀로 있을 때 내 영혼을 돌보는 능력이 더 생기고, 내 몸과
마음을 관리할 수 있는 자본을 더 만들어 왔다.
혼자 산에 가고, 보이차를 마시고, 책과 음악 속에 사는
친구의 마음을 더 이해한다.
　가장 비싼 시간은 나 혼자 있는 시간이다.
북적대는 마트 한가운데서도, 12시간의 지리산 산행을 혼자 해도
나는 외롭지 않다.
모든 것에 긍정적인 의미를 부여하기 때문이다.
그리고 행복한 내 친구인 내가 있기 때문이다.

591 돈 받고 여행하고 글 쓰고
2020. 10. 14. (수)

    지리산 둘레길 열풍이 불기 전에 1코스에서 5코스까지
나 홀로 걷기를 한 때가 15년 전쯤이다.
지금은 3도 5개 시군 285킬로미터를 22구간으로 걷도록
만들어져 있다.
기필코 모든 구간을 처음부터 걸어 보리라고 아내와 약속했다.
함께 산티아고 순례길 대신 지리산 둘레길을 걷자고 했다.
그리고 시간이 꽤 흘렀다.
꿈은 늘 마음 가운데 씨가 떨어져 계속 자라고 있었다.
    며칠 전, 지리산 둘레길 웹 콘텐츠 개발 스토리텔링 책임 작가로
선정되었다.
꽤 많은 용역비가 통장에 들어왔다. 둘레길 구간의 생태, 역사,
사람 등 매력적인 숨겨진 이야기를 발굴하여 스토리텔링을
작성하는 책임자로 뽑힌 것은 큰 행운이다.
계속 민박을 하면서 탐방, 관찰, 글쓰기를 하려고 한다.
힐링, 상담 코스로 지리산 둘레길 학교를 열어보고 싶다.
다문화 가정 아이들과 청소년들에게 자연, 생명, 인간의
철학적 사유를 할 수 있도록 돈도 쓰고 싶다.
떠나기 전, 준비 목록 작성 중이다.
뜨거운 가슴으로 지리산을 안으리라. 지리산아! 내 사랑 지리산아!

592 로드킬 쥐 두 마리
2020. 10. 14. (수)

남들이 하기 싫은 일, 나도 하기 꺼려지는 일이 로드킬당한
동물 치우는 일이다. 매일 내가 걷는 탑천 길은 다양한 식생과
동물, 곤충, 새들이 깃들어 사는 아름다운 곳이다.
가을 억새가 살랑거리고 뚱딴지 노랑꽃이 수놓고 있다.

어제 지붕 실리콘 작업을 하고 이곳저곳 몸이 아팠지만
벌떡 일어났다.
큰 쥐 두 마리가 거리를 두고 로드킬을 당해 죽어 있다.
차에 깔려 보기 흉측할 정도다. 내일도 이 길을 내가 걸어야 한다.
운전하고 가는 사람들은 피할 것이고, 지나가는 사람도
얼굴을 찌푸리고 고개를 돌릴 것이다.
내 눈에 보인 것은 나에게 치우라고 하는 신호다. 이것도 감사다.
하지만 생각과 행동에는 긴 다리가 놓여 있다.
망설이면 못한다. 즉각적 행동이 필요하다.

탑천가에 있는 억새 줄기를 꺾어 죽어 있는 쥐를 멀리 던졌다.
아침식사를 하는데 몇 번 그 모습이 떠올랐으나 개의치 않았다.
남들이 하기 꺼리는 일을 내가 했다는 것은 복을 담은 것이다.
자연을 사랑하는 사람으로서 당연히 해야 할 일을 한 것이다.
앞으로도 할 것이다. 의미 없는 것은 하나도 없다.
로드킬을 당해 죽은 쥐가 고맙다고 죽어서도 말하는 것 같다.
보람 있는 아침이다.

593 여명이 밝아올 때

2020. 10. 15. (목)

"여명"의 사전적인 의미는 "희미하게 밝아오는 새벽녘,
희망의 빛, 상서로운 빛"으로 되어 있다.
요즘 아침 6시면 조금 어둡다.
새벽기도를 마치면 거의 이 시간이 되기 때문이다.
찬 공기가 콧물을 자극한다. 추우면 달리면 된다.
아직 하늘에는 눈썹 같은 초승달과 초롱초롱 별들이 걷고 있는
내 발등에 앉는다.
하늘은 태양이 떠오르는 것을 준비나 하듯 붉은빛이 감싸고 있다.
6시 30분이 넘어서야 해가 떠오르기 시작한다.
　　해 뜨기 전 동녘 하늘은 하루하루가 다르다.
구름의 형태도 변화무쌍하다.
자연은 늘 머물러 있는 듯하지만 끊임없이 새롭게 변신한다.
그래서 자연을 가까이할수록 역동적이고 생동감 있는 마음으로
활력이 몸과 마음에 일어나는가 보다.
　　매일 뜨는 태양은 매일 다르다.
질량, 크기, 부피, 온도는 똑같겠지만 대하는 내 자세, 견해,
인지 능력은 다르다.
떠오른 붉은 태양을 십여 분 마주 보고 서 있었다.
살아있음의 존재 확인을 하는 시간이다.
감사해서, 감격해서, 마음이 뜨거워져서 눈물이 나왔다.

594 14만 원 아끼려다가
2020. 10. 15. (목)

　　신문 사회면에 안경 값 14만 원 아끼려다가 벌금 500만 원을
물게 된 60대 남자 기사가 올라와 있었다.
안경 렌즈 값이 너무 비싸다고 안경점 사장을 때린
60대 남성이 500만 원 벌금형을 받았다. 세상에는 별일도 다 있다.
전치 4주의 골절상과 뇌진탕을 입은 안경점 사장은 날벼락을
맞은 것이다.
"안경 쓰는 인간이 렌즈 값이 아깝다면 그냥 눈감고 살아라.
세상 보는 안경을 써라.
그간 살아온 인생이 전부 보이는 듯 성질 좀 죽이고 살자.
폭행죄로 구속감이다." 등등의 수많은 댓글이 달렸다.
변호사 비용까지 포함하면 한순간 분노를 참지 못해서
얼마나 큰 대가를 치르고 있는 것인가.
　　전치 4주의 부상을 입은 사람은 무슨 죄가 있어서 억울한 일을
당해야 하는가? 그 가족들의 고통은 얼마나 클까?
분노를 폭발한 그 사람은 14만 원 때문에 전과자라는 오명을
평생 쓰고 살아야 하니 얼마나 기가 막힌가! 안쓰러운 마음이 든다.
살아가야 할 인생도 많이 남은 사람이 무거운 짐을 지고
살아야 하니 말이다. 인생은 순간순간의 선택이다.
내가 선택하고, 결정하고, 책임져야 한다.
하루를 살더라도 평온함을 빼앗기지 않아야 하겠거늘.

595 지붕 위에서
2020. 10. 16. (금)

　건축할 때 패널 위에 방수포를 깔고 아스팔트 싱글을
붙여야 하는데 8년 전 공사할 때 그 부분을 놓쳤다.
비가 오면 두어 군데서 빗물이 새어 수리해야 했다.
몇몇 업체에 의뢰했으나 부분적인 수리는 해 주지 않는단다.
유럽식 지붕이어서 상당히 경사가 심하고 난이도의 기술이
요구되기도 한다.
　이십 미터쯤 되는 사다리를 놓고 올라섰다.
안전모를 쓰고 실리콘 작업을 할 때 아래에서 위를 볼 때와
위에서 아래를 볼 때는 심리적 두려움의 차이가 크게 났다.
자꾸만 아래를 내려다보고 싶은 마음이 들어가면 무서움은
몇 배 가속이 된다.
하지만 위만 보고 일을 하면 두려움이 없어진다.
떨어지면 어쩌지? 아냐. 안 떨어질 거야.
조심해서 천천히 하면 돼.
걱정 마. 사다리가 안 움직이게 잘 고정되어 있으니 안심해.
자신을 안심시키면서 일을 했다.
다 마치고 내려오면서 소리 내어 고백했다.
"주님, 감사합니다. 또 큰일을 마쳤습니다."

　새벽길 별을 보며

596 매콤달콤 하루 산행기
2020. 10. 16. (금)

　　도전하고 모험하고 부딪혀 보고 맨몸으로 맞닥뜨려 보는 일은
용기와 담대함 그리고 자신을 신뢰하고 사랑하는 마음이
있어야 가능하다.
걷지 않으면 병이 생긴다. 나이가 들수록 산에 가야만 한다.
이유는 사람도 자연이므로 자연과 조화를 이루어야 하기 때문이다.
　　10월 2일, 아내와 운장산-구봉산 종주 산행을 하고
산행기를 쓰고 보니 소중한 추억을 소책자로 만들면 좋겠다는
마음의 소리를 들었다.
기왕 쓰는 거 나의 산행 의미는 무엇이고, 나의 건강 산행법은
어떠하며, 아내와 14시간 동안 나눴던 대화 내용도
우리 인생 이야기여서 썼다.
찍어 놓은 사진을 첨부하여 몇 차례 인쇄소에 들락거리며
완성을 시켰다.
35페이지의 소책자지만 산을 좋아하는 사람들,
산행하는 사람들에게 작은 도움이 되고 싶었다.
왜 산에 과일 껍질을 버려서는 안 되는지, 왜 산행을 서두르면
안 되는지 등 산행 지침서가 되도록 며칠 전념하여 인쇄에 들어갔다.
　　산행은 달콤한 코스만 있는 것이 아니다. 매콤한 길도 많다.
그래서 더 매력이 있고 가 볼 만한 가치가 있는 것이리라.
산은 삶이다. 올라간 만큼 내려와야 하니까.

597 일일초 목이 말라요!
2020. 10. 17. (토)

큰 며늘아기 할아버지께서 일일초 모종을 하여 백여 그루
넘게 주셨다.
30센티미터 간격으로 화단에 심었더니 피고 지고 한 달이 넘게
예쁜 꽃을 보고 있다. 허투루 피어나는 꽃은 하나도 없다.
다 의미와 이유가 있다.
땅 맛을 본 식물은 어지간한 가뭄에도 잘 견디는데
화분에 심은 일일초는 그렇지 않다.
"여보, 일일초 목이 마른 것 같아요." 물을 주었으면 하는 뜻이다.
가득 빗물을 담아 부어 주었다.
내 발걸음 소리를 듣고 반가웠는지 꽃이 인사하는 것 같다.

뒤뜰 한쪽에 심어놓은 무화과가 언제 열매를 맺었는지
십여 개 대롱대롱 매달려 있다.
아니, 언제 너희들 열매 맺었지?
정화조 옆에 심었더니 효과가 있는 듯하다.
식물은 땅, 태양 에너지, 수분, 공기 그리고 사람의 관심과
사랑으로 성장한다.
그래서 채소는 주인의 발자국 소리를 듣고 큰다는 말이 있다.
내일 아침에는 일일초가 방긋 인사를 할 것이다.
목이 말랐을 텐데 신경 쓰지 못해 미안하구나.
오랫동안 눈 맞춤하자꾸나.

새벽길 별을 보며

598 머리 염색 안하련다

2020. 10. 17. (토)

계속해 왔기 때문에 앞으로도 계속 해야 하는 것일까?
남들이 염색해야 한다고 말하기 때문에 해야 하는가?
몇 년 젊게 보이는 것이 그다지도 중요한 것인가?
한 달에 한 번 반드시 해야 하는 이유가 있는가?
85세 되신 할아버지 한 분이 근래 들어 가발을 썼다.
가발을 쓰기 전의 모습이 나는 훨씬 멋진데 말이다.
중요한 것은 나의 정체성이다.
왜 자꾸만 젊게 보이려고 하는 것일까? 나이듦이 나쁜 것인가?
다 그런 것은 아니겠지만 염색약의 부작용, 환경 호르몬에
안 좋은 영향을 끼치는 화학 성분 사용을 당연시 여겨야 하는가?
이번 달에는 누가 뭐라고 해도 염색을 하지 않으련다.
나이듦은 당연한 일, 정상적인 일이 아니겠는가.
　　인디언 언어에서 배우는 삶의 지혜 『시계가 없는 나라』 책을 보면
미크맥 사회에서는 어린이들이 백발의 노인을 보면
큰 소리로 "아이쿠, 정말 늙으셨군요."라고 말한다.
그것이 존경을 표시하는 방법이기 때문이란다.
그만큼 오랜 세월 동안 고난을 이기며 살아온 것에 대한
존경의 표시인 것이다.
나에게 "아이쿠, 정말 늙으셨군요."라고 말하는 어린이가
한 명이라도 있었으면 좋겠다.

599 내 머리 내가 깎고
2020. 10. 18. (일)

　　자기 머리는 자기가 깎지 못한다. 정말 그럴까?
이게 변치 않는 진리인가?
이발하려고 미용실을 세 군데나 돌아다녔다.
한 곳은 문이 닫혀 있고, 한 곳은 생각보다 비싸고,
한 곳은 손님들이 많아 오랫동안 기다려야 했다.
가족들에게 "이발기를 사서 스스로 이발해 보면 어떨까?"라고
물어보니 모두가 한목소리로 안 된다고 한다.
앞으로 열 사람에게 물어봐도 돌아오는 대답은 안 된다고 할 것이다.
누구나 안 된다고 하니 슬그머니 오기가 생긴다.
　　아침에 면도기로 옆머리, 뒷머리를 깎았다.
귀를 덮고 있는 머리카락은 많이 깎았다.
샴푸를 한 뒤 보니 나름 멋있다.
식구들은 쥐 파먹은 것 같다고 깔깔대고 웃는다.
이발기만 있다면 훨씬 잘할 수 있을 것 같다.
일 년 열두 번, 앞으로 이십 년을 더 산다 치면 240번은
이발해야 한다.
문제는 시간 맞추기가 힘들다는 것이다.
자기 머리는 자기가 깎지 못한다는 공식을 깨보고 싶다.
해 보는 데까지 해 보는 것이다.
무리한 모험일까?

600 스토리텔링 작가
2020. 10. 19. (월)

얼마 만에 타 보는 열차인가?

아침 6시 50분 여수행 무궁화호에 몸을 실었다.

「기차는 8시에 떠나네」 노래가 들려오는 듯하다.

차창을 스치고 지나는 황금 들녘과 청명한 푸른 하늘이 예쁘다.

설렘, 약간의 긴장이 흥분하게 한다.

지리산 둘레길을 간다.

3도 5군 12면 100여 개 마을을 지나는 285킬로미터를 잇는 둘레길.

하동읍-서당, 대축-원부춘, 원부춘-가탄, 가탄-송정.

역사, 사람, 숨겨진 이야기를 발굴, 스토리텔링하여 웹

콘텐츠 개발하는 작가로 선정되었다.

15년 전, 5구간을 걸었던 이후에 언제쯤 다시 걸을 수 있을까

학수고대했었는데 꿈이 이뤄진 것이다.

얼마나 많은 스토리와 감동, 느낌, 글들이 나올지 기대가 크다.

감사를 외치고 또 외쳐도 감사가 나올 뿐이다.

나는 복을 많이 받은 사람이다. 꿈 같은 일이 내게 주어졌다.

최선을 다할 것이다.

성공적인 한 주가 될 것을 믿고 기대한다.

나는 이 일을 보상 동기(Reward Motive)로 하지 않고,

기쁨 동기(Joy Motive)로 한다.

601 지리산에 들어가면

2020. 10. 19. (월)

지리산 덕분에 먹고 살고 숨 쉬는 사람들이 얼마나 많을까?
지리산에 들어가면 두 가지가 없다.
하나는 굶어 죽는 사람이 없고, 둘째는 자살하는 사람이 없다.
왜 그럴까?
지리산을 일컬어 "어머니 품"이라 한다.
어머니는 피, 땀, 눈물을 쏟아 자식을 낳는다.
그리고 생명의 젖을 입에 물려준다.
어머니 옆에 있으면 아무리 가난하고 힘들어도 굶을 리가 없다.
어떻게 해서든 자식을 먹여 살릴 테니까.
땅은 어머니라 했다. 땅속, 땅 위의 온갖 차, 과일, 열매, 뿌리,
맑은 공기가 있다.
먹을 것이 풍성하다. 생명을 품고 있기 때문이다.
각종 생명이 잉태되며 자라는 곳이다.
반달곰, 짐승, 새, 곤충, 식물, 자연이 생명을 낳는 곳이라서
자살하는 사람이 없다.
그 생명의 기운을 받기에 못 죽는다.
생명의 활력이 넘치는 곳인데 어찌 죽을 생각을 할 것인가?
죽을 사람이 찾아오면 살아서 나가는 곳,
그곳이 바로 지리산이다. 그 지리산 둘레길을 내가 간다. 야호!

새벽길 별을 보며

602 버려지는 시간은 없다
2020. 10. 19. (월)

　　세상사 내 계산대로만 되지는 않는다.
어떤 사람이 인터넷에 올려놓은 구례에서 하동 가는
시외버스 시간표가 바뀌어 있었다.
8시 50분 차인 줄 알고 구례역에서 택시를 타고 왔는데
9시 30분 차로 변경이 되었다.
50분 동안 어떻게 보내야 할까?
이런 생각과 함께 이것 또한 감사할 일이구나 감사 마음이 작동했다.
이럴 줄 알았으면 택시를 타지 않고 걸어와도 될 거리인데
이런 생각을 하면 나만 스스로 바보가 된다.
8,000원이 아깝다고 생각하지 않고 택시 기사님과 대화 나눈 것이
유익했다고 생각했다.
　　터미널 근방의 마을 길을 걸었다.
내 계획, 뜻대로 안 되어도 마음을 순간적으로 긍정 방향으로
돌리면 된다.
덕분에 도올 김용옥 교수의 「구례 찬가」를 낭송하는 즐거움도
느끼게 되었다.
산수유 열매 모양의 가로등도 찍는 즐거움도 있었고.
시간이 흘러가도록 두지 않으면 된다.
시간은 내 의식, 내 마음, 내 손에 달려 있다.
어떻게 보내는 것인가의 선택은 내게 있으니까.

603 길에서 주운 어느 엄마의 편지
2020. 10. 19. (월)

　　차 시간이 변경되어 남은 시간 50분을 알뜰히 보내고
터미널로 오는 길에 바닥에 떨어진 파란색 편지지를 발로 밟을 뻔했다.
주워서 읽어보니 감동! 엄마의 사랑 그 자체다.

"울 사랑하는 아들 현수야! 세월이 무척 빠르지~^^
벌써 고등학생이고 (청소년이야.) 중딩이 아닌 고딩…….
건강하고 착한 아들로 성장해 줘서 고맙구나. ㅎㅎㅠㅠ
요즘 적극적이고 긍정적이며 열심히 하려고 하는 우리 아들의
모습이 너무나 뿌듯하다. (중략) 우리 현수 곁에 가족이
있으니까 걱정하지 말고 하고 싶은 일 최선을 다해 끝까지
노력하길 바랄게.
엄마의 아들로 태어나 줘서 고맙고. 아자 우리 김현수 파이팅.
엄마가 엄청, 아주 많이, 목숨 다해 사랑해.
오늘 하루도 파이팅."
(2020. 7. 2. 새벽 1시 40분에 씀)

　　가슴에 깊은 울림을 주는 감동의 편지를 주워 읽을 수 있었다니.
차 시간 남은 것이 복이었다. 이것이 여행이다.

새벽길 별을 보며

604 어느 때 가장 행복하세요?
2020. 10. 19. (월)

걷고 또 걸어서 하동군 적량면 우계리 상무 마을에 도착.
집 문 앞 도로 가에 할아버지 한 분이 앉아 계셨다.
"운동 나오셨어요?" "아니, 여기가 우리 집이여." 하고
손으로 가리키셨다.
옛날에는 60여 가구가 살았는데 지금은 17가구쯤 된단다.
질문을 드렸다. "할아버지, 어느 때가 가장 행복하세요?"
주저하지 않고 말씀하신다.
"자녀들이 찾아왔을 때요."
　　2남 3녀를 두신 할아버지는 거동이 불편하셨다.
할머니는 88세, 할아버지는 86세신데 할머니는 다리가
아파서 같이 나오지 못했다고 하셨다.
"죽을 날이 머지않으니 죽으면 자식들 못 보니까
자식들이 찾아왔을 때가 제일 좋지요."
웃음 가득한 얼굴이다.
코로나로 근래에 자식들 얼굴을 못 보셨단다.
"할아버지, 백년해로하세요." 하고 한참을 왔는데
아차, 에너지 바 초콜릿 하나 드릴걸.
왜 그 생각을 못 했지. 늙는다는 것이 뭘까?
세월을 거스를 수 없는 게 인생인데.

605 식당에서의 질문
2020. 10. 19. (월)

오늘의 목적지 서랑 마을에 도착했으니 민박집에 들어가서
쉬면 되겠다 싶었다.
코로나 19로 마을 회관이 문을 열지 않아 택시를 타고
하동 읍내로 나왔다.
저녁식사를 해야 하는데 두어 바퀴를 돌아봐도 발길을
잡아당기는 식당이 없다.
　　한 작은 식당으로 들어갔다.
반찬을 갖다 주시는 식당 사장님에게 오늘 두 번째 같은
질문을 했다.
"어느 때가 가장 행복하세요?"
"이제 돈 그만 벌고 텃밭 가꾸고 화단 꽃 가꾸고
그러면 좋겠어요. 화단 꽃 볼 때가 가장 행복해요."
몇 번의 감탄사로 반응을 해드리니 기분이 좋으신가 보다.
　　차돌박이 된장찌개가 일품이었다.
꽃을 볼 때가 가장 행복하다는 말에 덩달아 내가 행복했다.
"사람 사는 게 다 그게 그거죠 뭐."라고 중얼거리던
식당 사장님의 의미 있는 말이 귓가에 맴돈다.
"그게 그거"가 무엇일까? "비우고, 내려놓고, 주어진 하루 속에서
작은 것에 감사를 찾고 자기가 하고 싶은 일을 하면서
사는 것이 정답입니다."라고 말하는 것 같았다.

606 업고 다닌 대추
2020. 10. 20. (화)

　　20년째 최 참판댁 주차장 앞길에서 장사하시는 분.
직접 농사한 것을 매일 들고 나와 파는 61년생 서○숙 씨.
친정은 장수 천천면이라면서 고향 자랑을 한참 했다.
지나가는 나에게 대추차 한 잔 하고 가라며 붙잡았다.
실꾸러미의 실이 풀어지듯 나오는 이야기를 이십여 분 들어줬다.
한때는 깊은 우울증의 늪에서 헤맨 적도 있었지만
긍정적으로 생각하며 살기로 했단다.
이렇게 일할 수 있다는 것이 얼마나 즐거운 일인지 모른다고 하며
대봉시 아기 머리만 한 것 한 개를 주며 먹어보라 한다.
대추차도 연거푸 두세 잔을 따라 준다.

　　자리에서 일어나며 찻값 오천 원을 받으라 하니 몇 번이나
사양한다.
재밌는 얘기해 줘 고마워서 주는 이야기 값이라며 받으라 했더니
대추를 반 되 정도나 담아준다.
짐 하나라도 줄여야 될 판에 배낭에 꾸역꾸역 넣어줘
사양할 수 없었다.
땀 흘려 농사한 거 버리지 못하고 무겁지만 업고 다닐 수밖에 없었다.
내 등에 업혀 산도 오르내리는 팔자 좋은 대추가 되었구나.

607 대나무 지팡이
2020. 10. 20. (화)

　　오늘 스토리텔링 구간은 대축-원부춘, 8.5킬로미터다.
세상은 미리 걱정한다고 되는 것이 아니다.
담담히 있는 그대로를 받아들이고 부딪혀 보면 답이 나온다.
문제가 있는 곳에 답이 있고, 답이 없는 것은 문제가 아닌 것이다.
이번 둘레길 탐방은 스틱을 가져오지 않았다.
현장에서 나뭇가지를 주워서 쓰고 버릴 셈이었다.
계속해서 사진을 찍고 메모를 해야 해서다. 형제봉을 향해
오르는데 대나무 숲에 가니 바짝 마른 대나무가 있었다.
가볍고 튼튼했다. 나를 위해 준비되었군! 하며 집어 들었다.
땅을 짚을 때마다 통~ 통~ 하는 울림이 마치 북을 치는 듯한
소리로 들려 기분이 상쾌하다.
　　형제봉은 섬진강이 잠기기 전 우뚝 솟은 봉우리다.
가끔 반달곰도 출현한다니 대나무 하나가 무슨 힘이 될까?
허나 그래도 없는 것보다는 낫다.
살면서 이렇게 서어나무 숲이 많은 것은 처음 본다.
중간쯤 이르러 여길 지나가는 사람이 또 사용하라고 길 한쪽에
다소곳이 대나무를 세워 놓으면서 "고마워, 지팡이야."라고 말했다.

608 민박집 할머니의 친절
2020. 10. 20. (화)

10시간을 걸은 끝에 이른 곳이 경상남도 하동군 원부춘이다.
몸이 힘들다고 말하는 것 같다.
마을 입구에 들어서니 마당에서 가을 추수를 하느라
손을 바삐 움직이는 할머니가 계셨다.
어제 서당 마을에서 민박이 안 되어 오늘도 살짝 걱정이 되었다.
코로나 19로 인해 계속 민박을 할 수 없었다.
경상도 특유의 말투인데 다정스럽게 정이 묻어난다.
"어찌 혼자 산에 다녀요?"
헉헉거리며 산에서 내려오는 나를 애처롭게 쳐다본다.
빨리 신발을 벗고 눕고 싶다.
다른 곳 알아보고 싶지 않고 빨리 좀 쉬고 싶다.
"하루 신세 좀 질게요. 반찬은 있는 거 주셔도 되고요."
그랬더니 장어탕을 끓여 주신다.

민박하는 집이 아닌지라 방은 치우지 않은 물건들, 옷이
널브러져 있다. 냄새도 나고 내가 꼭 이런 곳에서 자야 하나
생각이 들다가 언제 또 이런 집에서 자보겠는가.
이렇게 긍정 모드로 생각을 바꾸고 누웠더니 할아버지께서
밤새 TV를 켜놓고 주무시는지 자다 깨기를 반복하니 아침이 되었다.
숙박비에 만 원을 더 얹어드렸더니 된장, 고추로 점심을 싸주셨다.
참 고마우신 할머니. 경상도 인심이 이렇게 좋은 줄 몰랐다.

609 젖 먹이는 노각나무
2020. 10. 21. (수)

오늘 지리산 둘레길 스토리텔링 구간은 원부춘에서 가탄
13.4킬로미터다. 경남 하동군 화개면이다.
원부춘 마을에서 가파른 임도를 따라 형제봉 삼거리까지
두 시간 반을 걸었다. 중촌 마을, 정금 차밭, 하늘 호수 차밭 쉼터,
백혜 마을, 가탄 마을까지 10시간이 소요되었다.
울긋불긋 계곡마다 단풍이 물들었다.
개옻나무들이 화려한 색으로 옷을 입었고 몇 날 며칠 숲속에
서 있고 싶은 마음이다. 형제봉 삼거리에서 약 2시간 반
거리에 있는 노각나무에서 발걸음을 멈췄다.
지금까지 본 노각나무 중 가장 우람하고 컸다.

노각나무는 차나뭇과로 남부지방의 산에서 자란다. 나무껍질에는
회갈색의 멋진 무늬가 있다. 마치 사슴뿔을 연상케 한다.
어린 가지의 잎 겨드랑이에 흰색 꽃이 핀다.
50미터쯤 내려가다가 다시 올라와서 나무 둘레를 재보니 2미터다.
아랫부분에 두 개의 봉우리를 보니 아이에게 젖 먹이는 엄마가
연상되었다. 그 자리에서 "젖 먹이는 노각나무"라 명명했다.
안내판을 만들어서 앞에 꽂아놓아야겠다.
천년 나무가 되었으면 좋겠다.
윤동주 시인의 「나무」라는 짧은 시를 읊었다.
"나무가 춤을 추면/바람이 불고/나무가 잠잠하면/바람도 자오"

610 머리에 맞을 뻔한 밤
2020. 10. 21. (수)

　　원부춘에서 출발하여 가탄 마을까지 한 시간쯤 남겨두고
비가 내리기 시작한다. 우의를 입었지만 오랜만에 비를 맞으니
콧노래가 절로 나온다. 15그루 정도 옹기종기 모여 있는
밤나무 길을 걸어가고 있었다. 1미터 코앞에서 뭔가 툭
땅에 떨어진다. 왕밤이었다. 하마터면 머리에 큰 알밤을 맞을 뻔했다.
만일 알밤이 아닌, 밤송이가 머리 위에 떨어졌으면 어찌했을까?
『누가 내 머리에 똥 쌌어?』 동화가 생각났다.
지난 월요일, 점심을 먹으려고 등산로에 앉았다가 엉덩이로
밤송이를 깔고 앉아서 살에 박힌 가시를 뽑느라 혼자 쇼를 했다.
다행히 지나가는 사람이 없어서 옷을 벗고 가시를 빼낼 수 있었다.
살다 보니 별 경험도 다 하는구나 싶었다.
　　밤 하나가 땅에 떨어지는 소리가 이렇게 클 줄 몰랐다.
청설모와 다람쥐들의 발걸음이 빨라지는 계절이 왔다.
나무 틈, 바위 틈 어딘가에 겨울에 먹을 양식을 준비하겠지.
여기도 저기도 밤 천국이다.
밤, 감을 보려면 이곳에 오면 되겠다 할 정도로 널려 있다.
일생 동안 볼 밤, 감을 이번에 다 본 듯하다.
1초만 빨랐어도 큰 알밤에 머리를 맞을 뻔했다.
십만 분의 1초 사이에 생명도 오고 가는 것이니 살아있는 것이
기적 아니겠는가.

611 다시 만난 민박집 할아버지
2020. 10. 22. (목)

7시 30분에 민박집에서 나와 화개중학교 앞에서
빗자루질을 하는 여 선생님과 이야기를 나눴다. 학교가 참 예뻤다.
61명의 학생이 재학 중이라고 했다.
둘레길 이정목을 자세히 보지 않으면 엉뚱한 길로 접어든다.
2.5킬로미터쯤 가다 보니 아무래도 잘못 온 것 같았다.
이정목이 하나 정도 나올 법한데 나오지 않는 것은 길을
잘못 온 것이다.

주변을 두리번거리고 있는데 어제 묵었던 민박집 할아버지가
오토바이 짐수레에 할머니를 태우고 나오셨다.
한눈에 나를 알아보시더니 뒤에 타라 해서 처음 오토바이
짐수레를 타 봤다. 여행은 이런 묘미가 있다.

때로는 길도 잃어버리고 되돌아오기도 한다.
길을 잘못 드는 것도 다 의미가 있는 것이다. 개고생은 없다.
그 시간도 소중한 것이다.
그 시간에 무엇을 하고 만드느냐에 달려 있다.
조금 빨리 목적지에 도착하면 뭐하리. 서두를 필요가 없다.
잘 다녀오라고 손을 흔들어 주시는 할머니, 할아버지의 정겨움을
온종일 생각하고 다니니 미소가 절로 나온다.

새벽길 별을 보며

612 마음에 담아둔 집
2020. 10. 23. (금)

　　잠을 깨보니 새벽 두 시다. 글을 쓰고 싶어 일어났나 보다.
약 16년 전에 5년 동안에 걸쳐 일본 사회복지 시설을 견학했었다.
대학생들 졸업 여행 겸 사회복지 실습이라 이름 붙여 갔다.
난 책임 인솔 교수로 전부 내가 기획하고 진행했다.
　　벳부의 호텔은 아소산 옆에 그림 같은 모습으로 자리 잡고
있었는데 오늘 민박한 집이 그와 비슷하다.
방 하나를 단독 원형으로 만들고 화장실까지 갖추고 있는
그림 같은 집이다. 아내와 함께 묵었던 호텔 방을 언제
다시 한 번 가고 싶었는데 이곳 지리산 둘레길에서 그와 흡사한
황토 방 민박집을 만나게 될 줄은 몰랐다. 혼자 자기에는 방이
너무 컸지만 오랜 세월 마음에 담아둔 집이라 그냥 하룻밤 묵었다.
둘레길을 낼 때 땅 주인이 허락해 줘야 할 수 있는데 이 근방을
다 내준 할머니가 존경스러웠다.
　　아들 셋에게 원형 황토 집 세 개를 지어 하나씩 주려고 했는데
뜻하지 않게 민박집을 하게 되었다는 사연을 들었다.
고구마, 밤을 잔뜩 주셔서 깎아 먹고 있다가 방구석에
죽어 있는 볼펜만 한 지네를 발견했다. 한참을 자고 있는데
느낌이 이상하여 일어났더니 이번에는 손바닥만 한 살아있는 지네
한 마리가 이불속으로 들어와 있었다. 징그럽다는 생각은
들지 않았으나 물리지 않아서 감사했다. 민박의 매력이 이런 것일까?

613 산불 피해 지역을 지나며
2020. 10. 23. (금)

오전 8시 30분에 송정 마을을 출발했다. 오미 마을까지는
10.5킬로미터다.
책에는 5시간으로 소개되어 있지만 나는 8시간이 소요되었다.
멈춰 서서 글도 쓰고 떠오르는 시도 썼다.
산불 지역을 바라보니 시커멓게 탄 소나무들이 송정 계곡에서
아우성치는 듯하다.
　그 자리에 서서 10미터 반경에 불에 몸뚱이가 타 서 있는
소나무들을 세어보니 무려 152주나 된다.
상당한 거리까지 화재 피해가 있었다.
　삼십여 보를 지나오니 등산로에 담배꽁초가 떨어져 있다.
머리가 비어 있는 인간들이 세상에는 많이 있다.
어찌 이럴 수가 있을까? 더구나 지리산 국립공원 자락에. 화가 난다.
어떻게 담배를 피우고 산속에 꽁초를 던질 수 있는지.
인간으로 치면 나무의 피부가 화상을 입은 것이다.
숨도 쉬고 몸도 보호해야 하는데 어떤 나무는 죽어 있었다.
물질적으로는 선진국인지 모르지만 마음과 자연을 대하는 자세는
아직 후진국을 면치 못한 나라인 것 같다.
이만하기 천만다행이라는 생각에 가슴을 쓸어내렸다.

614 고마운 주유소 사장님
2020. 10. 23. (금)

송정에서 오미까지 10.5킬로미터, 8시간을 걸었다.
오미 운조루에서 구례역까지 걸어가기에는 너무 멀고,
버스는 어느 세월에 올지 모르니 주유소에 들어가 콜택시를
부탁했다.
"택시 오는 사이에 단감 깎아 드세요."
남동생 사업을 도와주러 왔다는 부산에서 온 사장님 누님이
친절히 맞아주셨다. 감 두 개를 깎아 먹으니 피곤이 가신다.
잠시 후 사장님이 콜택시를 취소하고 직접 주유소 차로
터미널까지 데려다주고 가셨다.
덕분에 5시 27분 열차를 탈 수 있었다.
다음에 섬진강에 갈 일 있으면 음료수라도 사다 드리고
기름도 가득 넣고 와야겠다.
오늘까지 7구간 중 5구간이 끝났다.
매일 10시간 정도를 걸어도 걸을 힘을 주신 하나님께 감사드렸다.
괴테는 "내가 아는 대부분 지식은 여행에서 배웠다."고 말했다.
참 고마운 분들을 만나 순적한 여행 마무리가 되어 간다.
그분들이 친절했듯이 나도 친절과 섬김으로 살아야겠다고
나와 약속했다.

615 8시간 열차 타고 간 서울

2020. 10. 26. (월)

　　중학교 1학년, 내 나이 14세 때였다.
열차로 8시간이 걸려야 갈 수 있는 서울이었다.
촌놈의 꿈은 서울역에 내려 높은 빌딩 구경하고 열차를 타 보는
것이었다.
열차표를 끊어서 갈 수 있는 돈도 없었다. 그렇게 해서는 안되지만
모험을 즐기는 터라 역 울타리를 넘어 무임승차를 했다.
차장이 두어 번 검사했다.
구멍 뚫어주는 기구를 갖고 다니며 일일이 확인했다.
차장이 올 때쯤에는 얼른 화장실에 숨었다.
역원 객실에 수레를 끌고 오고 가는 장사를 보며 침만 삼켰다.
오징어, 삶은 계란, 콜라, 새우깡 등 배고픈 시절이기에
더욱 먹고 싶었다.
서울역 앞의 대우 빌딩을 보고 다시 돌아오면 16시간이 더 소요된다.
　　오늘 구례구까지의 여수행 열차 요금이 7,600원이다.
열차 한 칸에 좌석이 72개인데 듬성듬성 앉아 있다.
화살처럼 날아간 세월이여, 살아온 날보다 살아갈 날이 적구나.
지리산 둘레길 스토리텔링 작가로 쓰임받게 된 것이 참으로 감사하다.
50년 전에는 서울까지 8시간, 지금은 1시간 10분 걸린다.
그러면 앞으로 50년 후에는?

616 자연생태 동요 작사자로
2020. 10. 27. (화)

지리산 둘레길 목아재-당재 구간을 걸을 때의 일이다.
섬진강에서 불어오는 강바람, 산들바람이 아늑히 모이는
숲길에서였다.
하늘 문이 열린다는 말이 맞겠다.
내 발걸음은 그 자리에 멈췄고 머리가 열리는 듯했다.
갑자기 생각의 문이 열리고 3, 4, 3, 4의 운율에 맞춰
"지리산 둘레길 song"을 지어보고 싶었다.
그 자리에서 노트를 꺼내 적어 나가기 시작했다.
"떠나요 순례의 길 지리산 둘레길로/숲속을 거닐어요
섬진강 물결 따라/바람이 쉬어 가요 구름도 머물러요/
감사도 살랑살랑 기쁨도 출렁출렁"
이런 형식으로 40번을 넘게 기록했다.
결국, 100소절의 노래가 나왔다.
복음 가수인 정찰해 선생에게 곡을 부탁했다.
내가 쓴 생태 동요 작사인데도 들어보고 들어봐도 어떻게
내가 했을까 생각될 정도로 감동이다. 나 스스로 명명했다.
"자연생태 동요 작사자"라고. 어떤 노래가 되어 나올지
설렘으로 기다린다.

617

7일간의 지리산 둘레길을 마치고
2020. 10. 27. (화)

하동읍부터 남원 주천까지 70킬로미터를 걸었다.
하루에 거의 10시간쯤 걸었으니 약 70시간을 걸은 것이다.
자연, 마을, 사람, 음식, 나 자신과의 교감 등 언제 다시
이런 시간을 가질 수 있을까? 기다려지던 경험이었다.
오래전에 남원 주천에서부터 5코스까지 해 봤기 때문에
수월하리라 여겼다.

하지만 인생은 여행인지라 뜻하지 않은 일들과 내 계산에는
없는 사연들이 생기는가 하면 길을 잘못 들어 다시 돌아오는
여러 번의 일들도 있었다.
깊은 산속에서 곰이나 멧돼지 출현이 조금 긴장이 되기도 했고
길 가는 나그네에게 친절하게 대해 주는 코스들이 여러 번 있었다.

먼저 하나님께 감사, 지리산 관광개발조합, ㈜CURONSYS
(쿠로엔시스)에 감사, 아내에게 감사, 나 자신에게 감사,
자연에게 감사 그리고 나를 응원해 주고 격려해 준 지인들에게
감사한다.
그리하여 저녁은 뼈다귀 감자탕을 나에게 사 줬다.

618 모델 하우스 환상
2020. 10. 28. (수)

집 가까운 곳에 모델 하우스가 지어졌다.
집에 관한 관심은 누구나 있는 듯하다. 아내가 같이 가 보자고 조른다.
"화장지 하나 받고 싶어서?"
"아니요, 나중에 우리 살 집 지을 때 구조 참고해 보게요."
일리는 있다.
안내하는 아가씨들이 이 아파트를 선택하지 않으면
큰 손해라도 나는 듯 열변을 토해내고 있었다.
방에는 와인과 근사한 가구와 가전제품을 배열해 놓았다.
샤워실에 들어가 샤워 한 번 하고 나왔으면 하는 마음이 들 정도로
타일도 아름다웠다. 양말 한 개, 수건 하나, 옷 하나 보이지 않는
깔끔한 공간들이다. 여기에서 살림을 할 수 있을까? 없다.
보여주기 위한 장식이다. 사람들은 착각하기 쉽다.
모델 하우스 같은 곳에서 실제로 살 수 있을 것 같은.
살다 보면 방바닥에 뒹굴어 다니는 것들도 많다.
모델 하우스를 구경하고 집에 가면 확 짜증이 난다는 사람도 많단다.
니체가 말한 초인이 되면 지금 살고 있는 곳에서 감사를
찾을 텐데 말이다.
어떤 집에서 살 것인지보다 어떤 마음을 가지고 살 것인지가
더 중요하지 않겠는가.

619 5년 만에 만난 사람
2020. 10. 29. (목)

원수는 외나무다리에서 만난다는 말이 있다.
서로 보기 싫은 사람들이 오도 가도 못하는 외나무다리에서
만나면 어찌 될까?
멀뚱멀뚱 쳐다보기도 힘들고 뒤돌아올 수도 없고 다시 싸울 수도
없고 곤란한 지경이 될 것이다.
그러니 언제든 만나도 반갑게 좋은 인간관계를 맺으며 살라는
교훈일 것이다. 좋은 인연은 세월이 오래가도 마음속에 고마움으로
자리하고 있다.
갑작스럽게 통장이 필요하여 내가 사는 지역이
아닌 곳의 은행에 들어갔다. 처음 가 본 곳이다. 문을 열고 들어가니
직원 한 명이 반갑게 맞이하면서 알아본다.
마스크를 썼는데도 알아볼 수 있다니 놀라웠다.
이분은 우리 집 가까운 곳 은행에 일 보러 다닐 때 많은 배려와
친절을 베풀어 준 분이다.
처음에는 아가씨인 줄 알았는데 아기 둘을 키우는 새댁이었다.
창구에 가면 아기들 잘 있느냐는 안부를 종종 물었는데
5년 전에 지금 근무하는 곳으로 온 것이다.
늘 상냥했고 최선 그 이상이었다.
음료수 한 병을 주면서 드시라고 하는데 고객과 직원 관계인데도
참 고마운 마음이 듬뿍 든다.

새벽길 별을 보며

November

2020. 11월

모두 다 사라진 것은 아닌 달
(아라파호족)

620 하루 앞둔 생일
2020. 11. 1. (일)

지인이 말을 했다. "선생님 왜 머리 염색 안하세요?
얼굴은 탱탱한데 머리가 희끗희끗해요."
나는 "내 나이를 느껴보고 싶어서 염색하지 않았지."라고
대꾸를 하고 한바탕 웃었다.
식물, 동물, 곤충은 자기를 포장하지 않는다.
생존 전략으로 몸의 색깔을 자연과 맞추는 지혜가 있을 뿐,
허례허식이 없다.

결혼 10주년 기념 때 찍은 사진을 보면
나도 이런 때가 있었구나. 나를 가리키며 말을 한다.
늙어가는 것은 땅을 그리워하는 것이다. 땅은 고향이다.
흙에서 왔으니 흙으로 돌아갈 뿐이다.

나를 낳아주신 어머니는 채을순 님이다. 내일이 내 생일날이다.
지금 내 나이에 돌아가셨고 내일 나를 낳기 위해
오늘 많은 고충을 겪으셨을 것이다.
병원에서 아기를 낳는 때도 아니고 집에서 낳았던 시대라서
얼마나 고생을 하셨을까 짐작이 간다.
나를 임신했을 때의 그때 마음을 물어보지 못한 것이
두고두고 아쉽다.
내일 아침 눈을 뜨면 생각이 움직이는 대로 할 수 있는 일을 하려고
움직일 것이다. 그저 여기까지 살아온 세월이 감사뿐이니까.

621 아내의 생일 축하 문자
2020. 11. 2. (월)

음력으로 오늘이 9월 17일이다.
호적 나이는 일 년 늦게 되었다. 본 나이와 호적 나이,
어느 것으로 해야 할까? 호적 나이가 맞다.
살면서 모든 행정, 서류, 문서, 활동, 거래 모두 호적 나이로 하니까.
오늘 일찍 장수로 출근해야 하는 아내가 소고기 미역국을
끓여 놓고 갔다.
그리고 장수에 도착하여 문자를 보내왔다.
"지금까지 멋진 목회자, 멋진 남편으로 살아주셔서 고맙고
생일 축하드려요. 혼자라고 쓸쓸해 마시고 먹고 싶은 것도
사 드세요. 잘 도착했어요. 오늘도 행복한 시간 되세요. 사랑해요."
작년 생일을 맞이하면서부터 오늘까지 한 치 앞도 내다볼 수
없었으나 건강하게 해 주셨고 많은 행복한 일들을 주셨다.
큰아이 결혼하는 축복 속에 며늘아기도 맞이했다.
두 며늘아기가 가족이 되고 보니 이럴 줄 알았으면 아들을
하나 더 낳았어도 좋을 뻔했다는 생각이 든다.
생각으로만 그칠 뿐이지만 아내의 내조가 가장 컸다.
아침에 혼자 미역국에 총각김치로 식사하는데 눈물이 앞을 가렸다.
한 해 동안 주의 은혜였습니다. 그저 감사뿐입니다.

622 나잇값을 하자!
2020. 11. 3. (화)

나이는 달력 나이, 사회적 나이, 신체적 나이, 지각적 나이,
심리적 나이가 있다고 했다.
나잇값을 하는 나이가 심리적 나이다. 영원한 것은 없다.
젊음도 신속히 지나간다.
영원한 고통은 지옥밖에 없고, 영원한 기쁨은 천국밖에 없다.
세월을 적게 산 사람에게 나잇값 하라고 하지는 않는다.
나이 든 사람들에게 잘 쓰는 말이다.
나이 들수록 품위와 인격과 교양이 빛이 나면 얼마나 좋겠는가.
무례하고, 꼰대 노릇 하려 하며, 충고, 가르침, 자기 고집,
배려하지 않는 마음이 커갈 가능성이 있기에 하는 말이다.
    꽃잎은 떨어지면 다시 줍는 사람이 없다. 지저분하기
때문이다. 하지만 은행잎은 나무에 달린 것보다
단풍이 들어 땅에 떨어지는 낙엽이 훨씬 예쁘다.
그래서 주워 책갈피에 끼워 놓곤 한다.
나잇값을 하는 것은 바로 이렇다.
세월이 갈수록 추한 것이 아니다. 존재 가치가 더 은은히 빛난다.
어제가 내 생일이었다.
오늘의 내 삶은 내일 어떤 인간이 되어 있을지에 대한 반증이다.
싸구려 나잇값이 아닌, 다이아몬드보다 값비싼 나잇값 하자.

새벽길 별을 보며

623 어둠이 걷히는 시간
2020. 11. 4. (수)

오늘 아침, 기온이 뚝 떨어졌다. 영상 3도다.
많은 사람이 이른 아침 갈등을 했을 것이다.
이렇게 온도가 내려갔는데 꼭 운동해야 하는가.
낮에 하면 되지 뭐. 내일은 온도가 올라갈지도 몰라.
겨울에 운동하면 위험하다 했어.
생각만 하다가 훌쩍 시간이 간 사람들이 많았을 것이다.
　잠에서 깨어 3분 안에 벌떡 일어나야만 일어날 수 있다.
내 경험으로 보면 그렇다. 요즘 6시는 어둡다.
가로등도 꺼지지 않았을 시간이다.
6시 30분경이 되면서 서서히 어둠이 빛을 이기지 못하고
물러가기 시작한다.
동쪽 하늘에 붉은색이 입혀지면서 온 세상이 금세 밝아진다.
떠오르기 시작하는 태양의 속도는 빠르다.
　새해가 되면 특별한 날이라도 되는 듯, 동해로 해맞이하러
먼 길을 떠나는 사람들이 줄을 잇는다.
나는 날마다 우리 집 근방에서 해맞이하고 산다.
어둠이 걷히고 새날이 밝아올 때는 하늘, 땅의 기운이 솟구친다.
환희, 감사, 기적이라고 표현해도 부족할 뿐이다.

624 사진 찍기 싫어하는 이유
2020. 11. 4. (수)

젊음도 부귀영화도 그 어떤 것도 영원한 것은 없다.
아름다워지고 싶은 욕망은 누구나 가지고 있는 본성일 것이다.
사진 찍기 싫어하는 마음은 나이가 들어갈수록 왜 더 심해질까?
금방 자기가 찍은 자신의 모습을 보고서도
부정하고 싶어지는 마음이 드는 이유는 왜일까?
젊었던 시절의 생각에 매여 현실을 받아들이고 싶지 않아서일 것이다.
나이 들어가는 자신의 얼굴 모습이 자기 얼굴인데도 불구하고
외면하고 싶어서 그렇다.

진정한 아름다움은 외모에만 있는 걸까? 내면에도 있다.
내면을 가꿀 줄 아는 사람은 묘한 매력과 고상함과 품위가
밖으로 저절로 풍겨 나오기 마련이다.
늘 미소를 짓고, 여유 있는 마음과 유쾌한 삶의 자세는
모든 사람들에게 기쁨을 안겨준다.
나이 들어감을 자연스럽게 받아들이는 마음이 있으면
그 사람은 자아존중감이 높은 사람이다.
어린아이들은 사진 찍는 것을 좋아한다.
세월은 누구에게나 공평하다.
자기다운 삶을 살지 않으면 낭비되는 것이 삶이다.
나는 세월의 흐름을 받아들인다.

새벽길 별을 보며

625 계수나무는 잘 있을까?
2020. 11. 5. (목)

　　갈잎 큰 키 나무인 계수나무는 높이가 30미터 정도다.
전주 한국도로공사 수목원에서 2년 전에 떨어진 잎을 모아
지금도 큰 바구니에 가득 담아 지적 산실인 서재에 두었다.
하트 모양의 잎도 예쁘지만 가을 낙엽은 솜사탕 향기가 난다.
그래서 나는 솜사탕나무라고 부른다.
그곳에 가면 7그루가 옹기종기 서 있다.
가을이 되면 나를 부르는 소리가 들리는 듯해 마음이
안절부절못한다.
　　내가 앞으로 살 집을 짓는다면 꼭 심어놓고 싶은 나무 중
하나가 계수나무다.
노간주나무, 자작나무, 손수건나무도 꼭 심어놓을 것이다.
플라타너스 위에 한 평짜리 집을 짓고 그곳에 올라서
새소리를 들으며 잠을 잘 것이다.
원고 집필 마감 시간 때문에 온종일 앉아 워드 작업을 해야 하니
고된 노동이다.
낙엽이 다 지기 전에 계수나무 보러 가리라.
나무를 안아보고 싶다. 잘 커왔는지. 나를 기다렸을 텐데.
계수나무야 미안하구나. 내가 갈 때 토끼 한 마리도 불러다오.

626
말하는 대로, 꿈꾸는 대로
2020. 11. 5. (목)

나는 말하는 대로, 꿈꾸는 대로 된다. 된다고 믿는다.
될 때까지 믿고 기다린다. 나는 잘된다. 잘되었고 잘될 것이다.
내 꿈은 꼭 이루어진다. 이루어지게 되어 있다.
내 꿈은 많은 사람을 위해서라도 이루어져야 한다.
나에게는 긍정 에너지가 가득하다.
날마다 도전하고, 모험한다. 무엇이든 다 해 볼 수가 있다.
내 몸도 내가 다스리고 친구처럼 여기며 바라보기도 한다.
아프지 않다. 아플 시간이 없다. 해야 할 일이 기다리고 있으니
아플 시간이 허용되지 않는다. 나는 매력 있는 사람이다.
글쓰기를 좋아하고 걷는 것도 잘한다. 발과 손이 커서
걷는 일, 만드는 일도 잘한다.
나를 만나는 사람은 내게서 에너지를 받아간다.
잠재력과 가능성이 있기 때문이다. 나는 나를 사랑하고,
나를 신뢰한다.
할 수 있다고 믿기 때문에 겁날 것이 없다.
안 되어도 실망한 적 없다. 안 된 것을 통해 잘되는 일이 있으니까.
걱정하면 마음이 꺾인다.
자연생태 동요 작사를 시작했으니 줄기차게 더 해서 여기에
악보를 붙여 반드시 책으로 펴낼 것이다.
내 몸은 최고의 상태고, 내 마음은 고요하며 평안하다.

627 어둠 속에 혼자 걷는 여자
2020. 11. 6. (금)

장수 관사에서 생활하던 아내가 전주에서 연수가 있어
집에서 다닌다고 하여 아침 걷기를 같이했다.
오늘은 기온이 올라갔는지 춥다는 느낌이 들지 않았지만
어제, 그저께는 살짝 얼음이 얼 정도였다.
한 시간 반 정도 걷는 탑천 길은 소중하고 고마운 운동 길이다.
요즘 억새들이 고개를 살랑거리며 태양 볕에 빛난다.
아직은 어두운 이른 아침, 앞에서 여성 한 명이 걸어오고 있다.
매일 만나는 사람인데도 한 번도 인사하지 않고 지나갔다.
아내가 "무섭지도 않은지 대단한 분이시네요.
아마 새벽 5시에는 나와야 할 거 같은데요." 한다.
여자 혼자서 이 어두운 새벽녘에 걷는다는 것이 보통 할 수 있는
일은 아니다. 하지만 하면 된다.
자기 관리가 철저하고 의지, 꿈이 있는 사람은 날씨, 형편,
처지에 상관없이 운동한다.
운동하려고 하는 사람은 열 가지의 이유가 있어도 물리친다.
하지만 운동을 안하려고 하는 사람은 없는 이유를
백 가지도 더 붙인다. 나는 글을 쓰기 위해 걷지만.

628 알아준다는 것
2020. 11. 7. (토)

　책을 읽고 이해하는 것보다 사람을 이해하는 일이 더 어렵다.
사람의 마음을 알아준다는 것은, 당신은 나에게
중요한 사람이라고 말하는 것이다.
데일 카네기의 『인간관계론』에서 가장 많이 사용하는 단어는
중요성이다.
　얼마 전, 지인에게 책 한 권을 선물받았다.
책을 받으면서 얼마나 고생하셨느냐?
잘 읽고 궁금한 것을 물어보겠다. 그리고 다음에 만나면
책에 관해 이야기 좀 더 해달라고 했다.
줄을 긋고 읽은 부분을 찍어 보냈다.
그다음에 만났을 때도 아주 유익하고 좋았다고 했다.
이것은 나의 진심이었다.
　나의 미니 북 『매콤달콤 부부 산행기』를 아내 직장에 있는
선생님들에게 드렸다.
여러 번 읽었다고 전해 달라고 하시는 분도 있었고,
산행할 때 꼭 필요한 지침서를 만났다고 좋아하신 분도 있었다고
한다. 알아주든 안 알아주든 내가 할 일만 하면 되긴 한다.
가까이 있는 사람들은 타성에 젖어 고마움을 잊어버릴 수 있다.
나는 그래서는 안 된다고 스스로에게 다짐을 한다.

629 꿈에서 본 엄마
2020. 11. 8. (일)

저녁 10시에 잠자리에 들면 소변 때문에 한두 번 일어났다가
다시 자기도 하고 모기 한 마리 윙윙대는 소리 때문에
잠을 깰 때도 있다.
신기하게도 아직까지 잠이 오지 않은 적은 별로 없다.
감사한 일이다.
꿈속에서 별의별 장면을 보고 어떤 때는 이건 꿈이 아니었으면
좋겠다는 마음이 들 정도로 마음을 풍선처럼 날아오르게
하는 꿈도 꾼다.
어젯밤에는 꿈에 엄마를 보았다.
돌아가시기 전까지 한 번도 엄마라고 불러본 적이 없었다.
그저 어머니라고만 불렀었다. 이제는 불러도 대답도 없고,
볼 수도 없는 분이기에 내가 하고 싶은 대로 엄마라고 불러본다.
한 번도 깨지 않고 5시까지 잤다.
눈을 떠보니 일어나야 할 알람 시간 5시다. 행복한 잠이었다.
꿈속에서라도 엄마를 볼 수 있었다는 것이 큰 복이다.
내 마음대로 할 수 없는 것이 생명이다.
올해의 내 나이에 돌아가신 엄마를 생각하면 건강하게
원하는 일, 하고 싶은 일 하면서 다른 사람들에게 긍정적인
영향력을 끼치며 복의 통로로 살아간다면 얼마나 좋을까.

630 오기를 기대 말고 만들라!
2020. 11. 8. (일)

　　어젯밤에 어머니 꿈을 꾼 후 오늘 어떤 좋은 일이 있을까
기대했다.
뜻밖에 큰 며늘아기가 목발을 짚고 나타났다.
가슴이 철렁했다. 계단에서 발을 잘못 디뎌 발 인대가 상했다.
깁스하고 왔는데 다른 곳 안 다친 것만 해도 다행이다.
얼마나 놀랐을까 생각해 보니 마음이 짠하다.
학생들 데리고 이번 주에 지리산 노고단을 간다고 했는데
실망이 클 것 같다. 오후에 4명의 지인이 연락도 없이 찾아왔다.
어젯밤 낚시로 잡은 전어 한 바가지와 바닷장어 몇 마리를 들고 왔다.
가는 길에 차 마시라고 봉투를 건네주면서 생각했다.
좋은 일은 만들면 되는 것이지. 잠시 후 족발을 먹고 있는
사진을 보내왔다.
　　나는 열심히 전어를 손질하여 구워도 먹고 회로도 먹었다.
나에게도 지인들에게도 좋은 일이었다.
받는 것만 좋은 일이 아니라 주는 일 또한 복된 일이다.
　　내가 두 며늘아기에게 바라는 소원은 건강하고 평안하며,
서로 사랑으로 매일 소풍 가듯 즐겁게 살아가는 것이다.
다리가 빨리 나아야 할 텐데 내가 대신해 줄 수 있는 일이 없어서
안타깝다.
모든 일에 감사만 하자.

631 전어 손질
2020. 11. 9. (월)

가을 전어 굽는 냄새에 집 나간 며느리도 돌아온다는 옛말이 있다.
전어가 그만큼 맛있다는 표현을 하려고 하다 보니 며느리까지
등장시킨 것 같다.
『야생화 쉽게 찾기』 책에도 며느리밑씻개, 며느리배꼽이 나온다.
썩 긍정적인 의미로 쓰인 것 같지는 않다.
옛날 시집살이가 심할 때 나왔을지는 몰라도 바뀌어야 할 문화다.

　지인이 밤낚시를 갔다가 전어를 가져왔다.
함께 갔던 사람들이 손질하기 어렵다고 잡은 것을 다 주었단다.
그래서 나에게 먹을 것이 생겼다.
나는 만경강 옆에 살아서 어릴 적부터 민물고기 손질을 많이 해 봤다.
더욱이 바다 고기는 비린내가 덜 나기 때문에 수월하다.
전어의 내장을 빼내고 지느러미를 제거하고 피를 깨끗이 씻었다.
그런 일은 일이라고 생각하지 않는다. 즐거운 일이니까.

　어떤 일도 겁낸 적은 없다. 그냥 해 보면 되니까.
하려고 하면 생각지 못한 지혜가 떠오른다.
이것 또한 감사한 일이다. 비린내가 나니까 생선이지.
생선이니 비린내가 나는 것이고. 이럴 때 비린내 맡아보는 거지 뭐.

632 괴테처럼 걷고
2020. 11. 10. (화)

　　가장 좋은 운동이면서 가장 돈이 안 들어가는 운동은
당연히 걷기다. 어디서든 마음만 먹으면 할 수 있는 일이다.
걷지 않는 사람은 걷는 맛을 모른다.
맛이 있으면 한 시간 거리의 음식점도 찾아간다.
나 같으면 왕복 두 시간 이상 소요되는 그 시간에 음식 재료를
사다가 만들어 보겠다.
사람의 입맛은 담백하고 맛이 없을 때가 가장 좋을 때다.
조미료가 가미되지 않은 음식은 담백하다.
먹을 때는 맛있다고 그러는데 뒤돌아서면
속이 안 좋을 때가 있다.

　　걷는 맛을 알면 누가 하라고 해서가 아니라 스스로가 하지
않고는 못 배긴다.
왜 괴테처럼 걷고, 다빈치처럼 사색하라고 했을까?
걷는 일과 사색하는 일은 동일 선상에 놓여 있다.
걸으면 기분이 좋고 많은 지혜, 영감, 아이디어가 떠오른다.
꽉 막혀 생각이 나지 않으면 화단 한 바퀴를 돌거나 달리기
한 번하고 오거나 킥보드를 타거나 자전거를 타 본다.
그러면 어느 순간, 지혜의 문이 열리는 것을 느낄 수 있다.

새벽길 별을 보며

633 내 목소리로 내 삶을 노래한다
2020. 11. 10. (화)

살면서 바보 같은 일은 남의 목소리로 내 삶을 노래하려고
할 때다. 자기 주도적인 삶을 자신이 선택하며 살아 내야 한다.
내 삶을 자신이 선택하며 삶을 축제와 놀이로 살아 내야 한다.
내 삶은 순간의 선택이고, 그 선택은 남이 해 주지 않는다.
링컨이 말한 대로 "행복은 마음먹기에 달려 있다."
맞는 말이다.

나는 나를 긍정하며, 나를 인정하며, 나를 사랑한다.
설령, 실수하는 일이 생긴다 해도 자신을 너무 크게 책망해서는
안 된다.
책망하는 데 에너지를 소모하면 앞으로 전진해 나갈 힘을
쓰지 못한다.
어제의 좋은 추억은 많이 돌아봐야 한다. 내일의 기대는
소망 속에 많이 해야 한다.
그러나 중요한 것은 지금이고 오늘이다. 현재의 시간이다.
여기에 몰입해야 한다. 지금 시간에 성실하고 진실해야 한다.

글을 쓰는 시간인데 가족이 내 방문을 두드린다.
열어주지 않는다.
왜냐하면 글 쓰는 시간을 결코 침해받고 싶지 않기 때문이다.
그래서 글 쓰는 시간에는 핸드폰도 off시켜 놓는다.
행복한 시간은 내 것이니까.

634 플라톤의 한마디

2020. 11. 11. (수)

"늙음을 만족할 때 늙음을 지탱할 수 있지만 늙음에
만족하지 못하면 늙음 자체가 참을 수 없는 고통이 된다.
이것은 젊음에도 해당된다." 플라톤의 말이다.
지난달에 이발하면서 염색을 하지 않았다.
마음이 시키는 일이었기 때문이다.
나 혼자 사는 세상이 아니므로 다른 사람들에게 좀 더 젊게 보이고
잘 보이는 것은 필요한 일이다.
하지만 꼭 염색하거나 가발을 써서 젊게 보이는 것만 정답은
아니라고 본다.
설거지를 하면서도 세제를 사용하지 않고 따뜻한 물로
하는 것 또한 환경 문제를 나 혼자만이라도 지키고 싶어서다.
        플라톤의 말처럼 늙음을 만족할 수 있을까?
만족할 수 없으면 튕겨져 나오는 게 뭘까? 감사일까,
불평일까? 왜 나이를 먹는 것에 조급해하고 두려워하는 걸까?
얼굴은 성형수술로 얼마든지 고칠 수 있지만 아무리 기술이
발전해도 웃지 않는 얼굴을 웃는 얼굴로 바꿀 수는 없다.
자신을 있는 그대로의 모습으로 받아들이는 것은 너무도
자연스러운 것이다.
오늘 아침에 2050년 전에 태어난 플라톤을 만났다.

635 일상의 작은 행복
2020. 11. 12. (목)

　　처음부터 바다가 아니었다. 몇 방울 흐르던 것이 시내를 이루어
강이 되고 바다를 이룬 것이다.
흙 한 줌, 돌멩이 하나, 나무 하나가 모여 큰 산이 된 것이다.
세상은 늘 두 가지로 보는 관점의 연속이다.
현미경적으로 보아야 할 때도 있고, 망원경적으로 보아야
할 때도 있다.
감사한 일은 현미경적으로 자세히, 세세하게 보면서
반응해야 하고, 고난은 망원경적으로 큰 안목, 우주적,
통전적으로 볼 수 있어야 한다.
　　일상의 작은 행복이 모여 큰 감사를 가져온다.
작은 행복들을 놓치거나 무시하면 더 큰 것을 잃게 된다.
일상의 작은 행복에 감사하고, 감격하고, 고마워할 줄 알고 살면
축복받는 그릇을 준비한 것이다. 감사가 없는 행복은 없다.
어떤 행복한 일도 반드시 감사가 동반된다.
　　복이 오는 사람은 누구일까?
사소한 일들 속에서 행복을 찾고, 만들어 가고, 느끼고,
감사할 줄 아는 사람이다.
모든 일 속에 의미와 가치가 담겨 있음을 알고
의미를 부여해 줘야 한다.
오늘 하루는 나에게 마지막 날이니까.

11월 모두 다 사라진 것은 아닌 달(아라파호족)

636 순수와 열정
2020. 11. 13. (금)

　　내가 행복에 이르는 길은 무엇일까?
순수와 열정을 잃어서는 안 된다.
세상을 왜곡된 눈으로 쳐다보지 않고, 있는 그대로를
받아들이면서 자연에 담긴 자연스러움이 내게서 흘러나와야 한다.
편견, 고장 난 생각, 아집, 독성을 버리고 겸손하고 온유하게
초인적인 마음으로 사물을 객관화하는 것이 필요하겠다.
언제까지나 식지 않는 열정은 누가 던져줘서가 아니라
끊임없이 내 안에서 샘처럼 솟아나야 한다.
　　꿈이 있으면 살아갈 의미와 이유를 알 것이고 명확한 목표를
가지고 쉬지 않고 노력한다.
설령, 인생의 장애물이 있다 해도 겁내지 않고 돌파해 나가는
담대함이 있을 때 열정에 불이 붙는다.
어떻게 하루를 살아가야만 행복한 것인지 답을 알고 있다.
　　새벽 5시, 좀 더 누워 있어도 되지만 게으름을 용납해서는 안 된다.
내 몸을 어떻게 해야 하는지 알고 있다.
매일 일어나는 시간은 날씨와 상관없이 지켜야 하는 시간이다.
이것도 열정이 있을 때 가능한 것이다.
순수와 열정, 내가 행복에 이르는 길이다.
숨이 멎는 그날까지 이렇게 살고 싶다.

새벽길 별을 보며

637 고마운 이

2020. 11. 14. (토)

    똑같은 상황도 보는 관점이 다를 수 있다.
예전에 다녔던 치과에서는 이를 빼야 한다고 했다.
3년도 더 되었다.
    지금 다니고 있는 치과 원장님은 자기 치아가 가장 좋으니
써 볼 수 있을 때까지 써 보자 하여 신경치료 몇 번 받고
보철을 덧씌웠다.
그것이 빠져 치과에 갔더니 수명이 다하여 임플란트를 해야 한단다.
하긴 60년을 넘게 사용한 것도 감사한 일이다.
100만 원이 필요한 일이다.
마취하고 남아 있는 이를 발치한 후 뼈를 이식한 다음 이를 심는다.
마취할 때와 풀릴 때 조금 아프긴 하지만 잠깐 아프고
수십 년을 매일 사용할 것을 생각해 보면 감사하고 고마운 일이다.
    돈이 들어가는 것을 생각하고 아까워하면 불평이 나올 수 있다.
하지만 돈이 들어가서 잘 사용할 수 있는 것을 생각하면
감사가 나온다.
3년 전에 했던 임플란트와 이제 다시 또 하게 되는 임플란트는
결국 내 입안으로 2백만 원이 들어가 있는 것이네.

638 화장실에 앉아 쓴 단어
2020. 11. 15. (일)

받아들임, 맡김, 감사, 평안, 도전, 열정, 순수, 배려, 섬김,
즐거움, 소풍, 여행, 건강, 가족, 며늘아기, 음식, 요리, 영화, 글쓰기,
클래식, 걷기, 만족, 관계, 친절, 진실, 자연, 느낌,
멘토, 영성, 십자가, 만드는 일, 꽃, 그림, 일기, 노트, 성경,
독서, 고전시 암송, 기록, 아기, 작사, 시간, 긍정, 산행,
달리기, 빨간색, 사과, 망고, 탑천, 고양이, 호기심, 개척, 구원,
천국, 생태, 설교, 기도, 커피, 작가, 출간, 스토리텔링, 나눔, 운동,
자전거, 스키, 자존감, 목회, 책 선물, 동요, 꿈, 목표,
오지랖, 하늘, 별, 구름, 엄마, 안식, 용운리, 세밀화, 노래,
남원, 친구, 만년필. 85개 단어다.

새벽 4시에 일어났다. 화장실에서 나를 부른다.
노트를 펴고 떠오르는 단어를 적기 시작했다.
내 머리에서 맴도는 것, 내가 좋아하고 누리고 있고
잘하는 것, 행복하다고 생각하는 것들이다.

왜 잠자다가 4시에 일어나게 되었는지 이유를 알 것 같다.
화장실에서 4시부터 20분 동안 앉아 기록하고 일어났다.
우연한 일은 세상에 없다. 그럴 만한 이유가 있는 것이다.
어떻게 의미화(意味化)하느냐다.

새벽길 별을 보며

639 결혼 기념 선물
2020. 11. 16. (월)

　　내일은 뜻깊은 날이다. 36주년 결혼기념일이다.

내 인생 가장 잘한 일은 선택받아 예수 믿고 구원받은 일이다.

두 번째로 잘한 일은 지혜롭고 건강한 아내와 결혼한 일이다.

중매결혼으로 이루어진 축복이었고, 두 아들과 두 며늘아기가

가족 된 것 또한 세 번째로 잘한 일이다.

여기 내가 있는 것도 아내의 내조와 힘 덕분이다.

유수처럼 흘러간 세월 속에 벌써 36년이 훌쩍 지나갔다.

그저 고맙고 감사할 뿐이다.

내일 함께 외식이라도 하고 싶으나 주말 부부인 우리에게는

시간 내기가 어렵다.

　　마트에 갔더니 닭강정이 발길을 붙잡는다.

그래, 내일 결혼기념일 선물로 아내가 좋아하는 이것을 사다 주자.

아내에게 건네주면서 결혼기념일 선물이라 했더니 좋아한다.

좋아하면 좋은 것이다.

맛있게 먹겠다면서 장수에 가지고 갔다.

그동안 결혼 기념이라고 꽃다발 한 번 제대로 못 챙겼다.

기억만 했고 돈을 쓸 수 있는 여유가 없었다.

닭강정 선물. 내가 생각해도 잘한 것 같다.

640 하늘 소풍 가는 날
2020. 11. 17. (화)

딱 한 번 세상에 와서 살다가 딱 한 번 죽음을 껴안아야 한다.
하늘이 정한 이치며 어느 누구도 연장할 수도 거부할 수도 없다.
어떻게 사느냐와 어떻게 죽느냐는 인생의 모든 질문과 해답이다.
이해인 수녀가 돌아가신 어머니를 그리워하며 쓴 글이
눈시울을 적시게 만드는 아침이다.
천상병 시인의 「귀천」처럼 "나 하늘로 돌아가리라/
아름다운 이 세상 소풍 끝내는 날/가서 아름다웠더라고 말하리라."
그래, 돌아갈 날은 알 수 없으나 정해져 있는 것이다.
이 세상을 사는 것도 소풍 온 것이고,
세상 마지막 날도 소풍 가는 날이다. 난 천국으로 소풍을 간다.
내가 소풍 가는 날은 어느 계절일까? 가을이면 좋겠다.
태어난 계절이 가을이니까. 소풍 가는 시간은 언제일까?
아침 해 뜨는 시간이면 좋겠다. 소풍 가는 날에는 어디에 있을까?
내가 늘 사용하는 앵글로 짜서 만든 지금 사용하는
침대 위였으면 좋겠다.
누가 내 옆에서 소풍 잘 가라고, 나중에 만나자고 할까?
내 아내와 두 아들, 두 며늘아기들이었으면 좋겠다.
하늘 소풍 가는 날은 언제일까?
그런데 왜 눈에 눈물이 고이지?

새벽길 별을 보며

641 결혼 36주년 기념 날에
2020. 11. 17. (화)

아내에게 문자를 보냈다.
"36주년 결혼 기념, 덕진 공원에서의 촬영, 부여 유성,
속리산 신혼여행, 두 아들과 며늘아기들, 살아온 세월 모두 다
감사뿐이고 당신 덕분이네. 축하하고, 고맙고, 사랑해.
아이들 키우느라 애썼고 결혼시키느라 수고했고
아이 같은 남편 돌보느라 똥 빠졌고^^♡"
이에 대한 아내의 답문자다.
"난 똥꼬 매우 좋아요. 참 세월이 빠르네요.
기억들은 생생한데요.
남들도 좋은 남편 만났다고 부러워하고 나도 당신 만나서
행복하게 살아왔어요.
성질이 세고 때로는 고집 부려 당신 마음 아프게 한 적도
여러 차례 있었는데 우리 둘 다 크게 아프지 않고
여기까지 온 것 하나님 은혜요, 당신 덕분이라고 생각해요.
결혼식 날, 참 날씨 좋았는데 오늘도 그날처럼 화창하네요.
오늘 하루도 행복하시고 먹고 싶은 것 있으시면 사 드시고
지내세요. 사랑해요."

642 매일 뜨는 해는 다르다
2020. 11. 18. (수)

단비가 내렸다. 겨울 입구에서 오는 비가 황금비와 같다.
어젯밤 내린 비로 촉촉이 젖은 나무들과 꽃들이
몸을 움츠린다.
해가 떠오르기 전부터 온 세상은 분주히 움직인다.
분명 똑같은 크기, 똑같은 온도의 태양일 텐데 어제 본 태양과
오늘 떠오르는 모습은 다르다.
태양 빛을 받은 구름에 색을 입혀 놓았다.
아름다움을, 아름다운 눈으로 바라볼 수 있는 것은 행복이다.
날씨, 구름, 바람, 온도에 따라 뜨는 해의 주변과 하늘의
풍경은 전혀 다르다. 그래서 자연은 늘 변하는 것 같다.
동쪽 하늘에서 해가 기상 나팔소리를 낸다.
그러면서 종합 예술 작품이 시작된다.
아이의 웃음소리, 젖 먹으면서 엄마를 쳐다보며 눈 맞추는 모습,
동녘 하늘에 걸려 있는 홍시 같은 태양이 올라올 때의 감격은
아무리 봐도 질리지를 않는다.
매일 뜨는 해를 보고 싶으나 오늘의 해를 보지 못하고
세상을 떠나간 사람들도 많이 있고, 오늘 해를 봤으나
내일 뜨는 해를 보지 못하는 사람들도 얼마나 많겠는가?
아! 지금 내가 숨 쉬는 것은 기적 그 자체다.

새벽길 별을 보며

643 입이 부끄러워야 한다
2020. 11. 18. (수)

　탑천 따라, 마을 따라 가는 약 9킬로미터의 거리는
온갖 새들과 물과 마을, 자연이 조화된 생태계의 보고다.
조성된 자전거 우선도로에서 주말이면 가족 단위로 자전거를 타고
지나가는 멋진 모습을 보면 흐뭇하기 그지없다.
　억새들이 손을 내밀기도 하고 고개를 다소곳이 숙인 요즘에는
피어 있는 꽃들도 많이 없다.
운동하러 나오는 사람들 대부분이 중년들이고 가끔 노년층도 보인다.
탑천가에 버려져 있는 것은 우유, 담뱃갑, 꽁초, 음료수병,
생수병, 음료수팩, 소주 종이팩, 마스크, 화장지 등이다.
누가 버렸을까? 이 길을 걷다가 휙 던져버린 것들이다.
아홉 사람이 치워도 한 사람 버리는 것을 감당할 수 없다.
　생각 없이 살아가는 인생들이 너무 많다.
대부분 먹는 것들 쓰레기다.
입으로 먹을 자격이 없는 사람들이 아니겠는가?
아무래도 탑천 지킴이 조직을 만들어야겠다.
의식의 전환이 우선되지 않으면 무슨 소용 있으리오.

644

미륵정사에서의 티 타임

2020. 11. 19. (목)

원래 계획은 오늘 오키드, 횃불, 베어, 꽃비, 나 이렇게 5명이
지리산 둘레길의 원부춘-가탄 코스를 가려고 했다.
큰비가 올 것이라는 일기예보와 어젯밤부터 내리는 비를 보고
계획을 바꿨다.
미륵산 산행을 하고 오키드 집에서 점심을 먹기로 했다.
별장 가든에서 출발하는데 소낙비가 그칠 줄 모른다.
초겨울의 길목과 늦가을 뒤안길의 산은 감태나무 잎이
더욱 돋보인다.

원불교 교무님이 머무는 수양관 미륵정사에 들르게 되었다.
비를 피해 처마에서 잠시 쉬었다 가려 했는데 기어코 방으로
들어오라 하여 차를 얻어 마셨다.
허브차와 고구마를 말린 맛있는 간식을 먹으니
친절한 대접에 어찌 고마운지.
미륵산 자락에 넓게 자리 잡고 있는 집과 큰 개 코코,
연못과 아기자기한 꽃들의 미소가 더욱 마음을 포근하게 감싸줬다.
따뜻한 미소의 주인공은 여자 교무님이셨다.
몸이 아파서 휴양하러 오셨다는데 얼굴은 아픈 기색이
전혀 없이 평화로운 모습이다.
뜻밖의 비 오는 날의 티 타임. 멋진 시간이었다.

새벽길 별을 보며

645 나를 비우고 자연에 물들다
2020. 11. 20. (금)

지식은 나를 채우고, 지혜는 나를 비운다.
그림도 여백이 있어야 아름답고, 사람도 비어 있어야 위대하다.
사람들은 어떻게 하든 채우는 데만 열을 올린다.
하나 부족한 99보다 꽉 채운 100이어야만 된다고.
그것이 마치 영원한 진리인 양 굳게 믿고 사는 사람들이 있다.
채워 있으면 절박감을 느끼지 못한다.
비어 있어야 나의 빈 공간을 통해 사람도 들어오고 자연도
들어올 수 있다.
과일 나뭇가지에 열매가 주렁주렁 매달려 있으면 튼실하고
건강하게 자랄 수 없다. 그래서 과감히 솎아줘야 한다.
나를 비우는 훈련과 자연에 물드는 일은 동일 선상에 놓여 있다.
　　　나무는 서로 다투거나 경쟁하지 않는다.
자기의 자리에 서서 그 역할에 충실하다.
아깝지만 나뭇가지를 스스로 떨어뜨림으로써
스스로가 성장을 돕는다.
나를 비우는 일은 자아가 죽어야 하고 집착, 욕심, 탐욕, 교만을
버려야만 된다.
어떤 일을 만나도 감사함으로 수용할 수 있는 긍정적인 마음을
우선순위에 두어야 가능한 일이다.

646 이 아침에 느끼는 아름다움
2020. 11. 21. (토)

아름답지 않은 것은 없다. 어떤 마음의 눈으로 볼 것인가에
따라 내가 받는 즐거움과 감정과 느낌 또한 다르다.
작은 일과 사소한 일들에 깊은 의미를 두면 나에게 새롭게 다가온다.
하늘과 땅이 입맞춤하는 시간은 해 뜨는 시간이다.

탑천에서 먹이 활동을 하는 오리, 백로, 할미새들을 보았다.
부지런히 몸을 움직이는 모습을 보면 우리 인생도 저렇게
열심히 살아야 되겠다는 강한 자극을 받는다.
어떤 때는 긴 주둥이에 물고기 한 마리를 물고 있는 왜가리를
보기도 한다. 스스로도 귀한 먹이를 잡았다는 자부심을
자랑이라도 하려는 듯이 물고 있다.
아침 서리에 고개를 숙이고 있는 소리쟁이, 달맞이꽃, 억새,
뽕나무 잎도 보았다.
배추, 무들이 김장철을 기다리고 있는 것도 아름답다.

그중 해 뜨기 전부터 걷기를 하는 내가 가장 멋지다.
하루를 시작할 때 자연의 다양한 형태를 바라보며 감동하는
일은 축복이고 기적이다.
아름다움이 내 안에 가득하면 보이는 사물, 자연, 사람,
만나는 모든 일이 소중하고 귀하고 의미 있다.

새벽길 별을 보며

647 잘하는 일과 하고 싶은 일
2020. 11. 22. (일)

　　잘하는 일이 직업이 되고, 하고 싶은 일이 취미가 되는
경우가 많다.
안정된 일과 하고 싶은 일 중 하나를 선택하라고 한다면
난 하고 싶은 일 쪽에 설 것이다.
안정된 일이 행복을 보장하지는 않는다.
편안하고, 쉽고, 큰 굴곡이 없을지는 모르나 변화와 도전과
새로운 것은 오지 않는다.
낮은 산은 경치가 빼어나지 않다. 높은 산은 험하고
고생스럽게 올라가야 한다. 하지만 경치는 아주 아름답다.
　　내가 잘하는 일은 많다.
손으로 만드는 일, 그림 그리는 일, 글 쓰는 일, 창작하는 일,
MTB, 스키, 달리기, 들어주는 일, 멘토가 되는 일,
가르치는 은사, 기획력, 중간에서 갈등 관계 해결하는 일 등.
잘하는 일과 하고 싶은 일이 거의 비슷하다.
하고 싶은 일을 하다 보면 잘하게 되어 있다.
하다 보면 막힌 곳도 뚫리고 잘 이뤄지기도 한다.
미리 못할까 봐 겁내거나 두려워한 적은 없다.
그래서 "오르지 못할 나무는 쳐다보지도 말라."는 속담을 싫어한다.
"못하는 것이 없으시네요."라고 말하면 "한 가지 있네요.
딸을 못 낳았거든요." ㅋㅋ

11월 모두 다 사라진 것은 아닌 달(아라파호족)

648 좋은 미래의 환상
2020. 11. 23. (월)

「죽은 시인의 사회」에서 "현재를 즐기라(Carpe Diem)!"고
강조한다.
오늘의 삶은 어제의 살아온 발자취고, 내일의 삶은 오늘을
살아가는 그림자다.
좋은 현재가 없이는 좋은 미래 또한 없다.
내세의 천국도 필요하지만 이 세상의 천국 또한 결코
소홀히 할 수 없다.
그냥 살아가는 것이 아니다. 살아가야만 한다.
시간의 흐름에 따라가는 삶이 아니라 시간을 내가 요리하며
살아야 한다.
내게 주어진 소중한 시간의 선물이기 때문이다.

한때 울 기력이 없을 만큼 시련의 파도를 넘어야 할 때가 있었다.
십 년, 이십 년 살아갈 것을 생각하니 앞이 안 보이는 것 같았다.
그래서 시간을 나누기로 했다.
하루만 건강하게, 하루만 내 가슴이 시키는 일을 하며,
하루만 의미 있고 즐겁게 살자고 했다.
건강, 평안, 가족이 중요했다.
건강을 잃지 않기 위해 하기 싫어도 운동을 했고 홀로 산을 찾았다.
좋은 미래가 있다는 환상을 가지기 전에 오늘 좋은 현실을
먼저 아름답게 꾸미고 가꾸자.

새벽길 별을 보며

649 보관파, 처분파
2020. 11. 23. (월)

　사람들은 냉장고를 과신한다. 나도 그랬다.
봄에 쑥, 두릅, 원추리를 채취하여 일 년 동안 먹으리라고
봉지 봉지에 싸서 냉동실에 넣었다.
7개월이 넘도록 그대로 보관만 해 온 것이다.
손이 가지를 않았다. 결국, 모두 버렸다.
훤해진 냉동실을 보니 뻥 하고 마음이 뚫리는 것 같았다.
왜 그동안 버리지를 못했을까? 욕심이었다.
유통기한이 훨씬 지난 닭가슴살, 햄도 버렸다.
그때 나오는 것을 그때 먹고 나면 족한 줄 알고 감사하면 끝이다.
나중에 먹을 것을 생각하며 쌓아 두는 것은 욕심이고
버려야 할 마음이다.
　공자는 "거친 밥을 먹고, 물 한 그릇을 마시며, 누추한 곳에
누워 있어도 즐거움은 그 안에 있다."고 했다.
보관파가 되면 인생이 피곤하다.
처분파가 되면 단순한 삶이 된다.
하나씩 정리해 나가야 되겠다.
아깝다고 버리지 못하는 것도 아직 마음을 비우지 못하기 때문이다.
다락에 쌓아 놓은 물건들을 언제쯤이나 다 버릴까?
버리는 재미도 참 좋은데 말이야.

650 18번의 호흡
2020. 11. 23. (월)

오늘에서야 책을 통해 알았다.
밀물 썰물이 1분에 18번을 정확히 들어오고 나가고 하는 것이
우주의 원리인 것을 말이다.
우리 몸도 우주의 일부기 때문에 우주의 이치에 따라서
숨을 쉬고 살면 좋다는 것이다.
그 어느 것 하나도 우연이라는 것이 없다.
필연적인 섭리와 계획에 의해 움직이는 것이다.
또한, 저녁 10시에 취침하여 아침 5시에 일어나는 것이
가장 우리 몸의 신진대사를 위해 좋다고 한다.
나는 오래전부터 실천하고 있는 사항이다.
　하루 이틀 매일 똑같은 시간에 취침, 기상하는 일이 쉽지는 않다.
하지만 이것 또한 습관을 넘어 루틴의 힘이 작용하면 가능하다.
숨을 많이 내쉬고 들이마시는 들숨을 천천히 하여
폐에 있는 공기를 완전히 빼는 것이 좋다 했으니 한 번
실천해 보자. 내 몸은 내 것이다.
몸이 움직여야 운도 움직인다는 말도 있다.
역동적으로 몸을 움직이는 일은 마음의 에너지가 행동 에너지로
바뀌어야 한다는 것을 말하는 것이리라.
내 몸은 내가 책임지고 관리하고 사용해야 한다.
몸은 마음에 따라 움직이기 때문이다.

새벽길 별을 보며

651 두 번째 임플란트
2020. 11. 23. (월)

　　누구든지 병원에 낯가림하겠지만 치과는 더욱더 가고 싶지
않은 곳이다.
하지만 방치 씨와 현명 씨 둘 중에 누가 될 것인가는
내 선택에 달려 있다.
괜찮으려니 하고 방치해 두면 고생은 고생대로 하고 돈은 돈대로
든다.
이가 부실하면 건강할 수 없다.
먹는 것이 기본이고 영양도 공급되는 것인데
치아가 건강하지 못하면 당연히 몸도 건강하기 어려울 것이다.
현명 씨가 되면 재빨리 치료하고 예방도 할 수 있는데
많은 사람이 잠시의 귀찮음, 아픔 때문에 방치 씨가 되기 쉽다.
　　오늘 두 번째로 임플란트를 하러 가서 기다리는 동안
무슨 생각이 드는가? 감사할 뿐이다.
100여만 원의 돈이 들어가는 것을 생각하면 이것도 감사한 일이다.
돈을 들여서라도 고칠 수 있다는 것이 다행스러운 일 아니겠는가.
잇몸이 상하는 일은 스트레스가 가장 큰 원인이라 하는데
그저 마음의 평안과 고요함, 어떤 상황에서도 감사가 흘러나오도록
살아가야겠다.
나는 그렇게 살 수 있는 권리, 자격, 능력이 있다.

652 세 번째 가족사진 촬영
2020. 11. 23. (월)

결혼하여 36년 살면서 가족사진은 딱 두 번 찍었다.
둘째가 초등학교 때 한 번, 고등학교 때 한 번, 그래서 도합 두 번이다.
이번 주 28일 날, 세 번째 가족사진을 찍기로 했다.
이번에 찍는 사진은 특별하다. 그 이유는 네 가지다.
첫째, 가족이 4명에서 6명으로 늘어났다.
두 며늘아기들이 가족 공동체가 되었기 때문이다.
둘째, 언제 또 가족사진을 찍을지 모르기 때문이다.
10년 후면 내 나이 75세가 된다. 그때 찍을 이유가 있을까?
셋째, 이전에는 남자 셋, 여자 하나였는데 이제는 남자 셋,
여자 셋으로 달라졌다.
가족이 더 늘어난 것은 감사하고 행복한 일이다.
넷째, 우리 부모님과는 한 번도 찍은 일이 없었는데
감회가 새롭다.

내가 천국 간 후에도 두고두고 사진을 볼 것이니
어떤 표정을 지어야 할지도 염두에 둔다.
그날 촬영을 모두 마친 후 가족들이 소고기를
함께 구워 먹을 예정이다.
손자 손녀들을 안고 찍을 수 있는 날이 한 번 더 있겠지.
이래도 감사, 저래도 감사, 그래도 감사하다.

새벽길 별을 보며

653 시험 면접관으로
2020. 11. 23. (월)

(사)익산여성의전화 이사로 함께한 지 21년이 되었다.
지금은 명실공히 익산지역에서 여성의 인권을 위해
큰 역할을 감당하고 있는 중요한 기관이 되었다.
21년 전, 출발할 때는 아내가 창립했고 정착이 될 때까지
굴곡도 위기도 사연도 많았다.
이곳저곳으로 이사 다니면서 도배, 수리, 집기 준비 등
해야 할 일도 수두룩했다.
10년간을 봉사했던 아내가 자랑스럽다.

오늘 신규 직원 활동가를 채용하는 면접관으로 와 달라는
부탁을 받았다. 한 명 채용하는 데 두 명이 접수했다.
좋은 분이 채용되어 오랫동안 함께 일했으면 좋겠다.
훗날 역사가들은 이렇게 기록하리라.
"익산여성의전화가 존재함으로 인해 여성들이 힘을 얻고,
회복되고, 소망을 가지게 되었노라."고.

37세 여성과 28세 여성 둘 중의 한 명은 채용될 것이다.
아직 얼굴도 본 적 없으나 내 가슴이 뛰는 것은 왜일까?
꼭 필요하고 중요한 사람이 오려나 보다.
이를 빼고 거즈를 입에 물고 간다.
내가 작은 힘이 되어 줄 수 있다는 것에 자긍심과 보람을 느낀다.

654 기다림은 글을 낳고
2020. 11. 23. (월)

　　기다림은 여러 가지 의미와 철학이 담겨 있다.
사람들은 기다리는 것이 힘들고 지루하다고 말한다.
같은 재료가 주어져도 요리사에 따라 다른 음식이 나온다.
같은 시간이 주어져도 그 시간을 어떻게 사용하느냐에 따라
결과가 달라진다.
어떤 그림을 그릴 것인가는 나의 선택과 행동에 달려 있다.
　　감사할 일은 치과에 올 때 노트와 볼펜을 준비해 온 것이다.
오전 10시쯤 와서 12시까지 두 시간을 병원에서 기다렸다.
기다리는 시간이 내게는 길지 않았다.
왜냐하면 5개의 에세이를 썼기 때문이다.
어쩌면 이 글을 쓰기 위해 치과에 온 것이 아닐까?
「18번의 호흡」, 「두 번째 임플란트」, 「세 번째 가족사진」,
「시험 면접관으로」, 「기다림은 글을 낳고」라는 글을 낳게 된 것이다.
　　어떤 요소든지, 어떤 사물이든지 글쓰기의 주제가 될 수 있다.
쓰려고 마음만 먹으면 되는 것이다. 이러한 내 모습이
무척 사랑스럽다. 나는 내가 자랑스럽다.
자신의 삶에 시간을 주고, 휴식을 주고, 즐거움을 주고,
새로움을 주는 나는 행운아다.

655 25개의 치과 수술 도구
2020. 11. 23. (월)

병원에서 수술 및 치료 도구를 쳐다만 봐도 덜컥 겁이 나고 생각만 해도 몸이 움츠러든다.
치과 의자에 누워 옆에 놓여 있는 수술 도구들을 자세히 보며 세어보았다. 25개 정도가 되었다.
헐~. 펜치, 송곳, 주사기 등 다양한 도구들이 일렬로 나란히 놓여 있다. 이렇게 자세히 쳐다보는 일도 처음이다.
옛날에는 상당히 두려움을 가지고 있었는데 지금은 아니다.
어차피 내게 필요하고 유익한 도구들이니까 친해져야 좋은 것이 아닐까? 치과에 낯가림하지 말고 친해져야 건강해진다.

두려움을 극복하려면 더 큰 두려운 일을 맞서서 경험해 보면 된다.
회피하거나 멀리한다고 해서 되는 일이 아니다.
이 모든 도구들은 나를 위해, 환자들을 위해서 있는 것이다.
얼마나 고마운 일인가?
치료받고 잘 먹을 수 있다는 것은 놀라운 일이며 감사한 일이다.
나에게 아무리 많은 돈을 주면서 하라고 해도 할 수 없는 일이다.
이곳 치과 원장님은 완전 멋진 분이다.
배우처럼 미남이시다.
내가 사는 도시에 이런 치과가 있다는 것이 얼마나 감사한지!
14살짜리 딸이 고려대학교에 최연소 입학했으니 경사스러운 일이다.

656 세 끼 죽을 먹어보니
2020. 11. 24. (화)

하루 세 끼 밥을 먹을 수 있다는 사실은 어찌 보면
당연한 일이지만 다시 생각을 모아 보면 기적 같은 일이다.
내가 경험해 보는 것은 명확한 나의 체험이기 때문에 확신이 든다.
어제 치과에 다녀온 후로 세 끼나 죽을 먹었다.
쌀죽을 처음 끓여봤는데 생각대로 되지 않았다.
믹서로 갈아서 끓였더니 먹기에 좋았다.
다른 반찬을 먹을 수 없어서 동치미 국물만 마셨다.
어떤 분은 임플란트 12개를 하고 일 년간 죽을 먹었더니
나중에는 우울증이 오더라고 했다. 충분히 이해가 간다.
나야 앞으로 두세 끼 정도 죽을 먹으면 되겠지만 오랜 시간
죽을 먹어야 하는 사람들은 얼마나 힘들까?
안심, 등심, 갈비 다 있어도 먹을 수 없는 입장이 되어 있는
사람도 있을 것이다.
태어나서 세 끼 죽을 먹어보는 일도 처음 경험한다.
내가 경험하는 모든 일은 살아가면서 인생에 어떤 플러스가
될지 모른다.
그러기에 주어지는 쓴잔이든, 단 잔이든 감사함으로
받아 마셔야 한다.
그 어느 것도 거부하거나 회피할 필요가 없다.
오늘 점심은 소고기를 사 와서 죽을 끓여봐야 하겠다.

새벽길 별을 보며

657 고양이와 스킨십

2020. 11. 25. (수)

　　3년 전의 추석 전날, 우리 집 마당에 누군가가 버리고 간
어린 고양이 4마리에 얽힌 사연이다.
처음 새끼를 낳아 몇 마리는 분양하고 두 마리를 키우게 되었다.
다시 새끼를 낳았는데 젖 뗄 무렵 한 마리가 집을 나갔다.
꼬리가 이상하게 생겨서 이름이 "꼬리"인 고양이였다.

　　몇 개월이 지나도 돌아오지 않아 걱정했다.
길고양이가 되었는지, 죽었는지 궁금하던 차에 몇 개월 뒤
슬그머니 돌아왔다.
그리고 다시 나가더니 똑같이 생긴 새끼 한 마리를 데리고 왔다.
꼬리가 아빠를 닮았다. 요 녀석은 야옹야옹 소리를 잘 내고 다녀서
이름을 "소리"라 했다.

　　문제는 사람을 붙여주지 않고 도망 다니고 밥도 눈치 보면서 먹고
또 달아나기 일쑤다.
겨우 붙잡아 쓰다듬어 주고 만져주고 간식 주고 했더니
이제는 깜짝 놀라기는 하지만 도망가지는 않는다.
어릴 적부터 사랑받지 못한 짐승이나 사람은 타인을 경계하고
눈치를 보는 것 같다.
안쓰러운 생각이 들기도 한다.
사랑받은 만큼 사랑을 하는 것은 만고불변의 진리인 것 같다.

658 집 나가면 고생이다, 고생이 보약이다
2020. 11. 26. (목)

아무 일도 하지 않으면 아무 일도 일어나지 않는다.
천 리 길이라 해도 한 발자국도 움직이지 않는다면 그대로 있지만
한 걸음씩 옮기다 보면 어느새 천 리 길도 다 와 있는 것을 알 수 있다.
　　지리산 둘레길을 7일간 연속하여 걸은 후에 놀랍고 신비로운
경험들을 많이 했다.
「지리산 둘레길 song」이 나오고 스토리텔링 또한 성공적이었다.
발에 담아온 수필들이었다.
어제, 그저께 이틀간은 걷기를 하지 못했다.
새벽 5시에 한결같이 일어나는 일은 이대로 누워 있자는
유혹의 속삭임을 물리쳐야 된다.
심하게 말하는 이들은 집 나가면 개고생이라는 표현도
주저하지 않는다.
　　왜 젊어서 고생은 사서도 한다 했을까? 살면서 경험하는
모든 것은 언제 인생의 큰 축복과 기회가 될지 모른다.
고생할 때 낮아지고 겸손을 배우고 인생에서 내려놓아야 할 것이
무엇인지를 깨달을 확률이 높기 때문이다.
집을 나서야 모험이고, 여행이고, 배움이고, 새로운 사건이 생긴다.
당시에는 고생이 힘들어도 시간이 흐를수록 인생의 깊은 맛이
우러난다. 숙성되고 발효되기를 원하는가.
집을 떠나자.

659 죽음은 늘 가까이에 있다
2020. 11. 27. (금)

삶과 죽음 사이는 얼마나 될까? 다윗은 한 뼘이라고 말했다.
어느 낯선 먼 곳에 고정되어 있다가 다가오는 것이 아니라
늘 내 곁에 가까이 있는 것이다.
이것을 인식하지 못하는 것이며 또 인간은 애써 외면하고
싶어 한다.
하지만 엄연한 사실은 죽음은 누구에게나 온다는 것이다.
피할 수도 연기할 수도 멈출 수도 없다.
이 사실을 받아들여야 한다.

톨스토이는 죽음이 늘 가까이에 있다는 것을 의식하고,
한 번은 꼭 죽는다는 것을 명심하고 살면 인생을 더 값있게
낭비하지 않고 살 수 있다고 했다.
되는 대로 인생을 살 수는 없다.
내 마음의 소리를 듣고 내 가슴이 시키는 일을 하며
내가 원하는 삶을 살아야 한다.

인생은 짧다는 것을 부정할 수 없다. 실제로 짧기 때문이다.
세계에서 가장 오래 살고 있는 나무는 캘리포니아 화이트산의
메두살레나무다. 4,900년을 살고 있다.
이 나무에 비하면 100년 남짓, 얼마나 짧은 인생인가.

660 간장새우장 만들어 볼까?
2020. 11. 27. (금)

    몇 년 전, 생선구이 집에서 식사한 적이 있다.
그때 반찬으로 간장새우장이 몇 마리 나왔었는데
얼마나 맛있게 먹었는지 그 맛을 잊을 수 없다.
근래에 다시 한 번 갔더니 식당 문을 닫았다.
대형 마트에 가 봐도 없어 유튜브를 찾아보았다.
약 16가지의 재료로 만드는 과정이 상세히 소개되어 있었다.
베트남고추, 통후추, 레몬, 생강가루 같은 것은 사 본 적이 없다.
어떤 새우를 사서 손질해야 할지 자세히 알지는 못한다.
대부분 귀찮아서라도 안 먹고 말지, 이런 생각을 할 수 있겠지만
이것도 내 마음이 시키는 일이니 한 번 해 보련다.
맛은 아직 어떨지 모른다. 하지만 맛은 최고일 것 같다.
    둘째 며늘아기가 특히 새우를 좋아한다.
맛있게 간장새우장을 해서 두 며늘아기들에게도 나눠주면 좋겠다.
꿈을 갖고 그냥 해 보면 다 된다. 미리 걱정할 필요가 없다.
동영상을 보고 하는 것보다 내 마음대로
내 식의 조리법으로 하면 된다.
음식에 정답은 없으니까 말이다.
난 멋진 요리사다.

661 여행, 그냥 떠나라!
2020. 11. 28. (토)

어떤 일을 하기 전에 계획하고 검토하고
세심히 살펴보는 일은 중요하다.
그런데 검토만 하다가 검토로 끝나는 경우가 있다.
검토는 뇌가 하는 것이고, 실천은 몸이 하는 것이다.
마라톤 풀코스를 할 때도 별의별 검토를 다 해 봤다.
검토할수록 하지 않게 하는 자기합리화와 변명이 많아졌다.
그래서 그냥 하기로 마음먹었다.
주변에서 들려오는 소리들은 대부분 격려와 용기를 주는 말 대신
부정적인 말이 많다.
그런 것에 귀 기울이면 내가 진정 원하는 일을 하지 못하게 된다.
연골이 멀쩡할 때 여행하라는 말이 있다. 맞는 말이다.
연골이 상해 걷지 못하면 여행은 그림의 떡일 뿐이다.
지리산 둘레길 전체 지도를 그려놓은 지 한 달이 되어 간다.
일곱 구간 스토리텔링 외에 계속 이어서 전체 구간 스토리텔링을
하겠다고 나와 약속했다.
12월 첫째 주에 나는 지리산 둘레길로 떠날 것이다.
가슴으로 느끼는 경이로운 체험들이 수없이 많이 있을 것이다.

662

『에너지 버스』(1)

2020. 11. 29. (일)

존 고든의 『에너지 버스』라는 책을 읽었다. 주인공 조지가
출근하려고 하는데 차가 펑크 나 있는 것에서부터 시작된다.
혼돈, 엉망진창이 되어 버린 삶의 한가운데서부터 탈출해
내가 자신의 내면과 직면하는 감동적인 내용이다.
삶은 그렇게 복잡하고 어려운 일이 아니거늘 불행한 사람은
그럴 만한 이유를 안고 살고,
행복한 사람은 그럴 만한 이유를 안고 산다.
나는 나의 삶을 사랑하고 나에게 가장 관심과 애정을 품고 있다.
당신 버스의 운전사는 바로 당신이다.

행복한 인생을 위한 열 가지다.

1. 당신 버스의 운전사는 당신 자신이다.

2. 당신의 버스를 올바른 방향으로 이끄는 것은 열망, 비전
   그리고 집중이다.

3. 당신의 버스를 긍정 에너지라는 연료로 가득 채워라.

4. 당신의 버스에 사람들을 초대하라! 그리고 당신의 비전에
   동참시켜라.

5. 버스에 타지 않은 사람들에게 에너지를 낭비하지 마라.

6. 당신의 버스에 "에너지 뱀파이어 탑승 금지" 표지판을 붙여라.

7. 승객들이 당신의 버스에 타고 있을 동안 그들을 매료시킬
   열정과 에너지를 품어라.

663 『에너지 버스』(2)
2020. 11. 29. (일)

8. 당신의 승객들을 사랑하라.
9. 목표를 가지고 운전하라.
10. 버스에 타고 있는 동안 즐겨라.

　　인생은 얼마나 빨리 가느냐보다 어느 방향으로 가고 있느냐가
더 중요하다.
진정, 나의 내면에서 꿈틀거리고 있는 강렬한 소망은 무엇인가?
가장 나다운 삶을 사는 것은 가장 나다워야 가능하다.
가장 나다울 때는 내 존재 자체 그대로를 수용하고 인정할 때다.
내가 나를 존중하고 내 가슴이 시키는 일을 좌우로 치우침 없이
무소의 뿔처럼 직진하면 된다.
　　『갈매기의 꿈』에 나오는 이야기처럼 하루 먹이만 먹고 배부른
것으로 만족해서는 안 된다. 단 하루를 살아도 행복할 권리가 있다.
실수해도, 늦어도, 큰 결과 없어도, 부자가 아니어도,
큰 집이 없어도 괜찮다.
복의 통로가 되지 않으면 살아있으나 죽어 있는 것과 같은 것,
이것을 나는 용납할 수 없다.
오늘 책을 읽었으니 이제 남은 일은 실천만 하면 된다.

664 지옥에서 보낸 한 철
2020. 11. 30. (월)

　　프랑스의 상징주의 대표 시인인 아르튀르 랭보는
여덟 살 때부터 시를 쓰기 시작한 신동이었다.
1895년에 발간된 『지옥에서 보낸 한 철』을 고전 독서 모임에서
읽고 토론했다.
나는 타자다. 스스로를 객관화하여 자신을 바라보는 견자였다.
"일상의 사물에 숨겨진 의미를 찾고 남들이 보지 못하는 것을
보는 사람"을 "견자"라 했다.
랭보는 시를 쓰면서 시 안의 지옥으로 들어갔고, 황홀함을
겪은 뒤 다시 지옥 밖으로 기어 나왔다.
　　이 책을 보면서 견자라는 의미가 가슴에 와 닿았다.
언제나 나를 1미터 이상에서 떨어져 봐야 한다.
숲을 보려면 멀리서 봐야 한다. 의미 없는 사건, 사물, 사람, 관계,
일, 자연은 없다.
행복을 추구하려고 하지 말고 의미를 찾으려고 하는 편이 낫다.
하루를 마지막 날로 여기고 열정, 비전으로 집중하여 살다 보면
그 자체가 행복이다.
　　자유로운 영혼으로 살았던 랭보의 시를 읽으면서
언제나 나를 객관화하여 내면을 바라볼 수 있는 눈을 밝게 하는 것이
소중한 가치임을 깊이 느낀다.

December

2020. 12월

무소유의 달
(퐁카족)

665 달을 보며 별을 세는 아침
2020. 12. 1. (화)

    오늘이 음력으로 10월 17일이다.
초저녁에 동쪽에 떠오른 달이 솥뚜껑만 하게 보인다.
밤새 여행을 하는 것일까?
새벽 5시에 일어나 보면 서쪽 하늘로 와 있다.
아침 7시가 되었는데도 달과 별이 보인다.
동그랗게 눈을 뜨고 달을 보다가 별을 세어보기로 했다.
동녘 하늘 위에 떠 있는 별이 유난히 더 반짝인다.
지구도 별이고 내가 땅을 딛고 사는 세상도
별을 밟고 있는 것이다.
    탑천의 오리 떼가 날아드는 아침에 둥근달을 십분 이상
쳐다보았다.
이렇게 밝고 큰 달을 보려면 한 달을 기다려야 한다.
오늘 본 달을 다음 달에 보지 못하고 세상과 이별하는
사람들이 얼마나 많을까?
12월 첫날이어서가 아니라 하루하루가 새롭고
설렘으로 가득 찬다.
태양과 같은 별들이 2,000억 개 정도가 하늘에 떠 있고
은가루를 뿌려 놓은 것 같은 신비로움이 머리 위에 펼쳐져 있다.
    오늘 기온이 영하 4도다. 탑천 물이 살짝 얼어 있는 것이 보인다.
긴 다리를 물에 담그고 먹이를 찾는 백로가 추워 보인다.

666 10시 이전에 부정적인 말 안하기
2020. 12. 1. (화)

한비야는 국제 구호 활동가, 작가, 오지 여행가로
『지도 밖으로 행군하라』를 저술한 베스트셀러 작가다.
『함께 걸어갈 사람이 생겼습니다』라는 책을 보았다.
3개월은 작가의 조국인 한국에서 살고,
3개월은 남편의 조국인 네덜란드에서 살고,
6개월은 각자 따로 떨어져 사는 이른바 3.3.6. 부부다.
이들 부부가 서로 약속한 것 중 하나가 오전 10시 이전에는
부정적인 말 안하기다. 아무리 하고 싶은 말이 있어도
부정적인 에너지를 끌어오는 말은 안하기다.
이것을 지키다 보니 지금은 자연스러운 생활이 되었다는 말이
감동과 교훈을 주었다.

서로 다름을 존중하고 인정할 줄 아는 생각의 유연성에서
스펀지처럼 부드러운 부부의 모습을 보았다.
부정적인 말을 하면 가장 먼저 내 영혼이 알아듣는다.
내 마음의 문을 통해 기쁨도 슬픔도 들어오고 나가게 된다.
그 열쇠는 바로 언어다. 언어는 소리가 아니라 바로 그 사람이고,
인격이고, 삶이고, 영혼이기 때문이다.
누군가가 나에게 말했다.
"선생님은 초긍정 마인드 맨입니다."
점수를 후하게 준 것 같다. 그렇게 살라고.

667 나는 누구인가?
2020. 12. 2. (수)

　다른 사람이 나를 보는 시각, 관점, 해석은 각각 다를 수 있다.
어떤 이는 코끼리 다리만 볼 수도 있고, 코만 볼 수도 있고,
등만 볼 수도 있다.
하지만 내가 나를 보는 눈은 가장 객관성이 있다.
아침 5시에 일어나 거울을 보며 씩 웃는 내 모습이 좋다.
소변을 보고 나서 그 시원함도 기분이 아주 좋다.
그리고 내 몸에 감사한다.
　1억 권의 책이 팔린 웨인 다이어가 『우리는 모두 죽는다는
것을 기억하라』는 책에서 강조한 말이 있다.
아침에 일어나 가장 먼저 거울을 보며 해야 하는 말은
"나는 기적이다."다.
"나는 중요한 사람이다. 나는 복받은 사람이다.
나는 사랑하기 위해 태어났다. 나는 가치 있는 사람이다.
나는 우주의 중심에 있는 사람이다.
나는 어떤 일이든 두려워하지 않고 모든 일을 할 수 있는 사람이다.
나는 어떤 인생의 모험도 할 수 있고 두려움을 두려워하지 않는다.
나는 많은 사람들의 멘토가 되고 있고, 긍정적인 에너지를
공급해 주는 아름다운 사람이다.
나는 존재 자체로 의미 있는 사람이다."

새벽길 별을 보며

668 존재적 실존 양식의 삶
2020. 12. 2. (수)

가끔 나도 내일 일을 걱정할 때가 있다.
7년 후 어느 곳에서, 어떤 집에서 살 것인가?
제대로 집이 준비될 수 있을까? 생각이 꼬리를 물고 갈 때가 있다.
그런 때는 얼른 생각 Stop!을 외친다.
왜냐하면 내일, 미래를 걱정하다가 오늘을 놓치고 지금,
현재라는 소중한 삶을 낭비할 수 있기 때문이다.
우리 집 화단에서 감을 쪼아 먹는 세 마리의
직박구리들을 보면서 에리히 프롬의 『소유냐 존재냐』를
다시금 되새김질해 보았다.
찰나적인 인생, 영원한 것은 아무것도 없다.
인간은 소유와 존재라는 두 가지 생존 양식 속에 사는데
소유 지향적 삶을 불교에서는 욕정, 기독교에서는 탐욕이라 부른다.
존재적 실존 양식의 행복은 사랑이다. 나누며, 섬기며, 주는 것이다.
책 선물을 하려고 오늘 100권을 주문했다.
돈 쓸 데가 없어서가 아니다.
기회 있을 때 존재적 실존 양식의 가치 있고 의미 있는 삶을
살고 싶어서다. 나에게 100만 원은 큰돈이다.
그런데 가슴이 시키는 일을 하지 않고 있으니
큰 돌이 가슴을 누르고 있는 것 같다.
그래서 자유를 찾으려고 나에게 100만 원을 쓰게 되었다.

669 기억의 예술
2020. 12. 3. (목)

　　어린 시절부터 정신 병원에 입원하는 등 험난한 세월을 살았던
헤르만 헤세는 이십 대 초반부터 작품 활동을 시작했다.
『데미안』, 『황야의 이리』 등을 집필했으며 1946년에
노벨문학상을 받았다.
아버지의 죽음, 아내의 정신병, 막내아들의 선천적인 병으로
헤세는 신경 쇠약에 걸리기도 했다.
헤세는 힘들수록 자신을 돌아보는 시간을 많이 가졌고
결코, 희망의 끈을 놓지 않았다.
　　헤세가 한 말 중에 "기억의 예술"이라는 말이 있다.
살면서 수많은 아픔, 상처, 분노, 기쁨, 즐거움들이 쌍곡선을
이룰 때 기억의 예술이 빛이 난다.
어둠 속으로 가게 할 것인가, 밝음 쪽으로 가게 할 것인가,
부정적인 방향으로 흐르게 할 것인가, 긍정적인 방향으로
흐르게 할 것인가?는 오롯이 내 선택에 달려 있다.
내 결정에 따라 내가 책임질 몫이다.
나의 기억 속에 차곡차곡 겹겹이 쌓여 있는 추억들에 대해서
내가 어떤 의미를 부여할 것인가에 따라 내 삶의 질이
달라질 것이다.

670 달은 날마다 어떻게 변할까?
2020. 12. 3. (목)

탑천을 걷다 보면 봄, 여름, 가을, 겨울, 매 계절, 매달,
매주가 다르다.
식생과 오고 가는 새, 달과 하늘의 구름, 바람의 맛이 다르다.
12월 첫날부터 새벽에 떠 있는 큰 달을 많이 본다.
우두커니 서서 달을 보고 있노라면 마음까지 밝게 비춰 주는 것 같다.
12월 29일이면 음력 11월 15일로 보름달이 뜬다.
매일 어떻게 변하는지 같은 시간, 같은 장소에서 사진을 찍을 것이다.
한두 번 보고 마는 달이 아니라 매일 새롭게 변하는 자연을
관찰할 수 있다는 것은 큰 행운이다.
새벽 5시에 일어나면 밖에 나와서 하늘을 바라본다.
점점 눈썹처럼 변해 갈 달은 전 세계 인구가 똑같이 바라볼 수 있는
선물이다.
가로등이 훤히 켜져 있는 동쪽을 걷지 않고 가로등이 없는
서쪽으로 걷는 이유는 훤한 달을 보기 위함이며
어둠이 걷히고 밝은 빛이 스며오는 아침의 감격스러운 장면을
보기 위함이다. 7시경 서서히 짙은 어둠이 물러갈 때
베토벤의 피아노 협주곡 5번 「황제」를 들었다.
카라얀이 살아 돌아왔고 베토벤이 내 앞에 왔다.

671 생애 처음 본 구름
2020. 12. 4. (금)

구름이 없는 세상은 얼마나 삭막해 보일까?
낭만, 환상, 꿈을 떠올리면 그곳에는 구름이 들어간다.
구름은 미세한 물방울이나 얼음 결정들이 모여
공기 중에 떠 있는 것이다.
구름 입자들이 모여 커지면 빗방울이나 눈이 되어
구름으로부터 떨어져 나온다.
아침 7시, 다섯 개의 큰 밭고랑을 만들어 놓은 하늘을 보았다.
동영상, 사진을 열 장도 더 찍고 쳐다보았다.
처음에는 비행기가 지나간 자국일까 생각하다가 서서
계속 지켜보니 조금씩 변하기 시작했다.
국제 분류법에 따라 세계기상기구(WMO)가 정한 10종의 구름은
털구름, 털쌘구름, 털층구름, 높쌘구름, 높층구름, 층쌘구름,
층구름, 비층구름, 쌘구름, 쌘비구름이다.
나 혼자 보기에는 너무 아까워서 지인들을 흔들었다.
"지금 하늘 좀 보세요. 이런 구름도 있네요."
날마다 떠다니는 수많은 형태의 구름 중 하나일 텐데
왜 그렇게 호들갑이냐고?
맞다.
좋은 것은 지나칠 정도로 칭찬하고 호들갑 좀 떨어야겠다.

672 12시까지 잠겨 있는 문
2020. 12. 4. (금)

　　세상에서 가장 비싼 시간은 나 홀로 있는 시간이다.
오전 9시부터 12시까지는 오롯이 집중, 몰두, 올인하는
내 시간이다. 이때 만년필을 잡고 글을 쓴다.
기록할 것을 기록하는 황금 같은 시간인 것이다.
장모님, 처형은 시도 때도 없이 문을 두드리고 열어본다.
아래층에 택배가 와 있다고. 두고 갔다는 것을 알려주지 않아도
내가 수시로 아래층에 내려가서 본다고 해도 막무가내다.
　　오전 12시까지는 "문이 잠겨 있음"이라고 나의 서재 문에
붙여놓았다.
콜택시를 불러서 다녀와도 될 텐데 병원에 데려다 달라고 한다.
흐름이 흐트러지면 집중력이 깨진다.
그러면 글을 쓸 수가 없다.
이 시간만큼은 전화도 off시켜 놓는다.
아무것도 방해받고 싶지 않기 때문이다.
글을 쓸 때, 그림 그릴 때, 책을 볼 때도 마찬가지다.
　　어떤 때는 내가 너무 이기적, 자기중심적인 것이 아닐까라고
생각해 보기도 하지만, 아니다.
내 가슴이 시키는 대로 내가 하고 싶은 일을 하는 것이
내 삶을 사랑하는 것이다.
숲속에 두 평짜리 방 하나 있으면 참 좋겠다. 꿈을 가져보자.

673 차마 힘들다는 말 못하겠더라
2020. 12. 4. (금)

한 달에 두 번 서울에 사는 지인으로부터 손 편지를 받는다.
이번에 아내와 함께 부산 앞바다에서 인천 앞바다까지
633킬로미터를 자전거로 국토 종주를 했다는 것이다.
달짝지근한 이야기다.

손 편지 내용 중에 30대 엄마의 이야기가 있었다.
트레일러에 여섯 살 딸을 싣고, 자전거 앞에는
여덟 살 아들을 태우고, 짐받이에는 세 살 아들을 태우고
인천에서 부산까지 자전거 종주를 하는
35세 정도의 엄마를 보았단다.
남들보다 두 배 이상 시간을 잡아먹으며 가는 풍경을 본
다른 여행자들은 힘들어도 힘들다는 말을 못했다고 한다.

사람들은 내가 지고 있는 짐이 가장 무겁고 힘들 것이라는
생각을 한다. 그런데 옆에서 나보다 더 큰 짐을 지고 가는 사람을
보면 차마 힘들다는 말을 못한다.
훨씬 무거운 짐을 지고 가는 사람들을 많이 보는 것이 인생살이다.
그래서 범사에 감사해야 하고 자족하는 것이 복이다.
세 아이와 함께 국토 종주를 하는 30대 중반 여성은 못할 것이
무엇일까?
세상에는 참으로 위대하고 대단한 사람들이 많은 것 같다.

새벽길 별을 보며

674 고백의 힘으로
2020. 12. 5. (토)

7080 노래 중에 "천만 번 더 들어도 기분 좋은 말 사랑해"라는 가사가 있다.
그래서 내 핸드폰 톡 알람도 "사랑해"다. 가끔 스팸 문자가 올 때도 "사랑해"라고 들으면 약간 웃기는 것은 사실이다.
「플로리앙과 친절한 신부님」에서 천지창조 이후 사랑한다고 고백해서 목 졸려 죽은 남자는 없다고 했다.

나는 종종 혼잣말을 한다. 인형극 공연을 많이 해 성대모사를 흉내 내는 재미가 있다.
내 언어에 담긴 것은 곧 내 마음이고, 내 영혼이고, 내 감정이다.
플러스적인 사고와 긍정적인 에너지의 언어 사용은 늘 복된 길로 인도된다.

고백하려면 입이 움직여야 한다.
가장 먼저 듣는 사람도 나고, 반응하는 사람도 바로 나다.
연인들이 결혼에 골인하는 확률도 고백하는 데서 문이 열린다.
나는 될 것이다가 아니라 된다. 할 것이다가 아니라 한다.
갈 것이다가 아니라 간다. 자기 암시가 되는 말을 많이 하자.
그러면 내 몸도, 내 영혼도 따라오게 되어 있다.
마이너스적인 생각을 하고 사는 것은 인생이 낭비되는 일이다.
가장 아끼고 보물처럼 여길 사람은 바로 나다.

675 나의 간장새우장
2020. 12. 5. (토)

　　무엇을 하기 전에 겁을 내고 두려워하고 불안해하면
이미 손해를 보고 들어가는 것이다.
막상 부딪혀 보면 별것도 아니고 의외로 술술 잘 풀릴 때가 많다.
　　요즘 들어 간장새우장이 먹고 싶었다.
큰 마트에 가도 없어 유명하다는 집으로 주문했더니 도착했다.
먹어보니 실망이다. 내가 직접 해 보기로 했다.
정보를 파악한 후 살아있는 새우 1킬로그램을 샀다.
35마리에 38,000원이다.
다시마, 황기, 통생강, 표고버섯, 통마늘, 감태나무, 대추, 대파,
감초뿌리, 청양고추, 통양파, 사과, 월계수 잎, 생수를 넣고 끓였다.
이것을 달임장이라 부른다.
　　냉장고에 2일 정도 보관 후 다시 끓여 식혀서 부었다.
큰 며늘아기에게 한 통, 작은 며늘아기에게 한 통, 두 통을
만들어 놓았다.
껍질을 벗겨 김에 싸 먹는 맛은 최고이자 보약이다.
음식은 예술이다. 거기에는 누구도 흉내 못 내는 나만의
방식이 있다. 해 보면 다 되게 되어 있다.
나에 대한 믿음이 있는 나는 행운아다.

676 좋은 아침 기운을 받고

2020. 12. 6. (일)

생물의 살아 움직이는 힘을 기운이라 한다.
인간, 동물, 식물, 곤충, 어떤 것도 기운이 있어야만 움직일 수 있다.
심지어 눈꺼풀 움직이는 힘도 없다면 살아있다는 이름만
있는 것이지 실제로는 죽은 것이다.
식물은 죽어서도 다양한 생물들이 기생하여 살고 영양분을
공급받는 에너지가 되지만 나머지는 죽으면 썩고 냄새나고
처리하는 데 많은 힘이 들어간다.
기운은 남이 주기도 하지만 첫 번째로는 자신이 만들어 간다.
특히 베풀고 나누고 섬기고 줄 때 에너지, 즉 기운이 많이 생성된다.
    아침 일찍 걷기는 나에게 기운이 만들어지는 시간이다.
새벽 별과 달을 보며 오리들의 먹이 활동도 내 영혼을 깨운다.
구름의 움직임과 7시쯤 떠오르는 동녘 하늘 붉은 태양의
눈부신 아침은 기운을 듬뿍 받는 시간이다.
온 우주적인 하늘과 땅, 삼라만상의 기운이 왕성해지는 시간이다.
영하의 날씨로 몸이 움츠러들기 쉬운 겨울,
머리에서 걸어 나와야 한다.
아침 일찍 30분은 오후 2시간보다 더 효율적이고 창조적인
시간이라고 한다.
아침마다 좋은 기운을 받게 되는 나는, 내가 선택한 삶과 시간에
무한한 자긍심을 갖는다.

677 히말라야 트레킹 중에 만난 일본 여성
2020. 12. 6. (일)

2008년 2월, 아내와 함께한 히말라야 트레킹을 잊을 수 없다.
짧은 일정이었지만 뼛속까지 파고드는 추위와 고산병은
굉장히 많은 인내를 요구했다.
체력이 뒷받침되지 않는 여행은 고통을 몇 배 증가시킨다.
8박 9일은 ABC 코스로 안나푸르나 베이스캠프가 목적지다.
트레킹 중 만난 여성 중에 일본에서 온 아가씨가 있었다.
홀로 8박 9일 트레킹을 하고 있었다.
무거운 배낭을 메고서 지구 밖으로 여행을 다닌 한비야 씨처럼
말이다. 밤이 되면 무섭지 않을까?
홀로 여행은 위험하지 않을까? 어려운 일 만나면 어쩌나?
이상야릇한 남자들은 없을까?
별의별 걱정 염려를 다해도 본인은 전혀 신경 쓰지 않는
사람이었다.
오히려 나 홀로 여행을 예찬하고 있었다.
터벅터벅 걸어가는 뒷모습을 보면서 야! 저런 배짱이면 세상도
다 삼킬 수 있고 하지 못할 일이 없겠구나! 대단한 아가씨라며
아내와 손뼉을 쳐주었다.
인생은 홀로 왔고 세상 떠날 때도 홀로 가야 하는 길이다.
언제 다시 눈 덮인 히말라야 그곳을 가 볼거나.

새벽길 별을 보며

678 새는 자신의 날개를 믿는다
2020. 12. 7. (월)

　　류시화 시인의 책을 많이 좋아한다.
「소금」이라는 시도 암송하여 여러 곳에서 낭송도 했다.
오늘은 『새는 날아가면서 뒤를 돌아보지 않는다』 책을 읽었다.
뉴욕의 오래된 서점 벽에 적혀 있던 글을 소개했다.
"나무에 앉은 새는 가지가 부러질까 두려워하지 않는다.
새는 나무가 아니라 자신의 날개를 믿기 때문이다.
태풍이 휩쓸고 지나간 후에도 새가 있는 이유는 그것이다."
　　언제인가 운장산에 간 적이 있다.
끝없이 펼쳐진 산자락을 보면서 혼잣말로 행글라이더를 타고
한 번 날아봤으면 좋겠다는 말을 했다.
번지점프는 뛰어내리는 것이지만 행글라이더는 나는 것이니까.
　　새는 작은 나뭇가지 하나만 있어도 충분한 안식처가 된다.
인간은 나무 하나를 통째로 다 가져도 부족하다고 투덜대기도 한다.
날아갈 수 있는 날개의 힘, 자신을 신뢰하고 바뀌는 것이 새다.
난 나에게 주어진 가능성, 잠재력, 자신감을 믿는다.
역경을 지치게 할 힘과 저력이 나에게 있다.
책꽂이에서 류시화 시인의 『하늘 호수로 떠난 여행』 책을 빼내 본다.

679 지치지 않으려면

2020. 12. 8. (화)

우리의 몸, 마음, 정신이 늘 한결같을 수는 없다.
굴곡이 있고 음과 양이 공존한다.
세상은 늘 좋은 것만 있을 수 없고, 나쁜 것만도 있을 수 없다.
모순, 실연, 어둠이 보이는 것도 그 안에 반짝임 같은
의미가 담겨 있는 것이리라.

아침 6시부터 걷기는 지치면 안 된다.
상황, 형편, 조건, 처지가 내 꿈, 열정을 덮어 버리게
두지 않는다.
같은 길을 같은 시간에 걸은 지 8년이 되었다.
감사한 것은 금년 한 해 동안도 임플란트 한 개 한 것 외에는
아픈 곳이 없었다. 나는 내 몸을 아프도록 허락하지 않는다.
내 몸도 이미 내 마음과 계획으로 프로그램화되어 있다.
어떻게든 진정 내가 하고 싶은 일을 하는 것이다.

밝고, 긍정적이고, 파워풀한 생각으로 충만하게 살고 싶다.
더 잃을 것에 대한 두려움도 없다.
설령, 오늘밤 내 영혼을 불러 가신다 해도 미련이 없다.
어차피 가야 되는 인생이니까.
오늘은 열심히 에세이 워드 작업 글 손질하고 동요 작사해야겠다.
신나는 하루다.

680

내일 점심은 지리산 둘레길에서

2020. 12. 8. (화)

　특공대의 활약을 그린 영화가 있었다.
대장이 대원들을 모아 놓고 "내일 아침식사는 지옥에서 하자."고 한다.
결국, 임무를 완수한다.
단호한 결단과 위대한 행동을 가로막을 것이 없다.
분명 이번 주 월요일부터 지리산 둘레길 여행이라고 테이블 달력에
적어 놓았다. 그런데 오늘이 화요일이다. 어찌할 것인가?
누가 하라고 해서가 아니다. 내 마음이 시키는 일이니 하는 것이다.
위대한 행동을 가로막는 것은 늘 핑계다.
별의별 핑곗거리를 다 동원한다.
코로나 19 때문에, 겨울이어서, 추위 때문에, 봄에 더 볼 것이
많을 테니 등등 마음에 간절함이 식을 줄 모르는 것은 해야 한다는
뜻이다.
　오늘 배낭을 꾸려 놓을 것이다.
그리고 내일 구례 오미에서 방광까지 걸을 것이다.
내 책상 앞에는 지리산 둘레길 지도가 놓여 있다.
앞으로 남아 있는 12코스를 종주할 것이다.
스토리텔링하여 지리산 둘레길을 찾는 사람들에게 도움이 되도록
책을 낼 것이다.
내일 점심은 지리산 둘레길에서 내가 담은 간장새우장과 김으로
먹을 것이다.

681 지리산 둘레길에서 작사, 작곡
2020. 12. 9. (수)

오늘의 지리산 둘레길 걷기 코스는 구례 오미에서
방광 마을까지다. 12.3킬로미터 구간이다.
숲길 덤불 더미 위에서 수많은 박새 떼가 무리 지어 소리를 낸다.
쇠박새, 북방쇠박새, 진박새. 새 중에 머리 꼭대기와 목이 검은색이고,
뺨은 흰색, 배 가운데는 검은색 세로줄이 있는 것을 보면 박새다.
멧새, 딱새, 참새, 박새 구분하기가 쉽지 않지만 유심히 특징을
관찰하면 알 수 있다. 계속해서 박새들이 오르고 내리고를
반복하면서 내 마음을 요동치게 한다. 그 자리에 서서 음성 녹음을
해 보았다. 즉석 작사, 작곡인 셈이다.

내 이름은 박새

1. 내 이름은 박새 몸은 작고 귀엽지요
   나뭇가지 약해 부러지면 어쩌나요
   걱정하지 않아 내 날개를 믿거든요
   훨얼훨얼 날아 어디든지 갈 수 있어
2. 내 이름은 박새 무얼 먹지 걱정 안해
   산과 들에 널린 양식들이 있으니까
   매일매일 짹짹 자연에서 사는 행복
   목소리도 예뻐 내 노래를 들어봐요
   숲속에서 나도 한 마리 새가 되어 하늘 파도타기를 했다.

682 집중력, 몰두력
2020. 12. 10. (목)

　내게 주어진 시간, 내가 하고 있는 일, 내가 만나는 사람에
대해서 최선을 다해야 한다.
가장 진실해야 하며 오롯이 거기에 집중하고 몰두해야 한다.
　3시간 동안 『차라투스트라는 이렇게 말했다』 책을 의자에서
꼼짝하지 않고 읽어본 적이 있다.
문을 잠그고, 전화기를 off시키고, 화장실도 가지 않기 위해
물도 마시지 않고 읽어보았더니 역시 놀라운 역사가 일어났다.
읽은 페이지가 굉장했다.
　세상을 움직인 위대한 사람들은 집중력, 몰두력이 탁월했다.
닭이 계란을 품을 때처럼, 고양이가 쥐를 잡을 때처럼 해야 한다.
날렵하고 용감한 사자도 토끼 한 마리를 잡으려면 모든 정신, 뜻,
목표 의식을 가지고 몰입한다. 최선을 다해 잡는다.
　난 십자가를 만들 때, 세밀화를 그릴 때, 동요 작시를 할 때,
독서할 때, 칼럼을 쓸 때, 드립 커피를 내릴 때 집중력이 높아진다.
그 시간은 어떤 것으로도 방해받는 것을 허용하지 않는다.
더 고독하고, 외롭고, 홀로여도 좋다.
거기에서 참 자유로움을 느끼니까.
오늘 아침, 쥐를 잡아다 놓은 우리 집 고양이의 집중력 있는 모습이
상상된다.

683

직박구리 반, 감 반

2020. 12. 11. (금)

우리 집에는 여섯 그루의 감나무가 있다.
작년에는 감 풍년이었지만 올해는 흉년이다.
감나무마다 감을 몇 개씩 남겨 놓았고 한 나무에는 10개 이상
남겨 두었다.
첫째로는 보기에도 아름답고, 둘째로는 새들의 겨울 양식이
되기 때문이다. 특히 직박구리들이 떼 지어 다니면서 먹이를 찾는다.
한국에는 한 종밖에 없고 길이는 28센티미터다.
늘 무리를 지어 생활하는 것을 본다.
날개가 짧고 둥글며 꼬리는 길다.
먹이는 곤충, 거미, 열매 등이다.
아침에 감나무 하나에 10마리 정도의 직박구리들이 모였다.
재미있는 사실은 꼭 한 마리씩 감을 먹고 다시 교대하여
먹는다는 것이다.
마치 번호표를 타서 순서를 기다리는 것처럼 질서정연하다.
한참을 그렇게 식사를 하더니 한순간에 한 마리도 남지 않고
훨훨 날아가 버렸다.
새들이 먹는 감의 맛은 어떨까?
사람이 먹어도 맛있다고 또 먹고 싶다고 하는데 새들은
더 맛을 잘 알 텐데.
고마움을 몰라 줘도 돼. 그저 맛있게 먹었으면 만족하니까.

684 하루 아파 본 경험
2020. 12. 12. (토)

　　내 몸의 상태는 누구보다 내가 더 잘 안다.
어느 부분에 어떤 증상이 있는지는 병원에 가지 않고도 알 수 있다.
그저께 저녁에 옷을 거의 입지 않고 추운 다용도실을 다녀왔다.
순간적으로 몸이 오그라드는 것 같은 한기를 느끼는 순간,
코감기가 왔나 보다. 벌써 머리부터 아프기 시작했다.
요즘은 어디 가서 아프다고도 하지 못하고
병원에도 쉽게 가지 못한다.
코로나 19에 걸렸을까 불안해하기 때문이다.
계속 누워 있으려니 시간이 가지 않는다.
　　소금물로 코를 헹구고, 비타민 C가 많은 석류를 먹고,
쌍화탕을 마셨다.
저녁 9시부터 다음날 6시까지 잠을 잤다. 잠이 보약이다.
아침에 눈을 떠보니 몸이 훨씬 가벼워졌다는 것을 느꼈다.
평상시에 꾸준히 운동을 한 사람과 그렇지 않은 사람의 차이는
회복 속도가 다르다는 것이다.
건강이 약화되면 해야 할 일을 할 수 없게 된다.
밥맛도 떨어지고 의욕도 잃는다.
하루 아파 보니 평상시 건강하게 잘 지내 온 나날들이 더욱 감사하다.
소중한 것은 잠시 잃어버리거나 놓칠 때 더 실감 나게 느껴지나 보다.
감사할 뿐이다.

685 배추 속살 좀 봐요!
2020. 12. 13. (일)

　　아침식사 자리였다.
아내와 함께 아침을 먹는데 김장 때 담근 동치미가 식탁에 올랐다.
큰 접시에 담아 놓은 배추 색깔을 보며 아내가
"여보, 이 배추 속살 좀 봐요!"
"우와, 이렇게 예쁜 색이 어떻게 나올 수 있을까?"
맞장구를 치면서 즐거운 식사를 마쳤다.
노란색과 연두색, 초록색, 흰색의 조합이다.
　　음식은 단순히 목구멍으로 넘기기 위한 것이 아니라 예술이다.
음식마다 색깔도 다르다.
색은 눈으로 먹는 것이고, 씹을 때 소리는 귀로 먹는 것이고,
맛은 혀로 먹는 것이고, 냄새는 코로 먹는 것이다.
맛있다는 생각은 뇌로 먹는 것이며, 손이 움직여 손이 먹는 것이다.
　　스에나가 타미오가 지은 『색채 심리』라는 책을 읽었다.
자연을 상징하는 원초적인 색은 초록이다.
최초로 등장한 색이 초록색이었을 것이라고 말한다.
초록색은 노란색과 파란색을 혼합한 중간색이다.
「생 빅투아르산(山)」 시리즈는 초록색의 교향악이라 한다.
세잔이 만년에 이 그림을 그리기 위해 산과 가까운 곳에
이층집 아틀리에를 지었을 정도다.
배추 속살의 아름다움을 본 멋진 아침 식탁이었다.

686 영혼의 산소 공급
2020. 12. 14. (월)

　　지그 지글러는 "격려하는 것은 영혼의 산소를
공급하는 것과 같다."고 말했다.
오늘 아침 5시는 온도가 많이 내려갔다.
서울·경기·강원지역은 눈이 내렸고 고양이들 먹는 물통의
물이 언 것을 보면 추운 날씨인 건 맞다.
상황, 환경, 여건에 이리저리 흔들리는 것은 내 심장의 소리를
듣지 않기 때문이다. 새벽에 운동하면 안 좋다는 부정적인 말들에
곧잘 넘어가는 사람들이 있다.
확연히 운동하는 사람이 안 보이는 것은 겨울 들어서
눈에 띌 정도다. 겨울이 길다. 적어도 4개월은 겨울인데
언제 여건이 갖추어질 때까지 기다릴 것인가.
　　오늘은 더 많이 나를 격려했다.
넌 용기 있는 사람이야. 남들이 하기 어려운 장애물 경기도 잘해.
탑천이 널 기다리고 있어.
오늘도 승리자가 당연히 되어야지. 그렇고말고.
아침 일찍 별을 볼 수 있잖아. 여명이 밝아오기 전 홀로 걷는
가장 비싼 시간 너에게 줄 선물이지.
나에게 영혼의 산소 공급을 많이 하고 6시부터 걸었다.
길에 고여 있는 물들이 언 걸 보니 겨울인가 보다.
비발디의 사계 중 「겨울」을 들어봐야겠다.

687 나와 타협하지 않는다
2020. 12. 15. (화)

  예전처럼 저녁 10시에 잠이 들었는데 밖에서 시끄러운 소리에
깨보니 11시 40분이다. 처형이 그 시간에 오고 가는 발걸음,
현관문 소리 때문이었다. 깊은 잠이 들지 못했다.
5시에 일어나야 하는데 일어나지 못하고 6시 20분에야 일어났다.
얼른 전기장판을 끄고, 이불을 개고 일어났다가 자신과
타협하게 되었다.
오늘은 날씨가 상당히 추우니 이불 속에서 좋은 동영상 강의 듣자.
그래, 그렇게 하자. 다시 장판을 켜고 이불을 폈다.
5분 후 마음의 소리가 더 크게 들려왔다.
그래도 운동을 해야 한다고. 일단 밖으로 나가야 한다.
다시 장판을 끄고 이불을 갰다. 겨울이 실감 난다.
  아침 걷기와 명상을 통해서 내면의 소리에 더 귀 기울이게
되었고 삶의 의미를 느끼게 되었다.
이제는 아침 걷기와 글쓰기는 습관을 넘어 루틴의 힘이
작용하는 것 같다.
용기는 희망에서 시작된다. 걷기, 글쓰기는 나의 희망이다.
해야지 하고 하는 것이 아니라 그냥 하게 되는 것을 보면 그렇다.
나와 타협하지 않았다. 매일 걸었으니 오늘도 걸었을 뿐이다.
또 다른 나를 데리고 걸었다.
승리한 자신을 마음으로 안아줬다.

688 일출은 파이팅, 일몰은 토닥토닥
2020. 12. 16. (수)

배우 정애리 님의 『채우지 않아도 삶에 스며드는 축복』
책을 읽었다. 정확히 말하자면 책을 읽었다기보다는 오디오북으로
들었다고 해야 맞다. 오늘은 새벽녘 하늘에 별이 많이 보인다.
주워 담고 싶고 따오고 싶은 마음이 들 정도로 눈에 가득하게 안긴다.
　정애리 님은 월드비전, 연탄 은행 등 많은 곳에 후원하는
소금 같은 분이다. 난소암 수술을 받고 항암치료 후
자기 집 목욕탕에서 머리를 밀 때의 그 심정을 이야기하는데
아침 찬바람에 눈물이 흘러내렸다.
너만 바라봐, 너만 생각해, 열심히 살아왔잖아.
자신을 토닥토닥하면서 견디며 이겨 나가는 용기가 가슴을
뜨겁게 했다. 책 속의 "일출은 파이팅, 일몰은 토닥토닥"이라는
제목이 많은 사색을 하게 했다.
　김재진의 「토닥토닥」 시를 읊조렸다.
"다 지나간다고 다 지나갈 거라고/토닥거리다 잠든다"
정혜리 님의 건강 회복과 나눔 바이러스가
널리 퍼져 나가길 기도한다.
며칠 후 정애리 님의 사인과 함께 책이 배달되어 왔다.
"괜찮아요, 그래도 여기까지 왔잖아요."

689 계단 55개와 에스컬레이터
2020. 12. 17. (목)

본회퍼는 "인간은 가능성에 동요되기 쉬운 존재"라 했다.
지리산 둘레길을 가기 위해 역으로 갔다.
왼쪽에는 계단이 있고, 오른쪽에는 에스컬레이터가 있다.
망설임이나 주저함 없이 가능성에 동요되지 않고 계단을
걸어 올라갔다.
오래전에 세어본 적이 있었다. 55개다.
동시에 수백 명이 이용할 수 있는 돌계단은 늘 외롭다.
산책을 30분 하면 65칼로리가 소모된다.
걷기 30분은 120칼로리, 계단 오르기는 220칼로리가
소모된다. 조깅을 한 효과가 있는 것이다.
일행 중 한 명이 오지 않아서 다시 내려갔다가 올라왔다.
그러니까 계단 220개를 밟은 것이다. 오늘에서야 알았다.
내려가는 계단은 될 수 있는 대로 피하고 오르는 계단만 하는 것이
무릎을 보호하는 것이라는 것을.
오늘 오미-방광 둘레길 구간 14.2킬로미터를 걸을 것이다.
연골이 튼튼하고 뼈가 괜찮을 때 많이 걸어두고 여행하자.
영원한 것은 아무것도 없다.
지금, 이 순간이 내 생애 최고, 최선의 시간이다.
이른 아침 목에서 땀이 난다. 살아있는 짜릿함이여!

690 두 번째 밟을 오미-방광
2020. 12. 17. (목)

12월 9일, 같은 코스를 다녀왔으니까 8일 만에 다시 가게 되는
지리산 둘레길. 오늘의 동행자들은 꽃비, 프리티, 횃불, 나 이렇게
4명이다. 프로는 아니지만 내가 숲 해설이라기보다 자연 관찰하는 법,
트레킹하는 방법, 오감으로 자연 느끼기 그리고 가끔은 철학적 사유를
하도록 돕는 일을 해 주니 사람들은 재미있고 달달하다고 한다.
그동안 다녀왔던 코스 중에 인상 깊은 곳 중 하나여서 택했다.
저수지, 산길, 마을, 계곡 등에서 다양한 식생과 풍경들을 볼 수 있는
곳이다. 운조루에서부터 시작되는 오미 마을의 출발점은 시작부터
마음을 압도한다. 오늘 하루 여행은 코로나 19로 지쳐 있는
몸과 마음을 힐링하는 시간이다.

8일 전에 보았던 느낌, 같은 하늘, 같은 땅을 밟게 되지만
역시 자연은 늘 변화하며 활기, 생명, 새로움을 안겨줄 것이다.
오늘은 어떤 신비로운 일들이 벌어질지 설렘으로 하루를 기대한다.
아직 여명이 밝아지기 전인 7시 10분, 열차는 달린다.
둘레길 걷는 중에 함박눈이 펑펑 내리면 안도현의
「우리가 눈발이라면」 시를 낭송하고 싶다.
산악인 엄홍길은 말했다. 여행에는 목숨을 걸 만한 가치가 있다.
세상에 맞서거나 살아갈 힘을 얻으니까. 맞는 말이다.

691

일주일에 조의금 봉투 3개
2020. 12. 18. (금)

    작년에도 보니까 12월 1일에 돌아가시는 분이 많았다.
한 해를 마감하고 한 해를 시작하는 달이어서 그럴까?
지인 부모님이 돌아가셔서 조문하러 갔다.
코로나 19로 인해 가족 중심으로만 장례절차를 하다 보니
장례식장이 더 쓸쓸했다.
    오늘 다녀온 분은 96세, 자손들이 모두 22명이었다.
3남 2녀를 두신 자랑스러운 어머니셨다. 우아하고 당당하게
사셨고 아름다운 신앙을 유산으로 남기셨다.
2년 전에 가족들 몇 명과 함께 갈비탕을 사 드린 것이
내가 대접한 마지막이었다.
평생 딸이 모시고 살다가 2년 전에 요양원으로 가셨다.
일주일 안에 돌아가신 세 분 모두 90세가 넘으셨다.
나도 살아갈 날이 살아온 날보다 적은 것은 분명하다.
    니체는 "삶은 타오르는 불꽃이다."라고 말했다.
뜨겁게 타오르는 것은 연기가 거의 없다.
연소를 잘하기 때문이다. 최고의 절정을 이룬 후 순식간에 꺼지는
불꽃 같은 내 인생이길 원한다. 85세에 내 생명 걷어가 주세요.
그래도 앞으로 21년이나 남았잖아요.
내가 가을에 태어났으니 갈 때도 가을이었으면 좋겠다.
때, 장소, 시간은 하나님만 아시는 일이니까.

새벽길 별을 보며

692 망개떡 덕분에

2020. 12. 19. (토)

얼마 전에 큰 며늘아기가 망개떡을 사 왔다.
청미래덩굴 잎으로 싼 망개떡 안에 곶감도 하나씩 들어 있었다.
지리산 둘레길 여행을 가서 간식으로 먹을 때의 환상적인 맛에
끌려 인터넷으로 주문했다.
검색하다 보니 우리나라에서는 경남 의령의 망개떡이
꽤 유명하다는 것을 알게 되었다.
청미래덩굴 잎으로 떡을 감싸게 되어 자연을 덤으로 먹는 것
같은 즐거움까지 보너스로 받는 것 같다.
원래 떡 자체를 즐겨 먹지는 않는데 호빵, 찹쌀떡, 망개떡은
좋아한다.
경남 의령에서 호암 이병철 회장이 태어났다는 것도 처음 알았다.
　　이병철, 이건희, 이○용 그리고 삼성은 우리나라뿐만 아니라
세계적인 기업이다.
유럽 여행을 갔을 때도 호텔에 삼성전자 TV가 놓여 있는 것을 보고
한국인으로서 자긍심을 느꼈다.
아직 작은 한국 땅 안에 있는 의령 땅을 한 번도 밟지 못했다.
자굴산, 한우산도 꼭 가 보리라.
어느 날 훌쩍 집을 나갈 것이다.
큰 며늘아기 덕분에 망개떡 그리고 의령을 알게 되어 감사하다.

693 새와 절제(節制)

2020. 12. 20. (일)

　　작년에 뒤부아 루소가 지은 『새들에 관한 짧은 철학』 책을
읽었는데 다시 꺼냈다.
겨울이 되니 고산천, 소양천, 만경강으로 새를 보러 가고 싶기
때문이다.
작년 12월 8일 금요일에는 물닭, 큰고니, 청둥오리, 쇠오리,
큰기러기, 대백로, 백할미새, 넓적부리, 방울새, 왜가리,
민물가마우지를 보았다고 기록되어 있다.
야생 새는 자연에서 얻을 수 있는 한정된 양 그리고 필요한 양
이상은 먹지 않는다.
　　새들이 전혀 신경 쓰지 않는 삶의 지혜가 있다면 바로
금욕이다. 새는 행복에 대한 질문을 던지지 않는다.
그저 행복을 경험할 뿐이다.
걱정하지 않을 줄 아는 것, 여기서 행복은 시작된다.
　　내가 하루에 화장실을 한 번 가면 음식을 절제했다는 표시고,
두 번 이상 갔다는 것은 절제가 부족했다는 증거다.
건강하기 위해서는 소식 다동(小食多動)해야 하는데 소식을 실천하는
것은 절제가 반드시 필요한 일이다.
몸이 가벼워야 마음도 가벼운 법인데 새를 보며
절제를 배우는 아침이다. 성령의 9가지 열매 중에 처음은 사랑,
마지막은 절제인 것도 다시 생각해 본다.

새벽길 별을 보며

694 「내 어깨 위 고양이, 밥(Bob)」
2020. 12. 20. (일)

3년 전 추석 전날, 우리 집 마당에 박스에 담아 누군가가
놓고 간 고양이, 이름은 룰루다. 룰루 덕분에 「야옹야옹 내 이름 룰루」
자연생태 동요를 지어 곡을 붙였다.
「내 어깨 위 고양이, 밥」은 실화를 바탕으로 만든 감동적이고 따뜻한
영화다. 2012년, 800만 부가 팔려 베스트셀러가 된 제임스 보웬의
자전적 이야기다. 살면서 한 번쯤 꼭 봐야 할 영화라고 생각한다.
런던 거리에서 버스킹을 하며 살아가는 제임스.
노숙자로, 마약 중독자로 살던 그에게 인생의 터닝 포인트를
갖게 되는 사건이 생겼으니 길고양이 한 마리를 만난 것이었다.

고양이 밥은 금년 6월에 14살로 더 이상 볼 수 없게 되었다.
마음의 근육을 단련하는 영화로 강추하는 이 영화를 보는 내내
단비가 가슴을 적셔주었다.
마약을 끊는 과정에서 죽기보다 힘든 고통을 이겨내면서
결국, 그는 베스트셀러 작가가 된다.
"삶은 아름답고 나도 행복하다."라는 그의 말이 영혼을 울린다.
영화를 보고 나서 목공실에서 자고 있는 룰루를
한 번 쓰다듬어 주고 왔다.
룰루, 달이, 꼬리, 소리, 네 마리의 고양이 가족을 이루게 해 줘
고마워서.

695 행복이 삶의 목적이 아니다
2020. 12. 21. (월)

    무엇을 성취하고 이루고 결과를 보았을 때 행복할 수 있다.
하지만 이것이 전부는 아니다.
결과 중심보다는 과정을 놓치면 중요한 것을 잃어버릴 수가 있다.
내 삶의 목적은 행복인가? 아니다. 행복을 목적으로 삼고 싶지 않다.
사람들은 노후 준비를 잘해야만 된다고 말한다.
돈, 취미, 건강, 3가지는 챙겨야 한다고 한다.
그래서 과도한 보험료 지출 때문에 숨이 턱턱 막히며 사는
사람들이 있다.
먼 산만 바라보다가 내 발 앞에 놓여 있는 아름다운 꽃을 보지 못하고
휙 지나치는 것과 같다.
    오늘은 소풍 가는 날이다. 종말론적 삶을 살아야 한다.
주어진 나의 삶을 내가 삶의 의지로 만들어 가야 하며
나의 삶을 주도적, 자발적으로 살아가야 한다.
주인으로 사는 삶을 살다 보면 그냥 매순간 행복을 느끼게 된다.
행복은 느끼는 것이지 붙잡는 것이 아니다.
어제는 이미 손을 씻었던 과거며, 내일은 아직 오지도 않은,
또 안 올 수도 있는 날이다. 오늘이다.
지금이다. 오늘 행복하고 의미가 있으면 되는 것이다.
내일 배고픈 것 같아 오늘 과식하는 것은 미련한 일이다.
행복보다 삶이다.

새벽길 별을 보며

696 니체의 말에 고개를 끄덕이기
2020. 12. 21. (월)

　　내 운명에 대한 책임적 자세와 사랑의 마음을 가지려면 거룩한
긍정이 있어야 한다. 의미 부여가 언제나 우선이다. 살면서의
고통스러운 일에 대해 니체는 3가지 종류의 의미 부여를 제시했다.
　　첫 번째는, 과정이라고 여기고 희망을 갖는 것이다.
긍정적인 소망을 갖는 것이다.
그래서 현재의 고통을 견디며 이기는 것이다.
　　두 번째는, 다른 사람, 환경에 책임을 전가하는 것이다.
이것을 니체는 스스로가 가지는 노예 의식이라 했다.
아무런 해결점도 문도 열리지 않는다.
가장 미숙한 사람이 갖는 태도다.
　　세 번째는, 고통은 삶의 필연적이라고 인정하는 것이다.
살면서 어느 누구나 필연적으로 겪어야 하는 고통이 있는 법이다.
니체는 고통도 긍정의 대상이 되어야 한다고 말한다.
이런 면이 나로 하여금 니체 철학에 끌리게 만든다.
살아와 보니 고통을 긍정하고, 인정하고 여기에 의미를
부여해야만 적극적, 창조적으로 이기며 더 꽃을 피울 수 있다.
살아가면서 어떻게 꽃길만 걸을 수 있겠는가.
가시밭길도 있는 법이고 이걸 두려워해서는 안 된다.
헤쳐 나가는 재미가 있지 않겠는가.
풀어나가는 묘미가 있지 않겠는가.

697 분리할 수 없는 정신성, 육체성

2020. 12. 22. (화)

"정력이 국력"이라는 말은 진도 접도 등산로 입구 표지석에
적혀 있는 글이다.
집에 있으면 하루에도 해야 할 일이 많이 있다.
가끔 마당에 나가서 고양이들 밥, 물도 확인해야 하고
우편물 택배도 가져와야 한다. 25개의 계단을 오르내리려면
다리가 떨리면 안 된다. 힘이 있어야 한다.
오전 글쓰기, 동요 작사, 신문 읽기, 책 읽기, 드립 커피 마시기,
찬양 듣기, 클래식 음악 듣기, 실내 환기, 청소,
내가 먹은 것 설거지, 세밀화 그리기, 자료 정리 워드 작업,
외부적인 업무 활동 등 이 모든 일을 하려면 육체적으로
건강해야 한다.
속이 불편해도 제대로 일을 할 수 없다.
육체적 항상성을 위해서는 근육이 춤을 추게 신체 활력을
높여야 한다는 니체의 말에 동감한다.
육체적인 활력을 증진하려면 안주해서는 안 된다.
정신성과 육체성은 상호 작용하기 때문이다.
건강한 몸에 건강한 정신이 깃든다는 것은 만고불변의 진리다.
알고만 있는 것은 아무런 힘이 안 된다. 실천해야지.

새벽길 별을 보며

698 『차라투스트라는 이렇게 말했다』 10번 읽기
2020. 12. 22. (화)

해마다 연말이 되면 새해 나의 버킷리스트를 작성한다.
2020년, 버킷리스트 중에 이루지 못한 것은 무인도
바닷가에서 섬 생활 일주일 살기와 중국 태항산 트레킹이다.
에세이 책 펴내기도 있었는데 모두 작업 중이어서 늦어질 뿐이다.
내년도 버킷리스트 중의 하나는
『차라투스트라는 이렇게 말했다』를 10번 읽는 것이다.
두고두고 시간 날 때 읽는다는 것이 아니라 일 년에 10번을
읽어볼 작정이다. 과연 가능할까?
이런 질문을 나에게 해 본 적이 없다. 가능할까가 아니라
그냥 할 것이니까. 나는 너를 믿는다.
힘의 의지를 믿는다.
구체적으로 어떻게 읽을 것인지, 어떻게 책의 내용을
정리할 것인지, 노트하는 방법은 어떤 식이 될지는
세심하게 계획을 세워 실천할 것이다.
준비단계로 요즘 유튜브 동영상에 올라와 있는 니체 철학
강의를 거의 들었다.
횟수가 중요한 것은 아니지만 한 번 읽기도 어렵다는 니체 철학의
두꺼운 책을 10번을 읽고 나면 어떤 정신적인 세계관이 열릴까?
기대, 설렘, 흥분, 자신감이 팽배해 있다.

699 넬슨 만델라를 생각해 본다
2020. 12. 23. (수)

인권 운동가, 흑인 해방 운동가인 넬슨 만델라는 백인
정권의 핍박으로 27년간을 감옥에서 보냈다.
끊임없는 투쟁으로 결국 남아프리카공화국의 대통령이 되었다.
감옥에서 얼마나 치가 떨리고 한이 맺히고 보복하고 싶었을까?
하지만 그는 고통을 대면하는 의미 부여와 자세가 전혀 달랐다.
현재 겪는 고난을 통해 자기 민족과 세상에 빛을 비춰 주는
등불을 밝히는 데 집중했다.
자기가 당한 고문, 핍박, 시련에 의미를 부여했다.
내면의 힘을 더 강화시키는 데 세월을 투자했다.
강하게 넘어뜨림 당하면 더 강하게 일어섰다.
27년의 인고의 세월 동안 거룩한 용기와 사랑을 깊게 만들었다.
이것이 바로 인간 승리다.
죽을 만큼 고난이 와도 미소를 잃지 않았다.

1,200도의 뜨거운 불에서 나온 도자기와 300도의 불에서 나온
도자기는 다르다.
강도, 가격, 쓰임새, 보존성 등 모든 것이 다르다.
넬슨 만델라의 27년의 죽음 같은 인생 속에 피어오르는
따뜻한 미소를 생각하는 아침이다.
그분은 27년을 평화로운 세상을 위하여 내면의 힘을
키우는 시간으로 승화시켰다.

새벽길 별을 보며

700 행복해지는 법
2020. 12. 24. (목)

12월 21일 글에 행복이 삶의 목적이 아니라고 썼다.
하루를 소풍 가듯이 열정, 도전, 호기심, 활력 있는 하루를
살다 보면 행복을 느끼는 것이 행복이라 했다.
가장 행복을 가로막는 장애물과 독소는 원망, 불평, 걱정이다.
근심 걱정이 많고 이것을 하기 시작하면 감사는 내려간다.
동시에 의욕도, 행복도 잊어버리고 산다.
　아침에 눈만 뜨는 것도 행복하다.
감사가 물밀 듯이 밀려오는 나 자신의 내면을 바라보고 있으면
이게 바로 행복이고 축복임을 안다.
대단히 좋은 것이 이루어져야 행복이 아니었다.
만사를 상실과 고통으로 만들 것인지, 행복과 기쁨으로
만들 것인지는 남의 손에 있는 것이 아니라 내 손에 달려 있다.
내 삶을 아름답게 연주하는 것은 내게 달려 있다.
　니체는 자기의 삶을 아름답게 가꾸고 창조해 가는 사람을
삶의 예술가라고 말했다.
하루 동안에 잠시라도 감사가 쉬는 순간, 불이 꺼진 항구처럼 어둠이
지배하게 된다. 이렇게 되도록 나 자신이 허용할 수는 없다.
나는 죽을 것이다. 언제인가는. 안주할 수 없다.
행복해지는 비결, 정답은 이미 다 알고 있다.
어제처럼 오늘도 살면 된다.

701 13년 만에 다시 꺼내 본 책
2020. 12. 24. (목)

　　남편을 먼저 보낸 후에 세 아이를 키우며 경제적인 궁핍과
삶의 장애를 겪으면서 살아가던 여인 미란다가 긍정적이고
도전적인 한 포근한 교수를 만나면서부터 마법처럼 삶이
기적으로 이어지는 영화「시크릿 더 무비」를 보았다.
2007년 10월 2~3일, 장수사과시험포 콘도에서 읽은 책을
다시 꺼냈다.
『The Secret(시크릿, 비밀)』이다.
책에 밑줄을 그어두었던 곳을 다시 넘겨보았다.
영화의 내용이 이 책의 흐름과 같았기 때문이다.

　　13년이라는 세월 동안 책꽂이에 다소곳이 앉아 있던 책,
나를 한 번만 더 꺼내 봐 줬으면 소망하고 있었을 책.
책이 13년 전에 읽을 때의 흥분과 감동을 더 깊게, 더 넓게, 더 높이
지혜의 눈으로 봐 주기를 원했을 것 같다.
155쪽에 나와 있는 디마티니 박사의 말이 마음에 되새겨진다.
"사랑과 감사함이 우리 삶의 모든 부정성을 녹여 없애준다.
사랑과 감사함은 바다를 가르고, 산을 움직이고,
기적을 일으키고, 어떤 질병도 고칠 수 있다."

702 넘어진 김에 쉬었다 가자!

2020. 12. 25. (금)

인생은 왜 살 만한 가치가 있고 의미가 있는 것인가?
변수가 많기 때문이다.
사람들이 고스톱 놀이가 재미있다고 한다.
예측하지 못한 변수가 생기기 때문이 아닐까?
잘 되는 듯싶다가도 전혀 예상치 못한 일로 뒤집어지기도
하고, 끝났다 싶은데 반전이 일어나기도 한다.
안주하는 삶보다 굴곡이 있고 도전적인 삶을 추구하는 것이
인간의 욕구인가 보다.

나는 권투 경기를 좋아한다.
왜 권투 경기가 매력이 있을까? 맞고 때리고가 아니다.
모든 것을 절제해야 하며, 견딜 수 없는 것까지 견뎌야 한다.
승자는 패자가 하지 않는 그 무엇을 하며, 고통을 피하지 않고
고통으로 들어가는 운동이 권투다. 프로 경기는 3분 15회전이다.

맞지 않는 선수는 없다. 넘어지지 않는 인생은 없다.
넘어졌을 때 어떤 생각을 가질 것인가?
넘어졌다고 입을 삐죽거리며 원망할 것인지, 기왕 넘어진 김에
쉬면서 내면을 강화할 것인지의 선택은 자신에게 달려 있다.
내면에의 힘을 길러야 한다.
느긋하게 기다릴 줄 아는 자세가 흐트러지지 않게 해야 한다.
넘어진 것이 오히려 잘되었다고 할 수도 있으니까.

703 근거 없는 낙관주의
2020. 12. 26. (토)

Optimism, 즉 낙관주의의 어원적 의미는 세상이나 인생을
희망적으로 밝게 보는 태도를 말한다.
살아가면서 반드시 가져야 할 삶의 자세다.
그런데 여기에도 함정이 있다. 근거 없는 낙관주의다.
잘될 것이라는 생각에 머물면 안 된다. 넘어가야 한다.
그 생각이, 즉 믿음이 행동으로 이루어져야 한다.
잘되도록 행동하지 않고 낙관주의에 매여 있으면 한 발짝도
앞으로 나아갈 수 없다.
허공에 빈손만 허우적거리게 되는 것이다.

근거 있는 낙관주의는 긍정적인 실천가다.
천 리 길도 한 걸음부터라는 이상과 포부와 꿈을 가지고
있다고 하여 되는 것이 아니다.
몸을 움직이고 행동으로 발걸음을 옮겨야 한다.
많은 사람들이 생각하고 계획만 하다가 마침표를 찍는다.
행함이 없는 믿음은 죽은 것이다.
죽은 것은 나무를 제외하고는 아무 짝에도 쓸데없다.
잘 된다는 믿음, 잘되도록 행하는 실천,
바로 내가 그 주인공이 되고 싶다.

새벽길 별을 보며

704 가슴을 후벼 파는 목소리

2020. 12. 27. (일)

　내가 찬송가 부르는 목소리를 들은 사람이 표현하기를
사람의 가슴을 후벼 판다고 한다. 나는 나를 잘 모를 수 있다.
물론, 내 목소리는 약간 허스키하고 굵다.
하지만 모든 전심을 다 기울인다. 한 곡 부르다가 죽을 정도로.
　오늘 라라 파비안의 「아다지오」를 몇 차례 들었다.
아마 라라 파비안의 노래는 500번도 더 들었을 것이다.
내 눈에 더 들어오는 사람이 있는데 바로 피아니스트 남자다.
노래 부르는 파비안의 모습을 눈여겨보면서 건반에 강약을
주는 것이 보인다.
　내가 어떤 일을 시작하면 결실을 맺어야 하는데 하지 못한 것이
하나 있다. 피아노다. 스물일곱 살 때 바이엘을 배웠다.
가르쳐주는 피아노 학원 선생님은 아가씨였다.
건반 위에 놓여 있는 내 손등을 사정없이 30센티미터
플라스틱 자로 때렸다.
눈물이 쏙 나올 정도로 아팠다. 점점 자신감이 없어졌다.
잘한다고, 잘하고 있다는 칭찬을 한 번도 못 들었다.
슬픈 마음이 들었다.
일 년간 배운 후 바이엘을 끝내고 피아노에서 손을 뗐다.
37년의 세월이 지났는데 피아노를 배우고 싶다.
아, 이게 웬일인지 몰라.

705 항아리 사연
2020. 12. 28. (월)

　　우리 집 마당이 없었으면 항아리를 준다 해도 받을 수
없었을 텐데 여러 곳에서 기증받은 크고 작은 항아리들이
멋스러운 예술품이 되었다.
몇 개쯤 되는지를 몰랐다. 처음 세어보니 70개였다.
100년이 넘은 큰 항아리부터 어제 큰 며늘아기 외할아버지
집에서 가져온 열 개의 항아리까지 크기도, 높이도, 넓이도
각각 다른 항아리들이 언제 봐도 정겹다.
훗날 이 항아리들 때문에라도 마당 넓은 집에서 살아야 할 것 같다.
　　그토록 많은 항아리가 비어 있는 것이 없다.
장모님이 넣어 놓으신 콩 농사한 것부터 별의별 것이 다 들어 있다.
내가 넣어 놓고 사용하는 가장 큰 항아리에는 고양이 사료가
들어 있다.
100년이 넘는 세월의 흔적이 고스란히 담겨 있는 것이다.
어떤 때는 고양이들이 장독대 위에 올라가서 졸기도 한다.
돈을 주고 사 온 것은 하나도 없다.
영광에서, 김제에서 발품으로 얻어 온 것들이다.
어떤 것도 기꺼이 담을 수 있는 항아리,
내 마음도 항아리였으면 하고 물끄러미 바라본다.

새벽길 별을 보며

706 『항아리』 책을 다시 펴다

2020. 12. 28. (월)

    아침에 항아리 숫자를 세다가 갑자기 정호승 시인이 쓴
어른들이 읽는 동화 『항아리』 책이 생각났다.
내 서재에 수천 권의 책이 꽂혀 있지만 어렵지 않게 찾았다.
책 한 권을 구입하면 그날의 느낌, 감정, 소감을 책 첫 페이지에
적어 놓는 습관이 있다.
    2002년 6월 27일 책을 샀다. 18년 전이다.
"내가 그동안 살아온 인생 여정 길 47년……헤아릴 수 없는
수많은 사람과의 만남, 헤어짐, 연속되는 관계, 다 기억할 수는
없지만 내가 받은 은혜, 사랑, 고마움…….
한 사람, 한 사람 생각해 내고 기억해 낼 수만 있다면
한적한 곳, 산새 우는 정자에 앉아 맛있는 식사를 하면서
진한 커피 향 휘날리며 두 손을 마주 잡고 고마워요,
정말 감사해요라고 말하고 싶은데……. 2002. 6. 27."
    어제 가져온 항아리를 보고 『항아리』 책을 읽어보고
싶었는데 18년 전에 시간의 흐름을 거슬러 올라
내가 써 놓은 글을 다시 보는 행운이 아침에 찾아왔다.
난 복받은 사람이다. 감사할 뿐이다.

707 소크라테스의 죄명
2020. 12. 29. (화)

    기원전 469년, 아테네에서 태어난 소크라테스.
머릿속에만 존재하는 막연하고 정확하지 않은 지식을
확실한 개념으로 바꿔 주는 산파술(産婆術)에 능했고 끊임없는
질문을 통해 개념의 실체를 명확하게 해 주었다.
오른손에 독배를 들고, 왼손은 하늘을 가리키는 손가락의 모습은
우리로 하여금 많은 시사점을 준다.
"왜"라는 질문을 줄기차게 할 수 있도록 하게 했다는,
이른바 "젊은이들의 영혼을 유혹한 죄", 이것이 죄명이었다.
소크라테스의 핵심 사상은 성찰하지 않는 삶은
살 만한 가치가 없다는 것이다.
니체도 "삶의 낯설고 의문스러운 모든 것을 찾는 것이 삶이다."라고
했다.
    요즘 들어 나에게 계속 던지는 질문, 성찰이 있다.
1. 너는 누구인가? 본질적 실존 질문이다.
2. 너는 심장이 시키는 일을 하는가? 네가 간절히 원하는 삶을 사는가?
3. 너는 행복한가? 행복을 찾는 사람이 아닌, 행복을 경험하는 삶을
   사는가?
4. 너는 죽는다는 사실을 늘 의식하고 있는가?

708 무조건 떠나면 된다
2020. 12. 29. (화)

안전하고, 편안하고, 변화나 변수가 없이 안주하는 삶은
내가 원하지 않는다.
니체가 말한 대로 위험하게 살라는 말이 나에게는 더 어울린다.
나의 삶의 철학과도 맞는다.
마라톤 풀코스, 산악자전거, 스키, 야간산행, 차박 캠핑, 7일간의
지리산 둘레길 홀로 여행 등은 모두 리스크가 따르는 것들이다.
눈이 오면 가족들은 말한다.
위험하게 왜 꼭 눈이 올 때 산엘 가느냐고.
내 대답은 눈이 오기 때문에 가는 것이라고 한다.
비가 오는데 걷느냐고 하면 비가 오기 때문에 더 운치가
있지 않겠느냐고 말한다.
내가 제때 죽을 때는 언제일까?
나의 인격적 정체성이 멈추고 더 이상 진보가 없을 때다.
12월 17일, 4명이 지리산 둘레길을 다녀온 후 여행을
가지 못했다.
어떤 목적을 세우고 그것을 성취하기 위해서만이 아니라
무조건 떠나는 용기가 필요하다.
그러면 상상할 수 없는 신비로운 일들이 펼쳐진다.
지금까지 경험해 온 결론이다. 그냥 무조건 집을 떠나자.
가슴이 시키면…….

709 니체 노트
2020. 12. 30. (수)

　　종이가 발명되기 전에는 나뭇가지, 껍질, 돌, 진흙판 등에
글자를 새기거나 썼다.
양가죽, 염소가죽, 소가죽에 쓴 것이 발전되었다.
내가 쓰고 있는 종이가 발명됨으로 인해 사상, 감정, 뜻,
사고의 지평을 넓힐 수 있게 되었으니 얼마나 감사한 일인가.
내년도 버킷리스트 중에 『차라투스트라는 이렇게 말했다』 책을
10번 읽기가 있다.
읽으면 써야 한다는 것은 고등학교 때부터 실천했다.
밑줄을 긋고, 발췌록에 옮기고, 다시 읽으면서 충분히
소화될 때까지 반복했다.
　　책을 사고 오늘은 노트를 사 왔다.
아주 두꺼운 스프링 노트다. 니체 노트라 이름 지었다.
읽고 쓰고 나의 정리된 생각을 기록할 것이다.
언제인가 대중 앞에 서서 원고 없이 니체 철학과 나의 삶에 대해
강연을 할 수 있는 날이 올 것이다.
글쓰기를 잘하고 싶다. 난 간절히 원한다.
만년필로 꾹꾹 눌러서 니체 철학을 옮길 것이다.
그리고 내 삶에 적용할 것이다.
행복해서 새처럼 날아다닐 것 같다.

새벽길 별을 보며

710 초인의 길동무 만들기

2020. 12. 31. (목)

음력으로 11월 17일, 2020년 마지막 날이다.
오랜만에 이른 아침 6시에 서쪽 하늘에 떠 있는 둥근 달을 보았다.
가로등 불빛이 환한 동쪽으로 걷지 않고 별빛, 달빛,
탑천에 비친 물빛이 보고 싶어 어두운 서쪽으로 걸었다.
한 시간쯤 뒤에 서서히 양파 벗겨지듯이 어둠이 사라지고
빛이 대지에 스며올 때 아직 떠 있는 달을 바라보며
몸을 고정한다.
가끔 오리 떼의 울음소리는 살아있음에 대한 설렘과 감격을
한층 더 높여준다.

이러한 걷기 속에서 고전 평론가인 고미숙 선생의 강연을 들었다.
일상의 혁명은 글쓰기라는 말과 가장 좋은 친구는 밥과 지혜를
나누는 우정이라는 니체의 말을 들려줬다. 이것이 초인의 길동무다.
어떤 이는 글쓰기가 스트레스고 부담이라고 하는데
오히려 나는 글을 쓰지 않는 것이 스트레스고 부담이다.
잘 쓰려면 매일 쓰고 매일 독서해야 된다. 또 잘 쓰려면 잘 살아야 한다.
소동파는 "만 권의 책을 읽고 만 리 길의 여행을 떠나라."고 했다.
나에게 밥과 지혜를 나눌 수 있는 사람이 다섯 사람만 있어도
행복할 것 같다. 내년도 버킷리스트에 넣어두자.
간절히 원하면 이루어진다. 다섯 사람의 이름이 누구누구일까?

January

2021. 1월

마음 깊은 곳에 머무는 달
(아리카라족)

711 어제도 그렇게 살았으니
2021. 1. 1. (금)

2021년 새해가 밝았다고 복 많이 받으라는 인사가 많다.
새로운 한 해인 것은 틀림없지만 나에게는 특별하지가 않다.
작년과 오늘은 그 경계가 시간상으로 따지면 불과 몇 시간인데
사람들은 산으로, 동해로 달려가서 해맞이한다고 분주한 모습들이다.
그 모습도 아름답다.
어제도 불꽃 같은 삶을 살았고, 어제도 행복했다. 그러니 오늘도
그렇게 살면 되는 것이다.

오늘 새벽에는 아내와 함께 하얀 면사포를 쓴 듯한
함박눈을 맞으며 두 시간 동안 탑천 길을 걸었다.
태양이 떠오를 때 우리는 다리에 섰다.
그리고 안도현의 「우리가 눈발이라면」 시 낭송을 했다.
"우리가 눈발이라면……/세상이 바람 불고 춥고 어둡다 해도/
사람이 사는 마을/가장 낮은 곳으로/따뜻한 함박눈이 되어 내리자"
어떻게 하는 것이 살면서 따뜻한 함박눈이 되는 거지?
나에게 물어본다.
아내와 오리들과 탑천가의 식물들과 관중들이 손뼉을 쳐주었다.

712 기대할 것도 실망할 것도 없다
2021. 1. 2. (토)

베푼 은혜는 잊어버리고, 받은 은혜는 잊지 말라는 말이 있다.
이 말의 뜻은 빛의 속도로 이해할 수 있다.
그러나 이 말을 실천하는 데는 몇 개월, 몇 년이 걸릴 수도 있다.
머리에서 가슴으로 내려와야 실천할 수 있기 때문이다.
지난주에 13명에게 책 선물을 주었다. 3일이 지났다.
그런데 단 한 명도 거기에 대한 반응도, 고맙다는 문자도,
전화도 없다.
나름대로 사회생활, 직장 생활을 잘하는 사람들이다.
어떤 사람에게 책 한 권을 선물로 받은 적이 있다.
나는 그날 책의 일부분을 읽고 몇 페이지에 이런 내용이
감동이었다고 문자로 보냈었다.
내가 직접 책을 출간해 보지 않은 사람은 그 작업이 얼마나 많은
산고를 겪으며 사연이 많은 줄 모를 수도 있다.
걷기를 하면서 내면을 직면해 보았다.
기대할 것도 실망할 것도 없는 단계까지 가야 하며 모든 것을
있는 그대로 수용하며 그저 감사하는 자리까지 가야만
약간 발효되고 숙성된 인간이 아니겠는가.
너는 그러한 존재냐는 질문을 스스로 던져 보았다.
아직 한참이나 덜된 미숙한 인간이었다.

713 암 치료를 통해 배운 것

　이루고 싶은 것이 있으면 체력부터 길러야 한다. 몸이 허약한데
호랑이굴에 어떻게 들어가겠는가.
30여 년 전에 요로결석으로 입원한 적이 있었다.
7층 병실에서 아래를 내려다보니 강아지 두 마리가
주차장에서 놀고 있는 것이 그토록 부러울 수가 없었다.
어떤 사람이 홀연히 찾아온 암과 직면했다. 왜 나에게 이런 일이
생겼느냐고 분노, 저항할 수 있지만 이분은 현실을 담담히
받아들였다. 대단한 용기다. 항암 주사를 맞고 견디기 힘든
고통스러운 나날을 보내면서 자신이 다듬어져 가는 것을 느꼈고,
살아있는 것에 감사하는 눈이 떠지기 시작했으며,
벌레 한 마리도 소중히 보이기 시작했다고 고백했다.
　나는 몇 년 전에 눈 백내장 수술을 했었다.
그래서 이틀간 안대를 한 적이 있었다. 아무 일도 할 수 없었다.
오직 귀로 듣는 일 외에는. 그때 처음 베토벤 교향곡 1번부터
9번까지 들었다. 덕분에 그 뒤로 교향곡을 종종 듣는 계기가 되었다.
암 치료를 통해 비싼 인생 수업료를 내고 겸손과 감사를 배웠다고
말하는 분은 진정 인생 승리자였다.

714 오늘 꼭 할 일
2021. 1. 3. (일)

『폰더 씨의 위대한 하루』 책은 손을 뻗으면 닿는 곳에 있다.
성공을 위한 첫 번째 결단 7가지 중에서 오늘 나는 행복한 사람이
될 것을 선택하겠다는 내용이 있다.
매일 웃음과 흥분된 마음으로 맞이해야 함을 말한다.
나중에는 더 늘겠지만 매일 점검하는 것이 있다.
기상 시간, 새벽기도, 걷기, 글쓰기, 성경 5장 낭송,
책 10페이지 이상 읽기, 감사일기, 중국어 공부, 고전 음악 듣기,
찬양 듣기, 원고 교정, 취침 시간이다.
　　새벽에 일어나려면 10시에는 잠을 자야 한다. 잠을 자면서
내 몸이 만들어짐을 알기 때문에 결코 잠자는 시간에 인색하지 않다.
하던 일을 멈추고 시간이 되면 눕는 습관이 이제는
루틴으로 형성된 것도 감사한 일이다.
호메로스의 『오디세이』 책을 보면 이런 말이 있다.
"그녀는 번쩍이는 2층 방에 올라가서 사랑하는 남편 오디세우스를
위해 울었다. 그러자 마침내 빛나는 눈의 아테네가 그녀의
눈꺼풀 위에 달콤한 잠을 내려주었다."
잠자리에 누워 잠의 선물을 받았다는 표현도 있다.
잠은 내가 가는 것이 아니라 나에게 와야 한다.
오늘 꼭 할 일을 하는 것은 해야 해서라기보다는
행복해서 하는 일이다.

715 겪어야 할 81난(難)

2021. 1. 4. (월)

　　다이아몬드는 섭씨 1,000도 이상의 온도에서 약 150킬로미터
높이로 쌓아 올린 바윗덩어리가 누르는 정도의 압력을 받아야
생겨난다.

금도 극도로 뜨거운 물의 압력이 필요하다. 베토벤도 인생의
모진 시련을 극복하고 아름다운 음악을 만들어 냈다.

2021년을 3일 살았다. 나머지 362일은 나도 안 가 봐서 모른다.
인생은 한 치 앞도 모른다 했으니 나의 오른손 장지 한마디가
3센티미터 정도 된다. 한 치는 3.03센티미터를 말한다.
그러니까 3센티미터 앞도 내다볼 수 없는 것이 인생인 것이다.
그래서 더 살 만한 재미가 있는 것이리라.

　　『서유기』 책에 보면 우리 인간이 겪어야 할 난이 81난(難)이라
했다. 아니, 81난(難)보다 더할 수도 있다.

어차피 통과해야 할 장애물 경기다. 맞닥뜨려야 한다.

쇠는 뜨거울 때 두드려야 하는 것이 만고의 진리다.

살다 보면 죽을 것 같은 고통을 만날 수도 있다. 이때 참아내느냐,
아니면 편하게 포기하느냐다. 인생은 넘어가는 재미다.

새벽길 별을 보며

716 삶을 어떻게 견뎌 낼 것인가?

2021. 1. 4. (월)

동물의 세계에서 승자는 강한 자가 아니라 살아남는 자다.
살아가면서 죽을 고비를 넘기도 한다.
하지만 죽을 고비를 넘겼을 뿐 죽지는 않았다. 이것이 중요하다.
『니체의 인생 강의』 책을 보다가 영원회귀 사상에 관해 명상했다.
"세속화가 일상화된 21세기 사회에서 삶을 어떻게
견뎌 낼 것인지에 대한 질문이 제기된다. 어떻게 살 것인가가 아니라
삶을 어떻게 견뎌 낼 것인가라는 질문을 던진다."
60년을 넘게 살아온 내 인생 여정 길 돌아보면 감사뿐이다.
왜 그런가? 견뎌 냈기 때문이다.
다윗도 울 기력이 없을 만큼 고난의 터널을 지날 때
목숨을 부지하기 위해 수염에 침을 흘리며 미친 척을 했다.
과학자들은 우주의 나이를 180억 년이라고 추정한다.
80년의 인생을 산다고 하면 0.2초에 불과한 것이다.
700미터 땅속에 매몰된 33명의 칠레 광부들이 69일 만에 구출되어
세계를 놀라게 했다. 광부들은 엘비스 프레슬리의 노래를 부르고
성경을 읽으며 모두 함께 살아 나갈 수 있다고
소망을 포기하지 않고 견뎠다.
소망이 있는 사람은 견뎌 낸다.

717 현자들의 일상
2021. 1. 5. (화)

어질고 총명하여 성인과 견줄 만큼 뛰어난 사람을 현자라 한다.
맹자, 장자, 소크라테스, 니체 등 현자들의 일상은 어떠했을까?
버지니아 울프가 말하기를 천국에 가면 책을 선물로 받는다고 했다.
중국 현자들의 삶을 보면 책을 손에서 놓지 않았고,
죽는 날까지 책을 읽는 습관을 지녔다. 세 가지가 독특하다.
눈으로 읽고, 손으로 쓰고, 소리 내어 읽었다.
　　나는 책을 읽는 데서 그치지 않고 고등학교 때부터
밑줄 친 것을 발췌록에 옮겨 적는 습관을 들였다.
2,000년, 3,000년 전의 고전도 기록하지 않았으면 남아 있지
않았을 것이다. 읽고 쓰는 것이 일상인 것이 현자들이었다면
내게도 펜으로 꾹꾹 눌러 쓰는 일이야말로 행복 중의 행복이다.
　　비록 내가 현자는 아니지만 읽고 쓰는 일이
하루 삶의 반절 이상을 차지한다.
시장을 가도, 여행을 가거나 병원에 갈 때도 언제든지 메모 노트와
펜을 들고 다니는 습관이 있다.
그게 행복하니까 저절로 몸이 움직이는 것이다.
읽고 쓰는 일은 존재론적인 일이다.
읽고 쓰는 일이 내게 없다면? 그런 생각은 안하련다.

718 뒤로 달리기
2021. 1. 5. (화)

앞으로 걷기는 쉽다. 뒤로 걷기는 힘들다. 앞으로 달리기는 쉽다.
뒤로 달리기는 더 힘들다. 힘드니까 좋은 것이다.
키에 비해서 손과 발이 큰 편에 속하는 나는 이것 또한 감사의
조건이다. 지리산 둘레길을 하루에 7시간씩 일주일을 걸은 적이 있다.
그래도 지치지 않았다.
작년 12월 23일부터 뒤로 달리기를 시작했다. 매일 실천했다.
이른 아침 6시경이니까 차나 사람의 통행이 적다.
오늘은 시간을 재보니 4분간 뒤로 달렸다.
베토벤의 「황제」를 들으면서 달리다 보니 다리에 쥐가 났다.
괜찮을 거라고 스스로를 격려하며 달렸다.
보름 전, 처음에는 10미터를 뒤로 걷기도 힘들었다.
넘어질까 봐, 뒤에 장애물이 나타날까 싶어 두려움이
약간 있었는데 지금은 200미터도 넘게 뒤로 달린다.
할수록 느는 것 같다.
발 앞쪽이 땅에 먼저 닿으면서 신체 뒷부분의 근육이 더
발달 강화되고, 많은 에너지가 소모되고, 심폐 기능도
좋아짐을 느낀다.
특히 뇌의 통제 능력이 향상되는 것 같아서 4분간 달리고 나서는
헉헉거리게 된다. 이 뿌듯함, 이른 아침 영하 4도여도
몸에 땀이 나는 이 상쾌함, 하늘을 날 것 같다.

719

언제인가 쓰임받으리라!

2021. 1. 6. (수)

아무리 장대비가 쏟아져도 그릇을 뒤집어 놓으면 한 방울의
물도 들어가지 않는다.
그릇이 작으면 적게 고이고, 크면 많이 고인다.
사람을 그릇으로 비유하기도 한다.
그 사람은 그릇이 작아, 그 사람은 그릇이 커 이렇게 말이다.
그릇을 준비해 놓으면 담을 수 있는 날이 꼭 온다.
이 믿음을 가지고 있다.

한나절 동안 두 가지를 정리해 두었다.
하나는 독서법, 또 하나는 글쓰기다.
동전의 양면 같은 이 두 가지는 내 삶의 이유와 의미 중에
큰 비중을 차지한다.
14페이지 분량의 원고를 정리하고 시계를 보면서
"에구, 어느새 시간이 이렇게 되었군." 했다.
정리하는 즐거움과 앞으로 언젠가 이 원고가 쓰임받게 될 날이
올 것이라는 기대와 꿈 때문에 시간이 빨리 지나간 것 같다.

앞으로 한 시간 반 정도의 대중, 가족, 개인 강연이 있을 것이다.
있을 수 있을까가 아니다. 꼭 있을 것이라고 믿는다.
간절히 원하기 때문이다.
글쓰기를 통해 개인, 사회, 이 나라가 조금이라도 변하는 일에
나는 쓰임받을 것이기 때문이다.

새벽길 별을 보며

720 사람을 젊게 만드는 것
2021. 1. 6. (수)

　　연세 지긋하신 할머니가 앞에 가는 젊은 중년여성을 보고
"내가 부러운 것이 하나 있다면 젊음이다."라고 말씀하셨다.
누가 나에게 부러운 것이 있느냐고 질문을 한다면 부러운 것은 없고
소망이 있다면 아름답게 늙어가는 것이라고 말하고 싶다.
부러워함으로 생산적이고 창의적인 것이 나오지 않기 때문이다.
서양 속담에 사람을 젊게 만드는 것에는 두 가지가 있는데
하나는 사랑, 또 하나는 여행이라고 한다.
사람은 무엇으로 사는가? 믿음, 소망, 사랑으로 산다.
그중에 제일은 사랑이라 했다.
　　사랑과 여행 두 가지의 공통점은 무엇일까?
기대, 설렘, 상상력, 즐거움, 에너지 생성, 자기성찰,
내면으로의 맞닥뜨림, 용기 있는 행동과 고난도 두려워하지 않는
긍정의 힘, 낯선 항구에서 새벽녘에 막 잡아온 활어가
팔딱팔딱 뛰는 것을 보는 가슴 벅찬 감동, 하늘을 붉게 물들이며
기운을 품고 올라오는 태양을 보는 순간의 짜릿함.
사람을 젊게 만든다는 말은 의미와 창조적 삶으로 예술가가
된다는 것이다.
축제적인 삶을 하루 산다는 것, 두근거리는 가슴을 느끼는
아침이다.

721 두 번째로 봉숭아물 들인 날
2021. 1. 7. (목)

작년 8월 27일은 지역아동센터 아이들 손톱에 봉숭아물을
들인 날이었다.
내 손가락도 봉숭아꽃과 잎이랑 하룻밤 같이 잤다.
작년 12월 첫눈 올 때까지도 흔적이 남아 있었는데
어제 다시 물들였다.
혼자 하려니 실 묶어줄 사람이 있었으면 좋겠다.

정태춘, 박은옥의 「봉숭아」 노래를 다시 들어보았다.
"초저녁 별빛은 초롱해도 이 밤이 다하면 질 터인데……/
손톱 끝에 봉숭아 지기 전에/그리운 내 님도 돌아오소"
땅에 자라는 봉숭아가 질 때가 있듯이 손톱 끝에 자리 잡은
봉숭아도 지는 것이구나.
없어진다는 표현보다 손톱 끝에서 꽃이 진다는 아름다운 표현이
가슴 설레게 한다.

금년 여름에는 하루 날을 잡아서 손톱에 봉숭아물 들이는 날로
정해놓고 멋진 파티를 하고 싶다. 열 명 정도를 초대하자.
맛있는 식사하고 커피 마시고 서로 실을 묶어주면서 첫눈 오기를
기다리자.
어제저녁에 두 번째로 손톱에 물을 들였다.
오늘 아침 비닐을 벗겨 냈더니 밖에 눈이 소복이 내렸네.

새벽길 별을 보며

722 눈길에서 나와의 대화
2021. 1. 7. (목)

영하 10도다. 밤새 내린 눈이 신발을 덮을 만큼 소복이 쌓였다.
금년 들어 가장 많은 눈이 왔다.
흥분, 설렘으로 완전무장을 하고 걷기를 시작했다.
아침 6시니까 어둡지만 눈 때문에 환한 새벽녘이다.
작은 노트를 꺼내 떠오르는 에세이 제목을 기록하려면
오른손이 고생 좀 한다.
손 시린 것은 둘째 치고 찬바람에 이곳저곳 갈라진 손등에게
미안하다.
번개처럼 떠오르는 생각. 그래, 오늘은 나와 대화하자.
나하고 놀아보자.
헤드폰을 쓰고 걸어가면서 한 시간 반 동안 나와 이야기했다.
한참 동안 이야기하다 보니 갑자기 울음이 나왔다.
눈물이 고드름 되는 것 같았다.
아무도 발자국을 내지 않은 길에 처음 내 발자국을 냈다.
얼굴에 쓴 버프, 모자는 마치 히말라야에서 온 사람 같다.
눈, 코만 빼꼼히 내놓은 얼굴이 귀엽다.
카톡 사진으로 바꾸고 녹음한 대화 내용은 모두 작업하여
글로 남겨야겠다. 눈이 오니까 이런 경험도 할 수 있구나.
다정히 나와 걸으면서 나눴던 오랜 시간의 대화,
다시 들어보니 자꾸 들어보고 싶네.

723 잘 들어주는 사람인가?
2021. 1. 8. (금)

    몇 년 전에 고전 독서 모임 회원인 병원 원장님이 내게
카드를 주면서 본인의 아들들과 하루 시간을 보내 달라고 부탁했다.
처음 만나보는 청년들인데도 오래전부터 알고 지낸 것 같은
친근함이 느껴졌다. 몇 가지 원칙을 세웠다.
첫째, 많이 들어줄 것
둘째, 많은 이야기를 하도록 장을 마련해 줄 것
셋째, 즐겁게 해 줄 것
넷째, 가장 좋아하는 음식을 고르도록 해 줄 것
다섯째, 다음에 또 만나고 싶은 마음이 들도록 할 것
    그리하여 미륵산을 오르게 되었다. 숲에 대해 아는 대로
얘기해 주었다. 두 아이들의 보조에 맞춰 줬고 무한정 이야기하도록
적절한 질문과 반응을 보여주었다.
미륵산에서 내려와 한정식집에서 저녁을 먹을 때도
서로 끝없이 맞장구를 치며 얘기를 했다.
엽기떡볶이를 먹을 때 혀를 잘라내고 싶을 만큼 매웠노라 하여
거의 실신할 정도로 웃었다.
    온종일 젊은 청년들의 말을 듣다 보니 타임머신을 타고
20대로 돌아간 것 같은 착각이 들었다. 매일 나에게 물어본다.
너는 잘 들어주는 사람인가?
솔로몬 왕이 구한 지혜도 잘 듣는 마음을 달라는 것이었다.

새벽길 별을 보며

724 선택은 이성이 아닌 감정
2021. 1. 8. (금)

올해 들어 가장 추운 영하 17도다.
군 생활 혹한기 훈련할 때 강원도 홍천 날씨가 오늘과
똑같았다. 마음 온도는 더 낮았으리라.
오늘 같은 날은 이불 속에서 나오고 싶지 않은 마음이
어찌 없었겠는가. 하지만 인생은 순간의 선택이다.
새벽 6시에 눈 덮인 길을 달렸다. 이성적인 판단이 아니었다.
눈 쌓인 길이 멋있어서 달린 것이다. 이것은 감정이었다.
오늘 본 책 『끌리는 사람은 1%가 다르다』에서 나오는
내용과 일치했다.
역시 선택은 이성이 아니라 감정에 좌우된다.

운동이 좋다는 생각은 이성이 하지만 실천은 감정이 하게 된다.
99퍼센트를 이해하고 한 가지를 실천하지 못하는 사람보다
1퍼센트를 이해했어도 한 가지를 실천하는 사람이 성공한다.
무엇을 좋아하게 되면 판단할 필요가 없다는 사실은 공감한다.
감정의 힘을 키우려면 어떻게 해야 하는가?

지금까지 해 왔듯이 해야 한다. 클래식 음악, 독서, 글쓰기, 운동,
자연 관찰, 그리기, 명상, 내려놓는 훈련, 달리기, 요리, 나눔,
긍정적 사유 훈련, 감사 찾기, 자신의 삶을 가꾸어 가는
예술적 작업, 족한 줄 아는 감사 마음, 인간관계는 노력으로
다 이루어지는 것들이다.

725 종족 번식의 본능

2021. 1. 8. (금)

　　뉴기니 섬은 오스트레일리아 북쪽에 있는 섬으로 세계에서
두 번째로 큰 정글 섬이다.
이곳에서 벌어지는 새들의 멋진 춤을 영상을 통해 보았다.
암컷 새에게 구애하기 위해 춤추는 새들, 흔들기 명수
기드림극락조, 기이한 구애를 하는 열두줄극락조,
특히 캐롤라여왕극락조는 9종류의 발레를 하면서 무대를
마련해 놓고 몇 시간씩 공연한다.

　　콩콩 뛰기, 고개 갸웃거리기, 깡충 뛰고 흔들기, 머리 흔들기 등
최고의 춤꾼이다.
암컷이 그 모습을 보고 마음에 들면 날개를 파르르 떨어
짝짓기 준비가 되어 있다는 신호를 한다.
몇 초밖에 되지 않는 짝짓기 시간을 위해 몇 시간의 노력을
기울이는 수컷 새의 모습은 대단하면서도 애처롭기까지 했다.
그렇게 해도 평생 짝짓기 한 번 못하고 죽는
캐롤라여왕극락조들도 많다고 한다.

　　창원시에서는 결혼하여 아이 셋을 낳으면 1억 원을 준다는
뉴스를 보았다.
내가 할 수만 있다면 도전해 보고 싶으나 60대 중반 할아버지가
꿈도 꿀 수 없는 일이다.
종족 번식의 본능은 인간이나 동물이나 식물 모두 같은가 보다.

새벽길 별을 보며

726 눈을 치우면서
2021. 1. 9. (토)

우리 집 마당 눈 쌓인 곳에 고양이 네 마리와 매일 먹이
얻어먹으러 오는 길고양이까지 발자국을 남겨 놓고 다녔다.
운동 삼아 아내와 눈을 치웠다.
눈이 많이 오면 걱정되는 사람들이 군인이다.
지금도 아날로그적인 방법으로 눈을 치우는지 모르겠지만
1970년대 후반에 군 생활을 했던 때는 그랬다.
강원도 홍천지역에는 눈이 많이 왔었다.
장갑, 방한모가 있어도 혹독한 추위를 견디며 작업하는 일이
여간 고되지 않았다.
눈만 오면 한 해를 바라보면서 입술을 씰룩거리기도 했다.
낭만이 아니라 힘든 노동이 기다리고 있으니까.
눈은 멋진 추억도 많이 간직하게 한다.
초등학교 때는 운동장에서 눈싸움도 많이 했다.
내 목덜미에 한 줌의 눈을 넣으면 펄쩍펄쩍 뛰면서 친구를
쫓아다니며 울기도 했다.
오늘이 영하 17도, 코로나 19도 추위에 고드름이 되었으면 좋겠다.
그래도 하얀 세상이 아름답다.

727 나는 어디에 살고 있는가?
2021. 1. 9. (토)

"상선약수(上善若水)"는 노자의 『도덕경』에 나온다.
"가장 아름다운 인생(上善)은 물처럼 살다가 물처럼 가는
것(若水)이다."라는 뜻이다.
다투거나 경쟁하지 않고 낮은 곳으로 흐르는 부쟁(不爭)과 겸손의
철학도 마음에 와 닿는다.
"기분이 우울하면 과거에 사는 것이고, 불안하면 미래에 사는 것이고,
마음이 평화롭다면 지금, 이 순간을 살고 있는 것이다." 노자의 말이다.
　나는 지금 어디에 살고 있는가?
분명코 이 순간을 살고 있다.
앞날에 대해, 내일 일과 걸어가야 할 인생 여정 길에 대해
걱정하거나 염려할 이유가 없다는 것을 잘 안다.
왜냐하면 부질없는 일이기 때문이다.
과거의 흘러간 강물에 다시 발을 담글 필요가 없기도 하다.
그저 어제는 감사뿐이니까.
무엇인가 잃어버릴 것에 대한 불안, 두려움이 찌꺼기로 남아 있다는
것은 욕심, 집착, 소유욕, 탐욕을 움켜쥐고 있다는 증거다.
오늘 하루 사는 일도 견디고, 절제하고, 자신을 다스리며,
끊임없는 투쟁이 필요한 것이거늘.
오지도 않은 내일, 미래를 내 힘으로 어찌하랴.
지금 이 순간을 사랑하자.

새벽길 별을 보며

728 그냥 부딪쳐 봤다
2021. 1. 10. (일)

어제는 영하 17도, 오늘은 영하 12도다. 어제 아침 6시에는
눈길이 미끄러울 것 같아서 10분 정도 걷고 들어왔다.
오늘도 그래야 하나? 아니지 부딪쳐 보는 거야.
할 수 있는 데까지 하자. 가는 데까지 가 보는 거야.
핸드폰도 들지 않고 걷기 시작했다.
눈길 위에서 뽀드득뽀드득 나는 발걸음 소리는 음악이다.
한 시간 반을 걸었다.
하늘에는 초승달이 김태희 눈썹 닮았고 북두칠성과 별들이
초롱초롱 빛나고 있다.
　눈길 무대에서 시 낭송 한 번 해 봐야지.
「담쟁이」, 「흔들리며 피는 꽃」, 「소금」, 「들꽃」, 「귀천」,
5개의 시 낭송을 하고 나에게 손뼉을 쳐주었다.
뒤로 달리기 300미터를 했더니 몸에 열이 나기 시작한다.
강추위로 힘들 줄 알았던 내 생각은 예측 불안에 불과했다.
　원두막에 앉아 「참 아름다워라」, 「찔레꽃」 노래를 불렀다.
초승달과 별들이 귀 기울여 준다.
"배고픈 날 가만히 따 먹었다오/엄마 엄마 부르며 따 먹었다오"
뺨에 뜨거운 눈물이 줄줄 흐른다.
내 심장이 100도쯤 되는 것 같았다.
아침, 내 인생을 만든 나는 멋진 예술가다.

729 내게 가장 소중한 것은
2021. 1. 11. (월)

의미 없고 소중하지 않은 것은 세상에 하나도 없다.
인간, 동물, 식물, 돌멩이 하나까지 자기의 역할이 있으므로
존재하는 것이다.
마음, 정신, 영혼, 물질, 어느 것이 더 중요하고, 덜 중요하고가 없다.
하지만 시간보다 중요한 것이 있을까?
시간 속에 내 생명도, 목숨도, 육신도, 꿈도 있다.
누구에게나 하루 24시간을 주셨다.
아니, 24시간이 아닐 수도 있다.
성수대교가 무너져 출근길에 추락해 죽은 안타까운 분들도 있다.
　일 년에 한국인 사망자 수는 27만 명, 하루에 700명이 사망한다.
자살로 14,000명, 교통사고로 5천 명이 목숨을 잃는다.
죽은 이후의 나에게 시간은 없다.
그래서 낭비 중에 가장 악한 낭비는 시간 낭비다.
시간처럼 소중한 선물도 없다. 세월을 아껴야 한다.
　변화 경영전문가 구본형 선생은 『낯선 곳에서의 아침』 책에서
"우리는 그저 나이를 먹어 삶을 마감하기 위해 늙어가는 것이 아니다.
살아가는 것이다. 산다는 것은 시간마다 독특한 아름다운 빛깔로
변해 간다는 것을 말한다."고 했다.
하루의 삶, 어떤 그림을 그릴 것인가?
붓은 내게 쥐어져 있으니까.

730 탑천 길 song 작시의 꿈
2021. 1. 11. (월)

탑천 길 가까운 곳으로 이사 온 지 9년.
새벽마다 걷는 고마운 길이다.
탑천 따라, 마을 따라 미륵사지 가는 길이다.
금마, 미륵산 주변 구릉에서 발원하여 팔봉동, 삼성동, 황등면,
서수, 임피를 거쳐 대야 광교리를 지나 만경강 하류로 유입되는
평야 하천이다. 땅은 어머니고, 물은 피다.
고갈되거나 훼손되면 식물은 우리에게 씨앗을 내주지 않는다.
　도심 속 녹지 가운데 만경강과 탑천 길은 어디에 내놔도
자랑스러운 곳이다.
철 따라 변하는 식생들과 논과 밭, 다양한 새들이 깃드는 곳이다.
자전거 우선도로 정비가 되어 있고, 많은 사람이
이른 새벽부터 운동하는 코스기도 하다. 이 길을 8년 동안 걸었다.
오래전부터 훗날 전주에서 살리라 했는데 근래 들어
탑천 길 때문에 이곳을 벗어나기 힘들 것 같다.
내 건강을 위해 있어 준 길이다.
　탑천 길 song 작시의 꿈이 아지랑이처럼 피어오른다.
전주천을 환경 운동가들이 세계적으로 주목하고 있으니
탑천 길이 세계적인 워킹 로드로 만들어지면 좋겠다.
탑천 길 song이 완성될 날을 기대한다.
내가 노력하는 만큼 기대가 현실로 다가올 것이다.

731 먼 길 출발하는 아내 배웅
2021. 1. 11. (월)

 배려, 존중, 친절, 진실함으로 살자고 다짐했어도 행동하지
않으면 무슨 소용이 있는가?
한 주간 근무하기 위해 아내는 장수로 출발한다.
그 시간에 나는 『일리아스』 책을 읽고 있었다.
"여보, 잘 다녀올게요." 그 말에 고개만 끄덕이며
"그래, 잘 다녀와." 했다.
자리에서 일어서지 않고 계속 책을 읽다가 번개처럼 스치는
생각이 있었다.
아니지, 잠깐이면 되는데 가는 거 보면서 손 좀 흔들어 주면
얼마나 기분 좋을까?
에구, 어찌 그 생각이 지금 날까?
물론, 점심식사 때 장수까지 안전 운행하게 해달라고
기도는 했지만 말이다.
 독서도 중요하고, 배웅도 중요하다.
독서는 잠시 후에 하면 되고, 배웅은 가고 나면 못하는 것 아닌가.
다음 주부터는 마당까지 나가서 꼭 배웅하리라.
남편의 의무가 아니라 인간의 도리로서 하면 내가 더 행복할 것 아닌가.
잠시 지혜가 너무 부족했던 나의 내면을 성찰했다.
여보, 미안해. 이번 주 금요일에 오면 맛있는 요리 해 놓을게.

732 31곡의 자연생태 동요 작시
2021. 1. 12. (화)

    피아노를 전공한 한나영 선생은 부모님의 결혼 주례를 내가 했다.
그래서 착하고 예쁜 딸을 낳았다고 힘주어(?) 강조하곤 한다.
내가 부러워하는 것은 별로 없다.
내려놓고 비우는 훈련을 많이 해서일까?
그런데 딸 있는 사람은 여전히 부럽다.
나영 선생은 천재인가 보다. 지금까지 31곡의 동시에 곡을 붙였다.
내가 생태 세밀화 그림 그려놓은 것 중에 백여 개에 곡을 붙일 것이다.
    목회하는 동안 20년을 넘게 내 옆에서 반주를 해 줬다.
먼 훗날 100년이 지난다 해도 인생은 짧지만 예술은 남을 것이다.
정잘해 선생이 작곡한 「지리산 둘레길 song」, 김호식 작곡가가
작곡한 「애기똥풀」, 「달팽이의 발자국」, 「야옹야옹 내 이름 룰루」,
지금 짓고 있는 자연생태 동요들은 이 세상에 작은 별이 되어
반짝일 것이다.
"Music washes away from the soul the dust of everyday life.
(음악은 일상의 먼지를 영혼으로부터 씻어낸다.)"

- Red Auerbach(레드 아워백)

733 책 보내기 운동 출발 신호탄
2021. 1. 12. (화)

　　아주 오래전부터 꿈이 있었다.
책을 내면 수익금 전부로 농어촌교회 책 보내기 운동을
하는 것이었다.
한 해에 200권까지 책 선물한 적도 있었지만 지속적으로
하지 못해 마음 한쪽에 돌멩이 하나가 들어 있었다.
『꽃 너머 꽃으로』 책을 내고 해야 할 일을 하지 못하던 중에
처형의 후원으로 100여 권을 보낼 수 있게 되었다.
120여만 원이 소요된다. 흔한 것이 책일 수도 있다.
하지만 책 한 권으로, 한 줄의 내용으로 인생의 터닝 포인트를
맞는 사람도 있을 것이다.
　　가장 첫 번째 VIP 독자는 나다. 내가 읽고 행복했다.
누구에게나 읽어보라고 강력하게 권면하고 싶다.
수많은 책 중에 또 한 권이 아니다.
나의 혼과 인생이 들어가 있기 때문이다.
읽어도 그만, 안 읽어도 그만이 아니다.
반드시 읽었으면 좋겠다는 바람이다.
이것은 자만심이 아니고 내 존재 이유기 때문이다.
코로나 19로 인해 홀로 있어야 하는 고독한 시간이 많은 요즘,
책과 벗하며 극복하는 힘의 원동력과 지혜가 있었으면 좋겠다.

새벽길 별을 보며

734 초인의 길동무를 찾습니다

2021. 1. 13. (수)

한 시민단체가 있다. 급속도로 성장하여 회원이 800명 정도 된다.
지역 사회를 위해 많은 정책과 실천을 꾸준히 이어오고 있는
단체인데 나도 회원 중 한 사람이다.
일 년 회비 12만 원은 생각하기 나름이다.
어떻게 쓰임받느냐가 더 중요하다.
지난 10여 개월간 읽기와 쓰기를 해 보니 함께 나눌 사람이 필요하다.
문은 두드려야 된다. 찾아보면 된다. 홈피에 올릴 생각이다.

읽고 쓰기는 두 걸음이 같이 가야 한다.
1. 매일 약 365자 정도 만년필로 글쓰기
2. 매일 10페이지 이상 책 읽기
3. 매일 글 쓴 것을 나누기
4. 훗날 책을 출간할 꿈이 있음

이런 사람 있으면 세 명만 찾고 싶다.
니체가 말한 대로 밥과 지혜를 나누는 사람,
함께 창조하고 수확하며 축제를 할 수 있는 초인의 길동무
세 명만 주어지면 산도 움직일 텐데.
서두르지 말고 기다려 보자.
준비된 초인의 길동무가 반드시 있으리라.

735 내 삶에 철학을 담그자!
2021. 1. 14. (목)

사람들이 나에게 호기심 천국이라는 별명을 붙여 주었다.
창의적인 생각과 사유의 깊이는 호기심이 없으면 불가능하다.
호기심이 발동하면 그곳에 의미를 부여하고, 도전해 보고,
질문하는 습성이 있다.
아침 걷기를 하면서 새벽부터 물가에서 먹이 활동을 하는
오리들을 본다. 저 물속에 과연 먹이가 있을까?
오리들은 춥지 않을까?
어느 정도 먹이를 먹어야 생존 가능할까?
수영은 어떻게 할까? 물에 떠 있는 원리는 무엇일까?
그리고 나에게 질문을 던져 본다.
이곳 탑천을 가장 자연스럽게, 자연 그대로 보존하고
아낄 방법이 무엇일까?
어느 환경단체와 힘을 합하여 탑천가에 농사짓는 일을 하지
못하게 해야 할까?
어떻게 하면 시민들이 사계절을 느끼며 이곳을 걷고
산책하도록 할 수 있을까? "왜"라는 질문을 계속 던져 본다.
그리고 "어떻게"라는 질문을 대입시켜 본다.
질문하고, 거기에 대답하고, 행동으로 움직이고, 사람들에게
영향력을 끼치도록 할 수 있을까? 나의 존재 이유기도 하다.
철학적, 인식론적 접근으로 질문하며 하루를 살자.

736 내 생애 가장 뿌듯한 일

2021. 1. 14. (목)

생태 생물학자인 이화여대 최재천 석좌교수님의 강연을 들었다.
한 마디도 놓칠 수 없는 가슴을 울리는 내용이다.
내 생애 가장 뿌듯한 일은 서울대공원에 있던 돌고래 제돌이 외
두 마리를 제주 앞바다로 보낸 일이었다는 말에
한국 사회에 이런 분이 계신다는 사실에 그냥 행복했다.
거침없이 100킬로미터씩 수영하는 돌고래를 작은 수족관에
가둬 놓고 재주를 부리게 하고는 손뼉 치며 좋아하는 인간들의
의식 없는 모습에 경종이 되는 말씀이었다.
돌고래 적응 훈련과 노력으로 자유를 안겨준 위대한 일,
그 일을 생애 가장 뿌듯한 일이었다고 말씀할 때
나는 부끄러움으로 고개를 들 수 없었다.
나도 한 번 돌고래 쇼를 보면서 손뼉 치고 좋아했기 때문이다.
이분의 삶과 내 삶은 많이도 다르구나! 깨달았다.
개미 한 마리를 발견하기 위해 아마존과 인도네시아 정글을
헤매고 다니는, 아, 위대하고 아름다운 분.
요즘 매일 새벽 걷기 하면서 동영상 강연으로 뵙고 있다.
감사합니다.

737 버티는 것이 아니라 나아가는 것

2021. 1. 15. (금)

『나무를 심은 사람』은 프랑스의 장 지오노가 쓴 동화다.
한 목동이 알프스 어느 황량한 계곡의 나무 한 그루 없는
버려진 땅에 매일 도토리 씨앗을 심었다.
열 개 중에 한두 개 싹이 나고, 나머지는 죽었다.
그래도 포기하지 않고 수십 년 동안을 지속했다.
나중에는 숲이 되고 시내가 흐르게 되고 짐승과 새들이
깃들게 되었다.
그 목동은 최선을 다한 것은 물론, 꾸준히 했다.
그리고 반드시 숲을 이룰 것이라는 믿음을 가졌고 행동으로 옮겼다.
　　인간은 누구나 임계점에 이를 때가 있다.
물은 100도가 되어야 끓는다. 99도까지 견뎌야 한다.
임계점은 버티는 것이 아니라 나아가는 것이다.
많은 임계점을 쌓으면 버티는 힘도 더 강해지고 단단해진다.
　　프로와 아마추어의 차이점은 뭘까?
아마추어는 꾸준함과 지속성이 적다는 것이고,
프로는 조금씩 해도 매일 끈질기게, 포기하지 않고 지독하게
꾸준히 한다는 것이다.
선택은 누가 하는가? 당연히 본인 자신이 한다.
나는 한 사람의 목동이다.

800　　　　　　　　　　　　　　　　　　　　　　　　새벽길 별을 보며

738 차라투스트라는 히말라야인가?
2021. 1. 15. (금)

작년에 프리드리히 니체의 『차라투스트라는 이렇게 말했다』
책을 읽었다.
묘한 매력과 기운을 느끼면서 2021년도 버킷리스트에
10번 읽겠다고 기록했다. 이진우 교수의 도움이 컸다.
『니체의 인생 강의』, 『인생에 한 번은 차라투스트라』 책과
동영상 강의를 모두 들었다.
홍익대 백승영 교수와 고미숙 선생의 니체 강의도 들었다.
니체를 만날 준비를 한 것이다.
한 번 읽기도 난해하고 힘들다는 책을 왜 10번이나
읽으려고 하는 걸까? 내 심장에 불을 붙였기 때문이다.
시험적으로 어젯밤 꼼짝 않고 2시간을 읽어보았다.
1시간에 50페이지씩 읽을 수 있었다.
607페이지로 계산해 보니 12시간쯤이면 완독할 수 있겠다.
10번을 읽으면 120시간, 그렇다면 1년은 876,000시간이니
120시간을 떼어 『차라투스트라는 이렇게 말했다』 책을 읽는다면
많은 시간은 아니다.
읽다가 다시 앞줄로 돌아가서 또 한 번 읽어야 하는 책이다.
밑줄을 긋고 색연필로 표시하고, 한 장씩 넘기는 기쁨.
차라투스트라는 히말라야임에 틀림없다. 한 걸음씩 옮기면 된다.
오르고 또 오르면 못 오를리 있겠는가.

739
1박 2일 서울 여행기
2021. 1. 16. (토)

『여행하면 성공한다』는 책은 10번도 더 읽었다. 괴테, 니체, 몽테뉴, 모차르트, 공자, 피카소 등 33인의 여행자들은 여행을 통해 위대한 작품들을 썼다.
연암 박지원은 모든 것을 몸으로 부딪쳐서 스토리를 만들었고 그것을 글로 옮겼다.
그래서 나온 책 중의 하나가 『열하일기』다.
여행을 관광의 시각으로 볼 것이냐, 인생의 시각으로 볼 것이냐에 따라서 의미의 결과가 크게 달라진다.
　18~19일, 1박 2일로 서울에 다녀와야 한다.
개인적인 일이 아니고 공적이고 업무적인 일이지만 이틀 동안 유목민적 사유를 많이 하려고 한다.
사유에서 멈추지 않고 언어를 조립하여 글쓰기를 하려고 한다.
집을 나서면서부터 다시 집에 들어올 때까지의 여정을 단순 기록이 아니라 스토리텔링화 해 보고 싶다.
업무를 완수하기 위해 가는 것이 아니라 글을 쓰기 위해 간다고 생각하자. 그래서 2시간 소요되는 열차표를 구입했다.
얼마큼의 종이가 필요할지, 어떤 스토리가 전개될지 궁금하다.
코로나 19, 걱정스러운 시기적 상황이지만 마스크 잘 쓰고 손 잘 씻고 글쓰기에 몰입하련다. 서울 일기가 되려나.

740 로키산맥의 부부 트럭 운전사
2021. 1. 17. (일)

영하 30도에 눈 폭풍, 8천 킬로미터 관통, 일 년에 300일을
차에서 먹고 자고 씻고 종종 눈앞에서 터지는 대형사고 현장,
5박 6일의 운전, 정해진 시간에 배달해야 하는 시간의 쫓김.
IMF 때 모든 것을 잃고 절망적인 상황에서 캐나다로 이민 간
부부의 이야기다. 아들 하나와 이민 간 부부는
대형 트레일러 컨테이너 운전을 하며 산다.
나중에 아내도 힘든 면허취득을 하여 남편과 함께 교대로
운전을 한다.
시간 때문에 운전하는 남편에게 밥을 먹여주며
서로 위로하는 모습이 눈물겨웠다.
수많은 트럭 운전사들이 힘듦을 이기지 못하고 그만두는 경우가
수두룩하단다.
미국, 캐나다 전역을 다니는 이 부부는 용감했다.
유튜브를 보고 감상으로 끝나면 대체 무슨 도움이 될까?
나의 내면을 직시해 보면서 나는 편히 살고 있다는 생각이 들었다.
사람 사는 모습은 다르지만 300일을 차에서 살아야 하는
이 부부를 보면서 심장이 타오르는 것 같았다.
더 감사해야 한다. 그리고 이웃을 돌아봐야 한다.
기회를 만들어야 한다.

741 이주민과 원주민의 차이
2021. 1. 17. (일)

 귀농, 귀촌을 희망하는 관심 지역은 경기, 강원, 충남,
전남 순으로 나타났다. 남성이 73퍼센트, 여성이 26.6퍼센트로
남성이 여성보다 더 귀농, 귀촌을 희망한다는 통계다.
그런데 귀농한 사람들 50퍼센트 정도는 다시 정리하고
떠난다고 한다. 가장 큰 문제는 땅 문제다.
도시에서 살던 사람들은 등기상 나와 있는 자기 땅을 주장하고,
주민들은 오랜 세월 사용해 온 도로를 이주민이
사용하지 못하게 막으니 갈등이 크다는 것이다.
 도시의 땅은 맞지 않는 것이 하나도 없고, 시골 땅은 맞는 것이
하나도 없다는 우스갯말도 있다.
그래서 땅의 소유권보다 먼저 그 땅 위에서 살아온 사람들의 문화와
생활을 이해하는 것이 중요하다는 멘트가 일리가 있어 보였다.
농촌 마을에 형성되어 있는 문화와 새롭게 접해야 하는 이주민의
어려움. 기다려 주지 않으면 간극은 커질 수밖에 없다.
생각 차이, 삶의 방식 차이, 문화 차이지 누가 더 정의롭냐가 아니다.
만일 내가 귀농, 귀촌한다면 나는 어떻게 살아야 할까?
그 마을 이장을 해야겠다.
그리고 주민들 섬기는 일에 행복을 느끼며 살아야지.
진심이다.

새벽길 별을 보며

742 설국 열차 타고 서울 가는 날
2021. 1. 18. (월)

눈이 내리면 강아지처럼 폴짝폴짝 뛰어다니고 싶다.
고난의 거센 바람이 불어 왔던 어느 해 겨울, 홀로 남덕유산을 갔다.
무릎만큼 쌓인 눈길을 헤쳐 나가며 눈 위에 무릎 꿇고 기도했다.
뜨거운 눈물이 눈에 떨어지니 눈물이 눈물되었다.

오늘도 그날과 비슷하게 눈이 왔다.
열차를 타려고 역에 가는 길, 차들이 거북이걸음으로 간다.
내가 타고 가는 차는 EF 소나타, 큰아이가 타다가 둘째 아이에게
그리고 아내가 타다가 내 차례가 되었다.
스토리가 있고 가족들의 체온이 느껴지는 차다.
수리를 많이 했으나 그런대로 굴러 간다.

역 주차장 앞에 서 있는 나무를 꽝하고 들이받고 말았다.
눈길에 미끄러졌다.
여러 차례 눈길에 미끄러져 본 경험이 있던 차라 그러려니 한다.
앞 범퍼를 보니 약간 손상되긴 했으나 새 차가 아니니
이럴 때는 위로가 된다.

차창 밖으로 순식간에 지나치는 풍경은 쉽게 볼 수 없는
겨울왕국이다.
추운 겨울에 홀로 서 있는 은행나무 몸뚱어리를 차로 때리고 와서
미안하다. 두 시간의 열차 여행은 짜릿한 행복 자체였다.

743 새로운 가치를 창조하라!
2021. 1. 18. (월)

새로운 가치를 창조하라는 문장은 니체의 말이다.
가치 창조는 내 삶의 의미며 존재 이유다.
매일의 창조적인 삶은 무엇일까?
첫째, 구태의연함에서 벗어나야 한다. 고여 있는 마음에 물이
계속 그대로 있기를 바라서는 안 된다.
꿈이 없으면 그렇게 된다.
꿈이 벅차올라야 창조할 수 있는 의지와 열정, 에너지가 생긴다.
8월에 내 손톱에 봉숭아물을 들인 후 1월에 다시 한 번
물들인 것도 작은 창조며 생산적인 일이다.
둘째, 가장 나답게 살기 위함이다.
내면을 통섭적(consilience)으로 바라보며 객관화하고 자신과
대면해야 한다.
며칠 전, 매일 걷는 탑천 길이 너무 훼손되어 가는 것을 보면서
"탑천을 살려주세요!"라는 제목으로 긍정과 감성을 실어
시청 게시판에 글을 올렸다. 혁명은 거창하게 해야 하는 것이 아니다.
내가 하지 않으면 세상은 움직여 주지 않는다.
혼자만 양심적이어서는 안 된다.
행동으로 나타나야 한다.
김대중 대통령이 쓴 책의 제목처럼 행동하는 양심이 있어야 한다.
작은 것에 의미를 두고 긍정하라. 새로운 가치가 꽃피리라.

새벽길 별을 보며

744 삶을 그대로 끌어안으라!
2021. 1. 18. (월)

"다 지나간다고 다 지나갈 거라고/토닥거리다가 잠든다"
내가 암송하고 있는 김재진 님의 시 「토닥토닥」의 일부다.
삶을 만들어 가는 주인공은 나 자신이다.
내 삶은 내가 안아야 한다. 포근함만 있지는 않으리라.
때로는 까슬까슬한 밤송이 같은 삶도 있겠지.
달궈진 화롯불 같은 때도 있을 것이며,
다 타버린 연탄재 같은 때도 있을 것이다.
어떤 때는 시궁창에 빠져 악취 나는 나와 그 삶을 안아야
할 때도 있을 것이다.
깨끗한 물이 없다고 불평하지 말고 더러운 물이라도 있음에
감사하며 씻는 용기가 필요하다.
푸석한 먼지를 휘날리며 나타난 나를 반갑게 맞이할 사람은
누구인가? 바로 나다. 길 잃은 한 마리 양이 되어 거리를 헤매는
초췌한 나를 안으면서 쓰다듬어야 한다.
길 잃고 울고 있는 아이처럼 두려움과 불안한 마음으로
방황하는 나, 내 삶을 끌어안아야 할 때도 있다.
나는 중요한 사람이니까. 나는 결국 나니까.
내 삶을 누가 디자인하고, 설계하고, 그릴 것인가?
77억 인구 중에 딱 한 사람이 있을 뿐이다.
바로 너, 바로 나다. 나에게 고백한다. 사랑한다고.

745 동대문시장 사람 사는 풍경
2021. 1. 18. (월)

대학 은사셨던 김경재 교수님은 가끔 시장을 가 보라고 하셨다.
스물일곱 살에 그 이야기를 들었을 때는 마음에 큰 울림이 없었다.
세월이 가면서 더 가슴에 와 닿는 교훈이 되었다.
시장 구경, 왜일까?
복잡하고 어수선하기까지 한 시장에 무슨 매력이 있는 것일까?
열심히 살아가는 모습이 여기보다 더 치열하게 보이는 곳이 또 있을까?
동대문시장에 갔다. 두어 평 되는 가게에서 점심을 시켜 먹는 부부,
택배 물건 포장하는 직원, 물건 설명을 하며 제품 홍보를 하는 사람,
어깨에 짐을 지고 롤러스케이트 타듯
종횡무진 발걸음을 옮기는 사람. 마음을 덥혀준다.
두세 바퀴 돌고 보니 알 것 같다. '그래, 열심히 살아야 해.
너의 인생을 살아. 세월은 한정 없이 남아돌 만큼 긴 것이 아니야.'
12시 30분이 넘었다.
오늘 점심은 김밥, 초밥, 순댓국, 국수 중에서 초밥을 주문했다.
12개의 초밥, 와사비에 꾹 찍어 한 입 먹는 이 맛.
1만 2천 원짜리 음식 만드느라 애쓰는 사장님이 참 고맙게 다가온다.
일회용 커피 한 잔을 타 주기에 팁이라 하며 천 원을 드렸더니
얼굴이 환해진다.
살아있는 희열, 영혼이 있는 삶이 이것이다.

746 40년 만에 밟아보는 교정
2021. 1. 18. (월)

당시 있었던 84번 버스 종점은 없어졌다.
1982년도에 다녔던 한신대학교.
40여 년 만에 다시 와 본다.
지금은 주변이 하도 변화되어 약간 어리둥절했다.
체육대회 때 4.19 공원묘지까지 마라톤을 했던 운동장이
그때는 컸었는데 지금은 손바닥만 하게 보인다.
그때 마라톤에서 2등을 했던 기억이 새롭다.
그러고 보니 DNA적으로 잘 걷고, 달리기를 잘하게 되어 있나 보다.
기숙사비가 밀려서 식당에서 밥을 주지 않아 식당 앞에서
서러움의 눈물을 흘린 적도 있었다.
　　그런 가운데서도 책은 무슨 수를 써서라도 샀다.
그때 사서 읽은 책 중에 마르틴 부버의 『나와 너(Ich und Du)』가
생각난다. 책 속에 "아픈 삶, 나는 고통한다. 고로 존재한다."라는 말을
꾹꾹 눌러서 썼다. 40년 전 그때 내 나이는 27세였다.
최루탄 가스도 많이 마셨다.
단식투쟁하다가 병원에 실려 가기도 했다.
　　20대와 지금 60대는 무슨 차이가 있을까?
옛날에도 열심히 살았고, 지금도 열정으로 살아가고 있다.
눈이 내린 교정, 이곳저곳 추억이 담긴 교정을 밟고 다니면서
이토록 살아있다는 사실이 황홀할 수가 있을까.

747 허름한 모텔에서의 하룻밤
2021. 1. 18. (월)

　　내일 오전 9시부터 치르는 시험의 감독관과 면접위원으로
회의를 마치고 수유리 근방에서 숙소를 찾아다녔다.
체감 온도는 영하 15도가 넘는 것 같다.
허름한 모텔이 눈에 띄었다.
담배 냄새 나지 않는 방으로 부탁했으나 들어가 보니 그게 그거였다.
에이, 뭐 하룻밤 자고 가는데 어떠랴.
이 세상은 나그네 길, 나는 다만 나그네일 뿐,
내일 아침 몸만 빠져나가야 한다.
밖에 나와 보면 우리 집이 역시 제일 좋다는 생각을 늘 하게 된다.
　　오늘밤 깊은 단잠을 잘 수 있게 해달라고 간구했다.
내일 오후 4시까지 일정이 빡빡하다.
어느 곳에서 자든지 잠자리에 적응을 잘하는 내가 고맙다.
내일 시험을 보는 27명 사람들의 마음은 어떠할까?
모든 시험은 만만한 것이 하나도 없다.
늘 긴장되고 불안하고 염려된다. 공부했어도 안 했어도 마찬가지다.
일하는 아저씨들이 모텔에서 장기 숙박을 하는지 옆방에서
왁자지껄하다. 언제까지 이럴까?
잠들면 모를 테니 『오디세이』 책에 나오는 것처럼 잠이 눈꺼풀에
찾아오기를 바랐다. 며칠 있으려면 도저히 힘들겠다.
그래도 감사를 잊지 말아야지.

새벽길 별을 보며

748 삼각 김밥은 터지고
2021. 1. 19. (화)

　단잠을 자게 해달라고 기도한 대로 일어나 보니 새벽 4시다.
감사하다. 당신 배는 참 이상하다고 가끔 말하는 아내의 소리가
귀에 들려오는 듯하다.
이른 아침 식당 문을 연 곳은 없을 것이고 감사하게도
숙소 앞에 24시 편의점이 있었다. 얼마나 좋은 세상인가.
삼각 김밥 두 개와 인스턴트 미역국을 사 왔다.
아침식사 비용이 3,500원으로 해결되는 것이다.
　숙소에 들어와 이리저리 김밥을 벗기기 시작했다.
태어나서 두 번째로 먹어 보는 것 같다. 쉽게 벗겨지지 않는다.
이리저리 쳐다봐도 복잡하게 싸여 있는 듯하다.
할 줄 알면 간단한데 못하면 복잡하다고 생각하는 것이다.
김밥이 터졌다. 하여간 먹긴 먹었다.
그리고 커피 믹스 한 잔을 마시며 창문을 열고 눈에 들어오는
도봉산 허리를 바라보았다. 눈 덮인 설경이 아름답기 그지없다.
케냐에서는 물이 없어 한 달에 한두 번밖에 씻을 수 없다고 하는데
칙칙한 모텔이지만 따뜻한 물로 샤워까지 할 수 있으니
얼마나 고마운 일인가.
없는 것을 찾으면 불평이 나오고, 있는 것에 의미를 두고 감사하면
행복하다.
내 머리부터 발끝까지 감사로 폭 젖게 만들어야지.

749

400억짜리 차를 탔다

2021. 1. 19. (화)

　　서울에서 2시간 동안 열차를 타고 내려오는데 갑자기 이런
질문이 생긴다. 이 열차 한 대 가격이 얼마나 될까?
뉴스에 나온 것을 본 적이 있다.
열차 1량을 빌리는 데 시간당 30만 원이라 하니 나는 2시간을
빌려 타고 가는 것이다. 따져 보면 3만 원을 내고 2시간을
사용하는 것이니 57만 원을 번 것이다.
사건보다 중요한 것은 해석이다. 또 다른 질문이 생긴다.
그렇다면 이 열차 가격은 어느 정도 될까?
인터넷을 검색해도 나오지 않는다.
　　내가 좋아하는 분이 기관차 운전을 했다.
물어본 결과, KTX 열차 20량 기준 약 400억 원이라 했다.
헐~. 400억 원짜리 차를 내가 타고 가고 있구나.
놀라운 일이다. 잠깐 타는 것이 아니고 2시간씩이나.
　　이어 꿈이 날개를 폈다. 블라디보스토크에서 모스크바까지
7박 8일 164시간 시베리아 횡단 열차를 타고 싶은 꿈이다.
순록들이 눈 덮인 들판과 산을 뛰어다니는 것을 보고 싶다.
일등칸은 2인 1실 50만 원이다. 그날이 언제 올까?
코로나19가 stop 되어야 할 텐데.
조카 실이가 모스크바에 있을 때 가 보면 좋을 텐데 말이다.
버킷리스트에 또 하나가 올라가게 생겼네.

새벽길 별을 보며

750 책 받은 사람들의 반응
2021. 1. 20. (수)

복을 짓는 일은 기회를 만들어서 해야 한다.
『차라투스트라는 이렇게 말했다』의 내용처럼
따뜻한 햇볕에 고맙게 생각하든지, 안 하든지에 관계없이
언제나 태양은 하늘에 떠 있다.
태양의 존재 자체로서 할 일을 하는 것이다.
내가 하는 일에 대해 사람들의 반응이 없다 해도 마음에
고요함이 있어야 성숙한 인간이다.

『꽃 너머 꽃으로』책 89권을 지인들에게 선물로 보냈다.
모두 이름을 써서 정성을 기울였다.
책 한 권, 미니 책자 한 권, 「지리산 둘레길 song」 유인물,
안내문과 함께 책값까지 150만 원이 소용되었다.
발송 준비하는 과정도 며칠 걸렸다.

받은 사람들의 반응은 세 종류였다.
하나는 전화, 하나는 문자, 하나는 무소식.
마음에 깊은 감동을 주는 격려의 메시지도 있고 책에 관한 내용을
구체적으로 감상문 형식으로 써 보낸 이들도 있다. 가만히 있으면
편하지만 생산성이 없다. 아무 일도 하지 않으면 편하다.
그러나 아무 창조성이 없다. 책 나눔 하길 잘했다.
앞으로 기회를 만들어 책 보내기 운동을 줄기차게 해야겠다.
행복이 밀려온다.

751 살아있음과 삶의 차이
2021. 1. 23. (토)

　　20년 넘게 모시고 있는 장모님은 90세시다.
일 년 전에는 우리 집과 20분 거리에 있는 경로당을 걸어 다니셨다.
서너 명이 있으셔도 냉난방, 쌀 걱정이 없는 곳이 경로당이다.
오전에 가셔서 오후 늦게 오셨는데 코로나 19가 발생하면서부터
거의 일 년을 집에만 계신다.
온종일 TV와 사시는 것이 안타깝기도 하다.
병원 중환자실과 요양원에 계시면서 코로나로 거의 외출을
하지 못하는 분들의 삶은 어디쯤 가고 있는 것일까?
살아있다 하여 삶도 저절로 따라가는 것인가.
　　살아 숨 쉬는 일과 삶을 가꾸고 운영하는 것은 차이가 있다.
코로나에 안 걸리는 것에 목표를 두고 살면 삶은 어디에 있을까?
그래서 생각의 유연성을 갖기 위해 늘 마음, 생각, 영혼을
마사지해야 하는 것이다.
균형 있는 생각에서 한쪽으로 기울지 않도록 부단한 노력을
기울여야 한다.
담대한 용기와 모든 것으로부터의 자유로움이 있어야 한다.
마음의 지옥은 누가 만드는가? 마음의 천국은 또 누가 만드는가?
남이 만들어 내게 주지 않는다.
선택하고 결정하는 내 자신이 만드는 것이다.

752 생각은 하되 집착은 마라!
2021. 1. 23. (토)

이 세상에는 3만여 가지의 질병 종류가 있고,
세계보건기구가 분류하는 질병은 12,500여 가지다.
순환기, 호흡기, 소화기, 신장, 비폐, 내분비 등 병의 종류가
갈수록 엄청나게 늘어가고 있는 추세다. 만여 가지의 질병에서
완전히 벗어나 걱정 없이 살아가기에는 거의 불가능할 것이다.
병이 안 걸리는 데 목표를 둘 수는 없다.
삶의 모든 갈등까지도 긍정하고 끌어안아야 삶을 사랑할 수가 있다.
병에 걸리기도 하고, 낫기도 하며 병과 함께 걸어가면서
주어진 삶의 선물이려니 하고 내려놓아야 한다.
어떻게 내려놓을까 생각하는 것조차도 집착이다.
병에 안 걸리는 것에 목표를 두는 일도 집착이 아닐까?
사랑한다면 자유가 있어야지 구속하려 하는 것은 집착이다.
코로나 19는 문명사적 변화의 물줄기가 흐르는 것이다.
생태적 파괴가 보복으로 다가온 것이다.
집에 대해, 병에 대해, 돈에 대해, 자식에 대해, 인간관계에 대해,
추구하는 어떤 것에 대해서도 생각하고 사유하고 질문하고
성찰하는 것은 필요하지만 집착해서는 안 된다.
집착은 탐욕이며 추한 것이고, 전혀 생산성이 없는 것이니까.

753 무엇이 두려운가!
2021. 1. 24. (일)

「알렉산더」 영화에 이런 대사가 나온다. "모든 위대함은
뭔가를 잃어야 된다. 왕은 태어나는 것이 아니라 고난과 역경을 통해
만들어지는 것이다." 큰 것을 잃어버린 경험이 있는 사람은
작은 것들을 잃어버린다 해도 두려워하지 않는다.
마음이 단단해져 있어서 설령, 큰 것을 또 잃어버린다 해도
두려워하지 않는다.

어떤 분이 "나는 오랫동안 퇴직연금을
타 먹어야 하니 죽어서는 안 된다."고 하셨다.
어느 누가 자기 생명을 늦추거나 연장할 수 있겠는가.
안 죽어야 한다는 생각 속에는 놓지 못하는 집착이 들어 있다.

매일을 마지막 날로 여기고 충실하게 사는 사람은 두려움이 없다.
따지고 보면 가장 큰 일은 죽는 일이다.
하지만 삶과 죽음은 하나다.
나머지 문제는 다 지나가는 법이고 누구나 겪는 자연스러운 일이다.
난 어떤 일을 만나도 감사할 준비, 자세, 태세가 되어 있다.
설령, 앞으로 잃어버릴 것이 있다 해도 두려워하지 않는다.
바다에 똥 몇 바가지 부었다 하여 더러워지지는 않는다.
정화 능력이 있기 때문이다.
어차피 인생은 빈손으로 세상에 왔다 빈손으로 가는 것이니
무엇이 두려운가! 어떤 삶이 나를 기다리고 있을까?

754 방황이냐, 여행이냐?
2021. 1. 24. (일)

류시화 시인의 말이 떠오른다. 인생은 두 가지 종류가 있다.
방황이냐, 여행이냐?
계속되는 방황 속에서 길을 찾지 못하고 사는 사람이 되어서는
안 된다. 방황이 끝나야 여행이 시작되는 것이다.
자신을 찾는 실존적인 의미로의 방황은 깊은 고뇌와
처절한 자신과의 싸움에서 이루어질 수 있다.
그래도 여전히 방황하는 세월 속에 살아갈 수는 없다.
내가 누구인지? 어디로 가고 있는지?
가슴이 시키는 일을 하는 것인지?
내가 간절히 원하는 나의 삶을 살아가고 있는 것인지?
내 안에서 울고 있는 나를 보듬고, 내 안에서 웃고 있는
나에게 손뼉 쳐줄 수 있다면 방황은 끝난 것이다.
내 안에서 울고 있는 나의 울부짖음을 듣지 못하거나
내 안에서 웃고 있는 웃음소리가 들리지 않는다면
방황은 끝난 것이 아니다. 삶은 여행이다. 소풍 가는 것이다.
삶이 그러하다면 죽음도 같은 선 위에 놓여 있다.
어찌 보면 분리된 것이 아니라 하나다.
잘 살면 잘 죽을 수도 있다. 니체는 삶을 불꽃이라 했다.
나는 결코 연기처럼 살고 싶지 않다. 활활 타오르는 불꽃처럼 살다
한순간에 꺼지는 불꽃이 되고 싶다.

755 고통, 그 뒷맛(1)

2021. 1. 24. (일)

생태 세밀화 코칭을 받는 사람들과 시장엘 갔다.
4, 9일에 있는 북부 장날이 오늘이다.
명절을 두 주 남겨 놓았으나 그동안 코로나 19로 인해
움츠리고 살았던 사람들이 다 쏟아져 나온 것 같다.
늘 생기가 넘치는 곳, 사람 사는 냄새가 나는 곳, 이런 게 사는 것임을
느끼게 되는 곳이 장날의 장터 모습이다.

5만 원짜리 흑갈치도 물어보고, 다육식물 가격도 물어보고,
땅콩도 맛보며 다녔다.
두어 바퀴 돌아보다가 내가 족발 사 줄 테니 먹자고 식당에 들어갔다.
매운맛, 중간 맛, 순한 맛 세 종류가 있는데 우리는 매운맛을 주문했다.
주문받는 아가씨가 맵다며 기절하면 책임 못 진다고 말하는
모습이 귀엽다. 그 말을 들으니 더 먹고 싶어졌다.
이걸 호기심이라 해야 하나? 오기인가?
한 입 대는 순간, 고압선에 감전되는 듯 혀가 마비될 것 같고
눈물이 핑 돈다. 과연 이것을 먹을 수 있을까?
기왕 시작했으니 끝까지 먹자며 서로의 눈만 멀뚱멀뚱
쳐다보며 응원했다.
비닐장갑을 끼고 먹다가 아예 장갑까지 벗어 던지고 양손을 동원했다.

756 고통, 그 뒷맛(2)
2021. 1. 24. (일)

우연히 벽을 보니 매운맛을 달래주려면 복숭아 맛 쿨피스를
주문하란다. 당연히 두 개를 시켰다. 서빙하는 아가씨가 놀려 댄다.
"그것 보세요. 제가 아주 맵다고 했잖아요. 119 불러 드려요?"
"아, 맵기는 한데 굉장히 맛있어요.
누가 이렇게 맛있게 만든 거예요?"
그 말에 아가씨가 미소를 짓는다.

하여간 셋이서 족발 대(大)자를 남김없이 먹었다.
지독한 사람들이 함께 모인 것이다.
섬기며 대접할 기회가 생겼으니 감사한 일이다.
어차피 아기를 봐 주려면 끝까지 봐 주라 했다.
유명한 호떡집에서 배 터질 것 같은데도 호떡 한 개씩을 입에 물고
마냥 깔깔대며 단맛에 시간 가는 줄 몰랐다.
멸치, 족발, 호떡 세 가지를 내가 사 주었으니 이런 기회가
종종 오면 좋겠다.

실존주의 철학자 키르케고르는 "나는 고통한다.
고로 존재한다."라고 했다.
살아있으면 고통이 있고 고통에는 의미가 있는 것이리라.
족발 한 입 먹고 그 뒤에 따라오는 매운 고통을 눈을 감고 느껴본다.
이 체험을 언제 해 보겠는가.
고통, 그 뒷맛은 달콤함도 묻어 있다.

757 슈퍼 주니어들

2021. 1. 25. (월)

작은 일이라도 성취하면 기분이 좋아지고 행복의 물결이
스며든다.
끊임없는 도전과 액티브한 행동이 따라야 한다.
슈퍼 주니어들의 모습을 담은 유튜브를 들으며 걷기 2시간을 했다.
96세, 103세 되는 할아버지들이 200미터 달리기에
출전하는 국제 고령자 육상대회에는 114개국에서 참가했다.
유전적인가, 생활습관인가?
77세 할머니는 22층 아파트 계단을 늘 오르내리신다.
건강하고 활력 있는 노년의 삶을 사는 분들을 밀착 취재했다.
내 정신을 마구마구 뒤흔들어 놓았다.
20년 후 나의 신체 건강 나이는 몇 살이나 될까?
유전적이 아니라 생활습관의 결과였다.
20년, 30년 지속적인 운동의 열매였다.
103세 되신 할아버지가 운동장에 구경 나온 것이 아니라
러닝 팬티를 입고 달리기를 하는 그 자체로도 모든 사람에게
도전과 충격과 신선한 에너지를 불어넣어 주는 일이었다.
마라톤 풀코스할 때 나도 죽을 만큼 힘들었었는데 한 번 더
도전해 볼까? 나이는 상관없다.
용기와 실천만 있으면 되지 않을까?

새벽길 별을 보며

758 나는 나를 뭐라 부르니?

2021. 1. 26. (화)

호기심 천국, 거침없는 도전, 그냥 부딪혀 보는 사람,
고난도 매운맛도 두려워하지 않는 사람, 자연의 순례잡이,
자연을 향해 오감이 열려 있는 사람.
나 스스로를 규정하는 단어들이다.
오늘 아침에 한 동영상 강의를 보았다.

창의적인 사람이 되려면 어떻게 해야 하는가?
호기심이 있어야 한다. 그러기 위해 궁금해해야 한다.
불편함을 느끼는 예민함이 있어야 한다.
부처님도 예수님도 늘 깨어 있으라 하셨다.
그것은 늘 생각하라는 것이다.
'나는 누구인가, 진정 내가 원하는 삶은 무엇인가,
나는 어디로 가고 있는가, 나는 어떤 삶을 살아가야 하는가?'에 대한
질문을 끊임없이 해야 하고 여기에 답을 할 수 있어야 한다.
철학적 사고와 지독한 고독을 가슴에 안고 사유해야 한다.
결국, 나를 찾는 것이며 내면의 소리를 귀 기울여 듣는 것이다.
이러한 과정이 없으면 나는 숨 쉬고 있지만 죽어 있는 것이다.
이것이 말종 인간인 것이다.
나는 나를 뭐라 부르고 있는가?
너는 너를 어떤 눈으로 바라보고 있는가?

759 외로움과 고독
2021. 1. 26. (화)

중학교 1학년 때까지는 무척 외로웠다.
아무런 꿈이 없었고 빨리 죽는 것이 낫겠다 싶었다.
중학교 2학년 때 인격적으로 예수님을 만나면서부터 꿈이 생겼다.
가슴이 늘 뜨거웠고 심장의 피가 펄펄 끓었다.
꿈이 없을 때는 외로웠다. 꿈이 생기면서부터,
확실한 내 삶의 목표가 설정된 이후부터 방황한 적이 없다.
숱한 고독이 큰 파도 되어 나를 삼키려고 한 적이 수없이 많았지만
포기하거나 절망하지 않았다.

고독했기 때문에 더 많은 독서를 했고, 고독했으므로
더 여행을 했고, 고독하여 더 많은 글을 썼다.
나를 단단하게 만드는 일을 서슴없이 해나갔다.
시간 낭비하는 일이 가장 싫었다. 다른 것에 의존하고
남이 나를 움직이는 것이 외로움이다. 주인이 내가 아니니까.
하지만 내가 나일 때, 나로 스스로 존재할 때는
고독할수록 더 행복하다. 동서남북 모든 곳을 향해 마음이 열려 있다.
코로나 19로 인해 고독하다.
의료인들, 공무원들, 자영업자들, 사업자들, 어려운 사람들이 많다.
하지만 어느 면에서 이것은 내게 준 선물이고 축복이다.
고독을 의미화하자.

새벽길 별을 보며

760 자기를 대면하라!

2021. 1. 27. (수)

　자기를 대면하고, 자기를 사랑하고, 자기를 믿어 주는
수련을 해야만 내공이 깊어지고 자기 주도적인 삶을 살아간다.
그러기 위해서는 세 가지를 하는 것이 좋은데
강력히 추천하는 것은 '책을 낭송하고, 글을 쓰고, 운동하는 것'이다.
　삶을 낭비하고 있다는 생각에서 벗어나려면 먼저
내가 좋아하는 일을 해야 한다.
오전 중에 이루어지고 있는 이 세 가지 활동은 나의 존재 이유를
갖게 해 주는 것이다.
글을 쓰기 위해 걷고, 걷다 보니 운동이 되고,
걸으면서 키워드 글 제목을 사유 속에서 얻어내고,
삼위일체 활동을 통해 행복, 그 이상의 내공을 쌓아 가고 있다.
　어떤 불합리한 현상이나 갈등, 혼돈, 시련도 긍정해야 한다.
있는 그대로 수용할 수 있는 큰 바다 같은 여유가 있으려면
씨알이 커야 한다. 좀스럽게 굴지 않아야 한다.
큰 강물처럼 품어야 한다. 나는 그렇게 살아갈 자신이 있다.

761 지적 게으름
2021. 1. 28. (목)

니체는 "편한 것들에 둘러싸여 살면 우리를 한 차원
더 높은 세계로 안내해 줄 아름다움이나 가치관을 만나기
어렵다."고 말했다.
편안하고, 안락하고, 쉬운 쪽을 택하고 싶은 것은 인지상정이다.
그런데 이미 니체는 그것이 아니라고 역발상을 한 것이다.
잘 먹는다고 하여 잘 사는 것이 아니다.
잘 사는 것은 '내가 누구인가, 어디로 가고 있는가,
내가 원하는 삶을 살고 있는가, 크게 웃으며 살 수 있는
자유로움과 해방감이 있는가?'에 달려 있는 것이다.
더 구체적이고 창의적이며 독립적으로 자기 주도적인 삶을
살아갈 수 있느냐는 자기인식에 달려 있다.
나는 편안하고 안락한 삶이나 상황을 간절히 원하지 않는다.
참된 자유와 해방감의 삶을 원한다.
즉, 안락함, 편안함보다는 불편함, 문제에 내 본성이 더 가깝다.
지적 게으름이 있으면 편안한 것을 추구하게 되어 있다.
생각하기 싫어하는 것이다.
나는 창조적이고, 향상성이 있고, 생산적인 것을 원한다.
이게 나다.

새벽길 별을 보며

762 인지적 오류와 합리적 판단
2021. 1. 28. (목)

대학원 상담심리 석사과정에서 내가 쓴 연구 논문은
'인지주의적 집단상담이 청소년의 자살 생각 감소에 미치는
효과'였다.
인지주의적 집단상담은 사고 과정을 중시하여 자기의 심리 상태를
스스로 이해하고, 해결할 수 있는 자각 능력,
의식 기능을 보유하고 있다는 관점이다.
결국은 비합리적인 생각에서 비롯된 자살 생각을 합리적인
인지 능력으로 바꿔 보자는 것이다.
인지적 오류가 합리적 판단과 결정에 방해되는 역할을 한다.
그렇다면 나는 어떤 시각을 가져야 하는가? 균형 잡힌 시각이다.

스콧 팩은 생각의 게으름이 원죄라고까지 말했다.
맞는 말이다. 날마다 생각하는 능력을 키워야 한다.
더 긴장하고 노력해야 한다.
적당한 노력이 아니라 치열하고 투쟁적인 노력이다.
그렇게 할 수 있는 저력이 나에게는 있고 그동안의 삶이 그러했다.
그만큼 인생의 담금질을 많이 해 왔기 때문에 마음, 생각의 근육이
단단해진 것이다.
물론, 끊임없이 진보해 가야 하지만 말이다.
그리하여 오늘도 니체와 함께 걷고, 칸트처럼 생각하는 것이리라.

763 선인장 가시
2021. 1. 28. (목)

조지아 오키프는 20세기 미국 미술계에서 가장 독보적인
존재로 알려져 있다.
그의 「양귀비꽃」은 자연을 내면화한 그야말로 내가 펴낸
생태 세밀화 그림일기 『꽃 너머 꽃으로』와 같다.
자신의 상처를 치유받지 못한 사람은 선인장이다.
자신의 몸에 가시를 박아두고 다른 사람에게도 상처를 주는 선인장.

우리 사촌 형수님은 사람 키보다 큰 선인장을 오랜 세월 키우셨다.
늘 거실에 신비롭게 자리 잡고 있었다.
그런데 어느 날 보이지 않아 물어보니 손자가 태어나서 선인장
가시에 찔릴까 싶어 치웠다 한다.
몇십 년 동안 애지중지 키운 식물이지만 손자가 걱정되었던 것이다.

누구나 상처는 있다.
그 상처를 치유받았는가, 아니면 더 깊어졌는가? 하는 것이다.
나에게도 이런저런 상처가 있었다.
하지만 긍정 의미를 두었다. 늘 가치관을 새롭게 하려 했다.
내면의 소리에 귀 기울이면서 상처를 오히려 축복으로
바꾸려 했다.
꿈이 있었기 때문이다.
인내도 달고 열매도 달다는 것을 깊이 깨달았을 때는
불혹의 나이가 지난 뒤였다.

764 기적이 나에게로 왔다
2021. 1. 28. (목)

『시크릿』책에 보면 "마음으로 원하는 것을 생각하고,
그 생각이 마음에 가득하게 할 수 있다면 그것이 당신의
인생에 나타날 것이다."라는 글이 있다.
소망을 이루는 3단계는 '구하라, 믿어라, 받아라'다.
이 놀라운 사실이 오늘 현실이 되었다.
    지난주에 두 며늘아기들이 왔다.
큰 며늘아기에게 파프리카를 꼭 사 주고 싶었다.
24일 북부 장날이어서 오후에 시장바구니를 들고 장에 나갔다.
두 바퀴를 돌면서 파프리카를 찾았으나 눈에 보이지 않는다.
특히 빨간색, 주황, 노랑, 초록 색깔별로 효능이 다르고
비타민 효과가 사과의 82배여서 꼭 큰 며늘아기가
먹었으면 했다.
다른 때는 파프리카가 많이 나왔었는데 그날은 없었다.
    아쉬움에 발길을 옮길 수밖에 없었는데 오늘 택배가 도착했다.
택배 상자에 씌어 있는 문구 "기쁨 주는 파프리카."
아! 이런 것을 기적이라 하는가 보다.
내 마음을 어찌 알았을까? 지성이면 감천이리라.
한 박스를 가슴에 안고 나는 온몸이 감전되는 것 같았다.
기적이 감사함으로 내게 온 것이다.
보내준 사람은 시골 교회 목회자였다.

765

한 해 16명의 과로사 직업

2021. 1. 29. (금)

아침 걷기 운동하던 중 택배 물류 회사 앞에서 시위하는
것을 지켜보았다.
택배 차에 붙어 있는 플래카드에 쓰여 있는 문구,
"2020년 16명 과로사." 이게 어느 나라인가?
왜 이래야만 되는 걸까? 전국의 5만여 명의 택배기사들.
새벽부터 자정까지 쉬지 못하는 구조와 엄청난 작업량,
소포 한 개에 600~800원의 수수료, 하루에 배달해야 하는
400여 개의 물량, 20킬로그램 넘는 물건도 있고 계단도
오르내려야 하는 중노동, 분류 작업대 앞에서 물 한 잔
마실 수 있는 시간도 허용되지 않는 참혹한 현실 속에서
대기업은 배가 불러 가고 노동자는 죽어간다고 외치고 있었다.
16명의 사망자 가족은 어찌해야 하며,
그 자녀들은 어떻게 살아야 하는 걸까?
아침밥이나 제대로 먹고 나오는 것인지.
그래서 작으나마 우리 집 1층에 언제든 택배기사들이
먹을 수 있도록 음료수, 초코파이, 물을 준비해 놓길 잘했다.
간단히 허기진 배를 채우며 조금이라도 힘을 얻는다면 참 좋겠다.
올해에는 한 명의 과로사도 생기지 않기를,
또 합당한 제도가 만들어지길 기도한다.

새벽길 별을 보며

766 절대 행복해질 수 없는 두 부류
2021. 1. 29. (금)

내가 철이 들어가는 것일까? 내 생명의 불꽃이 사그라지고
있어서일까? 시간 분초가 아깝고 빨리도 간다.
화장실 선반에 늘 놓여 있는 메모 노트와 볼펜을 집어 들었다.
핸드폰으로 뉴스 검색을 하다가 올해 102세 되신
연세대학교 김형석 명예교수님의 인터뷰 내용이 실려 있어 메모했다.
절대 행복해질 수 없는 사람들이 두 부류가 있는데
하나는, 정신적 가치를 모르는 사람이다.
권력, 명예, 돈에 급급해하는 사람으로 복권 당첨이 된들
행복하겠느냐는 질문이다.
또 하나는, 이기주의자다. 자신만 위해 사는 사람.
그릇이 작으니 오직 자기만을 위해 사는 사람은
절대 행복해질 수 없다는 것이다.

가장 많은 일을 할 수 있는 때는 60세부터며 글도 잘 써지고
열매 맺을 때라는 것.
그리고 사과나무가 가장 소중한 시기는 열매 맺을 때라는 것이다.
결론은 100세 건강 비결은 공부, 독서, 글쓰기, 운동, 여행이다.
이 다섯 가지 키워드는 나의 삶의 중심이기도 한데
이것을 김형석 교수님은 오래전부터 실천하셨다.

767 달걀의 굵은 쪽인가, 가는 쪽인가?
2021. 1. 30. (토)

　　모처럼 다시 『걸리버 여행기』를 읽었다.
소인국에서 펼쳐지는 이야기 가운데 36개월간 두 강대국이
싸움을 벌인 발단이 나온다.
달걀을 먹을 때 굵은 쪽을 깨뜨려야 한다는 것은 누구나
아는 건데 황제의 조부 되는 어른이 어렸을 적에 달걀을
먹으려고 그동안 전해 내려오던 방식으로 달걀을 깨뜨리다가
손을 다쳤다.
아버지 되는 황제가 백성들에게 달걀 먹을 때 가는 쪽을
깨뜨리지 않으면 처벌한다는 법을 만들었다.
여기에 반대하는 사람들과의 싸움이 몇 년간 지속되었다.
　　세상에는 이처럼 달걀의 굵은 쪽이냐, 가는 쪽이냐를 놓고
부질없는 소모적인 싸움을 하는 사람들이 있다는 사실이다.
지금 우리 사회가 자기 진영에 갇혀서 내 말은 모두 옳다는
나폴레옹식의 사고방식의 틀을 깨지 못하고 있다.
달걀의 어느 쪽이면 어떤가.
시간만 축내고 있는 집단과 인간의 모습을 보여주고 있는 것 같다.
생각의 혁명이 필요한 때다.
율동적이고 유연성 있는 생각을 갖도록 늘 생각을 마사지하자.

새벽길 별을 보며

768 부부 상담자, 내담자
2021. 1. 31. (일)

    솔로몬은 하나님께 기도하기를 선악을 분별하기 위해 듣는
마음을 달라고 했다.
이때 3가지를 주셨는데 지혜, 총명, 넓은 마음이다.
듣는 마음은 나를 내려놓는 겸손이 있어야 가능하다.
남의 말은 아예 귀 닫고 자기의 주장, 뜻만 펼치는 사람이 있다.
이런 사람 옆에는 사람이 없다.

    매일 혼자 걷기 하다가 오늘은 아내와 함께 한 시간 반을 걸었다.
아내는 직장에서 있었던 일을 말하고, 나는 계속 들었다.
맞장구도 치고, 반응도 잘해 주었다.
나는 읽은 니체의 책 내용을 아내에게 들려주고,
아내 또한 잘 들어주었다.

    서로 말하고 진지하게 들어주면서 상대가 내 편인 것이
확인될 때 신이 나고, 즐겁다. 수긍하고 긍정해야 한다.
정혜신 박사의 책 제목처럼 "당신이 옳다."고 해야 한다.
내 편을 들어주기를 원하기 때문이다.
아내도 나도 석사과정에서 상담심리를 공부했고, 그 덕분에
아내는 상담교사의 귀한 일도 보람 있게 하고 있는 것 아닌가.
어떤 때는 내가 상담자가 되기도 했다가 내담자가 되기도 하고,
어떤 때는 아내가 상담자가 되기도 했다가 내담자가 되기도 한다.
그래서 우리의 만남은 기적이리라.

February

2021. 2월

홀로 걷는 달
(체로키족)

769 자유는 무엇인가?
2021. 2. 1. (월)

1. 열차에게 자유는 무엇일까? 두 바퀴가 레일 위를 달릴 때다.
   질주하는 열차의 자유다.
2. 돌고래의 자유는 무엇일까? 푸른 바다 헤치며 헤엄칠 때다.
   망망대해 물결의 자유다.
3. 자연에게 자유는 무엇일까? 있는 자체 그대로 바라볼 때다.
   자연스러운 자연의 자유다.
4. 산새들의 자유는 무엇일까? 이 나무도 저 나무도 놀이터다.
   새의 존재 자체가 자유다.
5. 나에게서 자유는 무엇일까? 나를 찾아 떠나는 여행이다.
   짐승 아닌, 무엇인가 극복하는 초인이 자유다.

           – 지리산 둘레길 여행을 가는 여수행 열차 안에서

770 지나가는 것이거늘
2021. 2. 1. (월)

이런 것이 찰나며 순식간이라 하는 것인가 보다.
열차 차창 밖으로 휙휙 지나가 버리는 집, 들판, 산, 차와 사람들.
눈에 잠시도 담아놓을 시간도 없이 지나가고 만다.
아무리 좋은 집도, 차도, 논과 밭도 지나가고 만다.
내 손으로 잡을 수도, 놓을 수도 없다.
세월도, 사람도, 인연도, 건강도, 생명도, 자식도, 추억도
다 사라지고 희미해질 때가 오리니.
지금 내가 앉아 있는 이 자리, 열차 속 2호차 63호석.
여기가 가장 소중한 것이며 앉아 있는 내가 존귀한 것이다.
인생의 눈물도, 아픔도, 고통도, 지나가는 것.
지난 뒤에 돌아보면 감사뿐이고 축복이리니.
우리네 인생 열차가 긴 터널 지나가는 것과 같은 것.
잠시 어둡고 소란스럽지만 조금 기다리면 환한 세상으로 나오는 법.
그 시간이 절대 쉽지 않거늘.
아니, 어두운 터널도 즐길 수 있는 것.
아무리 사랑했던 사람도, 아무리 미워했던 사람도 지나가리라.
아쉬운 미련이 아니라 감사 행복이지요.
지나갈 수 있다는 것은 희망이 있다는 것이니 이 순간만 나의 것.
내 인생 최고의 축복 순간이 아니겠는가.

- 지리산 둘레길 가는 열차 안에서

771 지껄임을 통제하라!
2021. 2. 2. (화)

　힘들어, 죽겠어, 아이 추워, 더워 죽겠네, 속상해, 짜증 나,
신경질 나. 이런 말을 나는 거의 사용하지 않는다.
왜냐하면 도움은커녕 몸과 마음에 독이 되기 때문이다.
일행들과 산에 가면 당부하는 말이 있다.
그것은 힘들다는 말을 하고 싶거든 속으로 하라는 것이다.
사실은 속으로 해도 의미는 없다.
다만, '그래 힘들지만 잘하고 있어 잘 견디고 있어.'라고
스스로에게 다독거려 줄 수 있으면 된다.
지껄이는 자신을 멀찍이 떨어져서 지켜보며 그것을 바꿔야 한다.
말을 바꾸지 않으면 삶이 바뀌지 않는다.

　마음이 약한 사람들은 미래, 예측 두려움과 불안을 많이 느낀다.
두려움만 없다면 이 세상 사는 데 지장이 없다.
어떤 사람은 해만 떨어지면 차를 끌고 나오지 못한다.
사고 나면 어쩌냐는 것이다.
내 삶에 아무런 도움도, 유익도, 의미도 주지 못하는 말들을
생각 없이 하는 경우가 없도록 하자.
속상해, 그래 나도 알아.
그런데 넌 큰 강도 품을 수 있는 큰 그릇이잖아.
걱정하지 마, 마음에서 놓아 보내버려.
스스로를 안아줄 수 있도록 하자. 나는 나를 사랑하니까.

새벽길 별을 보며

772 그냥 해 보려고
2021. 2. 2. (화)

한 달 전쯤, 전주 어느 음식점에서 병치 조림하는 걸 보았다.
TV에서다. 아직 그 음식점을 찾아보려고 하지는 않았지만
마음의 소원이 생기기 시작했다.
일반적으로 물을 넣고 하는 형식이 아니라 세 종류의
늙은 호박을 이용해 요리하는 것이 특이했다.
병치는 비싼 편에 속하는 생선이다. 하얗게 눈부신 예쁜 생선이다.
준비물을 찾아보니 재료가 열다섯 가지도 더 필요하다.
요리하는 데 많은 시간 들이고 싶지 않은데 말이다.
생선에 칼집 내는 것을 해야 하겠고 녹말을 묻혀 프라이팬에
한 번 구운 후 요리해야 한다.
북부 장날에 나온 병치 중 가장 큰 것을 사다가 해 봐야겠다.
오늘은 우선 손바닥만 한 것 한 마리를 해 먹어 본 후
가족들에게 해 줘야겠다.
얼마 전 장모님이 하셨던 병치 조림과 내가 오늘 할 요리의 맛이
어떤 비교가 될지 모르겠다.
반드시 전주에 가서 병치 조림을 한 번 먹어보리라.
1인분에 2만 원인 것 같다. 요리는 정답이 없다.
그냥 해 보면 그 뒤에 답이 나온다.
최고의 맛이 나올 것 같은 기대가 된다.
내가 언제부터 요리하는 남자가 되었지?

773 나의 인생은 가을이다
2021. 2. 3. (수)

오늘이 음력으로 12월 22일 입춘이다.
셸리의 말이 떠오른다. "겨울이 오면 봄도 머지 않으리!"
24절기 중 첫 절기다.
"입춘대길(立春大吉) 건양다경(建陽多慶)"이라는 문구를 곳곳에 붙인다.
봄이 시작되면 경사스러운 일이 많을 것이라는 복을 비는 풍습이다.
　　유년기, 청소년기, 중년기, 노년기 중에 나는 어느 계절에
속해 있는가?
60세에서 65세까지를 중년기라 하니 중년기의 경계에 서 있다.
하루도, 일 년도, 일생도, 봄여름가을겨울이 있듯이 내 인생은
늦가을에 와 있는 것이다.
1년으로 보면 9개월을 살았고 3개월이 남은 것이다.
가을은 수확하고 추수하는 계절이다.
내가 수확해야 하는 것은 무엇일까? 돈을 모으는 일도 아니다.
소유의 넓이를 넓히려고 해서도 안 된다.
이제는 섬기는 일, 나누는 일, 나를 표현하는 일, 내면의 두께를
두껍게 하는 일이다. 큰 뜻을 품자.
나만의 규칙과 룰을 정하고 실천하자.
잘 익은 된장처럼 숙성되어져야 한다.
금방 겨울이 오리니 이 가을 하루를 마지막 날로 살자.

774 나의 리포트 평가 기준
2021. 2. 3. (수)

대학에서 만났던 인연들은 세월의 흐름과 함께 멀리서
손짓하고 있다.
행복, 보람과 의미가 있었던 대학 근무였다.
나는 학생들에게 리포트를 많이 제출하게 하는 교수 중
한 명이었다. 리포트 점수에 비중을 많이 둔 이유가 있다.
스스로 생각하는 힘을 길러 주기 위해서였다.
문헌의 내용을 요령 있게 정리하는 것만으로는 좋은 평가를
주지 않았다.
책을 읽고 거기에서 얻은 지식을 정리하는 것으로는 의미가 적다.
자기 생각을 논리적으로 창의적이고 통찰력 있게 보면서
어떻게 전개하느냐를 중요한 포인트로 보았다.
다른 사람이 정리한 것을 복사하여 제출하는 학생은 점수를
주지 않았다.
자기 생각이 전혀 없는 지식은 아무 힘이 없다.
자기 논리의 근거를 정확하게 제시하는 치밀함, 정밀함, 분석력이
세상을 살아가며 전공한 학문을 적용할 수 있다고
보았기 때문이다.
리포트를 볼 때 생각한 흔적이 보이는 학생은 가르치는 보람을 느낀다.
강단에 섰던 그 세월도 멀리 보이는구나.

775 옻나무가 생기니 닭이 따라왔다
2021. 2. 4. (목)

상상은 현실이 된다. 끌어당김의 법칙일까?
그렇다고 믿는다.
한 달 전쯤, 지인의 집에 식사 초대를 받아서 갔다.
메뉴는 옻닭이었다.
어떤 사람은 먹고 싶어도 옻 알레르기 때문에 못 먹는 경우도
있는데 나는 무엇이든 가리지 않고 먹을 수 있어 감사하다.
옻닭의 맛을 알고 옻나무를 한 봉지 얻어 왔다.
좋은 일은 홀연히 생기는가 보다.
오늘 아침 플로라가 삼계탕용 닭 열 마리를 가져왔다.
한 마리도 아니고 열 마리씩이나.
기적은 늘 있지만 믿음 가진 사람에게 오는 것이다.
옻의 효능을 알아보니 특히 요로 및 신장결석에 큰 효능이
있다고 한다. 나는 요로결석 수술을 세 번이나 했다.
이럴 때 하나님의 예비하신 축복이라 믿는다.
시간을 내서 갖다 주는 일이 쉬운 것이 아니다.
축복의 원리를 더듬어 보았다.
아침 일찍 니체 노트 녹음한 것을 고전 독서 모임
단체 카카오톡에 올려 공유했다.
내가 먼저 작은 것으로 대접했더니 큰 것으로 되돌아왔다.
신나는 하루가 시작되었다. 더 가슴이 뛰는 아침이다.

776 익숙함에 의존하지 말자!
2021. 2. 4. (목)

어릴 적 시골 부엌에는 큰 물항아리가 있었다.
500미터쯤 떨어진 마을 공동 우물에 가서 물지게로 물을 길어 왔다.
일 년이면 한두 차례 마을주민들이 모여 우물을 퍼내고 청소를 했다.
그렇게 하지 않아도 계속 물은 나오는데 청소를 하는 이유를 알았다.
물을 길어 먹고 쓰는 데 지장이 없다 하여 익숙함에 의존하게 되면
시간이 갈수록 문제가 생길 수 있기 때문이다.

여행만 해도 익숙한 일상을 벗어나는 것이다.
몸이 고생하는 것은 기정사실이다.
그런데도 여행을 하는 이유는 가치와 의미, 행복이
고생하는 것을 넘어서기 때문이다.
한 단계를 넘어가기 때문이다. 편리함, 익숙함, 계속해 오던
습관에서 벗어나지 않으면 새롭고 창의적인 것이 나올 수 없다.
늘 새로워지지 않는다는 것은 속절 없이 늙어간다는 것이다.
쇠퇴해 간다는 것이다.
익숙한 것들과의 결별은 어쩌다가 한 번 가뭄에 콩 나듯이
해야 하는 일이 아니다.
의도적으로 자신을 각성시켜 나가야 한다.
우물물은 자꾸 퍼내야 새 물이 나온다.
생각도, 몸도, 마음도, 영혼도 늘 새로워야 한다.

777 TV를 언제 보았을까?
2021. 2. 5. (금)

프리드리히 니체의 『차라투스트라는 이렇게 말했다』 책을
읽기 시작하면서부터 TV를 한 번도 보지 않았고, 그렇게
좋아하는 영화도 거의 안 보았다. 1월 16일 이후부터다.
TV를 켜고 싶은 생각이 들지 않는다.
무엇을 보아야겠다는 계획도 없다.
일주일에 한 번은 산행하리라고 버킷리스트에 적었으나
산에도 가지 않게 되었다.
오전 6시부터 하는 걷기와 사유는 줄기차게 해 왔다.
우리 장모님, 처형은 TV를 아예 온종일 켜놓고 사신다.
어떤 때는 TV를 켜놓고 주무실 때도 있다.

요즘 나의 생활은 사유, 독서, 글쓰기가 생활에서 큰 비중을
차지한다. 대부분의 에너지를 이곳에 쏟고 있다.
기쁘고, 행복하고, 보람 있고, 의미가 있기 때문이다.
지치지 않기 때문이다.
계속 퍼 올리는 샘물과 같다.
하루를 디자인해 본다.
시간이 낭비되며 흘러가는 것을 용납할 수 없다.
날마다 빨간색 스웨터를 입고 살아도 계속 입고 싶다.
나의 피는 붉은색이다. 심장이 뿜어대는 피의 소리를 듣는다.

778 그냥 정경화가 된 것이 아니다
2021. 2. 6. (토)

천 리 길도 한 걸음부터다. 특전사 하면 천리 행군이다.
9일 동안 400킬로미터의 거리를 완전 군장 상태로 이동하는 훈련이다.
7일 동안 매일 10시간 정도의 지리산 둘레길을 걷는 것도
상당히 힘들었는데 천 리 길을 함께 보조를 맞춰
걷는 것은 극한 훈련이다.

세계적인 바이올리니스트며 살아있는 전설로 불리는 정경화는
언니 정명화, 동생 정명훈과 함께 대한민국을 빛낸 인물이다.
지금은 70이 넘었지만 그 열정은 30대 못지않다.
인터뷰 내용 중에 하루 연습 시간이 적게는 11시간,
많게는 14시간까지 연습하고 또 연습한다고 했다.
어떤 일도 저절로 되는 법은 없다.
피겨스케이팅 김연아 선수는 수십만 번 이상
넘어졌을 것이며, 발레리나 강수진의 발은 수많은 연습으로
나무뿌리 같지만 세상에서 가장 아름다운 발이라고 부른다.

위대한 사람들은 모두 자신을 극복하는 초인들이다.
천재는 타고나는 것이 아니다. 노력으로 만들어지는 것이다.
노력할 힘이 있다는 것은 자기와 적당히 타협하지 않고
끈질기게 동경의 화살을 쏘는 것이다.
정경화 님의 바이올린 연주를 직접 들어볼 수 있는 날이 올까?
건강하시길 빈다.

779 가치관도 여러 가지
2021. 2. 7. (일)

우리 장모님이 시어머니께 물려받았다는 금목걸이를 나에게
선물로 주셔서 보관하고 있다가 팔았다.
신경이 쓰이고, 팔아서 유용하게 돈을 쓰는 것이 유익하다고
생각해서다. 잘했다고 본다.

뉴스에 이마에 약 270억 원짜리 다이아몬드를 이식 수술한
미국 가수 릴 우지 버트가 소개되었다.
나는 선물받은 금목걸이 하나도 신경 쓰여 팔았는데
릴 우지 버트는 엄청난 금액의 다이아몬드를 이마에 박아놓고
어떻게 살 수 있을까 싶다.

세상에는 별의별 가치관을 가진 사람도 많다.
돈이 많으면 특이한 것을 하고 싶은가 보다.
사람이 어디에 의미를 두고, 가치 의식을 두느냐가 중요하다.
내가 나일 때 가장 인간적인 것이다.
남의 피리 소리에 춤추는 삶을 살다 보면 나는 어디에 있다는 말인가.
물론, 자기 좋아서 하는 일이니 비판도, 상관할 일도 아니겠으나
살다 보면 재미있는 별 사람들도 다 있는 것 같다.
그래서 세상은 더 재미있는지 모르겠다.

780 세상에 이런 일이 나에게
2021. 2. 8. (월)

살다 보면 내가 원해서도 아니고, 원치 않아서도 아닌
일들이 종종 일어난다.
걷기 시작한 지 1분쯤 지났을까?
깜짝 놀랐다. 송아지만 한 큰 개가 내 옆으로 오더니 앉는 것이다.
귀가 길고 하얀색인데 그 위에 알록달록 검은 점이 박혀 있는 개였다.
"어서 가. 너의 집으로 가!"
아무리 손사래를 쳐 봐도 소용없다.
한 시간 반 동안 앞서거니 뒤서거니 따라오는 것이다.
100미터쯤 달리기를 하여 이제는 안 오겠지 했는데 어느새
옆에 와 있다. 수컷이었다. 집에 올 때쯤 조금 걱정이 되었다.
우리 집에 고양이들 네 마리가 있는데 '어쩌나, 가겠지, 뭐.' 아니었다.
그것은 내 생각일 뿐 두어 시간이 지났는데도
화단에 꼼짝하지 않고 누워 있다.
자기 집이라도 되는 양 움직일 생각을 하지 않는다.
별의별 인연이 다 있네.
어쩌려고 집까지 따라왔을까?
몇 시간째 앉아 있는 것이 안타까워 간식을 준 후
유기견 센터에 연락했다.
실려 가는 모습을 보니 짠한 생각이 든다.
인정 많은 집에 분양이 되었으면 좋겠다는 소원과 함께.

781 발, 손, 얼굴에게
2021. 2. 9. (화)

거의 365일 아침에 샤워한다.
손은 하루 중 수시로 씻고 발과 얼굴은 잠자기 전에 한 번 씻는다.
얼굴은 그냥 따라다니는 것 같아서. 눈, 코, 귀, 입이 있어
볼 수 있고, 맡을 수 있고, 들을 수 있고, 먹고 말할 수 있다.
일상의 많은 일을 해 주고 있다.

조금 떨어뜨려 놓고 바라보면 존재론적 실존의 의미를
되새겨 보게 된다. 고맙기 그지없다.
어떤 때는 고양이 세수를 하고 발도 물만 묻히고 온다고
아내가 핀잔을 주었는데 이제는 고마움을 생각한다면
시간을 두고 잘 씻어야겠다. 씻으면서 말을 한다.
"발가락 열 개, 손가락 열 개 고맙구나.
오늘도 하루 애 많이 썼네. 덕분에 행복한 하루였지.
내 몸 들고 다닌 발도 고맙지. 팔이 없으면 얼마나 힘들었을까?"

세상에 의미 없는 것은 하나도 없고 없어야 할 것은 하나도 없다.
특히 손이 고맙다. 톨스토이가 『이반의 바보』에서 "일을 많이 해서
손에 굳은살이 박인 사람이 식탁 상좌에 앉아 따뜻한 밥을
먼저 먹을 수 있다."고 말한 것처럼 손에 굳은살이 박일 정도로
많은 일을 하는 손이 더욱 고맙다.

새벽길 별을 보며

782 한 식구가 되는 일
2021. 2. 10. (수)

식구라는 사전적 의미는 같은 집에서 살며 끼니를 함께하는
사람을 일컫는다.
함께 밥을 먹는 관계는 같이 차를 마시는 관계보다는
더 깊이가 있는 의미로 느껴진다.
친밀하지 않은 사람들과 차는 마실 수 있지만 밥상머리에
같이 앉는 것은 좀 더 친숙한 관계가 되어야 하는 일이기 때문이다.
그래서 옛날에 선을 볼 때 먼저 차를 마시고, 마음에 들면
밥을 먹는 순서였는가 보다.
우리 집에 두 며늘아기들이 한 식구가 되었다.
결혼하기 전까지 늘 쓰던 밥그릇과 국그릇을 시댁에서는
새로운 그릇으로 사용하게 된다. 둘째네 그릇은 아내가 사 왔다.
큰아이가 결혼한 후 새 그릇이 필요했던 차에 이번에는 내가 사 왔다.
마음에 드는 것을 고르느라 몇 번을 왔다 갔다 했다.
처음에 고른 것을 두고 다시 다른 것을 집어 들었다.
밥그릇이 1,000원짜리부터 있기는 하다.
계산할 때 보니 영국 도자기였다.
아내가 사 온 그릇은 다른 용도로 사용하기로 하고 기왕이면
예쁘고 좋은 거로 주자는 마음으로 오늘 다시 한 벌을 사 왔다.
흐뭇했다. 이번 명절에 예쁜 그릇에 밥을 담아 먹을
두 며늘아기들이 기다려진다. 이런 시아버지가 있을까? ㅋㅋ

783 자연생태 동요 작시의 기쁨
2021. 2. 11. (목)

그동안 그려놓고 그림일기를 썼던 생태 세밀화에 다시 옷을
입히는 작업을 하고 있다.
운율에 맞춰 동요를 작시하는 일이다.
87개의 그림을 보고 작시하는 일은 많은 사유와 생각의
깊이가 있어야 한다.
몇 장의 연습용 A4 용지가 없어지고 완성되었을 때의 행복과 기쁨,
무한한 성취감으로 솟구쳐 오르는 희열은
온천물이 처음으로 솟아 나오는 것 같은 감격을 맞이하게 한다.
    어제는 「장미」, 「지느러미엉겅퀴」 동요를 작시했다.
내가 창작을 해놓고도 이걸 내가 썼을까 할 정도로 신비롭다.
지금까지 반절의 작업을 했으니 87개가 완성되는 날,
출판사에 넘길 것이다.
생태 세밀화 그림일기에서 자연생태 동요로 탄생되어 나올 것이다.
계속되는 독서와 사유와 글쓰기와 걷기가 같이 발맞춰 걸어갈 것이다.
꿈이 있다. 꿈이 이루어져 간다.
이 꿈을 많은 사람과 함께 나누고 싶은 것이다.
아름다운 자연을 사랑하고 보존하는 사람들의 입에서
이 동요들이 불려져서 이 강산 구석구석에서 노래가 꽃피우길.

784 세 모녀의 전 부침
2021. 2. 12. (금)

고구마, 배추, 호박, 돼지고기와 김치 꼬치.
명절 음식 준비로 바쁜 주방 모습이다.
아내와 처형, 장모님 셋이서 전 부치는 냄새가 구수하고 좋다.
역시 명절 기분은 전 부치는 것인가 보다.
오랜만에 셋이서 음식 준비하는 것 같다.
90 되신 장모님, 70 되신 처형이 이렇게 건강하기 때문에
이런 추억도 만드는 것이 아닐까?

인간이 100퍼센트 만족하는 것은 이 세상에서는 있을 수 없다.
양이 있으면 음도 있는 법이고, 산이 높으면 골도 깊은 법이다.
두 분을 모시며 산 세월이 20년이 넘는다.
산전수전 우여곡절이 많았다.
힘든 부분이 많았으나 받은 복도 많았다.
어쩌면 힘든 부분이 있었기에 받을 복을 준비한 그릇이
되었는지 모른다.
나를 깎아 만들어 가고 내가 나로 되어 가는 것은 쉬운 일이 아니다.
스펀지를 다듬어 쓰는 것과 철을 다듬어 쓰는 일은 다르다.
얼마나 큰 노력, 수고, 정성, 인내가 들어가 있느냐다.
세 모녀의 전 부치는 모습을 보며 앞으로 몇 년을 더
이런 풍경을 볼 수 있을지 생각해 본다.
주신 복이 많은 것을 생각해서 잘해 드려야 하는데……

785 신춘문예 응모를 준비하며
2021. 2. 12. (금)

    만일에 글 쓰는 일과 책을 읽는 일을 내게서 빼앗아 간다면
내 몸의 어느 부분이 없어지는 것과 같을 것이다.
머리와 심장이 없으면 죽는 것이니, 그것은 아니고
눈이 안 보이는 것 같을 것이다.
창의력은 관찰력과 호기심에서 나오는데 매일 보는 신문에서
신춘문예 신앙 시 모집이 눈에 들어왔다.
접수 기간이 두 주 남아 있다. 어제 초안은 모두 잡아 놨다.
'내가 입선될까?'라는 의심하는 마음을 가지면 자신감이
없어지고, 반드시 될 거라는 기대를 너무 하면 실망할 수도
있으니 동기 부여로 삼고 응모하기로 했다.

    어젯밤에 몇 시간 동안 글을 썼다.
쓰려고 마음먹으니 펜이 굴러가기 시작했다.
만일 입선이 된다면 어려운 시골 교회 목회자를 위해 전액 사용하고
싶다고 기도했다.
대상이 상금 300만 원이니 50만 원씩 6명에게 줄 수 있게
되는 것이다.
동기 부여가 되어 글 쓰는 것 자체가 행복한 일이 아니겠는가.
이것만 해도 나는 만족하고 감사한다. 넌 행복한 자로다.

786 지극한 사람
2021. 2. 13. (토)

    프리드리히 니체의 책을 6권 읽은 후 『장자』 책을 읽는다.
두 번째이긴 하다. 시간 차이를 두고 읽는 책은 다른 관점으로
해석이 되며, 받아들이는 폭이 다름을 느낀다.
사유의 깊이도 다른 것은 당연하다.
"지극한 사람"은 장자가 이상으로 삼는 인간상이다.
뜨거움, 추위, 죽음, 삶까지도 초월하여 이 세상 일에 초월한다.
굉장한 우레가 산을 무너뜨리고 바람이 바다를 뒤흔든다 해도
놀라는 일이 없다.
구름 기운을 타고 해와 달에 올라앉아 이 세상 밖에 노니는 자라.
모든 것을 있는 그대로 받아들이는 자연스러운 마음이다.
    하루에도 몇 번씩 나는 지극한 사람이다.
지극한 사람은 "바로 나다!"라고 자신에게 힘주어 말한다.
지극한 사람으로 사는 삶은 어떻게 해야 하며
어떤 가치관을 갖고 살아야 할 것인가?
지극한 사람과 자연과 내 삶을 바라보는 균형 잡힌 시각은
어떠해야 하는가?
나는 어느 경계에 서 있는가를 스스로에게 질문하며 답을 찾는다.
한 인간으로 태어나 지극한 사람으로 살아가는 일은 순간마다
자신을 돌아보는 일이다. 내면을 살피고 지극한 사람으로서의
존재의 의미를 늘 새롭게 해야 하는 일이다.

787 이게 내가 쓴 글 맞을까?
2021. 2. 14. (일)

지금까지 41개의 자연생태 동요 시를 썼고,
「지리산 둘레길 song」과 성시 10편을 썼다.
작년 3월, 코로나 19가 퍼지면서부터 회의, 모임, 만남, 여행,
외출 등이 축소되고 홀로 있는 시간이 많아졌다.
위기는 기회가 될 수 있어 더욱 독서와 글쓰기에 몰입하게 되었다.
지난주 「국민일보」에 광고된 신춘문예 성시 응모를 위해 용기를 냈다.
그동안 나름대로 글쓰기를 많이 해 온 덕분이랄까.
만년필을 잡으니 하루 만에 10편의 성시가 완성되었다.
녹음하여 들어보니 이게 과연 내가 쓴 글이 맞는가?
읽고 또 읽어본다.

어느 단계에까지 가야만 완벽한 글이라는 정답은 없다.
내가 쓰면서 행복하면 되는 것이다.
사람들에게 선한 영향력을 끼치면 되는 것이다.
성시만 모아서 미니 책자를 펴내야 하겠다.
갈수록 꿈이 커진다. 나이 먹을 시간이 없는 것 같다.
나에게 주어진 하루라는 선물을 어떻게 설계하고 디자인하면
되는 걸까?
땅을 밟고 서 있는 날이면 그때가 좋은 날이다.
끝까지 꿈을 쫓아가지 못하면 나는 식물인간이 되는 것이다.
내 인생은 아무도 대신 살아주지 못하니까.

새벽길 별을 보며

788 나의 함량은 얼마일까?
2021. 2. 15. (월)

A4 용지는 그램에 따라서 가격이 다르다.
그램이 더 나가는 것은 당연히 가격이 비싸다.
고기를 살 때도, 과일을 구입할 때도 무게를 재 본다.
경차는 가격이 낮은 대신 많은 힘을 발휘하는 데 한계가 있다.
CC가 다르기 때문이다.
미국에서 캐나다를 종주하는 차는 바퀴가 30개도 더 달린
차도 있다. 기름이 굉장히 많이 들어간다. 인간도 함량이 다 다르다.
나의 함량은 어느 정도일까?
고난에 대처하고 해석하는 능력, 시련을 이겨낼 수 있는 용기,
역경에 대처해 나가는 지혜, 다름을 인정하는 긍정성,
좌우로 치우치지 않고 중심에 서 있는 균형 잡힌 인격,
섬기려는 겸손, 위기의 순간에도 동요하지 않고 흔들림 없는 여유.
인천에서 중국까지 배를 타고 가 본 경험이 있다.
만 톤이 더 되는 산처럼 큰 배였다.
당연히 요동이 없으니 멀미도 없었다. 함량이 큰 배였다.
씨알이 커야 한다. 우주적으로 생각하고 살아야 한다.
좀생이가 되어서는 안 된다. 큰 생각을 품고 살자.
모건 스콧 펙은 『아직도 가야 할 길』에서
"인생은 어렵다.(Life is difficult.) 그래서 살 만하다."라고 했다.
새로운 걸음을 내딛는 것을 두려워하지 말자.

789 철학적, 과학적 사고의 삶은
2021. 2. 15. (월)

작년 3월부터 고전 독서와 글쓰기가 차지하는 비중이 커졌다.
매일 걷는 사색, 사유의 시간은 내 머리를 흔들어 놓았다가
정돈해 놓는다.
독서와 글쓰기가 늘면서 철학적, 과학적 사고 시간이 많아졌다.
5시에 일어나면 이불부터 반드시 개 놓고 시작했다.

군대에서는 아침 점호, 저녁 점호를 한다.
그 뒤에는 이부자리부터 각을 세워 정돈해 놓게 한다.
반듯반듯하지 못한 것은 지적을 받는다.

삶은 철저해야 한다.
아무리 많은 철학, 고전, 인문, 종교 서적을 읽는다고 해도
삶에 적용하지 못하고, 삶이 변화되지 않는다면
지식 축적에 불과하다.
자칫 교만해질 수 있게 된다. 귀만 커질 수 있다.
자신의 내면을 돌아보며 내 주변의 사람, 자연, 환경을 돌아보며
나를 바르게 세워야 한다.
흐트러진 것은 없는지, 내가 소홀히 하는 사람은 없는지
반성해야 하리라. 생각하는 힘을 많이 키우자.

오늘은 비가 내린다. 장화 신고, 우산 쓰고 2시간 걷기를 잘했다.
이럴 때는 한 마리 새가 되는 기분 좋음 별표 다섯 개다.

새벽길 별을 보며

790 이른 아침 떠오른 단어
2021. 2. 16. (화)

아침 7시다. 걷는 도중 이런 단어들이 떠올랐다.
환희, 판타지아, 유토피아, 봄, 물안갯길, 내면적 자발성,
여명, 새날, 밝은 빛, 황홀함, 행복의 문, 승리의 나팔소리,
사랑하는 나, 꿈꾸는 소년의 아침, 휘파람 불며 강하고 담대하리,
자연의 합창 소리, 시냇물의 연주, 동녘 하늘의 색깔,
닭들의 외침, 행복으로 들어가는 시간, 발바닥 사색,
아름다운 순례길, 내 인생의 편집자, 내가 하고 싶은 일,
살아있는 하루, 소풍 가는 날, 여행을 떠나요, 하루만 살아,
내가 섬길 사람들, 초인의 길동무, 떠오르는 햇살,
뒤로 달리기, 이루어지는 나의 꿈, 공감 능력, 책은 내 친구,
감사가 터져, 나의 주 나의 하나님, 걷고 또 걷고,
자연의 순례잡이, 깜짝 놀라는 삶, 걱정 안해, 커피의 향,
문장 언어 조립가, 자연생태 동요 시, 잘하고 있어,
느티나무 같은 사람, 빨간색 옷, 설레는 시간, 맛있는 요리,
풍선처럼 두둥실, 소중한 생명, 몽블랑 만년필, 메모 왕,
지리산아 지리산아, 즐거운 외로움, 벅찬 고독, 우주의 중심인 나,
잘 되고 있다.
노트의 신비. 총 50개.

791 조경석 위 고양이들 거리두기

2021. 2. 16. (화)

며칠 전에 갑자기 알록달록한 바둑이 고양이가 한 마리 왔다.
이삼일 지나더니 몸을 다리에 비벼 대면서 친숙해졌다.
이제는 아예 살림을 차렸다.
룰루와 함께 목공실에서 자는 것을 보니 중성 수술을 해 주지
않았으면 새끼도 날 뻔했다.

8년 전, 조경석 공사하는 데 5천만 원이 들어갔다.
공주석으로 하다 보니 돌 값이 꽤 나갔다.
백 년이 가도 좋을 것 같다.
한겨울이 지나면서 고양이들이 사회적 거리두기라도 하는 듯이
띄엄띄엄 돌 위에 누워 있는 모습이 귀엽다.
룰루, 랄라, 달이, 꼬리, 소리 다섯 마리의 고양이들이
일광욕이라도 하는 것 같다.

요즘 들어 사료가 많이 필요한데 생명들에게 배고픔을
해결해 주는 것이 얼마나 잘하는 일이냐고 위안으로 삼는다.
마당이 넓으니 뜀박질하고 다녀도 좋고, 화단과 텃밭이 있으니
똥을 싸도 좋은 환경인 것이다.
서재에서 창문을 통해 고양이들의 여유로운 모습을 바라보면
지금 내가 사는 집이 참 고맙기도 하다.
7년 후에는 비워 줘야 하겠지. 그때 나는 어디에서 살고 있을까?
고양이들이 뛰놀 수 있는 곳에 살아야겠지.

새벽길 별을 보며

792 발휘할 수 있는 곳과 있는 것

2021. 2. 17. (수)

　　나의 자발성, 독립성, 자존감, 자유로움, 의미와 가치를
발휘할 수 있는 곳과 있는 것은 무엇인가를 스스로에게 질문해 본다.
여기에 대한 대답은 곧 나의 정체성과 본질, 실존적 해석인 것이다.
늘 여기에 서슴없이 답할 수 있는 준비가 되어 있어야 한다.
의미와 재미가 함께 나올 수 있어야 한다.
사람들과 만나서 자연을 관찰하고 스토리를 나누고 즐거워할 때다.
책을 읽고 깊은 사색에 잠기며 메모하고 깨달아질 때다.
메모해 놓은 단어를 풀어 문장 하나씩을 만들어 갈 때다.
　　나는 내 안에 내재해 있는 가능성과 잠재력을 믿는다.
어떤 것에 대해서도 두려워하지 않고, 도전하고,
일궈나가는 것을 망설이지 않는다.
수없이 상상하고 꿈을 꾼 것이 현실로 이루어지고
이것을 통해 사람들에게 유익함을 나누는 불쏘시개 역할을
하고 싶은 간절함을 나는 안다.
작년부터 새롭게 시작한 자연생태 동요 작시, 노래 만들기,
글쓰기, 고전 읽기는 재미와 의미가 공존하고 있는 것들이다.
할수록 재미있고 의미가 있는, 나를 살아있게 하는 것이다.

793 나 돌아가리!
2021. 2. 17. (수)

사람(아담)은 흙을 뜻하는 히브리어 "아다마"와 동일 어근이다.
그리하여 사람은 흙에서 왔으니 흙으로 돌아간다.
50세도 못 되어 돌아가신 아버지를 이장할 때 손수
내 손으로 뼈를 맞추어 다시 묻어 드렸다.
지금은 흙으로 변해 있을 것이다.
　이 세상에서 살다가 저 세상으로 돌아간다.
돌아갈 수 있는 곳이 있다는 것은 희망적이다.
아침에 걷기 하다가 시간이 되면 집으로 돌아갈 수 있다는 것은
다행스러운 일이다.
여행을 아무리 오래 해도 결국은 집으로 돌아가야 한다.
아침에 밖으로 나갔다가도 때가 되면 돌아오는 법이다.
철새들도 수백 만 리 길을 왔다가 돌아간다.
　안식년 때 아내와 함께 미국, 캐나다에 한 달 일정으로
여행을 할 수 있게 해 준 꿈너머꿈교회가 고맙다.
이십여 일이 지나니 어서 빨리 한국으로 돌아가고 싶어졌다.
아침에 일어나서 이불을 반듯하게 개 놓을 때 저녁에
'이 이불을 다시 덮고 잘 수 있겠지.'라고 생각하며 개 놓는다.
하지만 아침에 개 놓은 이불을 다시 저녁에 덮지 못하는 사람도 많다.
오늘은 「Today」 팝송을 한 번 들어봐야겠다.
오늘만 내 삶이니까.

새벽길 별을 보며

794 가장 재미있는 것은?

2021. 2. 17. (수)

걷기 하며 핸드폰으로 김정운 교수의 동영상 강의를 들었다.
문화 심리학자인 이분의 강의가 마음을 요동치게 했다.
"재미있는 사람이 누구인가? 창의적인 사람이다.
늙어서 재미있어야 행복한 것이다.
내가 좋아하는 것을 공부할 때 가장 재미있는 것이다."
나는 고등학교 3년, 대학 4년을 독학으로 공부했다.
그래도 꿈이 활화산처럼 가슴에서 계속 타올랐다.
하나를 이루기 전에 다시 또 다른 꿈이 생겼고 여기에 따르는
숨 막히는 역경도, 눈물도 다 감당했다. 안락함은 악마를 만들고,
고난은 사람을 만든다는 말이 있다. 사회복지학 박사과정도
오롯이 빚으로 마쳤다. 그래도 걱정하지 않았다.
살아있으면 갚을 수 있다는 확고한 신념과 소망이 있었다.
계속해서 준비하고, 노력하고, 힘썼더니 매우 많은 강의와 강연을
할 수 있었고 사람도 얻고, 돈도 얻고, 자신감도 얻었다.
김정운 교수는 명지대학교 교수직을 그만두고 일본에 가서
그림 공부를 하고 있다.
자기가 진정 좋아하는 것을 자발적, 주체적, 독립적으로 하고 있다.
부러우면서 존경스럽다. 맞다. 가장 재미있는 것은 공부하는 것이다.
니체의 책을 집중해서 보는 요즘, 철학 공부를 하고 싶다.
그리고 독일도 가 보고 싶다.

795 두 사람의 연설 차이
2021. 2. 17. (수)

　　한 사람은 스탠퍼드 대학교 졸업식에서 연설하고,
또 한 사람은 하버드 대학교 졸업식에서 연설했다.
빌 게이츠는 계몽주의 연설을 했고, 스티브 잡스는 정서적 공유,
공감적 연설을 했다.
두 사람 모두 21세기의 중심인물들이다.
한 사람은 살아있고, 스티브 잡스는 아쉽게도 몇 년 전 죽었다.
기부에 앞장서고 인류사적으로 이바지한 공로가 어마어마하다.
재산 또한 세계적인 부호들이다.
　　누가 더 사람의 심금을 울렸을까?
누구의 연설이 더 재미있고 몰입도가 많았을까?
교훈적, 설교적, 훈계적, 계몽적인 연설을 한 빌 게이츠보다
사람들의 호기심을 자극하고, 긴 여운을 주며, 감동을 주고,
창의적인 생각을 하도록 동기 부여를 한 사람은 스티브 잡스였다.
누가 틀린 것은 없다.
두 사람 모두 훌륭하며 위대하다.
그런데 나 같으면 어떻게 해야 할까?
그렇게 했구나가 아니라 나라면 어떻게 해야 하는가에 대한
질문인 것이다.
좀 더 스티브 잡스를 알아가며 잡스의 책을 읽어봐야겠다.

796 식사 대접의 기쁨
2021. 2. 18. (목)

    사계절 먹어도 맛있는 음식, 추어탕이다.
다섯 명이 따로따로 앉아 식사했다.
원래는 더치페이를 하려고 했는데 내가 선수를 쳤다.
"오늘 식사는 내가 쏩니다!"
화장실을 가는데 다른 방에 네 명의 지인들이 식사하기 위해
온 것을 보았다.
나는 서점에서 아는 사람을 만나면 책을 사 준다.
슈퍼에서 만나면 맛동산 하나라도 사 준다.
식당에서 만나면 계산을 해 준다.
이러한 확률이 자주 있는 것 같아도 어쩌다가 한 번 생기는 일이다.
그러니 네 명의 식사비도 내가 계산했다.
십여만 원의 비용이 들어갔으나 기쁘고, 감사하고, 즐거웠다.
복을 짓는 일이기 때문이다.
    기회만 있으면 밥 사 주는 일을 하고 싶다.
섬김, 나눔, 행복 노트에 기록이 많아지길 소망한다.
살면서 남을 대접하는 일은 자꾸만 기회를 만들어야 한다.
식사 후 커피까지 사려고 카페에 갔더니 5인 이상 입장이
안 된다고 하여 발길을 돌렸다.
내가 행복하면 세상이 아름답게 보이는 법이다.
아름다운 세상이다!

797 아는 것의 위험

2021. 2. 19. (금)

"아는 것이 힘"이라는 베이컨의 말보다 15세기 철학자
데카르트의 "나는 생각한다. 고로 존재한다."는 말을
더 가슴으로 받아들인다.
지식 정보의 홍수 시대 속에 살면서 나는 얼마나 질문하는 능력이
있는가 스스로를 돌아보게 된다.

인간이 아는 것은 태평양을 떠다니는 작은 배 하나보다 못하다.
아는 것이 힘이 될 수도 있으나 오히려 인간을 자만하게 하고
천박하게 만들 수도 있다.
아는 것이 아는 것으로 그치면 아는 것을 알 필요가 없다.
So what?(그래서 어쩔 건데?)이라고 질문해야 한다.
많이 아는 것이 중요한 것이 아니라 실천하는 것이 더 중요하다.
실천이 없는 앎은 능력이 없다.

내가 지금 독서하고, 공부하고 있는 것들에 대해 스스로에게
질문해 본다. 그것을 알아서 어쩌자는 것이냐?
아는 만큼 사람들에게 선한 영향력을 주고, 내면을 성찰하는
기회를 만들고 있느냐? 죽을 때까지 공부는 해야 한다.
히로나카 헤이스케가 지은 『학문의 즐거움』을 보면 고생해서 배우고
지식을 얻으려고 하는 것은 지혜를 얻기 위해서라고 한다.
지식적 교만이 아니라 알수록 겸손해지는 참된 나를 찾는 것이
공부의 목적이 아닐까?

798 악취와 미세먼지
2021. 2. 19. (금)

　　트럼프 미국 대통령이 재임하던 기간에는 자국적(自國的)
고립주의(孤立主義)였다.
기후 위기 대처는 아예 제외했는데 다행히 바이든 행정부는
기후 변화를 국가 정책의 포인트로 삼았다.
결국, 코로나 19도 지구별을 침략한 인간들이 자연환경을
파괴하는 것에 대한 보복이라고 할 수 있다.
　　걷기를 나섰다가 몇 번의 고민 끝에 다시 집으로 돌아왔다.
뿌연 미세먼지와 악취 때문이었다. 숨쉬기가 힘들었다.
두 시간 동안 호흡했다가는 독극물을 마시는 것 같은
결과가 될 것 같았다.
살아갈 날이 살아온 날보다 적은 나는 그렇다 해도
우리의 후손들은 어찌 살까 걱정이 된다.
　　왜 지구별이, 이 세상이 이렇게 되었을까?
자연을 자연스럽게 보존하고 사랑해야 하는데 자꾸만 파헤치고
개발한다.
침대에 누워 "장자" 동영상을 들으면서 요가 스트레칭을 했다.
둘째 며늘아기에게 배운 동작을 생각하면서 몸을 풀었다.
초등학교 때 냇가에 넘실대던 고기들, 개구리, 메뚜기, 미꾸라지,
우렁이 이런 것들은 다 어디로 사라졌을까?
지구가 아파하고 있다. 내일은 악취, 미세먼지가 없어야 할 텐데…….

799 음식물 수거 아저씨들
2021. 2. 19. (금)

    직업에는 귀천이 없다 해도 남들이 꺼리는 일을 하는
분들이 있다.
음식물을 수거하는 일이다.
수거 차량에 꼭 세 명씩 타고 다닌다. 운전자, 일하는 분 두 명이다.
어쩌다가 음식물 수거차 옆이나 뒤를 지나가면 코를 막을 정도다.
아이러니하게도 음식인데 말이다.
우리가 늘 먹는 음식인데도 왜 고개를 돌릴까?
이러한 냄새를 매일 맡으면서 일하는 분들이 참 고맙다.
    명절은 일 년에 두 번이 있다.
설날과 추석이 되면 이분들에게 금일봉을 드린다.
조촐한 식사라도 한 번 하시라고 고맙다는 인사와 함께 봉투를
건네 드린다. 안해도 누가 뭐라고 할 사람은 없다.
그런데 하고 나면 작은 행복이 선물로 안긴다.
"잘했어!"라며 뿌듯한 마음을 가진다.
금액의 많고 적음이 아니다. 수고를 알아주는 마음인 것이다.
이분들도 가정이 있을 것이고 가족들이 있을 것이다.
집에 가면 오늘 이야기를 하겠지.
그리고 입가에 살짝 미소를 머금겠지.
그걸 상상만 해도 마음이 난로가 된다. 이게 행복이라오.

800

205일 400개 열매
2021. 2. 19. (금)

2020년 3월 22일부터 7월 28일까지 129일 동안 400개,
2020년 7월 29일부터 2021년 2월 19일까지 400개,
거의 1년 정도에 800개의 에세이를 썼다.
우와! 엄청나다. 꾸준히 썼다.
얼마나 좋은 글인가, 아닌가?는 그렇게 중요하지 않다.
글을 쓰면서 얼마만큼 행복했는가, 내면적 성찰과 지성적 반성을
얼마나 했느냐가 중요하다. 몽블랑 만년필이 고맙다.
엄지, 검지, 장지손가락이 고맙다. 작은 노트가 있어 고맙다.
매일 걸으며 사색할 수 있는 탑천이 있어 고맙다.
사유할 수 있는 시간, 서재, 집이 있어 고맙다.
　이제 워드 작업과 책으로 나오는 일이 기다리고 있다.
조정래 작가는 "한 문장을 열 번은 생각한다."고 했다.
더 많이 살피며 생각을 생각해야겠다.
독서와 글쓰기는 삶의 선택 과목이 아니라 필수 과목이 되었다.
죽는 순간까지 글을 쓰리라. 하얀 여백이 채워져 가는 뿌듯한
행복감은 가슴을 설레게 하며 내 영혼을 춤추게 만든다.
800개를 완성한 오늘은 나를 위한 축제를 어떻게 할까?
저녁에는 먹고 싶은 막창을 먹어야겠다. 나에게 손뼉 친다.
나를 안아주며 대단한 일을 했다고 칭찬해 준다.
하늘이 다시 열린 날이다.

801 하늘의 연처럼
2021. 2. 22. (월)

　　내 인생의 가장 깊은 계곡이었고 봉우리였던 때는 10년의
세월이다. 중학교 졸업 후 고등학교를 늦게 들어가기까지의
3년과 독학으로 공부해야 했던 고3, 대학 4년이었다.
군대 생활에서의 경험을 제외하고 가장 많은 눈물과 아픔을
겪어야 했던 시절이었다.
산이 높으면 계곡이 깊듯이 그렇기에 또한 가장 많은 감사와
의미가 있기도 했다. 비싼 인생 수업료를 내고 훈련을 한 것이다.
소중한 친구가 스물일곱 나이로 먼저 저 세상으로 갔을 때는
몇 년을 실성한 사람처럼 살아야 했다.
그 친구의 도움으로 고등학교 3년을 마칠 수 있었다.
　　내 인생은 하늘의 연과 같았다.
나의 꿈은 늘 높이 나는 갈매기 조나단과 같았다.
식을 줄 모르는 꿈은 살아갈 이유와 의미를 만들어 줬다.
높이 오르고 싶을 때마다 바람은 더욱 거셌고 강했다.
연은 바람이 있어야 하늘 높이 오른다.
그 바람 덕분이기도 하지만 바람 때문에 땅에 곤두박질칠 수도 있다.
바람이 강하다 하여 나는 두려워하지 않았다.
온갖 고생을 다 하면서도 공부의 줄은 놓지 않았다.
내 인생의 시련과 고난의 바람 덕분에 지금 내가 여기 있는 것이다.
향상심으로 살아온 나에게 손뼉을 쳐주는 아침이다.

새벽길 별을 보며

802 나에게 사 준 Parker 볼펜
2021. 2. 22. (월)

　　에세이 글쓰기 800회를 기념하여 의미 있는 선물을 나에게
해 주고 싶었다.
외출할 때, 회의와 강의하러 갈 때 노트와 볼펜을 들고 다니는
습관은 중학교 때부터였으니 50년이 넘었다.
일 년 동안 800개의 에세이를 썼다.
하루하루 줄기차게 이어져 왔고 지금 쓰고 있는 노트가 세 권째다.
자신이 자랑스럽고 뿌듯하다. 그래서 파카 볼펜을 사 줬다.
약 10만 원짜리 자주색이다.
1888년도에 설립된 파카 필기구 회사는 133년의 역사가 있다.
　　내 손에 처음으로 파카 볼펜이 쥐어진 것은 5년 전이다.
큰아들이 사 주었다. 고장이 나서 다시 샀다.
2차 세계 대전 종전 후 독일군이 마지막 항복문서에 서명할 때도
파카 만년필을 사용했다.
일 년 동안 줄기차게 글을 써 온 나를 토닥이며 격려해 주고 싶었다.
이다음 800개의 글을 쓴 후에는 나에게 어떤 선물을 해 줄까?
매일 글을 쓸 수 있는 몽블랑 만년필은 내 친구다.
내가 나에게 보상하는 일은 즐거운 이벤트다.
세 손가락 안에 꼭 안겨 있는 만년필은 사랑스럽기 그지없다.
내가 천국 간 후 유품으로 둘째 아들이 갖기로 했다.
고마운 일이다.

803 내 마음에 안 든다는 것은
2021. 2. 23. (화)

바다는 모든 배를 다 담을 수 있다.
하지만 아무리 큰 배가 있어도 바다를 담을 수는 없는 법이다.
작기 때문이다. 살면서 내 마음에 안 드는 것은 왜일까?
우물 안의 개구리는 바다에 대해 말할 수 없다고 『장자』 책에 나온다.
한계에 갇혀 있기 때문이다.

내 마음에 안 드는 것을 이해하는 일은 거의 불가능하다.
이미 마음을 고정해 놓았기 때문에 수용, 인정, 긍정할 수 없다.
내 마음에 안 드는 사람이 있다는 것은 내 마음의 그릇, 씨알, 내면,
함량, 범위, 공간이 작아서다.
그러면 어떻게 해야 마음에 드는 걸까?
주관적 내 마음까지도 없어져야 한다.
무심(無心)으로 돌아가야 한다.
끊임없이 자신의 내면의 힘을 깊고, 넓고, 높게 만들어 가야 한다.

씨알이 작은 사람이 되어서는 안 된다.
큰 포부, 큰 꿈, 큰 뜻을 가져야 하리라.
집채만 한 파도가 일어나도 바닷속 깊은 곳은 고요하며 평온하다.
깊고 넓으므로 그런 것이다. 편협하고 옹졸한 소인이 되지 말자.
"나를 장례 치렀다."는 장자의 오상아(吾喪我)의 진리를 다시
생각해 본다. 사도 바울도 "나는 날마다 죽노라."고 고백했다.
내 마음의 그릇을 살피는 아침이다.

새벽길 별을 보며

804 함량을 키우는 법
2021. 2. 23. (화)

이른 아침, 걷기를 하면서 장자 철학 강의를 들었다.
직접 듣지 못하고 동영상으로라도 들을 수 있는 것은 행운이다.
한 시간 이십 분간 들으며, 걸으며, 메모하며, 사색했다.
인간의 함량을 키우는 법 세 가지가 가슴에 와 닿는다.
첫째, 인간으로 태어났으면 인간으로 완성되기를 꿈꿔야 한다.
둘째, 좋은 습관을 지녀야 한다. 루틴을 가져야 한다.
셋째, 강한 지식욕을 가져야 한다. 어떤 때 나에게는
함량 미달이라는 것이 확인되는가?
작은 사람은 쉽게 놀라고, 신경질적이고, 우울하다.
화와 분노가 많다. 시련이 왔을 때 빨리 포기하고
좌절해 버린다. 기가 죽어서 맥을 못 춘다.
마음에 들지 않는 사람이나 자연, 사물, 상황들이 너무 많다.
　　　내 함량은 얼마만큼 될까?
요셉은 자기를 팔아먹은 형들을 만났을 때 보복하지 않고 너그럽게
자루에 금은보화를 몰래 담아 보냈다. 함량이 큰 인물이었다.
다윗은 사울로부터 온갖 죽음의 위기를 당했어도 죽이지 않고
옷자락만 베어 증거로 삼았다.
조만간 드넓은 바다에 한 번 가 봐야 할까 보다.
자연은 선생님이니까.

805 욕심의 한계
2021. 2. 24. (수)

커트하러 미용실에 갔다.
젊은 부부가 열심히 일하는 모습이 아름답다.
지난달에는 팁을 주고 왔다. 오후 1시에 갔는데 식사 중이었다.
20분을 기다리자 남자 미용사가 나왔다.
계속 핸드폰을 쳐다보며 무엇인가 조급해하고 있는 눈치다.
주식 그래프를 보고 있는 걸 보니 주식 거래를 하고 있는가 보다.
"주식하시나 봐요?" "네, 선생님도 하세요?"
"아니요, 어느 정도를 하세요?"
"네, 조금 하는데 용돈 좀 벌어 보려고요."
"원장님, 안하시는 것이 지혜로울 것입니다.
하다 보며 욕심의 한계가 없어지고 돈이 좀 벌리면
이렇게 일하고 싶겠어요? 매일 주식 현황만 신경 쓰이겠죠.
　　내 말을 신경 쓰지 않을 줄 알면서도 한마디 했다.
물론, 주식을 하는 사람도 있어야 한다.
이것을 균형 잡힌 감각을 가지고 하느냐가 중요하다.
내 머리를 커트하면서도 생각은 딴 데 가 있을 것 같다.
옛날처럼 면도하지 않아서 다행이다.
주식 생각하다가 면도날에 목이라도 베이면 어쩌나.
진도가 너무 나갔나?

806

걸려온 전화 한 통
2021. 2. 24. (수)

저장되지 않은 전화번호가 뜨면서 핸드폰이 울린다.
받을까 말까 하다 받아보니 시청 시민소통 민원실이다.
한 달 전쯤, 시정 건의 글을 올린 적이 있었다.
8년째 매일 걷고 있는 탑천, "탑천을 살려주세요!"라는 제목이었다.
읽는 이로 하여금 긍정적으로 감동하도록 글을 썼다.
물이 흐르는 탑천에 농사를 지으면서 온갖 쓰레기,
농약 살포 등으로 인한 물고기와 새들의 죽음, 피해를 막아 달라는
환경보호의 글을 올렸는데 취재하고 싶다는 연락이 온 것이다.
내가 간절히 원하고 꿈을 꾸고 있으면 반드시 이루어진다.
건의의 글 하나 쓰는 데 한 시간 이상 소요되었다.
며칠 후에 탑천 길에 몇 개의 현수막이 걸린 것을 보았고,
농작물 경작 금지 안내 팻말도 붙여 놓은 결실도 생겼다.
가장 우선시해야 하는 일은 자연, 생명, 인간의 공존과 조화다.
환경 훼손과 파괴보다 더 나쁜 일은 없다.
결국, 자연이 인간에게 보복하는 것이 코로나 19의 재앙이기도 하다.
다음 주 화요일에 취재하기로 날짜를 잡았다.
걸려온 전화 한 통이 나의 가슴에 불을 붙여 놓았다.
글을 쓰는 보람을 다시금 느낀다.

807 주말 부부 2년 차
2021. 2. 25. (목)

　　삼 대째 덕을 쌓아야 하고, 나라를 구한 경험이 있어야만
60대 이후에 주말 부부를 한다는 우스갯소리를 들었다.
남들이 그런 말을 하니까 그런가 보다 했는데 그것이 나에게
현실이 될 줄은 몰랐다. 작년 일 년간 아내가 장수에서 상담교사로
근무하는 관계로 주말 부부를 했다.
아내는 직장이 천국이라고 열 번도 더 말한 것을 들었다.
세 끼 식사는 스스로 내가 준비해서 먹고, 가끔은 먹고 싶은 요리도
직접 했다.
외로움은 없었고 의미, 가치의 고독이 값있었다.
독서와 글쓰기가 내 평생에 걸쳐 가장 많이 이루어졌던 한 해였다.
　　올해에는 고창으로 근무지가 바뀌었다.
아내가 나이 60이 넘어 일할 수 있다는 것이 얼마나 큰 행운인지 모른다.
거기에 호봉수가 올라가면서 연봉도 올랐으니 얼마나 좋은가.
오늘 고창에 가 보니 일 년간 열정을 가지고 근무할 아내가 자랑스럽다.
중학교 학생들 상담을 통해 선한 영향력과 마음을 밴드처럼
살포시 붙여주는 역할을 기대한다.
21세기의 주인공이 될 청소년들이 희망의 꽃을 피워 나가길 기대한다.
모처럼 고속도로 휴게소에 들러 호두과자 한 봉지를 샀다.
참새가 방앗간 앞을 그냥 지나갈 수 없지. 감사와 행복이 단비처럼
내리는 아침이다. 올해 주말 부부 2년 차, 난 복도 많네.

808 고창의 눈물
2021. 2. 25. (목)

39년 전의 일이다. 나의 반쪽과 같은 친구가 고창 전신전화국에
근무할 때였다. 그 친구 나이 27세, 당시 나는 한신대학 1학년이었다.
출근길에 교통사고가 나서 죽었다는 청천벽력과 같은 소식을 듣고
실성한 사람처럼 전북대 영안실로 달려갔다.
믿기지 않는 현실 앞에 울고 또 울었다.
그 친구는 고창읍내에서 단칸방 신혼살림을 하고 있었고,
아내의 뱃속에는 7개월 된 아들이 자라고 있었다.
첫아들의 얼굴을 보지도 못하고 먼저 세상을 떠났다.
코딱지만 한 집을 얻어 살던 곳을 몇 번 놀러 갔었는데 이게 웬일인가?

오랜 세월이 흘렀어도 그때의 충격과 아픔은 사라지지 않는다.
유복자로 태어난 친구 아들 광렬이를 내가 데려다 아들 삼고 싶었다.
이것도 가혹한 그 아이의 운명이었던지.
고등학교 1학년 때 백혈병이 발견되었다.
먼저 저 세상으로 떠난 아빠를 보고 싶었을까 꽃다운 나이에
숨지고 말았다.

오늘 아내의 근무지 결정으로 고창에 와서 주차해 놓고
차 유리창에 뿌리는 빗소리를 들으니 39년 전 세상을 떠나간
그 친구가 사무치도록 보고 싶다.
남원시 이백면 효기리 고향에 묻혀 있는 친구의 무덤가에
장미 한 그루 심고 와야겠다.

809 식사 예절
2021. 2. 26. (금)

　　한 달 전에 지인들 네 사람이 식사했다.
차를 마시는 관계보다 함께 밥을 먹는 관계가 일반적으로
깊이가 있다고도 할 수 있을 것이다.
식사 중에 한 사람이 전화를 받더니 밖에 나가
통화를 하는 것이었다.
이제나 오려나? 하고 기다리며 밥을 먹는데 신경이 쓰였다.
마침내 다시 네 사람이 식사하게 되었다.
그런데 식사 중에 또 전화를 받아서 나머지 세 사람이 기다리면서
밥을 먹는 둥 마는 둥 했다.
이번에는 강한 펀치를 한 번 날려야겠다고 작정하고 말했다.
"다음에 밥 먹을 때 전화받으면 우리 인연을 끊어야 할 것 같아."
물론, 웃으면서 말을 했지만 모처럼의 식사 시간이 온전히
즐겁지는 못했다.
　　내가 지금 만나고 있는 사람, 내가 지금 하는 일, 내게 주어진 시간,
즉 사람, 시간, 일 이 세 가지보다 더 중요한 일은 없을 것이다.
일행들과 식사하거나 차를 마실 때 나는 아예 전화를
무음으로 해 놓는다.
식사나 만남에 대한 예절을 떠나서 나 자신에게 충실하고 싶은 것이다.
하루에 세 끼 밥 먹는 시간은 단순히 먹기 위한 것이 아닌,
행복한 시간으로 만드는 예술의 시간이니까.

810 정월 대보름날의 추억

2021. 2. 26. (금)

"고단한 한 세월/그럭저럭 견딜 만하지/오! 추억의 힘이여"
정연복 님의 「추억」이라는 시다. 인생도 추억 여행이다.

새해 첫 보름달이 뜨는 날을 정월 대보름이라 한다.
오늘이다. 음력으로 1월 15일이다.
어릴 적 대보름이 되면 어머니는 새벽부터 부엌에 계셨다.
큰 시루에 오곡밥을 가득했고 온갖 종류의 나물들과 탕들이
마술처럼 눈앞에 펼쳐졌다. 집집마다 밥을 얻으러 다녔고
일주일도 넘게 오곡밥을 먹었다.
김치탕, 콩나물탕, 두부탕, 호박 말랭이탕, 무나물, 호박나물,
고사리나물, 이렇게 많은 음식을 어머니 혼자서 요리를 다 하셨다.
시루에 오곡밥을 지을 때면 풀무질도 하고, 짚을 계속
아궁이에 넣어야 했다.

어머니가 해 주신 찰밥과 똑같은 맛을 아직 볼 수 없었다.
세월의 흐름 속에 나의 입맛도 변했겠지만 아무런 반찬 없이
찰밥만 먹어도 맛있던 시절이었다. 옆 마을 사람들과 쥐불놀이를
했던 일은 아득한 추억으로만 남아 있을 뿐이다.
대보름날, 달을 보며 밤새 걸어보고 싶다.
오늘밤에는 휘영청 달이 뜰까? 탑천 길을 걸을까,
만경강 길을 걸을까?

811 덕을 쌓을 기회
2021. 2. 26. (금)

　　섬기고, 나누고, 베푸는 일은 주어지는 일도 있지만
만들어 가야 할 때가 더 많아야 한다.
점심을 먹으러 간 식당에서 보름날이라고 열두 가지 나물과
오곡밥을 제공하는 것을 보고서 저녁식사 초대할 사람들이 생각났다.
전북대학교 전염병 연구소에 있는 석・박사 대학원생들이다.
열 명 모두 원룸을 얻어 자취하는 학생들이라서 보름날
음식을 먹여주고 싶었다. 정 교수님까지 15명이었다.
처음 대면이어서 「흔들리며 피는 꽃」 시 낭송을 한 후에
초대의 인사를 했다. 아들, 딸과 같은 학생들이 맛있게 먹는 것을 보고
흐뭇한 웃음을 지을 수 있었다.

　　자취하면서 김치가 필요하면 콜 하라고 당부하니 학생들 입가에
미소가 살짝 번지는 것 같았다.
약간씩의 용돈을 쥐여 주면서 생각해 보았다.
돈은 쓸 곳에 쓰라고 있는 것이다.
돌아오는 길에 가로수들도, 집들도, 가로등들도 모두 손뼉
쳐주는 것 같았다.
삶의 희열, 감동, 행복은 바로 이런 것인가 보다.
내년 정월 대보름날에도 만나자고 약속했다.
이 약속을 지키고 싶다. 한꺼번에 이렇게 많은 인원 음식 대접하기는
오랜만인 것 같다. 덕을 쌓을 기회가 있어서 감사했다.

812 잠자다가 웃은 웃음
2021. 2. 27. (토)

　무슨 꿈이었는지 자세하게 기억나지는 않지만 어젯밤에
꽤 기분 좋은 꿈을 꾼 것은 확실하다.
꿈속에서 웃었는데 실제로도 소리 내어 한참 동안 웃었나 보다.
이게 꿈인지, 생시인지 구분이 가지 않을 때가 종종 있다.
　새벽에 일어나니 아내가 "당신이 어젯밤 자다가 하도 웃어서
나도 멋모르고 따라 웃었네요." 한다.
언제인가는 꿈속에서 주먹질을 하다가 자고 있던 아내가
한 대 맞은 적도 있다.
깜짝 놀라 깨니 아내가 유감 있으면 말로 하라며 웃는다.
그 상황이 우스워 마주보며 깔깔대고 웃었었다.
　어제 대학원생들 저녁식사 대접했다고 밤에 기분 좋은 꿈을
꾸었나 보다. 한숨 잤는데 아침이고, 일곱 시간이 한순간에 지나갔다.
우리 인생도 잠깐 자고 깨어나는 꿈과 같은 것인가.
아침에 피었다가 시들어 버리는 꽃과 같은 인생이여!
순간마다 주어진 내 인생, 내 삶을 가꾸고 다듬자.
아침에 눈을 다시 뜰 수 있음은 나의 의지로 되는 것이 아니다.
눈이 떠져야 떠지는 것이다.
날마다 사는 것이 아니다. 기적인 것이다.
살아가는 것이다. 온종일 웃어 볼까.

813 불선자를 대할 때
2021. 2. 27. (토)

『도덕경』 49장에 나오는 덕에 관한 고찰을 해 본다.
"선자오선지 불선자오역선지(善者吾善之 不善者吾亦善之, 선한 사람에게
선으로 대하고 선하지 않은 사람에게도 선으로 대한다)."
선자를 선하게 대하는 일은 누구나 할 수 있다.
하지만 불선자를 선하게 대하려면 나의 덕이 준비되어 있지
않으면 안 된다. 나에게 덕이 준비되어 있어 선하게 대하면
나의 덕이 선하게 된다.
즉, "선하게 대하면 덕이 세워진다."는 뜻이다.

성경에도 악을 선으로 갚으라는 말씀이 나온다.
세상에는 악을 악으로 갚는 사람, 선을 악으로 갚는 사람도 있다.
덕을 쌓는 수양과 훈련을 하지 않으면 좁쌀 같은 사람이 된다.
누가 좋아하겠는가? 모두 슬슬 피하고 말 것이다.

행복도 불행도 남이 던져 주는 것이 아니라 내가 만들어야 한다.
다시금 니체의 『차라투스트라는 이렇게 말했다』를 떠올려 본다.
초인(위버멘슈)에서 사람은 극복되어야 할 그 무엇이다.
스스로를 극복하지 못하면 짐승, 말종 인간이 되는 것이다.
그래서 인간은 짐승과 초인 사이에 놓은 밧줄을 타고 다닌다.
넓은 품을 가진 사람이 되어야 한다.
모두를 가슴에 안는 드넓은 강 같은 사람이 되자.

814 생각하는 관점의 차이
2021. 2. 28. (일)

매일 걷는 탑천 길은 다양한 생태계가 조화를 이루고 있다.
여러 종류의 오리들, 새와 물고기, 봄, 여름, 가을, 겨울
계절에 따라 피고 지는 꽃들과 억새들이 자연의 아름다움을
수놓는다.
사람의 손이 닿고 개발할수록 자연이 훼손되고 병들어 간다.
저 멀리에 누가 풀을 태우려는지 불을 놓았다.
작년에도 같은 자리에서 불을 놓았기에 119에 신고하여 껐었다.
부지런히 걸어가 불을 놓는 할아버지를 만나 물어봤다.
"왜 불을 놓으셨나요?"
"네, 벌레들을 죽이려고 그랬어요."
기가 막혔다.
어찌하여 벌레는 다 죽여야만 한다고 생각할까?
매연, 미세먼지, 냄새가 나는 것은 어찌 생각하지 못할까?
마음속에 고정된 생각을 콘크리트보다 더 견고하게 갖고
그것을 깨지 못하는 것이 인간의 본성일까?
자연생태 보존과 사랑의 관점에서 볼 수 없는 것일까?
답답하다.
나이가 들어갈수록 고집, 아집이 많아지면 안 되는 것인데
태우면 안 된다고 하마터면 싸울 뻔했다.
인간들의 생각이란……

March

2021. 3월

한결같은 것은 아무것도 없는 달
(아라파호족)

815 오상아(吾喪我)
2021. 3. 1. (월)

　　세상 모든 일의 갈등, 분쟁, 다툼은 자신을 깎아 내지 못하고
자기를 죽이는 힘든 과정을 외면하는 데서부터 비롯된다.
불친절, 교만, 욕망, 분노, 다툼 등은 모두 자신을 죽이지 못하고
드러내고, 자랑하고, 인정받고 싶은 욕구에서 나온다.
특정한 신념과 고집에 갇혀 있다 보니 생각하는 힘이 나약하고
편협되고 왜곡된 틀 속에만 있게 된다.
생각하는 능력은 없고 쓸데없는 자기주장, 자기 목소리만
커지게 된다.
그래서 쓸모없이 에너지를 낭비하니까 날로 기운도 쇠약해지는 것이다.
원래적인 인간의 모습에서 벗어날 수밖에 없는 것 아닌가.
　　자꾸만 나를 돌아보며 반성해 본다.
작은 인간, 좁쌀 같은 마음, 자잘한 생각, 우물 안의 개구리 같은
자신의 모습을 벗어나야 한다고 나에게 타이른다.
장자는 "나는 나를 장례 지낸다."라는 오상아를 말했다.
나를 스스로 죽여야 한다. 나를 장례 치러야 한다.
이것은 모처럼 한 번씩 엔진 오일 갈 듯이 해서는 안 되는 일이다.
매일 반성과 자각하는 힘을 길러야 한다.
내 인격과 마음의 그릇과 생각은 내가 가꿔야 한다.
나는 내 마음의 정원사기 때문이다.

816 나를 부드럽게 하는 것
2021. 3. 1. (월)

매일 쓰고 있는 만년필은 부드럽게 잘 나온다.
핸드폰 케이스 붉은색 가죽도 부드럽고, 연필통도 가죽으로
되어 있어 부드럽다.
약 50년 된 내 가방도 세월이 가면서 더 부드러워졌다.
덮고 자는 이불도 부드러운 것을 골라 샀고,
물건도 부드러운 것을 좋아한다.
명절 때 둘째 며늘아기에게 몇 가지 요가 동작을 배웠다.
며칠만 운동하지 않아도 몸이 굳고 뻣뻣해지는 것을 느낀다고 했다.
나이가 들어갈수록 몸도, 생각도, 마음도 굳어가기 쉽다.
생각의 유연성, 버드나무처럼 부드러운 사람이 되려면
어떻게 해야 하는 걸까?
장자 철학 강의에서 호기심을 가져야 한다고 들었다.
죽은 나무는 거센 바람이 불 때 뻣뻣하게 서 있고,
살아있는 나무는 바람을 맞으며 흐름에 자신을 맡기고 흔들거린다.
내 생각을 늘 마사지하는 것은 어떻게 해야 할까?
독서, 명상, 글쓰기, 산책, 자기반성이 꼭 필요하다.
자연을 가까이하며 세상을 큰 눈으로 바라볼 수 있는 시야를
가져야 한다. 즉, 자꾸만 덕을 두텁게 쌓아야 한다.
죽을 때까지 수양이 필요한 나니까.

817 생각이 없는 인간들
2021. 3. 2. (화)

    탑천에는 다양한 새들과 식물들이 공존하고 있다.
사시사철 변화하는 자연의 아름다움을 볼 수 있는 순례길이다.
버드나무에 물이 오르면서 연두색 싹을 내밀려고 준비하고 있다.
시민들이 사랑하고, 걷고, 운동하고, 가족들이 손에 손을 잡고 걷는
이 길 탑천 둑에 누군가 냉장고를 버려 놨다.
지나가는 사람들 모두 한마디씩 한다. 못된 인간이라고.

    얼마 전에 날이 밝기 전, 천 반대쪽에서 연세 들어 보이는 부부가
생활 쓰레기를 차에서 내리는 것을 보았다. 소파, 의자, 그릇들이었다.
큰소리로 신고하겠다고 했더니 다시 싣고 갔다. 뒤통수에 대고
실컷 욕을 하고 싶었지만 내 입을 씻는 수고를 하지 않으려고 참았다.
천변 옆에 버젓이 생활 쓰레기를 버리는 인간은 무슨 생각을
하고 살까? 아니 생각이 없을 것 같다. 욕심, 탐욕, 집착, 소유욕에
매여 있어서 생각하는 힘을 빼앗겼을 것이다.

    사랑의 반대는 무엇일까? 죽음이라 본다……
자연, 생명, 인간을 사랑하는 마음이 없는 곳에 죽음이 임한다.
그 마음속에는 이미 칠흑 같은 밤이 임하여 있는 것이다.
무엇보다 급한 일이 있다. 생각하는 힘을 키우는 일이다.
21세기의 화두는 자연과 사람이다. 보존이 곧 혁명이라는
절체절명의 원칙이며 자연은 우리의 생명이며 숨통이다.
조금만 사랑에 눈을 뜬다면 이 세상은 더욱 아름다워질 텐데……

새벽길 별을 보며

818 섬나행 노트 두 달 결산

2021. 3. 3. (수)

　　2019년도에 워런 버핏과 점심 한 번 먹는 식사비가
47억 원이었다. 식사하면서 앞으로의 투자처 등에 대해
질문할 수 있고 최대 7명 일행이 동반할 수 있다. 그런데 감동이 되는
일은 그 돈을 빈민 구제단체에 기부한다는 사실이다.
지금까지 357억 4,000만 원을 기부했다.
참으로 멋있는 워런 버핏이다. 내가 두 달간 나를 위해 사용한 돈은
파카 볼펜 하나 산 것이 전부였다. 시민 사회단체, 여성 인권단체,
다른 사람을 위해서 섬기고 나눈 데 사용한 돈이 얼마인지
계산해 보았다. 두 달간 열일곱 번의 행동하는 섬김과 나눔이 있어서
감사하다. 그래서 더욱 행복했다.

　　작년부터 기록하기 시작한 섬김, 나눔, 행복(섬나행) 노트는 기록을
할수록 더 하고 싶은 마음이 든다. 실천한 번호 수가 늘수록 지출도
늘어날 것이다. 동시에 기쁨과 행복도 커질 것이다. 복을 짓는 일이며
그리 아니할지라도 할 것이다. 나는 돈을 모으지 못하는 성격이다.
돈을 모으는 것은 쓰기 위해서다.
속내의가 송송 구멍이 나고 와이셔츠가 약간 탈색되어도 상관없다.
차가 털털거리며 달려도 개의치 않는다.
다른 사람을 위해 대접하고, 섬기고, 나누고, 베푸는 일은 기회를
만들어서 해야 한다.
남을 풍요롭게 하면 내가 풍요로워지는 법이다.

819 글쓰기가 책을 만났을 때
2021. 3. 4. (목)

　　오늘 글쓰기의 주제는 혈압약을 타러 병원에 갔을 때
잡지를 넘기다가 붙잡은 것이다.
책, 즉 독서와 글쓰기는 동전의 양면과 같다.
두 발과 같고, 두 눈, 두 귀와 같다.
한 발로 걸으면 균형 잡기 어렵듯이, 한쪽 눈으로 보면
온전히 안 보이듯이 독서와 글쓰기는 같이 가야 한다.
　　좋은 독서 없이 좋은 글쓰기는 나올 수 없다.
저수지에 물이 없는데 어떻게 물을 공급할 수 있겠는가.
좋은 글쓰기는 독서를 많이 해야 한다.
매일 글쓰기를 원하면 매일 독서를 하는 것이 당연하다.
그냥 독서가 아니라 효율적인 독서가 필요하다.
지식 정보를 습득하는 데 그치면 아무런 힘이 없다.
삶의 변화가 일어나는 독서를 해야 한다. 내 삶에 적용되어
내면의 힘이 길러지고 사람들에게 선한 영향력을 미쳐야 한다.
　　독서의 가장 좋은 방법은 몰두, 집중력이다.
그래서 공간이 필요하다.
문을 걸어 잠그고 독서에 아무런 방해를 받아서도 안 된다.
핸드폰도 꺼놓는다. 글쓰기와 독서를 매일 만나야 된다.
그렇게 살고 있는 나는 무척이나 기쁘고 행복하니까.

새벽길 별을 보며

820 생존하는 능력
2021. 3. 4. (목)

살아가는 일, 삶을 가꾸는 예술적인 능력, 삶의 질과 양이
좀 더 풍성해지고 깊어지려면 무엇을 갖춰야 하는가?
끊임없는 도전, 호기심, 탐구력, 모험, 부딪혀 봄이 필요하다.
감성적이고, 본능적이고, 감각적인 생각과 행동에서 넘어가
객관적이고, 창의적이며, 주도적인 삶을 살기 위해서
나는 무엇에 힘을 기울여야 하는가?
바로 생각하는 힘을 길러야 한다. 가만히 생각해야 한다.
이것이 생존 비결이고 답이다.
이미 가졌던 생각을 굳게 하지 말자.
이대로 머물거나 안전을 추구하지 말자.
안일함과 편리함에 익숙해지려는 자신을 용납해서는 안 된다.
계속이 다음으로 건너가기, 넘어가기를 해야 놀라운 성숙과
하늘의 이치를 깨닫게 된다.
　　숨 쉬고 있다 하여 사는 것이 아니다.
사는 것의 의미와 철학과 질문이 늘 따라야만 되는 것이다.
나는 나를 신뢰하고 믿는다. 나를 사랑하고 존귀하게 생각한다.
자신을 돌아보고, 반성하고, 자각하는 마음의 거울을
깨끗이 닦아 놓도록 하자.
820번째, 글을 쓰는 자신이 자랑스럽다.
생각이 곧 삶이다. 삶은 예술이다. 예술은 자유며 행복이다.

821 8킬로미터였다

2021. 3. 5. (금)

    벌써 9년째다. 매일 같은 시간에 같은 거리를 걷는 일은
일상의 기적이고 신비로운 일이다. 그 주인공은 바로 나다.
우리 집에서 은기리까지 걷고 오면 만 보가 넘는다.
인류는 깃털이 없는 두 발 짐승이고, 걷기는 인류의 역사다.
오늘은 기록을 체크해 봤다.
8킬로미터의 거리, 190칼로리 소모, 고도 42미터,
평균 속도 4.5킬로미터, 운동 시간 2시간이었다.
    장자 철학 동영상 강의를 들었다.
이 시간에는 나의 뇌에 밀물 썰물이 오게 한다.
뇌에 파도를 일으켜 신선한 사유와 생각의 산소를 공급해 준다.
사유 능력과 멀리, 자세히 볼 수 있는 시야의 크기를 갖는 시간이다.
나를 만나고, 나를 돌아보며, 건너가려는 끊임없는 욕망과
노력에 불을 지피는 시간이다.
    중학교 때 우리 집에서 학교까지 걸어 다닌 거리가 8킬로미터였다.
왕복 16킬로미터였으니 이미 그때부터 걷는 일에 능숙함이
생긴 것 같다. 아니, 이때를 위하여 단련한 것 같다.
건강이 모든 것은 아니지만 건강하지 않으면 아무것도 할 수 없다.
지난 몇 년간 거의 아픈 적이 없다.
이것이 8킬로미터의 기적이 아닐까? 죽는 날까지 걷고 싶다.
걷게 될 것이다. 사니까 걷는 것이 아니라 걸어야 산다.

822 일상에서 증명하라!
2021. 3. 5. (금)

　　아무리 많은 설교를 듣고, 책을 읽고, 지식이 많아도
보편적 이론이 일상에서 증명되지 않는다면 무슨 의미가 있을까?
어떤 관념, 지식, 이론, 정보가 한없이 증가한다 한들
나의 일상에서 변화가 일어나지 않는다면 무슨 의미가 있을까?
오히려 알고 있는 것 때문에 인간은 더 교만, 추함, 교활해질
가능성이 있다.
경제사범, 사기, 횡령, 남 등쳐먹는 사람들이 배우지 못하고,
무식하고, 학력이 낮아서가 아니라 오히려 많이 알고 있는
지식과 정보가 말종 인간으로 몰고 간 것이다.
　　불타는 지식적 욕망이 나의 일상으로 넘어가야 한다.
넘어가지 않고 머물러 있으면 껍데기만 뒤집어쓴 채
눈만 번득이는 늑대 같은 존재가 되는 것이다.
작은 습관 하나 고치지 못하고 걱정 번민에 파묻혀 살고
몇 년이 가도 지갑 한 번 열 줄 모르고 신경질적이고
삶에 감동과 눈부신 사연이 없다면 일상에서 전혀 증명되지
못한 것이다. 그렇다.
인간은 작은 돌멩이에 넘어지는 것이지 태산에 넘어지는 것이 아니다.
오늘 나의 일상에서 변화할 것이 무엇인가?

823 건너가기와 자유
2021. 3. 6. (토)

    니체가 말한 대로 인간은 초인과 짐승 사이의 밧줄을 타는
존재다.
초월적 존재, 참된 인간으로의 모습은 늘 건너가기를 잘해야 한다.
안주와 편리함, 익숙함에 머물러 있으려고 하는 자극적,
본능적, 감각적인 자신을 용납해서는 안 된다.
보이는 것보다 보이지 않는 것을 향해 끊임없이 추구하고,
모험하고, 돌파해 가려고 하는 마음과 행동이 있어야만
지극한 인간, 탁월한 인간, 진인(眞人)이 되는 것이다.
보이지 않는 세계는 안전과 편안함이 보장되지 않는다.

    나의 삶은 언제나 모험적, 도전적, 주도적, 주체적인 삶이었다.
막상 부딪혀 보면 어떤 일이든지 쉽게 풀려나가는 것을
알 수 있었다.
스키, MTB, 풀코스 마라톤, 뒤로 달리기, 생태 세밀화, 글쓰기,
이러한 일들도 가능할 것이라는 믿음을 가지고 있었고
두려움이 없었다. 나에게 참된 자유는 편안함과 익숙함에
안주해 있을 때가 아니었다.
눈물 후의 기쁨, 시련 다음에 깨달음, 쓴맛 속에 담긴 단맛,
어두운 터널을 지난 후에 찾아오는 광명한 빛의 전율이었다.
이럴 때 심장을 뛰게 하는 노래를 들었다.

824 세상에서 가장 강한 사람은?
2021. 3. 6. (토)

유능한 뱃사공은 잔잔한 호수에서는 나올 수 없는 법이다.
집채만 한 파도가 배를 삼키는 위기에서도 의연하게 극복하는
사람이라야 된다. 명장은 총알이 빗발치고 피투성이가
난무하는 참혹한 전쟁터에서 만들어지는 법이다.
내면의 힘과 내공이 다듬어지고 큰 그릇이 되어 있어서일 것이다.
너는 강한 사람이냐고 자신에게 물어봤다.
첫째, 잃어버릴 것에 대한 두려움이 있는가? 없다.
살면서 생명 말고 잃어버린 경험이 많아서다.
둘째, 남의 시선과 평가가 무서운가? 아니다.
나의 길을 묵묵히 간다. 혼자서 조용히 걷는 길이 나의 인생이다.
셋째, 소유해야 할 것이 많아야 한다는 생각이 드는가? 아니다.
소유적 욕망을 내려놓지 않으면 나에게 자유는 없다.
이제부터는 하나씩 정리해야 하는 나이다.
심플한 삶을 살아가는 것을 목적으로 삼아야 한다.
좋은 집, 좋은 차, 좋은 가구, 기름진 음식들, 통장 잔액 같은 것에
신경 쓰고 살 때가 아니다. 머리가 얼마나 빠지는지,
피부가 검게 되든 아니든, 얼굴에 점과 주근깨가 몇 개 있는지,
이런 것에 마음 두고 살 때가 아니다. 내게는 그럴 시간이 없다.
내가 나다워야 하느니라. 나는 누구인가?

825 지식과 경험이 늘어나서, So what?
2021. 3. 7. (일)

너는 너인가? 매일 존재론적 질문을 하고 산다.
지식의 홍수 시대다.
유튜브를 보며 요리, 탁구, 운동, 거의 못 배우는 것이 없다.
날마다 쏟아져 나오는 지식 정보 경험 속에 파묻혀 질식할
정도가 되었다.
다른 사람이 만들어 놓은 지식을 복사하여 보내는 일도
하도 많으니 피곤할 만큼 되었다.
그래서 나는 밴드를 하지 않는다.

과연 지식과 경험이 늘어나서 행복할까, 삶의 만족도가
높아질까, 자유로움이 있는가, 창의적 사고와 활동을 하는 것인가,
탁월한 사유의 높이가 있는가, 예술적, 과학적인
민감성이 따르는가, 윤리적인 예민성이 작동하는가,
인간관계 속에서 덕이 많아졌는가, 자신의 삶이 독립적이고
주체적인 존재로 변화되었는가, 지적 호기심이 많아지고
가슴 뛰는 삶으로 살고 있는가, 어떤 경우에도 흔들리지 않고
평온한가, 진정 가슴이 시키는 일을 하고 있는가?

이러한 질문 앞에 주저 없이 예스라고 대답할 수 있어야 한다.
소수의 창조자는 질문을 만들어 갔고, 전혀 진보가 없는 사람들은
남이 만들어 놓고 대답한 것을 이용할 뿐이다.
그래서 어쨌다는 것인가? 오늘도 나에게 계속 질문을 던져본다.

새벽길 별을 보며

826

금년 처음 만난 꽃다지
2021. 3. 7. (일)

걷기 하다가 노랑 입을 열었다 오므렸다 하는 노랑꽃을 만났다.
앙증맞고 귀엽다고 해야 할까! 꽃다지다.
들에서 자라는 두해살이풀, 20센티미터 정도의 작은 키여서
다지라는 말이 붙는다. 코딱지나물이라고도 한다.
이른 봄 가장 먼저 꽃을 피우는데 잔털이 수북하게 송송 나 있다.
한참이나 발걸음을 옮길 수 없었다.

작년에 만난 꽃다지, 십 년 전에 만난 꽃다지는 오늘 만난
꽃다지와 어떤 차이가 있을까?
꽃은 꽃이지만 내가 보는 시각, 바라보는 눈, 오늘 생각하는
각도와 관점, 어린 왕자가 본 수백만 개의 별들 속에 존재하는
단 하나밖에 없는 꽃, 사랑으로 바라보는 마음이 달라졌겠지.

이 아침, 봄을 맞이하는 꽃다지가 바람결에 고개를
갸우뚱거린다. 두해살이풀, 한겨울 땅속에서 인고의 시간을 보냈구나.
노란 원피스를 입고 있는 듯한 꽃다지야, 나를 만나줘서 고맙구나.
나는 이 지구라는 별에 여행 온 것이다.
동시에 이 별에서 함께 살아가는 식물들도 여행의 동반자다.
있는 자리에서 최선을 다하는 것이 식물이다.
그래서 자연은 선생님이다.

827 물구나무의 삶

2021. 3. 8. (월)

　매일의 삶은 선물이다.
내 시간과 삶을 어디에 접속하며 살 것인가?
중요하지 않은 곳에 접속하고 사는 것은 거꾸로 매달려 사는 일이다.
서서 있는 것은 자연스러운 일이지만 물구나무로 있으면
피가 머리로 모여 있어 고통스럽다.
오랜 시간을 거꾸로 서 있을 수 없게 된다.
늘 하던 방식, 살아오던 방식을 지속적으로 유지해야 하는
중요하고 의미 있는 일들이 있다.
주로 오전에 하는 기도, 감사 고백, 명상, 걷기, 글쓰기, 독서 등이다.
이 일은 죽는 날까지 하고 싶다.
　불꽃 같은 삶을 살기 위해 매일의 삶을 껴안고
열심히 달려가야 한다.
섬기고, 나누며, 기회를 만들어 복을 짓는 일을 하고 싶다.
선한 영향력을 끼치면서 살아야만 된다고 스스로를 격려한다.
85세를 넘지 않았으면 좋겠다.
그러면 앞으로 딱 20년의 살아갈 날이 남아 있다.
은퇴 이후의 삶도 어떤 그림을 그려야 할지, 어떤 설계를
해야 하는지를 깊이 생각해 보자.
섬김, 나눔, 인간관계, 내면 가꾸기, 품위 있는 삶을 위해
끊임없이 변신을 시도해 보자. 머무르지 말고 건너가자.

새벽길 별을 보며

828 잘 사는 것, 잘 죽는 것
2021. 3. 9. (화)

잠시 동안 니체에 매료된 것은 삶에 대한 태도여서다.
춤추듯이 가볍게 삶의 예술가가 되라는 것이며
자신의 길을 찾는 것이 니체 사상이다.
삶을 스스로 만들어 가는 사람이 예술가라는 멋진 명제 앞에
나를 돌아보는 계기가 되었다.
어떤 어려움이 있어도 극복할 줄 알아야 하며 가볍게
뛰어넘을 수 있는 댄서가 되는 이 멋지고 아름다운 삶을 살고 싶다.
죽음은 삶을 어떻게 사느냐에 달려 있다.
그냥 사는 것이 아니라 잘 살아야 한다.
죽는 것이 아니라 잘 죽어야 한다. 당하는 죽음이 아니라 맞이하는
죽음이어야 한다. 죽음은 삶 속에 담겨 늘 삶과 함께 동행한다.
하루의 삶은 하나님이 나에게 주신 선물이다.
내일이 또 주어질지 모른다.
일주일 후에도 똑같이 주어질지 알 수 없다.
천상병 시인의 「귀천」의 시구처럼 "아름다운 이 세상
소풍 끝내는 날 가서 아름다웠다."고 말할 수 있어야 한다.
연꽃은 진흙탕 속에서도 아름답게 피어난다.
어제 장례식장에 가서 조문하고 왔다. 85세에 가신 분이었다.
나도 85세에 불러 가시면 좋겠다.
남아 있는 20년의 삶을 200년처럼 살면 되지 않겠는가.

829 소크라테스 「백조의 노래」
2021. 3. 9. (화)

이미 오래전에 컴퓨터 창에 유언장을 작성해 놓았다.
연명치료 중단도 등록해 두었다.
나에게 죽음은 낯선 것이 아니다.
소크라테스가 죽기 전 남긴 철학적 대화가 「백조의 노래」다.
독약을 마시고 죽음을 맞이하는 파이돈의 마지막 장면은
강렬한 인상을 주면서 인간의 삶을 반추하게 만든다.
소크라테스는 두 가지를 인류에게 숙제로 내주고 독배를 마셨다.
하나는 자신을 잘 돌보라는 것이고, 또 하나는 타자와의
관계를 잘 돌보라는 것이다.
자신과의 만남, 타자와의 만남은
모든 인류의 가장 큰 과제다.
Living Well(잘 사는 것)은 Well Dying(우아한 죽음)을 맞이할 수 있다.
  백조는 죽으면서 생애 가장 아름다운 목소리로 노래하고 죽는다.
나에게는 2021~41년 20년의 삶이라는 노트가 한 권 있다.
85세까지의 삶을 디자인하며 살고 싶은 것이다.
나도 한 마리 백조다.
많은 사람의 임종과 장례를 치러 본 나는 가슴 절절하게
느끼고 있다.
삶은 아름답고, 죽음도 아름답다.

830 히어리를 기다린 일 년
2021. 3. 10. (수)

　　지리산 깃대종 동물은 반달곰, 나무는 히어리다.
히어리는 우리나라에서만 자라는 특산 식물이다.
지리산, 조계산, 백운산의 산기슭이나 골짜기에서 자라는데
꽃이 잎보다 먼저 피며 8~12개의 노란색과 연두색이
조합된 꽃이 모여 달려 밑으로 축 늘어진다.
작은 고깔 모양의 5장의 작은 꽃잎으로 이루어져 있다.
해마다 3월 중순쯤이면 반드시 히어리를 보러 갔다. 10년째다.
　　오늘은 꽃비, 물안개, 풀꽃과 함께 남원 구룡폭포를 갔다.
계곡과 산기슭에 팝콘처럼 피어 있는 히어리를 가슴 가득 담아 왔다.
어느 해인가는 시기를 맞추지 못하여 너무 일찍 가거나
늦게 간 적도 있었다.
오늘은 적기에 볼 수 있었다.
몇 개의 고깔을 뒤집어쓴 것 같기도 하고 꼬깔콘이 나무에
매달려 있는 듯하기도 했다.
　　기다린다는 것은 늘 설렘이 따른다.
지난해 여름, 폭우로 인해 탐방로가 통제되었으나 내년 봄에는
더 아름다운 히어리가 나를 기다리고 있으리라.
히어리를 보고 온 오늘, 가슴 가득히 꽃망울 터지는 소리가 들린다.
삼천리 반도 금수강산, 아름다운 이 강산이여!

831 세 가지 질문
2021. 3. 11. (목)

위대한 창조의 역사는 질문하는 사람들을 통해 발전해 왔다.
아침에 일어나면 거울을 보면서 나는 기적이다.
나는 축복이다. 나는 행복이라고 외치며 고백하고, 선언한다.
여기에는 늘 세 가지 질문이 포함되어 있다.
첫째는, Who am I?(나는 누구인가?)
나의 정체성과 본질적 존재 이유를 묻는 일이다.
둘째는, How to live?(어떻게 살 것인가?)
행복 관리는 곧 시간 관리다.
셋째는, Blessed Death!(복된 죽음을 맞이할 것인가!)다.
"어떻게 살 것인가?"는 "어떻게 죽을 것인가?"와 함께 걸어간다.
하루 24시간 중 눈을 뜨고 있는 시간에는 세 가지 질문을
스스로에게 계속 던져본다.
여기에 대한 대답도 힘 있게 내가 해야 하며 대답한 대로 살아야 한다.
나는 누구인가, 어떻게 살 것인가, 어떻게 복된
죽음을 맞이할 것인가?
노 젓는 것을 잠시 내려놓고 밤하늘의 별을 보자.
북극성을 바라보자. 쉼 없는 질문은 나를 나답게 하는 일이니……

832 내 영혼을 살아 숨 쉬게 하는 것

2021. 3. 11. (목)

숨 쉬고 있다 하여 살아있는 것일까?
살아 숨 쉬는 영혼도 있고, 죽은 것 같은 영혼도 있다.
탄수화물, 단백질, 지방의 3대 영양소가 있어야 몸의 건강이
유지되듯이 영혼이 살려면 자유, 유능함, 좋은 관계가 있어야 한다.
서울대학교 최인철 교수의 이야기다.
깊은 울림이 되어서 몇 번이나 강의를 들었다.
서울대학교 행복연구센터에서 발표한 "당신은 언제가
행복할 때인가?"라는 통계 자료에서 운동, 산책, 여행
세 가지 키워드를 내놓았다.
어제 남원 구룡폭포로 히어리를 보러 여행을 다녀왔다.
오늘 아침 6시부터 8시까지 걷기 운동 산책을 했다.
내 영혼이 살아있고 내 몸과 마음이 살아있음을 강렬하게 느낀다.
마음에 행복이 있을 수 있으나 몸에도 있다.
관심의 대상이 어디인가? 호기심 속에서 창의력이 흘러나온다.
감사하게도 사람들이 나에게 호기심, 관찰력이 탁월하다고 말한다.
맞다. 그래서 위험하지만 시도해 보기를 주저하지 않으며,
건너가는 것을 두려워하지 않는다.
자유, 유능함, 좋은 인간관계, 이것은 나에게 내재되어 있는
달란트인 것 같다.

833 삶을 긍정해야 했다
2021. 3. 12. (금)

삶이 낯설고 때로 가혹한 문제들과 만났을 때도 나는 삶을
회피하거나 주저앉고 싶지 않았다.
삶 자체를 긍정할 수 있었던 것은 내 안에 식을 줄 모르는
꿈이 있었기 때문이고, 바람에 흔들리면서 뿌리를
더 내릴 수 있다고 믿었기 때문이다.
나의 삶이 아프고 고통스러울 때도 의미화시키려고 부단히
몸부림쳤다.
가장 아래로 내려갈 때는 오히려 올라갈 수 있는 희망이 있다고
믿었다.

축복, 은혜, 행운, 감사함이 끝없이 이어져 여기까지 왔다.
『니체 대 바그너』 책에 나오는 것처럼 위대한 고통이야말로
정신을 최종적으로 해방하는 자이며 삶의 가장 어려웠던 시절에
더 깊이 감사해야 하지 않느냐고 종종 자문했다는
아모르 파티(Amor Fati).
나 또한 운명을 사랑하는 삶의 예술가로 살고 싶었다.
이 풍랑으로 인해 전진해 갔었던 적이 많았다.
지금 내가 사는 것도 천국이며 내세의 천국 가는 연습이 아니겠는가,
나는 나의 삶을 사랑한다. 끔찍이도.

새벽길 별을 보며

834 해 보면 우주가 움직인다
2021. 3. 12. (금)

누가 보든 안 보든, 알아주든 안 알아주든 언제나 가치 판단의
기준은 나다.
선택의 책임도 나에게 있고, 늘 높은 곳을 지향하는 향상심으로
살아갈 것인가에 관한 결정도 나에게 달려 있다.
행복은 마음만 먹어서는 안 된다.
태도와 행동, 몸에 달려 있다.

어젯밤에는 밤새 비가 왔다. 그래도 여전히 새벽 5시에 일어났다.
기다리고 있던 고양이들과 하루 첫 인사가 이어진다.
룰루 안녕, 랄라 안녕, 달이 안녕. 6시 어둑어둑하다.
우산을 쓰고 장화를 신고 9년 전부터 걸었던 탑천 길을 걷는다.

언제나 편안한 것들에 둘러싸여 살면 한 차원 높은 가치의
세계로 들어갈 수 없다. 변명하며 꾸물대는 인생은 미래도 현재도 없다.
해 보면 우주가 움직인다. 나의 하루의 삶은 역사다.
나는 누구인가, 어떻게 살 것인가, 무엇을 위해 살고 행동하는가?
이것이 나의 역사를 한 페이지씩 만드는 것이다.
게을렀는가, 변명하는가, 허둥대고 조급한가, 지혜로웠는가,
부지런했는가, 내면을 가꾸고 섬기는가?
나는 내 역사를 아름답게 써야 할 사명이 있다.

835 다시 읽어볼 고전
2021. 3. 13. (토)

가끔 한 주일 또는 이삼일 정도 독서 여행을 떠난 적이 있었다.
숙소를 잡아놓고 십여 권의 책을 읽고 오는, 혼자만의 여행을
근래에는 하지 못했다. 세월이 가면서 눈도 침침해지는데
보고 싶은 책은 많고 안타까운 심정이다.
록펠러는 90이 넘었을 때 사람을 사서 책을 읽게 했다고 하는데.
책상 앞에 다시 읽어볼 고전 8권을 적어 놓았다.
올해의 버킷리스트기도 하다.
1. 『손자병법』 2. 『일리아스』 3. 『오디세이』
4. 『아이네이스』 5. 『국가』 6. 『장자』 7. 『사기열전』
8. 『차라투스트라는 이렇게 말했다』

하루의 시간, 일주일이 얼마나 빨리 가는지 화살이 날아가는 것
같다. 책 읽고, 글 쓰고, 원고 교정하고. 나에게 하루가 72시간이면
좋겠다. 잠자는 시간도 아깝다.
그렇다고 하여 7시간 잠자는 시간을 줄일 수는 없다.
깊은 산속 오두막집, 데이비드 소로처럼 월든 호숫가에 집을 짓고
거룩한 고독 속에서 2년간을 보내며 기록한 『Walden(월든)』
책처럼 나를 오롯이 대면하여 내면화하며 객관화할 수 있는
장소가 하나 있었으면 좋겠다.
공간이 주는 의미는 창조적인 예술적 시간으로 만들 가능성이
있지 않을까? 지금은 있는 곳에 자족하자.

새벽길 별을 보며

836 나는 개방적인가, 배타적인가?
2021. 3. 13. (토)

중국이 만리장성을 쌓을 때 로마는 길을 닦았다.
만리장성을 쌓으면 들어오기도 어렵고 나가기도 어렵다.
폐쇄적이고 배타적일 수 있다. 길을 만들면 우리 국민도 사용하지만
침략의 통로가 되기도 한다. 하지만 결국 모든 길은
로마로 통해야 했다. 들어오고 나가고의 밀물 썰물의 순환이
잘 되었기 때문에 문명, 문화, 정치, 경제가 꽃을 피울 수 있었다.
삶을 살아가는 방식도 개방적일 것인지, 배타적일 것인지에 따라
삶의 질과 즐거움이 달라진다.
"자기가 설정한 가치 기준 때문에 그 기준에 얽매여
진정으로 자유한 인간이 되지 못한다.
세상의 가치 기준을 초월하는 사람이 진정 자유로운 사람이다."
장자의 말이다.
    아무 거리낌 없이 자유로운 몸과 마음을 지녀야 행복한 사람이다.
나는 기독교인이다.
내 친구 조 박사는 원불교 교무다. 함께 여행도 하고, 산에 가서
두릅도 따고 쑥도 뜯고 만나면 시간 가는 줄 모르도록 얘기가
길어진다. 서로를 존중하며 수용하기 때문이다.
너는 만리장성을 쌓을 것인가, 길을 만들 것인가?
자신에게 질문을 던져 본다.
자문자답의 위대한 역사를 오늘도 만들어 가야 하겠다.

837 봄동의 신비
2021. 3. 14. (일)

아침 식탁에 봄동 샐러드가 올라왔다.
봄동이라 부르고 납작배추, 딱갈배추, 떡배추라고도 불린다.
노란빛의 아름다움도 볼 수 있고, 아미노산도 풍부하며,
씹을수록 맛이 고소하다.
아삭아삭 씹는 식감이 기분 좋게 만들고 겨울을 보낸
강인함이 깃들어 있다.
언제 진도에 가면 유명한 진도 봄동을 맛보고 싶다.
직접 버무려 먹어야겠다.

참기름과 조화되어 나온 봄동 샐러드에 식초를 넣어 먹었다.
왜 봄동은 이러한 맛을 낼 수 있을까?
긴 겨울 추위 속에서 로제트 식물처럼 햇빛을 기다리며
살아왔기 때문이리라. 고통이 때로는 우리에게 살아갈 힘을
부여해 준다는 사실을 깨우치라고 했던 헤세의 말을 떠올린다.

봄동도 살아있는 생명체다.
살아있는 것은 풍파와 시련이 따르는 법이다.
피할 수도 거부할 수도 없는, 당연히 받아들여야 하는 숙명이다.
잠시의 밥상의 시간이었지만 의미적이고 철학적인 사유를
하게 한 고마운 반찬이었다.
겨울이 있었기에 봄동에 맛이 들어간 것이다.
긴 시간의 기다림은 위대했다. 봄동에게 박수를 보낸다.

838 3.15 의거 기념일에
2021. 3. 15. (월)

　　인간의 권력욕에 대한 욕심, 야망, 탐욕은 끝이 없는 것 같다.
인간이 가장 추할 때는 언제일까?
탐욕을 가지거나 집착할 때가 아닐까?
오늘이 3.15 의거 기념일이다.
1960년 3월 15일, 자유당 정권의 선거 부정행위가 엄청났다.
투표함 바꿔치기, 용지 바꿔치기로 정권을 잡으려고 했을 때
마산에서부터 민중 봉기가 일어났다.
이로 인해 사망자, 부상자들이 속출했고 성난 민중들의 함성이
결국은 4.19혁명으로 확산되어 자유당 정권이 무너지고 말았다.
　　반세기가 지나 60여 년의 세월이 흘렀어도 한국 역사 속에서
두고두고 잊히지 않을 부끄러운 역사의 흔적이다.
정권의 시녀 역할을 했던 당시의 기생충 같은 사람들은
자식들 앞에 어떤 얼굴을 했을까? 거리를 피로 물들게 했던
암울했던 이 민족의 아픔은 시간이 가도 뚜렷이 남아 있다.
과거의 역사를 돌아보며 타산지석으로 삼아야 한다.
근본적으로 인간의 권력욕에 대한 욕심이 얼마나 비극과
불행의 종말을 맞게 하는지를 뼛속 깊이 새겨야 한다.

839 고창읍성에 서서

2021. 3. 16. (화)

　　장모님, 처형을 모시고 오랜만에 하루 여행을 갔다.
아내의 관사에도 가 볼 겸 큰맘 먹었다.
90세, 70세 되신 분을 모시고 다니는 일은 쉽지 않다.
이분들에게 효도한다고 생각하니 마음이 편해졌다.
고창읍성을 한 바퀴 도는 데 30여 분이 소요되었다.
조선 단종 원년인 1453년에 왜침을 막기 위해서 축성한
자연석 성곽으로 모양성이라고도 불린다.
둘레 1,684미터, 높이 4~6미터다.
　　고창읍이 한눈에 들어오는 곳에 서서 양팔을 벌려봤다.
고창군 인구는 54,000여 명인데 그토록 많은 아파트, 차, 사람,
산과 들 모두 품안에 들어온다.
대한민국 귀농, 귀촌 앞 순위에 꼽힐 만큼 정겹고 아름다운 곳이다.
특히 가로수의 멋진 소나무들이 감탄을 자아내게 하는 고장이다.
머리 둘만 한 주택이 있으면 은퇴 후에 고창에서 살고 싶은
마음이 간절하다. 양팔 안에 다 안기는 고창 읍내를 바라보면서
나에게 질문을 던진다. 넓은 마음을 바다와 같이, 큰 강처럼
가졌는가? 돌아오는 길에는 여전히 길을 잃고 헤매다가 왔다.
나는 왜 길눈이 어둡냐고 자책을 한 적도 있었으나 이제는 아니다.
열 번을 가도 처음 가는 길처럼 느껴지는 것이
오히려 감사한 일이 아닐까? 그리고 실수할 권리도 있고.

840 삶의 아포리아
2021. 3. 17. (수)

갑자기 길이 막혔다. 막다른 골목과 마주했다.
해결하기 어려운 문제를 만난 것이다. 배가 파선하여 망망대해에
놓이게 되었다. 이것을 아포리아(aporia)라 말한다.
아포리아는 그리스어로 통로가 없다는 뜻이다.
나의 힘과 능력으로는 어찌할 수 없을 때 어떻게 해야 하나?
젓고 있던 노를 내려놓고 밤하늘의 별을 보아야 한다.
북극성을 바라봐야 한다. 그러면 새로운 눈이 떠지면서 지평선이
열린다. 마지막인 것 같은 것이지 마지막은 아니다.
끝난 것 같은 것일 뿐 아직 끝나지 않았다.
9회 말 투 아웃이 되었다 하여 야구 경기가 끝난 것이 아니다.
전광판에 Game out이 올라와야 한다.
　　내 인생도 그랬던 적이 많았다. 좀 더 우주적으로, 통섭적으로
세상을 바라보는 시야를 크게 만들었어야 했다.
멀리 내다보는 망원경적인 가슴이 필요했다.
굴곡이 생길 때마다, 삶의 아포리아를 만났을 때마다
절대로 필요했던 것은 용기, 절제, 지혜였다.
하나의 열쇠를 쥐어보라 하면 오직 감사였다.
진정 감사가 뼛속에서 우러나올 때 모든 문이 열리고 시작된 것을
체험적으로 알게 되었다. 가장 바닥에 내려갔을 때가 희망이었다.
올라갈 수 있으니까. 끝은 바로 새로운 시작이었다.

841 소크라테스는 왜 서 있었을까?
2021. 3. 17. (수)

　스물아홉의 나이에 소크라테스는 펠로폰네소스 전쟁에
참가했다. 4년 정도의 혹독한 시간 속에서 수많은 죽음, 피, 전염병
그리고 포테이다이아 전투에서 먹을 것이 없어 제비를 뽑아
서로 잡아먹는 참혹함도 보았다.
이때 소크라테스는 멍하니 24시간 동안을 서 있었다.

　그는 무슨 생각을 했을까?
소크라테스의 스승으로 불리는 아스파시아가 말한 것처럼
캐묻지 않은 삶은 살 가치가 없다고 한 철학적 숙고와
사유를 했을 것이다.
인육을 먹어야 하는 처절한 전쟁터에서 '인간이 무엇인가,
어떻게 살아야 하는가?'를 물었을 것이다.
결국, 독배를 마시고 죽은 최초의 순교 철학자의 자리에 섰던
소크라테스는 젊은이들에게 질문하는 법을 가르쳤다는 이유로
죽임을 당했다.
젊은이들을 선동한 것이 죄목이었다.

　가수 나훈아가 「테스 형」이라는 노래를 불러 요즘 큰 인기다.
하지만 사람들이 소크라테스의 이름을 상기했다고 하여
철학자가 되는 것은 아니다.
피비린내 나는 전쟁의 현장에서 24시간 동안 멍하니 서 있었던
소크라테스의 마음을 가져보자.

　　　　　　　　　　　　　　　　　새벽길 별을 보며

842 진정한 Artist
2021. 3. 18. (목)

6시 45분부터 동녘 하늘이 변하기 시작했다.
온 천지, 온 누리에 스며드는 태양 빛과 에너지가 가슴을 떨리게 한다.
탑천 길에 우두커니 서서 물끄러미 5분 동안을 바라보았다.
내면 깊숙한 곳에서 솟구쳐 올라오는 강렬한 나의 본성은
감사 그 자체였다.
타오르는 욕망은 희열, 감사, 소망으로 샘솟았다.
다시 또 나에게 질문을 던진다.
너는 진정한 Artist적인 삶을 살아가고 있느냐고.
자신의 한계에 부딪혀 있지는 않은지, 불확실한 미래를
걸어가기 위해 확실한 현재를 뛰쳐나올 수 있는지,
계산하지 않고 잔머리 굴리지 않고 염려 걱정하지 않고
나의 길을 갈 수 있는 것(Keep Going)인지, 울타리 안에서
안일함과 안전지대에 누워서 스스로 만족하고 있지는 않은지,
다시금 주먹을 굳게 쥔다.
다시 걷다 보니 새 한 마리가 길 가운데 죽어 있다.
부리가 긴 새였다. 풀 속에 던져 주고 생각해 본다.
죽어 있는 것은 아무런 매력이 없다. 나는 시처럼 살고 싶다.
깊은 인생을 살고 싶다. 감사로 가득한 삶을 살고 싶다.
그러기 위해서는 가혹하게 나를 채찍질해야 하리라.

843 성공과 수면력
2021. 3. 19. (금)

잠을 많이 자는 것과 깊은 잠을 자는 것은 다른 문제다.
나의 취침 시간은 10시, 기상 시간은 5시다. 7시간의 취침이다.
60이 넘으면서부터 신체의 기능도 약간의 변화가 온 것을
알 수 있었으니 한 번 정도는 중간에 깨어 소변을 보는 일이다.
내가 깨어 보니 내 잠이 달았더라는 성경 말씀이 있는데
매일 그렇게 단잠을 잘 수 있다면 얼마나 좋을까?
그래도 감사한 것은 베개에 머리만 닿으면 잠이 든다는 사실이
놀라운 은총이다.
뇌 과학자들이 성공과 수면의 관계를 연구했더니 정비례했다는
통계다. 잠자면서 내 몸이 다시 만들어지는 것을 느낀다.
어떤 때는 화장실 좌변기에 앉아서도 깜박 졸 때가 있고
책상 앞에서 침을 흘리며 잘 때도 있다.
도서관에서 엎드려 자다가 하도 코를 크게 고는 바람에
옆 사람들이 깨운 적도 있었다. 굉장히 계면쩍은 날이었다.
차 안에서도, 텐트 속에서도 어디에서든 누우면 잠이 든다는
사실이 천만 가지 감사 조건 중의 하나다.
지금 건강한 것이 성공 아니겠는가.
잠 잘 자는 것은 큰 능력이 아닐까? 하지만 만일 내 아내와 내가
잠자기 대회를 한다면 보나마나 내가 질 것이 뻔하다.

새벽길 별을 보며

844 고양이의 노크
2021. 3. 20. (토)

사람이 사는 집에는 짐승들도 가족 개념으로 들어가야 한다.
4년 전 추석 전날, 우리 집 마당에 누가 버리고 간 상자 안에 있던
고양이들로 인해 즐거움이 많다.
우리 가족이 된 룰루, 랄라, 달이, 꼬리다.
아침밥 주는 시간은 6시인데 종종 고양이들이 2층 계단을
올라와서 야옹거리면서 현관문을 발로 긁는다.
배고프니 밥 달라고 노크를 하는 것이다.
나가 보면 눈을 동그랗게 뜨고 쳐다본다.
그러면 소리를 내어 말한다. "배고팠어? 가자, 밥 먹으러."

5시에 새벽기도를 나갈 때 이름을 부르며 "안녕!" 인사를
하면 몸을 뒤집고 졸졸졸 따라다닌다.
화단 일을 할 때면 가까운 곳에 와서 애교를 부리며
몸을 비비고 놀아주기를 바란다.
고양이들 때문에라도 아파트에서는 살 수 없을 것 같다.
가끔 허락도 없이 수컷들은 집을 나가기도 한다는데
이것 또한 순리에 맡겨야겠다.
내일은 생선 간식 주는 날이다. 고양이들도 기다리겠지.
살아있는 모든 생명은 아름답다.
고양이를 버리고 간 분이 누군지는 모르겠으나 고맙다고 밥 한 번
사 줘야 할 텐데. 그런 날이 올지 모르겠다.

845 춘분이 오늘이다
2021. 3. 20. (토)

지구상의 낮과 밤의 길이가 똑같고 봄을 나누는 춘분이다.
농사 준비에 슬슬 바빠지기 시작했다는 뜻이고, 농사일이
시작되었다는 뜻이다.
옛날에는 부잣집에 머슴들이 있었다.
고려시대에는 용작(傭作), 조선시대에는 고공(雇工)이라 불렀다.
많은 집은 십여 명씩 있었는데 춘분이 되면 술과 음식을 준비하여
머슴들 대접을 했다.
일 년 농사 애쓸 터이니 힘내라는 격려다.
정이 많은 한민족의 아름다운 전통이었다.
이 날이 되면 봄나물과 머슴 떡을 하여 나눠 먹었다.
경칩이 지나고 춘분이 왔으니 추위는 완전히 지나간 듯하다.

우리 인생에도 4계절이 있다.
출생, 성장, 노쇠, 죽음이라는 4계절을 누구나 맞게 된다.
나는 이미 두 계절을 지냈고 두 계절을 남겨 두고 있다.
낮 12시간, 밤 12시간을 사는 의미 있는 날이 오늘이다.
내가 만들어 가는 인생은 무엇일까? 하고 싶은 일, 잘하는 일,
내 가슴이 시키는 일을 지치지 않고 열정을 품고 하는 것이다.
삶은 오늘 내가 만들어 가는 것이다.
스스로 빛나는 아름다운 별이 되는 하루이고 싶다.

846 다시 사랑에 빠져 보리라!
2021. 3. 21. (일)

내가 잘하는 것, 내가 해야 하는 것, 내가 하고 싶은
것(잘해하), 이 세 가지가 조화롭게 삶에서 펼쳐져 가고 이루어지는
활동성이 있을 때 나는 행복한 사람이다.
이것을 생각하고, 꿈꾸고, 가슴에 품을 때마다 살아있는
희열을 느끼며 가슴 뛰는 사건이 일어난다.
이성적 사랑이 아닌, 어떤 대상, 꿈, 비전인 것이다.
　　단테는 일생에 두 번밖에 만나지 않은 베아트리체라는 여인을
평생 마음에 품고 『신곡(神曲, La Divina Commedia)』을 썼다.
가능한 이야기일까?
단테에게는 가능하고 나에게는 가능하지 못한 일일까?
사랑에 빠져 보는 일은 꼭 사람일 필요는 없다.
글쓰기, 독서, 여행, 무엇이든 상관없다.
올해에는 세 개의 사랑에 빠져 보리라.
독서, 글쓰기, 여행이다.
　　2021년에 다시 읽을 고전 10권을 선정했다.
2021년은 코로나 시대가 아니라 고전 사랑의 해가 될 것 같다.
손만 내밀면 잡히는 50센티미터 내에 꽂아 두고서
책 사랑에 빠져 보리라. 아, 이 얼마나 감격스러운 일인가!

847 조정래 작가님
2021. 3. 22. (월)

　며칠 전부터 조정래 작가님이 가슴 한구석에 자리하고 있다.
오래전에 『태백산맥』, 『아리랑』, 『한강』 대하소설을 읽으려고
한꺼번에 샀다.
『정글만리』 책 역시 구매 신청했다.
조 선생님은 핸드폰이 없고 인터넷은 켤 줄도 모르신단다.
하루 16시간의 글을 쓰시는데 펜으로 꾹꾹 눌러서 써야만
사유의 깊이가 있다는 말씀에 잔잔한 감동을 받았다.
10권짜리 『태백산맥』 책을 아들과 며느리가 필사하여
태백산맥 문학관에 전시하고 있다는 말에 큰 감동을 받았다.
아! 세상에는 이런 기이한 일도 있구나.
내가 전혀 상상할 수 없는 세계가 있었다.
　『정글만리』 책을 큰 며늘아기와 함께 읽기로 했다.
약육강식이 지배하는 중국의 비즈니스 현상을 묘사하고 있는
소설을 중국어 교사인 며늘아기가 읽었으면 좋겠다는
생각이 들어 제안했더니 기쁨으로 받아줬다.
이 시대에 조정래 작가님 같은 분이 계신 것이 얼마나 큰 복인가?
대한민국 국보급 작가님을 언제나 한 번 직접 뵐 수 있을까?
음식 대접 한 번 해드렸으면 소원이 없겠다.

848 사랑하기 위해 사랑하렵니다
2021. 3. 23. (화)

앎이 반드시 실천으로 연결되면 얼마나 좋을까.
아는 것이 힘이 아니라 오히려 독이 될 수도 있고 자신을
기만할 수도 있다.
담배가 폐에 치명적인 해를 끼친다는 사실은 다 알고 있다.
하지만 갈수록 담배 산업은 성장하고 있다.
몰라서 실천하지 못하는 것이 아니라 습관, 습성에 빠진 것이다.
자비와 사랑(박애) 정신은 부처님과 예수님의 중심 사상이다.
사랑하고 나누는 정신을 이론적, 지식적으로는 알고 있지만
나는 얼마나 실천하고 있는가 물어본다.
지금 사랑하기 어렵다, 사랑하고 있지 않다, 사랑하고 싶지도 않다,
사랑 가까이에도 가기 싫다.
이렇다 해도 사랑하기 위해서 사랑을 해야 하겠다.
결국은 남의 행복이 나의 행복으로 돌아오기 때문이다.
내가 늘 결혼식 주례사 때 사용하는 문장이 있다.
"나는 당신을 사랑하기로 결심했다. 언제?
당신이 가장 사랑스럽지 못할 때."
안으로 밖으로 뜯어보고 살펴보아도 사랑은커녕 혐오, 미움이
눈앞에 나타난다 해도 사랑하기 위해서라는 큰 의미와 가치를
앞에 두면 사랑하려고 노력이라도 기울이지 않을까?
그러면 이미 성공한 것이겠지.

849 복의 물꼬가 터지다
2021. 3. 24. (수)

나에게는 사소한 일도 의미가 있고, 작은 일도 기회가 된다.
이틀 연속 꿈에 어머니가 보였다.
언제나 그랬듯이 전날 밤 꿈에 어머니가 보이면
다음 날 좋은 일이 생겼다. 기다렸다는 듯이 걷기 시작하다가
부부가 같이 걷는 양어장 사장님을 만났다.
로마 쇠퇴의 역사를 듣고 가다가 핸드폰을 집어넣고
그분 이야기를 들으며 걸었다.
열 마디 중에 나는 세 마디 정도 하고, 그분은 일곱 마디 정도를 했다.
탑천 환경에 대한 나의 말을 듣더니
스웨덴 지구 환경 운동가 그레타 툰베리를 말하는 것이었다.
나는 처음 듣는 10대 소녀다.
이미 국제 뉴스에서는 트럼프 대통령과 맞짱을 뜨고 노벨상 후보
타임지 선정 2019 인물이었다.

기후 변화 대응 촉구 시위에 이탈리아에서는 100만 명,
캐나다에서는 50만 명이 참가했다.
이 중심에 그레타 툰베리 소녀가 있었다.
오 분만 시간 차이가 났어도 양어장 부부를 만날 수 없었을 텐데
딱 만날 수 있었던 것은 축복의 물꼬가 터진 것이다.
잠시 접어 두었던 탑천 길 song 작시를 완성해야겠다는
열망이 타오르는 아침이다.

850 정년 은퇴한 사람들의 소원
2021. 3. 24. (수)

오늘 아침에 만난 메기, 향어 양식을 하는 분의 이야기다.
어제 친구들 몇 명이 식사 모임을 했단다.
사회적인 명예와 지위를 가지고 있던 사람들이었다.
검찰 공무원, 교장, 회사 중역을 거친 분들이었는데 한결같이 일하고
싶다, 건강해지고 싶다, 즐겁게 살고 싶다는 소원을 말하더란다.
일, 건강, 즐거움이 소원이더라고 전해준다.
이미 정년퇴직했으니 나름대로 연봉도 확보되어 있을 터라
물질적 빈곤은 어느 정도 해방되었을 것이다. 그래도 일은 필요하다.
건강은 내가 힘쓰고 노력을 기울이면 된다.
「펠론」이라는 영화에 나오는 대사 중에 이런 말이 있다.
"미래는 백지다. 자네가 직접 만드는 거다. 멋진 인생을."
재미와 의미가 있어야만 창의적인 즐거움이 따른다.
의미 있는 즐거움은 무엇일까? 나누고, 섬기고, 베풀어야 한다.
이타적인 삶, 다른 사람들에게 등불을 밝혀 주었다 하여
나의 등불이 희미해지는 것이 아니다.
나에게는 7년의 은퇴 시간이 남아 있다.
일, 건강, 즐거움의 세 박자를 위해 진즉부터 준비해 오고 있다.
섬나행(섬김, 나눔, 행복) 노트 2월 지출과 3월 지출을 계산해 본다.
4월은 더 많아지게 해야겠다.

851 고통에서 사상을 출산하라!
2021. 3. 25. (목)

삶을 철학하고, 철학적 삶을 살았던 인물로는 니체를
빼놓을 수 없다.
끊임없는 자기극복의 과정들을 잘 쌓아갔고, 숱한 인생의 고통과
굴곡은 깊은 사유를 파고들게 했다.
신체적으로 약해지고 정신적 혼란이 많아질수록 나약해진 것이
아니라 의미를 찾으면서 극복해 나간 것을 보면 나를 다시금
성찰하게 만드는 놀라운 힘이 있는 것을 발견한다.
내가 살아야 할, 살아 내야 하는 구체적인 예술적 삶,
진정한 예술가적인 삶을 사유하고 일치시키는 몸부림이
날마다 쉬지 않고 지속돼 가야 하리라.
고통이 임신되어 철학, 사상, 의미, 예술이 아름답게
출산되는 사람도 있겠지만 자기 파괴적 상처와 추함이
출산되는 사람도 있다.
삶의 실체와 본질을 깊이 보려면 인간이 겪을 수밖에 없는
고통의 의미도 수용하고, 재해석하고, 내면화하고,
의미화시킬 수 있는 마음의 단단함이 유지되어야 하겠다.
내 앞에 아무리 큰 장벽이 있다 해도 나는 끝없는 하늘의 용감한
독수리가 될 것이다.
잘 살 수 있게 힘을 주소서. 거만하지 않게 하시고 다만
약해지지 않게 해 주소서!

새벽길 별을 보며

852 행복에 대한 노력의 모순

2021. 3. 25. (목)

저녁 취침 시간 10시, 잠자리에 누워 자신에게 혼잣말로
"잘자. 오늘도 수고했어 행복했지?" 한다.
뿌듯하게 열심히 하루를 살아온 자신을 격려하는 것이다.
오늘의 태양은 어제의 태양과 다르다.
하루하루가 새로운 날이기 때문이다.

얼마나 많은 사람이 쾌락, 돈, 황금에 눈이 멀어서 쫓아다니고
있는가?
지금 이 나라에 광풍처럼 불어 닥친 땅 투기 사건은
무엇을 말해주고 있는가?
인간의 탐욕은 끝이 없는가 보다.
얼마나 가져야 만족할 수 있는 것일까?
행복하려고 노력하지 말고 가치, 의미, 순간마다 충실과
충만함을 살면 된다.
삶을 사랑하는 것은 어떤 시련도, 아픈 눈물도 수용하고
주어진 시간과 하루의 삶을 가슴이 시키는 대로 하면 되는 것이다.
지금 글 쓰는 이 순간처럼, 이 순간이 가장 행복한 것처럼
이렇게 사는 것이다.
노력하려고 애쓰지 말고 탁월한 삶, 지극한 삶을 살면 되는 것이다.
가슴 뛰는 일을 하면서.

853 걷기가 읽기를 만나 쓰기를 낳다
2021. 3. 26. (금)

하루도 빼먹어서도 안 되며, 잊어버릴 수 없는 것 세 가지,
걷기, 읽기, 쓰기 3기다.
두 시간 걷고 한 시간 이상 읽고 한 시간 쓰기다.
그래서 오전 시간은 나의 적기다. 골든 타임(Golden Time)이다.
아무것에도 방해받지 않아야 하며 오롯이 몰입해야 하는
황금보다 귀한 시간이다.
하루 중에 이 세 가지가 없다면 나는 사는 의미조차 없을 것이다.
어제까지 『장자』를 두 번째 완독했다.
오늘부터는 호메로스의 『일리아스』를 읽기 시작할 것이다.
　　하나의 산을 넘어갈 때마다 상상하지 못한 멋진 광경과
이야기가 준비되어 있다.
일 년 이상 글 제목을 정하지 못하다가 오늘 걷기 하면서
섬광처럼 떠오른 문장이 있었다.
"걷기가 읽기를 만나 쓰기를 낳다."
걷기를 하며 무슨 책을 읽을 것인지 구상이 되고 생각하는 힘이
단단해지며 책을 읽은 만큼 쓰기를 통하여 글이 나오기 때문이다.
출산의 기쁨을 맛볼 수 있는 것이다.
출산하기 위한 잠시의 고통은 기쁘고, 거룩하고, 지극한 선물이다.
일 년간 써 놓은 글을 봄, 여름, 가을, 겨울로 나오게 해야겠다.
아, 기쁘다.

854

약초산행 9주년
2021. 3. 27. (토)

하나의 모임을 오랜 세월 유지해 나가는 일은 굉장한 노력이
필요하다. 꿈 소년, 눈부셔, 천사, 샤론, 다이아, 초록이, 꽃비
7명의 회원이 9년을 함께했다. 한 달에 한 번의 산행이다.
눈부셔는 45세에 공무원 시험에 합격한 전설적인 사람이다.
에너지가 태양도 삼킬 것 같다.
천사는 삼십 년 넘게 간호사를 하는 우리 모임의 의료인이다.
샤론은 그 나이에서 20년을 빼도 믿을 정도로 동안인
어린이집 선생이다.
다이아는 근래에 죽기 살기로 다이어트를 해
57킬로그램을 목표로 실천 중인 웃음보따리다.
초록이는 의대 도서관 사서로서 사진 담당이고 착하다.
꽃비는 천사표며 딸만 셋이 있는 부러운 가정이다.
샤론, 초록이, 꽃비는 내가 지어준 닉네임이다.
일곱 명 중에 남자는 나 혼자다. 남자 회원은 가입비가 비싸다 보니
나 외에 아직 한 명도 남자 회원이 가입을 하지 않는다.
무례하게 하지 않으며 언행을 신중히 하면서도 있는 모습 그대로를
서로 받아준다.
산행하며 대화와 웃음, 맛있게 먹는 시간이 늘 좋다.
꿈꾸며 달리는 그룹이라는 이름으로 몇 차례 지평선 마라톤 대회에도
함께 달린 여전사들이다.

3월 한결같은 것은 아무것도 없는 달(아라파호족)

855 삶은 놀라움의 연속이다
2021. 3. 28. (일)

「마르코 폴로」영화에 나오는 대사다.
"나의 유일한 두려움은 나의 침대에서 눈뜨고 다시 평범한
삶을 사는 것이다."
왜 침대에서 눈뜨며 평범한 삶을 사는 것이 당연하다
생각할 수 있는데 그것이 두려운 것이라고 했을까?
삶이 위대한 모험이 되어야 하며 삶을 사랑하고 삶을 즐기려면
생동감이 없는 그저 그러한 삶이 계속되는 것을 경계해야만
하기에 그러했으리라.
　아, 놀라움의 연속이 되도록 살 수 있으려면 어떻게 해야 하는
걸까? 퍼즐 맞추듯이 하나의 작품을 조각하고, 그림을 그리며,
완성해 가듯이 잠자리에 들었을 때 가슴 뿌듯한 행복의
심장 소리를 들을 수 있어야 한다.
내 인생이 어떻게 펼쳐질지는 모른다.
굳이 알려고 하지도 않으며 알 수도 없다.
다만, 포기할지, 굴복할지, 선택하여 최선을 다할지는 누구에게
달려 있는가? 나에게 달려 있다.
태도는 삶을 결정짓는다. 이 세상에 불가능한 것은 없다.
다만, 불가능하다고 생각할 뿐이다.
오늘도 나는 하루를 기대한다.

856

한 권 더 늘어난 독서목록

2021. 3. 29. (월)

약 45년 전, 고등학교 때 전주 시립도서관에서 읽었던 책의
기억이 생생하다.

세계문학 전집, 한국문학 전집, 셰익스피어 전집이다.

그중에 요한 볼프강 폰 괴테의 책 『파우스트』, 『젊은 베르테르의
슬픔』의 추억이 아련히 떠오른다.

1749년에 태어난 괴테가 23세에 쓰기 시작하여 죽기 일 년 전에
완성한 60년에 걸쳐 쓴 『파우스트』, 10대 때 『파우스트』를
읽은 걸 보면 꽤 나도 독서광이었던 것 같다.

2021년 다시 읽을 책 10권을 이미 선정하고 책을 완비했다.

오늘 다시금 한 권이 추가되었다. 바로 『파우스트』다.

독일 문학 전공자도 읽기 난해하다고 하는 『파우스트』는
나에게 어떤 의미가 있는 것일까?

10대 때 읽었던 기억은 전혀 나지 않지만 살아오면서
때로는 채찍으로, 때로는 보약으로 작용했을 것이다.

쉽게 진도가 나가지 않는 『일리아스』를 읽으면서 과연
10권의 고전을 올해에 모두 읽을 수 있을까 의구심도 생기지만
이것조차도 내려놓을 것이다.

덜 읽을 수도 있고 더 읽을 수도 있기 때문이다.

과정에 충실하면 되는 것이 아니겠는가.

나는 나를 대범하게 믿는다.

857 월든 호숫가 오두막집
2021. 3. 30. (화)

　　작가이자 사상가인 헨리 데이비드 소로는 월든 호숫가에
오두막집을 짓고 2년간 홀로 지냈다.
이때 보낸 2년간의 삶을 기록한 책이 『Walden(월든)』이다.
"따분하다는 것은 내면에 야성이 사라졌기 때문이다.
돈 대신 맑은 영혼으로 살아간다면 우리가 잃을 건 없다.
살아가기 힘든 까닭은 현실에 얽매이기 때문이다.
모험을 떠나라.
밤이 오면 어디든 자기 집인 양 편안히 누우면 된다."
　　2년 전에 이 책을 보면서 강렬한 꿈이 생겼다.
나를 위해 세상에 나온 책으로 여겨졌다.
월든 호숫가 같은 곳이 있을까?
숲속에 오두막집을 스스로 지을 수도 있다.
독서, 운동, 자연과의 교감, 글쓰기, 명상과 기도,
가끔 한 번씩 지인들을 초대하여 음식 나누고 책 이야기,
글 쓴 내용 나누기, 초인의 길동무 집으로 쓰임받으면 좋겠다.
화려해서는 안 된다. 전기가 없어도 좋다.
데이비드 소로와 똑같이 살 필요는 없다. 넘어서면 된다.
나를 위해 마련된 것이 반드시 있을 것이라 믿는다.
작정하고 찾아보고 간구하자. 이루어지리라.

858 커피 소녀와의 만남
2021. 3. 31. (수)

"커피는 악마처럼 검고, 지옥처럼 뜨겁고, 천사처럼 아름답고,
사랑처럼 달콤하다."
하루에 전 세계적으로 25억 잔 이상이 소비되는 것이 커피고,
세계 3위의 한국인의 커피 사랑은 5조 4,000억 원의
카페 시장이 형성되고 있다.
나 역시 가장 좋아하는 음료가 커피다.

2015년 7월 5일부터 10월 25일까지 한국, 유럽 바리스타
교육을 받았다. 가르쳐준 분은 나보다 세 살이 많은 선생님으로
대한민국 최고의 바리스타 강사다.
커피 소녀라는 닉네임은 내가 붙여준 것이다.
그때 당시 함께 공부했던 사람들과 점심식사가 있는 날이었다.
당연히 내가 쏜다. 닭갈비로. 그리고 커피 소녀가 내려주는
갓 볶은 세상에서 가장 멋있고, 맛있는 커피를 마실 것이다.
베토벤의 아침식사는 한 잔에 60알의 원두를 끓인
커피뿐이었다고 전해진다.
그래서 전무후무한 불멸의 곡이 커피 힘에서 나왔을까?

오늘 아침에 내려 마신 드립 커피는 에티오피아 예가체프다.
산미 강, 질감 중, 고소함 약, 향긋한 꽃내음과 과일의 단맛이 특징이다.
커피 소녀가 내려줄 커피 한 잔에 가슴이 뛴다.
6년째의 아름다운 만남이 이어져 가는 것이 행운 같다.

859 한국, 유럽 바리스타 시험 원고
2021. 3. 31. (수)

한 주에 3시간, 12주의 바리스타 교육은 시간 가는 줄 몰랐다.
한 번도 결석을 할 수 없었다.
그 매력에 폭 빠졌기 때문이다. 내가 좋아하는 일에는 시간을 잊는다.
다음은 실기시험을 볼 때 작성해 놓은 원고다.
"내가 먼저 맛있는 커피를 마시고 다른 사람들에게도
맛있게 마실 수 있도록 봉사하려고 교육을 받게 되었습니다.
나는 커피를 사랑하고 커피에 빠져 있습니다.
커피의 영혼과 심장은 에스프레소입니다.
나는 스페셜 원두인 에티오피아 미칠레 커피를 선택했습니다.
특징은 마시고 난 뒤 더 마시고 싶은 커피, 목 넘김이 부드럽고,
뒷맛이 개운하며 입안에서 교향곡이 가득한 커피를
만들어 드리겠습니다.
뛰어난 산미, 풍부한 향, 깔끔한 뒷맛이 일품인 커피며
향은 별 4개, 신맛은 5개, 쓴맛은 3개, 단맛은 3개,
입안 질감은 3개, 밸런스는 3개를 줄 수 있는
미칠레 커피를 아름다운 손과 마음으로 만들어 드리겠습니다."

I am falling in love with coffee.(나는 커피와 사랑에 빠져 있어요.)

새벽길 별을 보며

April

2021. 4월

———

머리맡에 씨앗을 두고 자는 달
(체로키족)

860 돈 부자, 행복 부자
2021. 4. 1. (목)

　　한때 이사하거나 사업을 시작하거나 하면 화분 리본에
"부자되세요."라는 말을 적어 보내는 것이 유행일 때가 있었다.
지금은 그러한 말을 거의 사용하지 않는다.
부자되라는 희망 섞인 바람이 왜 색이 바랬을까?
행복의 링크를 성공과 부자에 걸어놓는다고 하여 진정 행복이
100퍼센트 보장되지 않기 때문이다.
손은 두 개인데 두 개를 잡고 감사, 만족해야 하는데 기어코 세 개,
서른 개를 잡으려고 몸부림을 치니 바닷물을 마신 것처럼 공허하고
더 갈급한 것이다. 나에게 물어본다. 넌 행복하지? 왜?
나는 모으는 재주가 하나 있다. 책이다.
돈 모으는 데는 기술이 없다.
　　내 가슴이 시키는 심장 뛰는 일은 거침없이 행동으로 옮겼다.
돈을 빌려서라도 여행을 했고, 공부를 했다.
돈 부자일 가능성은 거의 없다.
그러나 나는 행복 부자일 확률은 굉장히 높다.
지금의 현실에서 느끼고, 생각하고, 누리고 있기 때문이다.
하루가 짧다. 잠자는 시간, 화장실 가는 시간도 아깝다.
3월을 결산해 본다. 다른 사람을 위해서 사용한 돈이 얼마인가?
나름 흐뭇하다. 섬기고 나누는 행복이 있어 난 부자다.
앞으로 더 큰 행복 부자가 되기를 원한다.

861
기다림이 기회가 되다
2021. 4. 1. (목)

이발하러 6,000원짜리 미용실에 갔다. 먼저 온 손님 때문에
잠시 기다려야 했다. 탁자 위에 놓여 있는 잡지를 펼쳤다.
언제 읽었는지 기억이 희미할 정도로 오래된 『꽃들에게 희망을』 책을
소개하고 있었다. 초등학교 3학년 필독서다.
미국의 동화작가 트리나 폴러스가 쓴 동화책이다.
애벌레 두 마리가 다른 애벌레들을 따라 애벌레 기둥으로
올라가기 위해 애쓰면서 나비로 변신하여 날아가는 자신의 모습을
보며 깨닫는 내용이다.
꼭대기에 뭔가 대단한 것이 있을 줄 알고 서로 밀고, 제치고,
떨쳐내고, 힘센 놈이 먼저 도착하여 보았으나 꼭대기에는
아무것도 없었다.

아래에서 볼 때 그저 위가 좋게, 대단하게만 보였다.
우리 인간의 모습이 바로 이런 것이 아니겠는가?
다른 사람 음악에 내가 춤추며 사는, 자기를 잃어버리고
사는 존재들.
나를 다시 돌아본다. 기다리는 시간이 오히려 책을 볼 기회가
되었으니 이래도 감사, 저래도 감사다.
어떠한 일 자체가 행복한 것이 아니라 그 일을 대하는 자세와
해석하는 능력에 있는 것이니까.

862 의도적 창조자
2021. 4. 2. (금)

　지나간 것은 추억이리니……. 걷기를 하는데 하늘의 구름이
아침 떠오르는 햇살에 눈부시게 아름답다.
우두커니 서서 구름, 탑천의 버드나무를 번갈아 쳐다보고 있었다.
5년 전에 갔었던 라오스 여행이 영화처럼 클로즈업되었다.
살면서 빚을 내서라도 해야 한다고 생각하는 것이 두 가지가 있는데
공부와 여행이다. 가슴이 시키면 앞뒤 생각하지 않고 일을 저질렀다.
행동이 앞서 나갔다. 하고 후회하는 일보다 하지 않아서
후회하는 일이 더 많다는 것을 알기 때문이다.
　15명이 일행이 되어 라오스 여행을 갔을 때 7미터쯤 되는
높은 나무에서 냇가로 뛰어내리는 코스가 있었다.
물이 꽤 깊었고 막상 큰 나뭇가지 위에 올라서서 보니 아찔했다.
당시에 일행들 아무도 시도하는 이가 없었다.
내가 시범을 보이고는 싶었으나 도저히 용기가 나지 않았다.
관광객들이 사진을 찍고 지켜보고 있는데 하자니 겁이 나고,
안 하자니 비겁한 것 같고 그랬다. 에라, 모르겠다.
물로 뛰어내렸더니 그 뒤에 한 사람 두 사람 따라서 하는 것이었다.
해 보니 별것 아닌데 지레 겁을 먹었다는 것을 깨닫게 되었다.
나는 그리하여 의도적 창조자가 되었다. 사람들 마음속에
할 수 있다는 불을 지핀 것이다. 그때 추억을 두고 지금도 같이 갔었던
일행들이 한마디씩 하고 있으니 말이다.

새벽길 별을 보며

863 맥가이버 아저씨
2021. 4. 2. (금)

지금까지 아파트에서 살아본 경험은 일 년이 전부다.
줄곧 주택에서 살아왔다. 손볼 곳이 종종 생긴다.
관리해야 할 것도 많다.
20그루가 넘는 가이스카향나무를 전지하는 일도 연중행사다.
이것도 즐거운 일이라고 생각하고 한다.
전기, 수도, 나무, 화단 등 손길이 가야 할 곳이 많다.
수리할 때마다 인부, 기술자를 불러서 할 수도 없는 노릇이다.
특히나 내 손이 커서 일복이 많이 따라다닌다.
타고날 때부터 손으로 하는 일을 능숙하게 할 수 있어
감사의 조건인데 집을 짓고 나서 9년쯤 되니 형광등의 안정기가
거의 수명이 다 되었다. LED등으로 5개를 교체했다.
　　사다리를 놓고 천장에 부착하는 전기 공사는 꽤 힘든 작업이다.
혼자서 한나절 동안 작업했다.
밝은 빛이 거실, 방, 주방을 비춰주니 마음에 태양이 하나
떠오르는 것 같다. 하다가 막히면 지혜를 구한다. 안 되는 것은 없다.
시간이 걸릴 뿐이다.
일할 때 굉장한 즐거움을 느낀다.
내가 나를 봐도 맥가이버 아저씨 같다.
근무를 마치고 오늘 집에 오는 아내가 깜짝 놀랄 것이다.

864 그냥 살면 안 된다
2021. 4. 2. (금)

    하나님은 인간 누구에게나 24시간을 요리하며 작품을
만들라고 주셨다.
하루라는 날을 어떤 메뉴로 맛있게 요리할 것인지 일어나는
새벽 5시부터 치열하게 시작한다.
기본적으로 하루에 반드시 해야 하는 일은 여섯 가지다.
그냥 살고 싶지 않은 것이다.
시간 낭비는 인생과 생명을 낭비하는 일이다.
나는 조건 없이 행복하기로 했다.
삶을 살지 말고 즐기는 것이다.
온전한 자유로움과 경험들을 만들어 즐기며 사람들에게도
나누고 싶다.
    내 주변에 있는 사람 중에 50대, 60대에 암 선고를 받은
이들이 여럿 있다. 예고하고 찾아오는 병이 아니다.
돌아보면 60대 중반까지 살아온 것은 기적이다.
40대에 돌아가신 아버지의 그림자가 나에게도 드리워져 있지
않을까 하는 부질없는 생각을 할 때가 있다.
금방 생각을 방향 전환하지만 말이다.
오늘도 감사, 열정, 즐거움, 자유로움, 의미로 요리하여
하루의 내 삶에서 맛있는 예술적 음식이 나오게 해야겠다.
나는 아무리 생각해도 축복받은 행운아다.

865 산나물 비빔밥

2021. 4. 3. (토)

　　산나물은 힘을 가지고 있다. 놀라운 자연의 힘이다.
채소보다 성장 속도도 느리고 생장 환경도 까다롭다.
자연의 숨결을 담아내는 산나물은 봄에 먹을 수 있는 매력이 있다.
뜯을 때의 즐거움과 먹을 때의 즐거움은 사뭇 다른 느낌이다.
　　봉우리가 다섯 개인 오봉산에 갔다.
절대 욕심 부리지 말고 고마운 마음을 품고 한 끼 먹을 양만 채취한다.
쑥, 찔레 순, 까마귀밥여름나무 순, 원추리, 까실쑥부쟁이 등
몇 번만 손이 가도 한 끼 비빔밥 재료로 충분하다.
우리 집 화단에 심어놓은 것도 달래, 씀바귀, 곰보배추, 더덕,
땅두릅, 취나물, 머위 등인데 바가지 하나 들고 한 바퀴만 돌아도
맛있는 자연을 버무려 먹을 수 있다.
　　한겨울을 이겨낸 인고의 세월이 담겨 있는 봄나물.
집에서 담근 고추장을 가져 왔다.
올해에 열 번은 비빔밥을 먹어야겠다.
천지에 널려 있는 들나물, 산나물 보약들이다.
온갖 생명으로 약동하는 이 계절, 이리 봐도 저리 봐도
아름다움뿐이다.
설렘의 하루하루가 감사뿐이다.

866 기적이 기적 아니었다
2021. 4. 3. (토)

아내가 먼저 발견했다. 불쑥불쑥 솟아 나온 버섯이 십여 개 있었다. "와우, 이거 송이버섯 같은데 이런 기적이 있나?" "기적인지 아닌지는 알아봐야 할 것 같은데요." 아내의 말이다. 국내에서 자생하는 버섯류는 1,100여 종인데 그중에 식용 버섯은 300여 종뿐이다. 식용과 독버섯을 구분하는 일은 대단히 어렵다. 독버섯을 식용 버섯으로 잘못 알고 먹어 종종 중독 사고가 일어난다. 반짝인다고 모두 금이 아니다.

책꽂이에서 『한국의 버섯』 책을 꺼내 펴보았다. 화단에서 발견한 버섯은 송이버섯이 아니라 두엄먹물버섯이었다. 독버섯이다. 책을 들고 가서 비교해 보니 확실했다. 기적이 아니었다. 다시 생각을 생각해 보았다. 그러면 식용 버섯이 있었어야만 기적이었나? 화단에 솟구쳐 나온 것 자체가 기적이 아닌가? 사건보다 중요한 것이 해석이다.

생각을 조금만 바꾸면 전혀 기적 아닌 것을 기적으로 볼 수 있다. 장모님에게 알려드렸다. 절대 손대지 마실 것과 독버섯이라는 것을. 숨 쉬는 것이 기적이다. 살아있는 것이 기적이다. 내 몸에 뜨거운 피가 흐르는 것이 기적이다. 맞다. 화단에 버섯은 기적이었다. 기적이 기적 아닌 것이 기적이었다.

867 오늘 이 순간에 일어나는 일
2021. 4. 4. (일)

480페이지 되는 『그리스인 조르바』. 한 시간 안에는 자리에서 일어나지 않고 책 읽는 습관이 생겼다. 책에 날짜와 시간을 적고 계획적으로 읽는다. 391페이지에 이런 말이 있다.
"나는 어제 일어난 일은 생각 안 한다. 내일 일어날 일을 자문하지도 않는다.
내게 중요한 것은 오늘, 이 순간에 일어나는 일이다.
조르바, 지금, 이 순간에 자네 뭐 하는가? 잠자고 있나?
그럼 잘 자게. 조르바 자네 지금, 이 순간에 뭐 하는가?
여자에게 키스하고 있네. 잘 해 보게.
키스할 동안 딴 일일랑 잊어버리게.
이 세상에는 아무것도 없네."
이 말은 나에게 어떤 의미가 있는 것일까?
무슨 철학적 사유를 해야 하며 어떤 대답을 해야 할까?
오늘 이 순간에 일어나는 일에만 몰두, 몰입, 모든 영혼을 쏟아 붓고, 마음을 불태우고, 100퍼센트 온전히 올인하고 최선을 다해야 한다는 것이리라.
딴 일일랑 잊어버리라는 것은 내가 만나는 사람, 일, 시간에 몰입하라는 뜻일 것이다.
이보다 더 소중한 것은 없으니까.

868 교황 요한 바오로 2세
2021. 4. 4. (일)

인간이 세상에 살다가 마지막 눈을 감을 때 어떤 말을 할 것인가?
언제인가 내가 임종하게 될 때 내 입에서 어떤 말이 나올까?
요한 바오로 2세는 "나는 행복합니다. 당신도 행복하세요."라고 했다.
집이 털린 교우에게 침대보와 이불 등 사제관의 모든 물품을 내주고
자신은 맨 침대에서 지낼 정도로 검소하고 겸손하게 살았다.
2005년 4월 2일 밤, 아파트 청소부에게 작별 인사를 하고
비서 신부에게 요한복음 9장까지 듣고 선종했다.

나의 정년 은퇴는 7년 남았다.
유종의 미를 거둘 수 있으려면 어떻게 해야 할까?
매일 죽음을 생각해야 매일 신선하고 아름다운 삶을 가꾸어
갈 수 있으리라.
어떠한 어려움이 닥쳐와도 최우선적으로 고백되어야 하는 것은
감사여야 한다. 감사보다 앞서는 것이 없어야 한다.
감사가 들어가야 할 자리에 다른 어떠한 것도 자리 잡아서는 안 된다.
어떤 것을 잃는다고 해도 이유와 원인을 묻지 말고 씩~ 한 번 웃고
소리 내어 "감사합니다!"라고 외칠 것이다.
얼마든지 그렇게 할 수 있는 내적 힘이 있으니까.
3주째 주말에 비가 내리고 있다.
꽃잎들이 꽃비 되어 내리겠지.

869 인생이 나에게 묻는다
2021. 4. 5. (월)

　　살다 보면 세상일이 천태만상, 억만 가지도 더 생긴다.
달콤한 일들만 있으면 쓴맛을 모를 것이며, 햇빛이 쨍쨍
내리비치는 날만 있으면 세상은 사막이 되고 말 것이다.
내리는 비 종류만 해도 수십 가지가 넘고, 내리는 모양도
별의별 모습이다.
그 어느 것 하나 똑같은 것이 없고, 수십만 장의 나뭇잎도
같은 것이 없다.

　　만일 나에게 사형선고 같은 암이 발견되었다면 내가 인생에게
물을 것이다. 왜 나에게 이런 일이 있어야 하는지,
어찌하여 이런 시련의 골짜기를 지나야 하는지를.
하지만 생각을 바꿀 것이다. 인생이 나에게 묻는다는 것을 기억하자.
이러한 때 너는 감사할 수 있겠는가, 어떤 의미를 부여할 것인가,
어떻게 받아들일 것인가, 가혹할지 모르나 일어날 일은 일어나게
되어 있지 않은가? 내 인생의 각본에 따라 온 것뿐이라고 생각하련다.

　　흐르는 물처럼 받아들일 수 있는가?
그리고 진정 깊은 평화와 자유가 있는가?
이런 질문에 예스라고 자신 있게 답할 수 있어야 한다.
내가 인생에게 묻지 말고 인생이 나에게 묻는 것을
귀 기울여 듣고 반응하자.

870 남의 행복을 먼저 챙기자!
2021. 4. 5. (월)

　　어떤 사람에게 선물을 주면 상대방이 기쁘기 전에
내 마음에 먼저 기쁨이 깃든다.
올해 1월부터 기록하기 시작한 섬나행(섬김, 나눔, 행복) 노트는
쓸수록 행복이 증가한다.
3개월간 섬기고 나눈 물질을 계산해 보니 꽤 많았다.
인생 노년기에 접어들고 있는 나는 나의 행복을 도모하고
추구할 것이 아니라 다른 사람들의 행복을 위해 많은 씨를
뿌려야 한다. 무엇인가 자꾸 소유하고, 모으고, 집착하는 일에
몰두하는 것보다 더 멍청하고 바보스러운 일은 없을 것이다.
남을 행복하게 하려고 할 때 메아리가 되어 나에게 돌아온다.
　　소유냐, 존재냐?
이제는 어떠한 존재론적인 삶을 마지막 인생으로 열매 맺을
것인가를 스스로에게 끊임없이 질문하고 답을 해야 하는 때다.
다른 사람을 웃게 하려면 내 안에 웃음이 고여 있어야 한다.
그것이 흘러나와야 한다.
누구나 마음속에 양동이 하나씩이 들어 있는데
국자로 다른 사람을 위해 퍼주면 줄어드는 것이 아니라
오히려 늘어난다고 한다. 덤으로 오는 축복이고 행복인 것이다.
아니, 그리 아니할지라도 마땅히 실천해야 하는 것이
내 존재의 의미와 가치와 목적인 것이다.

871 아침에 만난 야생화들
2021. 4. 6. (화)

혜민 스님이 쓴 책 『멈추면, 비로소 보이는 것들』을 보면
"멈추면 비로소 보여요. 내 생각이, 내 아픔이, 내 관계가."라는
내용이 있다. 산책하면서 종종 걸음을 멈춘다.
논두렁길을 걷는 일은 자연 속에 푹 파묻혀 있는 것 같아서 행복하다.
동이 트기 전 꽃들과 눈 맞추며 인사한다.
식물아 얘기해 볼까라고 말을 걸어본다. 하얀 서리로 온몸에
옷을 입고 있다. 자주색 자운영, 꽃다지, 갓꽃, 애기똥풀, 광대나물,
자주괴불주머니, 뽀리뱅이, 흰젖제비꽃, 민들레, 말냉이 등
십여 종류의 꽃을 보았다. 이 중에 반절이 노란색이다.
오늘 아침에 만난 야생화들, 오늘 본 꽃을 내일 못 볼 수도
있을 것이다. 어제 본 꽃을 오늘 못 본 사람들도 많을 것이다.
"가도 가도 끝이 없는 인생길은 몇 굽이냐"
문주란의 「유정천리」 가사다.
　　지금, 오늘 온 우주의 기운을 담아 핀 야생화들을 볼 수 있는
것은 우연이 아니다. 필연이며 기적이고 행운이다.
오늘만 나의 날이다. 하루의 디자인은 내가 해야 한다.
오전 새벽기도, 걷기, 비빔밥 먹기, 글쓰기, 성경 낭독, 독서,
찬양 듣기, 감사일기, 옥정호 가서 자전거 타기,
클래식 음악 감상.

872 「전원」교향곡과 비빔밥

2021. 4. 6. (화)

　　행복은 큰 것보다 작은 것에, 멀리 보다는 가까운 곳에 있다.
동녘에 해가 뜨는 시간에 눈길이 가고 마음이 가는 곳이 있었다.
막 오르기 시작한 찔레 순, 쑥, 유채꽃 세 가지다.
두어 주먹 따와서 데치니 향이 주방에 가득하다.
도예가 문 선생이 만든 큰 그릇을 사 온 이유도 비빔밥과
냉면 그릇으로 사용하고 싶어서였다.
청자색으로 만든 그릇은 기품이 있다.
참기름, 깨소금, 고추장, 달걀, 세 가지의 나물을 넣고 비빈 후
제비꽃 세 개를 화단에서 꺾어와 밥 위에 올렸다.
　　한 끼의 식사는 단순한 밥이 아니다.
베토벤 교향곡 6번 「전원」을 카라얀의 지휘로 들으면서
한 수저 한 수저 떠먹을 때 나의 입안에서도 교향곡이 자연과 함께
연주되는 것 같았다.
한겨울을 이겨내며 대지에 입맞춤한 나물들이다.
그냥 비빔밥이 아니라 온 우주의 기운을 담은 우주적 비빔밥이다.
혼자 먹기에는 아까운 한 끼 식사, 올봄에 자연 비빔밥을
열 번은 먹어야겠다. 보약이 아니던가?
나는 자연에 빚을 지고 사는 지구별 나그네다.

　　　　　　　　　　　　　　새벽길 별을 보며

873 히노아라 선생님
2021. 4. 6. (화)

올해 101세, 병원 이사장, 독립형 호스피스 개발자,
늘 새로운 것에 도전, 새로운 사고방식을 추구하며 흥미를
느낀 것에는 주저하지 않고 모험하는 분, 기내에서도 글쓰기,
작시, 집필 활동, 절대로 엘리베이터를 안 타시는 분,
급한 일을 하지 않고 중요한 일을 먼저 하시는 분,
음악을 즐기고 한결같은 체중을 유지하시는 할아버지.
이분이 일본의 히노아라 선생님이다.
그러고 보니 내가 지금 사는 삶의 방식과 닮았다.
나는 진실로 원한다.
85세에 하늘나라로 불러가 주시라고 기도하고 있다.
85세면 딱 적당할 것 같다. 그때 가면 마음이 변할까?
이것 또한 내가 원한다고 되는 것이 아니라 되어야 하는 것이니까.
지금까지 다른 기도는 다 들어주셨는데 이 기도는 안 들어주실까?
그래도 앞으로 20년이나 남아 있다.
다윗이 삶과 죽음은 한 뼘이라고 했는데 한 치도 안 되는 것 같다.
나도 서울 가면 지하철 에스컬레이터를 타지 않고 계단을 이용한다.
매일 나에게 행복한 이벤트를 해 주는 일을 주저하지 않는다.
가슴이 뛰는 일을 망설이지 않는다.
히노아라 선생님은 나의 롤 모델이기도 하다. 뛰어넘을 수 있다.
평화, 자유, 감사가 강처럼 흐르는 아침이다.

874 용운리를 바라보며
2021. 4. 6. (화)

약 16킬로미터의 옥정호 드라이브 길 라이딩을 하다가
수몰민 기념 공원인 효산 공원에서 강 건너에 있는 운암면
용운리 마을을 바라봤다. 1982년 4월 한신대학 1학년 27살 때
전도사로 단독 부임해 간 곳이 용운리의 용운교회다.
지금은 도로가 뚫렸지만 그때는 막은 댐에서 통통배를 타고
50분쯤 가야 했던 섬 교회였다.
초가집에 십자가만 세워 놓은 교회인데 서울에서 토요일에 내려와서
50여 명의 어린이를 샘물가에 앉혀 놓고 세수를 시키고 손톱,
발톱을 깎아 준 후 사탕 한두 개를 손에 쥐어 주어 집에 보냈다.
당시 유자, 순이, 미순이 삼총사는 19살 산골 아가씨들로
주일학교 교사였다.

40여 년의 세월이 훌쩍 지났다. 순이는 일찍 세상을 떠나갔고,
유자는 전도사로, 미순이는 그때 성경학교 봉사를 해 주러 온
성실한 우봉 선생과 결혼하여 아들딸 결혼시키고 지금은 내가
섬기는 교회에서 부부 집사가 되어 신실한 축복받은 교인이 되었다.
첫사랑 목회지에서 3년 혹독한 훈련을 받은 것이
지금 40여 년의 목회 활동에 큰 밑거름이 되고 있다.
다른 사람의 세월도 이렇게 화살처럼 빨리 날아갔을까?
어제 일을 생각하니 감사뿐이요, 오늘 일을 생각하니 기쁨뿐이요,
내일 일을 생각하니 소망뿐이라.

875 무인도에서 수천억 원
2021. 4. 7. (수)

지난달에는 15명에게 음식을 대접했다.

식사비가 많이 지출되었다. 그래서 감사했다.

다른 사람을 위해서 섬기며 나눌 기회가 있는 것은 복이다.

나이 들면 사람들은 "~걸"을 많이 한다. 베풀며 살걸,

참으며 살걸, 재밌게 살걸.

어린이는 사랑을 거절당하는 것을 가장 두려워한다.

해가 지면 엄마 생각이 더 나는 것도 외로움에 대한 반증일 것이다.

어른들이라고 예외는 아니다. 나에게 물어본다.

사람들 음식 대접하는 것은 물론, 즐겁고 행복해서기도 하지만

가만히 들여다 보면 내가 인정받고, 사랑받고, 존중받고 싶어서

그런 면도 있겠다 싶다.

무인도에서 혼자 살면서 통장에 수천억 원이 있다면

무슨 의미가 있을까? 그것이 행복할까?

존재감의 결핍 상태로 가고 싶지 않기 때문에 돈을 쓰는 것이 아닐까?

그렇다면 나 혼자의 부자는 허망한 것이다.

돈을 쓰면서 자기 존재감을 표현하고 싶은 동기도 있을 것이다.

물론, 보상 동기가 아니라 기쁨 동기겠지만 말이다.

나에게는 무인도도 없고 수천억이 아니라 1억도 없지만

나는 행복하다. 아무리 거센 비바람, 폭풍이 몰아쳐도

나는 감사가 나올 수 있으니까.

876 조르바에 대한 오해
2021. 4. 7. (수)

　　오해는 무지에서 나온다. 편견도, 고정 관념도, 고장 난 생각도
마찬가지다.
소크라테스는 "모든 악은 무지에서 비롯된다."라고 했다.
카뮈도 비슷한 말을 했다.
거의 모든 악은 무지에서 나온다.
『그리스인 조르바』는 1883년에 태어난 니코스 카잔차키스가 썼다.
톨스토이, 도스토옙스키에 비견될 정도로 위대한 작가다.
카잔차키스가 깊은 영향을 받은 사람은 호메로스, 베르그송, 니체,
조르바였다.

　　많은 사람이 조르바는 계속 떠돌아다니면서 여성만 좋아하는
인간으로 오해하고 있는 경우가 많다.
젊은 시절에는 그리스의 독립을 위해 불가리아인, 터키인들을
죽이고, 강간하고, 가족을 몰살했다.
관념과 애국심의 노예로 살았고 그것이 정당한 정의인 줄 알았다.
끊임없는 방랑을 통해 그것이 얼마나 큰 허상이었던 것인가를
깨달은 후 진정한 자유에 이른다.
조르바처럼 늙어야 한다고 말하는 이유가 무엇일까?
일할 때든, 밥먹을 때든, 무엇을 하든지 사랑의 몰입을 하라는 것이다.
그 대상이 꼭 남녀일 필요는 없다.
여기에서 자유가 시작되는 것이니까.

877 시간은 곧 인생이다
2021. 4. 8. (목)

    무슨 일이든지 재미있으면 짧게 느껴지고, 재미가 없으면
길고 지루하게 느껴지기 마련이다.
월요일 오전 9시부터 5시까지의 회의 시간은 며칠은 된 것처럼 길게
느껴졌다.
시간 분초가 모여서 나의 삶이 엮어지며
이것이 나의 인생으로 귀결된다.
어떠한 삶을 살았느냐는 어떻게 시간을 보냈느냐다.
객관적인 시간은 누구에게나 공평하게 주어지지만
주관적인 시간은 본인의 몫이며 하기 나름이다.
    독서와 글쓰기에 많은 시간을 투자하는 나는 자아를 벗어난
탈아의 경험이 있어 감사하다.
어떤 때는 새벽 5시에 알람 소리가 안 들리고 계속 잤으면 하는
생각이 들 때도 있지만 여지없이 일어나야만 했다.
사자에게 쫓겨 뛰어가는 토끼의 눈망울 같은 발걸음은 아니다.
그렇게 살고 싶지는 않다. 아프리카 속담에 이런 말이 있다.
"pole pole haraka haraka haina baraka.
(천천히 해라. 빨리빨리 하는 것은 행운이 없다.)"
주관적 삶은 어떻게 무엇의 끈을 연결하느냐에 달려 있다.
살아가는 나에게 응원하고 손뼉 쳐줄 사람은 나 자신이다.
껴안아 주고 다독거려 줄 사람은 바로 나다.

878 나를 위해 죽어가는 것들
2021. 4. 8. (목)

옛날 고향 시골에서 명절 때마다 듣는 소리가 있었다.
누군가의 집에서 돼지를 잡을 때 나는 멱따는 소리다.
이때는 죽기 전부터 지르는 돼지의 비명이 동네의 정적을 깨뜨린다.
그러면 한두 근 돼지고기를 사러 부모님이 갔었다.
이렇게까지 해서 먹어야 하느냐는 질문을 던지곤 했다.
짐승들은 인간들의 먹을거리를 위해 죽어야 했다.
채소도 물고기도 마찬가지다.
어릴 적 아버지를 따라 냇가에서 투망으로 물고기를 잡으면
그릇에 주워 담는 일을 했다.
푸드덕거리는 물고기의 모습을 보면서도 먹어야 했다.
결국, 살아있는 생명이 죽어야만 채소, 고기, 과일을 먹을 수
있는 것이다.

모순적인 것 같지만 그렇게 살아왔다.
중요한 것은 당연시할 것인가, 감사할 것인가다.
나도 언제인가 죽어 먼지가 되고 흙이 되고 재가 될 것이다.
어제 점심도 화단 텃밭에서 이십여 가지의 채소와 나물을 뜯어
비빔밥을 해 먹었다.
그냥 두면 살아있을 것들을 내가 먹기 위해 죽여야 했다.
그러기에 고마움과 소중함이 더 깊은 것이리라.
한 끼 밥을 먹은 것이 아니라 식물들의 사랑을 먹은 것이다.

새벽길 별을 보며

879 어느 때 자유가 주어지는가?

2021. 4. 8. (목)

주먹만 한 내 심장 속에 예쁘게 포장되어 담겨 있는 것이 있다.
자유, 평안, 감사, 열정, 도전, 믿음, 섬김, 진실, 최선, 자연
열 가지다.
이 단어들은 그냥 국어 사전적 의미로만 있는 것이 아니다.
나의 존재론적 가치 그릇들이다.

나는 어릴 적부터 외로움에 많이 길들어 살아왔다.
홀로서기의 훈련장이 많았고 외로움을 견뎌 내는 굴곡과
사건들도 많았다.
죽을 만큼 힘들었을 때도 포기하지 않았다.
때로는 포기하려는 마음으로 머리가 하얗게 될 때도 있었지만
지금까지 살아왔다.
가슴이 시키는 일, 가슴이 뜨거워지는 일을 하지 않은 것은 없다.
하니까 되었고 하다 보면 되었다.

나에게 있어 자유는 처절하고 혹독한 외로움을 견딘 후
주어진 것이었다.
가족들, 살아가는 환경, 주어진 직무, 인간관계들이 모두
나를 응원하고 축복하기 위해 있는 복의 통로들이었다.
미움받을 용기, 내려놓는 결단, 비우려는 겸허함, 잃을 것에 대한
두려움 없음이 강렬하게 내 안에서 꿈틀거리고 있음을
나는 느끼며 살고 있다.

880 세 시간 반 책 낭독
2021. 4. 8. (목)

시간이 멈춰져 있는 것 같은 사건이 있을 때 최고의 자유와
행복을 느낀다.
책 한 권을 낭독하며 녹음해 보고 싶었는데 드디어 오늘 실행했다.
조셉 마셜의 『그래도 계속 가라(Keep Going)』 책 197페이지를
모두 한 글자도 빠뜨리지 않고 낭독했다.
젊은 제레미가 할아버지에게 물었다.
삶이 왜 이렇게 힘든 거냐고. 이 질문에 우화를 이용하여 대답해 주는,
가슴을 절절히 울리는 책이다.
일 년 동안 가슴에 품고 갈망했던 지리산 둘레길 여행을
2010년 10월 11~13일까지 홀로 떠나면서 배낭에 넣어간 책이다.
"수철-동강-금계로 향하던 중 민박집에서 머물다가
12일(화) 새벽에 일어나 끝까지 한 번에 다 본 책"이라고
책 속에 기록이 되어 있다.
그 뒤에도 몇 번을 읽었는지 모를 정도다.
어떤 고난과 역경도 그 속에서 내가 딛는 미약한 한 걸음보다
강할 수는 없다는 메시지는 인생을 살아가도록 견딜 힘과 용기를
부어주었다.
세 시간 반 동안 꼼짝 않고 읽으며 핸드폰에 녹음한 내가 대단하다.
그리고 자랑스럽다. 박수 백 번을 쳐주고 싶다.

881 황새냉이 앞에 서서

2021. 4. 9. (금)

오늘 떠오른 찬란한 태양은 어제의 태양과 다르다.
어제 살아온 날과 오늘 살아갈 날이 다르기 때문이다.
농로 옆 작은 습지에서 자라 흰색 꽃무더기를 이루고 있는
황새냉이 앞에 섰다.
봄나물 하면 두릅과 냉이를 빠뜨릴 수 없다.
말냉이, 물냉이, 싸리냉이, 좁쌀냉이, 고추냉이, 미나리냉이
등 십여 가지 종류가 있다.
북아메리카 또는 유럽이 원산지인 경우도 있다.
냉이꽃은 모두 흰색이라는 데 공통점이 있다.
막 떠오르는 햇살에 영롱한 이슬방울이 다이아몬드처럼 빛난다.
무리를 지어 피어 있는 황새냉이들 앞에 서서 쳐다볼 때
생명, 아름다움, 자연의 신비를 설렘으로 바라본다.
이 지구별에서 만난 꽃들은 나에게 어떤 의미가 있는 것일까?
자기 본연의 역할을 충실히 이어가고 있는 생명의 환희,
파라다이스다.
세상의 존재는 모두 다 의미와 이유가 있다.
식물도, 곤충도, 어떤 미물들도 삶의 계획서가 있는 것이다.
황새냉이들도 자신의 길을 찾은 것이다.
자신들이 갈 길을 가는 것이리라.

882 13년째 쓰는 감사일기
2021. 4. 10. (토)

13년 전 2008년 4월이었다.
데보라 노빌이 쓴 『감사의 힘』 책을 보니 감사 노트 사용법이 나왔다.
아는 것이 힘이 아니라 실천하는 것이 힘이다.
그날부터 감사일기를 쓰기 시작하여 오늘에까지 이르게 되었다.
오늘 나를 기분 좋게 만든 일, 가슴을 따뜻이 만들어 준 일,
오늘 행복했던 일, 앞으로 행복하게 만들어 줄 일, 감사를 느낀
상황이나 사건, 오늘 영향을 미친 사람과 그 내용.
이렇게 여섯 가지를 적어 놓았는데 실제로는 훨씬 다양하고
많은 감사의 내용이 샘물처럼 솟아 나온다.
　매일 줄기차게 기록하는 일은 습관, 그 이상의 힘이다.
무엇이 그렇게 되어서 감사가 아니라 그럼에도 불구하고
그리 아니해도 감사할 수 있는 조건이 글을 쓰다 보면 나온다.
　몇 달 전, 큰 며늘아기 친정엄마인 사부인에게 노트를
사 드리면서 감사일기를 써 보시라고 했다.
지나온 삶의 발자취도 되거니와 앞으로 살아가야 할
삶의 에너지, 자극제가 되기도 했다.
감사로 눈뜨고 감사로 하루를 눈감는 그것이야말로
이보다 더한 행복이 있을까?
내 인생 마지막 눈감는 순간까지 감사일기를 쓰리라.

883 한 달에 한 번, 일주일에 한 번
2021. 4. 11. (일)

　　이번 주에 내가 사는 곳에 코로나 19 확진자가 30명을
넘었다. 일파만파 퍼지고 있는 추세다.
각기 다른 학교에 근무하고 있는 둘째 아들과 며늘아기는
한 달에 한 번 집에 온다.
목포여서 거리적인 사정이 있어서다.
한 달에 한 번 돌아오는 이발, 치과 검진은 빨리도 오는데
둘째 아이 부부가 오는 날은 길게 느껴진다.
큰아들과 며늘아기 역시 다른 고등학교에서 근무하고 있는데
매주 왔지만 오늘은 올 수 없었다.
코로나 19의 확산세로 교직원들이 각별히 조심해야 해서다.
매주 오면 음식과 채소 같은 것을 싸주었는데
오늘은 부추김치와 두부를 전해줄 수 없게 되어 아쉬웠다.

　　두 며늘아기들을 맞이하면서 또 다른 세상을 접하게 되어
감사하다. 셋째가 또 아들일까 싶어서 낳지 않았었는데 세월이
한참이나 지난 요즘은 셋째 며늘아기까지 있었어도
참 행복했겠다는 생각이 든다.
욕심이 한 수저 더해진 걸까?
자녀들을 가까이 두고 싶어 하는 마음은 나만 그런 것인가?
세상을 더 살아갈수록 이미 돌아가신 부모님 마음에
더 다가가는 것 같다.

884 죽기 전에 알아야 할 비밀
2021. 4. 12. (월)

　행복해야 한다고 늘 스스로에게 말을 한다. 하지만 행복을
추구하거나 찾지는 않는다. 하루를 충만하게 살면 되기 때문이다.
행복을 위한 조건들은 없다. 하루의 디자인과 설계와 그림은
오롯이 내 몫이다. 행복하게 살기에도 너무 짧은 인생이며 세월이다.
　『죽기 전에 알아야 할 삶의 5가지 비밀』책을 읽었다.
첫째, 가슴이 시키는 대로 살아라.
둘째, 후회를 남기지 마라.
셋째, 스스로 사람이 되라.
넷째, 지금, 이 순간을 살아라.
다섯째, 받기보다 주는 데 힘쓰라.
　바로 나를 두고 하는 말 같았고, 나의 스토리가 담겨 있는 것
같았다. 소크라테스가 "성찰하지 않는 삶은 살 가치가 없다."고
말했는데 매일 나에게 질문을 던지고 나를 성찰하며 살고 있다고
생각한다. 가슴이 시키는 대로 하지 않은 일 하나와 후회를 남긴 일
하나가 있다면 셋째를 낳지 않은 일이다.
셋째도 또 아들을 낳을까 예측 염려되어 생각을 접었었다.
두 아들도 천 번 만 번 감사하다. 나이 들어가는 표시일까?
자녀가 많았으면 좋겠다는 생각이다.
애기똥풀이 방긋 웃는 아침이다.

885 기분 좋은 피곤한 하루
2021. 4. 12. (월)

지난주 화요일, 옥정호 드라이브 길 라이딩을 하고 나서
하루 만에 1킬로그램의 체중이 줄었다.
입에서 단내인지 쓴내인지가 날 정도로 힘이 들었다.
그런데 그날 밤 단잠을 이뤘다.
물밀 듯이 밀려오는 환희, 즐거움, 행복, 보람과 의미가
눈물 날 정도로 컸다.
왕벚나무 꽃잎이 꽃비 되어 날리는 길을 달릴 때,
특히 오랜 시간 오르막길을 올랐다가 내리막길을 내려오면서
자전거 속도가 60킬로미터로 질주할 때의 쾌감과 짜릿함은
말로 다할 수 없다.
   기분이 아리송하게 피곤한 때가 있고, 기분 좋은 피곤한
하루일 때가 있다. 오랜 시간 회의할 때는 피곤하다.
기분 좋은 피곤함은 아니다. 그냥 해야 하니까 하는 것이다.
대학에서 하루에 몇 시간씩 강의할 때, 산책, 독서, 등산, 그림,
글쓰기, 십자가 만들 때, 꽃과 나무를 관찰하고 커피 내릴 때,
이런 시간은 시간을 잊어버리면서 하게 된다. 기분 나쁜 일이 생겨도
금방 좋은 쪽으로 핸들을 돌려 의미화시켜 버린다.
기분 좋은 나를 내가 만들어 줘야지 남들이 만들어 주지 않으니까.

886 아침 한 잔의 드립 커피
2021. 4. 13. (화)

　　한 잔의 에스프레소를 추출할 때 물의 온도는 90~95도다.
보일러 압력은 1~1.5바, 추출량은 25~30밀리리터,
추출 시간은 20~30초, 커피의 양은 싱글 7~9그램 등이다.
커피 머신이 집에 없기 때문에 주로 드립 커피를 마신다.
"나에게 빚진 많은 돈을 갚지 않아도 좋으니
그 대신 커피로 주게." 나폴레옹의 말이다.
내가 가장 좋아하는 음료는 커피다.
해외 여행을 갈 때도 드립 커피를 마실 수 있도록 준비해 간다.
　　어제부터 비가 내린다. 커피 마실 분위기를 고조시켜 준다.
오늘은 처음으로 맞이한 에티오피아 게뎁 첼베사를 추출했다.
그리고 공석진 님의 「시와 커피」라는 시를 암송했다.
"시를 쓰는 것도/커피를 마시는 것도/힘든 날의 기억을/견뎌 내는 일"
쟈스민 향, 신맛, 초콜릿의 달콤함도 있고, 과일의 톡 쏘는 산미가
매력적이다.
　　커피 잔을 들면 세워 놓은 감태나무 잎들이 커피 잔 속에서
아른거린다. 커피를 마시다 보니 자꾸 꿈이 생긴다.
언제쯤 에티오피아에 여행 갈 수 있을까?
고산지역에서 커피콩을 직접 손으로 따볼 수 있는 날이 언제 올까?
생각이 현실화되겠지. 그날을 기대한다.

887 우주가 나에게 윙크한다
2021. 4. 13. (화)

모든 축복의 문을 여는 열쇠는 오직 감사다.
어떤 단어를 다 동원한다 해도 이보다 더 앞설 것이 없다.
벼랑 끝에 서 있어도, 소중한 것을 잃는 순간에도,
위기를 만나고 문제가 쓰나미처럼 밀려와도 진정 감사만
나올 수 있다면 그다음에 펼쳐질 것은 행운이고 축복이다.
경험적인 나의 고백이다. 부정적인 시각으로 자신을 바라보고
세상을 바라보면 이러한 부정적 편향이 가져올 결과는 당연히
불행이다. 나 자신의 유익과 안일과 편안함을 추구하면
결코 우주가 나에게 윙크하지 않는다.

이타적인 나눔, 섬김, 봉사가 초점을 잃지 않을 때
우주가 나에게 윙크하며 웃어준다.
혼자 즐기고, 혼자 좋아하고, 혼자 누리는 것은 관계적 존재로서
인간이 할 일이 아니다.
내게 더 많은 돈과 시간이 있으면 다 하리라고
가설을 세우지만 작은 것을 나눌 줄 모르는 사람은
아무리 많은 것을 넘치도록 공급해 줘도 나눌 수 없게 된다.
마치 저수지에 물이 가득하여 넘쳐흘러도 수문을 열어주지 않는
것과 같다.
나에게 질문한다.
오늘 네가 섬길 수 있는 사람이 누구며 어떤 사람들인가?

4월 머리맡에 씨앗을 두고 자는 달(체로키족)

888 가장 빈곤한 사람들
2021. 4. 14. (수)

돈이 없는 것은 불편할 때가 있는 것이지 불행은 아니다.
지위와 명예는 있으면 좋을 수도 있지만 없다 하여 사는 데는
큰 지장이 없다.
돈이 있어서 선한 일에 쓰임받는다면 얼마나 좋겠는가.
지위와 명예가 있어서 그것을 통해 이 세상에 소금과 빛과
한 알의 밀알이 되면 얼마나 좋겠는가?

직원 지위를 이용하여 투기를 일삼는 일로
세상 사람들 분노가 들끓고 있다.
브레이크 고장 난 차가 내리막길을 질주하는 듯한
사람들 마음을 본다.
본회퍼가 인간은 가능성에 동요되기 쉬운 존재라고
말한 것처럼 그런 자리에 나도 있었으면 눈이 멀었을지 모른다.

가장 빈곤한 인생은 누구일까? 옆에 사람이 없는 것이다.
사랑도, 미움도, 나눔도, 인색함도, 빛과 어둠도
내 마음의 문과 행동을 통해서 나가는 것이다. 누군가는 말했다.
"사람이 없다면 천국조차도 갈 곳이 못된다."라고.
나는 돈을 모아본 적도 없지만 타인을 위해 쓸 때 재미가 있고
의미가 있고 행복했다.
빈곤한 인생을 사는 일은 살았다는 이름만 있는 것이지
죽은 인생이다. 넌 부유한가, 빈곤한가?

새벽길 별을 보며

889 행복은 경험인 것
2021. 4. 14. (수)

　　물이 든 컵을 보고 절반이 차 있는 것인지, 절반이 비어 있는
것인지 판단하고 의미화시키는 시선에 우리의 행복이 달려 있다.
조금만 차 있어도 만족하는 사람이 있고, 넘치도록 차 있어도
결핍 의식, 빈곤 의식, 부정 의식이 있으면 행복하지 못하다.
행복은 관념이나 이데올로기가 아니다.
쫓아다닌다고 하여 내게 날아오는 파랑새도 아니다.
내 삶을 사랑하고, 주어진 현재를 즐기며, 충만한 하루를 살 때
느끼는 경험이 행복이다.
마음의 소리에 즉각적 실천을 하면 경험이 쌓이게 된다.

　　오늘 오후에는 둘째 며늘아기가 타다 준 킥보드를 탈 것이다.
이곳저곳 노랑 물결을 이루고 있는 애기똥풀에 눈 맞추며
지나갈 것이다.
룰루, 랄라, 달이 고양이들 빗질도 해 줄 것이다.
작은 경험이지만 행복을 만드는 일이다.
시간이라는 재료를 가지고 어떠한 작품을 만들 것인가는
나의 몫이고 나의 선택에 달려 있기 때문이다.
눈부신 경험을 작은 것이라도 만들자.
나는 그렇게 살아왔고 살아갈 것이다.

890 「아블루: 교도소 여자들」

2021. 4. 14. (수)

넷플릭스에서 터키 드라마 「아블루: 교도소 여자들」을 보았다.
23화로 데메트 에브가르, 제렌 모라이, 누르셀 쾨세의 연기는
연기 이상의 생생한 몰입감을 주었다.
한 회가 50분쯤 되니까 많은 시간을 투자한 셈이다.
충분히 가치가 있고도 남았다.
가정 폭력에 따른 고통, 폐쇄형 교도소에서 일어나는
온갖 음모, 분쟁, 갈등, 배신, 죽임, 동료애가 뒤엉켜 있는,
시선을 떼지 못하게 하는 장면의 연속이었다.
지옥 옆방이 감옥이라는 말이 마음에 와 닿았다.
특히 딸이 살해되었을 때 엄마의 울부짖음과 처절한 몸부림은
내 가슴을 쥐어짰다.
무서운 모성의 복수심은 어떠한 장애물도 막을 수 없었고
감옥 안에서 벌어지는 인간 내면의 사악함은 온몸을 전율케 했다.
폭력을 당한 상처는 또 다른 사람에게 폭력을 행사하는
악순환으로 이어진다.
그 모습을 보면서 아, 인간이 이렇게까지 무섭고
악해질 수도 있구나라고 생각했다.
이 드라마를 보면서 많은 눈물을 흘렸다.
또 다른 세상에 잠시 살다 온 느낌이 들 정도였다.
주인공 데메트 에브가르의 명연기에 박수를 보낸다.

891 「88세 청년의 독립선언」

2021. 4. 15. (목)

　　유튜브 동영상, 그렇게 수많은 프로그램 중에 내 마음을
몹시 흔들어 놓는 내용을 만난다는 것은 결코 우연한 일이 아니다.
나를 위한 축복이다.
「KBS 휴먼 다큐: 88세 청년의 독립선언」을 보면서
생각의 방향을 새롭게 잡게 되었다. 그리고 용기와 희망이 샘솟았다.
　　김치도 스스로 담가서 드시고 의대에 시신을 기증한 증서를
앞주머니에 넣고 다니시는 분.
28년 전에 뇌경색이 왔을 때 해외에 가서 2년간 오지를 다니며
걷다 보니 몸이 회복되셨단다.
산에 나를 버렸더니 산이 나를 살렸다고 고백하는 88세 청년,
비박 텐트를 치고 자연에서 인생의 답을 찾으시는 분,
결코 자식들에게 짐이 되지 않고 혼자 사시는 분,
캠핑 동호회를 만들어서 가족들이 캠핑 올 수 있도록 농장을
준비해 놓고 같이 어울리시는 분.
　　나의 인생 롤 모델이 나타나셨다.
참된 자유인으로 살아가는 훌륭한 분이시다.
누구든 시신을 발견하는 사람은 연세대 의대로 연락해 주기를
바라는 시신 기증서와 함께 약간의 돈을 작은 포켓에
넣고 다니시는 참으로 보기 드문 멋진 분이시다.
오늘부터 나도 구체적인 준비를 해야겠다.

892 일과 기록
2021. 4. 15. (목)

어제 나의 삶을 시간대별로 기록해 봤다.

1. 5:00/기상, 간단한 잇몸 마사지와 거울 보며 말하기(나는 축복이다. 나는 기적이다. 나는 행복이다), 소금으로 양치질, 생수 한 컵 마시며 7번 감사하기

2. 5:30~6:00/새벽기도(찬송 두 장, 성경 한 장, 중보기도)

3. 6:00~8:00/고양이 밥 주기, 탑천 길 걷기 운동, 동영상 강의 듣기(바람에 흔들리게 창문을 열어주세요. 니체 노트 녹음한 것 듣기)

4. 8:00~9:00/샤워, 식사(8년째 다시마 가루로 샴푸, 내가 끓인 주꾸미 미역국)

5. 9:05~9:30/커피(드립 커피, 에티오피아 게뎁 첼베사) 마시며 베토벤 교향곡 3번 「영웅」 듣기, 「내 주를 가까이 하게 함은」 찬송 듣기

6. 9:30~10:30/에세이 글쓰기(「가장 빈곤한 사람들」, 「행복은 경험인 것」, 「아블루: 교도소 여자들」)

7. 10:30~11:00/화단 꽃과 잔디 물 주기, 화단 돌아보기, 간식

8. 11:00~12:00/생태 동요 작시 59번째(「백당나무」)

9. 12:00~12:35/성경 낭독(시편)

10. 12:35~1:00/점심(팥칼국수, 드립 커피 예가체프)

11. 1:00~2:00/화단 풀 매기, 신문 보기, 신문 내용 중 메모 기록하기

12. 2:00~3:30/「차마고도 다이어리」 동영상 시청(유튜브 강의 노트 기록)

13. 3:30~4:30/휴식, 뒹굴뒹굴, 낮잠

새벽길 별을 보며

14. 4:30~5:30/클래식 음악 감상(베토벤 교향곡 9번 「합창」, 시카고 심포니 오케스트라)
15. 5:30~7:00/독서(『일리아스』)
16. 7:00~7:40/저녁식사(12가지 나물 비빔밥)
17. 7:50~8:30/「KBS 휴먼 다큐: 88세 청년의 독립선언」 시청
18. 8:30~10:00/스페인 드라마 「탈주자」 공부하기
19. 10:00~10:05/감사일기 쓰기
20. 10:05~10:10/발 씻고 취침, 취침 의식(나에게 취침 인사, "잘 자, 오늘 수고했어. 사랑해.")

893 『일리아스』책장 넘기기

2021. 4. 16. (금)

　내가 읽고 있는 호메로스의 『일리아스』는 839페이지인데
10시간째 읽을 시간이다.
그리스 알파벳 순서대로 기록되어 있는 서양 문학의 원료며
인류 최초의 서사시라 일컫는다.
어제까지 611페이지를 읽었다.

　뒤에 남아 있는 페이지를 뒤적거리면서 10시간 동안 달려온
독서 릴레이를 돌아본다.
그리스의 연합군과 트로이의 전쟁을 통해 영웅들의 용감무쌍한
활약과 신들의 뜻과 인간들의 의지 관계를 생각해 본다.
계속 언급되어 나오는 "필멸의 존재", 즉 인간은 죽음을
피할 수 없는 존재라는 것이다.
인간 이해에 대한 철학적 사유를 많이 할 기회였다.
『일리아스』에 이어서 볼 『오디세이』와 『아이네이스』가
나를 기다리고 있다.

　희랍에서 처음으로 나온 철학과 과학의 세계가 2,800년이 지난
지금에 이르기까지 막대한 영향력을 끼치고 있는
호메로스의 『일리아스』, 『오디세이』를 만날 수 있음은
큰 행운이다.
한 장 한 장 책장을 넘길 때마다 나를 대면하는 듯하여 가슴이 뛴다.

새벽길 별을 보며

894 혼자서도 충분히 잘 사시겠어요

2021. 4. 16. (금)

보름 전, 어느 식당에서 닭볶음탕을 시켜 먹었다.
국물이 옷에 튀는데도 손으로 잡고 뜯어 먹는 닭고기와 감자가
어찌나 맛있던지 다음에 꼭 내 손으로 해 먹으리라 마음먹었다.
갑자기 오늘 닭다리와 고기 살이 생겼다.
처음으로 해 보는 요리지만 분명 최고의 환상 같은 맛이 될 거라
믿었다. 감자, 양파, 고추, 마늘, 생강, 참기름, 고추장,
정종 한 술, 고춧가루, 깨소금, 설탕, 당근, 버섯을 넣고 끓였다.
장모님, 처형도 한 그릇 드리고 아내에게 인증사진을 찍어 자랑했다.
"혼자서도 충분히 잘 사시겠어요. 어려운 닭볶음탕도 맛나게
할 줄 아시고." 이런 답장이 왔다.

요리는 특별한 공식도 답도 없는 것 같다. 먹어서 맛있으면
되니까 말이다. 한 그릇으로는 부족하여 두 그릇을 먹었다.
요리하기 전부터 맛있을 거라고 기대하고 나를 대담하게
믿었기 때문이다.

은퇴한 후 한 달에 한 번은 지인들을 초대하여 밥과 지혜를
나누는 모임을 하고 싶다.
아일랜드식 주방이 있는 자연에서 밥과 차를 마시고
책 이야기를 나누는 사람들이 모였으면 좋겠다.
작은 텃밭에 약초와 채소를 가꾸어 대접하고 싶다.
꿈을 꾸고, 간절히 원하고, 될 줄 믿으면 될 것이다.

895 개떡 같은 선물

2021. 4. 17. (토)

개떡 같다는 사전적 의미는 나쁘거나 마음에 들지 않는 것을
비유적으로 이르는 말이다. 여동생이 개떡을 해 왔다.
손바닥 반절 크기의 쑥으로 만든 둥근 떡이다.
그래서 쑥개떡이라고 불린다.

옛날에는 어머니가 보릿가루와 쑥을 버무려 손바닥보다 큰
개떡을 만들어 주시면 채반에 올려놓고 계속 먹었던 기억이 난다.
푸른 쑥이 막 올라올 때 쑥국도 맛있지만 이 계절과 잘 어울리는
떡이 개떡이다. 개떡 같다는 말을 거의 사용해 본 적이 없다.
영화에서 나오는 대사 "젠장"이라는 의미와 비슷한 것 같다.
입에 부정적인 말을 달고 사는 사람들도 있다.
복을 못 받는 이유기도 하다.
아무리 힘들고 어려워도 죽겠다, 힘들다, 안 된다는 말을
사용해서는 안 된다. 말은 씨앗이기 때문이다.

"개떡 같은 선물." 샛별이가 역설적이고 재미있는 단어라고
하기에 제목으로 붙여봤다.
나는 개떡을 선물로 받아먹고 있다.
생각하게 하는 의미 있는 말이고 표현이다.
개떡을 보니 돌아가신 어머니 생각이 난다.
살아계셨으면 옛날 먹었던 큼지막한 개떡 해 달라고 했을 텐데……

896 이른 아침 니체가 찾아온 이유
2021. 4. 18. (일)

"강산은 변해도 인간의 본성은 변하지 않는다."
타고난 본성은 변할 수 없는 것일까? 본성과 습성을 구분하려면
어떻게 해야 할까? 20년을 넘게 모시고 있는 장모님과 처형의 본성과
생활 방식 차이로 부대끼며 힘들 때가 많고 속을 끓일 때도
수없이 많았다. 하지만 힘들었을 때보다는 받은 복이 더 많을 것이다.
늘 같은 시간에 취침, 기상을 해야 하는데 오늘은 처형의
알람 시간이 4시로 맞춰져 있어서 한 시간 일찍 잠에서 깼다.
범사에 감사해야 하는데 내 얼굴은 그러지 못했다.

걷기를 할 때 어두운 밤을 홀로 지낸 식물들이 빤히 내 얼굴을,
아니, 마음을 쳐다보는 것 같았다. 갑자기 니체가 찾아왔다.
인간은 무엇인가 극복되어야 하는 존재다.
위버멘슈 그리고 너의 삶을 사랑하라.
너무 오랜 세월 가까이 있으면 소중함을 덜 느낄 수도 있는 것이다.
어떻게 극복해야 하는지 자신을 더 성찰해야 하겠다.

그래서 니체가 찾아오지 않았을까? 세상을 큰 강처럼 품어라.
삶을 축제와 놀이로 만들라. 큰 강, 축제와 놀이, 극복해야 하는 존재.
다시금 되새김질을 해 본다. 영원한 것은 없다.
언제인가 모두 이별해야 하는 존재다.
가까이 있을 때 잘해 드리자. 그러면 내가 행복하리니.

897 예쁘고 착한 며늘아기에게

2021. 4. 18. (일)

    샬롬. 부활과 생명의 은총을 힘입어 태어난 사월.
생일 축하하며 주께 감사. 결혼하여 처음 맞이하는 뜻깊은
생일이구나.
내년도 생일 맞이할 때는 더 많은 웃음, 더 강건한 몸,
더 많은 즐거운 신혼생활의 이야기가 쌓일 수 있길 빈다.

    코로나 상황으로 함께 맛있는 식사를 오붓이 할 수는 없지만
우리 아가 인생 최고의 멋지고 아름다운 날이 되었으면 좋겠다.
학생들 가르치는 일에 지치지 않는 건강한 몸을 위해
기도하며 사랑하는 남편과 백년해로하며 지구상에 단둘이
있는 것처럼 행복하고 신나게 살아가리라 믿는다.

    생일 선물은 현찰로 주니 맛있는 거 사 먹고 립스틱도 사려무나.
낳아주신 고마운 친정엄마 빵빠레도 하나 사 드리고.
예쁘고 착한 큰 며늘아기가 있어서 행복하고 감사하고
자랑스럽다.

Happy Birthday To You!
시아버지로부터

새벽길 별을 보며

898 레몬 철학
2021. 4. 19. (월)

"When life gives you lemons, make lemonade.
(인생이 당신에게 레몬을 준다면 그것으로 레모네이드를 만들어라.)"
레몬은 몸에 좋으나 먹을 때는 시고 쓰다.
신맛, 쓴맛을 좋아하는 사람은 그러려니 하지만 많은 사람이 먹기
힘들어한다. 어제까지 11시간에 걸쳐 다 읽은 『일리아스』 내용 중에
672페이지에 이런 말이 나온다.
"제우스의 궁전 마룻바닥에는 두 개의 항아리가 놓여 있는데
하나에는 나쁜 선물이, 하나에는 좋은 선물이 가득 들어 있지요.
천둥을 좋아하시는 제우스께서 이 두 가지를 섞어 주시지요."
　삶이 시고 쓴 맛의 레몬을 나에게 준다면 나는 어떻게 할 것인가?
신맛, 쓴맛 그대로를 감사함으로 먹어야 하지 않을까?
어떻게 해석할 것인가? 내 삶에 무슨 유익으로 만들 것인가?
나쁜 선물이 나중에 보면 좋은 선물일 수도 있지 않을까?
범사에 감사한다는 의미는 무엇인가?
왕 레몬을 하나 받았는데 어찌 먹어야지?
레몬 철학을 사유해 보라고 레몬 하나가 생겼나 보다.

899 모든 사람이 꽃이고 별이다
2021. 4. 19. (월)

"양이 그 꽃을 먹어버린다면 그에게는 갑자기 모든 별이
사라지는 거나 마찬가지야.
그런데도 그게 중요하지 않다는 거지?
그는 별안간 흐느껴 울기 시작했다. 어둠이 내린 뒤였다."
생텍쥐페리의 『어린 왕자』에 나오는 내용 중 일부다.
마음먹고 암송한 대목이다.

지구별 속에 있는 인간, 꽃은 또 다른 별이며 꽃이다.
수백만 개의 별들 속에 단 하나밖에 존재하지 않는 꽃,
내게 의미가 있고 내가 꽃에 의미가 되어 줄 때만 가능한 것이리라.
사랑이 없으면 눈도 없다.
눈이 있어야 제대로 볼 수 있으며 아름다움을 느낄 수 있다.
사랑이 없는 곳에는 가치와 의미도 없다.
톨스토이가 말한 것처럼 인생은 무엇으로 사는가? 사랑이다.
존재 이유가 여기에 있다.

사랑으로 보면 모든 인간은 아름다운 꽃이고 별이다.
어떤 조건, 어떤 자격, 표준, 잣대가 주어질 필요가 없다.
존재 자체로 소중하고 귀하다. 니체의 말이 바람을 타고 왔다.
"존재하는 것에서 빼버릴 것은 없고 없어도 되는 것은
하나도 없다."
이 세상에 의미 없이 존재하는 것은 하나도 없지 않을까?

새벽길 별을 보며

900 작은 성취감의 행복
2021. 4. 20. (화)

　　삶은 시간 관리며 이것은 곧 습관이다.
좋은 습관을 들이는 데 보통은 21일, 중은 66일, 상은 100일 정도
걸린다고 한다.
나에게는 오전에 지속적 습관이 많이 이루어지고 있다.
5시 기상, 거울 보며 말하는 세 마디, 물 마시며 감사
일곱 번 하기, 걷기, 뒤로 달리기, 얼마 전부터 실천하기 시작한
독서 시간 1회에 한 시간 앉아 있기, 반드시 쓰는 감사일기,
운동일지, 글쓰기, 샤워할 때 고전 음악 듣기,
다시마 가루로 환경보호 머리 감기 8년째.
이럴 때마다 작은 성취감을 느낀다.
　　올봄에 열두 번의 자연 비빔밥을 먹어야겠다는 목표를
세우고 어제 열 번째 먹었다.
흙 한 줌, 돌과 바위 하나씩이 모여 큰 산을 이루듯이
하루 삶 속에서 즐거운 일을 자신에게 선물해야 한다.
작은 일 속에서 보람, 의미, 가치, 즐거움, 자신감, 성장이
이루어질 때 행복을 경험한다.
피자파이 한 개씩이 하루라는 시간이다.
한 방울씩 모여 바다를 이루듯이 시간 분초라는 진주가 한 개씩
이어져 갈 때 내가 살아갈 이유를 알고 의미가 있는 것 아닐까?

901 화장실에서 쓰는 감사 조건
2021. 4. 20. (화)

　　포근한 날씨 속에서의 감사와 혹독한 추위 속에서의 감사,
밝은 빛 가운데서의 감사와 칠흑 같은 어둠 속에서의 감사,
꽃밭 속에서의 감사와 가시덤불 속에서의 감사, 있는 것 속에서의
감사와 없는 것 속에서의 감사, 주어졌을 때의 감사와 없어졌을 때의
감사, 이루어졌을 때의 감사와 내 뜻대로 안 되었을 때의 감사.
어느 쪽이 더 어려운 때인가?
당연히 후자다.
하기 힘들어서, 어렵고 잘 안되기 때문에, 쉽게 할 수 있는 일이
아니므로 해 볼 가치가 있고, 했을 때의 축복과 기쁨이 더 크리라
믿는다.
　　지난주 16일부터 화장실에 놓여 있는 미니 노트에
그럼에도 불구하고 하박국 감사를 써 보기 시작했다.
오늘까지 57개의 문장과 단어를 기록했다.
일주일간 생각나는 대로 생각을 쥐어짜서 너는 이럴 때
감사할 수 있겠는가?
자신에게 질문하면서 기록해 보려고 했다.
이렇게 많이 쓸 수 있을 줄 몰랐다.
어느 것이 주어져도 감사가 빠져 있을 때 복이 될 수 없다.
아무것이 없어도 감사로 충만할 때 모든 복을 누리는
사람이 아니겠는가.

902 나를 대면하게 했던 고난
2021. 4. 21. (수)

내가 원하건 원치 않건 일어날 일은 반드시 일어나게 되어 있다.
요즘은 글쓰기와 자연 관찰을 통해 나를 대면할 기회가 많았지만
50대 중반에 쓰나미처럼 밀어닥쳤던 가장 혹독한
인생의 겨울이라 생각되었을 때는 좌절, 포기, 낙심과 패배 의식이
영혼을 삼킬 것만 같았다.
할딱거리며 숨 쉬는 것조차 힘이 들고 함량 또한 작았던 시절이었다.
소유하고 있던 것을 빼앗겼다는 생각이 들 때, 올라갔다고
생각했는데 바닥에 곤두박질쳤다고 느낄 때, 그 모든 시행착오와
실수가 내 탓이라고 여길 때 살아갈 꿈이 사라지는 듯했다.
하지만 사람이 살아가는 곳이 어디든 살아있는 동안에
해결 못할 일은 없다.
여행(travel)의 어원은 고통, 고난(travail)이다.
여행하면서 인생을 살아 내는 일이다. 즉, 어떻게 견디느냐다.
고난을 통해 값비싼 교훈을 배웠다.
많은 물질, 사람, 명예를 잃었으나 가족, 건강을 잃지 않아서 다시
일어설 수 있었다.
돌아보면 나를 진실하게 대면하며, 나를 객관화하고,
의미화시킬 수 있는 시기는 고난의 때였다.
그리하여 이제는 고난당한 것이 내게 유익이라는 성경 말씀을
100퍼센트 믿게 된다.

903 하루와 1,440분의 기억

2021. 4. 21. (수)

모든 사람에게 공평하게 주어지는 선물은 시간이다.
은나라의 주 문왕은 감옥에 갇혀 있는 동안 『주역』을 썼고,
손자는 다리가 잘리는 형벌을 받고 나서 『손자병법』을 썼다.
정약전은 흑산도에서 15년의 유배생활을 하면서 물고기와
해산물 200여 종의 생태 기록인 『자산어보』를 완성했다.
『야생초 편지』를 쓴 황대권 선생은 못된 정권의 술수로
10년간 억울한 옥살이를 하면서 요구르트 병에 풀과 식물을
가꾸고 글을 쓰고 그림을 그려서 책을 냈다.
어떤 이는 가장 암울한 시간에 다이아몬드처럼 빛나는 역사를
만들었고, 어떤 이는 가장 태평한 시간에 다른 사람을 교묘히 속이고
악을 도모하는 시간을 가졌다.
　하루를 기억하면서도 1,440분을 생생하게 기억하고, 인식하고,
바라보며 사는 사람은 얼마나 될까?
1년 525,600분인 것을 알면 뭐하나.
낭비하는 시간은 얼마나 될까? 죽는 순간 시간은 멈춘다.
아무것도 할 수 없기 때문이다. 하루가 날아가는 화살 같다.
지금, 현재, 오늘을 사랑하며 해야 할 일, 사랑할 사람, 대상에 대해
어떻게 할 것인가?

904 온몸이 활력으로 펄떡인다

2021. 4. 22. (목)

　내 몸은 내가 프로그램화하는 것에 따라 움직인다.
나에게는 다양한 운동의 종류가 늘 준비되어 있어서 지치지 않는다.
걷기, 사이클, MTB, 킥보드, 달리기, 뒤로 달리기, 스트레칭 등이다.
아팠던 적이 언제인지 기억이 나지 않을 정도로 건강하여 감사하다.
게으름 피우며 음식, 수면, 운동에 있어 철저한 계획과 실천이
없었다면 오늘처럼 활력으로 펄떡이는 활어 같은 사람이 되었을까?
무슨 일이든 하루, 한 달 하기는 쉽다.
하지만 몇 년을 줄기차게 같은 운동과 수면, 음식을
관리하는 데는 혹독한 자기 관리와 용기, 결단, 실천력이 따라야 한다.
행복하고 건강해야 삶의 질이 높아진다.
　운동하게 되면 스트레스가 줄고, 자신감이 늘고, 시간이 알차게
사용되고, 집중력, 몰두력이 생기며 에너지가 솟는다.
같은 시간에 어떤 일을 했을 때도 온몸에 활력이 넘치며 효과와
결과가 엄청나게 다르다.
물밀듯이 기쁨, 감사, 소망이 밀려오는 것도 건강이 뒷받침되었을 때
가능한 것이다.
행복 수준, 건강 수준이 플러스, 알파되는 이 아침, 환희의 새날이다.
나는 기쁨을 위해 살아야 한다.
다른 사람을 기쁘게 해 주는 것이 사랑이고,
나를 사랑하고 스스로를 기쁘게 해 주는 것이 행복이다.

905 나에게 말을 걸어온 야생화들

2021. 4. 22. (목)

　　19개월 때 시력, 청력을 잃은 헬렌 켈러(Helen A. Keller)는
자신이 사흘 동안만 눈을 뜨고 세상을 볼 수 있다면
다음 네 가지를 보고 싶다고 했다.
첫째, 떠오르는 태양을 보고 싶다.
둘째, 지는 낙조를 보고 싶다.
셋째, 젖 먹는 어린아이 얼굴을 보고 싶다.
넷째, 책 읽는 학생의 눈동자를 보고 싶다.

　　오늘 이른 아침에 걸으면서 탑천가에서 본 야생화들이 나에게
말을 걸어왔다. 꽃이 핀 아이들은 애기똥풀, 뽀리뱅이, 광대나물,
지칭개, 갓꽃, 자주괴불주머니, 민들레, 꽃다지, 냉이, 자운영이었고,
꼭두서니는 봉오리가 맺혀 있었다.
색도 모양도 크기도 향기도 다르다.

　　자연은 아무리 오랫동안 보고 있어도 싫증이 나지 않는
매력과 끌림이 있다. 왜 그럴까? 내가 자연을 닮고 싶어서다.
내가 꽃이 되고 싶은 마음에서다.
예쁘게 꽃피우고 열매 맺고 싶은 자연적 본능이 있어서다.
찬찬히, 자세히, 오랫동안 보고 있으면 볼수록 예쁜 것이 식물이다.
자연은 인간 없이도 살 수 있지만 인간은 자연 없이는 살 수 없다.
나에게 말을 걸어온 야생화들에게 눈을 맞추며
입꼬리를 위로 올려본다.

906 해바라기 얼굴 생각
2021. 4. 22. (목)

어제 저녁 무렵의 일이다. 온종일 문서 작성 작업을 하니
손가락이 아플 정도였다.
둘째 며늘아기가 타다가 준 킥보드가 나를 기다리고 있었다.
매일 걷던 은기리까지 킥보드를 타고 25킬로미터 속도로 달릴 때
논에서 로터리 치는 트랙터를 따라다니는 황로들의 날갯짓이
환상이었다.
우리 집 앞에 있는 카페 사장님을 만났다.
해바라기 씨를 사 와서 포트에 싹을 내는 중이란다.
그 말을 듣고 나도 해바라기 씨를 사 왔다.
씨앗 100개 중에 반절 이상은 성공할 테니 우리 집 주변에
최소한 60그루 이상의 해바라기 꽃이 여름을 장식하겠지.
활짝 얼굴을 펴고 "안녕, 방가방가!" 인사할 그때를 기대한다.
사람은 사람 속에서 나왔으니 사람을 통해 좋은 일도
생기는 법인가 보다.
킥보드를 타지 않았으면 카페 사장님을 못 만났을 것이며
해바라기 이야기도 듣지 못했을 것 아닌가?
그래서 모험은 문밖에 있는 법.
올해 여름 코로나 19로 방에만 있을 일이 많으니
노랑 해바라기 얼굴 많이 봐야겠다.

907 통제하고 다스릴 것들

2021. 4. 23. (금)

    세상의 모든 일에는 우연이 없다. 원인과 결과로 이어진다.
그동안 해 왔던 같은 일을 하면서 다른 결과를 기대하는 것은
있을 수 없는 일임에도 불구하고 사람들은 계속 헛된
기대를 하며 살아가기도 한다.
'내가 어떻게 살 것인가, 어떤 인간이 될 것인가,
어떻게 죽을 것인가?'에 대해 생각하는 힘이 단단해져야 한다.
모든 결과는 생각, 감정, 기분, 마음에서 비롯되니까 말이다.
생각에서 습관, 생활 방식, 인격, 말이 나온다.
생각을 내가 통제하고 다스릴 수 있을까? 가능하다.
셰익스피어가 말한 것처럼 좋고 나쁨은 없다.
생각이 만드는 것이다.
    사건보다 중요한 것은 해석이며 보는 관점이다.
긍정적 또는 부정적 관점의 시각은 본인의 선택에 달려 있다.
생각과 행동을 계속하게 되면 자신감이 생기고,
자존감이 높아지고, 자기 효능감이 상승하기 때문에
생각을 통제하고 다스릴 수 있는 내면의 힘이 강화된다.
    생태 세밀화를 가르치러 갔을 때 어린이 한 명이 던진 말이
마음속에 격려의 힘으로 작용하고 있다.
"선생님은 초긍정 마인드를 가지고 계시네요."
"오, 그래? 고마워." 그 아이 해솔이가 보고 싶다.

908 나는 나를 ⌣ 한다
2021. 4. 23. (금)

나는 나를 대담하게 믿는다.
나는 나를 따뜻이 격려한다.
나는 나를 포근히 사랑한다.
나는 나를 한없이 기대한다.
나는 나를 뜨겁게 안아준다.
나는 나를 너그럽게 용서한다.
나는 나를 바라보며 웃는다.
나는 나를 믿음으로 신뢰한다.
나는 나를 기대하며 응원한다.
나는 나를 인내하며 기다린다.

909 손수건나무 아래에 묻어 달라!
2021. 4. 23. (금)

2020년 6월 12일(금) 에세이 제목이 「손수건나무」였다.
이발하기 위해 미용실에서 기다릴 때 탁자 위에 놓인 여성
잡지를 보고 손수건나무를 알게 되었다.
세계적인 희귀 인기 정원수, 열 살이 되어야 꽃이 피는 나무.
꽤 비싼 나무였다.
즉시 주문하여 교회 정원에 기념식수로 심었다.
일 년이 지난 후 겨울을 한 번 넘긴 나무에서 푸른 잎이
아기 손만 한 크기로 자랐다.

인디언들은 땅, 대지를 어머니라 부른다.
인간은 엄마에게서 세상에 나왔고 다시 엄마 같은 땅으로 돌아간다.
언제, 몇 월, 며칠, 어디에서 돌아갈지는 아무도 모른다.
『일리아스』 책에 나오는 것처럼 인간은 필멸의 존재라는 사실을
늘 기억하고 살아야 한다.

앞으로 20년 후면 내 나이 85세, 이곳 손수건나무 아래에
묻히고 싶다.
한 줌의 재가 되어 나무에 작으나마 영양분이 되고 싶다.
꽃이 피면 나무에 손수건을 걸어놓은 듯 휘날리는 모습을
천국에서도 보고 싶다.
나를 통해 개척 설립된 꿈너머꿈교회 화단에 아내와 함께 나란히
누워 있고 싶다. 한 방울의 물이 눈에 고인다.

910 찾아온 애처로운 고양이

2021. 4. 24. (토)

두세 달 전에 바둑이 고양이가 우리 집 마당에 찾아왔다.
처음부터 외면하지 않고 잘 따르게 되어 이제는 우리 집 식구가
되었다. 이름을 랄라라고 붙여줬다. 졸졸졸 항시 따라다녀서 발에
밟힐까 봐 걱정이다. 소소한 즐거움을 주는 고양이들과 말을
하는 것도 재미있다.

며칠 전부터 또 다른 고양이 한 마리가 찾아왔다. 내가 오라고
해서 오는 것도 아니고, 오지 말라고 해서 안 오는 것도 아니다.
바둑이 고양이인데 몸에 낙엽과 흙을 묻히고 눈물과 침을 흘린다.
고양이가 눈물과 침을 흘리는 것은 병이 들었거나 건강하지
못하다는 신호라는데 먹이 구경 처음 하듯이 먹어대는 것이 일이다.
빗질을 해 줘도 피하지 않고 야옹거려도 소리가 들리지 않는다.
힘이 없어 그런가 보다. 얼굴, 발을 닦아주고 계속 먹이를 주니
힘이 생긴 것 같아 다행이다. 지금 있는 달이는 장염으로 금방 죽을 것
같았는데 망설였다. 그냥 묻어줄까, 아니면 치료해 볼까?
그러다가 열흘간을 입원시켰다. 그냥 두었으면 죽었을 것이다.

경제적 논리로 보면 이해하지 못하는 사람들이 있겠지만
생명 하나 살리는 것이 얼마나 소중한가.
지금도 잘했다고 스스로 칭찬해 준다.
찾아온 가련한 고양이 이름을 뭐로 할까 생각 중이다.
건강했으면 좋겠다.

911 여섯 시간 파 까는 작업
2021. 4. 24. (토)

요즘 손톱을 자르지 못했는데 요긴하게 사용한 날이다.
텃밭에 심어놓은 쪽파를 아내와 장모님이 아침부터 까는 일을
하고 있다. 얼마나 많은지 기겁할 정도였다.
지금 시기가 지나면 먹을 수가 없으므로 파김치를 담기 위해서다.
장모님과 아내가 앉아 온종일 하나씩 다듬는 작업은 꽤 피곤한
일이다. 오후 4시가 되어서 나도 참여하게 되었다.
저녁 10시까지 마칠 수 있었으나 허리가 아우성이다.
아프다고.

우리가 결혼한 지 37년, 어느 부부보다 대화가 많은 편이다.
몇 시간씩 대화해도 할 말이 있는 것을 보면 부부의 신비인 것 같다.
7년 후 은퇴하면 어느 집, 어느 곳에서 살아야 할 것인가?
아내, 장모님, 처형은 아파트에서 살고, 나는 또 다른 공간이 필요하여
비닐하우스를 치든지, 농막에서 살든지 상관없다.
고양이들, 꽃과 나무들, 풀들과 함께 살면서 글 쓰고 책 읽고
지인들 초대하여 밥과 지혜를 나누며 독서 모임도 하고
생태 세밀화 그림도 그리면서 살기로 했다.
5분 후의 일도 모르면서 몇 년 후를 말하는 것이 웃기는 일이지만
그리하여 농막 이야기하면서 아내와 함께 깔깔대며 웃게 되었다.

912 고독하니 고상해진다
2021. 4. 26. (월)

니체의 말이다. "고독의 힘을 믿으라."
코로나 19의 영향으로 회의, 모임, 식사, 여행, 외출 등의
일상적인 활동들이 범위가 좁아질 수밖에 없다.
돈, 시간, 건강이 있으면 여행했으나 요즘에는 세 가지가
다 있어도 외국 여행은 꿈도 못 꾸고 국내 여행에도 제약이 많다.
작년 3월 말부터 매일 걷고 매일 쓰기 시작한 에세이는
일 년여 만에 일천 개의 고지를 향해 달려가고 있다.
　오전 시간은 나의 골든 타임이다.
어느 것에도 방해받고 싶지 않은 나다움의 시간, 나의 내면을 풍성하고
견고하게 하는 시간, 지금 여기 있는 나에게 집중하는 시간이다.
온종일 서재에 앉아 있어도 시간이 부족하다.
오른손 검지가 아플 정도로 글을 많이 썼다.
생각의 구체화, 행동과 실천에 대해 디자인할 수 있는
시간이 많아서 감사하다.
고독한 시간이 많이 주어져서 마음이 고상해진 것 같다.
세상 모든 일은 다 좋은 것만도 없고 다 나쁜 것만도 없다.
양면성이 있으니 코로나 19로 인해 고독한 삶이 성숙, 성장의
바다로 노 저어 가게 되었으니 이것 또한 감사한 조건이다.

913 생존 집착
2021. 4. 26. (월)

   플라톤은 이런 말을 했다.
"죽음이 두려운 이유는 생존만을 집착하기 때문이다."
무엇을 먹고 마시며, 얼마만큼 소유하며, 보이는 화려한 현상과
결과를 추구하는 것에 온통 가치, 의미, 방향성이 묶여 있기
때문일 것이다. 아무리 잘 먹어도 하루 열 끼 먹는 것도 아니고,
아무리 잘 입어도 하루 스무 벌을 입지 않는다.
적게 먹어 병이 걸리는 것이 아니라 많이 먹어 걸리는 질병이 더 많다.
   나무를 가지고 있는데 어찌 가지 하나 때문에 집착하고
마음 상하고 만족하지 못하는가.
아니, 숲을 가지고 있는데 나무 하나 가지고 마음 요동치며
얼굴 찌푸리고 사는가.
세상에 올 때 아무것도 가지고 온 것이 없거늘
모두 내려놓는 것을 두려워해서는 안 된다.
사람들 시선을 의식할 이유가 없다.
비록 머리 둘 곳 없어도 행복할 수 있다.
   지금 주어진 하루, 현재, 이 시간에 몰입, 몰두, 집중, 최선을
다하는 것이 행복의 꽃을 피우는 것이다.
너는 죽음이 두려운가?
아니면 오늘밤에라도 소풍 가듯 천국을 향해 걸어가야 한다면
그리 할 수 있겠는가?

914

정신과 의사의 아침 시간 추천

2021. 4. 26. (월)

믿음, 소망, 사랑 이 세 가지는 항상 있어야 하듯 수면,
운동, 식사 이 세 가지는 가장 중요한 삶의 요소다.
우울증에 걸린 사람 중 7시간 자는 사람은 거의 없다고 들었다.
땀이 나게 유산소 운동을 매일 하는 사람이 깊은 우울증에
빠져 있다는 것은 거의 불가능하다.
규칙적으로 식사를 잘하는 사람이 우울해 있을 수 없다.
나는 세 가지를 거의 기계적으로 하며 살고 있다.

일본의 유명한 작가며 정신과 의사인 가바사와 시온은
아침 시간에 해야 할 일 중 첫 번째로 산책을 강력히 추천하고 있다.
특히 붉은 태양이 떠오르는 시간에 가슴에 태양을
껴안을 수 있다면 이보다 더 좋은 산책이 없으리라.
나는 이 일을 9년째 같은 장소, 같은 거리, 같은 시간에 하고 있다.
삶은 혼자서 이 땅을 조용히 걷는 일이다.
프리드리히 니체는 "네가 산책하면서 사유하지 않은 사상에
대해서는 의심을 품으라."고 말했다.
자연과 소통하며 사유하고 산책하는 일은 나에게 살아갈 힘, 지혜,
용기를 공급하고 글 쓰는 일에 원동력이 된다.

915 온 힘 다해 살아가자!
2021. 4. 27. (화)

2013년 11월 30일에 결식아동 돕기 전국 마라톤 대회가
열렸는데 참가하여 4시간 15분의 완주 기록을 세웠다.
마라톤은 곧 인생 여정이며 살아가는 행로 자체였다.
출발 신호와 함께 마지막 도착 지점의 한 발자국까지 대충이
없었고 쉬운 것이 하나도 없었다.

완주 기록이 중요한 것이 아니라 포기하지 않고 끝까지
완주할 수 있을지가 관건과 숙제였다.
견디어야 하는 고통의 순간이 길었다.
4시간 이상 처음부터 끝날 시간까지 견디는 일뿐이었다.
온 힘 다해 달리는 것이 내가 살아있는 증거였다.

우리 집 네 마리의 고양이들과 정원의 나무들, 식물,
풀 한 포기, 꽥꽥 울고 있는 청개구리와 직박구리, 비둘기까지
결코 대충 살아가는 것처럼 보이지 않았다.
지느러미엉겅퀴가 피기 시작한다. 한 송이 꽃이 필 때까지
치열한 생존의 드라마와 같은 사연이 있을 것이다.
동식물들도 자신이 살아가는 것에 온 힘을 기울인다.
노력하지 않는 생물은 없다. 향상심이 없으면 죽은 인간과 같다고
니체는 말하지 않았던가!
"전심전력 마라톤하듯 하루를 살자!"

새벽길 별을 보며

916 감기소
2021. 4. 27. (화)

타게 해 줘야 타는 가연성 물질이 되고 싶지 않다.
타지 않는 불연성 물질이 되고 싶지 않다.
스스로 타오르는 자연성 물질과 같은 사람이 되고 싶다.
내적 행복은 늘리고 외적 행복은 줄이며 살아야 한다.
불편하게 살고 위험하게 살며 소소한 일에도 기뻐하고 감동하고
감사가 자리 잡아야 한다.
모든 불안은 욕심에서 비롯되기 때문에 욕심을 줄이고
나눔과 섬김은 늘려야 한다.
언제나 세 가지 고백을 할 수 있겠느냐고 자신에게 질문을
던진다. 어제 일을 생각하니 감사뿐인가?
오늘 일을 생각하니 기쁨뿐인가?
내일 일을 생각하니 소망뿐인가? 예스, 예스여야 한다.
줄일 것과 늘릴 것을 아는 지혜와 실천 능력이 필요하다.
고급 차를 탈 때보다 16년을 탄 중고차를 타고 다니는 지금이
더 감사하고, 만족하며, 부족함 없다고 생각한다.
내면에서 발생하고 생각하는 것에 정비례하는 것이 행복이니까.
감사뿐, 기쁨뿐, 소망뿐이다.
감기소, 잘 견디며 살아온 나를 사랑한다.

917

책상에 앉아 있는 추억
2021. 4. 28. (수)

사진 한 장 속에는 그날, 그 시간, 그 사람, 날씨, 기분, 마음,
사연이 들어 있다. 모든 삶의 색깔이 담겨 있는 것이다.
사진은 추억이고, 삶의 흔적이다.
두 아이 그리고 아내와 함께 넷이 찍은 손바닥만 한 액자가
책상에 놓여 있다. 하루에도 몇 번이나 쳐다보는지 모른다.
지금 서른일곱인 아이와 서른넷인 둘째 아이가 초등학교
시절이었던 것 같다.
허름한 텐트 두 개를 장만하여 해마다 여름휴가를
일주일 캠핑으로 다녔다. 십 년이 넘는 세월을 다녔다.
설악산 오토 캠핑장, 자라섬 야영장으로 다니던 중 찍은 사진이다.
이제는 둘 다 결혼하여 가정을 이루어 생활하고 있다.
코로나 19로 인해 쉽게 여행할 수 없는 여건이 되었다.
나는 그래도 기도하며 기대하고 기다리고 있다.
꿈을 꾸고 있는 일은 아이들 두 가정과 함께 캠핑을 가는 것이다.
두 며늘아기들이 좋아하는 망고와 소고기도 사 주고 싶다.
그때가 좋았다. 지금은 더 좋다. 앞으로는 더 좋을 것이다.
두 아들을 낳아준 아내가 고맙다.
이번 주 토요일이 아내 생일인데 예쁜 옷을 사러 시내에
나가 봐야겠다.

918 바람을 안을 때와 등질 때
2021. 4. 28. (수)

내 고향 가까운 곳에 만경강이 흐른다. 어릴 적에 그곳에서
수영하고 겨울이면 얼음 타기를 하다가 죽을 뻔한 적도 있었다.
완주군 동상면 밤티 마을이 발원지인 만경강은 80.86킬로미터고,
고산초등학교에서부터 새만금 방조제까지는 70킬로미터의
자전거 길이 잘 조성되어 있다. 오랜만에 라이딩을 했다.
동쪽에서 서쪽으로 갈 때는 바람을 안고 갔다.
시원한 강바람이 피부를 스치고 페달을 밟을 때 많은 에너지를
필요로 한다. 간만큼 돌아오는 것이 당연한 일, 돌아오는 길은 바람이
등 뒤에 있게 될 것을 생각하면 힘든 것이 꽤 위로가 된다.
회전을 하여 돌아오는 길은 바람이 등을 밀어준다.
갈 때 힘듦을 보상이라도 해 주듯 말이다.
　　등산하러 가면 힘든 코스가 있고, 덜 힘든 코스가 있다.
나는 늘 힘든 코스를 택한다. 경치가 더 좋고 땀을 흘릴 수 있기
때문이다. 바람을 안고 자전거를 탈 때와 등 뒤에서 바람이
밀어줄 때는 상반된 생각이 든다.
역시 바람을 안고 낑낑거리며 페달을 밟을 때 내가 더 살아있다는
느낌이 다가온다. 내 몸의 세포가 더 움직이는 느낌을 받는다.
힘든 것이 안 좋은 것만은 아니다.
힘듦을 통해서 내면을 강화시키는 기회도 되니까.

919 벌거숭이뻐드렁니쥐
2021. 4. 29. (목)

산책과 동영상 강의는 두 발과 같다.
지식, 정보를 많이 아는 것보다 더 중요한 것은 아는 것을
어떻게 내 삶에 적용하며 실천할 것인가다.
이것이 지혜며 용기다.

오늘 처음으로 알게 된 "벌거숭이뻐드렁니쥐", 사막에서 굴을
파고 사는 털이 전혀 없는 희귀한 포유동물이다.
아프리카에 사는데 산소가 없는 상태에서도 20분간을 살 수 있는
생명력이 강한 쥐다.
여왕 쥐만 새끼를 만들고 계급사회를 이루는데 나머지 쥐들은
여왕 쥐가 새끼를 낳으면 몸을 엎드려 새끼 침대를 만들어 준다.
먹이를 모으는 역할, 청소하는 역할 등 철저한 역할 분담을 한다.

새끼가 생기면 다른 쥐들은 이불, 침대 역할을 하는 사실을
보면서 얼마나 지혜롭고 배려하는 마음이 강한지를 알게 되었다.
척박한 환경에 적응하여 살아가는 벌거숭이뻐드렁니쥐는
늙지 않는 쥐로도 알려져 있다.
이유 없이 존재하는 것은 없다.
소중하지 않은 것은 아무것도 없다.
우스꽝스럽게 생긴 쥐, 있는 모습 그대로를 스스로 인정하며
살아가는 쥐 한 마리를 통해서도 가슴속에 분연히 솟구치는
생명력을 느낀다.

920

오드리 헵번 이름의 고양이

2021. 4. 29. (목)

오드리 헵번 주연의 영화 「로마의 휴일」, 「티파니에서 아침을」,
「전쟁과 평화」를 본 적이 있다. 세기의 요정, 아카데미 여우주연상,
세상에서 가장 아름다운 사람 50인 중 한 명으로 뽑히기도 한 배우.

일주일 전쯤 우리 집에 찾아온 거지 모습을 한 고양이 이름을
짓지 못하고 있다가 갑자기 오드리 헵번이 떠올랐다.
지금의 모습과는 완전 딴판이고 노숙자 고양이 같은데 헵번이라고
이름을 지어줬다. 장모님, 처형은 볼 때마다 못난이라고 하여
나에게 노란 경고 카드를 받았다. 그럴수록 더 예쁜 이름으로
불러줘야 그렇게 변하는 것이라는 뜻을 전하면서.

얼마나 지저분하고 바짝 말랐는지 안쓰러울 지경이었다.
금방 죽을 것 같았다. 헵번처럼 아름답게 되라는 희망 섞인 기원을
담아서 짓게 된 것이다. 먹이 달라고 따라오는 아이에게
"헵번" 하고 불러주니 더 사랑스럽다.
꼬리, 소리, 두 마리 고양이는 집을 나가 오지 않고 룰루, 랄라, 달이,
헵번. 네 마리의 고양이가 우리 집 마당을 종횡무진 돌아다닌다.

처음 왔을 때는 금방 쓰러질 것 같이 허약했는데 이제
뛰어다니는 걸 보니 감사하게도 살아난 것 같다.
한 달에 한 번씩 집에 오는 둘째 며늘아기가 헵번과 놀아줄 것을
생각하니 기쁘다. 이름도 잘 짓네.
살아있는 생명은 모두 귀하고 아름다운 것이니까.

921 늘 관찰자가 되는 것
2021. 4. 29. (목)

　　에크하르트 톨레의 『이 순간의 나』 책을 보면
"과거와 미래에 집착할수록 지금, 이 순간을 놓친다.
지금만이 존재하는 것이 시간이고 전부다.
삶은 지금, 이 순간이다.
자신의 마음도 몸도 관찰하라."는 내용이 있다.
　　창의적인 것은 관찰에서부터 비롯된다.
흘러간 강물에 발을 담글 수 없는 법인데 지나온 어제와 오지 않은
미래에 묶여 혼돈, 상처, 판단력 부재, 염려에 파묻혀 있을 때가 있다.
지금 주어진 오늘, 현재, 지금 이 순간의 생각, 마음을
떨어뜨려 놓고 객관적 관찰을 해야 한다.
식물과 동물들은 이 순간에 자신을 맡기고 삶도 죽음도 자연스럽게
받아들이는데 인간만이 거기에서 자유롭지 못하다.
　　내가 사는 집, 차, 지위, 명예, 환경적 조건들이 나와
동일시되어서는 안 된다.
집, 차, 환경이 고급스럽다고 인격과 교양, 가치관까지
정비례하는 것은 아니다.
보이는 현상적인 것들은 다 지나가고 만다.
쇠퇴할 수도 있고 소멸할 수도 있다. 영원한 것은 없다.
그러니 지금 현재에 관찰자의 자리에 서 있어야 한다.
내가 살아야 하는 시간은 지금뿐이기 때문이다.

922

제주도 돌담의 철학

2021. 4. 30. (금)

우리나라에 들어온 해외 근로자들이 가장 가고 싶어 하는 곳이
제주도다. 제주도는 삼다도라 불렀다. 바람, 돌, 여자가 많은 섬이라는
뜻이다. 제주도를 갈 때마다 느끼는 것은 바람의 섬이라는 것이다.
그런데 늘 궁금한 것이 있었다.
그토록 많은 돌담들이 강한 바람에 오랜 세월 무너지지 않고
견디어 내는 거였다. 사람의 손으로 하나씩 쌓은 것으로
시멘트로 완전히 고정해 놓은 것도 아닌데 말이다.
이 놀라운 사실을 깨닫는 데는 오랜 시간이 걸렸다.
울퉁불퉁 서로 다른 것들이 잡아주고 있다는 사실이다.
똑같은 모양, 똑같은 크기의 돌이 아니고 각자 다른 돌들이
가지고 있는 힘이다. 서로 다른 힘들이 잡아주기에 가능한 것이다.
이것을 내 삶에 적용시켜 본다.
    20년 넘게 장모님과 처형을 모시고 있다.
쉽지 않은 생활이었다.
속을 끓인 적도 많았고, 서운하고 격동되는 마음일 때도 있었다.
그렇게 강산이 두 번 바뀌는 날들을 살아왔다.
우리는 서로 울퉁불퉁한 돌이었다.
그래서 지금까지 서로 잡아주고 있었나 보다.
이제는 감사하다고 작은 소리로 말할 정도는 되었다.
철들어 가는 걸까? 내가?

923 가득 채움과 약간 빈 것
2021. 4. 30. (금)

　　다시 읽을 고전 『일리아스』, 『오디세이』, 『아이네이스』
책들은 700페이지가 넘는다.
책에 공간이 있어서 읽을 때 약간의 여유가 생긴다.
나무를 심을 때도 공간을 줘야 하는 것은 당연하다.
논에 모를 심을 때도 욕심으로 네댓 개가 아닌, 십여 개씩 심으면
오히려 수확량이 줄어든다.
새끼 칠 기회를 안 주기 때문이다.

　　가득 채워야 만족하는 것도 건강하지 못한 마음이다.
꽃은 활짝 피어 있을 때도 예쁘지만 반쯤 봉오리를 맺고 있을 때
더 아름답다.
매일 아침 마시는 드립 커피도 커피 잔에 반절 정도 부어서 마신다.
머그잔으로 가득 담아 마시면 멋도, 맛도, 운치도 없어진다.
가득 채워 있으면 더 수용할 가능성이 없다.
조금 부족한 듯해야 또 다른 것으로 채우는 변화를 실감한다.
동물들은 아무리 배가 고파도 위를 100퍼센트 채우지 않는다.
그런데 나는 어떤가? 위의 120퍼센트를 채우고 싶어 해서
과식한 후 화장실 문을 몇 번이나 연다.
미련한 것이다.
마음을 비우고 내려놓을수록 평화와 감사가 깃들 것이다.

May

2021. 5월

들꽃이 시드는 달
(오사지족)

924 하루 세 줄 마음 정리법

2021. 5. 1. (토)

　　일본 최고의 의사인 고바야시 히로유키는 하루 세 줄
일기 쓰기로 면역력을 높이고 심신을 안정시키며 자신과
대화할 때 60조 개의 세포로 이루어진 몸이 활성화된다고 강조한다.
잠자기 전 10분간 진솔하게 자신을 대하면서 안 좋았던 일,
좋았던 일, 내일의 목표를 짧게 매일 써 나갈 때 일어나는
놀라운 기적 같은 일을 말하고 있다.
　　13년 전부터 나는 감사일기를 쓰고 있다.
어제 쓰지 못하고 지나가면 오늘 쓴 적도 있는데 오늘밤부터는
침대 머리맡에 두고 만년필로 꾹꾹 눌러서 써야 하겠다.
쓰기를 통해 얻는 유익과 의미와 행복은 노트 한 권에 기록해도
모자랄 것이다.
천천히 쓸 때 자율신경이 안정되고 평안해짐을 확실히 느낀다.
내려놓음을 통해 자각 능력이 생기고 용기와 지혜가
단단해지는 것도 확연하게 느낄 수 있다.
하루의 3분의 1 정도는 쓰기, 읽기에 시간을 할애하며
집중하고 있다.
좀 더 많은 시간을 만들어 내야 하겠다.
행복해서 눈물 날 지경이니까.

925

생명을 존중하는 양어장 대표님

2021. 5. 1. (토)

거의 매일 이른 아침에 탑천 길에서 만나는
아름다운 부부가 있다.
커플 옷을 입고 은기리까지 걷기를 하는 나와 동갑내기 부부다.
산책하면서 만난 분들인데 엊그제께는 부부가 번갈아 가며
업어주는 것을 사진 찍어 보내주기도 했다.
나의 발걸음이 오늘은 양어장 쪽을 향했다.
우연한 만남이 아니라 필연적 행운의 만남이 이루어졌으니
메기, 향어 물고기들에게 아침밥을 줄 시간이었다.
하루에 두 번 주는 밥, 수많은 물고기가 펄떡거리며 물 위로 솟구친다.
내 심장이 몸에서 빠져나와 양어장 물속에서 뛰는 것 같았다.
왜가리 한 마리가 메기 한 마리를 잡아먹는 모습이 눈앞에 펼쳐졌다.
새들이 10퍼센트 정도의 양식 물고기들을 먹는단다.
이러한 현실을 인정하고 원망하지 않는다는 말이었다.
2.5킬로그램 향어 한 마리 가격이 25,000원인데 한번은
우연히 왜가리 한 마리가 잡혔는데 뱃속에 33마리의
메기가 들어 있었다고 한다.
사료 한 포 가격이 3만 원이고 한 번 밥 줄 때 수백만 원씩
들어가는데 새들이 잡아먹을 때마다 어떤 생각이 들까?
생명을 존중하며 큰 강처럼 넓은 품을 가진 대표님이다.

926 함량이 큰 사업가였다
2021. 5. 1. (토)

"원래 이곳은 새들의 보금자리였는데 내가 침범하여
양어장을 만들었어요. 그러니 새들하고 같이 먹고 살아야죠."
"그런 마음 갖기 쉽지 않아요."
"새들이 내가 키운 물고기를 잡아먹는다고 해서 총으로
쏘아대면 내가 나쁜 놈이죠.
나이 60 넘어서 욕심 부린다 해서 되는 것도 아니고,
내가 뭘 가져야겠다고 해서 갖게 되는 것도 아니니까.
있는 것도 내려놓아야 되잖아요."
"결국, 사장님이 새들을 먹여 살리시네요?"
"새들을 친구로 만드는 거죠."
"미운 마음 안 드세요?"
"그럼요. 미워하면 나만 스트레스받아요.
너희들도 수단껏 먹어라."
"와, 정말 태평양 같은 마음이네요.
그 마음이 있어 복받으시나 봐요. 와, 감동이다 오늘."
　망치로 머리를 한 대 맞은 것 같은 신선한 충격과 감동을 받았다.
보기 드문 함량이 큰 분이었고 씨알이 큰 사람이었다.
가까이에서 이런 분을 볼 수 있음이 큰 복이다.
"오늘 책 한 권 읽은 것보다 더 많은 교훈을 얻고 갑니다."
따뜻한 생강차 한 잔 얻어 마시고 돌아왔다.

927 충조평판
2021. 5. 2. (일)

    얼마 전, 선배로부터 전화를 받았다.
빨리 끊고 싶었고 다시 전화가 오면 받고 싶은 마음이 없다.
똥물이 튕겨 한 방울 내 옷에 묻어 있어 계속 냄새가 나는 듯했다.
옛날에 소위 인권운동을 한다고 했던 사람이다.
계속 충고하고, 조언하고, 평가하고, 판단하며 불평을 늘어놓았다.
'그런 사람이니까!'라고 나 자신을 달랬어도 역시 찜찜한 것은
사실이고 의식 속에 찌꺼기가 조금 남아 있는 듯하다.
    다시 나를 돌아보는 계기를 가졌다.
나도 사람들을 있는 그대로 인정 수용하지 못하고 귀 기울이지 않고
상대의 기분, 생각, 욕구를 알아주지 못하고 내 주장만 펴는 것은
아닌지 성찰해 보았다.
인간관계에서 적금을 붓고 있는 것인지, 마이너스 통장을
만들어 가고 있는 것인지를 말이다.
    장자는 "심재좌망(心齋坐忘)"이라 했다.
마음을 비우고 깨끗이 하며 앉아서 잡다한 것을 잊는다는 뜻이다.
마음 일체의 더러움을 씻는 장자의 수양법이다.
나도 그릇이 적은 사람인지라 충조평판을 내게 했다고 생각하며
부정적 감정과 반응이 나오는 걸 보면 한참이나
더 마음을 씻어야 한다는 자각이 들었다.
공감 능력을 키우려면 어떻게 해야지?

928 나만 그러는 줄 알았다
2021. 5. 2. (일)

　　1984년도에 결혼할 때 이 세상에서 나 혼자만 결혼하는 줄
알았다.
1985년도에 첫 아이가 태어날 때도 이 세상에서 나 혼자만
아이를 가진 줄 알았다.
2018년도에 둘째 아이 결혼할 때 우리 집 아이만 결혼하는 줄 알았다.
2020년 5월에 큰아이가 결혼할 때 나 혼자만 결혼시키는 줄 알았다.
큰 며늘아기, 둘째 며늘아기가 우리 집안 식구가 된 것이
나에게만 있는 줄 알았다.
어제저녁 아내 생일을 맞이하여 온 가족이 모여 소고기를
구워 먹는 행복과 즐거움이 나에게만 있는 줄 알았다.
　　공통분모를 찾아보니 가정, 가족, 사랑이라는 단어다.
이토록 큰 복을 받는 것은 첫째는 하나님의 은총이고,
둘째는 주변 이웃들의 덕이다.
왜 딸을 안 주셨느냐고 가끔 입이 나팔 될 때도 있었다.
두 아들 덕분에 두 며늘아기들이 생기지 않았던가.
오늘도 고백한다. 나의 잔이 넘치나이다.(My cup overflows.)

929 보리 밟아주기
2021. 5. 3. (월)

보리는 서릿발 현상이 나타나기 쉬운 남부지방에서
12월 상순, 중순과 2월 하순쯤에 밟아주기를 한다.
그러면 수확량이 3~4퍼센트 증가하게 된다.
자라는 것을 더 힘들게 하면 튼튼히 잘 자라게 된다.

우리 인생도 그렇다. 괴로운 것은 내가 살아있다는 증거다.
엊그저께 바람이 많이 불 때 마당에 심은 느티나무가
거세게 흔들렸다.
안쓰러울 정도로 가지가 부러질 듯 요동을 쳤다.
나무가 크기 때문에 바람도 많이 맞아야 한다.
나에게 아무런 고난이 없다는 것은 아무런 축복도 없다는 것이며,
고난의 굴곡들을 잘 헤쳐 나와 여기에 이르렀다는 것은
복을 받은 것이며 위대한 것이다.

세계에서 가장 오래된 나무는 미국 캘리포니아 화이트산에 있는
메두살레나무로 약 5,000년이 되었다.
100년에 3센티미터가 자란다. 경이로움을 느낄 정도다.
모진 눈보라와 추위, 더위, 비바람을 견디어 낸 것이다.
고난이 심할수록 나는 가슴이 뛴다.
고난 뒤에 있을 영광, 축복을 미리 내다보기 때문이다.
나를 밟는 것이 많을수록 나는 더 성장 성숙해지니까.
그래서 범사에 감사하게 된다.

108번뇌의 3독

2021. 5. 3. (월)

나는 기독교인이라서 불교적인 용어를 잘 모른다.
하지만 『금강경』을 읽어보고 싶은 마음이고, 108번뇌라는 말은
많이 들었다.
검색을 해 보니 36종의 번뇌에 전생, 금생, 내생의 3세를 곱하면
108이 된다는 산술법이다.
108번뇌 중에서도 3독이 있으니 욕망, 불평, 분노 세 가지를 말한다.
불교에서는 수양을 통해 이런 것을 제어, 억제, 절제하는 훈련을 한다.
사람의 생각이 다르듯이 타 종교를 배척하거나 폐쇄적인
마음을 갖지 말고 인정해 주고 존중해 줘야 한다.
절에 가서 스님들에게 예수 믿으라 하며 불을 지른 사람은
단단히 악한 인간이다.
　　니체는 잠을 잘 자려면 덕이 있어야 하며,
왜 잠 못 들게 하는가? 욕망 때문이다.
내면의 욕심, 욕정, 분노 때문이라 말한다.
하늘이 무너진다 해도 감사, 평안이 있다면 세상을 다 가진
사람이고 가장 위대한 삶의 예술가일 것이다.
감사, 평안이 자리 잡는데 욕망, 불평, 분노가 끼어들 자리는 없다.
눈부신 하루다.
가슴 떨리는 설렘의 하루를 나는 살아가리라.

931 헤밍웨이가 말해주었다
2021. 5. 4. (화)

어떤 사람이 헤밍웨이에게 질문했다.
"매일 정해진 창작 활동의 비결이 무엇입니까?"
"네, 매일 책상 앞에 앉는 것입니다."
가끔 책상 앞에 앉는 것은 누구나 다 할 수 있는 일이다.
하지만 매일 앉는 것은 내면의 힘이 대단히 강해야만 된다.
왜 책상 앞에 앉아야만 되는지 이유와 의미를 알아야만 된다.
나는 책상 앞에 앉으면 행복하다.
행복한 일을 창조하니까.
독서를 하고, 글을 쓰고, 영화를 보고, 지적 활동을 하고,
음악을 듣기 위해서도 사유하며 내가 살아있다는 생동감을
느끼려면 책상 앞에 앉아야 한다.
하루 중에 반절 이상은 앉아 있는 것 같다.
조정래 작가는 하루에 14시간 정도의 시간을 글 쓰는 데
투자한다고 했다.
아예 컴퓨터를 할 줄 모르는 상태에서 한 자씩 꾹꾹 눌러 쓴단다.
쿠바는 체게바라와 헤밍웨이가 먹여 살린다는 말이 있다.
쿠바 여행을 할 기회가 있으면 헤밍웨이 마을에 가서
헤밍웨이가 앉아서 집필했던 의자에 앉아보고 싶다.
그곳 "코히마르"에 언제 가 볼 수 있을까?

932 자기규정 효과
2021. 5. 4. (화)

자신에 대한 믿음이 행동과 태도를 결정하고
나아가 운명까지 결정하는 것을 자기규정 효과라고 한다.
니체도 말했다. 대담하게 자기 자신을 믿으라고.
내가 나를 신뢰하지 않는데 누가 나를 신뢰하겠는가.
내가 나를 존귀하게 여기고 있는 한,
다른 사람이 나를 무시할 수는 없다.
　아침에 만 보 정도 걸으면서도 머리끝에서 발끝까지 세포,
뼈, 신경, 오장육부 모든 것이 활성화되며 건강할 것을 믿는다.
저녁에 발을 씻으면서 "애썼다. 고맙다. 튼튼한 다리 덕분에
오늘도 많이 움직일 수 있어서."라고 말을 한다.
자연생태 동요를 지으면서도 훗날 이 땅 위에 선한 영향력을
끼칠 것을 믿으며 자신에게 흐뭇한 미소를 보낸다.
요리하면서도 내가 했기 때문에 이보다 더 맛있는 요리가
없을 것이라고 자신을 위로한다.
불속에 들어가도, 물속에 들어가도 오히려 불을 이용하고
물을 이용할 수 있으리라고 나를 믿는다.
내가 나를 믿는 믿음과 확신이 견고하고 강하다.
오만하리만큼.

933 농막에서 살리라!
2021. 5. 4. (화)

정년 은퇴 후에 어느 집에서, 어느 곳에서 살면 어떠리.
외적으로 보이는 것들은 다 지나가고 쇠퇴하는 것이다.
인간도 필멸하는 존재니까.
중요한 것은 마음의 자세와 태도다.
불편하게 사는 것을 즐거워하고 그것에 익숙해져야 한다.
솔로몬이 살던 왕궁, 성전은 백향목으로 짓고 금으로 입혔다.
궁전은 14년간 지었고, 후비와 빈장을 1,000명 두었다.
훗날 그는 모든 것이 헛되고 헛되니 모든 것이 헛되다고 했다.

물은 낮은 곳으로 흐른다.
낮은 곳에 마음을 두고 살아야 한다.
비울수록 더 행복이 보인다.
주택, 아파트, 농막, 컨테이너, 비닐하우스 어디에 살면 어떤가.
어느 집일 것인가보다 오히려 어떤 일을 하며, 타자를 위한 삶을
살 것인가다.

농막에서 살리라.
살면 좋은 이유는? 사람들 눈에 특별하게 띄지 않아 좋다.
준비하는 데 경비가 적게 든다.
언제든지 팔 수 있고 옮길 수 있다. 아무 곳에 놓아도 된다.
꾸밀 일이 없어 좋다. 마음 내려놓는 훈련이 되어 좋다.
한 날의 괴로움은 그날에 족하니 내일 일은 내일 하게 두라.

934 오동나무 꽃향기에 취해
2021. 5. 5. (수)

옥정호 물안갯길은 그동안 많이 갔다.
5월이 되면 오동나무꽃들 잔치가 벌어진다.
여름에 만들어진 꽃차례와 꽃눈은 짙은 황적색 잔털로 덮여 있다.
가지 끝 원추 꽃차례에 종 모양의 연보라색 꽃이 피는데
그 향기에 혼미해질 지경이다.
작년에는 미루다가 기회를 놓쳤는데 올해에는 꼭 보고 오리라
다짐했다.
산허리를 덮고 있는 미칠 만큼 아름다운 오동나무꽃 아래에 서서
흠뻑 향기를 마시리라.

7년 전에 우리 집에 심어놓은 오동나무가 바람에 부러졌고
밑동에서 다시 싹이 나와 지붕 위까지 키가 컸으나
아직 꽃은 피지 않는다.
꽃부리는 길이 6센티미터로 자주색이며 꽃잎 양면에
별 모양의 털과 샘털이 섞여 있다.
어느 날, 텐트를 들고 가서 오동나무 아래서 하룻밤 자고 와야겠다.
바람결에 꽃잎이 흔들리며 진한 향이 내 온몸 세포
구석구석에 박힐 것만 같다.
어린아이처럼 삶을 노래하며 춤추고 싶다.

935 71세 여성 자연인의 삶
2021. 5. 6. (목)

열일곱 살부터 서울에서 식모살이.
1965년도에 보리밥만 먹다가 부잣집에서 식모살이하니
쌀밥 먹을 수 있어서 좋았더라고 말하시는 분이 있다.
30여 년을 치매 걸린 친정엄마 뒷바라지를 하고, 이제는 산속에서
12년째 홀로 자연인으로 살아가는 71세 여성의 삶을 보면서
신선한 충격과 도전, 교훈을 받았다.
작은 것에도 놀라워하며 즐거워하고 환호성을 지르고
깔깔 웃어대는 그분은 소녀 그 자체였다.
텃밭 일을 놀이로 생각하고 풀과 함께 놀고 있다는
긍정 마인드의 여인.

남자 혼자서도 산속에서 살아가기 힘든데 여러 가지 효소를
담그고 텃밭을 가꾸는 행복 버스 기사였다.
차에 혼자 타 운전하고 가면서도 신나게 인생길을 달리고 있는
대장부면서 공주님이었다. 나이는 숫자에 불과하다는 것을
여실히 증명하고 있는 진정 삶의 예술가였다.

나는 장모님, 처형을 모시고 사는 운명을 받아들인다.
에리히 프롬은 『사랑의 기술(The Art of Loving)』 책에서 "미성숙한
사람은 당신이 필요해서 당신을 사랑한다고 말하지만 성숙한 사람은
당신을 사랑해서 당신이 필요하다고 말을 한다."고 했다.
사랑을 배우는 학교가 가정인 것 같다.

936 위구르족의 격언
2021. 5. 7. (금)

중국의 소수 민족 위구르족의 격언 중에 이런 말이 있다.
"사람의 나라에서 왕이 되려 하지 말고, 자신의 나라에서
자신이 되라."
행복의 조건이 부족해서 불행한 것이 아니라 행복을 느끼지
못하기 때문에 불행하다고 생각하는 것이라 믿는다.
나만의 방식으로 떳떳하고 당당하게 살아야 하는데
자신을 믿지 못하고 사랑하지 못하는 가운데서는
언제나 심한 결핍을 느낄 수밖에 없다.
누구나 자신에게 가장 잘 어울리는 색깔의 삶이 있다.
삶을 축제와 놀이로 만드는 자유정신은 스스로 만들어 가야 된다.
자신의 나라에서 남이 되어 살아가고, 남의 피리 소리에 춤추는
허위 의식으로 살아가는 일은 인생의 낭비.
칭기즈 칸이 내가 나를 극복했을 때 비로소 칭기즈 칸이
되었다고 말한 것처럼 큰 성을 점령하는 것보다 자신을
극복할 때 초인이 되는 것이 아닐까?
너도 나도 왕이 되려고, 반드시 왕이 되어야만 한다고
모든 영혼의 힘을 쏟는 세상이다.
나를 찾으려고 오늘도 니체처럼 걷고 칸트처럼 생각했다.

새벽길 별을 보며

937 다시 펴 보는 『장자』

2021. 5. 7. (금)

　　책상에 앉아 팔을 뻗으면 닿을 거리에 책꽂이가 있다.
특별한 책들이 꽂혀 있으니 『성경』, 『일리아스』, 『오디세이』,
『감사의 힘』, 『국가』, 『차라투스트라는 이렇게 말했다』, 『역사』,
『꽃 너머 꽃으로』, 『그리스인 조르바』, 『아이네이스』,
『곁에 두고 읽는 니체』, 『Keep Going』, 『고독의 발견』, 『장자』다.
보고 또 보고 싶은 책들이다.
　　오늘 탑천을 걷다가 다리 아래로 내려가 보니 아까시나무 가지에
두 개의 새집이 지어져 있었다.
순간, 장자의 "소요유"가 클로즈업되었다.
요임금이 허유에게 천하를 물려주고자 했다.
그러자 허유는 "뱁새는 깊은 숲속에 둥우리를 친다 해도
한 개의 나뭇가지를 사용할 따름이며, 두더지가 황하의 물을
마신다고 하더라도 그것은 배를 채우는 데 지나지 않는 것입니다.
돌아가 쉬십시오."라고 했다.
세상을 피하여 기산에 숨어 살던 현인이었던 허유는
임금 자리를 물려주겠다는 요임금의 말을 듣고
귀가 더럽혀졌다 하여 냇가로 내려가 귀를 씻었다고 한다.
쓸데없는 명분에 사로잡히지 말고 자유롭게 살아야 한다는 교훈이다.
두더지와 새 한 마리가 깊은 울림과 짜릿한 깨달음을 주는 아침이다.

938 어버이날과 작두
2021. 5. 8. (토)

엄지, 검지, 중지, 약지, 소지는 손가락 다섯 개의 이름이다.
인체 주요 장기는 대부분 뼈에 둘러싸여 있는데 손가락은
뼈가 안쪽에 있고 신경, 혈관, 근육, 인대 등이 주변에 있다.
손가락 끝에 미세한 신경이 있어 감각을 느낄 수 있는 것이다.

어버이날에 왼손가락을 보면서 더욱 어머니 생각이 난다.
그때 어머니가 안 계셨으면 평생 네 개의 손가락 없이
살아갈 뻔했으니까.
큰집에 놀러 가서 소여물을 자르는 작두를 가지고 놀다 놓치는 바람에
엄지만 빼고 네 손가락이 덜렁거릴 정도로 베었었다.
재빨리 어머니가 무슨 풀인지 모르지만 찧어서 비닐로
감싸 주셨고 두어 달이 지나 붙게 되었다.

지금도 연하게 상처 자국이 남아 있으니 끔찍한 일의 위기를
넘긴 것이다.
지혜로우셨던 어머니, 왜 작두를 가지고 놀았느냐고 한마디 책망도
안하셨던 묵직한 어머니의 마음이 더 깊이 헤아려지는 어버이날이다.
손을 볼 때마다 어머니의 손길을 느낀다.

939 「적과의 동침」
2021. 5. 8. (토)

    사랑하고, 존중하며, 아끼고 살아도 부족한 세월인데
어떻게 남편이 적이 될 수 있을까?
줄리아 로버츠 주연의 「적과의 동침(Sleeping With The Enemy)」
영화 공부를 했다.
낸시 프라이스의 원작 소설을 영화화한 고전 스릴러 영화다.
한순간도 긴장의 끈을 놓을 수 없는 영화다.
결벽증, 의처증이 있는 폭력적인 남편 손아귀에서 필사적으로
벗어나기 위한 목숨을 건 탈출, 마지막에는 괴물 같은 남편
마틴을 향해 방아쇠를 당길 수밖에 없는 로라의 모습이
깊은 인상을 주었다.
    인디언들은 나뭇가지 하나를 꺾을 때도 나무 이름을 부르며
"미안해!"라고 말한다.
인간의 탈을 쓰고 어떻게 인간에게 폭력을 행사할 수 있을까?
이것은 성격이 아니라 병이다. 정신적인 질병이다.
하지만 질병이라 하여 폭력을 정당화할 수 없다.
아직도 이 땅 위에 얼마나 많은 여성들이 폭력을 당하며
지옥 같은 삶을 살고 있을까?
살인을 정당화할 수는 없지만 방아쇠를 당기는 로라에게
나는 손뼉을 칠 수밖에 없었다.
1991년도에 개봉한 영화, 이제라도 봐서 다행이다.

940 인생이 즐거워지려면
2021. 5. 9. (일)

바람이 불지 않는 날은 연날리기를 하지 않는다.
연은 바람이 불어야 높이 올라가고 멋지다.
연은 바람과 친구다. 그 바람 때문에 높이 올라갈 수 있지만
곤두박질칠 가능성도 크다.
내가 가장 높이 오른 곳은 히말라야의 푼힐 전망대다.
안나푸르나, 마차푸차레, 람중히말 등의 고봉이
눈앞에 펼쳐진 모습을 볼 수 있는 포인트다.
일출과 함께 시시각각 변하는 파노라마 같은 색깔은
평생 잊지 못한다.
3,210미터의 고지까지 오르는데 고산병으로 고통을 겪었다.
어지럽고, 머리 아프고, 구역질이 나왔다.
　　인생도 희로애락이 있어야 즐거운 법이다.
희락만 있고 로애가 없으면 행복할까?
바다에 파도가 일어나야 물이 뒤집어지면서 물속에 산소가
공급됨으로 물고기들이 살 수 있게 된다.
파도가 일어나는 것은 당연한 일이다.
받아들일 수 있는 유연성과 세상을 큰 강처럼 품을 수 있는 생각,
마음이 있느냐다. 인생은 장애물 경기다.
넘어갈 수 있는 것이 매력이다.

새벽길 별을 보며

941 바꾸는 것보다는 받아들임으로
2021. 5. 9. (일)

조금만 손을 길게 뻗으면 서재 창가에서도 잡힐 것 같은
우리 집 느티나무. 꽤 큰 나무를 옮겨와서 뿌리내린 지 9년째다.
헤아릴 수 없을 정도의 나뭇잎들과 나무의 키가
2층 지붕 높이까지 올라왔다.
자세히 나뭇잎들을 보면 똑같은 것이 하나도 없다.
세상 사람들도 나와 같은 사람은 한 명도 없다.
다르기 때문에 더 아름다운 법인데 나와 다른 것을
나쁨으로 규정짓는 우물 안 개구리 같은 사람은 되지 말자.
바늘귀처럼 작은 마음으로서는 늘 평온할 수 없다.
바꾸고 싶어 하는 것보다 받아들이는 것이 더 쉬운데
굳이 어려운 쪽을 택할 때가 있다.
변화에 대한 능동적 자세, 통제력보다 수용력이
더 위대한 법인데 나의 규범과 잣대에 사람들을 맞추려고
하지는 않았는지 돌아본다.
있는 모습 그대로를 인정하고, 수용하고, 긍정해 주자.
흐르는 물을 막을 필요가 없다. 떠다니는 구름이 왜 동쪽으로
가지 않고 서쪽으로 가느냐고 원망할 일도 아니다.
인간은 쉽게 바뀌지 않는다.
객관화시켜서 좀 더 멀리 바라보자.

942 어머니 산소에서 불러 본 엄마야!
2021. 5. 9. (일)

90세 되신 어머니 눈에는 70 먹은 아들도 여전히 아기일 것이다.
어머니 계시는 산소까지는 왕복 36킬로미터다.
말로는 백 번도 더 히말라야 산을 오를 수 있다.
어머니 산소에 가는 일은 말로만이 아니라 행동으로 옮기는 일이
중요하다.
차로 가면 금방 다녀올 수 있는 거리인데도 사이클을 타고
다녀왔다. 힘들어도 땀 흘리며 다녀오고 싶었다.
휙휙 옆으로 차들이 지나가는 것 때문에 조심스럽고
매연도 맡아야 했으나 다 좋은 것도 없고 다 나쁜 것도 없다며
아카시아 향이 힘든 다리에 힘을 제공해 주었다.
　　어머니 산소에서 "엄마야!"를 소리 내어 세 번을 불러 보았다.
금세 눈물이 핑 돌았다. 천륜이 이런 것인가 보다.
무엇으로도 끊을 수 없는 인륜이면서 천륜이다.
낫을 빌려서 큰 풀을 자르고 "엄마 저 가요."
그리고 열심히 페달을 밟았다.
올해 내 나이에 돌아가신 어머니, 천국에서 뵈오리.
집에 오니 90세 되신 장모님이 텃밭 일을 하고 계신다.
에구머니나!

943 뒤로 달리기 6분 기록
2021. 5. 10. (월)

걷기보다 어려운 일은 달리기다. 달리기보다 더 어려운 일은
뒤로 달리기다. 뒤로 달리기를 시작한 것은 두 달쯤 된다.
처음에는 뒤로 걷기도 힘들었다.
하지만 충분히 할 수 있다고 믿었고 기대했다.
논 가운데 나 있는 농로는 이른 아침에는 차도 없고 사람도 없다.
뒤에 눈이 없으므로 불안할 수 있다.
예측 불안이 다가올 수 있는 것이다. 자신을 믿어야 한다.
가장 중요한 것은 얼마나 긴 거리를 달리느냐보다 마음의 평온이
주어져야 한다.
뒤로 달리면서부터 가끔 다리에 쥐가 났던 것이 없어졌고 그동안
쓰지 않던 종아리 근육이 단단해졌는지 오랫동안 라이딩을 해도
거뜬했다. 경운기 10마력짜리가 트랙터 20마력짜리로 변했나 보다.
꽤 긴 거리의 농로를 끝까지 달려보았다.
그동안의 기록은 3분 거리였는데 오늘은 배가 되는 6분 동안
뒤로 달렸다. 내가 작사한 「지리산 둘레길 song(지둘송)」을
들으면서. 숨이 헉헉 차오르는 것을 느낄 수 있었다.
포기하지 않고 끝까지 달려봤다.
고독한 것도 어렵기 때문에 좋을 수도 있다.
살아보니 힘들고 어려운 일일수록 진실에 가까웠다.
6분간의 기록 세운 두 다리에 감사했다.

944 즉각적인 실천 능력
2021. 5. 10. (월)

　　아는 것보다 더 큰 힘은 실천하고 행동하는 것이다.
버나드 쇼의 묘비에 쓰여 있는 것("우물쭈물하다가 내 이렇게 될 줄 알았지.")
처럼 미루고 우물쭈물하다 보면 잊어버리고
희미해져 버릴 수 있다.
　　2009년 6월 19일에 구입하여 본 책 장영희 교수의 『문학의
숲을 거닐다』를 오늘 "책 읽기 좋은 날" 동영상을 통해 다시 들었다.
암 투병을 하면서 고난 속에서도 희망과 용기, 감사와 사랑을
지니며 살다가 2009년 56세의 나이로 세상을 떠나갔다.
늘 목발을 짚고 다니는 장애우로 서강대 영문학 교수였다.
윌리엄 워즈워스의 「무지개」라는 시를 소개했는데
아, 이런 시가 있으면 지나칠 수 없다.
　　"저 하늘 무지개를 보면 내 가슴은 뛰노라"
이 시를 외우기로 했다. 마음먹으면 외우지 못하는 것이 없었다.
「무지개」 시는 열한 번째 암송 시 노트에 들어가게 된다.
아직 한 번도 시 낭송 대회를 한 적은 없다.
하지만 혼자서 또는 여럿이 있는 곳에서 암송한 적은 많았다.
시를 외우는 데서 그치지 않고 진정한 삶의 시인이 되고 싶다.
내 삶이 시가 되도록 살고 싶다.

945 나도 받았으니 나도 줘야 한다
2021. 5. 11. (화)

지인으로부터 영광 모시 잎 인절미를 받았다.
밭에서 기르는 여러해살이풀이 모시풀이다.
줄기 껍질을 벗겨 모시를 짠다.
모시는 바람이 잘 통하고 땀을 잘 흡수하며 빛깔이 희어
여름철 옷감으로 애용되기도 한다.
어느 식물이나 효능이 있듯이 모시 잎도 루틴이 다량 함유되어 있어
혈관을 튼튼히 하며 칼슘은 멸치의 33배, 우유의 40배나 된다.
택배로 모시 잎 인절미를 받는 순간, 나도 받았으니
나 또한 줘야 한다는 생각이 들었다.
주는 자가 복이 있다는 성경 말씀이 떠올랐다.
명단 10명을 작성하여 주문했다.
열 명 각자에게 문자를 보냈다.
모시 잎의 효능과 보내는 의미를 함께 말이다.
매월 받는 국민연금은 이웃을 위해 아름답게 사용해야겠다는
다짐이 있었다. 내일 하면 늦다. 내일은 없다. 오늘만이 내 날이다.
기회가 왔을 때가 아니라 기회를 만들어야 한다.
내가 받고 사는 일이 얼마나 많은가?
햇빛, 공기, 자연, 물 모두 공짜로 사용하고 있다.
모시 잎 인절미를 받을 10명의 입가에서 작은 미소가
꽃처럼 피어날 것을 생각하니 한없이 기쁘고 행복하다.

946 마음의 창조적 법칙
2021. 5. 11. (화)

"나는 커피를 한 모금만 마셔도 밤새 잠이 안 와요." 하면
커피를 한 대접 마셔보라 한다.
밤새 잠이 안 온다고 말하는 것은 잠재의식 속에서 '너의 몸이 밤새
잠이 못 들게 하라.'는 것과 같다.
이것이 잠재의식의 세계다.
일행들과 산행할 때 절대 입 밖에 내지 말아야 하는 말이 있다고
주지시킨다.
힘들어 죽겠네, 안 된다, 할 수 없다는 말이다.
사람은 무엇을 생각하느냐가 곧 그 사람이다.
    잠재의식은 자기의 몸까지도 통제한다.
그래서 늘 감사의 기분이 자신을 지배하게 해야 한다.
마음의 창조적 법칙이 잠재의식이다.
좀 더 멀리 마음 생각을 객관화하여 볼 수 있어야 한다.
잠재의식을 통제하고, 지배하고, 컨트롤할 수 있어야 한다.
그러면 몸까지도 그대로 움직이며 행복이 결정된다.
    하면 된다. 할 수 있다. 해야 한다. 기도하고 구하는 것은
받은 줄로 믿으라. 그리하면 이루어지리라. 안 되는 것은 없다.
시간이 지체될 뿐이다. 포기만 하지 않으면 된다.
보브나르그는 말했다.
"어떤 일도 견딜 수 있는 사람은 어떤 일도 해낼 수 있는 사람이다."

947 모든 경험은 배움이고 스승인가?

2021. 5. 12. (수)

　　삶에서 일어나는 모든 일에 대해 인생에게 이유를
다 물어보려고 했었다.
거기에 대해 인생은 나에게 모두를 말해주지 않았다.
그러던 어느 날, 깨달음이 왔다.
내가 인생에게 이유를 물어보는 것이 아니라 인생이 나에게
물어보는 것이며, 그때 어떠한 대답을 할 것인가를 알았다.
당장에 아무런 답이 없는 것도 많았다.
때가 되면 왜 그래야 했는지를 확연히 알 때가 오는 데도
불구하고 조급해하고, 불안해하고, 걱정했던 적도 많았다.
이렇게 나약하고 실수투성이인 나를 그래도 나는 사랑한다.

　　명쾌한 답 한 가지는 모든 경험은 다 배움이 되는 것이며,
감사훈련이라는 것이었다.
원망, 두려움, 분노는 나의 영혼, 몸, 마음만 갉아먹고
꺾이게 할 뿐이었다.

　　돌아보면 강인함은 고통과 노력에서 나왔다.
현실적으로 받아들이기 어려운 문제가 있다 해도 그것을 통해 인내,
관용, 유연성을 배운 기회였음이 많았다.
니체의 말에 더욱 공감이 갔다.
"너를 죽이지 못하는 것은 결국 너를 강하게 하는 선물이다."

　　시뻘건 쇳덩어리를 차가운 물속에 넣고 다시 또 반복하는 것을

담금질이라고 한다.

어떤 인생의 슬픔과 고통도 다 목적과 의미가 있는 것이니

재빨리 감사부터 하고 보자고 실천하는 순간, 축복의 그릇으로

바뀌는 것을 경험했다.

    고등학교 1학년 때부터 한신대학 4학년 졸업 때까지

7년간의 인고의 세월은 돌아보면 선물이었고, 은총이었고,

주님의 은혜였다.

독학해야 했고 많이 배가 고팠고 눈물겨운 세월이었지만

그것은 나에게 황금보다 소중한 인생 배움터였다.

신학대학 1학년 때부터의 섬 교회 목회는 견딤의 훈련소였고

아울러 축복의 터전이었다.

때로는 쓴잔이 와도 웃으며 감사로 받아 마실 수 있는지

시험해 보는 경험들이었으니 그 어느 것 하나 소중하지 않은 것 없고,

버릴 것이 없으며, 나에게 유익하지 않은 것이 없었다는 것을

이제 머리 희끗희끗해진 요즘 더욱 절절히 느낀다.

    이번 주 두 분의 조문을 다녀온 후에 나에게 다시 한 번 질문을

했다. 모든 경험은 배움이고 스승이니 모든 일들 속에서 감사로

받을 수 있겠느냐고.

948 자연생태 동요 작시자로
2021. 5. 12. (수)

2013년 3월부터 일 년 동안 (사)한국숲해설가협회에서 배운 생태 세밀화.

개인전 및 단체전, 세밀화 코칭, 『꽃 너머 꽃으로』 책 발간.

2020년 7월부터 그동안 그려놓은 그림에 새롭게 자연생태 동요시를 옷 입히기 시작했다.

「애기똥풀」을 시작으로 87개의 생태 동요시를 썼다.

여기에 악보를 붙이게 되면 자연생태 동요가 되는 것이다.

내가 나에게 명함을 안겨준 것은 "자연생태 동요 작시자"라는 것이다.

충분히 자격이 있다고 믿는다.

많은 관찰, 그림, 그림일기, 고뇌와 사유, 철학과 의미를 담아서 시 한 개씩이 탄생되었다.

어서 속히 코로나 19가 끝나기를 매일 기도한다.

힘들게 살아가는 분들 용기 달라고 기도한다.

고독한 시간을 허락해 준 코로나 19가 어느 면에서는 의미가 있었다.

사건보다 해석이 더 중요한 것이니까.

올해에 자연생태 동요(시, 그림, 악보)가 책으로 나올 것이다.

공동 저자는 진창오, 한나영이다. 가슴이 뜨거워진다.

자연생태 동요가 이 강산 구석구석에서 불리고 인간, 자연, 생명이 아름답게 조화되는 세상이 되었으면 하는 바람이다.

949 명아주와 비름나물
2021. 5. 13. (목)

자연의 힘과 맛, 멋을 느낄 수 있는 것이 나물이다.
대부분 봄에 많이 먹을 수 있는 나물 종류는 성장 속도도 느리고
생장 환경도 까다로워서 더욱더 자연의 숨결을 느낄 수 있다.
로제트 식물처럼 한 겨울을 견디어 낸 강인함의 의미도 되새기며
먹을 수 있어 좋다.

요즘 몇 차례 먹고 있는 나물은 명아주다.
탑천 길을 걸으면서 물가 쪽에 나 있는 명아주를
한 주먹 뜯어온다.
씻고, 데친 후 간장, 된장, 참기름, 깨소금 한 수저만 있으면
뚝딱 한 접시의 나물이 밥상에 놓이게 된다.
씻는 것부터 완성하는 시간까지는 10분 이내다.
건강 비결 중 하나인 소식 다동을 실천하는 데도 효과적이다.

15년 전쯤, 어느 시골 마을 식당에 갔을 때 나물 맛이
하도 좋아 이게 무슨 나물이냐 물어보니 명아주라 알려줬다.
그동안에는 흔한 풀로만 알았는데 그때부터는 인식의 전환이 생겼다.
5~10센티미터 정도로 자란 부드러운 어린 싹을 뜯어 말렸다가
밥할 때 넣어 먹어야겠다.
조금만 부지런하면 특별한 나물 경험을 할 수 있다.
지천으로 널려 있는 나물을 공짜로 먹을 수 있으니 참 좋은 나라다.

950 긍정 감정의 핸들
2021. 5. 14. (금)

    운전하면서 좌회전하려면 먼저 생각이 뇌에 전달된다.
그 후에 행동이 따르게 되고 차는 좌회전하여 가게 된다.
마음이 끌어당겨야 오는 법이다.
그래서 모든 것은 생각과 마음에서 시작되어 마음에서 끝난다.
생각하는 힘이 단단해야 하는 이유도 시련을 극복해 가며
행복한 삶으로 꽃피울 수 있게 하기 때문이다.

    긍정 감정은 사랑이고, 부정 감정은 두려움이다.
그래서 성경에서 사랑장으로 불리는 고린도전서 13장에서도
사랑은 두려움이 없다 했다.
감사, 행복, 기쁨, 만족은 긍정 감정에서 나오고, 분노, 미움, 원망,
불안은 부정 감정에서 나올 수밖에 없다.

    가슴 뛰는 아름다운 삶을 살기 위해서는 늘 긍정 감정으로
핸들을 돌려야 한다. 선택은 내 몫이다.
내 영혼을 노래하게 하고, 나를 기분 좋게 하며, 내 생각과 영혼에
영양분을 공급해야 할 책임은 나에게 있다.
생각, 감정, 마음이 몸의 작용까지 가져온다는 것은
살아온 나의 경험에서 나온 결과다.

951 그냥 했더니 되더라!
2021. 5. 15. (토)

    자연생태 동요 작시 원고 교정 87개를 다 마쳤다.
긴 여정이었다.
2013년부터 시작한 생태 세밀화가 새롭게 진화되어 여기까지 왔다.
놀라운 발전과 의미가 넓은 지평으로 바뀌었다.
이렇게 많은 것을 언제 다할 수 있을까?
과연 할 수 있는 것일까? 그러한 염려는 하지 않았다.
염려한다 하여 더 잘되는 일이 없기 때문이다.
    한 걸음만 내디디면 된다 생각했다.
포기하지 않고 줄기차게 하나씩 작시하다 보면
언제인가는 꿈이 꽃피우리라 믿었다. 천 리 길도 한 걸음부터다.
천 리 길이 아니라 십 리 길도 한 발자국 떼어놓지 않으면
그 자리에 있는 것이다. 그냥 하면 된다.
할 수 있다는 자신에 대한 의지와 신념, 지치지 않는 끈기,
내가 하는 일에 대한 가치와 꿈, 이것을 통해 이 세상에
선한 영향력과 솜사탕 같이 달콤함을 줄 수 있다는 비전,
꿈 너머 꿈이 있었다.
    나영 선생이 곡을 붙이게 되는 기적 같은 일이 생겼으니
더 아름다운 꽃이 피고 열매를 맺을 것이다.
나영 선생은 반드시 위대한 작곡가와 피아니스트로 지경이
넓어져 갈 것이다. 그러한 잠재 능력과 가능성이 충분하다.

952 고양이 아빠 되셨네요

2021. 5. 16. (일)

　　주일날 아침에 주는 고양이 참치 통조림 간식.
처음에는 어느 곳에 있는지 모르게 있던 고양이들이 모이기 시작한다.
마당 한쪽에 있는 항아리 속에서 간식을 꺼내려고 할 때
"우리들 많이 기다렸어요. 맛있는 간식 어서 주세요."라고
하는 것 같다.
　　룰루, 랄라, 달이, 헵번은 생김새도 크기도 하는 짓도 서로 다르다.
고양이들이 먹는 모습을 보고 있으면 즐거워
시간이 훌쩍 간다.
먹을 것을 놓고 결코 싸우는 법이 없고 어느 정도 먹으면
슬그머니 자리를 비켜 준다. 신사적인 동물이다.
집요하게 계속 먹지 않는다.
　　짐승이든, 식물이든, 사람이든 잘 먹고 건강하게 자라는
모습을 보면 행복하다.
그래서 자식 입 속에 들어가는 음식은 메마른 논에
물 들어가는 것 같다고 했나 보다.
　　커피를 마시는데 아내가 "당신 고양이 아빠 되셨네요." 한다.
현관 앞에 룰루가 와서 야옹거린다.
마치 "나 좀 거실에 들어가게 해 줘요."라고 말하는 것 같다.
오랫동안 함께하고 싶은 고양이들 고맙구나.

953 사부인에게 동시에 보낸 문자
2021. 5. 16. (일)

    아내는 안방에서, 나는 서재에서 동시에 사부인에게 문자를 보내고 있었다. 이럴 때 이심전심이라고 하는가?

"사랑스러운 며느리 친정어머님께

사부인 1년 동안 미니, 나니 챙겨주시고 보살펴 주셔서 감사드립니다.

긴장했던 결혼식이 꼭 1년 전이었네요.

사부인의 정성과 사랑으로 두 사람이 잘 지내고 있다는 생각이 듭니다.

일주년 기념일을 생각하니 사부인이 생각나 문자 드립니다.

항상 건강하시고 코로나가 끝나고 자유롭게 만날 수 있는 날이 오면

만나서 즐겁게 밥도 먹고 산책도 하지요.

감사드리며 행복한 오늘이 되시기 바랍니다."

"미니, 나니의 결혼 일주년을 축하하며

한 해 동안 많은 수고와 사랑을 주셨습니다.

예쁘고 착한 며늘아기 덕분에 행복, 감사, 기쁨이 꽃피는

일 년이었습니다.

주님 은총이었고 사부인의 사랑이었음을 감사드립니다."

    참으로 신기한 일이다. 서로 다른 공간에서 같은 시간에 문자를 보내다니. 나보다도 당신이 감동 있게 글을 썼다고 칭찬해 줬다. 서로 보낸 문자 내용을 읽어 준 아침이었다. 금평 저수지에서 사부인, 바깥사돈과 산책하며 즐거워했던 추억이 그립다.

954 향상심을 향한 몸부림
2021. 5. 17. (월)

니체는 "향상심이 없으면 죽은 인간이다."라고 말했다.
보다 나은 상태를 추구하려는 마음을 향상심이라 한다.
하지만 추구만 해서는 안 된다.
행동에 옮겨야 내 경험이 되고 결과를 봄으로써 자신감,
자존감이 두터워진다.

향상심을 가지려면 어떻게 해야 하는 것일까? 많은 경험이다.
자신을 끊임없이 실험 대상에 올려놔야 한다.
앞으로 한 걸음 내디뎌보려고 하는 몸부림이 필요하다.
경험이 때로는 위험할 수도 있고, 결과가 안 좋을 수도 있다.
거기에 마음 빼앗겨서는 안 된다.
경험을 통해 인생의 단계가 높아진다.

처음에는 5킬로미터 달리기도 힘들었었다. 힘들 거야.
꼭 해야만 되는 걸까?
이런 부정적 합리화를 용납할 수 없어서 해 보니 되었다.
그리고 10킬로미터, 하프, 풀코스도 해 보니 되었다.
울트라 마라톤 대회에는 나가지 못했지만 출전하면
그것도 가능할 것이다.
많은 경험이 나의 자존감을 향상시켜 주었다.
그리하여 행복으로 이끌어 갔다.

955 습관과 Runners' High
2021. 5. 17. (월)

2013년 7월부터 거의 일 년 동안 매일 달리기를 했고, 평균
시간은 40분 정도였다. 달리기 일지와 일기 기록을 보면 그렇다.
달리기 시작하여 30분 정도 시간이 흐르면 마치 구름 위를
달리는 것 같은 묘한 달콤함과 즐거움이 있었다.
1997년 미국 심리학자 멘델이 처음 사용한 Runners' High는
일정 강도의 운동을 하면 뇌에서 베타 엔도르핀 물질이
분비되면서 마약성 물질을 투여했을 때와 비슷한 느낌이
든다는 것이다. 그야말로 달콤한 유혹이라 할 수 있다.
　　반복된 습관은 집중력, 몰입력을 가져온다.
잠재의식도 긍정적으로 변하는 것을 체험을 통해 알고 있다.
몰입하는 기쁨이 "러너스 하이"기도 하다.
습관이 자리 잡으려면 66일이 걸린다는 이론이
거의 일반화 되어 있다.
　　운동, 취침, 식사, 기상 시간, 독서, 글쓰기, 새벽기도 등
습관이 뿌리내려 있으면 해야겠다는 다짐과 마음을 먹기 전에
이미 하고 있는 자신을 발견한다.
운동 해야지가 아니라 이미 운동하고 있는 자신을 보며 흐뭇해한다.
이것이 행복이다. 오늘 아침에도 비가 뿌렸다.
장화 신고 우산 쓰고 걷고 있는 나를 보며 웃음 지었다.
행복한 웃음이 탑천가에 퍼졌다.

956 얼굴을 빛나게 하는 것
2021. 5. 18. (화)

마음의 즐거움은 얼굴을 빛나게 하여도 심령의 근심은
뼈를 마르게 한다는 성경 잠언의 말씀을 믿는다.
내가 믿는다는 뜻은 내 마음의 즐거움을 위한 선택과 습관과
자아 이미지와 언어의 힘을 갖기 위해 힘써 노력하겠다는 말이다.

5시에 일어날 때부터 유쾌한 마음, 상쾌한 마음,
활력 있는 몸이라고 스스로 생각한다.
미움, 분노, 걱정, 두려움 속에서 살기에는 인생이 너무 짧다.
그것은 낭비하는 삶이다.
마음이 즐거워야 행복 호르몬이 솟구치며 내 몸의
60조 개의 세포도 활성화된다.
그것이 얼굴에 드러나 빛나게 하는 것이리라.
마음의 즐거움을 위해서는 삶을 사랑한다.

있는 그대로 수용한다. 내 가슴이 시키는 일을 한다.
끊임없는 도전, 열정의 불꽃을 태운다. 섬김을 만들어서 한다.
억눌림 없는 자유로움이 있다. 인간관계의 소중함을 갖는다.
내려놓고 비운다.
작가로서 세상에 별처럼 빛나는 존재로의 비전을 갖는다.
거울을 보면서 이렇게 소곤거린다.
"나는 빛나는 내 얼굴을 사랑한다."

957 투구바위의 사연
2021. 5. 19. (수)

　　근래 들어 아내와 함께 산행하지 못해 아쉬웠던 차에
오늘 석가탄신일이라 쉬게 되었으니 고창 선운산을 종주하기로 했다.
이른 아침, 표고버섯으로 된장국을 끓이고 키위, 망고 등
과일도 준비하여 고속도로를 달렸다.

　　아내는 그동안 배맨바위까지는 네댓 번 다녀왔다고 한다.
코스를 정할 때 짧은 코스와 긴 코스가 있는데
무조건 나는 긴 코스를 원했다. 하지만 아내의 생각은 달랐다.
긴 코스를 통과하려면 투구바위를 지나가야 하는데
인터넷 정보를 보니 밧줄을 타고 올라가야 하는 험한 곳이니
무서워 다른 코스로 가자는 것이었다.
"한 번 부딪혀 보고 막상 가서 안 될 것 같으면 돌아올 수도
있지 않을까? 가 보기도 전에 무섭다고 포기해서는 안 되지.
나도 하니 당신도 할 수 있고 당신은 충분히 할 수 있는 능력이
있으니 나만 믿고 가 보게. 무섭다는 생각이 드는 것은
당연하지만 가 보는 데까지 가 보는 거야."

　　마침내 투구바위 앞에 도착했다. 아, 그런데 이게 웬일인가.
그곳은 클라이밍의 성지라 부르며 훈련하는 곳이었는데
많은 사람이 클라이밍을 하고 있었다. 투구바위 옆으로 편안하게
등산로가 준비되어 있었다. 무슨 일이든지 막상 부딪혀 보면
쉽게 풀리는 일이 많다는 것을 다시 한 번 경험하게 되었다.

958 용불용설 증명
2021. 5. 20. (목)

1809년 라마르크가 제창한 최초의 진화 이론이 용불용설이다.
많이 사용하는 기관은 발달하고, 사용 빈도가 적은 기관은
점점 퇴화한다는 이론이다.
아내는 퇴근 후 매일 가까운 청룡산을 벗 삼아 운동해 왔고
나는 몇 달간 원고 교정, 글쓰기, 동요 작시, 문서 작성 작업에
매달려 매일 두 시간 걷기 외에는 산행을 하지 못했다.
어제 8시간의 산행을 하면서 아내는 약간의 답답함이 있었을 것이다.
가끔 쉬는 나를 잘 기다려주고 격려해 줬다.
운동과 산행은 내가 도저히 따라갈 수가 없다. 고마운 일이다.
당신과 함께 산행하니 너무도 좋다는 아내의 달콤한 위로도
몇 번이나 들었다.

오늘 아침 5시에 일어나야 하는데 몸이 말을 안 듣는다.
운동 종류에 따라서 자주 사용하는 근육이 다른가 보다.
조금도 피곤해 하지 않고 씽씽 걸어가는 아내의 몸이 청춘 같았었다.
보기에 참 좋았다.
큰 며늘아기가 어버이날에 사 준 등산 티셔츠를 같이 입고
마음껏 자연을 느끼며 녹색 바다에 풍덩 빠져본 하루였다.
37년 결혼생활 동안 거의 아프지 않은 아내가 고맙다.
고창에서 돌아오면서 아내에게 더 잘해줘야겠다고 다짐했다.

959 참을 인(忍)을 사유하다
2021. 5. 20. (목)

  견디는 것은 이기는 것이며, 이기는 것은 참는 것이다.
참으려면 내면의 힘이 있어야 하고 절제, 용기가 꼭 필요하다.
내면의 힘은 자신을 객관화하여 긍정적인 의미를
늘 부여해야 자존감이 높아지면서 내면이 단단해지고
모든 사물, 모순, 현실, 고난, 예기치 못했던 문제들도
유연성 있게 받아들일 수 있다.

  걷기를 하면서 하루하루가 다르게 변화하는 자연을 본다.
금계국이 노랑 얼굴을 내밀기 시작했고,
개망초 꽃봉오리가 입을 오므린 아이처럼 때를 기다리고 있다.
식물들도 참는 시간이 많다.
우리 집 정원 나무에 앉아 노래하는 검은등뻐꾸기도
여름이 올 때까지 기다린 시간은 인내 자체였을 것이다.
칼 도(刀)에 마음 심(心)자가 인(忍)이다.

  아침에 누룽지를 먹는데 철학적 사유를 하게 했다.
누룽지는 뜨거운 열에 의해 만들어졌다가 뜨거운 물에
다시 또 들어가서 나오는 과정이다. 여기에도 의미가 있다.
그리고 긴 호흡을 하며 명상해 본다.
매일매일 忍忍忍(인인인)해야겠다.

960 과거 기억과 미래 기억
2021. 5. 21. (금)

　　전남대 이무석 교수님이 펴낸 『30년 만의 휴식』 책을 보면
사람은 누구나 마음에 두 가지 기능이 있는데 비난 기능과
격려 기능이다.
많은 사람이 격려 기능을 자신에게 사용하지 않고,
비난 기능을 사용할 때가 많다는 것이다.
　　행동을 결정하는 것은 의지나 신념보다 감정에 따를 때가
많은 법이다.
과거 기억에 사로잡혀 살면 부정적, 마이너스적인 생각으로 인한
불안, 분노, 상처, 두려움을 껴안을 수가 있다.
따라서 미래에 펼쳐질 환상과 꿈을 상상하면서 설렘으로 살아가는
미래 기억에 더 큰 마음의 비중을 두고 살아야 한다.
　　만만한 산이 하나도 없듯이 만만한 인생 또한 없다.
당연한 일이다.
건너야 할 강과 넘어야 할 산과 헤쳐 나가야 할 가시덤불이
있는 법이다. 흘러가는 강물에 두 번 발을 담글 수 없다.
어제를 괴로워하고 내일을 두려워하면 소중한 오늘을 잃어버리고,
놓치고, 낭비할 수 있다.
내일 펼쳐질 찬란한 꿈을 기대하며 오늘 충만하게 살자.

961 산책하며 떠오른 단어들
2021. 5. 21. (금)

　길을 걷다가 메모 노트를 폈다. 빨래 쥐어짜듯 머리를
짜낸 것이 아니라 그냥 자연스럽게 떠오르는 마음, 생각, 뜻이 담긴
단어를 적어보았다.
이 단어는 곧 나며 삶과 꿈이다.

　넘치는 행복, 플러스 생각, 긍정의 힘, 감사 가득,
오묘한 신비로움, 자연의 예술, 생명력, 생동감인 몸,
새 같은 자유, 새날의 눈부심, 가슴 뛰는 설렘, 극복하는 존재,
충만한 삶, 넉넉히 이김, 환상, 사람들 세움, 멘토의 사명,
생태 자연, 흐르는 감동, 넘치는 감격, 예술적 삶, 클래식,
커피의 향, 벅차오름, 환한 얼굴빛, 좋은 소통, 따뜻한 화목,
밥과 지혜, 나눔과 섬김, 향상심, 꽃피움, 요리가, 배움의 열정,
십자가 보혈, 은총 가득, 은하수 세계, 사하라 사막의 별,
며늘아기들, 영화 감상, 샤워, 상쾌함, 향긋한 공기, 뻐꾸기 노래,
식물들의 춤, 큰 씨알, 엄마의 손, 책 읽기 좋은 날, 금계국 앞,
찔레꽃 향기, 아내의 지혜, 개밀들의 댄스, 밥 지혜 나눔,
걷고 읽고 쓰고, 내면 강화, 타오르는 불꽃, 달콤한 고독,
나를 신뢰, 포근함, 달리기, 초록빛 바다, 흐르는 물,
볼 스치는 바람, 명아주 나물, 덕유산 눈길, 천국 여행,
아기들 웃음. (66개)

962 출간할 책 제목을 정하고

2021. 5. 22. (토)

　　드디어 출간할 책 제목을 정했다.
일 년여 동안 쓴 에세이가 천 개를 향해 가고 있다.
수시로 떠오르는 예비 제목을 적어 놓은 것이 삼십여 개였다.
한 권의 책 페이지를 250쪽으로 잡으면 네 권이 된다.
글이 너무 많으니 선별하여 한 권으로 내면 어떠냐는 지인들의
의견도 있었다. 하지만 그 어느 것 하나 소중하지 않은 글이 없고
일 년 동안 살며 생각한 발자취다.

　　서점에 수많은 종류의 책이 있지만 아이를 낳듯이 수고와 땀을
흘리지 않고 쉽게 나온 책은 한 권도 없다.
사람들은 1퍼센트로 생각할 수 있는 일일지 모르지만
나에게는 100퍼센트인 것이다.

　　올해에 5권의 책을 출간하리라. 반드시 될 것이라 믿는다.
네 권의 책 제목을 컴퓨터 화면에 붙여 놓고 매일 보면서
기도할 것이다.
니체가 책을 내면서 "나는 이 세상 인류에게 위대한 선물을
주는 것"이라고 한 그 마음을 이해한다.
1. 걷기가 읽기를 만나 쓰기를 낳다
2. 해 뜨기 전 걸었더니 해 뜬 후 글이 왔다
3. 새벽길을 걷다 길어 올린 에세이
4. 사부작사부작 발바닥 에세이

963 줄줄이 이어지는 축복
2021. 5. 23. (일)

　　생태 세밀화로 명아주 잎을 그린 적이 있다.
풀잎 중에 이토록 아름답게 단풍이 드는 것이 또 있을까 싶다.
크게 자란 명아주 줄기로 만든 지팡이를 청려장이라 한다.
가벼우면서도 단단하다.
그림을 그린 후 명아주 자연생태 동요를 쓰게 되었다.
정확한 정보를 알아야 하므로 여러 책을 살펴보면서
명아주 나물이 해독 작용, 혈관 건강, 특히 눈 건강에
효능이 있는 것을 알았다.
　　아침 산책하면서 한 끼 먹을 만큼만 뜯어와 먹은 지 열흘쯤 된다.
오늘은 예쁜 그릇에 나물을 담아 스토리텔링과 함께
사부인에게 드리려고 한다.
하나의 앎이 계속 이어지는 축복을 누리게 되었다.
생태 세밀화, 그림일기, 생태 동요, 나물. 하나의 식물을 통해서
이렇게 많은 스토리를 담으며 삶 속에서 충만한 즐거움과
행복으로 이어가는 내가 자랑스럽다.
아는 일에서 실천하는 것으로, 실천에서 적용으로, 그리고
나눔으로까지 이어져 갈 때 최고의 행복이 꽃피우게 됨을 믿는다.
하나님께서 주시는 지혜며 은사인 것을 안다.
모두 감사뿐이다.

964 매일 환호성 지른 부부
2021. 5. 24. (월)

　　5년 전의 일이 살며시 얼굴에 미소를 짓게 한다.
아내와 함께 이른 아침 산책을 하는 희망 들녘이 있다.
물론, 지명은 내가 지었다.
작은 도랑이 흐르고 길 좌우에는 논이 있는 농로 길이다.
　　하루는 눈이 의심스러울 정도로 놀라운 일이 벌어졌다.
냇가 쪽 풀 속 이곳저곳에 개똥참외가 열려 있었다.
우리 부부는 약속이나 한 듯 와~ 환호성을 질렀다.
첫날에는 서너 개 주머니에 넣어 와서 아침 과일로 먹다가
나중에는 큰 배낭을 메고 가서 따오기 시작했다.
물가에 있어서 물에 빠질 수 있으므로 조심스러웠다.
물이 흐르면서 풀 속에 개똥참외가 주인도 없이
우리 따 먹으라고 자리를 잡았나 보다.
어제 땄는데 오늘 또 딸 수 있는 개똥참외가 눈에 보였다.
아기 주먹만 한 참외를 따면서 계속 환호성을 질러댔다.
　　그때의 추억이 생각나 오늘 그쪽으로 가 보니 시멘트로 둑을 쌓아
개똥참외 그림자도 없었다.
"가물거리는 추억의 책장을 넘기면……"
이선희의 「추억의 책장을 넘기며」 노래가 어울릴 것 같다.

965 watching
2021. 5. 25. (화)

　　아는 분이 결혼하게 된 동기를 재미있게 말해주었다.
세 번을 놀랐다고 한다.
거리에서 어느 아가씨가 앞에 가는데 뒷모습이 얼마나 예쁜지 놀랐고,
앞모습을 보았는데 얼마나 실망했는지 놀랐고,
목소리가 하도 예뻐서 놀랐다고 한다. 물론, 결혼했다.
　　사람이나 사물 모두 보는 시각, 관점, 입장에 따라
다르게 보인다고 생각한다.
바라보는 시각이 바뀌면 생각이 바뀌고 행동과 운명까지도
달라질 수 있다.
이제는 생각을 하는 힘도 필요하지만 생각을 보는 훈련을
해야겠다. 생각을 나로부터 분리해서 바라볼 필요가 있겠다.
그래야 생각의 그릇 안에 갇혀 있지 않고 합리적, 이성적으로
판단할 수 있을 것이다.
숲도 멀리 봐야 전체적인 아름다움을 볼 수 있다.
　　생각의 그릇 안에 들어가 있으면 객관화된 생각을 볼 수 없다.
생각과 몸을 내가 스스로 컨트롤할 수 있어야 하며
거리를 두고 볼 필요성이 있겠다.
그 힘과 가능성과 저력이 이미 내 안에 있는 것이다.
생각을 천천히 바라보며 생각을 생각해 보자.

966 십자가를 왜 만드는가?
2021. 5. 26. (수)

그동안 내가 만든 십자가가 천 개도 넘는다.
나무는 겉도 아름답지만 속이 더 아름다운 것이 많다.
하나라도 쉽게 성의 없이 만든 것은 없다.
톱기계와 핸드 그라인더 등 연장을 다루는 위험한 때도 있고,
먼지는 당연히 먹을 수밖에 없다.
구하기 어려운 비싼 느티나무 용목을 구해오니
만들고 싶은 마음이 달아오른다.
어제 오후 5시부터 10시까지 만들었다.
5시간이 50분이 지난 듯 빨리 갔다.
어젯밤에 깊은 단잠을 잤다는 것도 감사한 일이다.
용목 나무를 사 온 것이 아니라 수백 년의 세월을 가져온 것이다.
수십만 원이 전혀 아깝지 않다.

십자가를 만들 때면 무한한 행복과 기쁨이 마음 깊은 곳에서
솟구쳐 나온다. 앞으로 누구에게 필요할지도 모른다.
그래서 십자가 기증 노트에 기록해 놓는다.
무슨 일이든지 의미와 재미가 있어야 한다.
그럴 때 몰입이 된다. 만들어 놓으면 꼭 필요한 사람이 나타났다.
돈하고는 상관 관계가 없는 취미 활동이지만
돈으로는 살 수 없는 기쁨과 행복을 얻을 수 있음이 감사할 뿐이다.
만들 수 있는 재능을 주신 주님께 감사하며.

967 동물들 식사 시간
2021. 5. 26. (수)

사람이 사는 데 기본이 되는 것을 의식주라 한다.
옷, 음식, 집이다. 짐승은 본연의 색깔대로 산다.
갈수록 늘어 가는 것은 옷가게, 음식점, 아파트인 것 같다.
"자식들 입에 먹을 거 들어가는 게 마른 논에 물 들어가는 것과
같다."는 말이 있다.
자녀들이 잘 먹는 모습을 보는 부모의 즐거움은 어디에
비할 수 없을 것이다. 그래서 이런 표현이 나온 것 같다.
걷기 하다가 양어장 집 개가 새끼를 일곱 마리 낳은 것을 구경했다.
젖을 먹이고 있었다. 흰색, 바둑이, 검둥이 등 각자 방식대로
쪽쪽 젖 빠는 소리가 크게 들린다.
오랜 세월이 지났지만 지금도 나는 우리 두 아이가
엄마 젖을 먹던 때를 기억하고 있다.
젖을 먹으며 엄마와 눈 맞춤하며 행복해하던
아이들의 눈망울이 생생하다.
걷기 후 집에 오니 고양이들이 아침식사를 하고 있다.
6시에 먹지 못한 룰루, 달이였다.
먹는 모습을 지켜보고 있자니 웃음꽃이 저절로 피어난다.
어떤 때는 흥얼거리면서 먹는 때도 있다.
인간이나 동물의 가장 기본적인 요소인 먹는 일,
그래서 "금강산도 식후경"이라는 말이 있는가 보다.

새벽길 별을 보며

968 세상에서 가장 작은 논
2021. 5. 27. (목)

마당에 파 놓은 한 평쯤 되는 미니 연못에 작년까지는
금붕어가 살았다.
매일 먹이를 주고 물을 공급해 줘도 수명이 1년쯤 되는 것
같아서 안타까웠다.
변화는 늘 새로운 역사를 만들어 낸다.
요즘 모내기 철인데 미니 연못에 모를 심으면 어떨까?
큰 화분에서 자라나는 보리의 변화되는 모습을 보면서
즐거운 웃음을 짓는다.
벼가 자라는 성장 변화를 매일 가까이서 관찰하고 싶다.
모를 심은 뒤 남은 약간의 모판을 얻어 와서 33포기를 심었다.
가장 이상적인 모 숫자는 4~7개 정도여야 한다고
농사짓는 분에게 들었다.
많은 양을 심으면 새끼를 칠 수 없으므로 수확량이 적단다.
약 4개월 후에는 황금색 벼를 마당에서 볼 수 있을 것이 기대된다.
이전에는 산 가까운 곳 주택에서 살고 싶었는데
지금은 마음이 변했는지 논 가운데 집을 짓고 살고 싶다.
참새 떼들의 지저귀는 소리도 들릴 테니까.
실험해 보고, 도전해 보고, 새로운 것을 향한 향상심이 있어야만
살아있는 일상의 작은 행복을 만들어 가는 것이리라.

969 「탑천 길 song(탑길송)」 작시
2021. 5. 27. (목)

    탑천 길을 걸은 지 10년이 되었다.
집 가까운 곳에 걸을 수 있는 예쁜 길이 있다는 사실은 큰 복이다.
시청 게시판에 올린 글 "탑천 길을 살려주세요!"가 방송을 타게 되었고,
지금은 이팝나무와 철쭉을 조성해 놓은 아름다운 길로 변모되었다.
이른 아침마다 만나는 사람들은 이십여 명쯤 된다.
주말에는 가족 단위로 자전거를 타고 미륵사지까지 오고 가는
모습을 많이 볼 수 있고, 사시사철 옷을 바꿔 입는
탑천 길의 풍경은 보아도 또 보아도 싫증이 나지 않는 살아 숨 쉬는
생명력 있는 곳이다.
    작년에 「지리산 둘레길 song(지둘송)」 100소절을 작시했고,
여기에 곡이 붙여졌다. 오늘부터 탑천 길 송을 작시해야겠다.
탑천 길을 걷고 달리고 자전거 타는 사람들에게 선물로 안겨줘야겠다.
누가 작곡을 할지, 누가 노래를 부를지 아직은 모른다.
분명한 사실은 작시를 한다는 것이다.
명확한 꿈과 목표가 있으니 이뤄질 것이다.
시민 모두가 한 번쯤은 노래를 부르며 자연 사랑의 운동으로
이어져 갔으면 좋겠다.
가슴이 시키는 일은 회피하거나 미루거나 망설여서는 안 된다.
이것은 나의 사명이다.
또한 10년간 걷게 한 탑천 길에 대한 작은 보답이기도 하지 않겠는가.

                                   새벽길 별을 보며

970

「탑천 길 song」 8번 교정

2021. 5. 28. (금)

    집중, 몰입의 힘은 다이내믹한 힘을 가져온다.
적당히 대충하여 좋은 결과가 나오는 것은 없다.
그런 것을 기대하는 일은 도둑 심보다.
심지도 않고 거둘 수 없는 것이다.
경험상 어려울수록 진실에 가깝다는 것을 알고 있다.
어제부터 작시하기 시작한 「탑천 길 song」은 나 자신부터 믿었다.
잘되리라. 전혀 의심하지 않았다.

    노트에 옮겨 적고 다시 교정에 또 교정, 생각을 다시 생각.
이런 과정이 오늘 아침까지 이어졌다.
탑천 길을 걸을 때 끄적거린 글을 들고 다니면서
사색의 걸음을 옮겼다. 현장감을 살리기 위해서였다.
빨간 볼펜으로 다시 쓰고, 고치고, 다듬고 매일 고된 노동을
시키는 내 뇌가 데모하지 않는 것을 보면 좋은가 보다.

    무엇보다 자연생태 동요 작시하는 과정 자체가 신이 난다.
내 영혼은 나비처럼 날고 새처럼 자유로워진다.
눈물이 나올 만큼 행복하다. 이제 완성에 거의 다 왔다.
글자 수로 보면 240자다.
10년 동안 매일 걸었던 탑천 길에 대한 사랑이 오롯이 담겨 있다.
아름다운 곡이 붙여져 너도나도 부를 수 있는 날을 기다리고,
기대하고, 기도하면 기적이 오리라.

971 인생은 계산대로 되지 않는다
2021. 5. 29. (토)

충북 보은에서 양봉하는 선배가 있다.
아카시아 꿀을 딸 때가 되었다고 생각하고 있던 차에
연락이 왔다. 꿀을 팔아 달라는 것이다.
몇 년째 30여 병을 팔아줬다.
선배가 "작년에도 흉년이었는데 금년에도 원래는 열 드럼을
따야 하는데 두 드럼 밖에 못 땄어.
일 년 내내 벌들 먹이 주려면 두 드럼 따면 손핸데." 한다.
"형님, 내 계산대로 인생이 됩디까? 어쩔 수 없지요.
어긋나는 인생도 살 만한 가치가 있는 것이니까."
갈수록 생태계 파괴와 온도 상승으로 인해 벌들의 수가
급격히 줄어들고 있다는 것이다.
2019년, 런던 왕립지리학회는 벌을 살아있는 가장 중요한
생명체라고 했다.
일벌이 꽃 약 200송이를 방문하여 0.02~0.04그램의 꿀을
따오기 위해 하루에 15번 정도 일을 한다.
꿀 농사하는 사람 입장에서 보면 당연히 열 드럼을
따고 싶을 것이다.
노력에 비해 결과가 초라하면 얼마나 허탈할까?
한 스푼 꿀을 먹을 때마다 멀리까지 가서 일하고 온 벌들의 수고를
기억해야 하리라.

972 참아라, 마음이여!
2021. 5. 29. (토)

금년에 다시 읽을 고전은 모두 10권이다.
4권은 읽었고, 6권이 남았다.
호메로스의 『오디세이』를 읽다가 마음을 흔드는 부분이 있어
강의 노트에 몇 줄 적어 놨다.
"그러나 그는 가슴을 치며 이런 말로 마음을 꾸짖었다.
참아라, 마음이여! 너는 전에 그 힘을 제어할 수 없는 키클롭스가
내 강력한 전우들을 먹어 치웠을 때 이보다 험한 꼴을 보고도
참지 않았던가. 그가 이런 말로 가슴속 마음을 타이르자 그의 마음도
그의 말에 복종하고 계속해서 꾹 참고 견뎠다."(439~440페이지)
가슴속 마음을 객관화하여 거리를 두고 관찰자의 관점에서
마음을 바라보게 된 것이다.
마음을 또 다른 대상으로 여기고 통제, 절제, 다스릴 수 있는
잠재적 능력이 나에게도 있다.
더 잘 발휘할 수 있도록 훈련하자.
구름 아래 있으면 비를 맞는다.
구름 위에 올라가서 비를 내려다 봐야 한다.
태양을 등지면 반드시 그림자가 있으나 태양을 정면으로 보면
그림자가 없다.
"내 속엔 내가 너무도 많아서 당신의 쉴 곳 없네"
조성모의 「가시나무」 노래가 머리를 스치며 지나간다.

973 자연이 준 선물
2021. 5. 30. (일)

아침 햇살이 눈부시다.
아내와 함께 탑천 길을 걷다가 오늘은 농로 길 쪽으로 방향을 잡았다.
두어 군데 논에서 흘러나온 물로 인해 신발이 젖을 듯했지만
깡충깡충 잘 건너갔다.
자연이 준 선물이 나를 기다리고 있었으니
누군가가 붉은머리오목눈이 새집을 길 쪽에 다소곳이
세워 놓았다. 상태를 보니 상급이었다.
새는 거의 재활용하지 않기 때문에 새집을 고이 싸서 가져왔다.

붉은머리오목눈이는 전체적으로 밝은 갈색으로 꼬리가 길고
"비비비" 하고 운다. 관목, 풀숲, 덤불, 갈대밭 낮은 곳에 집을 짓는다.
작년에 탑천 길 아까시나무에서 새알을 처음 보았을 때의 감동을
잊을 수 없다. 5개의 알이 마치 청옥 같은 색깔로 눈을 뗄 수가 없었다.
알을 품고 있는 것을 방해 안하려고 그냥 지나쳤는데
일주일쯤 뒤에 알이 없어졌다.
천적들이 먹어버린 것 같아 안타까웠다.

참새 크기는 14.5센티미터, 붉은머리오목눈이는 13센티미터로
참새보다는 1.5센티미터 작다.
아내에게 나는 집이 십여 채가 된다고 말했더니
세금 한 푼도 내지 않는 집이라고 맞장구쳐 준다. 집, 맞다.
물론, 새집이지만.

974 꽃들을 부르는 아내 목소리
2021. 5. 30. (일)

진돗개 진순이를 데리고 산책하는 젊은 부부가
"요즘 두 분이 잘 나오시네요?" 한다.
"네, 주말 부부라서 이틀만 잘 나와서 그럽니다."
걸으면서 아내는 학교에서 상담하면서 겪는 느낌들을
쫑알쫑알 내게 말해준다.

고창교육지원청에 근무하면서 무척이나 행복해하며 보람을
느끼는 아내가 고맙다. 본인 직업에 대한 자긍심이 대단해 보인다.
탑천 길에 피어 있는 금계국, 개망초를 보면서 꾀꼬리 같은
목소리로 소리 내어 불러주는 아내.
금계국 안녕, 개망초 안녕, 꽃들도 알아들었는지 바람결에
살랑이며 인사를 한다.
이름을 불러주면 내가 먼저 행복하다. 얼마나 고마운가.
예쁘게 피어 발걸음도 신나게 해 주니 말이다.
은기리까지 걷고 오면 13,000보쯤 된다.

노란색 물감이 군데군데 칠해져 있는 듯한 금계국의 계절.
둥근 얼굴 꽃잎에서 환희가 흘러나온다.
황금색 깃을 가진 금계라는 새와 닮아 붙인 이름이다.
조금 있으면 금계국 비슷한 기생초가 우후죽순 피어날 것이다.
"상쾌한 기분." 꽃말도 좋아.
너를 보니 더 상쾌한 기분이로구나.

5월 들꽃이 시드는 달(오사지족)

975 노각 오이와 취나물 묘목
2021. 5. 31. (월)

　지인에게서 노각 오이와 취나물 묘목을 얻어왔다.
인디언들은 땅을 어머니라 부른다.
생명이 잉태되는 곳이기 때문이다.
심을 수 있는 땅이 있다는 것은 감사한 일이다.
노각 오이는 황토색인데 호박과 오이는 늙어야 맛을 내는 채소다.
노각 무침은 식감이 아삭하고 맛이 좋다.
잘 길러서 노각 무침을 맛있게 해서 며늘아기들도 줘야겠다.
혈압도 내려주고 피로 회복에도 좋은 노각 오이가 길쭉길쭉
커가는 것을 보고 싶다.
산나물의 왕으로 불리는 취나물은 특유의 향과 쌉싸름한 맛이
일품이다. 취나물을 꺾을 때 순간 코에 전해 오는 향은 맡고 또
맡고 싶은 충동이 생긴다.
　두어 평 되는 텃밭만 있어도 여러 가지 나물과 비빔밥 재료를
심을 수 있다. 우리 집 뜰 안에 있는 나물 종류도 여러 가지 있으니
방풍나물, 삼백초, 당귀, 취나물, 민들레, 씀바귀, 머위, 돌나물,
칙 새순, 부추, 땅두릅 등 십여 가지가 넘는다.
그러니 무엇을 먹을까 염려할 필요 없다.
사는 것이 이런 것이 아니겠는가.
그저 작은 것에 만족하고 감사하는 것,
그것이 최고의 행복이라 믿는다.

새벽길 별을 보며

976 15년째 쓰고 있는 등산배낭
2021. 5. 31. (월)

　　아내와 함께 히말라야 트레킹을 하기 위해 구입했던 배낭.
그동안 A/S를 몇 차례나 받았는지 모른다.
오늘 다시 수리를 맡겼다.
"이 배낭이 하도 정이 들고 좋아서 버릴 수가 없는데
이 회사에서는 달갑지 않을 것 같아요."
그랬더니 사장님 말씀이 "아닙니다. 상을 드려야 맞지요." 한다.
문을 나서는데 발걸음이 가볍다.
　　이 배낭을 메고 다녔던 산이 얼마나 많은가?
15년을 사용했으니 말이다.
충남 서대산을 갔을 때 1월에 큰 바위 위에 살짝 얼음이
얼어 있어서 뒤로 크게 넘어졌는데 이 배낭이 나를 보호하는
결정적인 역할을 했다.
팔에 타박상만 입고 스틱이 반절로 휘어지는 데 그쳤다.
119를 불러야 할까 그랬는데 울고 싶을 때 뺨 때린다는
말이 있듯이 아픈 김에 실컷 울어보자 하고 한참이나
소리 내어 울고 났더니 아픈 느낌이 줄어들었다.
　　큰 배낭이 목과 허리를 보호해 줬고 그 뒤로 배낭을 사는
사람들에게는 반드시 35리터 이상을 구입하라고 일러준다.
다른 배낭이 해마다 신제품으로 나와도 다시 사고 싶은 마음이 없다.
배낭 따로 내 몸 따로가 아니라 한 몸이 된 것 같다.

June

2021. 6월

———

나뭇잎이 짙어지는 달
(테와푸에블로족)

977 그리스인들의 환대 정신
2021. 6. 1. (화)

　　서양 문명의 정신사적 뿌리가 되는 호메로스의 『오디세이』 책을
9시간에 걸쳐 다 읽었다.
기원전 8세기경에 쓰인, 그러니까 약 3천 년 전에 쓰인
고전 중의 고전이다.
『일리아스』는 11시간 동안에 읽었다.
독서 기록 노트를 보면 5월 한 달 동안 『오디세이』만
붙잡고 있었다.
전체적인 맥락을 더듬으면서 다시 한 번 읽어야겠다.
『오디세이』 노트 한 권에 강의 노트를 만드는 작업도 해 봐야겠다.
　　『오디세이』의 중심에 흐르는 소중한 철학 중의 하나인 환대 정신.
그리스인들은 문명인인가, 야만인인가를 구분할 때 기준이 환대다.
누구든지 집에 오는 손님이나 나그네에게 질문을 하지 않는다.
어디에서 왔고, 누구이며, 어디로 갈 것인지 등을 묻지 않고 무조건
극진히 대접한다.
갈 때는 내 집에 있는 소중한 것을 선물로 준다.
있으면 주고 없으면 안 주는 것이 아니라 의무적인 관습이다.
　　내 중심에서 타자 중심으로 바뀌는 현대 철학의 큰 획을
긋게 만든 것이고, 여기에서 타자 철학이 탄생했다.
길고양이, 식물, 곤충, 가족, 이웃 누구든지
극진히 환대해야 할 소중한 인연들이다.

978 지금, 오늘, 이 순간만 내 것이다
2021. 6. 2. (수)

작년 봄에 원추리와 쑥을 데쳐서 냉동실에 고이 넣어 놨다.
먹고 싶을 때 먹어야 한다는 마음에서였다.
한 해 동안 쑥국을 먹을 수 있을 것이라는 기대를 하고서 말이다.
거의 일 년이 되어 모두 끄집어내 버렸다.
제철에 나오는 채소, 나물, 과일을 먹는 것이 좋은 것인데
생각해 보면 욕심이었다. 어찌 나물만 해당 사항이 되리오.
끊임없이 소유하고, 모으고, 집착하는 미련함이 언제나 없어질꼬.
"앞으로 행복해야지"는 신기루 같은 환상이다.
앞으로는 없다.
오늘, 지금, 이 순간에 누리고 있는 일상, 사소한 일들, 관계, 사람,
하는 일, 자연, 꽃 이런 것에서 감사하고 만족하고
충만함을 느끼면 된다.
내일의 희망보다 더 중요한 것은 오늘에 감사하는 일이다.
내 입에서, 생각, 마음, 영혼에서 순간마다 감사가 식으면
그것이 불행이다.
어제는 이미 지나갔고 내일은 오지 않았으며 아니 안 올지도 모른다.
내가 붙잡고 사랑해야 할 것은 오늘이고 지금이며 이 순간이다.
니체가 또 내 귀에 대고 속삭인다.
"지금, 이 순간을 사랑하라."

979 인생의 모든 경험은 풍경이다
2021. 6. 3. (목)

　　사람의 관심사, 추구하는 가치, 삶의 방향성, 사유하는 인연들,
이 모든 것은 다 지나간다.
멈춰 있는 것은 본질적인 자아, 나뿐이다.
경험하는 인생의 모든 것은 풍경이다.
수억 가지 이상 만나는 경험은 그중의 하나일 뿐이다.
성공도 실패도 경험의 하나다.
그래서 어떤 개념, 경험에 매이지 말고 객관적 입장에서,
관찰자의 관점에서 바라볼 필요가 있는 것이다.
늘 유연성 있게 균형 있는 감성과 이성으로 객관화시켜 바라봐야 한다.
　　더위를 싫어하는 사람에게도 여름은 오고,
추위를 싫어하는 사람에게도 겨울은 온다.
내가 바꿀 수 없으니 내 마음의 자세가 중요하다.
아무리 멋진 풍경 앞에 섰다 해도 언제까지 그 자리에 서 있을 수 없다.
영원한 것은 아무것도 없다는 사실을 인식해야 한다. 삶도 그렇다.
안개처럼, 아침 이슬처럼, 신기루와 수증기처럼 사라지고 만다.
때로는 혹독한 인생의 추위와 타는 목마름의 때가 온다 해도
그것 또한 만나는 경험의 하나일 뿐이니 긍정적 의미화를 시킬
마음의 자세가 있으면 되는 것이다.
초인이 바로 이런 것이다.
나는 초인인가? 초인이 되어 가는가? 초인이 되려고 노력하는가?

980 구글의 성공 교훈

2021. 6. 4. (금)

세계 최고 꿈의 직장이라 일컬어지는 구글(Google).
1998년도에 설립되어 전 세계인이 사용하는 검색 사이트로
전 세계 광고시장의 40퍼센트를 석권하고 있다.
직원만 6만 명이 넘고, 하루 검색어만 해도 2억 개가 넘는
어마어마한 기업이다.
이런 구글이 성공할 수 있었던 비결은 구글의 강령을 보면 알 수 있다.
"Don't be evil!(악하지 마라!)"이다.

구글은 직원을 채용할 때 능력보다는 인성을 중시한다.
편법을 쓰지 않는 정직성, 책임감과 창의성을 우선으로 본다.
업무 시간 중에도 20퍼센트의 시간은 자신의 자발성을
개발하는 프로그램을 갖도록 배려하는 것을 보면 스펙, 능력,
결과 위주의 우리 사회의 구조와는 상당히 비교된다.

그렇다면 구글의 성공 교훈은 나에게 어떤 의미가 있어야 하는가?
내 식대로 정직, 창의적, 책임감을 느끼기 위한 노력을
해야 한다는 것이다. 내면의 힘과 지혜의 넓이, 인성 개발을 위해
내가 할 수 있는 노력은 바로 이것이다.
고전 독서, 자연과 술래잡기, 명상, 섬김, 자존감 향상을 위한
내면의 힘 키우기, 가슴이 시키는 일을 과감하게 행동으로
옮기는 일, 산책, 내면 관찰, 낮아짐과 내려놓음의 부단한 훈련,
비움과 겸손을 위한 자아 성찰 등이다.

981 머리에서 나와 움직여라!

새벽 5시, 요즘 같으면 새벽이라기보다는 이른 아침이
더 가깝겠다. 새들은 벌써 노래를 시작한다.
안방 옆에 숲을 이루고 있는 대나무 밭에서 알람시계라도
되어 주는 듯 새들이 합창한다.
틀림없이 고양이들도 현관문 앞에서 나를 기다리고 있으리라.
눈을 뜨면 입에서 가장 먼저 나와야 하는 단어는 무엇이 되어야
하는가? 감사다. 가만히 누워 24번의 감사를 고백하고 일어난다.
　　6시부터 걷기 어떻게 할래?
생각의 틀 안에서 생각하기 시작한다.
어제저녁 왼발 뒤꿈치가 의자 바퀴에 살점이 떨어져 나갔는데
신발을 신으면 아플 텐데. 더구나 걷는 일은 쉽지 않은 일인데.
생각을 떼어놓고 생각하며 관찰했다. 어떤 일이 생길지 해 보자.
해 보지 않았는데 미리 포기하는 것은 용납할 수 없다.
　　머리에서 나와 몸을 움직여 본다.
거기까지 한 후 그다음 더 진행해도 된다.
약간의 피가 양말에 묻어 나왔다. 하지만 멈춰서는 안 된다.
걷고 오니 7시 30분이었다. 신발 뒤에 피가 묻어 있다.
내일은 슬리퍼를 신고 걸어야겠다.
오늘 아침 걸을까 말까 우물쭈물하지 않고 머리에서 나와
움직이길 잘했다. 행동한 나에게 박수 힘차게.

982 어이쿠, 정말 늙으셨군요!

2021. 6. 5. (토)

예로부터 아기를 낳으면 호박을 고아 그 물을 마셨다.
산후 부기를 제거하는 데 탁월한 효능을 가지고 있기 때문이다.
항암 작용과 폐암 예방에 효능이 많다는 것이 알려지면서
요즘 코로나 19 시대에 더욱 주목을 받는 것이 호박이다.
그냥 호박이 아니라 늙은 호박이어야 한다는 것이다.
늙는다는 것에 대한 긍정적 의미를 살펴보고 싶어서 호박을 등장시켰다.

인디언 미크맥 부족은 오래 산 할머니, 할아버지에게
어떻게 어머니이신 대지 위에서 그 많은 겨울을 지내며
걸어 다닐 수 있으셨냐고 물어본다.
그들은 2월을 배고픈 달이라고 부른다.
장작을 다 써 버릴 때쯤 찾아오는 겨울 끝자락이 2월이기 때문이다.
배고픈 달을 살아 내며 견딘 세월이 많다는 것은 인생의
고난 풍파를 오래도록 견디었다는 인간 승리의 발자취로 여긴다.
그래서 미크맥 부족의 어린이들에게 백발노인을 보면
"어이쿠, 늙으셨군요!"라고 크게 말하라고 부추긴다.
어려운 시기를 많이 넘겼으니 공경받을 만하다는 뜻이다.

우리나라 사회에서는 "어이쿠, 늙으셨군요!" 하면
90이 넘으신 분들도 썩 달가워하지 않을 것이다.
잘 익어 가는 것은 아름다운 것이다.
거울을 보며 나에게 한번 외쳐 볼까? "어이쿠, 정말 늙으셨군요!"

983 집착과 고통
2021. 6. 6. (일)

　집착은 소유욕과 욕심, 탐욕의 결과다.
성경에서도 욕심이 잉태하여 죄를 낳고 죄가 장성하여
사망을 낳는다고 했다.
김삿갓(김병연)은 과거 시험에 합격하고도 22세 때부터 삿갓을
쓰고 죽장을 들고 전국을 방랑했으니 그렇게 살아도 한평생이고
궁궐에서 온갖 산해진미, 쾌락 누리며 살아도 일생 사는 것이다.
자유와 행복을 얼마나 누리며 의미 있게 사는가가 중요하다.
　집착은 반드시 고통을 가져온다.
그래서 붓다도 자기 자신을 극복하는 사람이 세상 모든 것을
다 소유한 사람이라고 했다.
사는 것에 대해, 환경적인 요소에 대해, 삶의 필요 조건들에 대해
모두 비워야 한다. 내려놓고 또 내려놓아야 한다.
과거 기억, 미래 상상이 스쳐 지나갈 수는 있으나 매여 있으면
집착이 된다. 모래를 한 주먹 움켜쥐려고 힘을 쓰면 쓸수록
모래는 손에서 빠져나가는 법이다.
　2018년도 통계청 자료 기준,
한국에서 가장 많은 집(주택)을 소유한 사람이 1,806가구로 나와 있다.
해마다 200~300채씩 늘어났다.
자본주의 사회에서 있을 수 있는 일이라고 본다.
다만, 내가 집착하고 있는 것이 무엇인가 나를 보자는 것이다.

984 누구를 위한 용서인가?
2021. 6. 7. (월)

　　사람을 미워하는 일은 쉽다. 하지만 용서하는 일은 힘들다.
힘든 일이기 때문에 더 값어치가 있고,
의미가 있는 일이기 때문에 해야 한다.
다만, 그 힘들게 여겨지는 일을 용서로 실천할 때 가능하다.
결국, 누구를 위한 용서인가? 나를 위한 일이다.
왜냐하면 용서하지 않고 사는 것은 가슴속에 날카로운 칼을
품고 사는 일이기 때문이다.

　　조금만 움직이면 예리한 칼이 가슴을 마구 찌를 수 있으므로
누가 피해를 보는가? 나다.
작은 상처만 나도 약을 바르고 빨리 낫기를 고대하면서
쉽게 아물지 않는 상처를 던져주는 분노, 미움을 품고
살아야 한다면 어찌 될까?

　　용서하는 방법이 뭐가 있을까? 그에게 고마워하는 것이다.
자꾸 감사하다고 되뇌어야 한다.
억지로라도 그 사람에게 감사하다고 수백 수만 번이라도
말을 하고 선언해야 한다.
야수가 사람이 되기 위해서 필요한 것은 사랑한다는 말 한마디였다.
사랑까지 가기는 어렵다면 용서하고 긍휼히 여기는 마음은
가질 수 있지 않을까?

985 나 자신을 잃지 마라!
2021. 6. 8. (화)

나 자신의 본래적 색깔, 정체성, 본질적 자아, 나다움,
타고난 특성을 잃지 않아야 한다.
금은 불에 들어가도, 물속에 들어가도 변질되지 않는다.
다른 사람의 피리 소리에 춤을 추고 사는 인생이 아니라
나는 나의 악기를 연주할 수 있어야 한다.
괴테는 "나 자신을 잃지 않으면 어떤 생활도 고통스럽지 않다.
내가 나로 존재하면 무엇을 잃어도 아깝지 않다."고 했다.
나를 잃을 때는 어느 때인가? 남과 비교할 때다.
다른 사람의 평가에 중심이 흔들릴 때다.
다른 사람 흉내 내며 살려고 할 때다.
　인생에는 해야 할 것, 하고 싶은 것, 할 수 있는 것 세 가지가
있다. 마음이 시키고 가슴에서 말하는 것은 어떤 장애물과 시련이
가로막혀 있어도 뚫고 나가야 하며 돌파해야 한다.
할까 말까가 아니라 해야 한다는 분명한 목표 의식이 있어야 한다.
반드시 하고야 말리라.
식을 줄 모르는 열정과 에너지가 활화산처럼 뿜어 나오게 된다.
나는 나로 살아야 한다.
오늘을 사는 기쁨이 있어야 하며 설렘과 축제가 요동쳐야 한다.
누가 던져주는 것이 아닌, 내가 선택하고 만들어 가야 하는
내 인생이니까.

986 어설픔이 매력일 수 있다
2021. 6. 8. (화)

생태 세밀화를 일 년 배우고 다음 해부터 개인전, 단체전을
여러 차례 가졌다.
내가 그림을 아주 잘 그린다는 생각을 해 본 적은 없다.
하지만 식물 앞에 늘 진실하고 최선을 다했다.
그림 잘 그리는 사람은 세상에 수없이 많다. 나는 아마추어다.
그래서 행복하다.
세종문화회관 광화랑에서 전시회를 할 때도 배짱이 있었다.
어설픔이 매력일 것이라는 스스로의 신뢰, 격려, 위로였다.
거기에서 우연히 지나가던 길에 내 그림 앞에 걸음을 멈춰선
코람데오출판사 임병해 대표님을 만난 것도 기적이었다.
5년 동안 꿈꾸며 기도해 온 책 출판이 이루어졌고,
1,000권의 책이 나왔다. 우연이 인연으로, 인연이 행운이 되어 나왔다.
분명한 사실은 생태 세밀화 그림일기를 하면서 행복하기
그지없었다는 것이다.
시간이 언제 흘러갔는지 모를 정도로 몰입이 되기 때문이다.
누가 평가하든, 어떻게 보든 내 영혼에서
스며 나온 작품이기 때문에 가치 있고 소중하다.
생태 세밀화를 공부할 때의 노트를 보면 이렇게 적혀 있다.
"생태 세밀화는, 복제화가 아니라 새로운 창조물이다.
예술과 과학의 만남이다. 새로운 장르의 예술이다."

987 복을 부르는 사람
2021. 6. 9. (수)

　　성경 창세기에 보면 하나님께서 아브라함에게
"너는 복의 근원이 될지라."라고 말씀하셨다. 직역하면 "너는 복이
될지라."라는 뜻으로 복과 저주의 기준이 될 것이라는 의미다.

　　새해를 맞이했을 때 사람들은 너도나도 인사를 한다.
"복 많이 받으세요."
특히 한국 사람들은 기왓장에도, 숟가락에도, 방석에도,
대문에도, 밥그릇에도, 고무신에도 복(福)자를 새겨 넣을 정도다.
복받고 사는 것 누구나 원하는 일이지만 저절로 오는 것이
복이 아니다. 심어야 되는 것이다. 뿌려야 되는 것이다.

　　복을 부르는 사람이 되려면 어떻게 해야 할까?
내가 살아 본 경험에 의하면 이렇다.
첫째, 긍정 에너지를 갖고 살아야 한다. 긍정 습관, 긍정 언어,
긍정 행동, 긍정 표정, 타인에 대한 긍정 자세를 가져야 한다.
둘째, 남을 위하는 이타적인 마음이 늘 있어야 한다.
남을 윤택하게 하면 내가 윤택해진다.
사람을 타고 복이 오기 때문이다. 웃음과 복은 전염이 된다.
셋째, 꿈이 있어야 복이 온다.
지치지 않는 열정은 꿈에서 비롯된다. 어떤 난관 앞에서도
두려워하지 않고 당당히 헤쳐 나가는 용기는 꿈에서 나온다.
나는 복을 부르는 사람인가?

988 코로나 19 백신 1차 접종
2021. 6. 9. (수)

　　내가 살고 있는 우리나라에 대해 언제나 자랑스러움을
가지고 있다. 참 좋은 나라다.
아스트라제네카 백신 접종을 했다. 무료로 맞았다.
마음에 오랜 시간이 아니라 잠깐 스치듯 지나간 생각은 이랬다.
50대 남자가 접종 후에 죽었다는 뉴스와 극소수의 부작용 뉴스들,
나는 건강하니까 맞지 않아도 되지 않을까라는 생각이 버무려졌다.
　　하지만 다시 생각을 정리하기 시작했다.
세상의 순리를 따르며 부정적인 소식들에 개의치 말고,
내 건강 과신하지 말고, 백신 접종을 하자.
내 몸에서 잠시 열이 날 수도 있겠지만 확신하기는 모두 잘 되리라는
것이다. 접종받을 수 있다는 것에 무한 감사하며 백신이 나올 때까지
얼마나 많은 사람의 연구와 경비와 노력이 들어갔을까를 생각하며
놀라운 기적을 내가 경험하게 되는 것이다.
　　주사를 맞는데 간호사님이 그런다. "조금 아플 거예요."
맞은 후에 이렇게 말해주었다.
"안 아픈데요. 주사 잘 놓으시는 베테랑이시네요."
안 아픈 주사가 어디 있겠는가! 바늘이 살 속에 들어가는데 말이다.
칭찬 한마디에 간호사님이 좋아서 입이 귀에 걸리는 것을 보니
내가 더 행복했다. 지그 지글러는 말했다.
"격려하는 것, 그것은 영혼의 산소를 공급하는 것과 같다."

989 영조 임금의 장수 비결
2021. 6. 10. (목)

　　"인명(人命)은 재천(在天)." 조선의 왕 중 가장 장수한 임금은
영조다. 영조는 숙종의 아들로 조선 21대 왕이었다.
그는 83세까지 살았다.
조선 왕들의 평균 수명은 47세로 나타났다.
이유는 타고난 것도 있지만 대체로 3가지가 원인인 것에
대부분 동의한다.
영양 과잉, 운동 부족, 과도한 스트레스다.
그러니 몸도 마음도 견디어 나가는 일이 이상할 것이다.
하지만 영조 임금은 소식, 채식, 식습관이 철저했고
금주령까지 내렸는데 이것을 어긴 관료의 목을 베어 성에
걸어놓게 했다.
1960년대 한국인 기대 수명이 60이 되지 않았으니
영조 임금은 장수의 대명사로 불릴 만하다.
　　소식, 운동, 스트레스 관리 세 가지를 실천해야 한다.
어제 코로나 19 백신을 맞고 잘 먹고 잘 쉬라 하여
평상시보다 조금 더 먹었더니 오히려 부대낀다.
배고파서 힘든 것보다 배불러서 힘든 것은 참기 어렵다.
소식 다동이 진리인 줄 알면서도 먹는 욕구를 절제하기가
어려운가 보다. 가장 강한 적은 남이 아니라 자신인데 말이다.
화장실을 하루에 한 번만 가는 훈련을 부단히 해야겠다.

　　　　　　　　　　　　　　　새벽길 별을 보며

990 코로나 19 백신 접종 믿음

2021. 6. 11. (금)

예지 능력은 직감, 육감적으로 잘될 것이라는 예감(豫感)이다.
긍정적인 예지 능력은 가슴을 두근거리게 하며 뇌를 활성화한다.
마음, 생각, 몸을 통제할 수 있어야 한다. 수요일(9일) 오전 9시에
백신 접종을 한 후 내 몸의 변화를 체크하고 기록했다.

처음에는 별다른 이상이나 반응이 없었고 주사 맞은 자리만
약간의 통증이 있었다. 맞기 전에는 계속 자신을 쓰다듬었다.
이것 또한 새로운 경험이고 여행이니 즐겨보자고 다독거리면서
위로부터의 평안을 기다렸다.
오후 4시쯤 열이 오르기 시작하여 37도가 되어 약 한 알을 먹었다.
저녁에 그런대로 잠을 잤으나 두어 번 일어났다.
둘째 날은 열이 내려가지 않고 종일 37도가 유지되었고,
약간 머리가 띵했다. 그래도 약을 먹지 않았다.
감사하게도 둘째 날은 깊은 잠을 잤다.
셋째 날은 언제 맞았느냐는 듯 컨디션이 좋았다.

지인 중에 아직도 백신을 맞지 않고 있는 사람이 있다.
예측 불안 때문이다. 어찌 보면 백신 맞는 일도 모험이다.
키르케고르는 "모든 모험은 불안을 낳는다. 허나 모험을
하지 않는 것은 자기 자신을 아예 잃는 것이다."라고 했다.
삼일간의 경험도 의미가 있었다.
접종에 대한 믿음과 평안을 가져야만 한다. 다음 2차도 기대된다.

991 88개 자연생태 동요 작시
2021. 6. 12. (토)

작년 2020년 7월부터 시작한 자연생태 동요 작시를 마쳤다.
긴 여정이었다.
「애기똥풀」을 시작으로 88개의 동요가 탄생했고,
현재까지 반절 정도 곡이 붙여졌다.
일 년 동안 수없이 생각하고, 사유하며, 쓰고, 다듬고 하여
하나씩 완성했다.
서사시처럼 장단에 맞춰 작시해야겠다는 생각의 뿌리는
『차라투스트라는 이렇게 말했다』, 『일리아스』를 읽은 후에
명확하게 자리 잡게 되었다.
내가 그려놓은 생태 세밀화에 곡과 시를 옷 입히게 된 것이다.
당연히 하나의 식물에 대해 폭넓은 이해가 필요했고,
많은 자료와 책을 볼 수 있어 감사했다.

동기 부여가 있어야 능력이 생기고, 그다음에 기회가 오는 법이다.
깊은 생각의 우물에서 다시 생각을 퍼 올릴 수 있었던 것은
꿈이 있었기 때문이었고, 자연, 생명, 인간이 아름다운 조화를
이루는 멋진 세상이 눈앞에 펼쳐졌기 때문이었다.
이제 책이 되어 첫 독자로 내 가슴에 안길 때
한없는 감사 감격의 눈물을 흘리리라.
그날 밤에는 깊고 깊은 산속에 홀로 들어가 자연을 엄마 품 삼아
하룻밤을 자고 오리라.

새벽길 별을 보며

992

아내에게 배운 요리
2021. 6. 13. (일)

남들이 해 놓은 것을 따라서 해 보는 것도 안 하는 것보다는 낫다.
모방과 편집 능력이 창조적인 실력을 가져 올 수 있기 때문이다.
그런가 하면 자기만의 독특한 방법으로 해 보는 것은 신나는 일이다.
아내가 관사에 머물게 되면서부터 본인이 개발하여
요리해 먹는 것을 얘기해 줬다.

어제는 아내가 요리한 것을 먹어보는 기쁨도 맛봤다.
속도 편하고 맛도 최고였다.
브로콜리, 오이, 양파, 당근, 달걀, 피망, 베지밀, 소금을 넣고
살짝 익힌 것이다. "채소 하모니"라고 음식 이름을 붙여봤다.
여기에 참기름 한 방울과 완두콩을 넣어 볼 생각이다.
냉장고에 베지밀이 상당히 있어도 요리에 사용할 생각을
못했는데 아내의 요리법으로 사용하게 되었다.

배워두면 요긴하게 사용할 수 있는 것이 기술인데 요리 또한
예술과 기술의 조합이다. 다음 주에는 닭다리 매운맛 찜을
해 봐야겠다.
안동찜닭을 먹어보지 않았어도 해 보면 멋지게 해낼 수 있을 것 같다.
어떤 일이든 실험해 보고, 도전해 보고, 부딪혀 보면 다 길이
생기기 마련이다. 간절히 원하고 바라면 이루어진다.
아내는 요리 개발을 하고 나는 요리 이름 붙이는 사람.
"채소 하모니." 이름이 그럴 듯하다.

993 나에게 이른 아침 시간은?

2021. 6. 14. (월)

1. 뇌를 자극하여 창의적인 생각을 하게 하는 시간이다.

2. 자존감을 높이며 두뇌를 활성화하는 시간이다.

3. 다리와 온몸을 튼튼하게 가꾸는 시간이다.

4. 뇌와 심장을 설레게 하는 시간이다.

5. 나와 데이트를 하며 셀프토크를 하는 시간이다.

6. 긍정 이미지를 올려주는 시간이다.

7. 긍정적 사고를 깊게 파는 시간이다.

8. 내가 사랑받는 존재임을 자각하는 시간이다.

9. 감사와 설렘으로 출발 신호를 주는 시간이다.

10. 내게 다가온 하루를 포용하는 시간이다.

11. 자연과 입맞춤하는 시간이다.

12. 감사로 프로그래밍하는 시간이다.

13. 자연을 세심하게 관찰하고 자연과 눈 맞춤하는 시간이다.

14. 내면의 힘을 단단히 키우는 시간이다.

15. pole pole, 천천히의 미학을 배우는 시간이다.

16. 글과 에세이 주제를 받는 시간이다.

17. 생각대로 되게 열리도록 하는 시간이다.

18. 지혜, 에너지가 펑펑 솟아나는 시간이다.

19. 철학적 사유를 깊게 하도록 이끄는 시간이다.

20. 짐승에서 초인으로 넘어가는 시간이다.

새벽길 별을 보며

994

메기찜하는 남자
2021. 6. 14. (월)

왼발 뒤꿈치 살점이 떨어져 나간 지 일주일이 되었다.
이틀간 아침 걷기를 하고 싶은 마음 간절했지만 하지 못했더니
오늘은 좀이 쑤셔 슬리퍼를 신고 나갔다.
조금만 걷고 와야지 하고 갔는데 인생은 내가 계산한 대로만
되지 않기 때문에 재밌고 더 잘될 가능성도 있다.
탑천 다리에서 양어장 부부를 만났다.
이야기를 들어주다 보니 양어장까지 같이 가게 되었다.

메기 밥 주는 것을 보고 가라 하여 기다리던 중에
어쩌다가 메기찜 이야기를 하게 되었다. 몇 마리 줄 테니
요리를 해 보라 하여 얼마를 건네니 죽어도 받지 않는단다.
집에 와서 물속에 넣어주니 꼬리를 치면서 힘 있게 돌아다닌다.
가장 오래되고 가장 널리 퍼진 어종 중 하나가 메기다.
환경에 아주 잘 적응해서 전 세계적으로 번성하는 생선이다.
마음 같아서는 만경강에 방생하고 싶으나 메기 찜을 하여
백신 맞는 아내에게 대접하고 싶다.

오늘 점심엔 안동찜닭을 하려고 했는데 메기 8마리가 생겼다.
무, 시래기, 깻잎, 마늘, 고추장, 양파, 감자, 고추, 팽이버섯,
참기름. 준비물이 많기도 하다.
몇 달 전 어느 식당에서 메기 찜을 먹으면서
나도 꼭 한번 해 보리라 마음먹었더니 오늘 꿈이 이뤄졌다.

995 지리산 둘레길에서의 인연
2021. 6. 15. (화)

　　　여러 차례 간 곳이 지리산 둘레길 1코스인 주천-운봉 구간이다.
푸른 하늘과 태평양 셋이 함께 가는 날 비가 그칠 줄 모른다.
주천 안내소에서 출발하여 개미 정자, 아기자기한 구룡치 솔숲을
지날 때 아가씨 두 명이 지나가다가 점심식사할 수 있는 곳을 물었다.
운봉까지 가서 식사하려면 너무 늦을 것 같아 김밥, 에너지바,
초콜릿 등을 나눠주었다. 주는 손, 받는 손은 서로 예쁜 것이다.

　　　얼마나 시간이 흘렀을까? 솔숲에 앉아 점심을 먹고 있는데
아가씨들이 헐레벌떡 가던 길을 돌아서 뛰어오더니
곰 소리를 들었다는 것이다. 놀라서 돌아오는 중이라 했다.
거기에 배까지 아프단다.
내 배낭에는 구급약 및 붕대 등이 늘 준비되어 있다.
진통제 한 알을 주었다.
그리고 미꾸리로 끓이는 추어탕까지 사 주고 헤어졌다.

　　　사람의 만남은 우연이 아니다.
곰 소리를 듣지 않았으면 두 아가씨는 운봉까지 갔을 것이다.
그때 들었다는 소리가 정말 곰 소리인지는 모르겠다.
지나가는 나그네를 지극정성으로 환대한 하루,
뿌듯하고 행복했다.
돈도 쓸 기회가 생겼으니 이것도 감사한 일이다.

996 이 순간, 이 순간을
2021. 6. 16. (수)

만경강의 발원지는 완주군 동상면 밤샘이다.
예쁜 섬진강의 발원지는 진안 데미샘이다.
그곳에서 흘러 강이 되고 바다를 이룬다.
인생은 마치 작은 점들이 선이 되어 이어지는 것과 같다.
한 방울이 모여 바다가 되듯 순간이 모여 인생을 이루어 간다.
그래서 한 번밖에 없으니 일생이라 한다.

지금까지 불꽃처럼 살아온 나에게 손뼉을 쳐주고 싶다.
순간의 중요성을 잊지 않고 살려고 한다.
거창한 내일보다 오늘, 눈앞의 현실에 충실해지고 싶다.
"현재를 사랑하라." "삶을 사랑하자."
니체의 말을 빌리지 않더라도 자신의 미래에 저당 잡혀
살고 싶지 않다. 내게는 현재의 행복이 중요하다.
하지만 행복을 잡으려고 하지 않는다.
주어진 순간순간을 충만하게, 풍성하고도 우아하게 살아가면
그 자체가 행복이니까. 이 순간을 나는 사랑한다.
이 순간을 즐기며, 누리며 새처럼 자유롭게 살아가고 싶다.
가슴이 시키는 일에 집중하고 소중히 여기며 가꾼다.

시간을 사고 싶다. 영원히 살 것처럼 꿈을 꾸자.
하지만 내일 죽을 사람처럼 오늘을 살자.
이 순간만 나의 것이다.

997 나의 행복지수는?
2021. 6. 16. (수)

　　부탄은 히말라야산맥에 있는 입헌 군주 나라로
전체 인구 77만 명의 작은 나라다.
영국 유럽신경제재단(NEF)이 세계 행복지수 나라 순위를
조사한 결과, 부탄 국민의 97퍼센트가 행복하다고 답했다.
국민소득 3,483달러의 최빈민국인데도 말이다.
대한민국은 3만 달러의 국민소득인데 국민의 5퍼센트만이
행복하다고 답을 했다.
　　자극에 대한 외부의 환경적인 요인에서 행복을 찾으려고
할 수도 있고, 내면에서부터 행복을 찾을 수도 있다.
내면이 풍성하고, 평안하고, 감사하지 않으면 아무리
자극적인 외부의 요인을 줘도 행복하다고 말할 수 없다.
그렇다면 초점을 내게로 돌려서 나는 어떠한가 질문을 던져본다.
사회적인 명예, 지위, 물질적인 부유함 이런 것은 없다.
　　남중동에서 교회를 개척할 때 연탄 보일러가 고장 나서 방 온도가
영하 3도일 때도 있었다. 그래도 우리는 꿈이 있었고 행복했다.
30년 넘게 사용하고 있는 안방 침대도 베니어판으로 만든 것이다.
그래도 잠을 잘 잔다.
내가 하는 목회 일에 대해 가슴 벅찬 자긍심을 갖고 있다.
하루하루 황금 같은 시간을 의미 있게 사용하는 것,
이 자체로 나는 행복지수 최고다.

새벽길 별을 보며

998 논두렁의 경찰차
2021. 6. 17. (목)

이른 시간 걷다 보니 저 멀리서 순찰차가 오더니 논두렁 옆에 선다.
멀리서도 싸우는 소리가 들렸다.
논두렁에서 두 사람의 농부들이 말다툼하다가 경찰을 부른 것 같다.
옛날부터 싸우는 것과 불난 구경은 사람들이 좋아한다고 했다.
나도 가까이 가 봤다.
"이 사람이 때렸나요?"
"처벌받기를 원하시면 경찰서에 가서 조서 쓰셔야 합니다.
어지간하면 서로 사과하고 화해하시죠."
경찰관의 중재에 아랑곳하지 않고 나이가 많으신 아저씨가
"지 애비 같은 사람에게 젊은 놈이 쌍욕을 할 수 있느냐?"고 하자
상대방이 "당신이 욕먹을 짓을 해서 그랬다."고 대꾸한다.
잠시 후 양쪽 부인들까지 왔다. 언제 결론이 날지 몰라서
거기까지 구경하고 집을 향해 발걸음을 재촉했다.
  내가 운영위원으로 있었던 요양원에서의 일이다.
할머니 두 분이 먹는 것 때문에 일주일을 싸우셨다.
눈만 뜨면 싸우던 할머니 중 한 분이 일주일 후
갑자기 쓰러져 돌아가셨다.
니체는 "당신은 신과도, 이웃과도 평화롭게 지내라.
그래야 단잠을 이룬다. 그리고 이웃의 악마와도 평화롭게 지내라.
그러지 않으면 악마가 밤중에 그대 주위를 맴돌게 될 것이다."라고 했다.

999 오늘을 살아 내는 것
2021. 6. 18. (금)

　　스위스의 소설가, 철학가인 알랭 드 보통은
"여행은 질문하기 위한 행위"라고 했다.
여행은 혼자 할 때 가장 빛나며 사유의 시간도 깊어진다고 했다.
코로나 19의 영향으로 혼자 있는 시간이 많아진 1년여의 세월이었다.
여기에 나는 주말 부부를 하여 시간적 여유가 더 생기면서
혼자 있음의 매력을 충분히 느껴보게 되었다.

　　하루의 삶은 여행이다. 끊임없는 질문의 순간들이 이어진다.
나는 누구인가, 어떻게 살 것인가, 어떠한 복된 죽음을 맞이할
것인가? 이 세 가지 질문은 독서를 하든, 글을 쓰든, 클래식 음악을
듣든, 요리를 해서 먹는 시간이든, 네 마리의 고양이들이 밥을 먹는
모습을 물끄러미 바라보든 언제나 하게 되는 질문이다.
생각하는 힘을 많이 기른 것 같기도 하다.
몽테뉴는 "가장 위대한 일은 오늘을 살아 낸 것이며
자신이 되도록 노력한 것"이라고 말했다.

　　오늘을 사는 것, 살아가는 것, 살아 내는 것은 의미가 다르다.
피동적 자세가 아니고 능동적이고 적극적인 삶의 예술가로
살아가는 것이 살아 내는 것이다. 숨만 쉰다고 살아 내는 것이 아니다.
하루의 여행을 하면서 세 가지 질문에 대한 답을 어떻게 할 것인가?
"Who am I? How to live? Blessed Death!"

1000 꿈만 같은 1년 3개월
2021. 6. 18. (금)

드디어 나는 해냈다.
배 아파 낳아 눈에 넣어도 아프지 않을 것 같은 아이 같아서 넘겨보고,
어루만져 보는 3권의 노트다.
2020년 3월 22일부터 1년 3개월 동안 200장의 노트를
3권째 쓰고 있고 1,000번째의 글이 오늘이다. 그저 감사뿐이다.
아무리 생각해도 감사뿐이다. 만년필을 놓을 수가 없었다.
하루하루 꾸준히 썼다는 사실이 감격스럽고 위대한 일이라고
자신을 자랑스럽게 여긴다. 시인 장석주 님은 매일 글을 쓰는
사람이 작가라고 했다. 의무는 아니지만 그냥 쓰고 싶어 썼다.
깊은 행복의 바다에 풍덩 빠졌었다.
문도 걸어 잠그고, 핸드폰도 꺼놓고 몰입하고 집중했다. 신기하다.
천 개의 에세이 완성 기념으로 오늘 내가 나에게 줄 선물은 이렇다.
첫째, 갈비를 사 준다.
둘째, 꽃다발을 안겨준다.
셋째, 천 개의 글 제목을 녹음하여 다시 듣고 지인들과 공유한다.
넷째, 나눔과 섬김 한 가지를 실천한다.
다섯째, 고전 독서 모임 리더스클럽, 꿈너머꿈교회 교우들,
가족들에게 축하받는다.
한없이 행복했고, 감사했고, 기뻤다. 다시 2,000번째를 향해
한 걸음을 옮기는 나에게 힘찬 박수를 쳐준다. 주님, 감사합니다!

나와 대면하기 위한
천 개의 사색, 천 번의 질문

2020

3월 마음을 움직이게 하는 달

1. 내가 걸어온 삶의 발자국에 남은 것은?

2. 어떠한 쓴잔도 감사로 마실 수 있는가?

3. 견디고 있는 것 또한 이기는 것일까?

4. 약간의 금이 간 자신도 사랑할 수 있을까?

5. 가슴속 마음을 타이르며 살 수 있는가?

6. 진정 마음이 시키는 일을 하면서 사는가?

7. 커피콩 따는 사람들 손길을 생각해 봤는가?

8. 자연의 일부로 살아가는 것에 감사하는가?

9. 자신을 즐겁게 해 주는 데 익숙한가?

10. 무슨 일에 집중할 때 두근거리는가?

11. 넘실거리는 환희의 아침을 맞이하는가?

12. 먹을 힘이 있음을 감사하는가?

13. 몰입으로 자유로운 영혼일 때는 언제인가?

4월 생의 기쁨을 느끼게 하는 달

14. 자연 속에서 자기를 찾는 여행을 하는가?

15. 고독의 힘 속에서 홀로서기를 하는가?

16. 오르막길과 내리막길은 똑같다는 의미는?

17. 복을 지어야 복이 오지 않겠는가?

18. 아이처럼 춤을 추며 살 수 있는가?

19. 자신을 대면하는 혼잣말의 힘을 아는가?

20. 가장 비싼 시간은 언제라고 생각하는가?

21. 결혼은 왜 하는가, 덕 보려고 하는가?

22. 당하는 죽음인가, 맞이하는 죽음인가?

23. 불편함을 즐기는 유연성이 있는가?

24. 홀로 있음에 가치를 느끼는가?

25. 쓴맛 뒤에 단맛의 깊이가 있음을 아는가?

26. 음악을 할수록 철학자가 된다는 것은?

27. 남을 윤택하게 하면 내가 윤택해질까?

28. 나의 식사 시간에 귀한 손님은 누구인가?

29. 꿈을 싣고 민들레 홀씨 되어 날고 싶은가?

30. 봄나물들의 인내하는 시간을 헤아려봤는가?

31. 덤으로 살고 있음을 의식하고 있는가?

32. 나는 자식들에게 어떠한 존재 의미인가?

33. 편안함이라는 덫을 쉽게 받아들이는가?

34. 자연과 한 약속도 잘 지키는가?

35. 잔머리 굴리지 않고 그냥 해 봤는가?

36. 시와 같은 삶을 살려면?

37. 거닐면서 자신과 대화할 때의 느낌은?

38. 내가 데리고 사는 나를 사랑하는가?

39. 가장으로서 있어야 할 자리는 어디인가?

40. 지혜와 명철 달라고 늘 기도하는가?

41. 바꿀 수 없는 것을 받아들이는가?

42. 사람, 식물과 공감하는 능력은?

43. 아내를 안의 해로 빛나게 해 주고 있는가?

44. 동물을 학대하는 것이 죄인 것을 아는가?

45. 살아있는 모든 생명은 왜 아름다운가?

46. 일상의 사소한 일에서 행복을 느끼는가?

47. 자연과 합일하는 삶이란?

새벽길 별을 보며

48. 섬김받기보다 먼저 섬기려고 했는가?

49. 오래된 된장처럼 발효된 인간인가?

50. 삶을 축제와 놀이로 만들어 살고 있는가?

51. 집 짓는 까치의 꿈은 무엇일까?

52. 우리나라의 국립공원을 다 밟아 보았는가?

53. 한 줄기 햇빛에 감사하는 새를 보았는가?

54. 쓸데없는 걱정에 사로잡히지는 않는가?

55. 안 된 것이 더 좋게 될 수도 있음을 아는가?

56. 복의 저수지와 통로로 살아가려면?

57. 한 생명을 천하를 줘도 바꿀 수 없는 이유는?

58. 넘어지지 않으려면 페달을 어떻게 해야 할까?

59. 시작을 시작하면 되지 않는가?

60. 반드시 죽는다는 것을 생각하고 사는가?

61. 이웃을 위해 기부한 물질은?

62. 사람들이 나를 기억할 때 어떤 이름일까?

63. 자신의 본능과 감각을 믿는가?

64. 마음이 설렘으로 출렁거리는 삶인가?

65. 손가락 움직이는 것이 당연한가, 행운인가?

66. 동물도 가족의 일원임을 알고 사랑하는가?

67. 장애인에 대한 차별 없는 세상이 되려면?

68. 왜 자연을 최고의 선생님이라고 했을까?

69. 웃음이 있는 하루였는가?

70. 한 송이 꽃도 삶의 계획서가 있음을 아는가?

71. 치아에 대해 현명 씨인가, 방치 씨인가?

72. 베푼 은혜 잊고, 받은 은혜 잊지 않았는가?

73. 고난의 뒤편에서 웃고 있는 축복을 보는가?

74. 다른 사람에게 나는 꿈을 심어주는가?

75. 언짢은 상황에서도 유머를 잃지 않는가?

76. 왜 여행하면 성공한다고 했을까?

77. 한국인인 것을 자랑스럽게 여기는가?

78. 종이, 만년필, 손이 있으면 무슨 글을 쓸까?

79. 무소유 정신을 실천하기 위한 계획은?

80. 어떤 경우에도 큰 웃음을 지을 수 있는가?

81. 가정, 삶, 마음에 천국이 임했는가?

82. 모든 축복을 여는 열쇠는 감사임을 아는가?

83. 감사일기를 쓰면 감사할 조건이 생길까?

84. 자기와의 약속을 신실하게 지키는가?

85. 나눔의 기회를 만드는 편인가?

86. 타인이 사랑스럽지 못할 때 사랑할 수 있는가?

87. 목표를 보며 전력 질주하는 삶인가?

88. 음악이 사유에 날개를 달아준다는 것은?

89. 나를 괴롭히는 예민함을 버리려면?

90. 중년 이후 홀로서기로 사는가?

91. 타 종교에 대한 배타성이 있는가?

92. 일상의 루틴이 된 것은 무엇무엇인가?

93. 나는 어떻게 빛과 소금으로 살 것인가?

94. 주는 자가 복이 있음을 실천하며 사는가?

5월 옥수수 김매주는 달

95. 한 송이의 꽃 너머 꽃을 보는가?

96. 클래식 음악이 삶에 어떤 영향을 주는가?

97. 과일 먹을 때 농사하는 손길에 감사하는가?

98. 한 달 93끼의 식사가 기적이 아닌가?

6월 말없이 거미를 바라보게 되는 달

204. 벼의 일생을 생각해 본 적이 있는가?

205. 다문화 가정의 아이들을 어떻게 보는가?

206. 예측 불안이 있는데 긍정 결과가 나올까?

207. 나에게 있어 글 쓴다는 의미는 무엇인가?

208. 지혜로운 멘토로서 역할을 잘하고 있는가?

209. 내 모습을 있는 그대로 받아주는 사람은?

210. 있었던 자리에서 일어날 때 주변은?

211. 자기 위로 기능을 잘 활용하는가?

212. 오동나무 꽃봉오리에 코를 대보았는가?

213. 편견을 깨보면 어떨까?

214. 장날 시장에 가는 즐거움은?

215. 나의 희생을 통해 타인의 아픔을?

216. 생선이 식탁에 오르기까지 어부의 수고는?

217. 강함과 부드러움의 차이는 무엇일까?

218. 내가 행복할 때 누구와 나누는가?

219. 마음 비움의 힘을 빼본 적이 있는가?

220. 긍정적으로 생각하는 습관이 돼 있는가?

221. 신발 한 켤레에 행복해하던 동심은?

222. 미리 걱정하는 타입은 아닌가?

223. 봄나물 비빔밥 한 그릇의 기쁨은?

224. 가지지 못한 것에 집착하지 않는가?

225. 주목은 왜 죽어서도 천 년이라고 할까?

226. 자연의 힘없이 인간성 회복이 가능할까?

227. 의도적으로라도 기분 좋은 선택을 하는가?

228. 계산 없이 받아들이는 사랑을 해 봤는가?

229. 열릴 때까지 문을 두드려 보았는가?

230. 아내에게 요리를 해 주어 보았는가?

231. 시계꽃을 왜 그리스도의 꽃이라고 할까?

232. 장대비 속을 걸었던 경험이 있는가?

233. 어머니가 즐겨 부르던 노래를 아는가?

234. 상대를 존중하는 언어를 사용하는가?

235. 누군가를 위해 반찬을 해 본 적 있는가?

236. 나다운 것은 무엇일까?

237. 느낌과 생각의 차이는 어디에서?

238. 견뎌내면 지나간다는 것을 믿는가?

239. 선입견과 편견에서 벗어나는 방법은?

240. 자살이라는 단어와 생각을 뒤집으면?

241. 아이들과 텐트 속에서 자 본 적이 있는가?

242. 금연에는 얼마나 큰 고통이 따를까?

243. 힘들 때 햇살을 받으며 걸어 본 적 있는가?

244. 음악가들을 왜 천재라고 할까?

245. 당신은 어떤 닉네임을 가지고 있는가?

246. 결혼식 때의 약속을 지키고 있는가?

247. 아이들에게 감동을 주는 교육자는?

248. 잡초라고 쓸모가 없을까?

249. 자세히 보면 예쁘지 않은 들풀이 있을까?

250. 모음과 채움을 한다고 해서 행복할까?

251. 나 홀로 독서 여행을 해 본 적이 있는가?

252. 영화를 통해서 어떤 공부를 하는가?

253. 가정에서의 성공을 우선시하는가?

254. 지구 환경오염이 심각한 것을 느끼는가?

255. 내가 구하는 것이 내 안에 있다면?

256. 형제 우애 좋은 것, 부모의 바람은?

257. 배우자의 빈 자리를 생각해 본 적은?

7월 열매가 빛을 저장하는 달

363. 물을 바라만 본다고 강을 건널 수 있는가?
364. 나의 묘비명은 무엇인가?
365. 놓아버리는 일에 지체하지 않는가?
366. 어떤 삶이 나를 기다리고 있을까?
367. 잃어버린 것, 잃어버릴 것 두려운가?
368. 부부의 대화 시간이 많은 편인가?
369. 생각을 전환하면 창의적 생각이?
370. 일상을 벗어나는 일이 두렵지 않는가?
371. 욕망을 쫓는 데 만족이 있겠는가?
372. 자연에 모든 답이 있음을 아는가?
373. 새로운 것에 한 걸음을 뗄 수 있는가?
374. 우리 인생길은 몇 구비던가?
375. 공정무역 커피를 사 마셔 봤는가?
376. 있는 것에 자족하고 만족하는가?
377. 꽃도 피우는 때가 다 다름을 느끼는가?
378. 남이 하기 싫은 일을 먼저 해 보았는가?
379. 마음의 가지치기를 하며 생활하는가?
380. 나를 움직이게 하는 마음의 동력은?
381. 멍때림의 시간을 자주 갖는가?
382. 내게 앞을 내다보는 천리안이 있다면?
383. 어머니의 손때 묻은 것을 추억할 때는?
384. 익숙한 것에 안주하려고는 안하는가?
385. 이웃을 위해 행복 밥상을 차려 본 적은?
386. 답이 없는 문제는 문제가 될까?
387. 열등감이 없다면 갑질을 할까?
388. 감사 감각이 얼마나 예민한가?
389. 배려는 곧 나를 위한 일이 아닐까?

390. 내 안에 잠자고 있는 잠재력은?
391. 하루만 잘 살자의 의미는?
392. 나의 실수를 드러내 놓을 수 있는 용기는?
393. 꽃은 내게 눈 맞춤을 기다리지 않을까?
394. 생활 방식의 차이를 받아들일 여지는?
395. 언젠가 죽는다는 것을 기억하고 사는가?
396. 후회를 줄이는 삶을 살려면?
397. 자기가 되고 싶은 사람이 되어 가는가?
398. 깊은 명상과 사색하는 여유가 있는가?
399. 나의 긍정적인 감수성의 점수는?
400. 잘 견뎌온 나를 축하해 준 적은?
401. 죽을힘을 다하면 못 이룰 것이 있을까?
402. 나를 행복하게 해 줄 사람은 나 아닌가?
403. 자손들은 나를 어떤 사람으로 기억할까?
404. 균형 잡힌 시각으로 세상을 보는가?
405. 지적 게으름을 용납할 것인가?
406. 산이 나를 받아줘야 산에 오를 수 있다면?
407. 궁궐도 불평이 있으면 지옥이 아닐까?
408. 나는 누구인지 자아를 찾아보는가?
409. 내 심장이 언제 멈출지 모른다면 하루를?

8월 다른 모든 것을 잊게 하는 달

410. 눈 떴을 때 무슨 좋은 일을 할까 물었는가?
411. 꿈을 꾸고 이뤄진다는 상상을 하는가?
412. 온 가족이 식사하는 즐거움이 많은가?
413. 잘될 것만 생각하고 앞으로 달려가는가?

414. 아내 옷과 선물을 종종 사 주었는가?

415. 생존경쟁을 펼치는 벼의 과정을 아는가?

416. 왜 모험은 문밖에 있다고 했을까?

417. 천국 소망의 평온한 죽음을 믿는가?

418. 죽을 고비를 넘긴 경험이 있는가?

419. 인문 고전 책이 내 삶에 미친 영향은?

420. 자신을 먼저 사랑하는 마음이 있는가?

421. 물고기를 낚기 위해 힘쓰는 새를 보면?

422. 관심받고 싶어 하는 아이들의 특징은?

423. 왜 모든 날씨는 다 좋다고 했을까?

424. 익숙함에 의존하지는 않는가?

425. 최선을 다하고 결과는 하늘에 맡겼는가?

426. 내 영혼을 샤워시키는 음악을 자주?

427. 가족과의 대화가 잘 이어져 가고 있는가?

428. 순리대로 살고 있는가?

429. 다른 사람과 식사할 때의 핸드폰 예절은?

430. 모든 사람이 하는 똑같은 방식으로 사는가?

431. 인생의 결핍과 궁핍도 지나가게 하려면?

432. 역경을 지치게 할 수 있는 내공을 쌓았는가?

433. 마음의 평화와 고요함을 유지하는가?

434. 나의 행복을 위해 시간을 쓰는가?

435. 불리한 조건이 기회였는가?

436. 생각되는 것을 즉시 행동했는가?

437. 꿈이 크면 고난도 클까?

438. 버리는 것에 익숙하지 못하다면?

439. 지식과 내공을 같이 쌓아 가고 있는가?

440. 나는 나를 얼마나 신뢰하며 바라보는가?

441. 꽃을 그리며 자연과 교감이 이뤄지는가?

442. 도전과 모험의 삶을 추구하는가?

443. 내 가슴이 두근거릴 때는 언제인가?

444. 나답게 살기란 무엇인가?

445. 왜 감동은 능력이라 할까?

446. 몰두의 힘이 내 삶을 변화시켰는가?

447. 가장 잘 가꾸는 시간이 지금인가?

448. 감사로 받으면 버릴 것이 있을까?

449. 웃을 일을 누가 만들어 주는가?

450. 내게 있어 지금 참된 성공은 무엇인가?

451. 덤으로 살고 있다는 자각을 하고 사는가?

452. 편한 것이 좋기만 할까?

453. 근심의 미끼는 무엇일까?

454. 9회 말 투 아웃까지 갔다고 게임 끝인가?

455. 내가 살아야 할 이유를 어디에 두는가?

456. 아들들하고 공을 차 준 적이 있는가?

457. 이른 봄 짝짓기할 때의 새들의 소리는?

458. 복은 준비한 그릇만큼 채워져 갈까?

459. 독서 노트에 얼마나 기록이 되어 가는가?

460. 죽기 전에 꼭 가보고 싶은 관광지는?

461. 잘 됐고, 잘 되고 있고, 잘 될 것이라고 믿는가?

462. 하다가 막힌다고 포기한 적은 없는가?

463. 자녀의 잠재력을 믿고 인정해 주는가?

464. 사랑한다는 것은?

465. 시간을 내 편으로 만들려면 시간 요리는?

466. 관찰의 희열을 얼마나 느껴보았는가?

467. 자상함이 더 플러스 되는 삶인가?

새벽길 별을 보며

9월 풀이 마르는 달

519. 매일 글을 쓰는 행복을 경험했는가?

520. 내가 암송하는 시가 내 삶에 미친 활력은?

521. 걱정이 현실이 될 확률은 얼마나 될까?

522. 지금 여기, 지금 이 순간이 충만한가?

523. 돈은 왜 미꾸라지 같다고 했을까?

524. 기운을 up시키는 변화를 시도하는가?

525. 상상만으로도 즐거운 일은?

526. 직면한 상처를 받아들일 배짱이 있는가?

527. 남의 마음을 나의 마음으로 헤아려보는가?

528. 버릴 것을 못 버리는 심리 상태는?

529. 짧은 만남, 긴 여운의 인연이 있었는가?

530. 농부의 마음을 헤아리며 밥을 먹는가?

531. 햇빛 온몸에 받으며 얼마나 걸어봤는가?

532. 미니멀 라이프의 철학은?

533. 감사하고 살면 감사할 일이 또 생길까?

534. 떼창을 불러봤는가?

535. 로드킬당한 뱀을 치워본 적이 있는가?

536. 쑥 향을 코에 대보며 자연에 감사는?

537. 목적 지향적인가, 과정 지향적인가?

538. 논두렁 옆에 앉아 밥 먹어 봤는가?

539. 아이들의 잠재력을 보고 격려해 주는가?

540. 바늘구멍 같은가, 바다 같은 마음인가?

541. 가시투성이 내 삶도 안아주는가?

542. 자신에 대한 기대치를 높이는가?

543. 내 시간과 삶을 어디에 접속할 것인가?

544. 생각의 유연성을 위한 생각 마사지는?

545. 내가 나를 바라보는 눈은?

546. 먹은 음식이 왜 3대까지 간다고 할까?

547. 마음이 유리 멘탈인가, 강화 유리인가?

548. 내 인생 계획한 대로만 되는가?

549. 은근히 즐거운 버림의 철학이 있는가?

550. 죽을 때 누가 내 눈을 감겨줄 것인가?

551. 좋다가 말았어도 감사할 수 있는가?

552. 가치 판단의 기준이 나인가, 남인가?

553. 해 보기도 전에 포기한 적은?

554. 왜 21세기에 생물 멸종 위기라고 보는가?

555. 편리함인가, 자연보호를 추구하는가?

556. 반려동물을 학대하는 사람이 있다면?

10월 잎이 떨어지는 달

557. 돈이 늘 남는다는 사람 있는가?

558. 걷기 사색으로 삶의 근육을 단련하는가?

559. 좋은 일 하고도 욕을 먹었을 때는?

560. 건강한 산행법을 위한 서론, 본론, 결론은?

561. 부부산행의 장점은 무엇?

562. 부부 대화에서의 대화법은?

563. 매일 운동하는 힘도 저축이 될까?

564. 매일 글을 쓰는 사람이 작가 아닌가?

565. 처음 눈 맞춤한 꽃이 있었을 때 마음은?

566. 날마다 삶을 캐물어 보았는가?

567. 내가 먹는 음식이 나인가?

568. 나를 경영하며 관리하는 삶인가?

569. 감사일기를 몇 년째 쓰고 있는가?

새벽길 별을 보며

570. 새로운 경험에 자신을 믿고 맡기는가?

571. 물건 사면서 팁을 준 적은?

572. 내 기분을 색으로 표현한다면?

573. 자신을 인정하고 칭찬하는 데 풍성한가?

574. 내 잣대로 아이들을 판단한 적은?

575. 연명치료 중단 의향서를 작성했는가?

576. 벼 이삭 하나에 낟알이 몇 개쯤 될까?

577. 자연에 눈을 뜬다는 것은?

578. 산에서 꽁초를 보았을 때의 마음은?

579. 유행가 중 당신의 18번은?

580. 내게 가슴 뛰는 존재와 대상은?

581. 아내, 남편에게 엽서 보낸 기억은?

582. 산의 도토리, 밤 주워가면 다람쥐 먹이는?

583. 익숙한 것과의 결별이 두려운가?

584. 나의 묘비명은 어떤 글로?

585. 시련이 내게 산인가, 언덕인가?

586. 타인, 일, 자신과의 관계 소통은?

587. 자연과 사람을 존중하는 사회인가?

588. 산이 험한 곳일수록 경치는?

589. 실험주의적인 삶을 추구하는가?

590. 치열하게 고독할 줄 아는가?

591. 마음 가운데 자라는 꿈의 씨앗이 있는가?

592. 남들 하기 싫은 일 내가 하면?

593. 여명이 밝아올 때 그 순간의 감동은?

594. 분노 조절 능력이 잘 되는가?

595. 두려움은 왜 생기는 걸까?

596. 산행이 달콤한 코스만 있을까?

597. 허투루 피어나는 꽃이 있을까?

598. 나이듦을 자연스레 받아들일 수 있을까?

599. 외면보다 내면을 가꿀 수 있다면?

600. 보상 동기인가, 기쁨 동기인가?

601. 모든 문제는 내가 만들지 않는가?

602. 시간이 흘러가도록 두는가, 다스리는가?

603. 자녀에게 몇 번의 손편지를 써 봤는가?

604. 세상 끝에 가져갈 한 권의 책이 있다면?

605. 화단 볼 때 행복하다는 말에 나도 그런가?

606. 대추 한 알에 담겨 있는 우주의 기운은?

607. 막상 부딪혀 보면 답이 나오지 않을까?

608. 민박집의 정겨움을 맛본 경험이 있는가?

609. 나무가 말하는 것을 들어보았는가?

610. 십만 분의 일 초 사이에도 생명이 오갈까?

611. 길을 잘못 들었을 때의 마음가짐은?

612. 집안에 위로와 휴식이 있는가?

613. 자연, 생명, 인간이 조화롭게 살려면?

614. 친절이 메아리 되어 내게 온다면?

615. 긴 시간 홀로 열차 여행을 해 보았는가?

616. 이 강산에 자연생태 동요가 울려 퍼지면?

617. 내 계산에 없는 시련이 온다면?

618. 초막도 천국이 될 때는?

619. 어디에서 만나도 좋은 인간관계인가?

11월 모두 다 사라진 것은 아닌 달

620. 자기 나이를 느껴보고 싶을 때는?

621. 아내, 남편 기념일 잘 기억하는가?

622. 값비싼 나잇값을 한다는 의미는?

623. 매일 새벽 일어나 하고 싶은 일은?

624. 고통까지 사랑할 수 있는 용기가 있는가?

625. 큰 나무를 안아주며 뭐라고 말할까?

626. 나에게서 사람들이 에너지를 받아가는가?

627. 운동 안하려는 사람의 이유?

628. 한 권의 책이 나오기까지 땀방울 무게는?

629. 여행의 최종 목적지는?

630. 좋은 일 오기를 기대 말고 만들면?

631. 조건 없이 행복하기로 했는가?

632. 고독에 젖어 드는 시간을 갖고 사는가?

633. 자기 주도적 삶을 살고 있는가?

634. 생물이 살 수 있는 환경 만들려면?

635. 감사가 없는 행복이 있을까?

636. 게으름을 용납하는 편인가?

637. 상황도 보는 관점에 따라서 다른 이유?

638. 어떻게 의미화(意味化)할 것인가?

639. 아내가 가장 좋아하는 선물은?

640. 하늘 소풍 가는 날은 언제일까, 준비는?

641. 잃어버린 것인가, 반납하는 것인가?

642. 매일 뜨는 해를 누구나 볼 수 있을까?

643. 길에 쓰레기를 버리는 사람의 심리는?

644. 손님 대접할 때의 행복은 어떤가?

645. 나를 비우고 자연에 물들려면?

646. 사람, 자연이 아름답다고 느낄 때는?

647. 하다 보면 막힌 곳도 뚫릴까?

648. 좋은 현재 없이 좋은 미래 있는가?

649. 집안 물건 보관파인가, 처분파인가?

650. 몸이 마음에 따라 움직일까?

651. 치과에 낯가림하여 얻은 결과는?

652. 가정에서의 평안과 화목의 값어치는?

653. 직장에서 함께 일하고 싶은 사람은?

654. 기다림이 창의적인 시간으로 되려면?

655. 더 큰 두려움도 맞서봤는가?

656. 경험이 인생에 어떤 플러스가 될까?

657. 사랑받은 만큼 사랑할 수 있는 걸까?

658. 힘들 때 인생이 숙성되고 발효될까?

659. 죽음은 멀리 있는가, 가까이 있는가?

660. 요리하여 가족들이 맛있게 먹을 때는?

661. 여행, 그냥 떠나봤는가?

662. 내 인생의 버스 운전사는 누구인가?

663. 내 존재 자체를 인정하고 수용하는가?

664. 나를 객관화하여 내면을 바라보려면?

12월 무소유의 달

665. 오늘 본 달을 다음 달에 못 본다면?

666. 부정적인 에너지를 끌어오는 말을 하는가?

667. 일어나 거울 보며 첫 번째 하는 말은?

668. 미래를 걱정하다가 오늘을 놓치지 않는가?

669. 힘들수록 자신을 돌보는 시간을 가지는가?

670. 매일 새롭게 변하는 자연을 느끼는가?

671. 나의 재능으로 선한 영향력을 끼치는가?

2021

1월 마음 깊은 곳에 머무는 달

772. 그냥 해 보는 것과 하면 될까는?

773. 내 인생에서 이제 수확해야 하는 것은?

774. 자기 생각이 없는 지식은 힘이 있을까?

775. 끌어당김의 법칙이 내게도 적용되는가?

776. 의도적인 자신의 각성 노력을 하는가?

777. 시간이 낭비되며 흘러가게 허용하는가?

778. 천재는 타고날까, 노력으로 만들어질까?

779. 남의 피리에 춤추는 삶을 살지 않으려면?

780. 유기견들의 눈망울을 보았는가?

781. 내 생각을 영화 보듯 감상할 수 있을까?

782. 함께 밥을 먹는 관계의 사람은?

783. 무슨 꿈을 사람들과 나누고 싶은가?

784. 다 좋은 것 있고, 다 나쁜 것 있을까?

785. 난 행복한 사람이라고 외칠 수 있는가?

786. 나는 지극한 사람인가?

787. 걱정하는 것을 즐기지는 않는가?

788. 새로운 걸음을 딛는 것을 두려워하는가?

789. 하루에 기분 좋음 별표 몇 개씩인가?

790. 이른 아침 떠오르는 단어를 적어 본 적은?

791. 짐승이 인간에게 주는 유익과 고마움은?

792. 이웃을 위한 꿈 너머 꿈이 있는가?

793. 오늘만 내 삶인가?

794. 자발적, 주체적, 독립적인 삶인가?

795. 계몽주의적 연설과 공감적 연설의 차이는?

796. 남을 대접할 기회가 많은가?

797. 아는 것이 힘인가, 실천하는 것이 힘인가?

798. 지구가 아파하고 있는 소리를 듣는가?

799. 남들이 꺼리는 일을 하는 분들에게?

800. 매일 사색할 수 있는 나만의 장소는?

801. 향상심으로 살아가는 내게 박수는?

802. 내가 나에게 자주 보상을 해 주는가?

803. 날마다 마음의 그릇이 커졌는지 살피는가?

804. 내 함량은 얼마나 될까?

805. 인간관계에 균형 잡힌 감각이 있는가?

806. 환경 훼손과 파괴가 가져올 재앙은?

807. 청소년들에게 희망의 꽃을 피우게 하려면?

808. 자신에게 중요한 시간을 주고 있는가?

809. 이 순간의 사람, 시간, 일에 대해?

810. 대보름날 달 보며 몇 시간을 걸어보았는가?

811. 덕을 쌓을 기회를 만들어서 실천하는가?

812. 매일 눈뜨는 일 내 의지로 되는가?

813. 불선재(不善者)를 선(善)하게 대했는가?

814. 풀을 태워 벌레들을 죽여야만 할까?

3월 한결같은 것은 아무것도 없는 달

815. 나는 나를 장례 지낸다는 뜻은?

816. 생각을 늘 마사지해야 하는 이유는?

817. 스스로 도전의식을 고취하는가?

818. 한 달에 몇 번쯤 섬김, 나눔을 가지는가?

819. 좋은 독서 없이 좋은 글쓰기가 나올까?

820. 지금의 시간을 잘살고 있는가?

821. 사유와 생각의 산소를 늘 공급하는가?

822. 지식적 욕망을 일상에서 증명하는가?

823. 고난 뒤에 영광이 있음을 믿는가?

824. 소유적 욕망을 내려놓을 수 있는가?

825. 질문을 만들어 놓은 것만 사용할 것인가?

826. 자연 속에서 생명윤리를 어떻게 가질까?

827. 내 시간과 삶을 어디에 접속하며 살까?

828. 가족들을 위해 미리 유언장을 써 놓았는가?

829. 나에게 죽음은 자연스러운가?

830. 지리산 깃대종 히어리를 보았는가?

831. 왜 쉼 없는 질문은 나를 나답게 할까?

832. 내 영혼을 살아 숨 쉬게 하려면?

833. 내려갈 때일수록 올라갈 수 있다는 희망을?

834. 내면을 가꾸고 내 역사를 써가고 있는가?

835. 고독의 시간에 나를 대면해 보았는가?

836. 타인의 종교에 개방적인가, 배타적인가?

837. 겨울이 없었으면 봄동에 맛이 들어갔을까?

838. 독재적 권력욕이 국가에 가져온 불행은?

839. 내게는 실수할 권리가 없는 것인가?

840. 고난이 덮쳐 와도 감사할 수 있는가?

841. 캐묻지 않은 삶은 왜 가치가 없는 것인가?

842. 진정한 Artist적인 삶을 살아가고 있는가?

843. 잠 잘 자는 것도 능력인가?

844. 살아있는 모든 생명은 왜 아름다운가?

845. 스스로 빛나는 별이 되는 하루인가?

846. 사랑에 빠지는 대상이 꼭 사람일 필요가?

847. 펜으로 쓰면 왜 사유의 깊이가 생길까?

848. 사랑하기 위해 사랑할 수 있을까?

849. 생물 공동체의 서식지들이 사라진다면?

850. 노후에 일, 건강, 즐거움의 세 박자를?

851. 큰 장벽이 있어도 독수리가 된다면?

852. 꿈이 이뤄진 다음 이웃을 위해 무엇을?

853. 책을 읽지 않고 생각하는 힘이 나올까?

854. 오랫동안 유지해 오는 모임이 있는가?

855. 불가능한가, 불가능하다고 생각할 뿐인가?

856. 책을 10대에 읽고 60대에 다시 읽어보면?

857. 맑은 영혼이 부러운 것이 있을까?

858. 왜 커피가 건강에 긍정적 영향을 미칠까?

859. 좋아하는 일에 시간을 잊는 이유는?

4월 머리맡에 씨앗을 두고 자는 달

860. 내가 나로 존재하고 있는가?

861. 일을 대하는 자세와 해석하는 능력은?

862. 나는 다른 사람들에게 의도적 창조자인가?

863. 시간이 걸릴 뿐이지 안 되는 것이 있던가?

864. 하루라는 날을 맛있게 요리할 것인가?

865. 산나물, 뜯을 때와 먹을 때의 즐거움은?

866. 사람들에게서 참모습이 나타날 때는?

867. 이 순간에 일어나는 일보다 중요한 일은?

868. 어떤 것을 잃어도 평안을 잃지 않는가?

869. 인생이 나에게 묻게 하는가?

870. 남의 행복을 챙겨 본 적이 있는가?

871. 오늘 본 꽃을 내일도 볼 수 있을까?

872. 자연에 빚을 지고 사는 나그네 아닌가?

873. 가슴이 뛰는 일에 망설이지 않았는가?

5월 들꽃이 시드는 달

925. 생명 존중의 마음이란?

926. 마음의 지옥도 천국도 누가 만드는가?

927. 공감 능력을 키우려면 어떻게?

928. 나의 잔이 넘치나이다 고백하는가?

929. 고난이 심할수록 가슴이 뛰는 이유는?

930. 자신의 삶에 주인 의식을 가졌는가?

931. 매일 정해진 창작 활동의 비결은?

932. 자기규정 효과가 어떤 행동과 태도를?

933. 내려놓은 뒤 더 내려놓았는가?

934. 오동나무 꽃향기에 취해 보았는가?

935. 왜 사랑을 배우는 학교가 가정일까?

936. 행복을 느끼고 있는가?

937. 쓸데없는 명분에 사로잡혀 사는가?

938. 시간이 말해줄 때가 있었지 않았는가?

939. 폭력이 정당화될 수 있을까?

940. 인생이 즐거우려면?

941. 바꾸려고 하는 것과 내가 변하려는 쪽은?

942. 후손들에게 어떤 기억으로 남는 사람인가?

943. 어려운 일일수록 진실에 가깝다는 것은?

944. 삶이 시가 되게 살려고 하면?

945. 기회를 만들어서 베푸는가?

946. 감사의 기분이 자신을 지배하게 하는가?

947. 모든 경험은 배움이고 스승인가?

948. 동요를 이어서 몇 곡쯤 불러볼 수 있는가?

949. 나물을 좋아하는가?

950. 긍정 감정으로 핸들을 돌리는가?

951. 염려한다 하여 더 잘되는 일이 있는가?

952. 고양이들 밥 먹는 모습 보면?

953. 평소 덕분에라는 말을 많이 사용하는가?

954. 자신을 끊임없이 실험 대상에 올려놓는가?

955. 달리기하며 Runners' High의 경험은?

956. 얼굴을 빛나게 하는 것은?

957. 부딪혀 보았을 때 쉽게 풀리는 일은?

958. 부부가 취미생활을 같이 할 때의 느낌은?

959. 참으면 얻어지는 것은?

960. 자신의 행동을 결정하는 것은?

961. 산책하며 떠오른 단어들을 적어본 적은?

962. 땀을 흘리지 않고 나온 책이 있을까?

963. 흔한 풀도 자세히 보면 신비롭지 않은가?

964. 부부가 산책하면서 나누는 대화는?

965. 생각을 나로부터 분리해서 보았는가?

966. 내가 몰입하며 할 수 있는 취미 활동은?

967. 동물들 밥 주면서 배우는 배려의 마음은?

968. 살아있는 일상의 행복을 만들어 가는가?

969. 왜 자연은 보아도 싫증이 나지 않을까?

970. 내 영혼이 나비처럼 날 때는 언제일까?

971. 어긋나는 인생도 살 만한 가치가 있을까?

972. 관찰자의 마음으로 마음을 바라보는가?

973. 지치고 울고 싶을 때 나무를 안아봤는가?

974. 본인 직업에 대한 자긍심은?

975. 땅을 왜 어머니라고 하는가

976. 몸을 살리는 산행을 하는가?

6월 나뭇잎이 짙어지는 달

977. 환대해야 할 소중한 인연들은 무엇인가?

978. 내일의 희망보다 오늘에 더 감사하는가?

979. 균형 있는 감각과 이성으로 사는 것은?

980. 비움과 겸손을 위한 자아 성찰은?

981. 머리에서 나와 몸을 움직일 때의 감동은?

982. 늙는다는 것에 대한 긍정적 의미는?

983. 내가 집착하고 있는 것은 무엇인가?

984. 삶이 철학이 되고 철학이 삶이 되려면?

985. 고통을 긍정할 수 있는가?

986. 어설픔은 매력인가?

987. 나는 복을 부르는 사람인가?

988. 칭찬에 인색하지 않은가?

989. 가장 강한 적은 누구인가?

990. 나부터 사랑하는 법을 배우려면?

991. 불가능을 가능으로 꿈꾸었는가?

992. 자신을 객관화하고 자신과 대화하는가?

993. 나에게 아침 시간이란?

994. 위험한 도전 없이 얻는 것도 있는가?

995. 실패는 더 큰 성공을 위한 디딤돌인가?

996. 내일 죽을 것처럼 오늘을 사는가?

997. 나의 행복지수는?

998. 이웃과 잘 지내고 있는가?

999. 살아간다는 것은?

1000. 나에게 자주 박수를 쳐주는가?

코로나 19 태풍 속,
454일 천 개의 사색 에세이

새벽길 별을 보며

초 판 인쇄 2022년 4월 22일
초 판 발행 2022년 5월 5일

지 은 이   진창오
작업참여   디자인팀장 박은주, 교정실장 최미선
발 행 인   임병해
펴 낸 곳   **코람데오**
등   록   제300-2009-169호
주   소   서울시 종로구 세종대로 23길 54, 1006호
전   화   02)2264-3650, 010-5415-3650
          FAX. 02)2264-3652
E-mail   soho3650@naver.com

ISBN | 979-11-92191-09-6 03230

값 50,000원